grafit

Dieses Buch enthält in unverändertem Nachdruck die drei Romane:
Reinhard Junge & Leo P. Ard: Das Ekel von Datteln
Werner Schmitz: Dienst nach Vorschuss
Gabriella Wollenhaupt: Grappas Versuchung

© für diese Ausgabe 2010 by GRAFIT Verlag GmbH
Junge / Ard: Das Ekel von Datteln © 1989 by GRAFIT Verlag GmbH
W. Schmitz: Dienst nach Vorschuss © 1989 by GRAFIT Verlag GmbH
G. Wollenhaupt: Grappas Versuchung © 1993 by GRAFIT Verlag GmbH
Chemnitzer Str. 31, D-44139 Dortmund
Internet: http://www.grafit.de
E-Mail: info@grafit.de
Alle Rechte vorbehalten.
Umschlagillustration: Johannes Sich
Druck und Bindearbeiten: Bercker, Kevelaer
ISBN 978-3-89425-374-5
2. Auflage 2010

Ard & Junge • Schmitz • Wollenhaupt

Ruhrmorde.2010

Drei Kultkrimis

grafit

Reinhard Junge & Leo P. Ard

Das Ekel von Datteln

Kriminalroman

Die Autoren

Leo P. Ard, 1953 als **Jürgen Pomorin** in Bochum getauft, lebt als Drehbuchautor *(Balko, Ein starkes Team, Tatort, Der Staatsanwalt)* in Bochum und auf Mallorca. Das Drehbuch zu dem ARD-Krimi *Polizeiruf 110: Totes Gleis,* das Pomorin gemeinsam mit Michael Illner verfasste, wurde 1995 mit dem Adolf-Grimme-Preis in Gold prämiert.

2006 erschien nach langer Pause wieder ein Roman von Leo P. Ard: *Der letzte Bissen.*

Reinhard Junge wurde 1946 im Geburtenregister von Dortmund erstmals behördlich erwähnt. Nach dem Wehrdienst zog er 1968 nach Bochum und unterrichtet seit 1979 Deutsch, Russisch und Latein in Wattenscheid.

Mehr unter: www.reinhard-junge.de

Zusammen bastelten Ard und Junge u. a. die Kriminalromane der legendären Ekel-Trilogie – *Das Ekel von Datteln, Das Ekel schlägt zurück* und *Die Waffen des Ekels.* Mit *Totes Kreuz* setzte Reinhard Junge die ›Pegasus‹-Serie im Alleingang fort, es folgten *Straßenfest* und *Glatzenschnitt.*

Zuletzt erschien von den beiden Autoren die Krimikurzgeschichtensammlung *Mordsschnellweg.*

Die Hauptpersonen:

Ruth Michalski (29), Sekretärin, hat zu hoch gepokert

Uwe Gellermann (39), Prokurist, hat falsch kalkuliert

Helmut Michalski (32), Polizist, hat das beste Motiv

Gustav Puth (62), Unternehmer, hat das beste Alibi

Gerhard Roggenkemper (62), Bürgermeister, hat den besten Ruf

Gerrit Bakker (22), Student, hat etwas erlebt

Henk Hoekstra (40), Opperwachtmeester, hat etwas bemerkt

Helga Kronenberger (24), Sekretärin, hat etwas entdeckt

Horst Lohkamp (43), Kriminalhauptkommissar, sieht ganz schön alt aus

Lusebrink & Haggeney, Polizisten, sind noch ganz die alten

PEGASUS Film & Video GmbH:

Susanne Ledig (31), **Chefin**,
Klaus-Ulrich Mager (35), **Teilhaber**, } **drehen einen Film und blicken oft nicht durch**
Holger Saale (25), **Angestellter**,

Handlung und Personen des Romans sind frei erfunden, die Schauplätze willkürlich gewählt. Leser, die anderes vermuten, täuschen sich. Datteln ist überall.

1

Die Frau auf dem Barhocker war Ende zwanzig und hatte sich allem Anschein nach in der Tür geirrt.

Sie trug ein hellgraues Baumwollkostüm, eine zartrosa Seidenbluse und dazu passende Pumps. Ihre dunklen, leicht gekräuselten Haare wippten vom Mittelscheitel aus gleichmäßig nach beiden Seiten weg und legten ein Paar goldener Ohrclips frei. Von der Wimperntusche bis zum Nagellack war ihr Make-up perfekt auf die lässig- elegante Kleidung abgestimmt.

Der Schuppen hieß *De Stoep* und war seit seiner Renovierung gemütlich wie ein Fußgängertunnel. Ein halbes Dutzend Kids hing auf der Tanzfläche herum, sechs, acht weitere dösten am Tresen vor sich hin. Die meisten steckten in Turnschuhen, Jeans und bunten Sweatshirts, kaum einer war älter als achtzehn. Falls es auf der Welt etwas gab, das ihnen wieder Leben einhauchen konnte — *Popcorn*, der Plattenhit aus ihrem ersten Kindergartenjahr, war sicherlich die falsche Medizin.

Die Crew der Keller-Disco ertrug die Pleite mit Kaugummi und Arroganz. Die Saison war abgehakt, seit der Juli-Regen den Zeltplatz, von dem der Laden lebte, in ein Binnenmeer verwandelt hatte. Selbst echte Nordsee-Freaks hatten *last minute* Costa Brava gebucht. Die paar Schaufeln Kohle, die Petrus im August nachgelegt hatte, holten keinen mehr von da unten zurück.

Schräg gegenüber der Lady parkte ein deutlich jüngerer, hochgewachsener Jeans-Typ hinter einem Glas *Heineken*. Seine blauen Augen schauten aufmerksam hinüber. Noch war ihm unklar, ob sie jemanden erwartete oder Anschluß suchte. Der Diskjockey hatte keinen Zweifel, welche Variante dem Gelockten lieber war.

Eine Madonna- und zwei Prince-Songs fegten durch die Boxen, ohne daß der Blonde seinem Ziel näher kam. Die Lady saß nur da und zählte die Tropfen ihrer *Bloody Mary* .

Schließlich hatte der Mann am Mischpult ein Einsehen. Von ganz unten zog er ein abgegriffenes Cover hervor, entstaubte die Scheibe und ließ sie kreisen. Cohens Song von der verhurten *Nancy* wehte durch das Gewölbe.

Die Frau sah auf. Ihr Blick flog erst zum Cockpit des Plattenpiloten, dann zu ihrem Anbeter hinüber. Die braunen Augen blieben unverändert ausdruckslos, wichen aber nicht mehr aus. Als der Refrain begann, hoben sich kaum merklich ihre Brauen.

Eine halbe Stunde später verließ das Paar die *Stoep* und verschwand in der Gasse gegenüber. Zwischen hohen Gartenhecken zog Locke die Lady zu sich heran und starrte ihr ins Gesicht. Zwei-, dreimal wischte der Lichtarm des Leuchtturms über Dächer und Baumwipfel hinweg, dann küßte er sie. Ihr Mund war weich, und sie war so klein, daß sie in seiner Umarmung fast verschwand.

Als seine Hand unter ihren Rock kroch, drückte sie ihn von sich weg: »Nicht hier . . . «

Sie sah seine Enttäuschung und lächelte. Wortlos zog sie ihn auf die leere Dorpsstraat zurück zum *Hotel Albatros*, das keine hundert Schritte entfernt lag. Der Lange zögerte: Das gesamte Erdgeschoß mit Glasveranda, Foyer und Gaststube war hell erleuchtet.

»Komm!« sagte sie und stieß die Tür auf. Ohne sich noch einmal nach ihm umzusehen, eilte sie auf den engen Durchgang zum Treppenhaus zu. Bevor sie hinter der nächsten Biegung verschwand, setzte er sich in Bewegung. Irgendwo ging eine Tür, doch da waren sie schon auf dem Weg nach oben.

Ihr Zimmer lag in einem Anbau auf der Hofseite. Sie öffnete, ließ den Schlüssel auf einen Sessel fallen, der zwischen den Fenstern stand, und zog die Vorhänge vor. Im Halbdunkel fegte sie fast einen Stapel Prospekte von der Schreibplatte, dann schaltete sie die Leselampe über dem hinteren Teil des Doppelbetts an und wandte sich um.

Er folgte ihr. Mit der Schulter drückte er die Tür ins Schloß und lehnte sich an das Holz.

»Einen Drink?«

Er nickte.

Sie holte ein Wasserglas aus dem Bad, griff zu der Flasche *Dimple* auf der Ablage hinter dem Bett und goß ein. Er kam näher, trank, gab ihr das Gefäß zurück. Noch während sie es leerte, fing er an, sie auszuziehen.

Sie hatte schmale Schultern, kleine, kegelförmige Brüste mit festen Warzen und eine sehr zerbrechlich wirkende Taille. Ihre straffe Haut war leicht, aber gleichmäßig gebräunt.

»Na, komm schon!« sagte sie leise und legte ihre Arme um seinen Hals.

Er küßte sie: Stirn und Nase, die Lippen. Die Halsbeuge. Ihre Brüste. Als er noch tiefer hinab wollte, hielt sie seinen Kopf fest und zog ihn wieder hoch.

Sie sahen sich an. Ihre Augen kamen ihm jetzt viel tiefer und viel weicher vor. Er drückte sie an sich, suchte ihren Mund. Spürte ihre Hände da, wo er es mochte. Ließ sich fallen wie sie.

Fast zwölf Stunden später, gegen halb elf am folgenden Morgen, beschwerte sich das Zimmermädchen des *Albatros*, daß sie noch immer nicht auf 235 aufräumen konnte. Sie habe laut geklopft, aber die Deutsche hätte einfach nicht reagiert.

Nach kurzem Nachdenken rief Cornelius Dijkstra, der Besitzer des Hauses, seinen Sohn, der im Schankraum Gläser polierte. Er stieg mit ihm in den zweiten Stock hinauf und eilte den langen Flur hinab, an dessen Ende die Frau wohnte.

Als Dijkstra mehrere Male geklopft und schließlich gerufen hatte, stieß ihn der Sohn an. Er deutete auf einen roten Blechkasten, der in Kopfhöhe zwischen Zimmertür und Notausgang hing. Gewöhnlich wurde hier der Schlüssel zur Feuertreppe aufbewahrt. Doch der Haken hinter der dünnen Glasscheibe war leer. Dijkstra atmete tief durch und öffnete.

Die Frau war da.

Sie lag, die Füße zur Tür ausgestreckt, quer über dem unteren Ende des Betts. Sie trug einen himmelblauen Morgenmantel, dessen Gürtelenden nicht zugebunden waren. Ihr rechter Arm hing zum Boden hinab, die unnatürlich geröteten Augen blickten starr zur Decke. Im Bereich des Kehlkopfes befanden sich zwei breite, unschöne Flecken.

Die Sonntagszeitungen feierten den ersten Mord auf der Insel seit 180 Jahren.

2

Stirn und Schultern des Mannes waren schweißüberströmt. Er ballte die Fäuste, und seine Oberarme schwollen zu kiloschweren Paketen. Die grauen Augen funkelten, als müsse er mit bloßen Händen gegen einen Leoparden kämpfen.

Dann packte er zu. Aber statt einer Raubkatze erwischte er nur den Stiel einer alten Schaufel. Zornig stieß er sie in den Rachen eines Eisenbottichs, der mit grauem Kleister gefüllt war . . .

Erbarmungslos wie Holger Saales Drehbuch war auch die Stimme, die das Drama kommentierte: »Maloche. Methode Mittelalter. Zeitraubend, schmutzig, schwer. Ihre Arbeitskraft ist dafür viel zu wertvoll. Bauen Sie Ihr Heim, ohne sich zu verschleißen!«

Bildwechsel.

Bunte Blumen überwucherten den Schuttplatz in der Wüste. Eine Fata Morgana in Blond schwebte heran. Prallgefülltes T-Shirt, kurzer Jeansrock, knackige Waden. Scheinbar mühelos schob sie eine Mörtelmischmaschine ins Bild. Ihre roten Krallen touchierten einen Hebel, die Trommel begann zu rotieren.

Nahaufnahme.

Lange, schwarze Wimpern, strahlende wasserblaue Augen, Lippen aus dem Kosmetik-Lehrbuch. Schneeweiße Zähnchen blitzten auf.

»Müllers Mischmaschinen — ja, die mach ich an!« hätte Karin Jacobmayer nun hauchen sollen. Doch ihr Mund blieb stumm.

»Verdammt und zugenäht!«

Magers Pranken prügelten das Mischpult. Das Bild auf dem Monitor versackte, das Videoband spulte zurück.

»Kannst du mir verraten, wieviele Anläufe du noch brauchst?« fauchte er. »Ein Dutzend? Zwei?«

Der Filmstar rieb sich die Augen und grübelte. Statt der gelben Perücke trug sie wieder ihre rostroten Naturlocken, aber das machte es auch nicht besser. Schließlich gähnte sie, hob die Schultern und verkündete: »Für neun Uhr morgens kommt der Schnitt einfach zu schnell!«

»Tinneff!« grunzte Mager. »Hier kommt gar nichts zu schnell. Wir machen Werbung, Mäuschen! Das ist was anderes als *Vom Winde verweht* ! Das geht zack-zack oder gar nicht!«

Er langte nach der Kiste mit den Selbstgedrehten, fischte ein besonders schönes Exemplar heraus und schob es sich zwischen die Lippen. Als die Zigarette qualmte, versuchte er es auf die sanfte Tour.

»Komm schon! In fünf Minuten haben wir das Ding im Kasten. Wenn die Trommel startet, holst du Luft, und dann klappt es. Okay?«

»Nein!« bockte die Rote.

»Wie bitte?«

»Nein!«

»Und warum nicht?«

»Weil der Text ganz einfach beknackt ist . . . «

Mager stöhnte. In Gedanken zählte er bis zehn. Dann schwenkte er seinen Sessel herum und beugte sich so weit vor, daß seine lange, bebrillte Nase fast ein Loch in ihre linke Backe bohrte.

»Jetzt hör mir mal gut zu! Ob der Text beknackt ist oder nicht, steht nicht mehr zur Debatte. Der ist mit diesem Baumarktheini so abgekaspert, und so bleibt er auch! Zur Debatte steht aber, daß wir von diesem Kunstwerk bis Montag fünf Kopien ziehen und abliefern müssen. Dafür fahren wir dann echte Kohle ein. Und von dieser Kohle muß ein halbes Dutzend Leute leben: Saale, Susanne, ich, meine Familie, die Stadtsparkasse und neuerdings auch du. Noch Fragen?«

Mit mahlenden Backenzähnen starrte die Rote auf das Mischpult. Offenbar fand sie den Plan, ihr Germanistik-Studium mit einem Halbtags-Job bei PEGASUS zu finanzieren, plötzlich gar nicht mehr so berauschend.

Dann nickte sie. Und sagte, ohne Mager anzusehen: »Also gut. Aber eins schwöre ich dir: Das war mein erster und mein letzter Auftritt in einem von euren Horror-Videos. Das gehört nämlich nicht zu meinem Job!«

Du wirst dich noch wundern, dachte Mager. Er kannte den Laden besser. Dreißig Prozent der roten Zahlen auf den Firmenkonten gehörten ihm.

Die »PEGASUS FILM & VIDEO GmbH« war laut Briefkopf spezialisiert auf Dokumentation und Werbung. Mager hatte den Laden zwei Jahre zuvor zusammen mit Susanne Ledig, Ex-Lokalreporterin der WAZ und Freie Mitarbeiterin beim WDR, aus der Taufe gehoben. Das Ziel war klar: Eines Tages sollte ihr Firmenarchiv die Chefetagen von Bertelsmann überragen.

Vorläufig versteckte sich der künftige Medienriese noch in einem 83 Jahre alten Zechenhaus dicht am Niemandsland zwischen den Ruhrgebietsmetropolen Marten, Oespel und Lütgendortmund. Der Geldadel der Bierstadt vermutete hier bestenfalls Mülldhalden und Asylantendeponien. Nur deshalb hatten, wie Mager behauptete, Ärzte, Anwälte und andere Abschreibungsartisten dieses Fleckchen Erde noch halbwegs verschont . . .

»Also los!« kommandierte er und startete das Band.

Dieselbe Szene von vorn. Wieder schwitzte sich der Muskelmann die Schminke vom Leib, wieder wehte die Fata Morgana heran, wieder rollte die Mischmaschine los. Und diesmal holte die Rote auch gleichzeitig mit ihrer blonden Schwester auf dem Monitor Luft: »Müllers Melkmaschinen — ja, die . . . «

Mager stoppte die Anlage, stemmte sich hoch und stampfte zur Tür. Als er schon in der engen Diele steckte, die das Studio von den beiden Büroräumen trennte, hielt er es nicht mehr aus.

»Das hat überhaupt nichts mit der Uhrzeit zu tun, Mäuschen. Du bist ganz einfach zu dämlich für diesen Job. Wenn du nur halb soviel im Kopf hättest wie in der Bluse, dann . . . «

Die Rote schrie auf. Sie krallte sich den ersten Gegenstand, der ihr unter die Greifer geriet, und holte aus. Mager konnte gerade noch den Kopf einziehen, da zerbarst am Türrahmen etwas sehr Gläsernes. Sein ehemaliger Lieblingsaschenbecher regnete auf den PVC-Boden herab, dann hörte er nur noch ein Schluchzen.

Er setzte sich an den Schreibtisch und löste die Sperre der Rolltür. Die Lamellen schossen nach unten. Eine Flasche *La Ribaude* tauchte auf, daneben ein beinahe sauberes Wasserglas.

Fast im selben Augenblick öffnete sich die Tür zum Hausflur. Eine echte Blondine betrat den Kampfplatz, kurze Haare, dünn und schmal, Rock und Bluse. Sie warf eine Schultertasche aus echtem Rindsleder auf den Besucherstuhl und bettete ihr Popelinejäckchen daneben — eine Symphonie in Beige und hellem Braun.

»Vor zwölf säuft nur der Chef!« sagte sie, pflückte Mager das Glas aus den Händen und leerte es mit einem Zug.

»Igitt! Asbach!«

»Asbach?« Der Dicke fuhr hoch. Er goß nach und rammte seine Nase in das Gefäß.

Calvados roch anders.

»Saale, die alte Filzlaus! Dafür muß er büßen! Ich möchte nur wissen, wann . . . «

Susanne feixte.

»Ach so!« meinte Mager. »Verstehe. Stand der Kerl gestern abend wieder vor deiner Tür? Den *Ich-bin-ja-so-einsam-Blick* im Gesicht? Ein Fläschchen wie dies hier im Gepäck?«

Die Augen der Blonden wurden schmal: »Es gibt Dinge, Klaus-Ulrich, die gehen dich nichts mehr an. Aber mich geht etwas an: Seid ihr fertig?«

»Ja«, stöhnte er und trank jetzt doch. »Mit den Nerven. Die Tussi aus Bochum ist einfach bescheuert. Wir sollten sie wieder feuern . . . «

»Wir? Seit wann dürfen Teilhaber Leute feuern?«

»Mensch, die Rote ruiniert uns . . . «

»Schluß! Sie bleibt. Den Bürokram macht sie doch schon ganz

ordentlich. Und den Rest lernt sie. Auch bei dir . . .«

Auf dem Flur knirschte Glas. Karin kehrte ins Leben zurück. Die Wimpern renoviert, Wüstenstaub auf den Wangen, Augen wie Dolche.

»Lernen? Bei dem? Da springe ich lieber vom Fernsehturm!«

»Prima Idee«, nickte Mager. »Komm schon, ich fahr dich eben hin!«

Die Chefin nahm die Rote in den Arm.

»Du darfst diese Anfälle nicht persönlich nehmen. Kläuschen braucht das ab und zu. Bei Männern in seinem Alter kommt eben alles auf einmal: Ehekrise, Orgasmusprobleme, Prostata . . .«

Wie immer bei solchen Anlässen stellte sich Mager stocktaub. Gegen Susanne war bislang kein Kraut gewachsen. Und »Ehekrise« war noch eine äußerst milde Umschreibung für den Terror, der sein Privatleben fast täglich erschütterte.

»Wir haben um elf 'nen Termin«, sagte er beiläufig. »Und die Mischmaschine wartet noch immer . . .«

»Schon gut«, meinte Susanne. »Ich mach das mit Karin allein. Pack du schon mal die Ausrüstung in den Wagen . . .«

»Wo müßt ihr denn hin?« wollte Karin wissen.

Mager stöhnte. Er hatte es ihr an diesem Morgen mindestens dreimal erzählt.

»Kanalfest in Datteln«, erklärte Susanne. »Rat und Stadt wollen werben — mit einer Mischung aus Heimatfilm und Promotion. Motto des Films: Investieren Sie bei uns, da ist die Welt noch in Ordnung. Herzlichst — der Bürgermeister.«

»Aha. Und was hat das mit dem kritischen Journalismus zu tun, der PEGASUS berühmt machen soll?«

Gute Frage, dachte Mager überrascht.

»Nichts«, grinste Susanne. »Aber es bringt Geld.«

3

»Mord?« schrie Hoekstra. »Hier auf Vlieland? — Der Kerl muß behämmert sein!«

Sein schnelles Urteil war nicht aus der Luft gegriffen. Seit er auf der Insel Dienst schob, hatte er diese Situation etliche Male durchgespielt. Doch das war hypothetisch, für alle Fälle gewesen. Daß es jemand wirklich riskierte, hätte er nicht gedacht: Es gab keinen Flugplatz, die Fähre ging nur dreimal am Tag, und wer mit einer Yacht verschwand, den konnte man noch Stunden später im Wattenmeer abfangen.

»Ich komme!«

Er warf den Hörer hin, scheuchte Alkema hoch und stürmte, ohne aus seinem Räuberzivil in die Uniform umzusteigen, zum Parkplatz. Als der Landrover startete, hoffte er noch immer, Dijkstra wolle ihn nur auf die Schüppe nehmen.

Fünf Minuten später konnte sich der Oberwachtmeister der *Rijkspolitie* vom Gegenteil überzeugen. Von der Schwelle des Sterbezimmers starrte er kopfschüttelnd auf die Tote. Noch jetzt, in diesem Zustand, war zu erkennen, daß die Frau auf viele Männer sehr attraktiv gewirkt haben mußte.

»Böse Geschichte, Cornelius«, sagte er schließlich zu dem älteren der beiden Dijkstras, die schweigend hinter ihm standen. »Für die Insel — und für euch.«

Der Hotelier, Bauchansatz, Mitte fünfzig, mit angegrauten, aber noch vollen braunen Haaren, sog an seiner erkalteten Stummelpfeife und nickte düster.

»Lauf runter und ruf die Alarmzentrale an!« wandte sich Hoekstra an Alkema. »Die *Recherche* muß kommen. Und Lissy soll Wim wecken, damit er für uns zum Hafen fährt.«

Der *Wachtmeester 2e klas* verzog das Gesicht. Er hatte sich, wie es schien, noch nicht sattgesehen. Ein kurzer Blick seines Chefs brachte ihn auf Trab.

»Seltsam«, murmelte Hoekstra, während er den Gang entlang blickte. Rechts von ihm, auf der Westseite, lagen vier, auf der Mordseite aber nur zwei Zimmer. Zwischen ihnen und dem Vorderhaus war der Platz für zwei Räume ausgespart, so daß man durch ein paar Fenster auf das Flachdach des Frühstücksraums hinabsehen konnte.

»Was ist seltsam?« hakte Dijkstra nach.

»Daß man hier einen Menschen umbringen kann, ohne daß jemand etwas bemerkt . . . «

Dijkstra zog die Schultern hoch. »Die Pärchen aus den ersten Zimmern haben lange unten gesessen und Karten gespielt. Die anderen Räume sind diese Woche leer. Wenn das da *vor* zwölf passiert ist, *kann* das keiner gehört haben.«

»Und später? Kein Streit oder Lärm? Hat beim Frühstück keiner etwas gesagt?«

»Nichts. Nur, daß sie Räder mieten und zum Posthuis fahren wollten . . . «

»Ärgerlich«, seufzte der Polizist.

Das *Posthuis* war ein beliebtes Ausflugsziel fast am anderen Ende der Insel. Wer sich sechs Kilometer gegen den Westwind gestemmt hatte und dann dort einkehrte, kam meist so schnell nicht wieder hoch.

Der Blick auf den Schlüsselkasten stimmte ihn auch nicht froher. Laut Vorschrift mußte er verschlossen und verplombt sein, mit einem Hämmerchen daneben, damit man sich im Notfall nicht die Finger amputierte. Typisch holländisch, daß der Behälter offen blieb.

Hoekstra zog die Gardine beiseite und spähte durch die Glastür auf die Feuertreppe. Unten kletterte Alkema gerade in den Rover und gab die Meldung durch.

»Die Zimmerschlüssel passen hier nicht?«

Dijkstra verneinte.

»Aber warum hat der Mörder ihn dann mitgenommen?«

Der Sohn des Hoteliers kam zuerst drauf: »Weil er verhindern wollte, daß die Frau zu früh gefunden wird«, meinte er. »Und jetzt liegt das Ding irgendwo im Wald oder in den Dünen.«

Gedankenverloren starrte Hoekstra auf den leeren Haken hinter der Glasscheibe. Die beiden Sätze paßten nicht zusammen...

»Henk!« Der ältere Dijkstra zerschnitt die Gedankenkette des Polizisten. »Gleich kommen neue Gäste. Kann ich die überhaupt aufnehmen?«

»Bitte? Ja, ich denke doch. Aber nicht hier oben, Cornelius. Den Gang und die Feuertreppe darf niemand betreten. Und wenn sich die Sache herumspricht, müssen wir dir wohl den Vordereingang abriegeln . . . «

Dijkstra seufzte.

Im Erdgeschoß kam ihnen Alkema entgegen. Hoekstra schickte ihn nach oben, die Tote zu bewachen, und griff zum Telefon: »Darf ich?«

Ohne eine Antwort abzuwarten, wählte er 1305: die Nummer der Königlichen Kavallerie — wie Hollands Panzertruppe in romantischer Verklärung noch immer hieß. Seit 30 Jahren saß sie am öden Ende der Insel weit hinter dem *Posthuis* und schoß dort im Winter Löcher in den Sand.

Minuten später war alles klar: Ein Sergeant und sechs Mann rückten aus, um Hoekstras Streitmacht zu verstärken. Denn die bestand, ihn selbst eingerechnet, außerhalb der Saison nur aus drei Polizisten und Lissy, der Halbtagssekretärin.

Der Oberwachtmeister stieß Dijkstra an: »Komm, ich brauche noch ein paar Angaben für's Protokoll . . . «

Die Sachlage war einfach und wurde im Gesellschaftszimmer hinter der Rezeption bei einem Glas Vieux festgehalten: Die Tote hieß Ruth Michalski, war neunundzwanzig Jahre alt und kam aus Oer-Erkenschwick in der Bundesrepublik Deutschland. Sie war am Dienstag mit der letzten Fähre gekommen und hatte sich kurz nach neun angemeldet. Dann hatte sie darum gebeten, nicht geweckt zu werden, und war erst gegen elf am nächsten Morgen wieder aufgetaucht.

»Danach hat sie sich wohl die Insel angesehen. Sie war am Leuchtturm und kam abends mit einem ganzen Berg von Prospekten wieder. Nach dem Essen ist sie gleich aufs Zimmer gegangen . . . «

Auch an den beiden folgenden Tagen war sie unterwegs gewesen. Doch am Freitag gab es eine Abweichung in ihrem Programm. Irgendwann nach neun hatte sie das Hotel noch einmal verlassen: »Wo sie war? Das müßt *ihr* herausfinden . . . «

Hoekstra hatte einen Kugelschreiber gezückt und bemühte sich, die Fakten übersichtlich aufzulisten. Er schrieb langsam, mit Druckbuchstaben, die etwas nach links wegkippten, aber so deutlich waren, daß Lissy keine Chance hatte, beim Tippen Fehler einzubauen.

»Ist dir an ihrem Verhalten etwas aufgefallen?«

Der Hotelier dachte einige Augenblicke nach.

»Sie war am Anfang reichlich abgespannt. Aber nach der Schlafkur ging es ihr Mittwoch und Donnerstag besser. Und gestern morgen war sie richtig gut gelaunt. Sie hat mich noch etwas über die Insel fragen wollen. Ich habe sie auf heute vertröstet.«

Die beiden Männer schwiegen einen Augenblick.

»Noch etwas«, fügte Dijkstra dann hinzu. »Im Safe liegt ein dicker Briefumschlag. 3000 Mark . . . «

Hoekstra nickte und schrieb auch das auf.

»Und wen sie mit aufs Zimmer genommen hat, hast du nicht gesehen?«

»Soll ich hinterherlaufen? Die Frau war alt genug, um zu wissen, was sie tat.«

Der Polizist legte ihm die Hand auf den Unterarm: »Keiner wird dir einen Vorwurf machen, Cornelius. Wir haben nicht mehr 1950 . . . «

Einige Atemzüge lang sahen sie sich stumm an und lauschten dem Ticken der Wanduhr, die von Fotos der Eltern Dijkstras eingerahmt wurde.

»Du wirst jetzt Ärger haben«, meinte Hoekstra. »Aber ich tu alles, damit es möglichst wenig wird. Denk an de Gruyter — der hat noch mehr Trouble ...«

Dijkstra schniefte. De Gruyter hatte im Frühjahr am Strand das größte Hotel der Insel aufgemacht. Der Schuppen war ganz auf jene Schickeria zugeschnitten, die um Vlieland bisher immer einen großen Bogen geschlagen hatte. Am 3. August stand die Bettenburg in Flammen.

Spekulationen, die Konkurrenz hätte zugeschlagen, hatte *Rijkspolitie* erst vor einer Woche entkräften können. Der Schuldige war ein achtzehnjähriger Hilfskoch des Hauses, und das Motiv hatte er aus dem Fernsehen: Erfolglos in eine Kellnerin verknallt, wollte er sie dadurch gewinnen, daß er sie aus dem Feuer trug. Aber auch das hatte nicht geklappt.

»Oer-Erkenschwick«, grübelte Hoekstra. »Wo liegt das?«

Nach zehn Minuten hatten sie den Ort auf der Karte gefunden: im Kreis Recklinghausen, zwischen zwei Nestern namens Marl und Datteln.

»Was meinst du, Henk«, fragte Dijkstra. »Ob das einer von der Insel war? Ich kann's nicht glauben.«

»Wer weiß das heutzutage schon«, meinte Hoekstra, gab dem Hotelier aber insgeheim recht. Viel zu tun hatte er nur im Sommer, wenn sich 6000 Touristen auf Vlieland tummelten: Fahrraddiebstahl, Lärm auf der Dorfstraße, ab und zu eine Prügelei. Aber wirkliche Verbrechen hatte es bis zu dem Brand nicht gegeben. Dafür kannten sich die tausend Einwohner viel zu gut. Und die Fremden kamen zur Erholung und nicht, um jemanden umzubringen. Bis gestern jedenfalls.

»Nein, das war keiner von hier«, bekräftigte der Oberwachtmeister jetzt selbst und schob dem Hotelier den Bogen Papier hinüber.

»Schreib mir noch die Namen von allen auf, die mit ihr gesprochen haben ...«

Während Dijkstra sich an die Arbeit machte, schlug Hoekstra den Personalausweis der Toten auf und musterte das Foto auf der fünften Seite. Es war einige Jahre alt, schien aber eine für solche Aufnahmen ungewöhnliche Ähnlichkeit mit der Abgebildeten zu besitzen. Er steckte das kartonierte Heft ein.

»Ich frage Jan Wouter, ob er uns Abzüge macht, und gehe dann ins Büro. Und wenn einer von dir was wissen will, sag nur, daß jemand gestorben ist. Mord ist ein zu schlimmes Wort . . .«

Er öffnete die Tür. An der Rezeption warteten neue Gäste.

»Am besten, du machst deine Arbeit«, sagte der Polizist. »Sonst . . .«

Ein fernes, langgezogenes Tuten drang durch die geöffneten Türen: In wenigen Minuten würde die Fähre zur zweiten Fahrt nach Harlingen ablegen.

Hoekstra zuckte zusammen und rannte ohne Gruß nach hinten, zum Hof. Ihm war eingefallen, welchen Denkfehler Dijkstras Sohn gemacht hatte.

4

»Mager, mach, sonst kommen wir zu spät!«

Mager machte. Mit lockeren 80 polierte er den Asphalt der B 235, die von Castrop nach Datteln führt.

Stadt und Straße schleppten sich endlos hin. Links zogen die Vororte Meckinghoven, Dümmer und Hagem vorbei, rechts drohten neue und alte Umweltskandale: Ruhrzink (Cadmium), Kraftwerk (Schwefel) und die Zeche Emscher-Lippe. Der Pütt war längst dicht, aber von dem, was noch im Boden lag, krepierten am Mühlenbach die Ratten. Und hinter den Dreckschleudern, fast parallel zu Stadt und Straße, der Dortmund-Ems-Kanal, der dem Provinznest 1899 den Anschluß an die Neuzeit geschenkt hatte.

Das Schicksal ereilte sie an der Ecke zum Südring, hinter dem die Innenstadt beginnt. Die Ampel sprang auf Sonnenuntergang, als der PEGASUS-Kombi noch sieben Meter entfernt war. Magers Bleifuß pendelte zwischen Gas und Bremse, und schon schwebten sie mitten auf der Kreuzung. Ungerührt zog er den Motor wieder hoch, aber die Polizeisirene war lauter.

»Herr Mager«, sagte der Obermeister, nachdem er Papiere, Kennzeichen und Bereifung eingehend in Augenschein genommen hatte. »Ob man in Dortmund inzwischen bei Rot fahren darf, entzieht sich meiner Kenntnis. Aber hier in Datteln hört bei dieser Farbe jeder Spaß auf. Es ist unzweifelhaft . . .«

»Hör mal, Kumpel«, versuchte es der Dicke, »wir haben es . . .«

Es war die falsche Tour. Der Mann spürte sofort seinen Weisheitszahn.

»Idiot!« zischte Susanne. »Du versaust alles!«

Sie zog eine Zellophanhülle aus dem Handschuhfach und kletterte aus dem Wagen.

»Herr Hauptmeister«, lächelte sie. »Sie haben ja völlig recht. Aber wir sind auf dem Weg zur Stadthalle, um auf dem Empfang des Bürgermeisters zu drehen. Herr Roggenkemper . . . «

Ob es an der Beförderung lag oder an der Erwähnung des Stadtvaters — die dunkle Miene des Beamten erhellte sich. Noch zögerte er und mimte Bedenken, aber als sich Susannes Lächeln in ein Strahlen verwandelte, brach ihm schier das Herz.

Zehn Sekunden später war Mager wieder auf der Piste — mit müden 51.

Die Uhr zeigte 10 Uhr 58, als sie schräg gegenüber der Halle auf den Parkplatz rollten. Sie quetschten ihren Wagen zwischen einen weißen Mercedes 230 E mit Verwaltungskennzeichen und einen olivgrünen Passat mit Bundeswehrschild — der rote Lada machte sich da prächtig.

Susanne schlängelte sich als erste hinaus: »Ich peile die Lage und beruhige Roggenkemper!«

Fluchend packte Mager die Ausrüstung aus und schleppte das Zeug über die Kreuzung: Der Dumme war immer er.

Susanne stand, ein Sektglas in der Hand, bei einem ranken Oberleutnant und lauschte einem Anekdötchen aus dem Landserleben. Vor ihnen, in grauem Sommeranzug und Schuhen mit überhöhtem Absatz, ein Mensch von höchstens einsfundsechzig. Mit Hornbrille, Bürstenschnitt und sorgfältig gestutzter Seemannskrause sah er aus wie die Reklamefigur für einen Rumverschnitt. Die Annäherung zwischen Truppe und Zivilbevölkerung, die sich vor seinen Augen zu vollziehen schien, betrachtete er mit dem Wohlwollen eines professionellen Heiratsvermittlers.

Das war Roggenkemper. Und Roggenkemper war der Chef von Datteln.

Der Mensch war über sechzig, wirkte zwei Wahlperioden jünger und war aktiv wie ein Vierziger.

Neben dem Dattelner Stadtparlament kommandierte er in Recklinghausen die Kreistagsfraktion und den Unterbezirk seiner Partei. In Münster bereitete er die wichtigsten Entscheidungen im Landschaftsverband Ruhr-Lippe vor, und im Düsseldorfer Landtag galt er als gewitzter Redner, dem man besser keine Blöße bot. Außerdem kämpfte er im Deutschen Städtetag und in zwei Aufsichtsräten. Sein Draht zur Welt war eine auf Lebenszeit zugesicherte Kolumne in einer Gewerkschaftszeitung, deren hundert Zeilen er regelmäßig um mindestens die Hälfte überzog.

Diese geballte Ladung an politischer Verantwortung zwang Roggenkemper, seine Basisarbeit auf das Allernotwendigste zu beschränken. Er war nur noch Vorsitzender des Turnvereins *Teutonia,* Präsident der *Gesellschaft der Freunde des Datteln-Hamm-Kanals,* Ehrenbrandmeister der Freiwilligen Feuerwehr, Ehrenoberst der Horneburger Prinzengarde, Tambourmajor im Fanfarenzug der Berginvaliden und Reservehauptmann der Deutschen Bundeswehr. Wie er es bei diesem Streß noch zu zwei Kindern, Dackel und Ehefrau gebracht hatte, war Mager einfach schleierhaft.

»Entschuldigen Sie, Herr Oberleutnant«, unterbrach Susanne den Redefluß ihres Kavaliers. »Darf ich Ihnen meinen Kameramann vorstellen?«

Der Dicke nickte dem Offizier zu und murmelte etwas, das man mit einigem Wohlwollen auch als Artigkeit verstehen konnte. Seit den achtzehn Monaten bei den Panzergrenadieren konnte er den Anblick solcher Silbermützen nur noch besoffen ertragen.

Auch Roggenkemper freute sich außerordentlich, den PEGASUS-Vize zu sehen. Er drückte Mager ein Glas mit Fürstensprudel in die Hand: »Schön, daß Sie da sind. Bei diesem Wetterchen werden wir ein schönes Filmchen drehen . . .«

Seine kräftige Stimme beeindruckte Mager kaum weniger als das Aussehen: Dem Löwen von *Metro Goldwyn Mayer* wären vor Neid die Schwanzhaare ausgefallen.

Roggenkemper zog Mager zur Seite.

»Haben Sie einen guten Zoom?«

Mager nickte.

»Ausgezeichnet! Also, passen Sie auf . . . «

Kurz und präzis befahl ihm der Bürgermeister, wie er nachmittags bei seinem großen Auftritt am Kanal auf das Video gebannt werden wollte.

»Und noch was: Nach etwa drei Minuten — Stichwort 'Kaiserwetter' — sage ich etwas über unsere Bundeswehr. Das muß in voller Länge drauf. Kapiert?«

Mager nickte und schluckte einen Frosch herunter. Sein Blick fiel auf Susanne. Sie zwinkerte leicht und wandte sich an den

Häuptling: »Keine Sorge, Herr Roggenkemper. Mein Kameramann ist ein As.«

Der Sektempfang dauerte eine Stunde. Es wurde wenig geredet, viel geschwätzt und noch mehr getrunken. Makler und Architekten, die Chefs des Hochbauamtes und der kommunalen Wohnungsgesellschaft, ein Luftballonfabrikant und zwei Zink-Manager, der Kasernenkommandant und der Vorstand des Marinevereins, die Fraktionschefs und Ausschußvorsitzenden — alle waren da, die dem Bürgermeister lieb und den Bürgern meistens teuer waren. Wer fehlte, war nur der Größte unter den einheimischen Unternehmern: Gustav Puth. Als Bauunternehmer und Betonfabrikant nicht gerade ein armer Mann, hatte ihn seine zweite Heirat vor rund fünfzehn Jahren auch noch zum Inhaber einer Fabrik für Bergwerksausrüstungen und einer Ratsfrau aus den Reihen der größeren Oppositionspartei gemacht. Aber die sah an diesem Morgen nicht ganz so fröhlich aus.

»Beatrix! Schön, daß du trotzdem gekommen bist!« strahlte Roggenkemper, als er die attraktive Fünfzigjährige mit Küßchen begrüßte.

»Was macht Gustav?«

Die Dame mit dem Haarknoten legte etwas Grau über ihre Spanien-Bräune: »Besser. Aber er wird heute abend nicht kommen. Dr. Kloppenburg hat ihn wieder ins Bett gesteckt.«

Der Bürgermeister schaute auf die Uhr und runzelte die Stirn: »Ich kann's nicht versprechen — aber wenn ich es zwischen Fahnenappell und Nato-Ball schaffe, komme ich auf einen Sprung . . . «

»Laß es gut sein. Du machst auch viel zuviel«, sagte sie und legte ihre Hand auf seinen Arm. Dann, mit deutlichem Zittern in der Kehle: »Ich muß dir noch danken, weil du so oft vorbeigeschaut hast. Das hat ihm mehr geholfen als die Spritzen . . . «

Roggenkemper schüttelte ernst sein Haupt.

»Nicht doch, Beatrix. Er hätte dasselbe für mich getan«, sagte er. »Aber er muß die Eskapaden lassen. Und jetzt sei mir nicht böse . . . «

Er wandte sich ab, schnappte sich den Kommandanten der Haard-Kaserne und zog ihn zum Mikro. Ein leichtes Räuspern, und das Stimmengewirr im Saal erstarb.

»Licht«, zischte Mager. Er schulterte die Kamera. Susanne hob die Akku-Leuchte und schaltete sie ein.

»Mehr links — im Hintergrund sind Schatten . . . «

5

Hoekstra stieß rückwärts aus dem Hof des Hotels und knüppelte den Landrover den leeren Middenweg hinab. Links in die Boereglop, rechts in den Willem de Vlaminghweg, und schon passierte er das *Kaap Oost,* das Hotel am Ende der Umgehungsstraße.

Hier zögerte er einen Augenblick: Der Gedanke, im Hafen die große Polizeinummer abzuziehen und das Boot zu stoppen, war verführerisch. Aber wie sollte er mit seinen zwei Mann mehrere hundert Passagiere befragen? Absoluter Blödsinn . . .

Er bog nach links in den Lutinelaan und fuhr zur Wache. Dort setzte er sich hinter den Schreibtisch und dachte eine Minute lang konzentriert nach. Dann war er sicher: Der junge Dijkstra irrte, wenn er den Täter auf Vlieland vermutete. Interesse daran, daß die Tote möglichst spät gefunden wurde, mußte vor allem jemand haben, der aufs Festland wollte. Er brauchte Vorsprung, um hinter allen Deichen zu sein, wenn man Ruth Michalski entdeckte.

Falls der Täter das erste Boot um sieben genommen hatte, war ihm das gelungen. Aber wenn er in einem Hotel gewohnt hatte, in dem er ordnungsgemäß bezahlen mußte, um nicht aufzufallen - dann saß er jetzt auf der Fähre und zählte die Sekunden . . .

Hoekstra streckte den Arm zu dem Apparat aus, der ihn direkt mit dem Schiff verband.

»Frans?«

»Henk! Was liegt an?«

»Bist du allein?«

»Klar.«

»Also: Hier ist ein Mord passiert . . . «

Dem Kapitän blieb offenbar die Spucke weg.

»Hör zu!« fuhr Hoekstra fort. »Wenn du Pech hast, ist der Täter an Bord. Aber erzähl das um Himmelswillen nicht weiter. An Bord muß alles so sein wie immer. Aber in Harlingen legst du erst an, wenn der Kai abgesperrt ist. Wir werden von allen Passagieren die Personalien aufnehmen . . . «

»Ich habe 400 Leute an Bord. Das dauert ewig!«

»Tut mir leid. Es geht nicht anders . . . «

Nächstes Gespräch: die Polizeischule in Harlingen. Der Telefonposten brauchte fast zwanzig Minuten, bis er den Offizier vom Dienst aufgetrieben hatte. Als der hörte, was Hoekstra wollte, begann er zu schreien.

»Wir haben Wochenende, Oberwachtmeister. Da sind noch gerade fünfzig Mann hier, und von denen . . .«

»Dann hol dir Verstärkung aus Leeuwarden. Du hast noch über eine Stunde Zeit. Und der Schiffer legt erst an, wenn er von euch das Klarzeichen bekommt. Es geht um Mord, Junge!«

Der *Luitenant* schluckte die Anrede und schickte sich ins Unvermeidliche: »Also gut. Was sollen wir fragen?«

Hoekstra erklärte es ihm.

Als er auflegte, kam Visser, sein Stellvertreter, herein. Wie Hoekstra hatte er eine Dienstwohnung gleich neben der Wache, so daß sie sich auch in der Freizeit pausenlos über den Weg liefen. Zum Glück war der Mensch in Ordnung, und auch die Frauen kamen miteinander aus.

»Wie schön, daß du mich am freien Samstag aus dem Bett geholt hast«, meinte der *Wachtmeester 1e klas*. »Ich wollte schon immer mal dabei sein, wenn die Touristen die Fähre entern . . .«

Hoekstra grinste flüchtig: Sie hatten sich das beide schon tausendmal angesehen.

»Mord im *Albatros*. Aber warte noch . . .«

Der Oberwachtmeister wählte erneut. Visser las die Nummer mit und ahnte, was kam: Sein Chef ließ den Yachthafen sperren. Die Insel war dicht. Ob es noch rechtzeitig war, würde sich zeigen.

Hoekstra drückte auf die Gabel, ohne den Hörer aus der Hand zu legen: Sein unmittelbarer Vorgesetzter saß auf Terschelling, Vlielands Nachbarinsel im Osten. Der *Adjudant* legte Wert darauf, unangenehme Nachrichten nicht erst aus der Zeitung zu erfahren.

»Alles klar?« fragte Hoekstra, nachdem er wieder aufgelegt hatte.

Visser hatte mitgehört und nickte: »Sicher. Und ich habe immer behauptet, wir könnten auf diesem Inselchen eine ruhige Kugel schieben . . .«

»Die Zeiten sind vorbei«, meinte Hoekstra düster. Der Brand, angeschwemmte Pakete mit Rauschgift und eine gestohlene Segelyacht hatten ihnen in diesem Sommer mehr Arbeit bereitet, als ihnen lieb war.

Er stand auf: »Paß auf, Wim. Ich gehe jetzt 'rüber und esse einen Happen auf Vorrat. Du mußt solange die Stellung halten . . .«

Dijkstras Anruf hatte Hoekstra beim Zeitunglesen erreicht, und er war in der Montur losgejagt, in der er in normalen Zeiten auch seinen Dienst versah. Dieser Samstag aber war alles andere als normal, und während seine Frau ihm einen *Uitsmijter* anrührte, stieg er aus seinem Tropenhemd und den Jeans in die dunkelblaue Uniform um. Er war noch nicht ganz fertig, da klingelte das Telefon.

»Henk? Leeuwarden war dran«, meldete Visser. »Die Recherche schickt sofort drei Mann mit einem *Bölkow* los. Wir sollen sie in einer halben Stunde am Landeplatz abholen . . . «

»Gut. Nimm den Wagen und bring sie zum Hotel. Ich fahre mit dem Rad.«

Hoekstra widmete sich nun dem Rührei mit Schinken, trank ein Glas Tee und rüstete zum Aufbruch.

»Es kann lange dauern«, sagte er zu seiner Frau, die ihm in die Jacke half und ein paar unsichtbare Flusen von den Schultern zupfte.

»Ich hoffe, ihr kriegt ihn!« entgegnete sie. »Mord auf Vlieland — das ist wirklich schrecklich.«

Er nickte und küßte sie. Den Hinweis, daß ein Mord *immer* schrecklich sei, verkniff er sich. Lena hatte ja recht: Ein solches Verbrechen hatte nur in Städten wie Amsterdam den Schrecken des Außergewöhnlichen verloren.

Hoekstra verließ das Haus, ging durch den Vorgarten zur Wache und warf einen Blick ins Sekretariat, wo Lissy ein dringendes Privatgespräch führte. Als sie ihn sah, deckte sie die Sprechmuschel ab.

»Kannst du heute ein paar Stunden länger bleiben?«

Sie nickte zögernd, sah aber nicht begeistert aus. Auch sie hatte nach der Brandgeschichte schon jede Menge Überstunden auf dem Konto.

»Du feierst sie ab, wenn das hier vorüber ist. Ehrenwort!«

»In Ordnung . . . «

Er steckte den Ausweis der Toten in einen Umschlag und fuhr mit dem Dienstrad ins Dorf. Wouters Fotogeschäft lag schräg gegenüber dem Rathaus. Vier Kunden waren vor ihm dran, darunter ein älteres Ehepaar, das er schon öfter auf der Insel gesehen hatte. Die Gründlichkeit, mit der die beiden den Ständer mit den Ansichtskarten durchkämmten, ließ Hoekstra Böses ahnen. Er drängte sich an ihnen vorbei: »Entschuldigen Sie, aber es ist dringend und geht schnell. Darf ich?«

Wouter sah ihn gespannt an. Er war ein nicht sehr großer, kräftiger Mann mit dichtem dunklen Haar, der allmählich auf die Fünfzig zuging. Er betrieb nicht nur den Fotoladen, sondern hatte auch fast die gesamte PR-Arbeit der Gemeinde in der Hand.

Hoekstra reichte ihm den Umschlag: »Von dem Foto brauche ich ein Dutzend Abzüge. In einer Stunde . . .«

Wouter schielte hinein und runzelte die Stirn. Er wartete auf eine Erklärung. Aber der Polizist dachte nicht daran, vor den Fremden das böse Wort in die Welt zu setzen, das ihm auf der Zunge lag.

»Kennst du Eynte Harmens?« fragte er endlich. »Das ist eine gute Bekannte von ihm . . .«

Wouter verschlug es die Sprache. Den Mann *konnte* er gar nicht kennen. Denn Eynte Harmens war lange tot. Am 16. August 1807 hatte man ihn vor dem alten Rathaus von Vlieland gerädert und gekreuzigt. Weil er ein halbes Jahr zuvor, in der Nacht zum 27. Februar, die Witwe Jannetje Prangers um 38 Gulden beraubt und mit einem Pflasterstein erschlagen hatte. Das war der letzte Mord, den die Inselchronik seit 180 Jahren verzeichnete.

Plötzlich begriff der Fotomensch. »Wann?« fragte er.

»Heute nacht. Alles Weitere erzähle ich dir, wenn ich die Fotos abhole . . .«

»Geht in Ordnung«, versprach Wouter, den Blick in weite Fernen gerichtet. Hoekstra vermutete, daß er in Gedanken schon den Exklusiv-Artikel für den *Harlinger Courant* formulierte.

Als der Oberwachtmeister sich auf sein Dienstrad schwang, fiel sein Blick auf Bakkers Tabakladen. Die schwarz-gelbe *Camel*-Reklame über dem Eingang leuchtete herüber. Seit er keine Langstrecken mehr lief, gönnte er sich ab und zu einen guten Zigarillo. Heute war so ein Tag, an dem er wieder einen brauchte.

Er schob sein Rad hinüber und stellte es an der weißgetünchten Hauswand ab. Im Laden war es angenehm kühl. Hinter der Theke stand Gerrit, der in Leiden irgendetwas Kompliziertes studierte, was er als Erbe dieses Ladens garantiert nicht gebrauchen konnte. In den Semesterferien zeigte er den Mädchen vom Zeltplatz die einsamsten Stellen der Insel.

»Siehst ziemlich blaß aus«, stellte Hoekstra fest. »Solltest weniger arbeiten.«

»Ach«, meinte der Junge, »die Tage sind gar nicht so schlimm. Aber die Nächte . . .«

Hoekstra feixte mit, ging hinaus und kletterte wieder auf das alte Sparta-Rad. Gemächlich schaukelte er die wenigen Meter zu Dijkstras Hotel hinüber. Er verspürte plötzlich große Lust, in einem der Straßencafés in der Sonne Platz zu nehmen, einen Kaffee zu trinken und den lieben Gott einen guten Mann sein zu lassen. Denn in der Nachsaison war es auf der Dorpsstraat am schönsten.
Eigentlich.

6

1913 errichtet, hat das Dattelner Rathaus nichts mit den Beamtensilos gemein, in denen heutzutage der öffentliche Dienst versteckt wird. Mit seinem Glockentürmchen, den Portalpfeilern und Rundbogentüren erinnert das Gebäude viel eher an eine Kreuzung aus Bischofssitz und Münsterländer Adelsschloß. In einem Park ein wenig von der Altstadt abgerückt, damit die Bürger nicht allzu lästig wurden, war es doch nahe genug, um Bauern, Bergarbeitern und anderen Hungerleidern die Größe Preußens zu demonstrieren. Für Datteins Bürgermeister war das Beste gerade recht.

Nach der Fete in der Stadthalle scheuchte Roggenkemper seine engsten Fans quer durch die Innenstadt zu seiner Residenz. Erinnerungsfotos, auf denen er im Mittelpunkt stand, waren seine große Leidenschaft. Es gab mittlerweile so viele davon, daß man alle Schulen und Altersheime damit tapezieren konnte.
Roggenkemper dirigierte die Truppe zum Haupteingang auf der Nordwestseite.
»Das macht nichts her«, beschwerte sich Mager. »Nehmen Sie die Rückseite: der Park, die Sonne . . . «
»Hier oder nirgends! Ich gehe doch nicht durch die Hintertür!«
Auf der Treppe begann ein heftiges Gerangel um die besten Plätze. Roggenkemper komplizierte die Aktion zusätzlich: Einerseits wollte er wie ein Vater auf seine Liebsten hinabblicken, andererseits ging er dabei mangels äußerer Größe inmitten seiner Ziehkinder unter.
»So geht's nicht«, schrie Mager. »Die Langen nach hinten! Und der Bürgermeister muß in die Mitte . . . «
Das Geschiebe begann von vorn.

Mager zog die Schultern hoch — in diesem Geschäft wunderte ihn so schnell nichts mehr. Er klemmte die Kamera auf das Stativ und blickte sich um. Von dem Rasen zwischen Rathausvorfahrt und Straße aus würde es gehen. Er schulterte den Recorder und marschierte los. Fünf Minuten noch — dann ging es ab ins Café, zur Mittagspause . . .

Beinahe aber wäre er ganz woanders gelandet — und nicht nur für ein Stündchen. Autoreifen kreischten, eine Hupe bölkte, Susanne schrie auf. Einen halben Meter vor ihm stand quer auf der Fahrbahn ein blauer Mercedes.

Ein schlanker Vierzigjähriger in Jeans und weißem Lacoste-Shirt sprang heraus und rannte auf Mager zu.

»Sind Sie lebensmüde?« brüllte er.

»Kameramann«, schrie Mager. »Aber das ist fast dasselbe . . . «

»Idiot!« schimpfte der Fahrer und hob die Hand an die Stirn. Seine dunklen Augen brannten vor Zorn.

»Mensch, Uwe!« rief Roggenkemper herüber. »Laß den Mann leben! Der soll unseren Film machen!«

Der Benz-Pilot schleuderte Mager einen Blick zu, der eine Eiche gefällt hätte, und kletterte wieder in seine Kiste. Vorsichtig fuhr er vorbei und stellte den Dreihunderter schräg hinter den Lada. Dann stieg er aus und zündete sich eine an.

»Komm, Uwe, du mußt auch noch drauf!« rief der Bürgermeister.

»Aber ohne Fluppe!« forderte Mager.

Der Mann zog noch einmal an seiner *Benson & Hedges* und blickte Mager ausdruckslos an. Dann schnippte er die Zigarette auf die Fahrbahn und postierte sich auf der Treppe.

Als die Szene im Kasten war, schickte Roggenkemper seine Garde in die Mittagspause und kam herüber.

»Passen Sie besser auf sich auf! Datteln braucht Sie noch!« mahnte er Mager und schaute auf die Uhr. »Sagen Sie: die Schreibtischszene, die noch fehlt — brauchen Sie dafür lange?«

»Zwanzig Minuten, halbe Stunde«, antwortete Mager und sah seinen Eiskaffee in weite Fernen rücken.

»Hast du soviel Zeit, Uwe?«

Der Mensch mit dem Krokodil-Hemd nickte.

»Also los . . . «

Mager schleppte seine Ausrüstung in Roggenkempers Dienstzimmer, setzte ihn hinter den Schreibtisch, ließ ihn mit einem wunderhübschen verzierten Brieföffner ein paar Couverts aufschlitzen und Post lesen — dann war auch das geschafft.

»Wunderbar«, strahlte der Bürgermeister. »Also, bis um drei am Fahnenmast!«

Zehn Minuten später ging es Mager wieder besser: Im einzigen Café auf der Hohen Straße konnte er die Ausrüstung abstellen und die Beine ausstrecken.

»Ich sag' dir, Susanne, dieser Job hier, das ist sauer verdientes Geld«, meinte er, während er die Hirsche und Meisen auf den getönten Fensterscheiben musterte.

»Immerhin: 30.000 Mark.«

»Billig. Unterm Strich bleibt fast nichts. Mindestens noch fünf Drehtage, die Computergrafik . . . «

»Vergiß nicht die 4000 Mark von Roggenkempers Partei, wenn wir aus dem Material noch ein Video für die Altersheime basteln . . . «

»Weitere drei, vier Tage Arbeit. Die Sache rechnet sich wirklich nicht. Roggenkemper hat uns mit dem Auftrag geleimt.«

Als die Bedienung mit dem Eiskaffee kam, vergaß Mager seine Sorgen. Er stieß den bunten Plastikhalm ins Glas und pumpte sich die kalte Flüssigkeit in den Wanst, ehe er begann, die Sahne und das Gefrorene einzuschaufeln. Er war fertig, bevor Susanne auch nur angefangen hatte. Während sie die neueste *Brigitte* durchblätterte, nahm Mager seine Relaxposition ein: Die Beine lang, das Kreuz durchgedrückt, die Hände hinter dem Kopf gefaltet. Er schloß die Augen und gähnte. Durch die geöffnete Gartentür hörte er einem Geschwader Spatzen zu, das in dem alten Birnbaum herumtobte.

Gute zehn Minuten ließen sie sich gegenseitig in Ruhe. Die Zeiten, in denen sie sich mehr zu sagen hatten, lagen fast anderthalb Jahrzehnte zurück. Es gab Tage, an denen Mager das bedauerte — dieser gehörte nicht dazu.

Plötzlich fuhr er hoch und knallte die rechte Hand auf die Tischplatte: »Ich hab's!«

Erschrocken blickte Susanne ihn an.

»Geld!« sagte er.

»Ja?« Sie sah sich um: »Wo?«

»Auf dem Neumarkt«, verriet er und legte eine Kunstpause ein.

»Ach« – »Ja. Wir sollen doch zum Schluß ein Statement von

Roggenkemper aufnehmen. Wir stellen ihn dafür neben diesen schönen Brunnen vor Karstadt und der Bank. Und du gehst vorher mit Saale hin und fragst die Heinis, was sie zahlen, damit ihre Firmennamen in den Film kommen . . .«

»Hier!« meinte sie und tippte sich an die Stirn.

»Im Ernst! Die zahlen garantiert 'nen Tausender. Und dann klappern wir noch ein paar Firmen ab, die auch aufs Band dürfen. Ich sag' dir: So rechnet sich die Sache doch!«

7

Die Insel liegt wie eine Barriere fast dreißig Kilometer vor dem Abschlußdeich des Ijsselmeeres und besteht aus zwei völlig gegensätzlichen Landschaften: dem sieben Kilometer langen und dreitausend Meter breiten *Vliehors*, der flachen Wüste im Westen, wo nur Robben und Soldaten hausen, und den idyllischen Wald-, Heide- und Weidegebieten des zwölf Kilometer langen, schlankeren Hauptteils.

Weit weg vom Lärm des Militärs, tausend Meter vor dem Ostkap, befindet sich das Dorf. Zwei, drei Straßenzüge breit duckt es sich zwischen Deich und Dünen — die höchste mißt immerhin vierzig Meter und hat zur Belohnung einen Leuchtturm aufgesetzt bekommen.

Eine feste Straße, meist dicht am Watt verlaufend, verbindet das Dorf mit einer Radarstation und den Kasernen am Vliehors und einem Yachthafen am Kap. Nach Norden gehen vier Straßen: An der Kirche beginnt der Badweg zu den Bungalows und den beiden einzigen Hotels am Strand, östlich des Dorfes, an der Anlegestelle, führt der Lutinelaan in ein kleines Neubaugebiet, die nächste Querstraße durch den Wald zum Campingplatz und die letzte zur Mülldeponie.

Fragt man Einheimische, warum ihr Dorf nicht einfach Vlieland, sondern *Oost*-Vlieland heißt, bekommen sie einen verklärten Blick: Westlich der schmalen Inselmitte lag an einer windgeschützten Bucht einst ein zweites Dorf, das *West*-Vlieland hieß. In Hollands Goldenem Zeitalter war es Walfangbasis und Umschlagplatz des Welthandels auf dem Weg ins Ijsselmeer, nach Amsterdam, und diese Lage ließ es reich werden. Doch wie Hollands *Glorie* verging auch der frühere Wohlstand der Insel: Das westliche Dorf versank im Meer, und nur noch das malerische *Post-*

huis, das die vier Flurnachbarn der ermordeten Ruth Michalski an diesem Samstag besuchten, erinnert an die große Zeit . . .

Als Hoekstra das Hotel erreichte, waren die Panzersoldaten bereits eingetroffen. Sie saßen im Frühstücksraum, unterhielten sich leise und tranken Unmengen Kaffee und Tee, mit denen Dijkstra sie gratis versorgte. Ihren Anderthalbtonner hatten sie klugerweise auf dem Hof abgestellt.

»Gut, daß ihr da seid!«

Der Oberwachtmeister reichte jedem die Hand und wandte sich an den Sergeanten, der die Truppe führte: »Ihr stellt euch nur vor die Tür, falls es draußen eine Menschenansammlung gibt. Die Sache wird noch genug Aufsehen . . .«

Der Mann nickte nur.

Hoekstra setzte sich ins Büro und wartete. Nach dem Brand im *Seeduyn-Hotel* hatte Leeuwarden zwar eine starke Gruppe an Kriminaltechnikern auf die Insel geschickt, um die Spuren zu sichern, aber die polizeitaktische Arbeit, vor allem die Vernehmungen, hatte der Oberwachtmeister mit seinen Leuten fast allein erledigt. So bekam er den Chef des *Recherche Bijstands Teams* an diesem Samstag zum erstenmal zu Gesicht: Der Major hatte sich auf Menorca gesonnt, als sie im Regen nach dem Feuerleger forschten.

Als de Jong eintrat, war Hoekstra unwillkürlich etwas enttäuscht. In der phantasielosen grün-braunen Kombination mit dem am Kragen geöffneten Hemd machte der Mittvierziger äußerlich wenig her. Braun waren auch seine angegrauten Haare, die großen Augen und der kräftige Oberlippenbart mit den hängenden Enden.

»Setzen Sie sich doch wieder«, bat der Major. Er selbst blieb stehen, mit verschränkten Armen an den Türpfosten gelehnt, und überließ den freien Stuhl einem etwa dreißigjährigen Kriminalbeamten mit stark gelichtetem Haar, der ihm als Notizbuch diente.

»Reichen Ihnen fünf Minuten?«

»Bestimmt, Major.«

De Jong folgte Hoekstras Bericht aufmerksam und geduldig. Hin und wieder nickte er leicht oder gab ein leises »Mh-mh« von sich, um zu signalisieren, daß er zuhörte. Dann und wann hefteten sich seine Augen an einzelne Einrichtungsgegenstände oder sahen zu, wie sein Schildknappe die über den Tisch geschobenen Notizen einsammelte; doch meist waren sie auf den Oberwachtmeister gerichtet, als wollte er den Klang seiner Stimme mit dem Gesichtsausdruck vergleichen.

»Die Idee mit den Fotos ist in Ordnung«, sagte er zum Schluß.

»Die Hafensperre auch. Obwohl . . . «

Ein leichtes Schulterzucken verdeutlichte seine Zweifel am Erfolg dieser Maßnahme.

»Und jetzt die Tote!«

Hoekstra führte ihn hin. Auch de Jong blieb zuerst auf der Schwelle stehen und ließ die Szene eine Zeitlang auf sich wirken. Dann tasteten seine Augen den Raum systematisch ab. Klebten für kurze Zeit an dem Stapel Prospekte, dem benutzten Bett und der sorgsam auf einem Sessel abgelegten Kleidung. Die Tür zum Bad stand auf, aber außer der Toilette, der Handtuchstange und der leeren Whisky-Flasche neben dem Abfalleimer war von de Jongs Standort aus nichts zu sehen. Sein Blick kehrte zu der Toten zurück.

»Ich glaube nicht, daß es Lärm gegeben hat. Keine Kampfspuren, keine Unordnung. Sie muß ahnungslos und völlig überrascht gewesen sein, als der Täter zupackte. Und dann hatte sie keine Chance mehr . . . «

Er schaute nochmals zu dem kleinen Schreibtisch zwischen Wandschrank und Badezimmertür hinüber. »Ganz schön bildungshungrig . . . «

Er rückte ein wenig zur Seite. Sein Hilfssheriff hatte bereits eine Kamera und ein Stativ ausgepackt. Von der Tür aus schoß er einige Blitzlichtfotos, um die genaue Lage der Toten festzuhalten.

»Bei seinem Schädel«, sagte de Jong zu Hoekstra, »ist das Blitzlicht reine Verschwendung.«

Der Kahle verzog keine Miene — offenbar war er an solchen Spott gewöhnt. Er packte seine Ausrüstung wieder ein und gab dem Gerichtsmediziner, der stumm und scheinbar desinteressiert abgewartet hatte, einen Wink.

Während die Leiche untersucht wurde, trat der Major, wie Hoekstra es auch getan hatte, an die Feuertür und spähte hinaus. Der Hof und die Straße lagen wie üblich leer und verlassen. Hier gab es keine vielbesuchten Geschäfte mehr, sondern außer einer Brennstoffhandlung und ein paar Wohnhäusern nur noch die Gärten und Höfe der Anwohner von Dorpsstraat und Willem de Vlaminghweg. Die Gefahr, hier nachts jemandem in die Arme zu laufen oder auch nur beobachtet zu werden, war gleich null.

»Ganz schön schlau, der Bursche . . . Aber man sollte dennoch alle Anwohner befragen. Manche Leute stehen zu den unmöglichsten Zeiten am Fenster, um den Mond zu betrachten ...«

Der Kahle kritzelte wieder in seinem Notizbuch. »Also gut«, meinte de Jong und schaute Hoekstra an: »Mit dem nächsten Schiff kommt unser Team herüber. Wo kann ich die Leute ...«

Der Sergeant stapfte eilig den Flur entlang: »Es geht los, Oberwachtmeister. Draußen steht eine Menge Leute herum. Können Sie nicht mal mit ihnen reden?«

Die Straße vor dem Hotel war voller Menschen. Teils sensationslüstern, zum Teil betreten starrten sie zum Eingang herüber, vor dem sich zwei Soldaten wie Schildwachen aufgebaut hatten.

Hoekstra ging auf die Schaulustigen zu, unter denen sich zahlreiche Einheimische befanden. Das Stimmengewirr verstummte.

»Goed middag, Leute!«

Ein allgemeines Gemurmel antwortete.

»Was gibt es denn?«

»Erzählen Sie uns, was passiert ist! — War das ein Mord? — Rück mit der Wahrheit heraus!«

Hoekstra seufzte.

»Ein Mensch ist gestorben«, sagte er dann. »Wie es passiert ist, muß die Recherche erst noch herausfinden ...«

Das Gemurmel wuchs wieder an.

»Mehr kann euch zur Zeit niemand sagen. Es gibt auch nichts zu sehen oder zu helfen. Es besteht also kein Grund, eure Arbeit liegen zu lassen. Oder wollt ihr, daß den Dijkstras die Gäste weglaufen?«

»Sagen Sie uns wenigstens, wer es ist!«

Hoekstra überlegte.

»Eine junge Deutsche«, erklärte er dann. »Sie ist erst vor vier Tagen hier angekommen ...«

Zögernd zogen die ersten Dorfbewohner ab, andere folgten. Nur die Urlauber blieben noch, aber es sah nicht so aus, als würden sie es lange aushalten: Das tauende Tiefgefrorene in ihren Einkaufstaschen brachte sie schon auf Trab.

Als Hoekstra das Hotel betreten wollte, drängte sich der junge Bakker hinter ihm her.

»Was gibt es, Gerrit? Du kannst hier nicht ...«

Die Wangen des Jungen war von roten Flecken übersät, die blauen Augen weit aufgerissen. Hoekstra gab den Soldaten ein Zeichen, sie ließen ihn passieren.

»Nun — was ist?« fragte der Polizist, als die Tür hinter ihnen zugefallen war. Ein paar Schritte weiter drinnen stand de Jong und sah aufmerksam zu ihnen herüber.

Gerrit Bakker mußte tief Luft holen, ehe er ein Wort herausbekam.

»Mijnheer Hoekstra«, begann er schließlich. »Ist das die Frau auf Zimmer 235? So eine Kleine, mit schwarzen Haaren?«

Der Polizist spürte, wie sein Mund austrocknete.

»Ja«, antwortete er und schaute Gerrit an.

Der Junge wich dem Blick aus, der Lockenkopf senkte sich. Seine Hände suchten an der gemauerten Theke der Rezeption nach einem festen Halt.

»Ich kenne sie«, sagte er nach einer Pause. »Ich war gestern nacht auf ihrem Zimmer . . .«

8

Wie jedes Jahr fand der große Auftritt Roggenkempers genau an jener Stelle statt, wo der Wesel-Datteln- auf den Dortmund-Ems-Kanal trifft. Hier steht auch der ominöse Flaggenmast, an dem das Herz des Bürgermeisters hing.

An normalen Tagen hat die Szenerie etwas ausgesprochen Friedvolles an sich: Lastkähne tuckern vorüber oder lassen sich an den beiden Bunkerbooten mit Treibstoff versorgen, Angeln werden ausgeworfen, Enten gründeln, Schwäne ziehen vorüber, und auf den Bänken am Ufer sitzen Rentner und Liebespaare. Die wenigen Firmen, die hier oben angesiedelt sind, handeln fast alle mit Bootsbedarf; sie stören die Idylle nicht, sondern gehören dazu.

Bemerkenswert ist noch, daß die Wasserwege, von massiven Dämmen gehalten, hier so hoch über ihrer Umgebung liegen, daß der Ausblick auf die nahe Volksparksiedlung etwas unübersehbar Holländisches an sich hat.

Die Uhr ging auf halb drei zu, als sie wieder in den Lada stiegen. Mager überließ der Blonden das Steuer und gab sich einem angenehmen Wachtraum hin, in dem eine kühle Kiste Bier und ein Liegestuhl im Schatten die Hauptrollen spielten. 35 Jahre waren eben doch kein Pappenstiel.

Auf der B 235 und in der Volksparksiedlung kamen sie nur in

Schleichfahrt voran. Zugeparkte Straßenränder, Großfamilien im Querformat, rot-weiße Absperrgitter und etliche Polizisten, die ihnen für den Rest des Weges einen Fußmarsch empfahlen. Der Wisch mit Roggenkempers gezacktem Namenszug brachte sie zum Schweigen.

Zuletzt ging es nur noch im Schritt weiter. Während Susanne den Wagen vorsichtig durch die Fußgängerscharen lenkte, schielte Mager nach rechts. Von Bäumen fast verdeckt, war zwischen Straße und Damm ein Minensucher der Bundesmarine aufgebockt. Roggenkemper persönlich hatte die alte *Krebs* vor dem Hochofen gerettet und sie dem *Marineverein* für seine Saufabende zur Verfügung gestellt — als »neues Wahrzeichen« Dattelns, wie die *Morgenpost* begeistert geschrieben hatte.

Endlich waren sie oben auf dem Deich. Vor dem Gelände einer Sportboot-Firma fand Susanne ein schattiges Plätzchen.

»Ich peile mal die Lage«, sagte Mager und stieß die Tür auf. Ein Stück hinter der Fahnenstange, zwischen einer Wellblechhütte und dem Grab des Minensuchers, fand er, was er gesucht hatte: einen Getränkewagen.

Während der Dicke auf sein *Alster* wartete, warf er einen Blick auf die *Krebs*, die er jetzt fast von oben bewundern konnte. Im Schatten des Bootes parkten fünf oder sechs *Wannen* mit Bereitschaftspolizei.

Den ersten Halbliterbecher kippte Mager noch an der Theke, zwei weitere nahm er mit. Die Chefin saß bei geöffneten Türen, die Füße auf dem Armaturenbrett, und studierte die Karteikarten mit den Drehbuchauszügen. Sie beruhten zum größten Teil auf Roggenkempers persönlichen Regieanweisungen.

Edelmütig reichte Mager ihr einen Becher. Sie nahm einen großen Schluck und zeigte mit unverhohlener Schadenfreude zu dem blauen Bunkerboot einer Bochumer Mineralölfirma hinüber. »Du darfst gleich klettern: Wenn die Flußpioniere auftauchen — Totale von oben auf den Händedruck zwischen Roggenkemper und dem Kommandeur. Anschließend Gerdchens Rede und die Totenehrung . . . «

Sie blätterte um: »Dann zum Bootshaus, drüben an der Brücke. Dort beginnen die Kanalrundfahrten. Ansturm auf die Boote, fröhliche Gesichter von Soldaten und Zivilisten, Kinder mit Luftballons. Und bloß nicht die Rentner und Behinderten vergessen.«

Mager nickte schicksalsergeben. Für die wenigen Sekunden,

die von der Show später im Film auftauchten, war das eine üble Plackerei. Neidisch starrte er auf ein paar Punks, die es sich am Ufer bequem gemacht hatten: Während die ihre Bierchen kippten, mußte er malochen.

»Echt pervers, was wir hier treiben«, meinte er düster. »Wenn du mir vor zehn Jahren prophezeit hättest, daß ich mal solche Filme mache . . . «

Susanne zuckte die Achseln: »Roggenkemper zieht eben alle Register. Bei den Leuten, die hier investieren sollen, kommen die Bundeswehrbilder blendend an.«

»Eben. Gegen diese Heinis haben wir demonstriert!«

»Ich weiß«, nickte sie. »Vor fünfzehn Jahren!«

»War das etwa falsch? Guck dir doch den Rummel hier an. Meinst du, das dient . . . «

»Meine Güte! Krieg jetzt bloß keinen Moralischen, Mager! Du hättest lieber zu Ende studieren und Sowi-Pauker werden sollen — du mit deinem verdammten Marlowe-Komplex!«

»Wie bitte?«

»Philip Marlowe, Privatdetektiv. Alles außer Scheidungen, sagte er und verhungerte. Du willst es doch genauso machen: Alles, nur keine Werbung. Ich bin sofort dabei — wenn du mir vorher verrätst, womit wir unsere Raten bezahlen . . . «

Mager verstummte und hüllte sich in die Wolken seiner Selbstgedrehten.

»Der ist nicht verhungert«, meinte er nach einer Weile.

»Wer?«

»Marlowe. Er hat Linda Loring geheiratet — und die hatte jede Menge Moos.«

»Wie schön für ihn. Aber wo ist deine Linda Loring? Hat Mechthild geerbt?«

Nein, wollte Mager sagen. Aber er schluckte die Antwort hinunter. Die Erwähnung seiner Gattin hatte ihn endgültig auf die Verliererstraße gebracht.

9

Durch den Hinterausgang verließen sie das Hotel und brachten Gerrit Bakker mit dem Landrover in den Lutinelaan. Als sie ihn in Hoekstras Dienstzimmer auf einen schlichten Plastiksessel setzten, hatte er mit dem *Sunny Boy* vom Abend zuvor kaum noch etwas gemein. Er vergrub das Gesicht in den Händen und schüttelte stumm den Kopf.

Lissy erschien in der Tür und blickte fassungslos auf den Jungen. Mit einer Handbewegung scheuchte der Oberwachtmeister sie weg: »Und kein Telefon! Wenn was ist, soll Wim das klären . . . «

Er schloß die Tür und setzte sich neben den Kahlen an den Schreibtisch, während sich der Major wieder eine Wand aussuchte, um sich, die Arme verschränkt, mit dem Rücken gegen sie zu lehnen.

»Erzählen Sie!« begann de Jong.

Bakker blickte auf. Seine Augen waren feucht und rot.

»Was wollen Sie wissen?«

»Wann haben Sie die Frau kennengelernt?«

»Gestern abend . . . «

Und dann erzählte er: Stockend, aber fast der Reihe nach, die ganze Geschichte. Von der *Bloody Mary* über Cohens *Nancy* bis zum Whisky an ihrem Bett.

»Und dann?«

»Was und dann?« entgegnete Bakker verständnislos.

»Was Sie mit ihr gemacht haben?«

»Nun . . . «

»Haben Sie mit ihr gevögelt?«

Bakkers blaue Scheinwerfer füllten sich mit Empörung — er hatte die Ereignisse wohl romantischer in Erinnerung.

»Naja . . . «

»Mijnheer Bakker«, erklärte de Jong förmlich. »Sie sind zweiundzwanzig, ich bin doppelt so alt, und auch Oberwachtmeister Hoekstra ist schon eine ganze Weile erwachsen. Es ist also niemand da, den Sie mit irgendetwas schockieren könnten . . . «

»Ja«, antwortete Bakker und verstummte.

»Was für ein Ja: verstanden oder gevögelt?«

»Wir haben zusammen geschlafen . . . «

»Genauer! Wie lange waren Sie da? Worüber haben Sie gesprochen?«

Gerrit Bakker schluckte und starrte zum Fenster hinaus. Die Straße draußen war still wie eh und je, er kannte dort jeden Stein und jedes Haus, aber das alles war jetzt weit weg. Einige Augenblicke schien es, als müsse der Junge wieder losheulen, doch er schluckte es herunter.

»Geben Sie mir eine Zigarette«, bat er.

Der Major blickte den Oberwachtmeister an — er war Nichtraucher. Hoekstra zog die Zigarillos heraus, die ihm Gerrit selbst verkauft hatte. Ein schwaches Lächeln huschte über das Gesicht des Gelockten, dann rauchte er an.

»Ich war ungefähr drei, dreieinhalb Stunden da«, erzählte er stockend. »Wir haben in dieser Zeit keine zehn Sätze gewechselt. Sie war — naja, sie war offenbar auf eine wilde Nacht aus und konnte einfach nicht genug bekommen . . . «

»Und Sie?«

»Ich?«

Bakker schniefte und lächelte leicht. »Ich war nach zwei Stunden groggy. Völlig überrollt . . .« Er unterbrach den Satz, schien nachzudenken. Die beiden Polizisten ließen ihm Zeit.

»Wirklich, das war schon seltsam. Nach außen hin wirkte sie ungeheuer cool und souverän. Unnahbar. Aber im Hotel — sie ließ sich völlig fallen . . . «

»Und danach?« fragte de Jong.

»Wann — danach?«

»Als Sie — groggy waren . . . «

Bakker zögerte erneut — es fiel ihm sichtlich schwer, in die Details zu gehen.

»Wir haben dann, naja, noch ein bißchen so 'rumgemacht. Einfach nur geschmust. Als ich drauf und dran war, einzuschlafen, hat sie mich 'rausgeschmissen.«

»Und?«

»Was: Und?«

»Sind Sie gegangen?«

»Klar. Was sonst?«

»Wohin?«

»Nach Hause natürlich . . . «

»Und wie sind Sie aus dem Hotel gekommen?«

»Hinten. Die Feuertreppe. Der Schlüsselkasten war ja nicht mal verplombt. Und vorne raus — das war mir zu riskant. Ich wollte Dijkstra nicht in die Arme laufen.«

»Was hast du mit dem Schlüssel gemacht?« fragte Hoekstra.

»Wieder hingehängt . . . «

»Du hast also nicht abgeschlossen?«

»Nein. Wie denn auch . . . «

Die Polizisten wechselten einen kurzen Blick: Wenn das stimmte, war Bakker aus dem Schneider. Aber er würde es nie beweisen können.

»Gerrit«, fragte der Major und beugte sich leicht vor, »sind Sie ganz sicher, daß die Frau noch lebte, als Sie gingen?«

Einige Sekunden lang hing die Frage in der Luft. Gerrit Bakker sah den Major an. Langsam schien ihm zu dämmern, um was es ging. Seine Lippen begannen zu zucken. Hoekstra fürchtete schon, der Bursche würde wieder die Fassung verlieren, doch er fing sich sofort.

»Wollen Sie damit sagen . . .«

»Irgend jemand *hat* sie umgebracht. Und soviel wir wissen, waren Sie der letzte Mensch, der sie lebend gesehen hat!«

»Aber — warum sollte ich sie denn umbringen? Warum?« schrie der Junge. »Erklären Sie mir das doch!«

Der Oberwachtmeister legte ihm beruhigend die Hand auf die Schulter. Bakker verstummte, wartete auf eine Antwort. Der Major schwieg.

»Ich war nicht der letzte«, beharrte der Gelockte schließlich. »Der letzte, der sie gesehen hat, war ihr Mörder.«

10

Mit gewölbter Brust und durchgedrücktem Kreuz, die Augen wie aus Granit gemeißelt — so stand Roggenkemper auf dem quadratischen Sockel des Fahnenmasts, flankiert von einer alten Schiffsschraube und einem ausgedienten Anker.

Es war einer seiner Lieblingsplätze und der rechte Ort, einen symbolischen Händedruck mit dem Häuptling seiner Patenkinder, der Flußpioniere vom Rhein, zu wechseln: Schräg hinter sich wußte er seinen Minensucher, vor sich sah er den vom Kaiser eingeweihten Kanal, und über ihm wehten die Fahne der Bundesrepublik Deutschland und das Banner des Dattelner Schiffer-Vereins. Schön war das!

Die Bun-des-wehr ist un-ge-heu-er:
Er-stens Schei-ße, zwei-tens teu-er!

Der Bürgermeister zuckte, als hätte ihn ein Stromstoß getroffen. Seine Augen flackerten auf und irrten am Ufer entlang, um die Ketzer aufzuspüren. Knapp fünfzig Leute mochten es sein: Schüler, Eltern mit Kindern, Rentner. Die übrigen zweitausend blieben stumm. Einige beifällig nickend, andere blieben skeptisch, viele waren aufgebracht: Diese Linken wollten ihnen ein Vergnügen versauen.

Zwei riesige Transparente gingen hoch: Jesus, der über seinem Knie ein G3 zerbrach, und jene Saurier, die ausgestorben sind, weil sie zuviel Panzer und zuwenig Gehirn gehabt hatten.

Das PEGASUS-Team stand auf dem *Aral*-Boot, er mit Stativ und Kamera auf dem Dach, sie mit Mikro und Aufnahme-Recorder unten, verbunden durch ein Vier-Meter-Kabel, mit dem die Geräte gekoppelt waren. Als Roggenkemper einen Polizeioffizier heranwinkte, drückte Mager — eher aus einem Reflex heraus als in kühler Absicht — auf den Auslöser. Mit großer Geste wies der Bürgermeister auf die Sünder. Der Kommissar zog ein *Walkie-Talkie* aus dem Uniformrock und gab eine Folge schneller Kommandos.

Zwei Minuten später rückte Bereitschaftspolizei an. Die Beamten bildeten eine Kette und drängten die Gruppe vom Ufer weg. Schritt um Schritt wichen die Demonstranten zurück. Einige ließen sich zu Boden sinken, behutsam griffen die Polizisten zu und trugen sie davon. Noch konnte alles friedlich enden.

In diesem Augenblick rührten sich die Punks. Sie sprangen auf und rannten los. Ein kräftiger Bursche in verschossenem Muscle-Shirt holte aus und schickte einen Gegenstand auf eine Flugreise. Das Geschoß war handlich, seine Hülle bestand aus Plastikfolie, der Inhalt aus einer leuchtend roten Suppe. In nahezu idealem Bogen überwand der Farbbeutel die Versammlung braver Bürger und klatschte vor die Füße des Bürgermeisters. Beim Aufprall zerplatzte er, und die Brühe spritzte umher. Roggenkempers Hemd und Hose bekamen am meisten ab.

Die Wirkung der Attacke war enorm.

Die Getroffenen schrien auf und brachten die Menge hinter sich in Unordnung. Roggenkemper starrte ungläubig auf die blutroten Flecken auf seinem Hemd und fuchtelte mit den Armen. Der Polizeikommissar brüllte Befehle, die im Lärm untergingen.

Vom Minensucher keuchte ein zweiter Zug Polizisten den Kanalweg herauf. Auf dem Uferdamm wurden sie mit einer Salve Farbbeutel empfangen. Ein Augenblick des Zögerns, dann stürzten sie sich auf Punks und Demonstranten. Schlagstöcke wirbelten, Transparentstoff riß, Holz krachte, Menschen brüllten. Eine Flut von Haß brach sich Bahn.

Zwei von diesen Schlagmaschinen holte Mager mit dem Zoom heran. Sie hielten einen jungen Burschen an den Armen, während ihm ein dritter mit voller Wucht in den Unterleib trat.

Dicht daneben das Gleiche: Zwei Bullen zerrten eine Frau an den Haaren, ein dritter zog ihr wieder und wieder den Schlagstock über den Rücken.

Polizeisirenen, Blaulicht. Zwei Wannen rasten heran, die Türen wurden aufgerissen, die Festgenommen hineingeprügelt. Wer nicht schnell genug war, dem half man mit den Stiefeln nach.

Neuer Schwenk: die Leute.

Viele waren zurückgewichen, angstvoll, entsetzt. Aber da war auch dieser Schrank von einem Kerl, ein Grinsen im Gesicht. Zwei junge Frauen, die vor Begeisterung kreischten. Ein Graukopf mit Marinemütze, Geifer im Maul — als sie einen Punk an ihm vorbeizerrten, schwang er den Krückstock und prügelte mit.

Und Roggenkemper. Weiß vor Wut. Als eine Gruppe von Demonstranten versuchte, den Kanal entlang zum Bootshaus zu fliehen, trieb der Bürgermeister die Verfolger an: »Nachsetzen, draufhauen, nachsetzen!«

Nach zehn Minuten war alles vorbei. Die Menge schwappte über dem Kampfplatz zusammen wie die See über einem gesunkenen Schiff. Die Zuschauer drängten wieder zum Ufer, und selbstlos überreichte Roggenkempers Chauffeur dem Chef sein eigenes, blütenweißes Hemd.

Die Bundeswehrkapelle spielte, ein Sturmboot legte an. Der Chef der Flußpioniere ging an Land. Die Hand am Mützenschirm, marschierte auf den Bürgermeister zu. Roggenkemper nahm Gruß und Meldung entgegen, mit gewölbter Brust und durchgedrücktem Kreuz, die Augen wie aus Granit gemeißelt.

Kaum hatte Mager die Zeremonie im Kasten, sprang er vom Bootsdach, koppelte die Kamera vom Recorder ab und lief über die Metallgitterbrücke zurück an Land.

»Wo willst du hin?« schrie Susanne.

»Pissen!«

Im Ausstellungsraum der Sportbootfirma drängte er ein paar neugierige Wassersportfans zur Seite und stürzte zu dem Schreibtisch, von wo aus ein Rentner darüber wachte, daß keiner der Besucher einen Außenborder klaute.

»Habt ihr noch ein zweites Telefon?«

»Durch die Tür da. Aber . . . «

Fünfzehn Monate vor diesem Septembertag hatte Holger Saale noch davon geträumt, einst Chefreporter der Hamburger *Nacht-*

ausgabe zu werden. Denn bei seinen Recherchen über barmherzige Schwestern und gnadenlose Kreisklassentrainer war er immer wieder über Leichen gestolpert. Doch womit sonst Karrieren beginnen, damit hörte seine eigene auf: Die Toten dokumentierten stets Skandale, die weder dem Senat der Hansestadt noch den Eignern des Blattes gefielen. Nach der Volontärzeit wurde er ausgemustert.(Vgl. Leo P. Ard: *Roter Libanese* und *Fotofalle*, zwei Weltkreis-Krimis — der Säzzer)

Dem beruflichen Tiefschlag folgte der private Knockout: Saales Freundin wollte zum Kaffeepflücken nach Nicaragua, er nicht. Claudia ging trotzdem. Wochen später las ihn Susanne Ledig im *Geelhaus*, seiner Stamm-Kneipe, auf. Als er am Morgen in einem Hotelbett erwachte, war er engagiert. Wozu, merkte er erst, als er seine Koffer nicht direkt über den PEGASUS-Büros in Susannes Wohnung, sondern noch eine Etage höher, in einem notdürftig ausgebauten Dachboden, abstellen durfte. Sooft er auch seitdem mit geklautem Calvados und anderen Weichspülern bei Susanne vorsprach — von seinen Fähigkeiten als Reporter hielt sie ohne Zweifel mehr.

Magers Anruf kam, als er gerade seine Yucca-Palmen umtopfte und sich darüber den Kopf zerbrach, mit wem er sich am Abend im *Fletch Bizzel* eine esoterische Pantomime ansehen sollte. Seine Freude, in diesem Moment die Stimme seines Vize-Chefs zu hören, war unbeschreiblich.

»Hör zu, Saale«, erklärte Mager. »Roggenkemper hat gerade ein paar Demonstranten zusammenknüppeln lassen — und PEGASUS hat das auf Video. Du tust jetzt zweierlei: Zuerst jagst du die Tussi aus Bochum her, damit sie die Cassette abholt. Dann telefonierst du dir die Finger wund, um das Band zu verkaufen. Am besten noch für die Aktuelle Stunde heute abend . . . «

»Mensch, du spinnst doch. Studio Dortmund nimmt grundsätzlich keine fremde Ware . . . «

»Dann versuchst du es direkt in Köln. Rohmaterial, acht bis zehn Minuten, O-Ton. Aber unter tausend geht das Ding nicht weg!«

»Und was sagt Susanne . . . «

»Du hast gehört, was *ich* sage. Und jetzt schreib auf, wo die Tussi mich findet . . . «

Mager warf den Hörer auf die Gabel, ließ sich auf den Kippsessel des Verkaufschefs sinken und kramte nach seinen Zigaretten. Die

Knüppelorgie hatte er mit einer Abgebrühtheit gefilmt, die er sich nicht zugetraut hatte. Aber jetzt zitterten ihm die Knie.

»Sie können hier nicht sitzen bleiben«, sagte der Alte, der die ganze Zeit zugehört hatte.

»Ich weiß«, sagte Mager. »Aber gib mir erstmal einen Schnaps.«

Der Mann zögerte. Dann öffnete er einen Schrank und eine Flasche *Remy Martin*.

11

Zum *Recherche Bijstands Team* der Provinz Friesland, einer ständigen Sonderkommission zur Aufklärung von Kapitalverbrechen, gehören rund vierzig Polizistinnen und Polizisten. Gut die Hälfte von ihnen hatte de Jong auf die Insel beordern lassen. Wegen der Großaktion im Hafen hatte die Fähre neunzig Minuten Verspätung, so daß alle bis zur Abfahrt in Harlingen eintrafen. Der Rest saß in Bereitschaft oder half dabei, die Aussagen der Passagiere auszuwerten — immerhin waren sechs Gäste aus dem *Albatros* darunter.

Gegen 18.00 Uhr fand sich de Jongs Truppe zusammen mit den Kriminaltechnikern im Rathaus ein — die Wache wäre für diese Versammlung zu klein gewesen. Die meisten, schien es Hoekstra, hatten den Ärger über das verkorkste Wochenende schon auf See verdaut. Jedenfalls hörten sie konzentriert zu, als der Major die Lage schilderte.

Fragen gab es kaum. Alkema fuhr eine Beamtin zum Lutinelaan, damit sie Bakker die Fingerabdrücke abnehmen konnte, während ihre Kollegen auf direktem Wege zum Hotel wanderten, um im Zimmer der Ermordeten das Unterste nach oben zu kehren.

»Und nun zu euch«, wandte sich de Jong an die Leute der *Taktischen Recherche*. Er ließ die Reproduktionen des Paßfotos verteilen.

»Ich will ein lückenloses Protokoll über jeden Schritt, den die Frau hier getan hat. Wann war sie wo — und was hat sie da gesagt und getan? Der Oberwachtmeister dort« — alle drehten sich zu Hoekstra um — »kennt sich aus. Er wird euch bei der Aufteilung der Gebiete helfen, die ihr abklappern müßt . . . «

Eine Viertelstunde später waren die Männer und Frauen unterwegs. Auch Hoekstra wollte los, um nach den Posten zu sehen, aber der Major hielt ihn fest: »Warten Sie . . . Was halten *Sie* von unserem Freund?«

Der Oberwachtmeister hob die Augenbrauen: »Gerrit? Ich kenne ihn, seit ich auf der Insel bin. Schürzenjäger? Ja. Mörder? Nein . . . «

»Wieso sind Sie so sicher?«

»Weil er kein Mörder ist . . . «

De Jong verzog das Gesicht: »Das ist keiner von unseren Kunden. Bis auf das eine Mal, das sie hinter Gitter bringt. Meistens, jedenfalls . . . «

»Aber es gibt genügend Leute, denen auch das eine Mal nicht passiert«, widersprach der Oberwachtmeister. »Was ist mit dem Motiv? Warum sollte er eine Frau umbringen, mit der er noch ein paar Nächte verbringen konnte?«

»Konnte er? Vielleicht hat sie ihn mit Spott und Hohn vor die Tür gesetzt hat, weil er nach zwei Stunden nicht mehr ganz so frisch war? Und er fand das gar nicht so gut?«

»Ich weiß nicht«, gestand Hoekstra. Mit dem Daumen kratzte er sich durch die blonden Stoppeln hindurch, die sein Gesicht bedeckten, ausgiebig das Kinn. Aber je länger er darüber nachdachte, desto absurder erschien ihm de Jongs Vermutung.

»Das ist mir zu konstruiert, Major . . . Aber selbst dann, wenn die Frau sich wirklich so verhalten hätte — Gerrit hätte mit den Achseln gezuckt und wäre nach Hause gegangen. Und heute abend wieder in die *Stoep*. Ein paar von den Zeltplatzmädchen sind ja noch da.«

Er zündete sich jetzt doch einen Zigarillo an. Ein leichtes Schwindelgefühl machte sich bemerkbar: Den letzten hatte er vor einer Woche geraucht, nachdem er den Brandstifter in Harlingen abgeliefert hatte.

»Ich habe doch heute morgen mit ihm geredet«, fing Hoekstra wieder an. »Eine Stunde, bevor sich der Mord herumgesprochen hatte. Wir haben noch über seine Amouren gewitzelt. Mal angenommen, er hätte sie wirklich erwürgt — halten Sie ihn für so kaltblütig, am Morgen nach der Tat über seine harten Nächte Witze zu reißen?«

De Jong antwortete nicht. Sein Zeigefinger tippte mehrmals auf den Stiel eines Kaffeelöffels, der neben seiner Tasse lag, und ließ die Kelle wippen.

»Und noch etwas. Kein schlüssiger Beweis, aber ein Umstand,

der zu allem anderen kommt: Die Frau hatte ihr Kostüm sorgfältig über den Sessel gelegt. Wann? Nachdem er sie ausgezogen hatte? Bevor er ging? Oder eher danach, als er weg war? Und bevor der Mörder anklopfte . . . «

De Jong schwieg. Hoekstra wich seinem Blick nicht aus, sondern beobachtete aufmerksam eine allmähliche Wandlung auf seinem Gesicht. Falls der Major gehofft hatte, den Fall ganz bequem im ersten Zugriff lösen zu können — dann begannen seine Träume gerade zu entschwinden.

Der Major stand auf, trat ans Fenster und starrte in den Rathausgarten. Ein Stück Rasen, eine braune Holzbaracke für zusätzliche Büros, noch ein paar Meter Wiese, der Deich, das Wattenmeer . . .

Er holte tief Luft und atmete geräuschvoll wieder aus: »Vielleicht haben Sie recht.«

»Kann ich gehen?« fragte Hoekstra.

»Ich komme mit . . . «

Im Zimmer 235 war die Spurensicherung damit beschäftigt, alle halbwegs glatten und festen Flächen mit Ruß- und Aluminiumpulver einzustäuben. Die Beamten hatten an der Tür begonnen und arbeiteten sich im Uhrzeigersinn vorwärts. Ihnen folgten ein Mann und eine Frau, die Wandschrank, Schubladen, Koffer und Kleidungsstücke gründlich filzten.

Ein anderer Trupp von Technikern hatte soeben die Naßzelle verlassen und widmete sich der Glastür am Ende des Flurs und dem Handlauf der Feuertreppe, während zwei weitere den Hof und die Unterstellmöglichkeiten am Middenweg absuchten: Falls ein anderer als Bakker der Täter war, mußte er im Hotel oder auf der Rückseite gewartet haben, bis der Weg zu Ruth Michalski frei war.

Die Frage, wie es aussah, unterdrückte de Jong: Wenn einer etwas fand, würde er sich melden. Sicher war nur, daß die Zimmermädchen eine Menge Arbeit hatten, wenn die Polizei die Räume freigab.

Den Mediziner fand der Major im Frühstücksraum an jenem Tisch, der für die einsame Bewohnerin von 235 reserviert gewesen war. Bei einer Tasse Kaffee füllte er ein Notizbuch mit Zeichen, die genausogut aus dem Persischen stammen konnten. Als er de Jong sah, hob er beide Hände.

»Ich weiß gar nichts«, sagte er. »Nur, daß Sie mir sagen

werden, daß der Zeitpunkt des Todes noch nie so wichtig war wie in diesem Fall. Stimmt's?«
Der Major grinste.
»Zum Glück weiß Dijkstra wenigstens, wann sie zum letztenmal etwas gegessen hat und was. Das wird uns bei der Obduktion sehr helfen ...«
»Kommen Sie! Ich brauche die Zeitangabe jetzt und nicht in einem halben Jahr ...«
»Zwischen neun und drei letzte Nacht. Vielleicht.«
»Dürftig«, meinte de Jong. »Das weiß der Barkeeper in der *Stoep* besser. Um zehn hat sie nämlich noch gelebt. Und zwar sehr ...«
»In Sexbierum gibt es eine Kartenlegerin«, meinte der Doc. »Die weiß alles auf die Sekunde genau — ehe es passiert. Vielleicht versuchen Sie es da mal?«
»Schon gut. Erwürgt?«
»Sieht so aus.«
Der Major gab es auf. Vor der Obduktion würde dieser Mensch nicht einmal zugeben, daß Ruth Michalski wirklich tot war.

12

Im großen Festzelt tobte sich der deutsche Frohsinn aus.
Punkt acht legte die Bundeswehr-Combo mit einem Rheinlied los, und über tausend brave Bürger sangen mit. Zwanzig Minuten später hatten sich die Leute warm geschunkelt. Die erste Polonaise ging ab, erst durch die Reihen, dann rund ums Zelt. Männerhände gierten nach halbnackten Schultern, die angegrapschten Weiber quietschten, und alle zusammen schrien nach irgendeiner Adelheid, die ihnen partout keinen Gartenzwerg schenken wollte. Ein Nebel aus Parfüms und After-Shaves wirbelte auf — das Zelt stank wie eine Drogerie.
Das PEGASUS-Team hatte den Lada am Hintereingang abgestellt. Während Mager im Freien sein verschwitztes Hemd wechselte, starrte er neidvoll auf den riesigen Wohnwagen, den man für den Star des Abends bereitgestellt hatte. Der Herr Künstler hatte da drinnen sicher fließendes Wasser und mußte sich die Achselhöhlen nicht mühsam mit einem Dutzend Erfrischungstücher säubern.
Während Susanne ihr Make up auffrischte, überlegte Mager,

ob er ihr den Deal mit der Aufnahme beichten sollte. Nach der Rückkehr in die Stadt hatte er die Chefin am Neumarkt abgesetzt und wieder ins Café geschickt, während er allein zum Tanken und Waschen gefahren war. Dort hatte Karin bereits auf die Cassette gewartet, halb erstickt an ihrer Wut . . .

Mager verwarf den Gedanken. Erstens hatte er doch seine Zweifel, ob sie seine Idee auch so gut fand wie er. Und zweitens war es noch gar nicht sicher, ob Saale, diese Flasche, die Cassette überhaupt verkauft hatte.

Als sie fertig waren, riskierte er einen Blick in das verräucherte Zelt und stöhnte auf: Privat hätten ihn keine zehn Gäule dort hineingebracht. An den Zapfstellen drängten sich die Bedienungen, um volle Gläser abzuholen, an den langen Tischreihen wurde gequasselt, geschunkelt und gesoffen, und vor der Bühne mühten sich rund zweihundert Leute, den Brauttanz der Krickenten nachzuahmen.

Flöz Sonnenschein morgens um fünf, dachte Mager. Die sind ja alle bescheuert . . .

Den größten Teil ihrer Arbeit erledigten sie rasch und routiniert: ein paar Aufnahmen von den unvermeidlichen Festreden; das Publikum, zwei, drei Tanzszenen, einen Blick auf die Kapelle und einen in das Décolleté der Sängerin. Dann warteten sie auf den Superstar des Abends, dessen Lieder nach Schätzung des Dicken bombig ankommen würden.

Die Pause aber war Magers Stunde. Wie ein Riesenheuschreck fraß er sich an Pommesbuden und Wurstständen entlang, eingedeckt mit den Gutscheinen, die ihm die Organisatoren im Rathaus zugesteckt hatten. Aufträge ohne Deckung des Verpflegungsbedarfs hatten auf seinem Schreibtisch keine Chance.

An der Sektbar in einer Ecke des Festzelts trafen sie Roggenkemper. Neben ihm lehnte, einsfünfundachtzig lang, in schwarzer Jacke und blauen Jeans, der nette Mensch, der Mager beinahe plattgefahren hätte. Der Ortsfürst winkte sie heran und stellte sie vor: »Uwe, dieses Mädchen ist der lebende Beweis — es gibt noch charmante Frauen mit Köpfchen . . . «

Der Mann musterte sie und streckte ihr die Hand entgegen.

»Frau Ledig«, erläuterte Durchlaucht, »das ist der gefährlichste Mann im Landkreis Recklinghausen: Uwe Gellermann, Prokurist bei Puth und Fraktionschef in der Partei. Wenn er nicht gerade seine Firma in den Ruin treibt oder an meinem Stuhl sägt, dann tröstet er irgendwelche Witwen . . . «

»Solche Leute muß es auch geben«, erwiderte Susanne. »Schade, daß ich keine Witwe bin . . .«

»Glauben Sie ihm kein einziges Wort«, empfahl Gellermann und ließ sich zu einem vollendeten Handkuß hinreißen. Seine braunen Augen lächelten Susanne an. »In Wahrheit wären Puth und Roggenkemper ohne mich schon Dauerkunden im Sozialamt . . .«

Per Fingerschnippen orderte der Prokurist eine neue Flasche Schampus. Er goß ein und drückte auch Mager ein Gläschen in die Hand: »Beim nächsten Mal ziele ich besser!«

»Ich überlebe alles«, strunzte Mager. »Aber Sie haben Totalschaden . . .«

Doch Gellermann hatte kein Auge mehr für ihn, sondern ging an Susannes Sonnenseite vor Anker. Offenbar stand er nicht nur auf Witwen.

»Journalistin sind Sie?« fragte er.

»Gewesen. Jetzt bin ich eher so etwas Ähnliches wie eine Medienkauffrau und Videoproduzentin. PEGASUS spezialisiert sich mehr und mehr auf professionelle Product-Promotion . . .«

Mager grinste still: Einwickeln gehörte zu Susannes Stärken.

»PEGASUS — ein schöner Name. War das nicht das geflügelte Roß des Zeus?« kramte der Prokurist in seinem Schatzkästlein humanistischer Bildung.

Susanne nickte. Ihr Lächeln brannte zwei tiefe Löcher in seine Augen: »Und in der Romantik das Symbol der Dichter . . .«

Weiber, dachte Mager.

Doch bevor es zu irgendwelchen Weiterungen kommen konnte, mischte sich Roggenkemper ein.

»Uwe, Frau Ledigs Truppe könnte euch doch aus der Scheiße holen. Laßt ein paar Tausender springen und ein paar schöne Filme von euren Förderbändern machen. Du wirst sehen, dann läuft der Laden wieder!«

Gellermann hob die Schultern: »Das erzähle ich dem Chef schon seit Jahren. Aber das ist für ihn nur neumodischer Schnickschnack . . . Und wenn ich jetzt wieder damit anfange, kriegt er gleich den nächsten Herzanfall.«

»Wie wär's, wenn wir uns die Sache einmal anschauten?« fragte Susanne. »Wir könnten Ihnen dann einen Drehbuchvorschlag und ein Kostenexposé erstellen.«

Gellermann schwieg und grübelte.

»Mit dem besten Kameramann, den ich kenne«, bohrte die

Blonde weiter. »Solides Handwerk, genialer Kopf. Auf Festivals heimst er Preise ein . . .«

Mager neigte sein Haupt und schwieg bescheiden. Das Einheimsen bestand vorerst aus zwei einsamen Urkunden für einen Dokumentarfilm über den Stahlarbeiterstreik im Winter 78/79. Gellermann und seinem Chef würde der Streifen wohl kaum gefallen — und das nicht nur, weil er noch in Schwarz-Weiß gedreht worden war.

Plötzlich nickte Gellermann und grinste.

»Könnten Sie vielleicht schon Montag zu einer Vorabsprache kommen?«

Der hat's aber plötzlich eilig, dachte Mager.

»Wie ist es mit den Terminen, Klaus?«

»Eng, sehr eng«, stöhnte Mager. »Denk an das Video für die Baumarktkette . . .«

»Kommen Sie«, stoppte ihn der Prokurist. »Es wäre sogar dringend.«

Alle sahen es: Mager rang mit sich. Solch einen überzeugenden Gewissenskonflikt hatte er nie zuvor auf die Bühne gebracht.

»Mir zuliebe«, drängte Roggenkemper. »Datteln braucht jeden Arbeitsplatz. Und unsere Freunde haben wir noch nie vergessen.«

»Also gut«, meinte Mager. Solange es sich nicht wieder um Mischmaschinen handelte, war er für jeden Auftrag dankbar.

»Montag morgen um elf?« drängte der Jeans-Mann.

Mager tat, als lasse er einen vollen Terminkalender vor seinem geistigen Auge Revue passieren.

»Einverstanden«, nickte er schließlich.

»Prima. Ich beschreibe Ihnen, wie Sie . . .«

»Jetzt gehts los!« jubelte Roggenkemper und deutete auf die Bühne. Mit erhobenen Händen applaudierte er und stimmte einen Sprechchor an, den die ehrenwerte Versammlung freudig aufgriff: »Hei-no! Hei- no!«

13

Abends um zehn sammelte de Jong seine Truppe im Gemeindesaal und ließ eine erste Bilanz ziehen. Berauschend war sie nicht.

Der Doc hatte, bevor er samt Leiche zur Obduktion nach Leeuwarden geflogen worden war, doch noch einen kurzen

Bericht hinterlassen und darin immerhin zugegeben, daß Ruth Michalski tot war.

Auch die Todesursache sei eindeutig: Erwürgen. Der Angriff sei frontal erfolgt, und der Täter habe wohl Handschuhe getragen, da am Hals weder Eindrücke von Fingernägeln noch Kratzspuren feststellbar seien. Andere Todesursachen schloß er vorerst aus.

Kurz vor zehn hatte er telefonisch das Fazit der Obduktion durchgegeben. Den frühesten Zeitpunkt des Todes könne er aufgrund des Verdauungsgrades der Nahrung auf Mitternacht korrigieren, als Schlußtermin sei zwei Uhr möglich, jeder Zeitraum davor aber wahrscheinlicher.

Für Gerrit Bakker war dieses Resultat alles andere als erfreulich: Ein anderer Täter hätte, nachdem er selbst zwischen halb zwei und zwei am Morgen weggegangen war, innerhalb von Minuten am Tatort sein und das Verbrechen ausführen müssen.

Weitere Verletzungen, darunter Hinweise auf eine Vergewaltigung, habe man nicht festgestellt. Auch gebe es keine Anzeichen dafür, daß die Michalski sich nachhaltig gewehrt und dem Mörder irgendwelche Kratzer zugefügt habe . . .

Die Kriminaltechniker kamen an die Reihe. Sie hatten ihre Ergebnisse bereits statistisch aufbereitet: Im Zimmer 235 gab es Fingerabdrücke von neun, im Bad immerhin noch von fünf Personen . . .

»Das erzähle ich schon seit Jahren«, warf ein älterer Techniker ein. »Die Zimmermädchen in Deutschland sind viel gründlicher!«

Er mußte es wissen: Seinen Urlaub verbrachte er regelmäßig bei Brilon im *Gebirge*.

Nr. 1, der Häufigkeit nach, sei in beiden Räumen die Tote, Nr. 2 das Zimmermädchen, an dritter Stelle komme Bakker, gefolgt von Cornelius Dijkstra. Die anderen Fingerabdrücke seien unbekannter Herkunft, jedoch anhand der Gästeliste nachprüfbar.

»Aber das wird dauern«, meinte der Chef der Techniker und blickte auf seinen Spickzettel: «Es sind zwei Deutsche und zwei Franzosen darunter.«

An den Türklinken im Zimmer und an der Feuertür gebe es keine verwertbaren Spuren; sie seien alle so verwischt, als habe der letzte Benutzer sie mit einem Lappen oder Wollhandschuhen gestreift.

Am Gepäck: Überall die Prints der Toten, aber einige beschädigt. Den Wandschrank, die Schubladen und den Koffer der

Frau, die eher ordentlich gewesen sei, habe wahrscheinlich jemand durchsucht. Aber die Papiere, Geld und Schmuck seien allem Anschein nach vollständig.

»Wenn ich zusammenfassen darf: Alles spricht dafür, daß nach Bakker noch eine andere Person im Raum war.«

Ein allgemeines Flüstern und Raunen, dann hob de Jong beschwichtigend die Hand: »Wir wollen doch heute noch für ein paar Stunden ins Bett!«

Die Kriminaltaktiker hatten sich jede erdenkliche Mühe gegeben, die Aktivitäten Ruth Michalskis zu dokumentieren. Sie legten einen Laufplan vor — von der telefonischen Anmeldung im Hotel am Dienstag morgen bis zum Abmarsch zur *Stoep* am Freitag abend —, der aber noch Lücken enthielt. Ihre wichtigsten Stationen waren das Besucherzentrum, die Bibliothek, die Zeitschriftenläden und mehrere Cafés gewesen: Sie hatte alle erreichbare Literatur über die Insel gekauft oder ausgeliehen und zwischendurch ein paar Spaziergänge ums Dorf und zum Strand unternommen . . .

Das Ergebnis der Nachforschungen unter dem Personal und den Gästen des Hotels sei niederschmetternd: Niemand hatte mehr als ein paar unverbindliche Worte mit Ruth Michalski gewechselt, niemand hatte sie mit jemandem gesehen, und — vor allem — niemand hatte im möglichen Tatzeitraum irgend etwas bemerkt.

»Und was ist mit den vier Leuten auf ihrem Flur?«

»Die sind um eins ins Bett gegangen. Und wenn du mich fragst: Ich halte es für unwahrscheinlich, daß einer von ihnen sich erst mit seiner Freundin schlafen legt, dann noch einmal aufsteht . . . «

Der Rest des Satzes ging im Gemurmel unter.

»Und was wissen wir nun wirklich?« fragte der Brilonspezialist schließlich.

»Aus psychologischer Sicht«, begann ein junger Polizist mit Nickelbrille, und alle stöhnten auf.

De Jong grinste, brachte die Truppe zum Schweigen und sagte: »Mach's kurz. Und auf Holländisch . . . «

Der Psycho-Mensch verzog sein Gesicht zu einem schmerzlichen Lächeln.

»Sie hatte keine wirklichen Kontakte auf der Insel — nur zu Bakker. Außer ihm hat sie niemanden gut genug kennengelernt, um ihm ein Motiv zu liefern.«

Schweigen.

»Mir ist etwas aufgefallen«, meldete sich eine Polizistin. »Die hat sich gar nicht wie eine Touristin verhalten, sondern viel eher wie eine Lehrerin auf Bildungsurlaub. Wer von den Gästen interessiert sich sonst so für die Vergangenheit?«

»Stimmt«, gab der Chef der Taktiker zu. »Aber dafür gibt es eine Erklärung: Ihr Vater gehörte zu den *Moffen,* die nach 1940 die Insel besetzt hielten. Das hat sie mindestens zweimal erzählt.«

»Kann man das überprüfen?« fragte der Major den Oberwachtmeister. Hoekstra hob die Hände: »Kaum. Die Deutschen haben vor der Befreiung tagelang Papiere verbrannt. Wir müßten die Alten fragen. Manche Deutschen hatten Privatquartiere. Auch hier, im *Albatros,* haben welche gewohnt. Es gibt Fotos . . .«

De Jong winkte ab: »Schreiben Sie die Namen von Vlieländern auf, die vielleicht etwas wissen. Dann haben wir morgen keine Langeweile . . . Also: Was ist letzte Nacht passiert?«

Die Beamtin meldete sich wieder: »Bakker war es nicht. Was Gabriel«, sie deutete auf den Psychologen, »gesagt hat, ergibt doch Sinn: Es war ein Täter von auswärts, der aber gewußt haben muß, wo er sie findet. Vielleicht hat er sogar im Hotel darauf gelauert, daß Bakker wieder verschwand . . .«

»Hotel ist unwahrscheinlich. Auf dem Hof!«

»Hast recht. — Also: Als Bakker die Feuertür aufließ, konnte der Täter problemlos hinein. Er hat geklopft, die Ruth Michalski hat ihn für Bakker gehalten und geöffnet. Er hat sofort zugepackt, damit sie nicht schreien konnte, und sie erwürgt. Dann hat er alles durchwühlt und ist gegangen. Nachts war er im Wald, morgens fuhr er mit dem ersten Schiff ab . . .«

»Und warum hat er alles durchwühlt?«

»Klauen wollte er nicht: Der Schmuck ist noch da, die Uhr auch . . .«

»Er hat etwas anderes gesucht, von dem er vermutete, daß sie es hatte . . .«

Alle schwiegen und dachten nach.

»Wenn es so war«, sagte de Jong schließlich, »dann war der Täter wohl ein Deutscher. Dann geht es um etwas, das bei ihr zu Hause passiert ist.«

»Aber: Wo hat er stundenlang gewartet, bis Bakker wieder ging? Wo hat er übernachtet? Wo ist der verschwundene Schlüssel?«

»Weiß ich auch nicht«, gab de Jong zu. »Ihr werdet morgen

nochmal den Weg hinter dem Hotel nach Spuren absuchen und überall herumfragen müssen, ob jemand gesehen worden ist.«

Alle nickten. Da meldete sich Hoekstra zu Wort.

»Bitte . . . «

»Ich weiß nicht, ob das wichtig ist. Aber ich habe mir vorhin die Sachen der Toten angeschaut.«

»Und?«

»Sie hat eine Menge Kram mit, den man bei einer Frau in ihrem Alter vermutet. Aber etwas fehlt: Ein Wohnungsschlüssel . . . «

Schweigen. De Jong schaute zu den Tatortspezialisten hinüber, die blickten auf ihre Listen, nickten.

Einige Sekunden vergingen.

»Die können aber auch in ihrem Wagen liegen«, meldete sich jemand.

»Und wo steht der?« fragte de Jong.

»In der Handtasche ist eine Quittung . . . «

Der kahle Gehilfe des Majors sprang auf und rannte nach nebenan. Zwei Minuten vergingen, dann kam er zurück: »In einer Touristengarage . . . «

»Also los!« befahl de Jong. »Ruft in Harlingen an: Die sollen den Besitzer auftreiben oder sonstwie in den Wagen kommen . . . «

»Und wenn der Schlüssel nicht im Auto ist?«

»Dann kriegen die Deutschen den Fall.«

14

Sonnenbrille wußte, wonach deutsche Herzen dürsten. Er spulte das ganze Repertoire herunter, dem WDR IV seine Existenz verdankt, und das Publikum schluchzte in Dankbarkeit mit. Harte Männer fühlten ein unbekanntes Zittern in den Kehlen, und den Frauen wurden die Knie weich.

Als Heinos Klampfe die ersten Takte der *Bergvagabunden* intonierte, geriet auch das Blut des Bürgermeisters in Wallung. Mit nasser Pupille und wunder Seele lauschte er dem Hohelied deutscher Männertreue und zerfloß in Erinnerungen, die er gern gehabt hätte.

In diesem Augenblick pflügte ein Kleiderschrank von Kerl durch die Reihen und steuerte auf den Prominententisch zu: Ein Schädel wie ein Hauklotz, Schultern breit wie ein Kohlenflöz,

Hände wie Pannschüppen. Sein Gesicht glühte, so daß jeder Arzt auf die Sekunde vor dem Herzanfall getippt hätte. Der Mann hieß Schatulla und war im Kreis Recklinghausen fast so bekannt wie der Fürst von Datteln.

Vor 18 Jahren hatte der Bulle noch auf der Zeche *Emscher-Lippe* Kohle gebrochen. Dann wurde im Stadtverband ihrer Partei über den Nachfolger des verstorbenen Bürgermeisters abgestimmt: Der Hauer brachte seinen Ortsverein geschlossen auf die Seite Roggenkempers. Damit entschied er die Wahl. Ein Jahr später tauschte er seinen Abbauhammer gegen einen Füller mit Goldfeder ein und wurde Landrat . . .

»Gerd«, brüllte der Bulle mitten in den Schlußapplaus und wuchtete seine Tatze auf die Schulter des Bürgermeisters. »Der Krawall am Kanal war schon im Fernsehen . . .«

Es war, als hätte man einen schlafenden Köter mit Eiswasser übergossen. Roggenkemper fuhr hoch, das Blut erstarrte ihm in den Adern. Dann zischte er: »Genauer!«

»Mein Sohn ist gerade gekommen. Kurz vor acht war die Sache im Fernsehen. Drittes Programm. Die haben ausführlich gezeigt, was heute am Kanal passiert ist. Dich hatten sie in der Mangel, weil du Erich den Einsatzbefehl gegeben hättest. Unglaublicher Skandal, Verstoß gegen das Polizeigesetz — der übliche Stuß . . .«

»Danke, Jupp! Setz dich wieder hin. Ich kläre das gleich . . .«

Schatulla verzog sich zögernd, noch immer zornrot im Gesicht. Roggenkemper setzte sich, nippte scheinbar gleichgültig an seinem Sektglas und richtete seine Augen wieder auf die Bühne.

Beatrix Puth beugte sich über den Tisch und sah den Bürgermeister forschend an: »Ärger?«

»Ach was. Latrinenparolen . . .«

Mager bekam von dem Intermezzo nichts mit. Nachdem er einige bewegte Bilder von dem bebrillten Barden aufgenommen hatte, stand er wieder mit Gellermann an der Sektbar. Gemeinsam lästerten sie über den Musikgeschmack des deutschen Kleinbürgers. Nach dem dritten Glas ertappte sich Mager dabei, daß er den Menschen allmählich sympathisch fand. Er ließ den Sekt stehen und stieg auf Mineralwasser um.

Minuten später begann Sonnenbrille, über die Pest zu jammern, die ihn ausgerechnet vor Madagaskar ereilt hatte. Mager griff zu Kamera und Recorder und machte sich auf den Weg nach vorn: Die gesungene Krankenstandsmeldung war, wie ihm ein Kuli aus dem Troß des Blonden erzählt hatte, die unwiderruflich letzte Zugabe.Kaum war der Titel verklungen, fegte Roggenkemper mit einem Dutzend weißer Rosen auf die Bühne. Hand in Hand hielten sie den Strauß in die Luft — zwei Preisboxer nach einem Weltmeisterschaftskampf. Aus den Augenwinkeln kontrollierte der Bürgermeister, ob Mager auf Posten stand und die Szene aufs Magnetband bannte.

Gemeinsam mit dem Sänger verschwand der Kanalvogt durch den Hintereingang, um dem Kameramann aufzulauern. Die erste, die ihm vor die Mündung lief, war Susanne, die gerade den Lada aufschließen wollte.

»Gut, daß ich dich sehe, Mädchen!«

Er packte sie am Handgelenk und drückte sie gegen den Wagen.

»Wie kommt das Fernsehen an den Film?«

»Was für'n Film und was für'n Fernsehen?« fauchte die Blonde und versuchte, ihren Arm aus der Klammer zu befreien.

»Willst du mich vereimern? Von der Polizeiaktion am Kanal natürlich!«

»Und was war damit?«

»Irgendein Schweinehund hat die Sache aufgenommen und auf den Sender gebracht. Wer — wenn nicht ihr?«

»Sie sind ja nicht bei Trost!« Sie begann zu lachen. »Wir haben Datteln gar nicht verlassen . . .«

Mager erschien, mit Kamera und Recorder bepackt.

»Holla — intimes Beisammensein?«

Susanne erklärte es ihm.

»Wir?« staunte Mager. »Tinneff!«

Er öffnete den Aufnahme-Recorder, nahm die Cassette heraus und hielt sie Roggenkemper entgegen.

»Können Sie mitnehmen und kontrollieren. Da ist alles drauf, was wir heute aufgenommen haben. Aber passen Sie auf, daß Sie nichts löschen! Wenn Sie Pech haben, ist gerade die Werbung mit dem NATO-Image im Arsch . . . «

Der Blick des Bürgermeisters pendelte zwischen der Video-Cassette und den PEGASUS-Leuten.

»Herr Roggenkemper!« stieß Susanne nach. »Am Kanal sind ein paar Dutzend Leute mit Kameras 'rumgelaufen. Was meinen Sie, wieviele von den Dingern es allein in Datteln gibt?«

»Erzähl mir nichts! Wie kann denn so'n Otto Normalverbraucher ein Video ans Fernsehen verscheuern? In der kurzen Zeit? Der hat doch überhaupt keine Verbindungen!«

»Stimmt!« nickte Mager. »Da ist was dran . . .«

Die Blonde starrte ihn an.

»Aber da war auch ein Video-Team von irgendwelchen Körnerfressern«, fuhr Mager fort. »So'n gelber VW-Bulli, sah aus wie ein ausrangierter Postwagen. Der stand am Kanalweg, gleich hinter dem Minensucher. Nach dem Zwischenfall sind die Jungs fix wieder abgerauscht.«

Kunstpause.

»Jede Wette, Herr Roggenkemper: Der ganze Rummel war eine gezielte Provokation der Grünen, um Ihnen eine 'reinhauen zu können. Die warten doch schon seit Jahren auf eine solche Gelegenheit . . .«

Roggenkemper dachte nach. Je länger er grübelte, desto einleuchtender erschien ihm diese Theorie.

»Haben Sie die Nummer?« fragte er Mager.

»Von dem Bulli? Warten Sie. Auf jeden Fall RE. Und dann . . . Ne, tut mir leid.«

Roggenkemper blickte auf die Cassette, wendete sie ein paarmal hin und her, zögerte. »Ist schon gut«, sagte er dann und gab sie Mager zurück.

»Trinkt ihr noch ein Glas mit?«

15

Das Fernschreiben aus Holland erreichte die Kreispolizei Recklinghausen am Sonntag um 16.42 Uhr. Fünf Minuten danach lag es vor dem Kripo-Offizier vom Dienst, einem Kommissar aus der Betrugsabteilung. Eine weitere Minute später griff der Mann zum Telefon, um den Chef des 1. K. zu informieren. Der Neue würde sich freuen.

Der Erste Kriminalhauptkommissar Horst Lohkamp war 42, stammte aus Wanne und hatte den Job seit sechs Tagen. Davor hatte er fast neun Jahre beim Bundeskriminalamt abgerissen und es bis zum Stellvertretenden Chef der Ständigen Sonderkommission Terrorismus gebracht. Nach dem Geiseldrama im Spielkasino Dortmund (siehe Ard/Junge: *Bonner Roulette,* GRAFIT-Krimi – die Korrektorin) hatte er von diesem Geschäft die Nase voll. Als die Stelle in Recklinghausen ausgeschrieben wurde, hatte er sich offiziell beworben und inoffiziell Dutzende Türklinken geputzt, um aus dem Bundes- in den Landesdienst zurückkehren zu können. Der Mord an Ruth Michalski war der erste Fall, den er nicht von seinem Vorgänger geerbt hatte.

Als es klingelte, saß Lohkamp gerade im Wohnzimmer seiner neuen Wohnung im Vorort Hillen und spielte mit Schwiegermutter, Frau und Tochter die obligate Runde Rommé, mit der jeder gemeinsame Kaffeeklatsch gekrönt wurde. Er stand so hoffnungslos in den Miesen, daß er für die Störung beinahe dankbar war.

»Lohkamp . . . «

Der Betrugsmensch nannte seinen Namen und las das Telex vor.

»Irgendwer muß die Angehörigen verständigen«, sagte er und fügte hinzu: »Falls es welche gibt . . . «

»Klar. — Wissen Sie, wo dieses Finnland . . . «

»Vlieland. Zwischen Texel und Terschelling.«

»Danke. Tun Sie mir doch den Gefallen und treiben Sie den Kollegen Brennecke auf. Ich fahre zur Wohnung der Toten. Wie hieß die Straße noch?«

»Ludwigstraße. Kennen Sie sich aus?«

»Ich habe eine Karte . . . «

Lohkamp legte auf, schnappte sich seine Cordjacke und steckte den Kopf durch die Wohnzimmertür.

»Ich muß mal weg . . . «

Seine Frau seufzte: Mit seinem Rückzug aus dem BKA hatte sie auf ruhigere Zeiten gehofft.

»Dauert's lange?«

»Keine Ahnung . . . «

Auch das blieb sich gleich.

Recklinghausen fand Lohkamp trotz der schmucken Altstadt schon schlimm genug – aber in Oer-Erkenschwick hätte er nicht tot über dem Zaun hängen wollen. Das einzige, was hinter dem Bindestrich noch lebte, war die Erinnerung an die ruhmreichen Jahre der *Spielvereinigung* in der Oberliga West. Aber die waren schon bei seiner Konfirmation so fern gewesen wie der Bauernkrieg.

Das Haus in der Ludwigstraße hatte fünf Etagen und mußte in der Provinz schon als halber Wolkenkratzer gelten. Links davon gab es noch zwei Wohnhäuser mit Jugendstil-Fassaden, rechts davon eine Tankstelle.

Genau gegenüber mündete die schmale Agnesstraße; die Einfahrt wurde von zwei roten Ziegelsteinhäusern im Reiche-Leute-Stil der Dreißiger Jahre flankiert: Hochparterre, lange Steintreppe, die rückwärtigen Zimmer mit abgerundeten Außenwänden.

Lohkamp wendete vor dem Kinderheim, fuhr bis zum Rathaus zurück, drehte erneut und parkte den blauen Ascona auf dem Seitenstreifen ein Stück vor den Ampeln der Agnesstraße: Sonne im Rücken, Hauseingang im Blick.

Der Bau roch nach Geld. Unten ein auf sachliche Eleganz getrimmter Brillenladen und eine Apotheke, dazwischen der Eingang, alles ein Stück hinter die rote Ziegelfassade der oberen Stockwerke zurückgezogen.

Lohkamp wartete. Die erste Zigarette verglühte. Keine Spur von Brennecke. Er stieg aus und ging hinüber.

Beiderseits der Glastür eine weiße Schilderleiste: Ein Ärztesilo. Lohkamp trat näher und studierte die Aufschriften neben den Klingelknöpfen. Nur acht Wohnungen, die Hälfte davon unter dem Flachdach, waren privat genutzt. Den Namen *R. Michalski* fand er im dritten Obergeschoß, umgeben von einem Optiker, einem Frauenarzt und einem Zahnklempner.

Lohkamp stieg wieder ein. Dieser Brennecke ließ auf sich warten. Vielleicht wäre er besser erst ins Präsidium gefahren. Wenn die Bereitschaft den Kriminalmeister nicht auftreiben konnte, saß er hier wie bestellt und nicht abgeholt. Die Zeiten, in denen er Telefon im Wagen und einen Riesenappparat unter sich hatte, waren vorbei.

Vor Langeweile holte er die Straßenkarte des Kreises heraus. Die Ludwigstraße war offenbar Teil einer alten Landstraße, die von Waltrop über Meckinghoven und Horneburg nach Erkenschwick und von da aus über Oer nach Marl geführt hatte. Sie lag gleich neben der Innenstadt, war aber öde wie ein Feldweg.

Brennecke kam nach der dritten R 6. Als der weiße Fiesta vor ihm einparkte, atmete Lohkamp auf. Er stieg aus und ging auf den Langen zu. Im Haus gegenüber hatte er bis zu diesem Zeitpunkt noch keine Spur von Leben festgestellt.«

»Um was geht es denn?« fragte Brennecke.

Lohkamp erklärte es ihm.

»Mist. Warum müssen die Leute immer am Wochenende morden?«

Brennecke schüttelte mißbilligend den Kopf. Er war achtundzwanzig und fast einsneunzig lang. Die kurze Kochtopffrisur, wie man sie Lohkamp als Schüler verpaßt hatte, und die blau-grüne Jacke mit dem Rückenaufdruck ließen ihn wesentlich jünger erscheinen.

»Sieht aus, als ob sie alleine lebt«, meinte der Lange nach einem Blick auf das Namensschild.

»Vergangenheit«, korrigierte Lohkamp und drückte zweimal auf den kupferfarbenen Knopf. Nichts rührte sich. Eine Minute später versuchte Brennecke sein Glück. Er hatte auch keins.

Als Lohkamp schon abziehen wollte, öffnete sich die Haustür. Zuerst erschien der Kopf eines kläffenden Airdale-Terriers, dann eine Leine. Und an deren Ende hing ein Opa, für den schon ein Rehpinscher zu gefährlich gewesen wäre.

Lohkamp nickte dem Ende der Leine zu und wollte sich durch den Türspalt quetschen. Aber das Männlein blieb stehen und musterte die beiden voll Mißtrauen.

»Wohin wollen Sie?« fragte es. Die Stimme unterschied sich von der seines Kläffers nur um Nuancen.

»Jemanden besuchen«, grinste Brennecke. Männlein sah nicht so aus, als hätte ihm die Antwort gefallen. Aber ehe er sie weiter nerven konnte, löste der Hund das Problem auf seine Weise: Er lief los und zog die Leine und den Zwerg hinter sich her.

Eine Batterie von Briefkästen gähnte sie an. Auch hier stand nur *R. Michalski*. Der Kasten war leer.

Sie fuhren mit dem Aufzug hoch und schauten sich um. Vier Türen, so regelmäßig verteilt, als seien die Wohnungen alle gleich groß. Das wäre eine Menge Platz gewesen, falls die Frau wirklich allein gelebt hatte.

»Hier«, sagte Brennecke. *R. Michalski* stand rechts hinten — sie hatte auf die Tankstelle und den Hof blicken können.

Erneuter Druck auf die Schelle — erneute Fehlanzeige.

»Und nun?«

Brennecke blickte seinen Chef lauernd an.

»Was erwarten Sie?« fragte Lohkamp. »Soll ich für Sie den Rammbock spielen?«

Brennecke grinste.

»Kommen Sie«, meinte Lohkamp. »Wir *lassen* öffnen.«

Aber genau das wurde problematisch.

Die Fahrt zum Präsidium im Westerholter Weg dauerte fast zwanzig Minuten. Während Lohkamp versuchte, den zuständigen

Richter aufzutreiben, zapfte Brennecke den Computer des Einwohnermeldeamts an und ließ die Daten der Ermordeten ausdrucken: Sie war am 17.11. 1957 als Ruth Pohlmann in Datteln geboren, geschieden und hatte Steuerklasse I. Der Ex-Gatte schien allerdings nie in der Ludwigstraße gewohnt zu haben, sonst hätten sie seine Abmeldung und die neue Adresse gefunden.

Lohkamp brauchte viel länger, bis er Erfolg hatte: Fast zwanzig Minuten, bis er den Richter im Clubhaus eines Bochumer Tennisvereins aufgetrieben hatte, zehn weitere, bis der Mann ihm die Zusage gab, nach Recklinghausen zu kommen und das Formular zu unterschreiben, und mehr als vierzig, bis er endlich in seinem Dienstzimmer im Amtsgericht den *Montblanc*- Füller zückte.

Um 19.43 Uhr waren sie wieder in der Ludwigstraße. Wahllos drückten sie eine der privaten Klingeln. Kurz darauf rauschte es in der Sprechanlage: »Ja, bitte?«

Lohkamp und Brennecke wechselten einen kurzen Blick: Kein Zweifel — der Butler des Terriers. In böser Vorahnung stöhnte Brennecke auf.

Seine Befürchtungen waren jedoch unbegründet: Das Männlein zeigte sich kooperativ. Nach einer kurzen Verhandlung benötigte der Alte nur etwa neun Minuten, um ihnen die Haustür aufzuschließen.

Lohkamps alte *Dugena* war auf sieben vor acht vorgerückt, bis sie wieder vor Ruth Michalskis Wohnung gelandet waren. In ihrer Begleitung befand sich ein Handwerkermeister, der das Schloß aufbohren und dann ein neues einsetzen sollte. Er erledigte solche Arbeiten für Polizei und Staatsanwaltschaft des öfteren und brauchte für den ersten Akt sieben Minuten.

Als die Tür aufsprang und geräuschlos nach innen schwang, erkannte Lohkamp auf den ersten Blick, daß die Holländer mit ihrem Hinweis auf die fehlenden Schlüssel recht hatten. Schon der Flur sah so aus, als wäre die GSG 9 vor ihnen da gewesen.

16

Der Montag begann für Mager ausgesprochen schlecht. Um sieben stürmte Kalle, mit zwölf Jahren bereits der Schrecken der Steinhammer Straße, ins Schlafzimmer und schmiß ihn aus dem Bett: »Komm, Mamas Karre springt nicht an . . . «

Halbblind rollte sich Mager auf die Füße, stakste die Treppe hinunter und riß die Haustür auf. Mechthild stand auf dem Hof, trat wütend gegen das rechte Vorderrad ihres Käfers und fluchte vor sich hin.

»So springt er auch nicht an«, knurrte ihr Gatte und erntete den ersten Giftblick des Tages. Er startete den Lada, holte das Überbrückungskabel und schloß es an die Batterien an. Der Käfer kam sofort.

»Vergiß nicht, einzukaufen!« rief sie, während er die hintere Sitzbank wieder in die Halterung drückte. »Der Zettel liegt unter deiner Tasse. Außerdem tropft in der Küche der Wasserhahn. Und denk an die Steuererklärung . . . «

Sie gab Gas und verschwand in Richtung Barop, einem anderen schönen Vorort der Bierstadt. Mit ihrem Job im Evangelischen Kindergarten hielt sie seit Jahren das Familienschiff über Wasser. Denn von dem, was bei PEGASUS abfiel, hätte man nicht mal eine Ziege füttern können.

Mager seufzte und fischte die Zeitungen aus dem Briefkasten.

Von der Titelseite der *Westfälischen* sprang ihm Roggenkemper ins Gesicht. Neben einem Foto, das seinen Händedruck mit dem Boss der Flußpioniere zeigte, prangte die Überschrift: »Datteln Bürgermeister verteidigt Polizei.« Die *Westdeutsche* meldete einen »Mißklang beim Kanalfest« und belegte das mit einem Schnappschuß vom Auftritt der Punks, und die *Nachrichten* lobten die Bundeswehr, weil sie die Entschuldigung Roggenkempers für die in seiner Stadt erlittenen Schmähungen *generös* akzeptiert hatte.

Er warf die Hauptteile der Blätter in den Papierkorb und verzog sich aufs Klo, wo er morgens die Sportseiten auswendig lernte.

Magers Studierstube befand sich übrigens nur eine Wäscheleine weit vom PEGASUS-Hauptquartier entfernt. Sie hatten das Hinterhaus kurz vor ihrer Hochzeit bezogen, als sie froh waren, überhaupt etwas Bezahlbares zu finden. Mager peilte damals bereits seinen Studienabbruch und die Ausbildung als Industriefotograf an, Mechthild wurde als unbezahlte Praktikantin in einem Kindergarten ausgebeutet. So sehr sie ihn inzwischen auch drängte, etwas Besseres zu suchen — Mager konnte sich von dem Palast nicht trennen.

Die zweistöckige Erhebung war etwa zur Zeit des Westfälischen Friedens ohne Lot und rechten Winkel aufgeschüttet worden. Die Steine entstammten mindestens vier verschiedenen Erdzeitaltern, Türen und Fenster waren konsequent asymmetrisch angeordnet, Putz und Farbe spätestens beim Generalstreik gegen den Kapp-Putsch abgeblättert. Sämtliche Holzteile waren so porös, daß auch ein vom Hungertod bedrohter Termitenstamm ohne Zögern weitergewandert wäre.

Der damalige Besitzer hatte Mager den Steinhaufen als *Herrschaftswohnung im Maisonettestil* angepriesen. Denn beiderseits eines Lattenrostes, der entfernt an eine Treppe erinnerte, waren jeweils zwei Zimmerchen wie Bauklötze aufeinandergestapelt.

Alle Fenster und die Tür der Geröllhalde blickten übrigens nach Süden, zum Vorderhaus hinüber — die einzige Baumaßnahme, für die sich ein plausibler Grund finden ließ. Denn auf der Nordseite, knappe drei Meter hinter Magers Kopfkissen, donnerte jahrelang nicht nur der Nachtexpreß von Moskau nach Paris, sondern auch der gesamte übrige Eisenbahnverkehr zwischen Dorstfeld und Langendreer vorüber.

Inzwischen war es etwas ruhiger: Die Bahnlinie war für die schnellen *Intercitys* begradigt und dabei um einige hundert Meter nach Süden verlegt worden. Auf den alten Gleisen verkehrte nur noch die S-Bahn, so daß Mechthild endlich ungestört schlafen konnte. Der Hauswirt hatte prompt die Miete erhöht . . .

Noch bevor Mager seine Morgenlektüre beendet hatte, donnerte Kalle an die Tür: Er mußte zur Schule.

Mißmutig fuhr der Dicke seinen Sproß zum *Reinoldus* nach Dorstfeld hinüber. Daß er Kalle statt zur Gesamtschule aufs Gymnasium schickte, hatte allerdings nichts mit schulpolitischen Erwägungen zu tun . . .

»Haste heute Latein?« fragte er, als die Anstalt vor dem Kühler des Kombi auftauchte.

Kalle nickte düster: »Ein Scheiß-Fach, Vatta. Und eine Mumie von Pauker . . . «

Mager grinste. Kalles Lateinlehrer war schon dabei gewesen, als die Penne noch an der Möllerbrücke stand und *Staatliches* hieß. Klaus-Ulrich Mager auch — als Schüler. Kalle war seine späte Rache.

Zu Hause ließ Mager neuen Kaffee durchlaufen. Dabei schmierte er zwei Brötchen mit Stachelbeermarmelade und deponierte sie an seinem Stammplatz, von dem aus er den Hof im Blick hatte. Er holte die Sportseiten vom Klo und legte die Beine hoch. Bis neun konnte er die Lektüre noch bewältigen.

Doch daraus wurde auch diesmal nichts. Draußen trommelten Schritte heran. Mager ließ den Bericht über die Samstagsniederlage der *Borussia* gegen den Erbfeind aus Köln sinken und schaute hinaus: Susanne. Sie fegte über den Hof, als ob sie mit dem Kopf durch die Haustür wollte. Kein Zweifel: Saale hatte gepetzt.«

»Sag mal, Mager, bist du denn von allen guten Geistern verlassen?« fauchte sie noch auf der Schwelle und krallte sich an seinem T-Shirt fest. »Wenn Roggenkemper das herausbekommt, sind wir den Job los.«

»Wenn er was herausbekommt?« fragte Mager sanft und zog sich auf seinen Stammplatz zurück.

»Stell dich nicht blöder an, als du bist. Die Video-Klamotte meine ich natürlich!«

»Auch ein Täßchen?« Mager hob die Kanne und blickte Susanne unschuldig an.

»Himmelherrgott — ich will keinen Kaffee, sondern eine vernünftige Erklärung, warum du das getan hast.«

Mager verdrehte die Augen: Die siebte Grundsatzdebatte seit der Firmengründung war angesagt.

»Also gut«, meinte er ernsthaft. »Ich bin nicht bereit, so etwas zu filmen und dann so tun, als ob mich das nichts anginge . . . «

»Das ist nicht loyal«, protestierte sie. »Wir haben einen Vertrag, und Roggenkemper besorgt uns sogar noch weitere Aufträge. Es gehört sich nicht . . . «

»Aber Demonstranten niederknüppeln gehört sich, was? Und zuschauen und nichts tun . . . «

»Es ist nicht anständig . . . «

Mager lachte los: »Rede bloß nicht von Anstand. Nicht in diesem Gewerbe — und nicht im Zusammenhang mit Roggenkemper. Das ist ein politischer Sittenstrolch, und wenn man dem eins überbraten kann, bin ich mit Vergnügen dabei!«

»Du ruinierst unseren Ruf!«

Mager sprang auf und trat an sie heran, zielte mit dem Zeigefinger auf ihre Brust: »Jetzt hör mir gut zu! Wenn du PEGASUS zu einem Verein machen willst, der nur noch auf die Moneten schielt und sich bei Typen wie diesem Ekel prostituiert — dann sind wir geschiedene Leute! Werbung? In Ordnung, bringt Kohle. Aber wenn wir Bilder wie am Samstag auf die Spule kriegen, produzieren wir die — auf Teufel komm raus! Oder du suchst dir einen anderen Partner . . . «

Sie schwieg und starrte ihn böse an.

»Und jetzt hau ab. Ich muß nachher mit Saale nach Datteln.«

Harte Maloche in Dreckbuden und Giftküchen gibt es, seit Pütt und Kokerei abgerissen sind, fast nur noch im Süden Dattelns, rund um den alten Bahnhof, der zu einer Mischung aus Müllhalde und Güterabfertigung verkommen ist. Hier befand sich auch die Zentrale des Puth-Imperiums — im schwarzen Dreieck zwischen Bahnlinie, Bundesstraße und dem Weg nach Horneburg.

Gellermann hatte die PEGASUS-Leute zur Verwaltung der Fabrik bestellt, die sein Chef per Heirat erbeutet hatte. Der Bau besaß zwei Stockwerke, aus denen jeweils ein halbes Dutzend Fenster zur Straße hinüberschielte. *Maschinenfabrik Puth* stand auf dem Dach. Die grünen Lettern waren gerade hoch genug, um einen Förderturm dahinter zu verstecken.

»Nicht schlecht!« staunte Saale und zeigte zu den beiden Hallen hinüber, die schräg hinter dem Bürobunker lagen.

Mager nickte. Auch er hatte sich unter der Fabrik eher eine Dreißig-Mann-Klitsche vorgestellt. Doch dann verblaßte der gute Eindruck: Die Parkplätze vor Verwaltung und Werkseinfahrt waren beinahe leer.

»Mach mal deine Augen auf«, knurrte Mager. »Das sieht hier ganz schön nach Pleite aus . . . «

»Vielleicht haben die heute frei. Damit sie den Rausch vom Kanalfest ausschlafen können.«

»Du spinnst ja!« meinte der Dicke und umkurvte einen Kran, der vor den Büros aufgestellt war. Daneben parkte ein LKW, von dem ein paar Leute neue Leuchtröhren abluden. Die Firma wechselte die Farben — von Grün auf Blau.

Mager wartete, bis Saale ausgestiegen war, drückte das Knöpfchen an der Beifahrertür und wälzte sich selbst hinaus. Links neben ihm stand ein weißer BMW, rechts ein unauffälliger, beigefarbener Golf. Von dem dunkelblauen Dreihunderter, mit dem ihn Gellermann am Samstag beinahe umgenietet hatte, war weit und breit nichts zu sehen.

Sie gingen hinein und ließen sich von dem Wachhund in der Glasloge den Weg zur Residenz des Prokuristen beschreiben.

»Sie wünschen?«

Die Stimme, mit der Gellermanns Sekretärin sie begrüßte, machte das Mädchen hundert Jahre älter. Sie paßte auch nicht zu den knallgelben Kanarienvögeln, die sich auf den Gipfeln ihres Sweat-Shirts tummelten. Das Augen-Make-up war hin, und ihr Taschentuch sah aus, als hätte sie damit soeben eine Zechenkaue gewischt.

Mager ignorierte das alles und blätterte ihr seine Visitenkarte hin. Mit dem Daumen wies er nach rechts: »Mein Mitarbeiter Saale. Wir sind mit Herrn Gellermann verabredet . . .«

»Nehmen Sie bitte Platz«, sagte die Frau und dirigierte sie zu ein paar grünen Sesseln mit schwarzen Metallstreben. »Sie müssen sich leider noch gedulden. Herr Gellermann hat Besuch . . .«

Sie setzten sich. Hinter der Polstertür hörten sie undeutlich ein paar Männerstimmen, aber das war alles. Die Sekretärin starrte, halb von den PEGASUS-Leuten abgewandt, auf den leeren Monitor eines Computers. Mager glotzte die Decke an, Saale die Frau. Irgendwann merkte sie es und blickte auf.

»Was bedrückt Sie denn?« fragte Saale sanft. Er traf genau den Tonfall des Psychologenpapstes, der einmal im Monat auf WDR III die Seelenmesse liest.

»Es ist schrecklich«, sagte sie leise. Ihre braunen Haare schwangen leicht von Ost nach West und zurück. »Sie war nur ein paar Jahre älter als ich . . .«

»Wer?« erkundigte sich Saale voller Mitgefühl.

»Ruth, unsere Chefsekretärin . . .«

Sie machte eine kleine Pause, grübelte. Neugierig, aber mit allen äußerlichen Anzeichen unendlicher Geduld wartete Saale auf eine Fortsetzung. Und die kam dann auch: »Am Wochenende, auf einer Insel in Holland. Ermordet . . .«

Wieder blieb es einen Augenblick still. Nur die Stimmen hinter dem Lederpolster murmelten unaufhörlich weiter.

»Ehrlich, Saale«, platzte Mager schließlich los. »Mit dir kann man sich nirgends sehen lassen. Wo du auch hinkommst, liegt schon eine Leiche . . .«

17

Lohkamp und Brennecke saßen um einiges komfortabler als die PEGASUS-Leute: Die Ledergarnitur nahm eine Hälfte des Büros ein, in dem Gellermann sonst an den Bilanzen bastelte. Auch er war sichtlich geschockt.

»Ermordet? Das gibt's doch gar nicht. Und wo? Fliesland?«
»Vlieland«, half ihm Brennecke aus. »Eine Insel. Die Provinz auf dem Festland davor heißt so ähnlich: Friesland . . . «
»Seltsam . . . «
»Bitte?«
»Es paßt nicht zu ihr«, sagte Gellermann. »Sie war sonst immer so korrekt . . . «
»Können Sie uns das erklären?«
»Letzten Montag fühlte sie sich nicht. Sie ging nach Hause und schickte uns einen Krankenschein. Daß sie in dieser Zeit nach Holland gefahren ist, ist einfach nicht ihr Stil . . . «
Seine Nase schnitt eine Querrinne in die Luft, dann wurde sein Blick philosophisch: »Trotzdem — das verstehe, wer will. In den Ferien hat sie noch den Bürobetrieb in Gang gehalten, und jetzt . . . «
»Sie mochten sie?« unterbrach ihn Brennecke.
»Klar. Jeder mochte sie. Sie war gut, fleißig und freundlich. Kein Vergleich zu dem Drachen, den der Chef vorher hatte . . . Aber vielleicht sagen Sie mir einfach, weswegen sie wirklich gekommen sind.«
»Wir brauchen Informationen. Alles, was hilft, daß wir uns ein Bild von der Frau machen können. Wie sie war, was sie tat . . . «
»Waren Sie schon bei Ihren Eltern? Die müßten Ihnen am besten helfen können . . . «
Brennecke schüttelte seinen Kopf: »Im Moment wohl kaum. Die Mutter war — wir haben einen Arzt holen müssen. Und der Vater ist wohl mit dem LKW auf Tour. Wir sind erst einmal auf Sie angewiesen . . . «
Der Mann nickte.
»Fragen Sie. Ich werde tun, was ich kann. Und ansonsten helfen Ihnen meine Sekretärin und die anderen Mitarbeiter. Nur mit dem Chef wird es schwierig — das muß vielleicht der Arzt entscheiden.«
»Schwer?«
»Herzinfarkt«, erläuterte der Prokurist. »Heute vor zwei Wochen. Schon der zweite. Drei Firmen — und das mit zweiundsechzig.«
»In welchem Krankenhaus . . . «
»Er ist seit Donnerstag wieder zu Hause. Der Arzt hat getobt, aber wenn der Chef sich etwas in den Kopf setzt . . . «
Er machte eine vage Handbewegung.

Lohkamp hatte bis jetzt zugehört und sich den Mann angeschaut. Er fand es an der Zeit, zum Wesentlichen zu kommen, und drückte seine Zigarette aus: »Waren Sie jemals in ihrer Wohnung?«

Gellermann nickte: »Oft.«

Die Beamten blickten ihn an, aber er ließ sie hängen.

»Und wieso?« fragte Brennecke schließlich.

Der Prokurist zuckte mit den Achseln: «Geschäftlich. Sie hat sich manchmal Arbeit mitgenommen. Und wenn der Chef mich bat, etwas abzuholen oder hinzubringen, bin ich gefahren. Ein paarmal habe ich sie auch nach Hause gebracht, wenn ihr Wagen in der Werkstatt war.«

»Das war's?«

Die Antwort kam fast ohne Zögern: »Nein . . . «

Wieder eine Pause. Es schien eine Marotte von ihm zu sein, nur Minimalantworten zu liefern. Aber dann sprach er doch von allein weiter.

»Ich hatte so etwas wie ein Verhältnis mit ihr. Sehr locker und rein sexuell. Aber auf Dauer hätte das nur zu Unannehmlichkeiten geführt. So sind wir im letzten Sommer übereingekommen, unsere Beziehungen wieder auf das Geschäftliche zu beschränken . . . «

Lange Pause.

»Weiß . . . «

»Meine Frau? Ja . . . Ich habe gebeichtet, hinterher. Allerdings war die Buße reichlich teuer . . . «

Er machte eine kreisförmige Bewegung vor seinem Hals. Lohkamp tippte auf Perlen und nahm sich vor, die Kette bei Gelegenheit zu besichtigen.

»Herr Gellermann — ist Ihnen in Frau Michalskis Wohnung nichts aufgefallen?«

»Doch. Sie hatte Geschmack.«

»Aber einen sehr teuren«, meinte Lohkamp. »Wieviel verdiente sie?«

»Um die vier. Brutto.«

Er stand auf und öffnete die Tür zum Vorzimmer: »Frau Kronenberger, schauen Sie mal nach, was Frau Michalski genau verdient hat. Und machen Sie bitte einen Kaffee. Sie auch?«

Lohkamp nickte. Die lange Nacht in der Ludwigstraße rächte sich. Noch vor ein paar Jahren hätte er eine solche Schicht mühelos weggesteckt.

»Wie lange hat sie hier eigentlich schon gearbeitet?«
»Etwas über zwei Jahre.«
»Und vorher?«
Gellermann grinste flüchtig.
»Im Rathaus, beim Bürgermeister. Aber der konnte sie nicht angemessen bezahlen . . .«
»Und Puth kann?«
»Klar. Die freie Wirtschaft zahlt immer besser.«
Die Tür öffnete sich. Die Kanarienvögel kamen mit einem Computerbogen herein und gaben ihn ihrem Chef.
»Danke.«
Gellermann blickte kurz auf das Blatt und reichte es weiter.
»Nicht übel«, meinte Lohkamp. »4200. Ist das nicht etwas hoch?«
Der Prokurist verneinte: »Das ist noch im Rahmen. Vielleicht einen Hunderter über dem Durchschnitt. Aber das war sie wert.«
Die Standardfrage kam wie üblich zum Schluß: »Wo waren *Sie* in der Nacht zum Samstag?«
»Zu Hause. Dieses Kanalfestival kotzt mich an . . .«
»Ihre Frau kann das bezeugen?«
Gellermann verneinte: »Die war mit den Kindern bei meiner Schwiegermutter . . .«
»Streit?«
Brennecke erntete einen fast verächtlichen Blick: »Wir wohnen am Hafen — da hätten die Kinder die ganze Nacht kein Auge zubekommen.«
»Herr Gellermann — wann davor und wann danach sind Sie zuletzt oder zuerst gesehen worden?«
»Schwierig. Warten Sie . . .«
Er kratzte sich den Kopf, dachte nach.
»Freitag nachmittag, gegen fünf, halb sechs. Ich habe beim Bürgermeister Unterlagen abgeholt. Bei ihm zu Hause. Kalkulation der städtischen Personalkosten im nächsten Jahr. Und die habe ich ihm Samstag mittag zurückgebracht — zum Rathaus.«
Lohkamp nickte Brennecke zu — hier war vorerst nichts mehr zu holen. Doch dem Kriminalmeister fiel noch etwas ein.
»Sagen Sie: Bei dem Festlärm, von dem Sie sprachen — da konnten Sie arbeiten?«
Gellermann lächelte.
»Und ob! Kopfhörer auf, *Simon & Garfunkel* an, und ich rechne wie ein Weltmeister.«

18

Saale guckte sich die Augen aus dem Kopf. Die Braune gefiel ihm. Wenn Mager, dieser Idiot, doch das Maul gehalten hätte! Mit seiner Bemerkung hatte er das zarte Band der Sympathie, das schon durch die Luft schwebte, wieder zerrissen.
Unbewußt scharrte er mit den Füßen auf der Auslegeware.
»Sitz!« knurrte sein Boss.
Als sich Saales Funksignale zum zweitenmal mit den Blicken der Schönen kreuzten, ging die Polstertür auf. Brennecke trat heraus. Er würdigte die PEGASUS-Abgesandten mit keinem Blick, sondern beobachtete die Kanarienvögel. Lohkamp trat ihm gnadenlos in die Hacken.
»Frau . . . «
»Kronenberger«, half sie aus.
»Danke. Zeigen Sie uns bitte Frau Michalskis Arbeitsplatz. Wir müßten uns dort ein wenig umsehen. Und wenn Sie uns in einer guten halben Stunde ein paar Fragen . . . «
Die Sekretärin stand auf, strich ihren schwarzen Rock glatt und schwebte an den PEGASUS-Leuten vorbei. Saales Nase schnupperte ihr nach.
»Platz!« zischte Mager.
»Hier möchte man arbeiten«, seufzte Saale.
»Du? Mit der?« fragte Mager. »Kanarienvögel züchten, was?«
Die Tür flog auf. Gellermann warf sein Lächeln in die Runde.
»Tut mir leid, daß Sie warten mußten, aber . . . «
Er schüttelte den beiden die Hände, lotste sie in die Ledersessel und sammelte auf seinem Mahagonischreibtisch ein paar Unterlagen ein. Als er sich setzte, schwebte die Brünette herein. Sie räumte die Tassen ab und stellte zwei neue hin. Saale verfolgte ihre Bewegungen, als bekäme er nun den ersten Kaffee seines Lebens.
Mager trat ihm auf den rechten Fuß.
»Herrn Puth muß ich leider entschuldigen«, begann Gellermann. »Ich habe es Ihnen schon am Samstag gesagt: Unser Chef hat Probleme mit dem Herzen. Ich habe das Projekt aber mit ihm abgesprochen, so daß unseren Plänen nichts im Wege steht. Vielleicht darf ich Ihnen zu Beginn skizzieren, wie unser Unternehmen strukturiert ist und was wir uns von Ihrem Einsatz versprechen.«
Er stellte Puths Stammfirmen vor, die Bauunternehmung und

das Betonwerk, mit denen sein Boss hochgekommen war, und warf mit Umsatzzahlen und Marktanalysen um sich, daß Saale beim Notieren wunde Finger bekam. Doch kurz bevor die PEGASUS-Männer vor Demut niederknieten, kriegte er die Kurve.

»Aber so rosig ist das alles auch nicht. Echte Sorgen macht uns dieser Betrieb . . . «

Seine Hand wies auf die Hallen hinter dem Fenster. Sie lagen still wie ein Altersheim in der Morgendämmerung.

»Früher waren wir in der Bergbautechnik führend. Aber der Markt ist zu eng geworden. Die Produktion lohnt sich nur noch, wenn wir bis China, Afrika und Südamerika liefern. Und da liegt der Hund begraben.«

Gellermann blickte ihnen mutig ins Gesicht: »Ich will offen sein. Jeden Pfennig, den wir mit Bau und Beton erwirtschaften, nehmen uns die Gläubiger dieses Ladens postwendend weg . . . «

Saale legte seine Stirn in Falten, Mager wollte schon sein Taschentuch ziehen, aber die Beichte war noch nicht beendet.

»Frau Puth hat die Firma vom alten Wagner geerbt und mit in die Ehe gebracht. Den Laden dichtmachen — das kann der Chef ihr nicht antun. Also müssen wir *volle Kraft voraus* losdampfen. Moderne Produkte, breite Palette, neue Organisation, Marketing — und eine Promotion, die uns ins nächste Jahrtausend katapultiert. Bei diesem Neuanfang sollen Sie uns helfen.«

»Verstehe«, sagte Saale cool und trank seinen Kaffee aus. »Da sind Sie bei uns genau an der richtigen Adresse.«

Gellermann schnellte hoch.

»Genug geredet. Ich zeige Ihnen jetzt den Betrieb, damit Sie sich ein Bild machen können . . . «

Er bugsierte die Filmemacher an seiner Sekretärin vorbei in den Flur. Als sie das Treppenhaus erreichten, tauchte vor den Fenstern ein grünes Etwas auf: Das große P aus dem Firmennamen. Es schwebte, an einem Drahtseil baumelnd, abwärts.

Was die PEGASUS-Späher auf dem Werksgelände erblickten, hätte bestenfalls einen Schrotthändler vom Hocker reißen können: Unverkaufte Geräte, halbfertige Metallkonstruktionen, jede Menge an Fässern und Drahtrollen — unsortiert und angerostet.

Als sie die erste Halle betraten, schlug ihnen beißender Lackgeruch entgegen. Im schwachen Deckenlicht, das zur Hälfte von den rauchgeschwärzten Wänden wieder aufgesogen wurde, dauerte es einige Atemzüge, bis sie die Quelle des Gestanks ausmachen konnten. An einem Metallgehänge wanderte ein Dutzend Eisengitter in die Spritzkabine. Durch die dünnen Blechwände drangen rhythmische Zischgeräusche nach außen, und der Kasten strahlte eine Hitze ab, als wollte er einem Hochofen Konkurrenz machen. Am anderen Ende waren zwei Türken damit beschäftigt, lackierte und getrocknete Teile abzuhängen.

Im Halbdunkel wichen sie einem Gabelstapler aus, umkurvten ein paar Maschinen und steuerten auf den Hinterausgang zu. An einer wuchtigen Metallkonstruktion standen fünf, sechs Grünkittel und sahen einem siebten zu, der mit einem Schraubendreher im Intimbereich der Eisenpresse herumfuhrwerkte. Ein Stück hinter ihnen, in der Ecke, flackerten drei einsame Gesichter im blauen Widerschein einer Schweißflamme.

Die PEGASUS-Leute atmeten durch, als sie wieder ins Freie traten. Und Saale hatte Grund zur Freude: Quer über den Platz kam Gellermanns Sekretärin herangeschwebt, ein Blatt Papier in der Hand und ein Lächeln auf den Lippen.

»Sekunde, bitte«, entschuldigte sich Puths Vize und eilte ihr entgegen. Saale blickte ihm nach.

»Eins sage ich dir«, meinte Mager. »Ich mache hier nicht eine Aufnahme ohne Vorschuß!«

»Bitte?« Saale schrak auf.

»Guck mal nach oben«, fuhr Mager fort, »da kreisen schon die Geier.«

Die nächste Halle war halb so groß wie ein Fußballfeld und stammte bereits aus dem Jahrhundert der Betriebspsychologie. Alles war in ein mildes Lindgrün getaucht: die Mauern, die Wände der Büros und Meisterbuden, die Produktionsstraße auf der einen und die Stahlregale auf der anderen Seite. In den Gestellen lagerten Maschinenelemente, die Saale in der Mitte zwischen Raumfahrtindustrie und Zahnmedizin eingeordnet hätte.

»Diese Teile gehören zu einer Einschienenhängebahn für den Einsatz in Bergwerksstollen. Höchstgeschwindigkeit: zwei Meter po Sekunde. Wir haben dafür eine Reihe von Transportelementen entwickelt, mit denen verschiedene Materialien oder Personen befördert werden können. Diesen Punkt müßten Sie in Ihrem Film besonders hervorheben ...«

»Klar«, nickte Saale und gravierte geheimnisvolle Zeichen in seinen Notizblock.

»Stichpunkte reichen«, meinte Gellermann. »Frau Kronenberger stellt Ihnen ein paar Prospekte zusammen.«

Er zog weiter, kletterte zwischen Regalen und Maschinen umher und schüttelte mehrmals den Scheitel: »Alles verkommt hier . . .«

Zwanzig Minuten lang stiegen sie durch die Halle. Rangierkatzen, Steuerstände, Seilbahnhaspeln, Schienen, Weichen. Alles da. Was fehlte, waren Abnehmer.

Blinzelnd traten sie ans Tageslicht. An der Stirnwand der Halle hatten einige Arbeiter begonnen, das Blechschild mit dem Namen Puth abzuschrauben. Die neue Visitenkarte, in drei Teile zerlegt, stand schon bereit: »Wagner Transportsysteme GmbH.«

»Haben Sie verkauft?« fragte Mager.

Der Prokurist schüttelte den Kopf: »Formalkram. Wir ändern die Produktpalette und den Firmennamen. Wie gesagt: Neuanfang . . .«

Er steckte sich eine Zigarette an und schaute zur Sonne hoch, die sich soeben durch ein graues Wolkenfeld gekämpft hatte.

»Daß wir überhaupt noch produzieren, verdanken wir langfristigen Aufträgen der *Ruhrkohle*. Das geht aber höchstens noch ein Jahr gut. Unsere einzige Chance ist der Export. Das ist einer der Gründe, warum wir Sie engagiert haben.«

Mager und Saale stellten die Ohren auf Empfang.

»Sie sollen filmen, was wir herstellen, wie unsere Geräte eingesetzt werden — dazu können Sie auch unter Tage filmen. Kopien in Englisch, Spanisch, Russisch, Polnisch. Wie gesagt: Neuanfang. Aber nicht kleckern, sondern klotzen!«

»Und womit wollen Sie klotzen?« forschte Saale.

»Wir müssen auf lange Sicht weg vom Bergbau. Diese Umstrukturierung bereiten wir gerade vor. Was uns hochbringt, sind Seilbahnen und Skilifte . . .«

Das ist doch Quatsch, dachte Mager. Wo will der in Datteln einen Skilift aufstellen?

»Es gibt in Deutschland nur einen Hersteller dafür, die Weserhütte in Köln. Die meisten Skigebiete in Deutschland werden von Firmen aus Österreich und der Schweiz versorgt. Von Ländern, die nicht in der EG sind. In diese Lücke müssen wir rein . . .«

Im Büro warteten Kaffee und Cognac auf sie.

»Also,« meinte Saale, als sie wieder in den Sesseln versunken waren. »Die Maschinen haben mich ja sehr beeindruckt. Aber wir müssen auch Menschen zeigen, die arbeiten. Das sieht sonst zu sehr nach Museum aus.«

»Kein Problem«, nickte Gellermann. »Heute ist Montag, und da haben wir Kurzarbeit. Aber wenn Sie morgen früh filmen, werden Sie staunen. Wir . . . «

»Morgen?«

»Das war doch mit Frau Ledig so abgesprochen«, erklärte der Prokurist.

Saale fand als erster seine Sprache wieder.

»Das muß ein Mißverständnis sein. Ich habe Frau Ledig so verstanden, daß es nur um eine erste Kontaktaufnahme geht, daß wir Ihnen danach ein Drehbuch anbieten, einen Kostenvoranschlag . . . «

»Außerdem sind wir noch mitten in der Produktion für die Stadt . . . «, assistierte Mager.

»Die kann warten«, lächelte Gellermann. «Ein paar Tage Aufschub werde ich beim Bürgermeister schon herausschinden.«

Dann wurde sein Gesicht ernst.

»Sie *müssen* anfangen. Morgen früh beginnen wir mit einem neuen Auftrag. Da können sie die Entstehung eines Produkts von Anfang an miterleben . . . «

»Aber wir haben noch keine Vorstellung, was alles in den Film hinein soll. Und über die Finanzierung haben wir noch gar nicht . . . «

»Ich habe heute morgen eine Anzahlung in Höhe von 5.000 DM auf Ihr Konto überwiesen.«

Seine Gäste saßen wie gelähmt.

Gellermann ließ seine Worte noch ein paar Sekunden wirken. Dann setzte er ihnen das Messer an die Kehle: »Selbstverständlich werden wir alles Weitere in Ruhe regeln. Aber morgen früh um neun machen Sie den ersten Schuß - oder wir sehen uns nie wieder.«

Die PEGASUS-Leute wechselten einen kurzen Blick.

»Also gut«, stöhnte Mager. »Dann sagen wir den anderen Termin ab . . . «

Saale traute seinen Ohren nicht. Der einzige Termin, von dem er wußte, war erst um zwei: Magers Mittagsschlaf.

19

»Haben Sie eine Ahnung, wer Frau Michalski ermordet haben könnte? Und warum?«

Diese originellen Fragen hatten sie mindestens ein dutzendmal gestellt — bei allen in der Verwaltung, die mit der Ermordeten häufig zu tun gehabt hatten, beruflich oder . . .

Doch da hörte es auch schon auf. Einerseits meist freundlich und kooperativ, hatte Ruth Michalski zugleich jene Distanz gewahrt, die sie als rechte Hand des Chefs vom Rest der Belegschaft trennte. Bei Firmenfesten am Vorstandstisch, zum Reiten nach Oer und zum Squash nach Bochum, ab und zu in die Altstadt von Düsseldorf — das alles hatte sie irgendwann erwähnt, aber dabei gewesen war, von den Betriebsfeiern abgesehen, keiner. Sie hatte, so schien es, niemanden an sich herankommen lassen.

Außer Gellermann.

Kalt, wie er war, hatte der mit Sicherheit nicht alles gesagt. Aber den würden sie noch ein wenig schmoren lassen.

»Wer könnte sie ermordet haben? Und warum?«

Achselzucken.

Gellermanns Vorzimmerfrau wußte es auch nicht. Sie hieß Helga Kronenberger, war 24, hatte bei Puth Bürokauffrau gelernt, danach EDV-Lehrgänge besucht und saß seit einem Jahr im Vorzimmer des Prokuristen — wie die Michalski an anderen Frauen vorbeigehievt, die den Laden länger und besser kannten.

»Neid?«

»Das ist doch noch normal«, meinte sie. »Auf einen guten Posten lauern immmer mehrere.«

»Wer hat in ihrem Fall gelauert?«

»Bei mir — oder bei ihr?« fragte sie und zeigte zum erstenmal ein leichtes, flüchtiges Lächeln. Doch bevor die Beamten die Frage präzisieren konnten, schüttelte die Kronenberger bereits den Kopf.

»Namen nennen — das wäre unfair. Schauen Sie sich um — die meisten Frauen sind länger da als wir. Aber von denen war es keine. Und ich auch nicht.«

»Wie war sie?«

»Eine Spitzenfrau. Sehr ehrgeizig. Wenn der Alte rief, dann kam sie. Auch am Wochenende. Und wenn ich abends später ging, war sie oft noch da.«

»Kontakte?«
»Wenig. Vielleicht in ihrem Reitverein. Aus Datteln hatte sie sich völlig zurückgezogen.«
»Warum?«
»Das Dorfklima. Der Klatsch . . .«
»Mochten Sie sie?«
Sie dachte einen Augenblick nach.
»Als Kollegin schon. Aber privat kamen wir weniger gut klar. Wir waren ein paarmal zusammen essen. Danach wußten wir, daß wir ganz andere Interessen hatten . . .«
»Waren Sie Ihre Nachfolgerin?«
Helga Kronenberger starrte sie verwirrt an. Dann begriff sie — und prustete los.
»In der Firma? Bloß nicht! Und schon gar nicht, um einen Vierziger von der *Midlife crisis* zu heilen.«
»Hat er es auch bei Ihnen versucht?«
»Nicht ernsthaft. Aber mehr Engagement hätte ihm auch nichts genützt . . .«

Es war längst zwei, als sie mit der ersten Bürorunde fertig waren. Lohkamp war froh, wieder ungefilterte Luft zu atmen. Der Wind stand günstig — er wehte den Industriedreck von ihnen weg, hinter den Kanal.
»Und jetzt?«
»Pommes«, sagte Lohkamp. »Und einen Kaffee.«
Beides zusammen zu bekommen, war in dieser Gegend nicht einfach. An der Bierbude vor der Kreuzung versuchten sie es erst gar nicht, und die Eckkneipe war eine Spielhölle — also Richtung Norden und bis zum Südring geradeaus.
An der Gertrudenstraße stand die Ampel auf Rot. Während sie warteten, entdeckte Brennecke eine Reklametafel, die sie ins *Steakhuisken* führte. Was sie da aßen, hatte Lohkamp schon im Auto wieder vergessen. Aber der Kaffee war gut gewesen.

Puths Privatbunker stand weit im Norden der Stadt, jenseits des Kanals, an einem unscheinbaren Feldweg. Brennecke fegte in einem solchen Tempo über die hohe Kanalbrücke, daß sie die schmale Einfahrt beinahe verpaßt hätten.
Links, zwischen Weg und Ufer, weite Wiesen, rechts ein westfälisches Bauernhaus, von Bäumen halb verdeckt, schmuck wie im Reiseführer. Und fünfzig Meter weiter: Puth.

»Mein lieber Scholli«, staunte Brennecke. »Ein Hauch von *Denver-Clan* . . .«

Lohkamp grinste. Provinzluxus. Kein Vergleich zu Godesberg. Aber unter den 30.000 Seelen in Datteln konnte es nicht viele geben, die sich solch ein Häuschen leisten konnten.

Der Kriminalmeister hielt vor dem Tor. Schnörkellose weiße Gitterstäbe, etwa Hüfthöhe, flankiert von zwei gemauerten Pfeilern aus den unvermeidlichen roten Ziegeln, die Oberkante mit weißlackierten Eisen eingefaßt, gekrönt von einer Ampel in der Form eines römischen Weinglases, mit Gitterchen und Spitzdächlein — natürlich ebenfalls weiß und aus Eisen.

Ob der Gong drinnen funktionierte, war von vorn nicht auszumachen: Ein Fußweg stand ihnen bevor, fünfzig, sechzig Schritte vielleicht, auf geharktem Kies an einem fast englischen Rasen vorbei, bewacht von grazilen Laternen, deren Leuchtkörper den Ampeln am Tor bis auf den letzten Pinselstrich glichen.

Ohne die übliche Rückfrage über die Sprechanlage betätigte jemand den Türöffner. Ein dezentes Summen, mehr nicht, und sie drückten auf.

»Diesmal hältst du die Klappe«, meinte Lohkamp so leise, daß seine Worte fast von dem Knirschen unter ihren Füßen aufgesaugt wurden. »In diesen Kreisen schätzt man es nicht, wenn Angestellte Chef spielen. Guck dir die Bude an, dann weißt du Bescheid . . .«

Brennecke grinste.

»Meine Herren . . .«

Ein Muttchen im besten Alter, halb Hausdame, halb Köchin, empfing sie an der weißen Massivholztür und geleitete sie durch eine weite Diele in einen Salon. Der Kontrast zu dem geschmackvollen Rotweiß der Außenwände war frappierend. Schwarze Eiche und Plüsch mit Blümchen — Luis Trenker ließ grüßen.

Gattin Puth, in grauen Loden gehüllt, erhob sich. Man machte sich bekannt, nahm Platz. Der Tee stand bereit, und als Muttchen eingegossen und die Salontür von außen verschlossen hatte, kam man zur Sache.

»Herr Gellermann hat mich selbstverständlich schon unterrichtet«, nahm die Haarknotendame das Heft in die Hand. »Ich vermag es gar nicht auszudrücken, wie betroffen mich diese Nachricht gemacht hat.«

»Sie kannten Frau Michalski?« fragte Lohkamp.

»Und ich habe sie geschätzt«, betonte sie. »Intelligent, strebsam, kultiviert. Sie war oft in unserem Hause, und sie hat, wie ich weiß, meinen Mann sehr unterstützt.«

»Wie hat Ihr Gatte die Nachricht aufgenommen?«

»Es hat ihn sehr getroffen. Ruth — wir nannten sie unter uns nie anders, und ich bitte Sie, mir das nachzusehen — hat ihm sehr viel bedeutet. Und wenn sie nicht bei ihm gewesen wäre, hätte er den Infarkt vor zwei Wochen wohl kaum überlebt . . .«

Sie verstummte. Die Polizisten ließen ihr einige Sekunden Zeit, um der tapferen Tat zu gedenken.

»Die holländische Polizei hat hinreichenden Grund zu der Annahme gefunden, daß der Täter nicht von der Insel, vielleicht auch gar nicht aus Holland stammt, sondern wohl eher hier im Raum zu suchen ist«, begann Lohkamp und stockte einen Augenblick — teils von der Doppeldeutigkeit des Nomens *Raum* verwirrt, teils verärgert, weil er unwillkürlich den Sprachstil der Haarknotentante nachgeäfft hatte.

»Unsere ersten Ermittlungen bestätigen das. Jemand hat Ruth Michalskis Wohnung durchsucht. Und zwar so gründlich, daß die Einrichtung nur noch für die Müllkippe taugt . . .«

Unwillkürlich warf Puths Gattin einen Blick durch den Salon — als hätte sie die Vision durchzuckt, es könne diesem verletzbaren Ort genauso ergehen. Sie schloß die Lider und schüttelte den Gedanken mit einem knappen Schwenk ihres Vogelnests wieder ab.

»Ich kann mir gar nicht vorstellen, wer dazu fähig ist«, meinte sie. »Natürlich, ich weiß, daß es das gibt — aber daß jemand Ruth so etwas antut . . .«

»Irgendjemand *hat* es ihr angetan, Frau Puth«, erwiderte der Polizist und zitierte damit unbewußt seinen holländischen Kollegen de Jong. »Wir brauchen jeden auch noch so kleinen Anhaltspunkt, um dem Mörder auf die Spur zu kommen.«

»Herr Lohkamp, ich weiß davon seit über drei Stunden. Und ich kann Ihnen versichern, daß ich in der ganzen Zeit über diese Frage mehr nachgedacht habe als darüber, wie es mit meinem Mann weitergeht. Aber es tut mir leid — mir ist nichts eingefallen, dem ich irgendwelche Bedeutung zumessen könnte . . .«

Sie machten fünf Minuten weiter und gaben es auf: Zum Thema Michalski hatte Frau Puth nichts Neues zu bieten.

»Wie ist das — können wir Ihren Gatten sprechen?«

»Ungern«, sagte sie. »Aber es muß wohl sein. Ich bitte Sie sehr darum — nur zehn Minuten . . .«

Gustav Puth ruhte im rückwärtigen Bereich des Erdgeschosses, der nur auf einem komplizierten Weg durch mehrere Gänge und Türen zu erreichen war. Der Raum mochte sonst als Gästezimmer dienen, enthielt aber alle Attribute, die seine Verwendung als Krankenstube unterstrichen.

Puth lag. Er war, soweit Lohkamp es erkennen konnte, ein nicht sehr großer, aber kompakt gebauter Mann, dem man es ohne weiteres glaubte, daß er einmal Steine geschleppt hatte — auch wenn das bereits mehr als eine Ewigkeit zurücklag.

Sein äußeres Erscheinungsbild verdeutlichte den zeitlichen Abstand von diesen Zeiten. Die letzten, fast weißen Haarsträhnen klebten über seinem runden Schädel wie ein computerlesbares Warenetikett, die tiefhängenden Boxerbacken waren eingefallen, und die breiten Hände ruhten schlaff auf der Decke. Nur seine Augen bewegten sich munter wie bei einem gesunden Ferkel.

»Herr Puth, es tut uns leid, daß wir . . . «

Seine Rechte erwachte zum Leben, stoppte erst die Entschuldigung, winkte sie dann näher. Muttchen stand plötzlich mitten im Zimmer und schob Lohkamp einen Stuhl ans Bett.

»Wer immer es war«, ächzte der Mann, »finden Sie den Hund und ersäufen Sie ihn im Kanal!«

Lohkamp lächelte: »Finden ja, ersäufen nein . . . «

Er erzählte Puth, was dieser nach seiner Meinung wissen mußte, und blickte ihn fragend an.

»Herr Lohkamp, seit Stunden zerbreche ich mir den Schädel. Aber der einzige, der mir einfällt, ist die Flasche von Mann, mit dem sie verheiratet war . . . «

»Wie kommen Sie darauf?«

»Sie hat sehr unter dieser Ehe gelitten. Er ist ein Versager, ein Mensch, der keine Ziele hat. Während sie sich hocharbeitete, hatte er nur seine Autos im Kopf. Machte Schulden. Und sie hat ihn mehr als einmal herausreißen müssen . . . «

»Aber dafür bringt man doch niemanden um . . . «

»Normalerweise nicht. Aber er hat sich bis zuletzt gegen die Scheidung gestellt. Hat sich dann einen Windhund von Anwalt genommen, der um jeden Pfennig gefeilscht hat. Und er hat sie wohl auch danach noch mit allen möglichen Forderungen belästigt.«

»Woher wissen Sie das so genau?«

»Weil . . . «

Er atmete schwer und winkte seine Frau heran. Sie öffnete ein Röhrchen und steckte ihm eine Tablette in den Mund. Mit einem Glas Wasser spülte er sie hinunter.

»Reg dich nicht auf, Gustav . . . «

Er verzog den Mund und sprach weiter, aber wesentlich langsamer als zuvor.

»Von sich aus hat sie gar nichts gesagt. Aber ich habe sie gemocht wie, ja, wie eine Tochter. Und dann hat sie mir eines Tages alles erzählt . . . «

»Aber — warum sollte er sie umbringen?«

»Weil . . . Ich habe nicht behauptet, daß er es war. Aber meistens standen ihm die Schulden bis zum Hals. Und Sie wissen das sicher selbst: Manche Leute begehen einen Mord schon für fünf Mark . . . «

»Gibt es für Ihren Verdacht einen konkreten Anhaltspunkt?«

»Nein. Aber zutrauen würde ich es ihm . . . «

Es war unverkennbar: Das Sprechen strengte ihn an. Die Stimme wurde leiser, die Augen ruhiger.

»Zwei letzte Fragen, Herr Puth: Haben Sie eine Ahnung, warum Ihre Sekretärin nach Vlieland gefahren ist?«

»Nein. Nicht die Spur. Ich wußte ja nicht mal, daß es diese Insel überhaupt gibt.«

»Danke, Herr Puth. Und gute Besserung!«

Er nickte, sah sie an: »Sie haben von zwei Fragen gesprochen . . . «

»Sie haben schon beide beantwortet.«

»Und jetzt?« fragte Brennecke, als sie in den Wagen kletterten. Demonstrativ studierte er die Digitalanzeige seiner Armbanduhr. Seit dreiundzwanzig Stunden waren sie im Dienst.

»Nach Hause«, entschied Lohkamp, und Brennecke atmete auf.

»Zu dem Geschiedenen fahren wir morgen. Vorher besorgst du dir ein paar Informationen über Michalski: Werdegang, Lebensgewohnheiten, Schulden. Vielleicht ist es ganz gut, das zu wissen . . . «

20

Der Elektro-Wecker lieferte die dritte Zugabe, als Magers Faust gegen die Tür hämmerte: »In zehn Minuten Abfahrt!«

»Du hast sie nicht alle«, knurrte Saale und gähnte. Als er Minuten später seine verklebten Blinker öffnete, grinste ihn die Skala mit den Zeitangaben aus aller Welt an: Rio, Bangkok, Tokyo. Und er mußte nach Datteln.

Während er das Hemd zuknöpfte, trat er ans Mansardenfenster, um den Tag zu begrüßen. Im Hof war Mager damit beschäftigt, den Alu-Koffer mit den Lampen zum Lada zu tragen. Bis er den Rest verstaut hatte, war Saale auch mit seinem Orangensaft fertig.

Zwanzig Minuten nach dem Wecken sank der Ex-Hamburger auf den Beifahrersitz: »Wunderschönen guten Morgen, lieber Klaus-Ulrich. Gut geschlafen?«

Mager ignorierte die Frage. Angeekelt äugte er auf die Schnitte Knäckebrot in Saales Hand: »Krümmel mir bloß nicht den Wagen voll, du Arsch.«

Die nächsten siebenundzwanzig Minuten schwiegen sie sich feindselig an. Aber vor Puths Bürobunker, auf dessen Dach nun der neue Firmenname prangte, schaute Saale demonstrativ nach hinten: »Danke auch für's Einpacken. Aber wo hast du die Kamera gelassen?«

Magers Blick jagte ihn nach draußen, bevor der Wagen stand. Er stolperte, aber eine weiche Wolke fing ihn auf.

»Nicht so stürmisch«, sagte eine sanfte Stimme.

Vor ihm stand die Schöne aus dem Sekretariat. Sie trug ein beigefarbenes Jackett mit breiten Schulterpolstern, und auf der weißen Seidenbluse baumelte ein Medaillon. Der Ledergürtel war mit Messingteilen verziert und so breit, daß er den braunen Leinenrock fast verdeckte.

Saale sah nichts von alledem. Er sah nur ihre Augen. Die waren groß und braun und lächelten.

»'tschuldigung«, meinte er endlich.

»Sie sind doch von PEGASUS?«

»Leider ja.«

»Herr Gellermann bittet Sie, schon einmal mit den Aufnahmen zu beginnen. Er kann leider erst um zehn Uhr nachkommen. Ich werde Sie solange begleiten. Ich heiße Helga Kronenberger.«

»Extrem angenehm. Holger Saale, Regisseur, Drehbuchautor, Toningenieur . . . .«

» . . . und mehrfach vorbestrafter Hochstapler!«

»Das ist mein Kameramann«, sagte Saale und stellte damit die realen Machtverhältnisse bei PEGASUS auf den Kopf. »Er kommt leider immer im falschen Augenblick.«

Sie reichte ihm die Hand. Saale griff zu und hielt sie mindestens vier Sekunden zu lange fest.

»Haben Sie eine Vorstellung, wo Sie beginnen wollen?« fragte sie schließlich.

Mager schüttelte den Kopf, Saale nickte.

Sie lächelte spöttisch: »Vielleicht kommen Sie einfach mal mit.«

»Klar«, strahlte Saale. »Wohin Sie wollen!«

Der Betrieb war wie verwandelt. Die Tore der Hallen waren weit geöffnet, Gabelstapler bretterten hin und her, Blaumänner und Grünkittel wieselten herum, es wurde gepreßt, gehämmert und geschweißt. Ein paar Lastwagen standen vor den Toren oder wurden gerade eingewunken, die Stapelpiloten schoben Kisten auf die Ladeflächen, kräftige Fäuste drückten schwebende Kranlasten in die richtige Position.

»Viele junge Leute!« meinte Saale anerkennend.

Die Sekretärin nickte.

»Vielleicht sehen Sie sich die Produktionsstraße in der großen Halle an«, empfahl sie. »Da sieht es heute ganz anders aus . . .«

»Machen wir«, meinte Saale. Aber als er bemerkte, daß Mager schon unterwegs war, blieb er stehen.

»Sie kennen sich aber gut in der Produktion aus. Sieht man selten bei Büromenschen . . . «

Ihre Augen blitzten auf. Mager hätte das als Spott interpretiert, aber Saale empfand das ganz anders.

»Ich bin ja auch schon sieben Jahre hier«, meinte sie dann.

»So alt sind Sie doch noch nicht!«

»Ich habe hier gelernt. In einem Betrieb wie diesem muß man immer mal woanders einspringen. Da lernt man den Laden kennen . . . «

»Komm, Saale, die Pflicht ruft«, platzte Mager dazwischen.

In der kleinen Halle begannen sie. Sie postierten sich im Mittelgang, richteten das Stativ ein und machten Kamera und Recorder klar. Dann warteten sie auf eine geniale Eingebung.

Die kam in Gestalt von fünf Arbeitern, die unter der Last eines Metallgitters stöhnten. Mager ließ die Kamera ihren schweren Gang verfolgen und geizte nicht mit Ranfahrten auf verschwitzte Gesichter.

»Hör auf«, raunte Saale plötzlich. »Wir drehen doch keinen Sozialreport für den DGB, du Idiot. Wenn Puth zahlt, macht die Arbeit Spaß . . . «

»Hurenjournalist«, knurrte Mager und richtete die Kamera auf die Leute hinter der Spritzkabine. Er filmte, bis die Kontrollampen an Recorder und Kamera signalisierten, daß sich die erste 2o-Minuten-Cassette dem Ende näherte.

In diesem Augenblick traten vier Männer ins Bild, unter ihnen Gellermann. Jeans und Krokodilpullover hatte er zu Hause gelassen, statt dessen trug er dunkelblaue Nadelstreifen. Eine hellblaue Krawatte mit gelben Pünktchen wehte ihm wie eine Staatsflagge voran. Während er die Halbglatzen seiner Nebenleute mit souveränen Gesten mal nach rechts, bald nach links rucken ließ, redete er auf sie ein wie ein Urwaldmissionar auf die Heidenkinder.

Gellermanns Gesprächspartner waren dicht an den Sechzigern. Zu ihren Beamtenbrillen trugen sie ein schlichtes, angeknittertes Grau, das offenbar zwei Preisklassen unter dem Frack des Junior-Chefs lag. Mehr als auf die Reden des Prokuristen achteten sie auf ihren Weg, um sich keine Ölflecken, Lackspuren und Brandlöcher einzufangen.

Mit zwei Schritten Abstand folgte ein Mann, der noch weniger Haare hatte als die beiden Grauen. Ein Dutzend Jahre früher mußte er noch ein agiles Kraftpaket gewesen sein. Jetzt aber hingen die breiten Schultern durch, und sein Schädel leuchtete wie eine Tomate. Erst als der Prokurist an einer Maschinenbank stehenblieb, schloß er steifbeinig zu den anderen auf. Er öffnete seine braune Anzugjacke und fächerte sich Luft zu.

Da entdeckte Gellermann die PEGASUS-Delegation. Mitsamt Gefolge kam er auf sie zu.

»Dies sind zwei der besten Filmemacher aus dem Revier«, begann er und kniff ihnen ein Auge zu.

»Herr Puth« — mit einer kaum merklichen Kopfbewegung dirigierte er die Blicke des Film-Teams zu dem Erschöpften hinüber — »hat die Herren beauftragt, einen 2o-Minuten-Film über Firma und Produktion zu drehen, den wir Kunden und Interessenten zur Verfügung stellen. Sechs Sprachen, alle gängigen Videotypen. Das ist ein Teil unserer neuen Verkaufs- und Werbestrategie. Das Papier finden Sie in den Unterlagen auf Seite acht.«

Saale wischte seine nasse Rechte an der Cordhose ab, aber Händeschütteln war nicht angesagt. Statt dessen warfen die Halbglatzen ehrfürchtige Blicke auf die Kameraausrüstung und nickten. Mager grinste. Ihre Technik war fünf Jahre alt und hätte Kennern nur ein müdes Lächeln entlockt.

»Das Team hat soeben fürs Fernsehen eine Reportage über die Randzonen des Ruhrgebiets abgedreht«, fuhr Gellermann mit seinem Märchen fort. »Natürlich wurde auch bei uns, einem der größten Arbeitgeber der Stadt, gefilmt. Was wir dabei sahen, hat uns so überzeugt, daß wir nicht gezögert haben ...«

Mager und Saale wechselten einen stillen Blick. Es gab Momente, da fanden sie sich richtig sympathisch.

»Entschuldigen Sie, daß ich Sie nicht bekannt gemacht habe«, sagte Gellermann, bevor ihm einer der PEGASUS-Männer in falscher Bescheidenheit die Show verderben konnte.

»Die Herren Mager und Saale aus Dortmund. — Die Herren Bankdirektoren Werdier aus Zürich ...«

Nun kam es doch zum Händeschütteln. Während Saale die Zeremonie mit hanseatischem Schliff bewältigte, fühlte sich Mager hundeelend: Am Samstag Small-Talk mit dem Oberleutnant, heute mit dem Finanzkapital. In Datteln begrub er seine schönsten Prinzipien.

»Ein Fuchs, dieser Gellermann«, sagte Saale, als die Viererbande hinter einer Blechtür verschwunden war.

»Wieso?«

»Mensch, stell doch mal dein Gehirn an! Wenn der Mann als Prokurist so dick aufträgt — dann will er Kredite schinden oder die Firma verhökern ...«

»Quatsch. Wenn die verkaufen wollen, dann brauchen sie doch keine Werbung mehr.«

»Auch wieder wahr ...«

Sie schleppten ihre Technik nach draußen, um die Verladearbeiten ins Bild zu setzen. Dort tauchte auch Saales Schwarm wieder auf.

»Wir haben Sie schon vermißt!«

Ihr Lächeln verursachte bei Saale einen mittleren Malariaanfall.

»Gerade war hoher Besuch da«, stammelte er, als er wieder bei Stimme war.

»Ich weiß«, hauchte sie.

»Ihr Chef, der Herr Puth, sah aber überhaupt nicht gut aus. Ist er krank?«

Sie nickte: »Er hatte vor zwei Wochen einen Herzinfarkt. Frau Michalski ..«

Sie stockte, als sie den Namen der Toten erwähnte.

»Frau Michalski hat ihn ins Krankenhaus gefahren. Ohne sie wäre die Sache schlimm ausgegangen.«

»Verstehe. Und ihr Tod war der nächste Schock . . . «

»Das glaube ich auch.«

»Gibt es in dieser Sache eigentlich etwas Neues?«

»Nichts. Ein Rätsel. Es ist wirklich . . .

Mager räusperte sich.

»Wenn der Herr Beleuchter so freundlich wäre, mir etwas zur Hand zu gehen? Wenn hier Feierabend ist, können wir nicht mehr filmen . . . «

Saale seufzte: »Sie sehen: Die Arbeit ruft!«

»Meine auch. Herr Gellermann bittet Sie, nachher kurz bei ihm vorbeizukommen.«

»Mit dem größten Vergnügen. Schon allein, um wieder in Ihrem Büro warten zu können.«

Saale sah ihr nach, bis ihm Magers Bartgesicht die Aussicht versperrte: »Aufwachen! Ich bezahle dich nicht fürs Flirten . . . «

21

»Was wollen Sie?«

»Herr Michalski, wir haben Ihnen . . . «

»Ich weiß. Es stand ja schon in der Zeitung . . . «

Sie blickten sich an. Er war Anfang dreißig und mit gut einsachtzig etwas größer als Lohkamp. Frisch rasiert und sauber gekämmt hätte er im Werbefernsehen den netten Jungen von nebenan spielen können. Aber sie hatten ihn eine Stunde nach der Frühschicht aus dem tiefsten Schlaf geholt, und da war wohl kein besserer Anblick zu erwarten.

»Dürfen wir hereinkommen?«

Er nickte und ging voran. Zwei Meter Diele, dann das Bad. Küche und Schlafzimmer rechts, das Wohnzimmer gegenüber.

Fünfundvierzig Quadratmeter fast unter dem Dach in einem phantasielosen Mietshaus in der Hattinger Oststraße.

»Herr Michalski«, sagte Lohkamp, »es tut uns wirklich . . .«
Der andere verzog das Gesicht und wandte sich ab. Vom Fenster aus hatte er einen weiten Blick über die Altstadt bis zu den Wäldern rund um die Schulenburg. Für eine Junggesellenwohnung waren die Scheiben erstaunlich sauber.

Michalski seufzte. Er setzte sich auf die schwarze Kunstledercouch, trank einen Schluck aus einem Glas mit abgestandenem Mineralwasser und wischte mit dem Handrücken flüchtig über seinen blonden Schnäuzer, starrte vor sich hin.

»Schlimm«, sagte er endlich. »Bis gestern habe ich noch tausend Gründe gewußt, ihr den Hals umzudrehen. Aber jetzt, wo es wirklich passiert ist . . .« Er fummelte eine Zigarette aus einer zerknickten Marlboro-Box, suchte nach einem Feuerzeug.

»Hier«, sagte Brennecke und gab ihm seins.

»Danke . . .«

Einige Züge lang ließen sie ihn gewähren — sie wollten nicht unfair sein. Aber als Lohkamp Luft holte, um seine erste Frage abzuschießen, kam ihm Michalski zuvor.

»Wer war's denn? Gellermann?«

»Wie kommen Sie auf den?«

Michalski schniefte: »Mein Nachfolger. Wissen Sie das nicht? Ruth stand auf reichen Mackern — und für ihre Karriere tat sie alles. Hatte sie noch immer die Möse rasiert?«

Brennecke schaute Lohkamp an, aber der war auch perplex. Im Telex der Holländer hatte darüber nichts gestanden. Ganz Interpol hätte sich über solch ein Fernschreiben gefreut.

»Gellermann steht auf so was, und Gellermann war für sie der Größte. Lässig und erfolgreich — die heimliche Nummer drei in der Stadt. Mit bestem Draht zu Roggenkemper und Puth. Und die ganz große Karriere noch vor sich . . . Also machte sie ihn scharf und sorgte dafür, daß er es blieb . . .«

»Und warum sollte Gellermann sie umbringen?«

»Weil sie falsch wie ein Katze war. Wenn sie zu jemandem ins Bett stieg, war das reine Berechnung. Sobald er eingeschlafen war, wühlte sie seinen Schreibtisch durch. Bestimmt hat sie auch über den schönen Uwe gesammelt, was sie kriegen konnte.«

»Warum?«

»Hören Sie, der Mann soll mal in Düsseldorf Minister werden. Wenn man über so einen was weiß . . .«

»Und was kann man über ihn wissen?«

»Keine Ahnung. Aber wo sie auch gearbeitet hat — nebenher hat sie immer nach den Leichen gesucht, die ihre Chefs im Keller hatten. Im Bauamt war das so, bei Roggenkemper — warum nicht auch bei Gellermann und Puth? Haben Sie die Ordner nicht gefunden? Sie hat sich doch jede Menge Kopien gemacht.«

»Was wollte sie damit? »

»Für alle Fälle, wie sie immer sagte. Als Rentenversicherung . . . «

»Und um was es sich handelt . . . «

»Keine Ahnung. Ich habe einmal geschnüffelt, als sie noch im Bauamt war. Berechnungen und Quittungen, mit denen ich nichts anfangen konnte. Aber sie hat es gemerkt, und dann waren die Akten weg.«

»Wohin?«

»Ich habe nicht nachgehakt. Falls sie mit dem Zeug jemals etwas anfing, war das sicher nicht legal. Und damit wollte ich nichts zu tun haben.«

Er drückte die Zigarette aus und stand auf: »Wollen Sie auch einen Kaffee?«

Sie wechselten in die Küche. Auch hier war aufgeräumt, lediglich in der Spüle standen, offenbar noch vom Frühstück, ein paar benutzte Teller. Wenn Lohkamp an den Dauerzustand der Wohnung dachte, die er vor seiner Heirat hatte, schnitt diese besser ab.

»Haben Sie überhaupt schon gegessen?«

Er blickte zwischen Brennecke und der Spüle hin und her, dann nickte er: »Doch. Im Finanzamt. Die haben eine Bomben-Kantine . . . «

Während sie zuschauten, wie der Kaffee durchlief, begannen sie systematischer zu fragen. Die Geschichte ihrer Ehe — so, wie Michalski sie sah.

Er kannte sie, seit sie sechzehn und er achtzehn war — aus der Berufsschule. Bei einer Zufallsbegegnung in der Pause hatte es gefunkt, und dann *gingen* sie zusammen. Zwölf Monate später zogen sie ihn zum Bund, und Ruth blieb ihm zwei Jahre lang treu.

Als er zurückkam, war die Klitsche, in der er gelernt hatte, dicht. Da er keine neue Stelle fand, meldete er sich bei der Polizei — die nächste Grundausbildung, die nächsten Trennungen. Aber diesmal sei sie ihm nicht mehr ganz so treu geblieben.

»Sie rutschte in eine Clique von Rathaus-Miezen, die auf

betuchten Knaben standen. Leute, bei denen Geld keine Rolle spielte. So Typen, wie sie heute in der *Börsengasse* herumhängen ...«

Er stellte die Kanne mit dem Kaffee und die Tassen auf ein Tablett und führte die Kripo-Leute zurück ins Wohnzimmer.

»Aber bald kapierte sie, daß sie für diese Typen nur ein Wanderpokal war, den man zum Schluß auf den Sperrmüll packt. Da kappte sie alle Kontakte, und ich dachte schon, es würde wieder wie früher. Aber sie hatte Blut geleckt: Sie wollte Geld, Klamotten, eine tolle Wohnung, jede Menge Extras — und das war mehr, als ein Polizist und eine Rathaustippse sich leisten können.«

1978 kam er nach Recklinghausen. Auf Streife hatte er erstmals Arbeitszeiten, die sie halbwegs berechnen konnten. Doch aus der erhofften Familienidylle wurde nichts ...

»Ruth war jeden Abend weg: Deutsch und Mathe an der Volkshochschule, Sekretärinnen-Lehrgänge. Wenn sie wirklich mal zu Hause war, las sie nur herum. Von *Schöner Wohnen* bis *Merian*. Sie wollte nach oben, und dazu mußte sie mitreden können ...«

Mit 24 war sie Sekretärin im Bauamt, mit 26 — vor vier Jahren — bei Roggenkemper.

»Als sie den ersten Vorzimmerjob bekam, sollte ich auch weitermachen. So'n einfacher Bulle tat's nicht mehr, ein Kommissar mußte her. Aber ich wollte nicht. Ich wollte meinen Job machen und ein bißchen was vom Leben haben. Abends mal zum Bowlen gehen oder einfach in die Kneipe. Als ich ihr das sagte, hatte ich verschissen ...«

Er griff wieder nach seinen Zigaretten — die fünfte, seit sie gekommen waren.

»Sie wurde kalt und berechnend. Was der Karriere schadete, ließ sie; wer ihr nicht helfen konnte, war gestorben; aber für ihre Gönner machte sie auch die Beine breit ...«

»Auch für Roggenkemper?« platzte Brennecke dazwischen. Lohkamp schickte ihm einen Blick hinüber, der in keinem Waffenverzeichnis stand.

»Gut möglich. Der galt auch immer als ganz scharfer Bock ...«

»War was zwischen den beiden?« beharrte Brennecke.

»Verstehen Sie doch: Seit sie auf dem Karrieretrip war, ließ sie nichts mehr 'raus. Sie hatte sich völlig verändert. Und ich fühlte mich pausenlos von ihr verarscht — ich spielte in ihrem Leben einfach keine Rolle mehr.«

Lohkamp lenkte zu dem Thema zurück, das ihn am meisten interessierte.

»Noch mal zu Gellermann — wann fing die Geschichte mit ihm an?«

»Vor drei Jahren — ungefähr. Ein Jahr, bevor sie zu Puth wechselte . . .«

»Wo haben Sie damals gewohnt?«

»Recklinghausen — kurz vor Erkenschwick. Die haben es so offen getrieben, daß mich die Kollegen über Funk gerufen haben, wenn ich nachts auf Streife war. 'Micki', haben sie gesagt, 'fahr mal zu Hause vorbei. Da steht ein BMW im Parkverbot . . .'«

Er verstummte.

»Und was haben Sie gemacht?« fragte Brennecke.

»Eines Nachts bin ich wirklich hingefahren. Ich habe Gellermann die Treppe 'runtergeschmissen und ihr den Arsch versohlt.«

»Allein?«

»Na klar. Wieso?«

»Es saß doch noch einer im Streifenwagen . . .«

Michalski verzog das Gesicht: »Den brauchte ich dazu nicht. Der wollte mich sogar noch daran hindern. Hat mir dann die Pistole abgenommen, bevor ich ging. Hatte Angst, ich würde die beiden umlegen. Viel gefehlt hat daran ja nicht.«

Sie schwiegen.

»Eins verstehe ich aber nicht«, mischte sich Brennecke ein. »Wenn sie so scharf auf eine gute Stelle war und es mit Roggenkemper so gut konnte — warum hat sie bei ihm aufgehört?«

Michalski lachte bitter.

»Geld. Bei Puth verdient sie doch mindestens einen Tausender mehr . . .«

»Haben Sie eine Ahnung, was sie auf Vlieland gewollt hat?«

Er zuckte die Achseln: »Urlaub machen. Was sonst?«

»Sie hat erzählt, ihr Vater wäre da als Soldat . . .«

»Ernst?«

Er grinste: »Der ist dreiundfünfzig. Rechnen Sie mal nach . . .«

»Und wie geht die Geschichte weiter?« fragte Brennecke.

»Sie ist ausgezogen, ich habe mich versetzen lassen, Scheidung . . .«

Er stand auf und öffnete den weißen Schleiflackschrank, der

die andere Wohnzimmerwand beherrschte. Im Barfach stand eine Flasche *Mariacron*.

»Sie auch?«

Die Kripo-Leute schüttelten ihre Köpfe. Brennecke, weil er im Dienst war, und Lohkamp, weil er mit diesem Zeug nicht einmal sein Klo desinfiziert hätte.

Michalski goß sich einen Dreistöckigen ein, zögerte kurz und kippte ihn hinunter.

»Zwei Monate später stand sie plötzlich auf der Matte und hat mir einen vorgeheult: Wie schwer das Leben ist und wie gemein sie zu mir war. Ich traute ihr nicht. Aber wenn sie will . . . Wenn sie wollte, meine ich, konnte sie einen unheimlich scharfmachen. Und sie machte mich scharf. Aber als ich drei Tage später bei ihr vor der Tür stand, hat sie mich im Flur abgefertigt . . . «

»Wann haben Sie sie zuletzt gesehen?«

»Vor sechs, acht Wochen. Anfang Juli. Da hat sie mir dieselbe Show noch einmal vorgespielt. Und das Schlimme ist — man fällt immer wieder drauf rein . . .« Er starrte zum Fenster hinaus.

»Hat sie Ihnen gesagt, warum sie das Leben plötzlich so schwer fand? Welche Probleme sie hatte?«

Michalski schüttelte den Kopf.

»Nein. Es war nur ein Einsamkeitskoller, nehme ich an. Wollte sich für eine Nacht die Füße wärmen.«

»Warum gerade bei Ihnen?«

»Warum?« Er zog die Schultern hoch. »Die meisten Männer in ihrer Umgebung waren verheiratet. Zuviele Komplikationen. So'n trauernder Ex-Mann kam da gerade recht . . . «

Brennecke und Lohkamp sahen sich an. Mit den Wimpern gab der Chef das Startzeichen.

»Wie war das mit dem Geld?« fragte der Kriminalmeister ohne jede Vorwarnung.

»Bitte?«

»Ihre Schulden: Zwanzigtausend. Kneipe, Zocken, Autos, Trips am Wochenende.«

Einen Augenblick lang schien Michalski angeschlagen: »Woher . . . «

»Kleine Umfrage in der Kantine«, erläuterte Brennecke. »Da sind Sie noch bestens bekannt.«

Michalski schwieg.

»Zwanzigtausend Mark Schulden, Mann! Wie wollten Sie mit Ihrem Gehalt da herunter?«

Keine Antwort.

»Man kann die ganze Geschichte auch anders sehen, Herr Michalski«, sagte Lohkamp scharf. »Wenn ich mir das Rührstück von der abgelegten Jugendliebe wegdenke — wissen Sie, was dann übrigbleibt? Ein Mann, der nicht weiß, wie er von den Schulden herunterkommt. Andere schicken ihre Frauen auf den Strich — und Sie lassen sie in den Akten ihrer Chefs schnüffeln. Wie gefällt Ihnen diese Fassung?«

»Sie spinnen ja!« schrie er. »Meine Mutter hat mir das meiste vorgeschossen. Und bei ihr zahle ich ab. Wollen Sie die Belege sehen?«

Er lief zum Schrank und blätterte ihnen einen Schnellhefter hin.

Brennecke schaute Lohkamp an. Eine Frage fehlte noch. Und dies war der richtige Moment dafür.

»Wo waren Sie in der Nacht von Freitag auf Samstag?«

Michalski schwieg einen Augenblick. »Ich bin Streife gefahren«, sagte er. »Die ganze Nacht.«

22

Sie standen zwanzig Meter von der großen Halle entfernt und staunten. Gerade war ein Sattelschlepper auf den Platz gerollt, und mit zwei, drei eleganten Manövern schob der Fahrer den Auflieger rückwärts vor das Tor.

»Mensch, Saale«, sagte Mager. »Was bin ich froh, daß wir nur den Lada haben. Mit dem Schlepper da würde ich beim ersten Versuch die ganze Halle kippen . . . «

»Klar«, nickte Saale. »Du bist ja schon mit dem Fahrrad eine öffentliche Gefahr.«

Dann richtete er das Stativ aus und klemmte die Kamera fest. Als letzte Szene des Tages wollten sie das Beladen des Sattelschleppers und seinen Abmarsch filmen. Aber erst mußte der Schrott entfernt werden, der sich noch auf dem Auflieger stapelte.

»Holger!« rief Mager plötzlich und stieß seinem Angestellten einen Ellenbogen in die Nieren.

»Nein, sage ich. Keine Spiegeleffekte mehr!«

»Quatsch. Guck dir mal den Schlepper an!«

»Das tu ich schon seit fünf Minuten.«

»Was laden die da aus?«
Saale starrte hinüber.
»Das sind... Ich weiß nicht. Diese Hängebahnen, womit sie...«
»Richtig. Und warum werden die ab- und nicht aufgeladen?«
Saale stöhnte genervt: »Du hast Probleme! Vielleicht eine Reklamation.«
»Nichts da.« Mager schaltete die Kamera aus und suchte nach seinen Zigaretten.
»Das sind dieselben Bänder, die sie vor einer halben Stunde aufgeladen haben.«
»Na, und? Vielleicht fehlte was.«
»Aber das ist dann schon das zweite Mal . . .«
Saale richtete sich zu seiner vollen Größe auf: Wenn Mager zu seinen einsdreiundachtzig hinaufsehen mußte, war er gewöhnlich wesentlich weniger hartnäckig. Aber diesmal zog die Masche nicht.
»Paß auf«, sagte Mager. »Ich habe mir diese Karre schon kurz nach neun ausgeguckt. Der Schriftzug an der Seite ist ziemlich neu und schön farbintensiv. Da haben sie die Dinger gerade aufgeladen. Aber zwischen zehn und elf noch einmal.«
»Das dauert doch. Vielleicht war das dieselbe Aktion . . . «
»Quatsch. Zwischendurch ist er mir mal durchs Bild gefahren. Und jetzt laden sie alles wieder ab. Da stimmt doch was nicht.«
Saale tippte sich an die Stirn: »Bei dir stimmt auch etwas nicht.«
Mager schob seine Unterlippe so weit vor, daß mindestens fünf Hühner darauf Platz gehabt hätten — der Spaß war jetzt vorbei. Er ließ Saale stehen und hielt einen Burschen im Blaumann am Ärmel fest.
»Sag mal, wie heißt der Fahrer des LKW?«
Der Mann zuckte mit den Schultern: »Kenn ich nicht!«
»Und euer Meister?«
»Keine Ahnung!«
Der Mann trabte davon.
»Tolles Betriebsklima. Findest du nicht?« fragte Mager. »Paß mal auf die Klamotten auf. Das will ich jetzt genau wissen.«
Er lief auf die Halle zu und verschwand im breiten Maul des Tores. Saale schaltete den Recorder aus, setzte sich auf die winzige Rasenfläche neben der Einfahrt und versuchte, sich einen Samstag mit Helga Kronenberger auszumalen. Die Sache gefiel ihm. Bis Magers Fußspitze seine Rippen traf.

»Mensch, was ist denn?«

»Seltsamer Laden. Alles neue Leute hier. Es hat was gedauert, bis ich an den Meister kam. Der hat mich angeschnauzt, als ob ich ihn anpumpen wollte. Betriebsfremden darf er nichts erzählen. Extrem unfreundlich, der Typ. Ich sag dir: Hier stimmt was nicht!«

Sie brauchten eine weitere halbe Stunde, bis sie die letzte Szene im Kasten hatten. Dann verpackten sie ihre Ausrüstung rüttelfest im Kofferraum und fuhren den Wagen vor das Verwaltungsgebäude. Hier parkte auch ein BMW aus der 7ooer Reihe mit Schweizer Kennzeichen. Die Herren Werdier & Werdier waren noch im Hause.

»Ich habe keinen Bock auf die Typen«, knurrte Mager. »Mach den Abgesang da drinnen alleine.«

»Mit dem größten Vergnügen.«

Saale war schon fast im Eingangsportal verschwunden, als Mager das Fenster herunterkurbelte: »Aber quatsch dich bloß nicht fest. Das Aufgebot kannst du auch ein andermal bestellen. Ich muß Kalle von der Schule abholen . . .«

Die Uhr ging auf eins zu. Im Geiste drehte Mager seinem Angestellten gerade zum dritten Male den Hals um, als der Sonny Boy die Treppen heruntertänzelte.

»Sag jetzt nichts!« schrie Saale, um Mager zuvorzukommen. »Ich weiß ja: Du wartest schon zwanzig Minuten, dein Sohnemann heult Rotz und Wasser, deine Ehe geht in die Brüche und du wirst nie mehr mit mir zusammenarbeiten. Aber . . .«

»Komm endlich rein«. schimpfte Mager und startete. Daß Kalle Rotz und Wasser heulte, war nicht zu befürchten. Wie er seinen Ableger kannte, würde der sich mit mindestens drei Leuten kloppen, wenn man ihn zu lange ohne Aufsicht ließ — und er mußte dann wieder die Eltern der Gemarterten beschwichtigen.

»Was ist denn nun mit deinem Aber?« schnauzte er, als sie endlich die Bundesstraße hinabdonnerten.

»Aber? Du hattest recht!«

»Womit?«

»Damit, daß in dieser Firma irgendetwas nicht stimmt.«

Mager preßte die Lippen zusammen. Sie hingen hinter einem Tankwagen fest, mit dem ein Bäuerlein Jauche aufs Feld fuhr.

»Puth ist offenbar noch bankrotter, als Gellermann zugegeben hat«, erzählte Saale, als die Fenster endlich geschlossen waren.

»Bankrott kann man nicht steigern«, knurrte Mager und zog an dem Duftspender vorbei.

»Dachte ich auch. Aber Puth und Gellermann ziehen gerade ein Riesending ab . . .«

»Erzähl schon!«

Saale grinste. Er lehnte sich auf dem Beifahrersitz zurück und genoß seinen Informationsvorsprung.

»Erst einmal: Puth und Gellermann waren nicht zu sprechen. Wir sollen sie morgen anrufen. Und jetzt kommt's: Wagners Transportsysteme transportieren überhaupt nichts mehr. Die haben dieses Jahr nach und nach fast hundert Leute entlassen und machen jetzt mit zehn Mann so 'ne Art Notbesetzung.«

»Das waren aber mindestens achtzig Leute, die da herumgesprungen sind . . .«

»Stimmt. Genau das sollen die Bankfritzen denken. Die sind nämlich da, weil Puth einen neuen Kredit braucht. Gucken sich den Betrieb an. Was sehen sie? Arbeit, Arbeit, Arbeit. Der Laden läuft offenbar. Was geben sie? Kohle, Kohle, Kohle.«

»Die lassen sich doch bestimmt auch die Bücher zeigen. Dann fliegt das auf!«

»Glaube ich nicht«, meinte Saale. »Wer auf so einen Trick kommt, dem fällt zu Büchern auch was ein.«

Mager dachte nach.

»Und das alles hat dir Gellermann erzählt.«

»Nein, aber Helga-Mäuschen.«

»Wegen deiner schönen blauen Augen.«

»Die sind schwarz, du Arsch. Aber auch nicht deswegen. Als ich 'reinkam, telefonierte sie gerade mit der Job-Vermittlung von der Uni Bochum und orderte nochmal sechzig Studenten für Freitag. Da fiel bei mir der Groschen. Anlügen konnte sie mich nicht, aber ich mußte versprechen, zu schweigen wie ein Grab.«

»Was du hiermit getan hast . . .«

»Eben . . .«

»Und was hat sie sonst noch erzählt?«

»Wo sie wohnt.«

»Das wolltest du im Rahmen der Volksbefragung wissen, hast du ihr gesagt.«

»So ungefähr. Du solltest dankbar sein, daß ich mich so für die Firma aufopfere. Wo findest du das noch: Privates Engagement, freiwilliger Einsatz nach Feierabend . . .«

»Mir kommen gleich die Tränen«, meinte Mager und bremste

vor der Abfahrt Marten ab. »Aber heute nachmittag gibt's richtige Arbeit für dich.«
»Ich weiß. Nachhilfe für Kalle . . . «
»Quatsch. Du setzt den Vertrag mit Puth auf. Wer Schweizer Bankiers bescheißt, der versucht es auch bei PEGASUS . . . «

23

Der grauhaarige Hauptmeister in der Hattinger Wache blickte mürrisch auf: »Was gibt's denn?«
Lohkamp zückte seinen Dienstausweis. Der Kollege setzte seine Brille auf und studierte die Fleppe, als sähe er so etwas zum erstenmal.
»Was kann ich für Sie tun?«
»Schauen Sie einmal nach, wer in der Nacht vom Vierten auf den Fünften Streife gefahren ist.«
Der Alte seufzte, als hätten sie Wer-weiß-was verlangt, obwohl der Ordner mit den Dienstplänen aufgeschlagen vor ihm lag — er übte sich gerade in der Kunst des Lochens und Abheftens. Schließlich wagte er es und blätterte dreimal um.
»Ja . . . Es waren zwei Wagen im Einsatz: *Ennepe 14/22* und *14/24* . Auf der Zweiundzwanzig saßen Polizeiobermeister Augstein und POM Blazeizak, auf der Vierundzwanzig PM Haggeney und . . . «
Unwillkürlich zuckte Lohkamps rechte Augenbraue: Diesen Namen hatte er schon gehört. Doch bevor ihm einfiel, wann und wo das war, machte der Alte weiter. Und der nächste Beamte war: Michalski, Helmut, POM.
»Danke, Herr Kollege«, lächelte Lohkamp und stiefelte wieder hinaus. Diesen Punkt konnte er von der Liste streichen.
»Gleich fünf, Chef«, meinte Brennecke. »Ich falle um vor Hunger.«
Lohkamp sah die Bahnhofstraße entlang, in der sich die neue Hattinger Wache befand. In seinem Blickfeld lagen zwei Kneipen, aber keine kam ihm sonderlich einladend vor.
»Quatsch. Wir fahren zurück. In einer halben Stunde sitzt du zu Hause.«
Doch daraus wurde nichts.

Brennecke bretterte in Richtung Autobahn. Raus aus der City, runter in eine Senke, den Berg hoch, Slalom durch das nächste Dorf.

Er hatte es jetzt eilig und sah stur nach vorn. Er ignorierte die Silhouette der Henrichshütte, versagte sich einen Blick auf die Fachwerkhäuschen von Blankenstein und übersah tapfer den Wegweiser zum Burgrestaurant, wo es für Leute ab Lohkamps Gehaltsstufe stets ein Häppchen zu essen und ein Bierchen zu trinken gab. Und diese lästigen weißen Blechkreise mit dem roten Rand, in denen dick und schwarz eine 30 stand — die dachte er sich einfach weg.

Die rote Kelle aber war da.

Sie blinkte am Straßenrand auf, als sie wieder ins Ruhrtal stürzten, dem Katzenstein entgegen. Der kantige Kollege, der das Gerät durch die Luft schwenkte, sah nicht so aus, als übte er für eine Keulenkür in der Rhythmischen Sportgymnastik.

Auch das noch, dachte Lohkamp und stützte sich am Armaturenbrett ab. Der Parkplatz vor ihnen hätte eigentlich zum Bremsen völlig ausgereicht. Aber die Zufahrt war durch eine Reihe rotweißer Eisenpfosten so weit verengt worden, daß gerade noch eine Bergziege durchpaßte.

Brennecke keilte den Wagen durch die Lücke und trat auf die Bremse. Das Letzte, was Lohkamp registrierte, war die Fachwerkfassade der Gaststätte *Pilgrimshöhe* . Sie kam schneller auf sie zu, als ihm lieb war. Er klappte die Wimpern zu und versuchte, an etwas Schönes zu denken.

Als die Staubwolke sich langsam senkte, bemerkte der Hauptkommissar dreierlei: daß er noch lebte, daß der Golf und die Kneipe unbeschädigt waren und daß neben ihnen ein grün-weißer Passat in Sonderausführung stand. Der Polizeiobermeister mit der Igelfrisur, der gerade heraussprang, war auch eine Sonderausführung: fett wie eine Frittenbude. Er riß die Tür auf, noch bevor Brennecke den Motor ausgestellt hatte.

»Bei Ihnen piept es wohl, Mann! Hier werden keine Rallyes gefahren . . . «

»Entschuldigen Sie, Herr . . . «

»Die Papiere!«

Brennecke nickte. Er stemmte seine Füße gegen das Bodenblech, drückte den Hintern hoch und fummelte seine Geldbörse aus der Hecktasche. Dann reichte er den Karton hinaus.

»Die Zulassung!« bellte es draußen.

Erneuter Blick in das Portemonnaie — Fehlanzeige.

»Mist. Haben Sie das Ding eingesteckt?«
Nun begann auch Lohkamp zu suchen — unglaublich, wieviele Taschen man in seiner Kleidung finden kann! Daß die Papiere wie immer im Handschuhfach lagen, fiel auch ihm nicht ein.
Der Uniformierte schob sich eine Handvoll Gummibärchen ins Gesicht und sah ihm interessiert zu. Als er mit dem Mampfen aufhörte, war auch seine Geduld am Ende.
»Also, wat iss? Hammse 'ne Zulassung oder nich?«
»Klar«, tönte Brennecke. »In der Jacke!«
Er drehte den Hals nach hinten und wurde fündig: Seine Joppe lag tatsächlich auf dem Rücksitz.
Was er dann tat, war, wie sie später analysierten, eindeutig falsch. Am einfachsten wäre es gewesen, auszusteigen und das gute Stück mit einer völlig unkomplizierten Armbewegung aus dem Wagen zu holen. Aber Brennecke tat etwas anderes. Er stemmte sich erneut hoch und versuchte, seine Wirbelsäule in dieselbe Richtung wie den Hals zu drehen — was man, wäre es dem Einmeterneunzigmann in diesem VW-Golf Normalausführung tatsächlich gelungen, nur noch mit der Quadratur des Kreises hätte übertreffen können.
Doch Brennecke wagte es. Es knirschte und knackte im Gebälk, er ächzte und stöhnte, preßte einen halben Hektoliter Schweiß durch die Poren und kam auch wirklich so weit voran, daß er mit den Fingerspitzen das lose Ende des Fadens fühlen konnte, mit dem seine Mutter ihm vor einer Woche einen Riß in der Schulternaht geschlossen hatte — doch vom Ziel, der Brieftasche, war er immer noch den mikroskopischen Bruchteil einer englischen Meile entfernt.
»Himmel und Arsch!« bellte es draußen. »Soll ich hier Wurzeln schlagen?«
Selbst jetzt wäre es noch möglich gewesen, den Dingen einen ganz anderen Verlauf zu geben. Noch immer hätte Brennecke aussteigen und sein Vorhaben auf die anatomisch günstigste Art ausführen können. Aber aus einem später nicht mehr nachvollziehbaren Grund entschied er sich anders.
Mit einem Aufschrei, der eine Hundertschaft Karatekämpfer das Fürchten gelehrt hätte, bäumte er sich auf, um das Jäckchen auf die schon beschriebene nichtanatomische Art zu erwischen.
Es gelang. Als sein Körper in dem winzigen Augenblick, der zwischen Aufwärtsbewegung und Absturz lag, scheinbar schwerelos auf dem Scheitelpunkt seiner Umlaufbahn verharrte, packte

Brennecke zu. Er krallte seine Fingernägel in den Jackenkragen und zerrte das Fräckchen beim Rückflug zu seinem Startplatz mit nach vorn. Der Sitz des Golf umfing seine gemarterte Wirbelsäule wie ein tröstendes Weib den Geliebten. In den Augen des Kriminalmeisters leuchtete der Stolz des Siegers.

Was er nicht mehr sah, entdeckte Lohkamp. Auf dem sonst leeren Rücksitz schimmerte ein metallener Gegenstand, dessen Kaufpreis zur Zeit der Handlung bei etwa eintausenddreihundertundsiebenundvierzig Mark lag. Eine 9 mm-Pistole vom Typ SIG-Sauer, besser bekannt unter dem Kürzel *P 6* — Brenneckes Dienstwaffe.

Der Schupo reagierte als erster. Er riß seine eigene Kanone aus dem Holster und richtete sie auf das Wageninnere: »Raus! Alle beide! — Vorsicht, Kalla, die sind bewaffnet!«

Kalla — das war der Kantige, der sie in dieses Nadelöhr von Parkplatzeinfahrt gelotst hatte. Er ließ seine Haltekelle fallen und trabte heran. Im Laufen nestelte er an seinem Koppel, um auch zu ziehen. Er machte das nicht einmal ungeschickt, sondern nur eine Spur zu langsam. Im Ernstfall wäre seine sündige Seele dreimal schneller im Kochtopf gewesen als die Waffe im Anschlag.

Der andere kam aber auch allein zurecht. Er dirigierte die Kripo-Männer neben den Golf, wo sie jene schöne Turnübung absolvierten, die in keinem Krimi fehlen darf: Handballen an die Dachkante, Arme vor und die Beine so weit nach hinten, daß jedes Niesen mit einem Kopfstoß gegen die Außenwand des Fahrzeugs enden muß. Er versäumte es auch nicht, mit dem Außenrist seiner Schuhe so lange gegen die Innenknöchel der beiden Gangster zu treten, bis ihre Beine meterweit gespreizt waren. In welchem Western er das schon einmal gesehen hatte, fiel Lohkamp in der Hektik nicht ein.

Als die Verbrecher endlich wehrlos in der Schwebe hingen, baute er sich, wie Lohkamp aus den Augenwinkeln mitbekam, in sicherem Abstand auf und gab Kante einen Wink mit der Pistole: »Filzen!«

Der andere verstaute sein Schießgerät — was ihm entschieden besser gelang als das Auswickeln — und trat hinter die Terroristen, um sie nach versteckten Waffen abzutasten.

Schon nach rund drei Minuten kam ihm der Verdacht, daß bei dem langen Brennecke nichts mehr zu holen war, und er begann, an Lohkamp herumzufummeln. Dessen Pistole steckte wie immer in einem Gürtelholster, das im Augenblick lediglich durch die herabhängenden Jackenschöße verdeckt war.

Soviel Heimtücke, die Waffe fast offen zu tragen, hatte Kante nicht vermutet. Erst nach langem Kramen unter der Achseln und in den Hosenbeinen des Delinquenten gelang es ihm, die *P 6* zu finden. Er bekam sie heraus, ohne daß sich ein einziger Schuß dabei löste.

»Hören Sie«, begann Lohkamp, »ich glaube . . . «

»Schnauze!« schrie der Chef der beiden Wegelagerer.

»Wir sind . . . «

»Halt bloß die Fresse!« drohte Kante. Mit zwei Ballermännern fühlte er sich merklich mutiger. Lohkamp aber begann ganz gegen seinen Willen darüber nachzudenken, wann er zum letzten Mal außerdienstlich eine Kirche betreten hatte. Als es ihm einfiel, brach ihm der Schweiß aus.

»Kalla«, brüllte der Boss des Todeskommandos, »ich rufe jetzt Verstärkung. Wenn sich einer rührt, verpaß ihm eine Spritze in den Meniskus.«

»Ihr habt's gehört«, übersetzte Kante. »Wer sich bewegt, wird kastriert!«

Ein paar Sekunden lang schwiegen alle. Ein Lastzug keuchte den Berg hoch, zwei flotte Porsches donnerten talwärts. Und irgendwo saß ein Mörder und lachte.

Der Dicke mit der Igelfrisur schaltete den *Piker* ein, verwechselte aber die Tasten: Das Knacken in der Elektrik kam live über den Außenlautsprecher des Passat.

» *Ennepe 14/24* an alle«, brüllte er und löste bei den Krähen auf dem Katzenstein eine mittlere Panik aus. Nach einem mustergültigen Alarmstart düsten sie in Richtung Bochum.

»Gustav, nimm den oberen Knopf!« schrie Kante. Der andere folgte dem Rat, war aber auch ohne Verstärker noch makellos zu verstehen.

» *Ennepe 14/24* an alle!« versuchte er es erneut.

»Eigener Standort: L 924, Parkplatz Katzenstein. Zwei Bewaffnete festgenommen. Erbitten Hilfe beim Abtransport. Ich wiederhole . . . «

Inzwischen hatten mehrere PKW und ein VW-Bulli am Straßenrand angehalten. In sicherem Abstand bildeten die Schaulustigen einen Halbkreis um die Szene. Einer zückte eine *Minox* und knipste los, als hätte er den Kanzler auf einem Skateboard entdeckt.

Ein Signalhorn raste heran. Michalski müßte dabei sein, dachte Lohkamp. Aber dann fiel ihm ein, daß der Geschiedene seine Schicht schon hinter sich hatte. Der helle Schimmer am Horizont verblaßte wieder.

Ein Wagen bremste, das Gellen der Signalanlage erstarb, Türen wurden aufgestoßen.

»Mensch, Lusebrink«, meldete sich eine neue Stimme. »Du willst wohl in die Bildzeitung?«

»Quatsch nicht, hilft mir lieber beim Verpacken.«

»Abwarten ... «

Schritte kamen näher, und in Lohkamps Blickfeld tauchte ein Polizeiobermeister auf, der irgendwo in der zweiten Hälfte der Dreißiger stecken mußte. Im Gegensatz zu den beiden anderen wirkte er eher schmächtig. Um sein Kinn rankte ein Bärtchen — zwanzig Jahre früher das Erkennungssignal für den intelligenteren Teil des Polizeikorps.

Auf der anderen Seite des Golf blieb der Neue stehen und betrachtete das Fahrzeug. Plötzlich bildete sich auf seiner Stirn ein Waschbrett. Er hob den Blick und suchte Lohkamps Augen.

»Du meine Güte«, sagte er und ging los.

»Paß auf«, kreischte Kante, »die sind gefährlich!«

»Halt die Klappe, Haggeney!« entgegnete der Schmale.

Er griff in Lohkamps Jacke und zog die Brieftasche heraus.

»Tut mir ehrlich leid, Herr Lohkamp«, sagte er und half ihm in die Senkrechte. »Aber die beiden da sind dumm wie Schifferscheiße ... «

Er drehte sich um: »Denk mal scharf nach, Lusebrink: Zwei Männer in Zivil, Golf oder Passat, vollkommen unauffällig, keine Extras, keine Aufkleber, keine Boxen, nicht mal 'ne Rotzfahne auf der Ablage, kein Radio – aber 'ne Antenne auf dem Kühler und den *Piker* zwischen den Vordersitzen ... Worauf tippst du: Nikolaus und Knecht Rupprecht?«

Lusebrink grübelte, aber er kam nicht drauf.

»Ehrlich, wenn ich den Idioten erwische, der euch von Kamen weggeschickt hat ... «

Da fiel der Groschen. Lohkamp wußte wieder, woher er die Namen dieser Galgenvögel kannte. (Anm. des Hrsg.: Reinhard Junge: *Klassenfahrt*, Weltkreis-Krimi, S. 71)

24

Die Woche ging zu Ende, ohne daß etwas Nennenswertes geschah. PEGASUS dämmerte vor sich hin und wartete: auf das Geld aus Datteln, auf neue Aufträge und auf bessere Zeiten.

Der Knall kam bei einer eher harmlosen Frozzelei am Freitag abend, als alle bis auf Karin bei einem Bier in Magers Küche saßen. Den tristen Hinterhof vor Augen, sang Saale das Lied vom Heimweh nach dem fernen Hamburg.

»Wo willst *du* denn noch 'nen Job kriegen«, grinste der PEGASUS-Vize. »Wer seinen Vorgesetzten Calvados aus dem Schreibtisch klaut . . . «

»Ihr könnt mich mal«, brüllte Saale. »Ich weiß beim besten Willen nicht mehr, warum ich bei euch angeheuert habe. Ich muß besoffen gewesen sein.«

»Das warst du auch«, erinnerte ihn Susanne. »Und wie!«

Die Tür knallte ins Schloß. Saale rannte über den Hof, keuchte die Treppen hoch und öffnete das morsche Brett vor seiner Bude mit einem Fußtritt. Als er sich aufs Bett hechtete, schrie der IKEA-Elch vor Schmerz auf.

Mit der rechten Hand legte Saale die Diamantnadel auf die schwarze Platte, mit der linken fingerte er nach dem Kopfhörer. Joe Cocker wünschte ihm einen guten Abend.

Er drehte den Pegel bis zur Schmerzgrenze und heulte mit: *Baby, shelter me, would you shelter me, when I see you now, I loose the ground, shelter me, babyyyy, shelter miihh, when I loose control . . .*

Plötzlich sprang er auf, riß die Kopfhörer ab und stürzte sich auf einen Stapel alter Zeitschriften. Unter einem Dutzend *Asterix* tauchte endlich das letzte MARABO auf. Mit fliegenden Fingern suchte der das Tagesprogramm: Zeche Bochum, 21.oo Uhr: *The Fall* .

Ein Blick auf die Uhr: Es war zehn nach neun.

»Die fangen sowieso später an«, murmelte er. Er riß sich den Pulli über den Kopf, schnüffelte an den Achselhöhlen, zwängte sich in die schwarze Lederhose und nahm den grauen Flohmarktsakko aus dem Schrank. Zwei Minuten später klemmte er einen Zettel mit der Nachricht *Ich habe den Lada. Gruß Holger* an Magers Tür, preschte drei Minuten später die B1-Auffahrt in Richtung Bochum hoch und suchte um viertel vor zehn einen Parkplatz an der Prinz-Regent-Straße.

Schließlich klemmte er die Kiste dicht neben eine Garageneinfahrt, plazierte das Presseschild auf die Ablage und versprach dem Herrgott eine Bienenwachskerze, wenn der Wagen um Mitternacht noch da stand.

Die Fenster der Kassenbude vibrierten: *The Fall* waren schon am Werk. Ein Muskelmann knöpfte ihm zwanzig Eier ab, dann stürzte sich Saale unter die Menschheit. Schon auf den ersten Blick sah er, daß er die falsche Uniform gewählt hatte: An diesem Abend war Schwarz angesagt.

Ein Hauch von Weltuntergang schwebte durch den Raum. Die Lichteffekte waren verhalten, die Bühnenshow blutleer, aber die Musik ging ihm so in Kopf und Bauch, daß zu seinem Glück nur noch eine fehlte: Helga.

Hoffentlich hat die mich nicht verarscht, dachte er. So, wie sie in der Firma herumlief, hätte er sie eher in der Abteilung »Seichtes« abgelegt: *Modern Talking* oder Grönemeyer, schlimmstenfalls Falco. Aber in Schwarz konnte er sie sich nicht vorstellen. Zwischen Treppe und Bierstand blieb er stehen. Hier war der beste strategische Punkt. Wer raus, aufs Klo oder nachgießen wollte, mußte hier vorbei.

Die harten, schnellen Rhythmen und die 'runtergerotzten Sprüche der englischen Truppe ließen ihn den ganzen PEGASUS-Ärger vergessen. Kopf, Schultern und Knie gingen mit. Vor der Bühne machten ein paar Punks aus Langendreer auf Pogo, der Rest der Fan-Gemeinde wiegte allenfalls vornehm den Oberkörper.

Der alte Kinks-Hit *Victoria* war der Bringer. Der ganze Saal sang mit. Und dicht hinter Saale brach jemand fast in Tränen aus: »Weißte noch, Alter, die *Kinks* in der Gruga? Ray Davis und *Dandy*? Mann, wat iss dat lange her . . . «

Bewundernd schaute Saale sich um: Zwei Enddreißiger hatten sich unter die Jugend gemischt. Einer von ihnen trug noch noch den Vollbart und die Latzhose, mit denen er schon achtundsechzig demonstriert hatte. Der Wehmütige, ein hochgewachsener Mensch mit kahler Stirn und messerscharfer Nase, war vom Outfit her etwas näher an der Neuzeit, aber sein Herz, das hatte der Stoßseufzer verraten, pochte noch im heißen Rhythmus der großen Jahre.

Irgendwo hatte Saale den Typ schon gesehen, aber es dämmerte ihm erst nach dem dritten oder vierten Blick: Der Daddy recherchierte Mordgeschichten für MARABO, war aber längst als Chefredakteur für das Verbandsblatt der *Grauen Panther* im Gespräch . . .

The Fall randalierten dem Ende entgegen. Saale bekam sechs Ellenbogen ins Kreuz und zwei Alt auf die Hose, bis ihn jemand von der Seite anquatschte: »Hallo!«

»Hey!«

Er starrte das Wesen neben sich gleichgültig an. Doch dann fiel der Groschen. Sie hatte ein Augen-Make-up wie nach einer Unter-Tage-Schicht, das blond gefärbte Haar stieß gel-gestärkt in den Himmel, der Aufkleber auf der nietenübersäten Lederjacke verkündete den Trip in die Gegenrichtung.

»Frau Kronenberger«, staunte Saale und grinste. «Ich heiße Helga«, grinste sie zurück.

»Und ich . . . «

»Weiß schon: Holger der Regisseur, Drehbuchautor, Chefbeleuchter und Hauptdarsteller. Wofür sind eigentlich all die anderen Leute beim Film?«

Saale nahm's leicht — diese Frau *konnte* ihn gar nicht beleidigen . . .

Das letzte Gitarrensolo, Gejohle, die Schlußakkorde, Beifall, Licht.

»Noch ein Bier nebenan?«

Helga nickte. Sie ließen sich zum Ausgang schieben und bogen in die Kneipe ab. An der Theke orderte er zwei Pils.

»Ich stehe echt unter Schock,« gestand er. »In der Firma siehst du aus, als könntest du kein Wässerchen trüben, und hier machst du einen auf Punk und Hölle.«

»Soll ich etwa so ins Büro gehen? Und was ist mit deiner Lederhose? Der schönen Blümchenkrawatte vom Montag . . . «

Das Gespräch nahm den üblichen Gang: Sie kauten das Konzert durch, hechelten ihre letzten Live-Erlebnisse durch und kippten ordentlich was weg.

Schließlich landeten sie doch bei Puth, Gellermann und Co.

»Aber das bleibt unter uns«, forderte sie. »Ich habe keine Lust, meinen Job zu verlieren . . . «

Saale schwor bei seiner Ehre, und sie erzählte aus dem Nähkästchen.

»Das Meiste kenne ich nur vom Hörensagen, vor allem von Ruth. Außerdem mache ich die Post auf, und da kann man sich dann vieles zusammenreimen . . . «

Puths Imperium pfiff, wie sie vermutet hatten, auf dem letzten

Loch. Anfang des Jahres hatten die Steuerfahnder Verdacht geschöpft: Obwohl die Firma permanent pleite war, gewährten die Banken weiter Kredite in Millionenhöhe. Darauf wurden Bücher und Bilanzen geprüft. Resultat: Während Puth und Gellermann die Finanzbeamten Jahr für Jahr mit roten Zahlen zu Tränen rührten, hatten sie bei Bankdirektoren mit ihren angeblichen Umsatz- und Gewinnrekorden Jubelstürme geerntet.

Die Staatsanwaltschaft hatte die Banken von den mutmaßlichen Betrügereien informiert, worauf die der Firma postwendend die laufenden Kredite kündigten und Puth aufforderten, die Verbindlichkeiten auszugleichen. Puth selbst passierte nichts, die Ermittlungen dauerten an.

»Das einzige, was sich jetzt verändert hat, sind die Briefköpfe«, sagte Helga und nuckelte an ihrem Glas. Dann legte sie einen Bierdeckel auf den Thekenrand und ließ ihn einen Salto drehen, ehe sie ihn lässig wieder auffing. Saale starrte sie fasziniert an.

»Die Adresse ist gleich, die Telefonnummern auch, nur die Kontonummern wurden geändert, damit die Banken die Zahlungseingänge nicht zum Ausgleich der Puth-Konten festhalten konnten. Die neue Firma ist schuldenfrei.«

»Wahnsinn«, meinte Saale. »Aber das müssen sich doch auch Banken und Staatsanwälte zusammenreimen können.«

»Schlaukopf. Aber zwischen Merken und Handeln gibt es noch einen feinen Unterschied. Gegen die neue Firma kann die Staatsanwaltschaft erst einmal gar nichts machen. Sie gehört nicht mehr zur Gruppe Puth. Verkauft.«

»Und die Lieferanten machen das mit?«

»Ob du's glaubst oder nicht — ja. Puth und Gellermann wickeln sie alle ein. Die haben ein Abkommen geschlossen. Ein außergerichtliches Moratorium. Sie haben auf einen Großteil der Schulden verzichtet und dürfen dafür den Laden weiter beliefern. Zum Ausgleich schlagen sie auf jede Rechnung ein paar Prozent drauf — mit den Jahren sollen so die Schulden abgestottert werden. Das Geld dafür geben die Herren Werdier aus Zürich.«

Saale schüttelte den Kopf: »Ich glaube, PEGASUS kann bei euch eine Menge lernen.«

»Klar. Der Gipfel: Eine Firma in Essen hat auf 80% der Außenstände verzichtet.«

»Weil Gellermann so eine schöne Sekretärin hat.«

»Quatsch. Die waren nur froh, im Geschäft zu bleiben. Sonst hätten sie selbst dichtmachen müssen.«

»Heiß, absolut heiß«, staunte Saale und wußte nicht recht: Sollte er empört sein oder die Schläue der Bankrott-Ritter bewundern?

»Ich hätte Wirtschaft studieren sollen, statt dort meine Abende zu vertrödeln . . .«

»Danke für's Kompliment«, sagte sie.

Er sah sie von oben bis unten an. Sie hielt seinem Blick stand.

»Bist schon 'ne Weile aus dem Rennen, was?« fragte sie sehr sachlich, aber viel zu laut. Die Thekenbesatzung grinste, Saale bekam rote Ohren.

»Komm, wir zahlen. In Bochum gibt's noch mehr Kneipen.«

»Klar«, sagte Saale und warf mit großer Geste zwei Zwanziger auf den Tisch. Die Marksechzig Wechselgeld schob er zurück.

»Mach mir 'ne Rechnung: Speisen und Getränke. Aber den doppelten Betrag.«

Magers saßen beim Mittagsmahl, als es schellte. Mechthild öffnete, und ein Gespenst erschien: weißer Bademantel mit Grauschleier, Kapuze über dem bleichen Gesicht, ausgebrannte Augen in tiefen Höhlen.

»Habt ihr 'ne Stange Aspirin?«

Kalle erholte sich von seinem Schrecken als erster: »Betteln und Hausieren verboten. Kannst du nicht lesen?«

»Heute bestimmt nicht«, antwortete Magers Gattin und schob dem bleichen Gast einen Stuhl hin. Dann holte sie das Röhrchen mit den Tabletten und eine Kanne Wasser, während Mager Kaffee aufsetzte.

Saale ließ sich vorsichtig nieder, warf zwei von den Pillen ein und streckte seine nackten Füße aus. Ein Sessel mit Armlehnen wäre ihm lieber gewesen.

»Willst du etwas mitessen?« fragte Mechthild und deutete auf den Topf mit den Kohlrouladen.

»Nein«, krächzte Saale, dem bereits der Geruch neue Übelkeit bereitete. Zehn Minuten sah er stumm zu, wie Mager und sein Sproß um die Wette bunkerten. Nach dem ersten Liter Kaffee fühlte er Anzeichen einer beginnenden Wetterbesserung.

»Vatta, beeil dich«, trieb Kalle ihn an. »Wir haben um zwei Mannnschaftstreffen . . .«

»Wo spielt ihr denn?«

»In Huckarde. Du bist heute dran mit dem Fahren.«

Mager nickte. Wenn *Borussia* nicht zu Hause antrat, sah er

sich zum Ersatz auch schon mal ein Spiel seines Sohnes an. Kalle war Libero und reifte zu einer gesunden Mischung aus Nobby Stiles und Augenthaler heran. Er hatte schon mehr gelbe Karten auf dem Konto als Bochums Abwehrrecke Lothar Wölk.

»Wann bist du denn wiedergekommen?« fragte Mechthild.

»Keine Ahnung«, flüsterte Saale.

»War sie da?« wollte Mager wissen.

»Wer?«

»Die Kronenberger.«

»Klar. Wie hätte ich denn sonst nach Hause kommen sollen?«

Magers Gabel blieb in der Luft hängen: »Sag das nochmal!«

»Helga hat mich nach Hause . . .«

Mager riß das Fenster auf, steckte den Kopf hinaus und zählte die Blechkisten auf dem Hof: Susannes Golf, der alte Ford der Türken aus dem Nebenhaus, zwei Müllcontainer.

»Wo ist der Lada?«

»Welcher Lada?«

»Kalle«, sagte Mager. »Guck mal auf der Straße, ob Onkel Holger den Wagen da abgestellt hat . . .«

Kalle wetzte los und verschwand in der engen Schlucht zwischen den beiden Häusern. Als er wieder auftauchte, schüttelte er den Kopf.

„Also, Saale, wo ist er?«

»Weiß nicht. Der müßte irgendwo in Bochum stehen!«

25

»Ein Mensch ohne Kontakte — das gibt's doch nicht«, stöhnte Brennecke.

»Oh doch«, widersprach Lohkamp, »viel öfter sogar als du denkst . . .«

Es war wieder Montag, sie saßen wieder im Golf und waren wieder auf dem Weg nach Datteln. Ihr Dialog faßte das Ergebnis einer Art Arbeitsfrühstück zusammen, zu der Lohkamp alle eingeladen hatte, die in der Vorwoche mit dem Fall befaßt waren.

Acht Leute hatten zum Teil bis in die Abende hinein geködelt, um das Leben einer Frau zu durchleuchten, die nur 29 Jahre, neun Monate und 19 Tage alt geworden war. In der Ludwigstraße hatten sie Ärzte, Sprechstundenhilfen, Putzfrauen und Nachbarn interviewt, mit einem Foto der Toten Tankstellen, Läden und

Frisiersalons abgeklappert und Erkundigungen im Reitstall eingezogen. Aber am Ende waren sie kaum klüger geworden.

Die einzige, die überhaupt etwas wußte, war eine Nachbarin aus dem fünften Stock namens Bielke. Die Frauen hatten wechselseitig die Blumen gegossen und die Briefkästen geleert, wenn die andere im Urlaub war. Persönliches hatten sie aber höchst selten besprochen, und Frau Bielke wußte nicht einmal, ob es einen Nachfolger für den Nachfolger gegeben hatte: »Dieses Haus — das ist alltags ein Taubenschlag . . . «

Die wenigen Reitfreunde, die man angetroffen hatte, wußten noch weniger: Die Gespräche hatten sich um Pferde, Autos, Tennis und Mode gedreht, gelegentlich auch um das Düsseldorfer Schauspielhaus und das Bochumer *Starlight*-Projekt — um mehr nicht. Und bei den Festen, während derer man sich persönlich näherkommen konnte, hatte Ruth zumeist gefehlt. Im Vergleich dazu waren die Informationen aus der Put-Verwaltung fast schon ergiebig gewesen.

Besonders enttäuscht hatte Lohkamp die Befragung der Verwandten. Mit Eltern, Schwester und Schwager hatte sie sich in den letzten Jahren nur noch auf Familienfeiern getroffen, und was ihr eigenes Leben betraf, hatte sich Ruth gegenüber allen Nachfragen abgeschottet: Es ging ihr gut, sie hatte viel zu tun, die Ehe laufe wie andere auch (vor der Scheidung) bzw. sie hätten eben doch nicht zusammen gepaßt (danach). Selbst die Eltern waren höchstens zweimal in ihrer Wohnung gewesen, die Schwester einmal, der Schwager nie.

Am Donnerstag hatte die Familie die Leiche aus Holland abgeholt und wartete nun wie Lohkamp auf das Ergebnis einer zweiten Obduktion. Die Staatsanwaltschaft hatte darauf bestanden, da die Akten aus Holland noch immer nicht angekommen waren. Danach wollten Pohlmanns die Tochter so schnell wie möglich unter die Erde bringen — ein unangenehmes Kapitel der Familienchronik wäre dann zu Ende.

Ein Zweier-Team der Kripo hatte geprüft, ob in Ruths Wohnung etwas gestohlen worden war. Zu diesem Zweck hatten die Beamten Zeitschriften und Bücher, Schachteln und Akten, die wild herumgelegen hatten, wieder einsortiert und die ausgeleerten Schubladen neu gefüllt. Nach sechs Stunden gab es ein vages Indiz: Im Wohnzimmerschrank hatte die Michalski ein verschließbares Fach für Aktenordner reserviert. Hier klaffte zum Schluß eine Lücke, in die zwei mittelmäßig gefüllte Ordner gepaßt hätten. Daß es sich um die Unterlagen handelte, in denen der Gatte vor Jahren geschnüffelt hatte, stand zu bezweifeln: Die hier fehlenden Aktendeckel waren wohl erst kürzlich entfernt worden, denn die anderen waren nicht so weit verformt wie die, die dicht an dicht standen.

»Ich möchte wissen, was in diesen Akten stand und wer sie hat«, brach Brennecke das Schweigen. «Sieht ganz so aus, als hätte Madame versucht, ihr Gehalt aufzubessern. Aber wenn da Erpressung . . . «

»Bloß nichts aus dem Kaffeesatz!« bremste Lohkamp. »Wir haben bisher nicht einen Anhaltspunkt dafür, daß es Dienstakten waren — und erst recht deutet nichts darauf hin, daß sie tatsächlich jemanden in die Mangel genommen hat.«

»Außer Michalskis Aussage.«

»Ja«, sagte Lohkamp. »Aber das ist mir zu dünn. Wenn es wirklich um Erpressung geht — wen müssen wir dann unter die Lupe nehmen?«

Brennecke zog die Schultern hoch: »Den Chef vom Bauamt, Roggenkemper, Gellermann, Puth . . . «

»Eben. Und denen rücke ich nicht mit einem Luftgewehr aufs Fell. Kanonen, Brennecke, sonst machen die uns ein . . . «

Wenige Minuten vor elf betraten sie das Rathaus von Datteln und fragten sich zum Bürgermeister durch. Den Termin hatten sie mit seiner Sekretärin ausgemacht, da Roggenkemper die Woche über auf Tournee gewesen war: Düsseldorf, Travemünde — zu weit weg, um ihn bereits zwischendurch zu befragen.

Im Vorzimmer lächelte ihnen etwas Blondes, Feenhaftes zu und steckte kurz den Kopf durch die Tür nach nebenan. Dann nickte sie: »Bitte!«

Auf der Schwelle blieb Lohkamp verblüfft stehen. Roggenkemper residierte in einem mittleren Tanzsaal mit bunten Mosaikfenstern. Die Einrichtung war schlicht und kostbar, und mit der Fahne, die schräg hinter dem Ortschef aufgebaut war, hätte man eine halbe Kompanie toter Flußpioniere zudecken können.

»Kommen Sie herein, meine Herren!« Er kam ihnen entgegen und bot ihnen zwei altertümliche Lehnstühle an, die eher in einen Rittersaal gepaßt hätten. Er selbst nahm gegenüber Platz und schlug die kurzen Beine übereinander.

»Tut mir leid, daß ich Ihnen erst heute zur Verfügung stehen kann. Was darf ich für Sie tun?«

»Ruth Michalski«, sagte der Erste Hauptkommissar nur. Der Ortschef nickte, seine Augen verdüsterten sich.
»Habe ich gehört. Eine böse Geschichte. Haben Sie schon eine Spur ...«
»Nein. Deshalb benötigen wir Ihre Hilfe ...«
»Natürlich«, sagte Roggenkemper. »Ich ...«
Die Tür öffnete sich, und die Sekretärin fuhr auf einem Servierwagen Kaffee und eine Schale mit Streuselkuchen herein.
»Der ist eigentlich für den Seniorennachmittag im alten Ratssaal«, erklärte Roggenkemper. »Aber es ist immer genug da. — Frau Körner, bis wir hier fertig sind, keine Anrufe bitte.«
Die Sekretärin nickte und verschwand.
»Herr Roggenkemper«, begann Lohkamp, »weswegen hat Frau Michalski hier aufgehört? Gab es irgendwelche Differenzen?«
Der kleine Mann auf dem großen Stuhl lachte still: »Stehe ich unter Verdacht?«
»Nein«, sagte Lohkamp.
»Hätte mich auch gewundert«, knurrte Roggenkemper zufrieden. »Immerhin haben mich zur Tatzeit bestimmt 1500 Leute im Festzelt gesehen ...«
»Ich weiß. Die Hälfte davon sogar doppelt.«
»Falsch«, feixte der Bürgermeister. »Im Festzelt bleibt keiner nüchtern. Ich übrigens auch nicht. — Aber im Ernst: Frau Michalski war als Sekretärin perfekt. Ich hatte keinen Grund zur Klage. Und das einzige, was sie störte, war das Gehalt. Sie war für diesen Schreibtisch überqualifiziert, und ich konnte ihr nicht einmal die Mehrarbeit bezahlen. Sonst wäre mir der Regierungspräsident aufs Dach gestiegen ...«
Er verbreitete sich drei weitere Minuten über die beruflichen Qualitäten der Toten. Die Beamten ließen ihn reden, bis er sich selbst unterbrach.
»Kurz und gut — bei Puth wurde damals die Stelle als Chefsekretärin frei. Ich habe ihr mit Hilfe von Herrn Gellermann die Stelle besorgt — sozusagen als Abschiedsgeschenk für treue Dienste. Punkt und aus.«
»Herr Roggenkemper, irgend jemand hat nach dem Tod der Frau die ganze Wohnung auf den Kopf gestellt. Wir haben festgestellt, daß mindestens zwei Aktenordner fehlen. Wir suchen danach. Immerhin hat Frau Michalski bei ihrer Arbeit im Bauamt und bei Ihnen Einblick in eine Vielzahl interner Vorgänge ...«

Der Ortschef wischte den Rest des Satzes mit einer ungeduldigen Armbewegung weg.

»Herr Lohkamp — Datteln ist eine Stadt, in der es keine Skandale gibt. Die einzigen, die gerne welche hätten und ständig stänkern, sind die Grünen. Es paßt nicht in ihr neurotisches Weltbild, daß hier ein und dieselbe demokratische Partei seit dem Krieg die absolute Mehrheit hält und daß es eine politische Führung gibt, die sich wirklich um die Bürger kümmert. Die hätten es gerne anders, und weil sie keine Fakten haben, erfinden sie Geschichten . . .«

»Aber sie hat nachweislich einmal Akten des Bauamts zu Hause . . .«

»Mit Sicherheit. Sie war fleißig und gewissenhaft, und was sie im Büro nicht schaffen konnte, hat sie nach Feierabend erledigt.«

»Wo würden Sie denn ein Motiv suchen?« versuchte der Kriminalmeister zu kontern.

»Jemineh!« Roggenkemper grinste spöttisch. »Soll ich jetzt auch noch Ihre Arbeit tun?«

Er beugte sich ein wenig vor: »Das arme Mädchen hatte eine Menge Streß am Hals. Einen Versager als Mann, der ihr nicht das Wasser reichen konnte und ihr das Leben zur Hölle gemacht hat. Der es nicht verwinden konnte, daß seine Frau nach oben kam. Zum Beispiel. Und wenn es das nicht ist: Vielleicht irgendeine der unangenehmen Männergeschichten, die auch den anständigsten Frauen schon einmal passieren. Haben Sie in dieser Richtung nachgehakt?«

»Keine Angst, ein bißchen verstehen wir auch von unserem Beruf«, grinste Lohkamp. »Aber sagen Sie: Vlieland — was könnte Frau Michalski da gewollt haben?«

Roggenkemper hob die Schulter: »Meine Güte! Warum fragen Sie mich nicht, wie heute das Wetter in Tokyo ist? Keine Ahnung. Neunundneunzig von hundert Leuten werden gar nicht wissen, daß es diese Insel gibt . . .«

»Aber Sie wissen es?«

»Sicher!« Er lächelte: »Unsere Luftwaffe übt da Zielanflüge. Noch was?«

»Ja. Etwas ganz anderes: Wann haben Sie Herrn Gellermann während des Kanalfestivals gesehen?«

»Jesusmaria, Sie haben Wünsche . . .«

Er lief zu seinem Schreibtisch und schlug einen dicken Terminkalender auf.

»Herr Gellermann hat für mich ein paar Berechnungen überprüft. Moment . . . Abgeholt hat er sie nachmittags. Bei mir zu Hause. Ziemlich spät.«
»Am Freitag?«
»Ja. Und Sonntag, nein am Samstag hat er sie mir zurückgebracht. Mittags. Gegen zwölf.«
Sie standen wieder draußen, ohne einen einzigen Bissen von dem Beerdigungskuchen probiert zu haben.

Der Kriminalmeister öffnete seinem Chef die Tür und startete. An der Ausfahrt mußten sie warten, bis ein Streifenwagen im Schneckentempo vorübergezogen war. Da würgte Brennecke vor Schreck den Wagen ab.
»Was ist?« schrak Lohkamp hoch.
»Ich weiß, wer lügt!«
»Wer?«
»Michalski. Zumindest stimmt was nicht mit seinem Alibi.«
»Hör mal, das ist wasserdicht . . .«
»Nein. In der Tatnacht ist er angeblich mit dieser Flasche Haggeney Streife gefahren . . .«
»Ja.«
»Aber am Dienstag, als uns Haggeney und dieser andere Strauchdieb hochgenommen haben: Wo war Michalski?«
»Zu Hause.«
»Eben. Und das geht nicht.«
»Wieso?«
»Man merkt, daß Sie nie Streifenbulle waren. Wenn Haggeney und Michalski am Freitag dieselbe Schicht gefahren sind — dann hätten sie das am Dienstag auch tun müssen. Die sind nämlich immer gleich . . .«

26

Als Erdenberger am Montag um 14.43 Uhr das Ende des *Mittagsmagazins* verkündete, war auch Holger Saale fix und fertig. Stöhnend schob er die Schreibmaschine weg, reckte die Arme und gähnte.
Die halbe Nacht und den ganzen Tag über hatte er sich mit Rangierkatzen, Einschienenhänge- und Sohlenflurbahnen herumgeschlagen. Die Wunderwerke aus dem Hause Puth mußten so

brillant ins Bild gesetzt werden, daß man in Mikronesien von ihrem Einsatz bei der Kokosnußernte träumte. Entsprechend großmäulig war nun der Begleittext ausgefallen, ein Duett für zwei reife Männertimmen, die dem Betrachter Sachkenntnis und Solidität suggerieren sollten.

Saale rieb sich die Augen und überflog noch einmal die erste Seite des Drehbuchs:

Halbtotale, Vorbeifahrt:
Eine Hängebahn transportiert Bergleute durch einen Stollen zum Ort.

Sprecher 1:
Einer der wichtigsten Kostenfaktoren der Untertageproduktion ist die Beförderung von Menschen und Material. Schnell, sicher, kostendämmend.

Totale:
Verwaltungsgebäude, Werkhallen.

Sprecher 1:
Die bei Wagner entwickelten Transportsysteme haben sich vielfach bewährt.

Halbnah/nah:
Konstruktionsbüros, zwei Ingenieure über einen Computer-Ausdruck gebeugt

Sprecher 2:
Konstrukteure mit internationaler Erfahrung entwerfen unsere Technik.

Halbtotale; Montage Nah:
Schaltanlage, Wartungsarbeit

Sprecher 1:
Ein zuverlässiges Team fertigt, montiert und wartet die Anlagen.

Halbnah:
EDV-Anlage.
Nah:
Ingenieur am Konstruktionscomputer.

Sprecher 2:
Ein eigenes Konstruktionsbüro garantiert, daß unsere Transportsysteme auch die Anforderungen der Zukunft übertreffen.

Halbtotale:
LKW-Transport zum Besteller, Ranfahrt an den Firmennamen.

Sprecher 1:
Wagner-Transportsysteme – der Partner ihres Vertrauens.

TON: Elektronische Musik, optimistisch, dynamisch, langsames Crescendo.

Saale nickte zufrieden und schob Karin Jacobmayer die Blätter über den Tisch: »Sei so gut und mach mir drei Kopien . . .«
Er stand auf und begab sich in den Nebenraum, wo Susanne und Mager ihre Schreibtische bewachten.
»Fertig?«
Saale nickte, und Susanne reichte ihm das Kostenexposé, das sie auf der Grundlage der drei Stunden alten, vorletzten Fassung des Drehbuchs erstellt hatte. Die fünfstellige Summe rechts unten ließ ihn die Strapazen vergessen, die ihm das Opus bereitet hatte — und auch die beißende Kritik, mit der Mager morgens um neun seinen ersten Entwurf auf das Firmenklo gehängt hatte.
»Wart ihr nochmal auf der Bank?«
Mager nickte: »Die Fünftausend sind noch nicht da. Ich sag dir's, der hat uns nur als Pappkameraden gebraucht, um vor den Bankheinis Eindruck zu schinden. Wenn du dein Kunstwerk nachher ablieferst, kann sich Gellermann an nichts mehr erinnern.«
»Abwarten«, meinte Saale. »Schreibt doch noch eine Bemerkung rein: Vorbehaltlich der von Herrn Gellermann angekündigten Akontozahlung . . .«
Susanne nickte.
»Schön. Kopiert ihr mir die Blätter? Ich muß mich noch landfein machen.«
»Für Gellermann?« fragte Mager.
Saale grinste nur.
»Hör mal«, drohte Mager. »Laß heute die Sauferei! Wenn du die Karre wieder vor irgendeiner Kneipe stehen läßt, gibt es Ärger. Kalle hat morgen zur ersten Stunde . . .«
Saale nickte und nahm die Beine in die Hand. Die Suchaktion

vom Samstagnachmittag war so ziemlich das Letzte, worüber er jetzt diskutieren wollte. Mehr als eine Stunde waren sie mit Susannes Golf durch Bochum geirrt, bis sie den Firmenpanzer schließlich gefunden hatten — am Beginn der Sündentour, vor der *Zeche*. Mager würde ihm den verlorenen Nachmittag noch auf dem Sterbebett vorhalten.

Eine Stunde später parkte er vor Puths Bürosilo ein und flog die Treppen hinauf. Helga Kronenberger erwartete ihn mit einem schadenfrohen Lächeln.

»Guten Tag, Herr Saale. Geht es Ihnen gesundheitlich wieder besser? Freut mich sehr. Oh, und was für eine schöne Krawatte Sie da umgebunden haben.«

»Ich habe keine andere, gnädige Frau. Das ist nackte Armut.«

Sie kam um den Schreibtisch herum und hauchte ihm einen Kuß auf die Wange. Verlegen ging er auf Abstand und deutete auf die Tür, die ins Büro ihres Chefs führte: »Wenn dich . . .«

»Quatsch. Die Firmenleitung ist ausgeflogen. Gellermann hat irgendeine Sitzung bei seinem Landesvorstand, und Puth geht's nicht gut. Er will zu Hause weiterarbeiten.«

Enttäuscht sank Saale auf den Besuchersessel: »Und ich schlage mir die Nacht um die Ohren . . .«

»Kopf hoch! Ich soll dich zu Puth bringen. Er muß sowieso noch Post unterschreiben.«

»Bist du jetzt Ruths Nachfolgerin?«

»Das ist noch nicht 'raus. Setz dich einen Moment, ich bin gleich soweit . . .«

Bis zur Zechenstraße fuhr Helga mit ihrem Polo voraus. Saale schwitzte Blut und Wasser, um sie nicht aus den Augen zu verlieren — hinter dem Steuer verwandelte sich die brave Sekretärin wieder in die Höllenfrau vom Freitagabend. Als sie am alten Torhaus der Zeche *Emscher-Lippe* links abbog und ihren Wagen auf dem Co-op-Parkplatz abstellte, atmete er erleichtert auf.

Sie raffte ihr Gepäck zusammen und kletterte in den Lada: »Übrigens, da drüben wohne ich.«

Er blickte hinaus: Eine Reihe vierstöckiger Häuser etwa aus den Sechzigern, rote Giebelwand, weiße Verkleidung vorn, Balkone mit wild wuchernden Fuchsien.

»Allein?«

Sie schüttelte den Kopf: »Mit Mutter. — Und jetzt fahr!«

Sie zockelten die Bundesstraße entlang, nordwärts, der Kanalbrücke zu, im Feierabendverkehr eine harte Geduldsprobe. Aber als er am Ortsausgangsschild aufs Gas trat, schüttelte sie den Kopf: »Langsam. Wir sind gleich da!«

Hinter der Brücke mußte er einige Wagen aus der Gegenrichtung vorbeilassen, ehe er abbiegen konnte. Vom erhöhten Fahrdamm der Bundesstraße bot sich ein weiter Blick über den Uferbereich des Kanals. Keine Frage: Puth hatte für seine Residenz eine schöne Ecke ausgesucht.

»Stimmt«, meinte Helga. »Meinst du, der baut auf dem alten Kokereigelände? Landschaftsschutzgebiet. — So, hier sind wir . . . «

Saale bremste vor dem weißen Eisentor, das schon Lohkamp und Brennecke beeindruckt hatte, und pfiff durch die Zähne: »Nicht übel! Wie kommt man im Landschaftsschutzgebiet zu solch einem Haus?«

»Mußt du Roggenkemper fragen oder Puths Freunde im Bauamt. Die haben ursprünglich nur einen Flachdachbungalow für Puths Pferdepfleger genehmigt — das Gestüt nebenan gehört ihm auch.«

»Die hätten den Bau doch gar nicht abnehmen dürfen . . . «

Sie zuckte die Achseln: »Das ist Datteln. Mit irgendwas werden die der Bauaufsicht schon den Mund gestopft haben.«

»Oder die Augen verklebt«, meinte Saale und imitierte mit Daumen und Zeigefinger Dagobert Ducks Lieblingsbeschäftigung.

»So läuft hier alles. Damit Puth den Bau nicht abreißen muß, ist er dem Bügermeister gefällig, und dafür hat er selbst wieder einen Wunsch frei. Eine Hand wäscht . . . «

»Ich weiß schon!«

Ihre Hand suchte nach dem Türgriff: »Komm jetzt! Und halt die Klappe — die Sprechanlage funktioniert in zwei Richtungen.«

Sie stiefelten los. Puths Residenz war wirklich vom Feinsten. Bereits das mit roten Ziegeln hochgezogene Erdgeschoß hätte gereicht, um alle Wohnungen und die Büros des PEGASUS-Teams aufzunehmen. Darüber thronten aber noch zwei Etagen im Mansardenstil.

Puth empfing sie in einem geräumigen Arbeitszimmer aus deutscher Eiche. Seine faltigen Wangen leuchteten in einem ungesunden Rot, und sein Händedruck ließ alle Kraft vermissen, mit der er einst Steine geschleppt hatte. Als er aufstand, hielt er sich an der Schreibtischkante fest.

»Schön, daß Sie gekommen sind, Frau Kronenberger. Und das ist sicher . . .«

»Herr Saale von PEGASUS . . .«

»Ja, ich weiß«, nickte Puth. »Wir haben uns, glaube ich, während der Betriebsführung für die Herren aus Zürich gesehen. Bitte, setzen Sie sich! Tut mir leid, daß ich mich in Ihrer Angelegenheit nicht gut genug auskenne . . .«

»Das ist kein Problem, Herr Puth. Wir haben unsere Empfehlung für das Drehbuch und das Kostenexposé ausgearbeitet. Ich lasse Ihnen die Unterlagen hier, damit sie die Filmkonzeption in Ruhe überdenken und gegebenenfalls Änderungen vornehmen können . . .«

Puth nickte: »Schön.«

Er ließ sich von Helga die Unterschriftenmappe vorlegen und setzte mit zittrigen Händen seine Brille auf. Bevor er den ersten Brief unterschrieb, überflog er ihn, den nächsten auch noch, aber dann schien ihm das Verfahren zu langwierig zu werden, und er blickte nur noch kurz auf das Adressenfeld links oben, ehe er seinen Namenszug unter den Text setzte.

»Ist das Gutachten von Dr. Boos noch nicht eingetroffen?« fragte er zwischendurch.

Helga schüttelte den Kopf.

»Wenn es morgen früh nicht in der Post ist, dann mahnen Sie es bitte an. Telefonisch. Herr Boos müßte wissen, daß die Sache eilig ist.«

Helga versprach es ihm und schlug die nächste Seite der dicken Ledermappe auf.

»Gibt es noch etwas Neues?« fragte er, als er seinen Füllhalter zuschraubte.

»Ja, Herr Puth«, begann Helga. »Der Betriebsrat läßt fragen, ob mit dem Kranz für Frau Michalski so verfahren wird wie bei anderen Todesfällen. Und ob einige Mitarbeiter für die Beerdigung freigestellt werden können.«

Einen Augenblick lang starrte Puth sie fassungslos an. Dann sank er Stück für Stück in sich zusammen. Ein alter, verbrauchter Mann. Mehrere Herzschläge lang sagte niemand ein Wort.

»Ja, natürlich«, flüsterte er schließlich. »Ist es schon so weit? Wann wird sie beerdigt?«

»Am Donnerstag um elf.«

»Machen Sie einen Aushang«, nickte er. »Wer will, soll mitgehen. Nur für den Telefondienst muß gesorgt werden . . .«

Wieder war er mit seinen Gedanken weit weg. Mit der Skriptenmappe unter dem Arm fühlte sich Saale äußerst unwohl. Behutsam legte er sie auf der Kante des Schreibtisches ab.

Puth schrak auf und holte Luft: »Danke. Ich verspreche Ihnen, daß ich die Entwürfe gründlich studieren werde. Geben Sie mir ein paar Tage Zeit. Sie hören dann von mir . . . «

Er drückte sich hoch und begleitete sie zur Tür. Seine Schritte, anfangs noch ungelenk, wurden mit jedem Meter sicherer. Er hatte noch Reserven.

»Kommen Sie morgen um elf mit der Post vorbei, Frau Kronenberger«, sagte er, als er sie mit Handschlag verabschiedete. Er lächelte plötzlich: »Ich werde das mit Herrn Gellermann regeln.«

»War das deine Beförderung?« fragte Saale, als sich die Wagentüren hinter ihnen geschlossen hatten.

Helga zuckte die Achseln.

»Wer weiß? Wahrscheinlich nur vorläufig . . . «

Er wendete und steuerte zur Kanalbrücke zurück.

»Ganz schön alt, der Boss. Als du das mit der Beerdigung gesagt hattest, dachte ich schon, der kippt uns weg.«

»Ich auch. Hat mich sowieso gewundert, wie er reagiert hat. Wenn der Betriebsrat sonst mit Beurlaubungen kommt, stellt er sich an, als bräche über ihm der Himmel zusammen. Aber bei Ruth . . . «

Bis zur Zechenstraße grübelten sie vor sich hin. Der geschäftliche Teil der Fahrt war erledigt. Aber der Montag war noch lang.

Saale ließ den Lada neben ihrem Polo ausrollen und wartete, ohne den Motor auszuschalten. Da war noch was — aber er wußte nicht, wie er anfangen sollte.

Ihre Blicke trafen sich.

»Bei uns geht's nicht«, sagte sie plötzlich. »Mama hat etwas altmodische Vorstellungen von einem ordentlichen Haushalt.«

»Meine auch«, grinste Saale. »Aber die ist in Hamburg. Und bis Dortmund kann sie noch nicht gucken.«

»Worauf wartest du Esel dann noch?«

»Daß du deinen eigenen Wagen nimmst. Mager braucht den Lada morgens immer selbst.«

Sie küßte ihn und stieg um, auf eine Revanche für die Hetzjagd auf dem Hinweg gefaßt. Aber Saale fuhr so sanft wie schon lange nicht mehr. Er hatte mit einem Male eine Riesenangst, sie abzuhängen.

Hattingens Polizeichef blickte die beiden Kripoleute empört an: »Mogelei? In meinem Schutzbereich? Hoffentlich ist Ihnen klar, was Sie da behaupten!«

»Ich habe gar nichts behauptet«, erwiderte Lohkamp geduldig. »Wir wollen in einem Mordfall ein Alibi überprüfen. Ich muß Sie bitten, mir Einsicht in die Einsatzunterlagen zu gewähren. Es geht um Freitag, den . . . «

»Bültermann!« brüllte der Polizeikommissar.

Sein Stellvertreter kam so schnell hereingeschossen, als hätte er hinter der Tür gelauscht. Er war kaum älter als vierzig und hätte mit seiner Figur einen idealen Mittelgewichtler abgegeben: bullig, aber ohne jedes überflüssige Fett.

»Die Dienstpläne und Streifenberichte . . . «

Der Hauptmeister verschwand und kehrte bald mit zwei dicken Leitz-Ordnern zurück. Mit versteinertem Gesicht ließ er es zu, daß Lohkamp sie ihm aus der Hand fischte und auf dem kleinen runden Tisch in der Konferenzecke ablegte. Während er Brennecke die Streifenberichte hinüberschob, blätterte Lohkamp bereits in den Dienstplänen.

Der Vordruck mit dem Plan für den ersten Freitag im September war schnell gefunden. Wie üblich waren die drei Schichten in der ersten Spalte mit Großbuchstaben gekennzeichnet und durch dicke Querstriche voneinander abgegrenzt.

In der zweiten Spalte war die Diensttätigkeit der eingesetzten Beamten mit dem bundesweit einheitlichen Zahlencode gekennzeichnet: Die Zehnerziffern für den Chef und den Innendienst, die Zwanziger bis Dreißiger für die »bunten« Funkwagen, die Vierziger für die Kräder, die Achtziger für die Zivilstreifen.

Lusebrink und Haggeney gehörten zur C-Schicht, die am fraglichen Wochenende den Nachtdienst versehen hatte. Beide waren ab 22.00 Uhr für den Streifenwagen *Ennepe 14/24* eingeteilt. Aber jemand hatte Lusebrinks mit Maschine eingetippten Namen mit der Hand durchgestrichen und »POM Michalski« darüber notiert.«Können Sie mir das erklären?«

Mit verdrehtem Kopf warf der Schutzbereichsleiter einen Blick auf den Plan und nickte seinem Vize zu: »Wie war das, Jochen?«

Der Hauptmeister zuckte die Achseln: »Das war wohl die Nacht, in der es Gustav schlecht geworden ist. In den Streifenberichten muß Genaueres stehen . . . «

Lohkamp guckte Brennecke an. Das Gesicht des Kriminalmeisters war kreidebleich, und seine Augen flehten um Gnade. Es hatte seinen Chef auf den falschen Dampfer gejagt.

Ein Blick in den Streifenbericht bestätigte die Angaben des Hauptmeisters: Lusebrink hatte sich um 22.25 Uhr krank gemeldet, Michalski zum selben Zeitpunkt übernommen.

Idiot, verdammter, dachte Lohkamp und hätte seinen Hilfssheriff am liebsten in den Hintern getreten. Wolltest den ganz Schlauen spielen, der seinen Boss in die Tasche steckt. Fahrkarte, mein Sohn! Und die Sache mit dem Händehoch am Katzenstein — die hast du uns ja auch eingebrockt. Zu faul, mal eben auszusteigen — und dafür hätte uns Fettsack beinahe umgelegt. Von wegen Beförderung — die kannst du dir sonstwohin stecken, Freundchen. Da mußt du dir erst noch ein paar Jahre den Arsch aufreißen . . .

Seufzend kramte Lohkamp nach seinen Zigaretten und rauchte an. Schon nach den ersten Zügen sank sein Adrenalin-Spiegel so weit, daß ihm sein eigenes Verhalten bewußt wurde. Er hatte sich mindestens genauso idiotisch benommen: Mit einem einzigen Anruf hätte er sich diese Pleite ersparen können . . .

Noch immer war es merkwürdig still im Raum. Ganz plötzlich sah er von den Akten auf. In Bültermanns Augen schimmerte ein kleines, triumphierendes Lächeln. Es verschwand im selben Moment, als er den Blick des Kriminalbeamten spürte.

Seine Reflexe hatte Lohkamp noch unter Kontrolle. Er sah den Bullen so ausdruckslos an, als ob er mit den Gedanken weit weg wäre, und inhalierte noch einmal tief. Dann ließ er seinen Blick weiterwandern: zum Chef der Hattinger Ordnungshüter, von ihm zu Brennecke, der zu einem Häufchen Elend zusammengesunken war, und dann endlich wieder auf die Formulare in seinen Händen.

Michalski. Er gehörte eindeutig zur B-Schicht und hatte an jenem Freitag seine Touren von 13.30 bis 21.30 abgeritten — auf dem anderen Passat, der früher anfing und Schluß machte, damit im Notfall immer ein Wagen im Einsatz war. Und fast eine Stunde nach Feierabend war der noch greifbar, saß vielleicht gar auf der Wache? Und machte mir-nichts-dir-nichts eine zweite Schicht? Komisch.

Lusebrink, die wandelnde Pommesbude. Ein Urviech mit wenig Grips, aber der Konstitution eines gesunden Elefantenbullen. Wieso wird der nach 25 Minuten Dienst krank? Nach drei

Stunden, vielleicht auch nach zweien — das gibt es. Aber so schnell?

Lohkamp blätterte die Streifenberichte um. Samstag und Sonntag tauchte der Name Michalski überhaupt nicht auf. Auch am Montag nicht. Haggeney fehlte Samstag und Sonntag, der Fettsack aber nur sonntags. Am Tag davor hatte er Dienst geschoben — in der B-Schicht, zusammen mit dem Kollegen, mit dem Michalski am Freitag auf dem Bock gesessen hatte . . .

Noch immer starrte Bültermann den Hauptkommissar schweigend an. Er atmete ganz flach, und in seinen Mundwinkeln zuckte es. Dich krieg ich, Bruder, dachte Lohkamp.

Auch der Polizeichef sagte keinen Ton, aber seine Augen pendelten wie Scheibenwischer zwischen den beiden hin und her.

Lohkamp zerquetschte seine Zigarette und zündete sofort eine neue an. Mit Ruth Michalski, soviel war klar, hatte die Geschichte nichts zu tun: Keiner der Beteiligten hätte schnell genug auf dieser Insel sein können. Aber was war es dann?

Sein Blick wanderte zurück zu den Streifenberichten, zum Dienstplan. Mit den Namen stimmte etwas nicht . . .

Sekunden später hatte er den Anfang des Knäuels in der Hand.

»Wieso hat Lusebrink am Samstag die B-Schicht gefahren?« fragte er leise.

Ein kurzes Aufblitzen in den Lichtern des Bullen — Volltreffer!

»Wieso ist er in Michalskis Schicht gefahren? Wenn er Freitag nacht wirklich krank war, gab es doch keinen Grund, sich zu revanchieren — oder?«

Angst. In den Augen des Hauptmeisters flackerte Angst.

»Herr Bültermann, ich habe Sie etwas gefragt!«

»Ich . . . Ich weiß nicht. So etwas kommt vor, daß zwei Mann die Schicht tauschen. Bei Familienfeiern zum Beispiel . . . «

»Und welche Familienfeier ist Lusebrink an jenem Freitag eingefallen? Zwanzig Minuten nach Dienstbeginn? Und warum fährt ein Mann für ihn weiter, der schon acht Stunden auf dem Bock saß?«

Schweigen. Schließlich zuckte der Breite mit den Schultern: »Woher soll ich das wissen? Ich hatte in der Nacht keinen Dienst!«

Brennecke erwachte wieder zum Leben. Er zog die Streifenberichte heran und studierte die Eintragungen. Funkwagen und Zivilstreifen hatten ihre Runden exakt gedreht und kaum Anlaß zum Eingreifen gehabt. Zwei, drei Fahrzeugkontrollen, einmal ruhestörender Lärm, ein versuchter Einbruch in Welper, das war's auch schon.

Fast.

»Sagen Sie«, fragte Brennecke plötzlich. »Diese hilflose Person, die Lusebrink aufgegriffen hat — um viertel nach zehn — was war damit?«

Eine Kopfbewegung des Chefs, und Bültermann trabte los, das Wachbuch zu holen.

»Zweiundzwanzig zwanzig«, las Brennecke vor. »*Ennepe 14/24* liefert offensichtlich volltrunkene Person ab. Name: Riemenschneider, Vorname: Elvira, geboren, wohnhaft undsoweiter. Hier: Ausnüchterung. Entlassen: Oho! Um halb drei morgens!«

Er stockte und musterte das Mittelgewicht.

»So schnell geht das bei euch? In drei Stunden nüchtern? Habt ihr das Mädchen unter die kalte Dusche gestellt?«

Bei dem Wort »Dusche« zuckte Bültermann zusammen.

»Also, was war mit dem Mädchen? War sie Lusebrinks Krankheit?«

Schweigen.

»Wie Sie wollen«, meinte Lohkamp und blickte dann zu dem Boss des Mittelgewichtlers hinüber. »Holen Sie Lusebrink heran. Und du, Brennecke, treibst diese Frau auf. Bochumer Straße — ist das weit?«

Der Polizeichef schüttelte den Kopf.

»Also los, Brennecke, ich will hier keine Wurzeln schlagen . . . «

Zweieinhalb Stunden später blickten sie durch.

Die Frau wurde beim Finanzamt als *Model* geführt. Sie war nicht betrunken, sondern high gewesen. Lusebrink hatte sie am Busbahnhof aufgegriffen, zur Wache geschleppt und tatsächlich unter die Dusche gestellt — aber sich selbst dazu.

Als er fertig war, folgte ihm die halbe Nachtschicht — ebenso zwei weitere Bullen, die sie dazu eigens aus der Kneipe oder aus dem Bett geholt hatten. Die einzigen, die sich geweigert hatten, von diesem Angebot Gebrauch zu machen, war die Besatzung des anderen Passat gewesen.

Michalski hatte sich für einen Hunderter überreden lassen, seine eigene Schicht am Samstag nachmittag gegen Lusebrinks Nachtdienst zu tauschen. Fettsack hatte aber im Laufe der Nacht seinen Einsatz doppelt wieder hereingeholt. Von jedem »Besucher« des Mädchens hatte er dreißig Mark kassiert.

»Zum Kotzen ist das«, meinte Brennecke, als sie wieder in ihrem Golf saßen. »Was für ein Gesindel in unserem Verein herumläuft . . . «

Lohkamp schniefte nur. Er kannte noch ganz andere.

28

Wilde Punkmusik ließ die Dachpfannen über Saales Bodenzimmer tanzen. Helga saß in seinem Bademantel am Eßtisch, rauchte einen langen, schwarzen Zigarillo und sah zu, wie er das Nachtmahl bereitete: Schwarzbrot, ein Glas Cornichons, drei Tomaten, ein halbes Dutzend Spiegeleier und Dosenpfirsiche zum Dessert.

Sie kicherte plötzlich.

»Was ist los?« fragte er verunsichert.

»Nichts«, meinte sie. »Ich überlege gerade nur, nach welcher Industrienorm Junggesellen ihre Vorräte zusammenstellen. Wenn du in die Kühlschränke guckst, gibt es keine Unterschiede . . . «

»Was soll das heißen?«

Sie antwortete nicht, wurde aber plötzlich rot im Gesicht.

Er drohte ihr mit Brotmesser: »Ich glaube, PEGASUS sollte mal dein Vorleben durchleuchten. Da tun sich sicher Abgründe auf, von denen Normalbürger wie ich nicht das Geringste ahnen . . . «

Nun kicherten sie beide und stürzten sich auf das kulinarische Meisterwerk.

»Zeigst du mir mal eure Firma?« fragte sie, als sie den Nachtisch löffelten.

»Kann ich«, meinte er. »Aber erwarte nicht zuviel. Auf Kundenwerbung übertreiben wir mindestens so gut wie dein Oberprokurist, wenn er Kredite erschleichen will . . . «

Er zog sich eine Jogginghose an, und sie kletterten die Treppen hinab. Als eine der ausgetretenen Stufen besonders laut ächzte, blieb Saale unwillkürlich stehen und hielt den Atem an. Helga prustete laut los.

»Ich glaube, deine Mutter wohnt doch nicht in Hamburg«, feixte sie und deutete auf Susannes Tür im ersten Stock.

»Schlimmer« flüsterte er und legte in übertriebener Heimlichtuerei den Zeigefinger auf die Lippen: »Meine Chefin!«

Die Firmenräume waren in der Tat nicht dazu geeignet, Eindruck zu schinden. Die beiden Büros auf der Straßenseite waren mit zwei Schreibtischen, ein paar Regalen und den Besucherstühlen schon hoffnungslos überladen. Auch Magers Bastelraum war kaum größer und weit davon entfernt, so ähnlich auszusehen wie die mit Elektronik überladenen Schneiderräume und Tonstudios einer Fernsehanstalt, mußte aber zusätzlich als Archiv herhalten.

»Also, berühmt ist das wirklich nicht!« meinte Helga nach der Betriebsführung, die gerade zwei Minuten dauerte.

»Stimmt!« nickte Saale. »Aber im Gegensatz zum Puth-Imperium stehen wir wirtschaftlich auf gesunden Füßen. Unsere Schulden sind höchstens halb so hoch wie eure . . .«

Sein Zeigefinger fuhr an einem Holzregal entlang, in dem sich ein halbes Hundert Cassetten aneinanderreihte. Mit zur Seite gelegtem Kopf überflog er die Etiketten.

»Soll ich dir mal einen Klassiker zeigen?« fragte er und zog eine Hülle heraus. Ohne eine Antwort abzuwarten, legte er das Band ein.

Der Monitor flimmerte, dann erschien auf dem Bildschirm eine Zahnarztpraxis: Ein weit über die Grenzen von Dortmund-Kley hinaus gefürchteter Dentist demonstrierte seinen Kunden am lebenden Objekt, welche Sorten Zahnersatz man bei ihm erhalten konnte und wie das Zeug montiert wurde. Daß zwischendurch lächelnde Arzthelferinnen, blinkende Instrumente und die Kunststoffblümchen auf den Fensterbänken eingeblendet wurden, nahm dem Schocker nichts von seiner Wirkung.

Schon nach wenigen Minuten wandte sich Helga schaudernd ab: »Ich gehe nie mehr mit ungeputzten Zähnen ins Bett. Wie haben die Patienten das nur ausgehalten?«

»Mit der doppelten Anzahl von Spritzen und einer Erste-Hilfe-Flasche mit Schnaps. Aber die haben die Folterkammer trotzdem nie mehr betreten.«

Saale verstaute die Cassette und legte eines der Bänder ein, die sich in einem Fach stapelten, über dem ein Zettel mit der Aufschrift »Datteln« klebte.

»Hier, erste Bilder aus dem Sensations-Video über die Weltstadt an der Lippe . . .«

Die Rathausszene: Zuerst der gesamte Prunkbau in einer Halbtotalen, dann Roggenkemper und seine Fans auf der Treppe. Zwei Ranfahrten von der Mitte des Rasens aus, zum Schluß beide Male ein lächelnder Bürgermeister in Großaufnahme.

»Gellermann!« sagte Helga bei der zweiten Aufnahme und tippte auf das Gesicht hinter dem Rathauschef.

Saale nickte.

Das Band lief weiter. Nach einem Schnitt sah man Susanne, hinter ihr die links vom Haupteingang geparkten Wagen. Die PEGASUS-Chefin mühte sich gerade, im Kofferraum des Lada aufzuräumen, und lieferte den Zuschauern mit einem Scheinwerferstativ, das sich in Kabeln verheddert hatte, einen unfreiwilligen Slapstick.

Saale tippte auf die Blonde: »Unser Boss . . . «

Er wollte noch eine Erklärung anfügen, doch Helga hielt seine Hand fest: »Guck mal, der Wagen unseres Chefs!«

»Schönes Auto!« meinte Saale und stellte sich für einen Augenblick die goldenen Zeiten vor, in denen PEGASUS seinen Mitarbeitern Mercedes-Limousinen zur Verfügung stellen konnte.

»Der war aber nicht zu sehen!«

»Wer?« fragte Saale.

»Puth.«

»Logo. Sind doch nur Leute aus Roggenkempers Verein drauf . . . «

Er spulte das Band zurück und drückte auf den Auswerfer. Dann löschten sie die Lichter und kletterten wieder nach oben.

»Gehst du Donnerstag auch zur Beerdigung?« fragte er, während er die Gasheizung anstellte.

Sie nickte: »Friedhöfe sind zwar das Letzte . . . «

Er grinste plötzlich: »Wie paßt das denn zu deinem Hexenkostüm vom Freitagabend?«

»Bleib doch mal eine Minute lang ernst«, stöhnte sie. »Ich drücke mich wirklich vor Beerdigungen, wo es nur geht. Aber Ruth war immerhin die Kollegin, mit der ich beruflich am meisten zu tun hatte. Und ich finde das entsetzlich: Die Vorstellung, nachts überfallen und umgebracht zu werden. Einfach so.«

Sie griff zu der Flasche *Cote du Ventoux* und goß ihr Glas voll. Dann blickte sie Saale an. Als er nickte, füllte sie auch seins.

»Einfach so wird man aber eigentlich nicht umgebracht«, widersprach er. »Ich habe schon öfter über die Sache nachgedacht. Ob das etwas mit den Tricks zu tun haben könnte, die in eurer Firma ablaufen?«

Sie nickte nachdenklich.

»Ich — ich habe manchmal auch schon so etwas gedacht. Zumal sie und Gellermann ein eingespieltes Team waren. Aber

seit die auseinander sind, hat sich das Klima gewaltig geändert. Sie hat sich eine Menge herausgenommen, was sich normalerweise auch die rechte Hand des Chefs nicht leisten darf . . .«
»Beispiel?«
»Meine Güte! Sie war oft schnippisch, hat manche Aufträge nicht ausgeführt, sondern sich von Puth andere Arbeiten geben lassen. Ich habe mich manchmal gefragt, warum er sich das als eine Art Junior-Chef bieten läßt . . .«
»Vielleicht wollte sie seiner Frau etwas stecken?«
»Nee!« Helga schüttelte den Kopf. »Wenn du die siehst, weißt du gleich, daß so etwas nicht zieht. Absolut cool die Frau. Die würde sich eher selbst eine Horde Liebhaber zulegen . . .«
»Und die Polizei? Hat die noch nichts gefunden?«
Fröstelnd zog sie den Bademantel am Hals zusammen und kuschelte sich an ihn: »Die haben ihren Schreibtisch durchwühlt und in der ganzen Firma herumgeschnüffelt — aber es sah nicht so aus, als hätten sie irgend etwas gefunden. Aber ich bin sicher die Letzte, der sie etwas sagen würden.«
»Und . . .«
Sie zog seinen Kopf zu sich herunter und verschloß ihm den Mund: »Setzen Sie das Verhör ein andermal fort, Herr Kommissar. Aber diese Nacht hat nur noch sechs Stunden. Und mindestens fünf davon muß ich schlafen . . .«

29

Auf Wunsch der Eltern wurde Ruth Michalski in ihrer Geburtsstadt beigesetzt. Die Umstände ihres Todes sowie die Berichte und Anzeigen in der Ortspresse ließen erwarten, daß sich halb Datteln auf den Weg zum Hauptfriedhof begeben würde — wenn nicht aus Mitgefühl, so doch aus Sensationslust.

Lohkamp hatte für diesen Vormittag ein Dokumentationsteam der Recklinghäuser Schutzpolizei angefordert. Beamte in Zivil hatten am Abend zuvor etwa dreißig Schritte vom Grab entfernt einen Bauwagen aufgestellt. Hier sollte sich ein Video-Trupp auf die Lauer legen, um zwischen den Wipfeln zweier riesiger Koniferen hindurch die gesamte Zeremonie aufzunehmen. Er selbst wollte sich mit Brennecke unter die Leute mischen, um die Ereignisse live zu verfolgen.

Vierzig Minuten vor der Trauerfeier trafen sie an der Amandusstraße ein. Sie stellten ihren Golf so vor einem Wohnhaus ab, daß sie Eingang und Parkplatz im Auge behalten konnten.

Kaum hatten sie den Motor ausgeschaltet, schob sich ein Jüngling in schwarzer Lederjacke und grünem Schal an ihren Wagen heran. Den Blick demonstrativ in die Ferne gerichtet, als suche er unter den Herankommenden einen Bekannten, pochte er mit den Fingerknöcheln kurz gegen die Scheibe. Brennecke öffnete die Tür, und der Bursche quetschte sich auf den Rücksitz.

»Was ist los?« fragte Brennecke. »Haben sie euch den Bauwagen geklaut?«

Der Bursche stöhnte: »Hör auf! — Wir kommen nicht rein.«

»Wie bitte?« fauchte Lohkamp.

»Ja. Jemand hat das Vorhängeschloß geknackt und von innen verriegelt . . . «

»Wer?«

»Keine Ahnung, Herr Lohkamp. 'reingucken kann man nicht — wegen der Gardinen vor den Fenstern. Wir haben geklopft, aber niemand hat sich gerührt. Als wir die Tür knacken wollten, tauchten die ersten Trauergäste auf. Wir sind dann abgehauen. Um unnötiges Aufsehen zu vermeiden . . . «

Die Temperatur im Wageninnern lag plötzlich unter Null. Lohkamp holte tief Luft und ballte die Fäuste. Dann öffnete er die Hand und zielte mit dem Zeigefinger auf die Brust des Mannes auf dem Rücksitz: »Nach der Beerdigung holt ihr die Vögel da raus! Wie, das ist mir völlig egal. Aber wehe, wenn euch einer durch die Lappen geht! — Raus!«

Wie ein Wiesel quetschte sich der Bursche zwischen Brenneckes Rückenlehne und dem Türrahmen hinaus. Lohkamp sah ihm nach, bis er im Friedhofseingang verschwunden war: »Wirklich, Brennecke — es gibt Leute, denen klauen sie das Präsidium unter dem Arsch weg, ohne daß sie es merken . . . «

Ein weißer Audi rollte heran. Lohkamp erkannte den Vater der Toten, der gemeinsam mit der zweiten Tochter der Mutter heraushalf. Sie hakten sich an beiden Seiten bei ihr ein und warteten, bis der Fahrer den Wagen abgeschlossen hatte.

Marianne Pohlmann war gerade zwanzig gewesen, als sie Ruth zur Welt gebracht hatte. Wie sie da zwei Dutzend Schritte vor ihnen stand, wirkte sie trotz ihrer erst fünfzig Jahre wie eine alte Frau. Ihr Gesicht war von einem schwarzen Schleier verborgen, der gerade noch die tiefen Kerben in den Mundwinkeln frei ließ. Von der Statur her war Ruth zweifellos dem Vater ähnlicher gewesen. Schmal und beinahe drahtig glich er ganz und gar nicht den kräftigen Gestalten, die man sonst am Steuer von Schwerlastzügen vermutete.

Der Fahrer, offenbar der Schwiegersohn, kam heran und hakte sich bei seiner Frau unter. Der äußere Unterschied zu Ruths Eltern war frappierend. Biedere Trauerkleidung hier, schwarzer Chic dort. Der Schwiegersohn wirkte so cool, als arrangiere er ein Geschäftsessen.

»Was macht der nochmal beruflich?« fragte Lohkamp.

»Computer«, antwortete Brennecke ohne zu zögern. Er kannte die Akten *aus dem ff.*

Weitere Leute fuhren vor oder eilten zu Fuß heran, Gesichter, von denen Lohkamp nur wenige bekannt vorkamen: Kolleginnen und Kollegen, die halbe Nachbarschaft der Eltern, eine pensionierte Lehrerin, Schulbekanntschaften. Ruths Mutter kannte sie fast alle mit Namen, als sie ihr am Tage nach der Beerdigung Fotos vorlegten . . .

Gellermann kam ohne Gattin, aber zusammen mit dem Ehepaar Puth in dem blauen Dreihunderter. Der Unternehmer ging in der Mitte, das Gesicht noch faltiger, der Schritt noch hinfälliger, als sie ihn vor ein paar Tagen in der Firma erlebt hatten.

Roggenkemper ließ sich erst kurz vor Beginn der Trauerfeier vorfahren. Am Tor stieß er fast mit dem Ex-Gatten zusammen. Sie wechselten kein Wort, aber es war deutlich, daß sie sich kannten. Während der Bürgermeister dem anderen ein knappes Kopfnicken gönnte, blickte ihm Michalski beinahe drohend nach.

»Komm«, sagte Lohkamp. »Es wird Zeit . . . «

Sie stiegen aus und marschierten los. Vorbei an den Reihengräbern der Bergleute, die es noch im März fünfundvierzig bei einem Bombenangriff in der Kaue erwischt hatte, in Richtung Trauerhalle. Das Wetter war trüb. Tiefhängende Wolken trieben vorbei, aber der Beerdigungsregen blieb noch aus. Lohkamp hoffte inständig, daß es so blieb. Das Schlimmste an den Friedhofseinsätzen war stets der Lehm, den er danach von den Schuhen kratzen mußte.

Die neue Halle erwies sich als zu klein, um alle Trauergäste zu fassen: Rund zwei-, dreihundert Leute standen auf dem weiten Vorplatz, einzeln, in Grüppchen. Die Kripo-Männer sperrten die Ohren auf — aber mehr als allgemeines Bedauern bekamen sie nicht zu hören.

Michalski hielt sich weitab. Als er sie erkannte, zuckte er zusammen und blickte weg. Seit der zweiten Prüfung seines Alibis würden sie von ihm wohl keinen Kaffee mehr bekommen.

Die Zeremonie unterschied sich kaum von den hundert Beerdigungen, die Lohkamp schon überstanden hatte. Der Pfarrer tat seinen Job, die Ministranten verhielten sich manierlich, der Kirchenchor sang nicht falscher als in anderen Orten. Auch Roggenkemper sagte, als er ans Grab trat, nichts, was von den Musterreden der Rhetorik-Lehrgänge abwich. Er hatte in Datteln nur Freunde, und wenn er schon zu ihren Lebzeiten nett zu ihnen gewesen war, dann fiel er bei ihrem Heimgang erst recht nicht aus der Rolle.

Mehrfach blickte Lohkamp verstohlen zu den Koniferen hinüber, zwischen denen das Dach und das rechte Seitenfenster des Bauwagens hindurchlugten. Aber so sehr er sich auch bemühte — es war nichts zu erkennen, was ihn dem Geheimnis drinnen näher brachte.

Das Defilee begann. Frau Puth, ganz Dame, ganz Trauer, zog mit ihrem Gatten vors Grab, ließ ihn die drei Schüppchen Erde werfen und geleitete ihn zu den Hinterbliebenen. Lange drückte Puth der Mutter die Hand, sprach ein paar Worte zum Vater und schleppte sich davon. Wenn seine Trauer nicht echt ist, dachte Lohkamp, hat er 'nen Oscar verdient.

Gellermann befand sich in der wohl heikelsten Lage: Als Puths Vize mußte er die Firmenflagge hochhalten, aber politisch und privat konnte ihm das Getuschel nicht lieb sein.

Als der Betriebsrat zum Grab vorrückte, mischte er sich so geschickt unter die Gruppe, daß er kaum noch zu sehen war. Flankiert von Schweißern, Lackierern und Bleistiftakrobaten trat er an die Schwelle zum Jenseits, griff als dritter oder vierter zur Schaufel und nach den Händen der Verwandten — und war so flott verschwunden, daß für Zwischenfälle keine Zeit blieb.

Gespannt wartete Lohkamp ab, wie Michalski reagieren würde. Eine Zeitlang sah es aus, als wollte er sich drücken und den Rückzug antreten, aber dann tat er doch, was alle taten. Er brauchte ein wenig länger für die Erde, legte kurz die Hände zusammen und ging mit gesenktem Kopf weiter.

»Ach, Helmut«, schluchzte die Mutter auf. »Dich trifft keine Schuld. Wenn du doch . . . «

Eine schneidende Stimme fuhr dazwischen: »Nimm bloß nicht diesen Windhund in Schutz. Mit dem fing alles Unglück an . . . «

Alle blickten zu der Schwester hinüber, auch Lohkamp, auch die anderen Beamten. Michalski hielt sich erstaunlich wacker: Er küßte die Mutter, drückte die Hand des Vaters, nickte auch der Schwester zu, als wäre nichts gewesen, und tauchte in der Menge unter — keinen Schritt zu langsam, keinen zu schnell.

Als Lohkamp seinen Blick vom Rücken des Geschiedenen löste, war es ihm, als hätte er hinter den Koniferen eine Bewegung bemerkt.

Er stieß Brennecke den Ellenbogen in die Rippen. Langsam schoben sie sich zur Seite weg, umgingen in gemessenem Tempo eine Reihe Gruften, ehe sie im Schutz dichter Tannen schneller laufen konnten. Den Hauptweg überquerten sie wiederum verhalten, aber hinter den nächsten Bäumen rasten sie los.

Brennecke war schneller als er und erreichte den Bauwagen als erster. Er hämmerte seine Hand auf die Klinke und riß daran, als wolle er den Wagen aus den Angeln heben.

Nichts geschah. »Mist!« schimpfte er und zog noch einmal, ließ aber sofort los. In den Metallösen, die an Tür und Rückwand festgeschraubt waren, hing ein Schloß.

Enttäuscht stöhnen sie auf. Dann hob Brennecke die Hand und rüttelte an dem Vorhänger. Schon beim ersten Versuch hatte er Erfolg. Der Stahlbogen war nicht eingeschnappt, das Schloß ließ sich aus den Ösen ziehen. Vorsichtig öffneten sie die Tür.

Zigarettenrauch schlug ihnen entgegen: Roth-Händle, Gitanes, Machorka — irgend etwas, was an Bahndämmen wuchs. Dann schälten sich die beiden leeren Holzbänke aus dem Nebel, die kahlen Wände, die Kleiderhaken, der Tisch. Die Vögel waren ausgeflogen.

Lohkamp zog sein *Walkie Talkie* heraus: »Pastor eins an alle. Achtung an den Eingängen. Sie sind weg. Achtet auf . . . «

Er verstummte. Worauf sie achten sollten, war ihm im Moment selber nicht ganz klar.

» . . . Ungewöhnliches«, schloß er und sah hoch in die Luft, um Brenneckes Blick nicht zu begegnen. Es war der idiotischste Befehl seiner Laufbahn.

Ein Rauschen aus dem Sprechfunkgerät weckte ihn auf: »Pastor 3 an alle. Wir haben sie . . . «

Sie rannten los, auf den entfernteren zweiten Ausgang zu. Schon an der alten Kapelle in der Mitte des Friedhofs begannen Lohkamps Lungen zu pfeifen. Seitenstiche. Brennecke aber lief leicht und locker, mußte sich Mühe geben, ihn nicht abzuhängen.

Naßgeschwitzt kam er an. Blick nach vorn, auf das Rasendreieck im spitzen Winkel zwischen zwei Straßen, nach rechts, nach links — zehn Meter weiter waren die Kollegen vom Dokumentationstrupp in ein Gerangel verwickelt. Sie drückten zwei Männer mit dem Rücken gegen die Außenwand eines roten Kombi. Einer von ihnen war ein nicht sehr großer, bärtiger Brillenträger. Mit beiden Fäusten umklammerte er eine schwere Videokamera und schrie auf die Beamten ein, die ihm das Werkzeug wegnehmen wollten: »Loslassen! Das ist ein Verstoß gegen die Pressefreiheit!«

Dicht neben ihm stand ein etwas längerer, dünnerer und gut zehn Jahre jüngerer Typ mit dunklen Haaren und einem schmalen Bartkranz um den Mund. Auch ihn hatten sie gegen das Fahrzeug gedrängt und bemühten sich, ihm einen schweren Gegenstand aus der Hand zu winden, der entfernt an einen Geigerzähler erinnerte. Der Mann war zäh und zornig und brüllte: »Mensch, laß den Recorder los!«

Wer den Kampf gewann, war noch nicht klar. Als einer der Beamten zum Schlag ausholte, fiel Lohkamp ihm in den Arm: »Stopp!«

Die Knäuel lösten sich. Die Polizisten traten zwei, drei Schritte zurück und bildeten einen Kreis um die beiden Figuren und das Fahrzeug — im Zweifelsfall konnten sie sofort wieder zupacken.

Der Dicke rang nach Luft. Mit dem Unterarm schob er die Brille wieder in die Waagerechte und wischte sich den Schweiß aus der Stirn. Dann fummelte er an der Kamera herum, um zu prüfen, ob sie noch in Ordnung war.

»Glück gehabt!« knurrte er. Dann öffnete er die Heckklappe und ließ die Kamera verschwinden.

»Wer sind Sie?« fragte Lohkamp.

»Das Gleiche wollte ich Sie fragen!« konterte der Dicke.

Lohkamp zeigte ihm seinen Ausweis.

»Ich verlange, daß Sie Ihre Truppe zurückpfeifen, Herr Hauptkommissar. es gibt keinen Anlaß . . . «

»Personenkontrolle", schnauzte Lohkamp. »Weisen Sie sich aus . . . «

Die beiden kramten nach ihren Papieren. Lohkamp warf einen kurzen Blick darauf und gab sie an einen der Greifer weiter: »Überprüfen!«

Der Mann trabte zu seinem Tarnfahrzeug und gab über Funk die Personalien durch.

»Also nochmal«, meldete sich jetzt der Längere der beiden Verdächtigen: »Was wollen Sie von uns?«

»Einbruch«, entgegnete Lohkamp. »Behinderung polizeilicher Ermittlungen, Widerstand gegen . . .«

»Alles Quatsch!« rief der Dicke.

»Wir haben uns nur gegen vermeintliche Straßenräuber gewehrt. Putative Notwehr nennt man das, glaube ich. Und: Wie kann man in etwas einbrechen, das gar nicht richtig abgeschlossen ist? Wie kann man uns das nachweisen, wenn uns keiner gesehen hat? Damit kommen Sie nicht durch . . .«

Feindselige Blicke hin und her, Schweigen. Der Mann in dem getarnten Wagen wartete immer noch.

Feuerzeuge traten in Aktion, Qualmwolken stiegen auf. Endlich kam der Mann mit den Papieren zurück.

»Die Papiere sind echt«, flüsterte er. »Es liegt nicht gegen sie vor . . .«

Die Pause hatte gereicht, um Lohkamps Puls wieder auf normale Frequenz zu bringen. Sicher: Mitnehmen konnte er diese Brüder immer noch. Aber sie würden sie in ein paar Stunden wieder laufen lassen müssen. Und dann würde der Ärger beginnen. Egal, wie das endete – als Einstieg in Recklinghausen war es immer noch schlecht genug.

»Hauen Sie ab, Mann!« knurrte er und musterte den Lada mit einem ungnädigen Blick. »Aber dalli. Falls Ihre komische Kiste überhaupt 'nen Motor hat.«

30

»Waaaahnsinn!« triumphierte Mager, als sie wieder in Richtung Lütgendortmund düsten. »PEGASUS verarscht die Mordkommission — das muß in die Firmenchronik!«

»Glück gehabt!« entgegnete Saale und jagte den Lada über die weiße Mittellinie auf die Gegenfahrbahn, um einen Tieflader mit Überlänge zu überholen. »Die *Morgenpest* hat heute wieder eine volle Breitseite auf die Kripo abgeschossen: Ermittlungschaos, Unfähigkeit und so etwas. Da wollte sich dieser Oberbulle einfach keinen neuen Skandal leisten.«

»Kann sein«, gab Mager zu. »Aber erhebend war die Sache doch . . .«

Mit angehaltenem Atem beobachtete er, wie Saale zu einem

neuen Salto mortale ansetzte. Als die Fahrerkabine eines Dreißig-Tonnen-Zugs drohend vor ihnen in die Höhe wuchs, stemmte er die Füße gegen das Bodenblech. Noch fünfzig Meter, noch dreißig . . .

Kurz bevor sie von der Stahllawine niedergewalzt wurden, schwenkte der Lada wieder nach rechts. Mit einem wütenden Hupkonzert donnerte der LKW an ihnen vorbei.

»Ist was?« fragte Saale, ging aber im Tempo ein wenig herunter.

Mager brauchte einige Atemzüge, bis er sich wieder erholt hatte. Er fingerte nach seinen Zigaretten und drückte den elektrischen Anzünder hinunter. Als das Gerät wieder aus der Aufwärmstellung heraussprang, hielt er Saale den glühenden Draht unter die Nase.

»Mach das nicht noch mal, Kumpel. Wenn ich im Einsatz draufgehen will, fliege ich nach Beirut. Aber ich will im Bett sterben — ganz friedlich, mit einem guten Buch in der Hand. Merk' dir das!«

Susanne bastelte gerade an einem Hörfunk-Beitrag für Radio Dortmund, als sie die Ausrüstung hereintrugen. Sie hatte am Vortag eine Gruppe alternativer Schrebergärtner interviewt und notierte sich die Passagen, die sie als Originalton in ihren Enthüllungsreport einklinken wollte.

»Wo wart ihr denn?«

»Landschaftsaufnahmen«, nuschelte Mager und drückte die Tür des Studios hinter sich ins Schloß.

»Wann kommt deine Schwiegermutter?« fragte er.

»Um sechs . . . «

»Hoffentlich bringt das auch was . . . «

»Bestimmt«, versicherte Saale eifrig. »Die Frau kennt halb Datteln und kann uns ganz genau sagen, wer alles da war. Die ist auch sonst . . . «

Mager tippte sich an die Stirn und machte sich auf dem Weg zum Mittagessen, wäre aber mitten auf dem Hof am liebsten wieder umgekehrt: Der liebliche Duft von Mechthilds Sojasoße wehte ihm entgegen.

Aus diplomatischen Gründen würgte er eine Portion ungeschälten Reis mit Brechbohnen herunter, ermahnte Kalle, die Schularbeiten zu erledigen, und Mechthild, ihn ja nicht vor zwei Stunden zu wecken. Ehe sie zu einer Entgegnung fähig war, lag er bereits im Bett und schlug den neuesten *Colin Dexter* auf. Doch lange bevor er zum Ende der *Dritten Meile* vorgedrungen war, sägte er bereits an einem kanadischen Ahornwald.

Fertig wurde er mit dieser wichtigen Arbeit allerdings nicht. Es schien ihm, als habe er eben erst seine Wimpern heruntergekurbelt, da landete ein nasser Waschlappen in seinem Gesicht. Als er wieder sehen konnte, hatte sich Kalle, der seinen Alten nur zu gut kannte, schon wieder zur Tür zurückgezogen.

»Vorne ist Kundschaft. Die Tussie sagt, du sollst dich aber vorher kämmen . . . «

Mager streifte sich ein frisches Hemd und einen sauberen Pullover über und polterte die Stiege hinab. An der Wohnzimmertür lauerte Mechthild: «Weißt du eigentlich, wie spät es ist?«

»Nein«, brummte Mager, »aber vorne ist Kundschaft. Ich muß mich beeilen.«

»Drei Uhr!« verkündete sie triumphierend. »Der Herr hat zwei Stunden Mittagsruhe gehalten. Und wer sieht Kalles Hausaufgaben nach? Wer muß die Wäsche aufhängen? Und überhaupt: Ist der Brief an die Versicherung fertig?«

Der Dicke stöhnte. Zu erwarten, daß er schlafend Briefe schrieb — zu solcher Unlogik war nur die Mutter seines Sohnes fähig.

Mager hütete sich aber, seine Gedanken in Worte zu kleiden. Damit hätte er genau jene Debatte eingeleitet, die er vermeiden wollte. So flehte er nur: »Begreif doch: Vorne wartet Kundschaft.«

Er wollte sich an ihr vorbeidrängen, doch sie wich keinen Millimeter: »So kannst du nicht mehr mit mir umspringen, Klaus-Ulrich!«

»Mechthild-Mädchen«, beschwor er sie, »würdest du bitte deinen Balkon aus dem Weg . . . «

»So schon gar nicht! Ich habe dich was gefragt und will eine klare Antwort!«

»Mensch, es reicht! Ich muß arbeiten!« brüllte er, schubste sie ins Wohnzimmer und raste los.

Auf dem Besucherstuhl parkte ein untersetzter Endvierziger mit blauem Popelinemantel, Maßanzug, Weste und Blümchenkrawatte und starrte auf den Fernseher in der Ecke. Karin führte ihm eine Kollektion der berühmtesten Videos vor, die PEGASUS je produziert hatte. Gerade flimmerte der Schocker mit dem Zahnersatz über den Bildschirm, und der Gast betrachtete die Leiden der Patienten mit einer gesunden Mischung aus Furcht und Faszination.

»Tut mir leid, daß Sie warten mußten«, sülzte Mager und tätschelte die schlaffe Rechte des Kunden. »Aber ich mußte noch den Anruf unseres Mitarbeiters in Frankfurt entgegennehmen.«

Der Blaumantel blickte ihn mißtrauisch an. Die Rote mußte ihm Gott-weiß-was erzählt haben.

»Ein Täßchen Kaffee? Fräulein Karin, wären Sie so nett? Aber frischen bitte, und ein wenig fix darf's auch sein. — Was kann ich für Sie tun?«

Der Blick, den ihm die Rote herüberschickte, war ein offener Verstoß gegen die Haager Landkriegsordnung von 1907. Dennoch sprang sie gehorsam auf und tat ihre Pflicht, während ihr Boss sich gemütlich hinter dem Schreibtisch niederließ.

»Ja, wissen Sie«, rückte die Blümchenkrawatte mit ihrem Anliegen heraus, »übernächste Woche, zur Silberhochzeit, die feiere ich Freitag im Kolpinghaus, da wollte ich meiner Frau eine besondere Freude machen, wissen Sie . . . «

Mager wußte.

»Sie wollen, daß wir Ihren Festtag auf Video dokumentieren? Eine wunderbare Idee und eine bleibende Erinnerung, da haben Sie ganz recht . . . «

Der Mann nickte und flüsterte: »Ich habe natürlich keinerlei Vorstellung, was das Ganze kosten wird.«

»Weit weniger, als Sie fürchten«, versicherte Mager und versuchte, den Wert der Kleidung des Jubilars in Honorarsätze umzurechnen.

»Das hängt natürlich davon ab, wie lang die Dokumentation werden soll, ob Sie Originalton wünschen oder eine angemessene musikalische Untermalung, die wir Ihnen gerne beimischen. An was hatten Sie denn gedacht, Herr . . . «

»Rohrbach!« verbeugte sich der Krawattenmann und tupfte mit einem weißen Taschentuch den Schweiß aus der Stirn: »Das Sanitätshaus . . . «

Mager nickte: Nach Kalles Geburt hatte er dort, genauso schwitzend wie der Mensch vor ihm, ein Dutzend Still-BH's abgeholt, die Mechthild im Krankenhaus ausprobierte, bevor sie einen kaufte. Der Laden lief gut, erinnerte er sich. Unter seiner Schädeldecke klingelte eine unsichtbare Registrierkasse.

»Also, wenn schon, dann auch etwas Richtiges . . . «

Diesem Grundsatz konnte Mager nur beipflichten.

Eine viertel Stunde später waren sie einig. Blümchen wollte alles: Das Ständchen, das der Posaunenchor des Kolpingvereins am Morgen geben würde, den Empfang im Wohnzimmer am Mittag, die Sause im Festsaal am Abend. Mit allen Reden, dem O-Ton und den schönsten Melodien aus dem *Freischütz* als Balsam für die Seele.

»Und wir sollen wirklich bis zum Schluß im Einsatz bleiben?« vergewisserte sich Mager noch einmal. »Das wären vierzehn, fünfzehn Stunden für zwei Leute!«

»Macht nichts«, beharrte der Korsetthändler. »Als Schlußbild stelle ich mir vor, wie ich Else zum Auto geleite, und die Gäste winken. Geht das?«

»Selbstverständlich!« versicherte Mager und bot ein weiteres Schnäpschen an. »Ich erarbeite Ihnen heute noch ein Kostenexposé, und das senden Sie mir bitte bis Ende der Woche unterschrieben zurück. Einverstanden?«

Sie schieden als Freunde. Sechs bis acht Blaue als Reibach, so schätzte Mager, würde der Job nach Abzug aller Kosten bringen. Und freien Zugriff zum kalten und warmen Büffett hatte er sich außerdem ausbedungen.

Der Mann ahnte ja nicht, was er sich damit eingebrockt hatte.

31

Ein neuer Montag hatte begonnen, kühl und verregnet, der dritte, seitdem Lohkamp die Stelle in Recklinghausen angetreten hatte. Mißmutig bestieg er den Ascona und kämpfte sich über die verstopfte Castroper Straße in Richtung Innenstadt durch. Ruth Michalski war nun zwei Wochen und zwei Tage tot — und die Ermittlungen hatten nichts gebracht, womit er der Staatsanwaltschaft oder dem Haftrichter unter die Augen treten konnte.

»Morgen«, knurrte er, als er um zehn nach acht das Büro betrat. Er warf seine Jacke über die Stuhllehne und bediente sich an der Kaffeemaschine.

»Post da?« fragte er Brennecke.

Der schüttelte den Kopf: »Vor halb zehn . . . «

»Ich weiß schon. Holen Sie mal die anderen . . . «

Er setzte sich, rührte in seiner Tasse und wartete. Außer ihm und Brennecke arbeiteten am Mordfall Michalski immer noch zwei Kollegen aus der eigenen Kommission und eine Kommissarin, die sie aus dem Betrugsdezernat ausgeliehen hatten. In weniger als fünf Minuten hatten sie sich in seiner engen Bude versammelt.

»Wir sitzen jetzt seit zwei Wochen an dem Fall«, sagte er ohne besondere Einleitung. »Wir haben einen ganzen Aktenordner mit Papier vollgestopft, aber es steht wenig drin. Mein Vorschlag: Nach der Frühbesprechung setzt sich jeder an seinen Schreibtisch, denkt eine halbe Stunde lang nach und schreibt seine Meinung zu zwei Fragen auf. Erstens: Was haben wir falsch gemacht? Zweitens: Wie müssen wir weiter vorgehen? — Einwände?«

Die Frau vom Betrug schaute ihn verblüfft an, aber der Rest nickte. Dann pilgerten sie zum Konferenzsaal, zur Morgenandacht des Kriminalchefs von RE.

Lohkamp ließ den Polizeibericht des Wochenendes über sich ergehen wie das *Wort zum Sonntag* – seine sterbliche Hülle saß im Raum und heuchelte gespannte Aufmerksamkeit, aber seine Gedanken waren weit weg.

Was ihn am meisten ärgerte, war irgendeine Schlamperei auf dem Instanzenweg von Interpol. Die Holländer hatten die Leiche freigegeben, aber bis auf den Totenschein fehlten sämtliche Papiere.

Eine Stunde später sammelte Brennecke die Texte ein und warf den Kopierer an: Jeder sollte von jedem Traktat ein Exemplar bekommen. Lohkamp ließ allen noch eine viertel Stunde Zeit zum Lesen, dann begann die Diskussion.

Kriminaloberkommissar Hänsel, fünf Jahre älter als Lohkamp und offenbar schon mit Krawatte auf die Welt gekommen, war der Ansicht, daß sie zu engmaschig gearbeitet hätten. Da ihm die vorhandenen Motive zu dünn und die Alibis zu dicht waren, plädierte er für völlig neue Fragestellungen.

»Wie sah das Privatleben der Frau aus?« stand da. «Wir haben — außer den nachehelichen Kontakten mit Helmut M. und der letzten Nacht auf Vlieland — keine weiteren Sexualbeziehungen festgestellt. Eine solche Abstinenz erscheint mir bei einer Frau ihres Alters, die zudem zeitweilig sexuell sehr aktiv gewesen ist, recht unwahrscheinlich. Meine These: Wir müssen den Mann (die Frau?) finden, mit dem (der) sie in den letzten Monaten ihre Nächte verbracht hat.«

»Das hast du aber schön formuliert«, meinte Steigerwald, ein fünfundfünfzigjähriger Hauptkommissar, der Hänsel als einziger duzte.

»Es gibt viele Menschen, die oft über Jahre keine sexuelle Beziehungen unterhalten«, erklärte er dann. »Manche schotten sich sogar regelrecht dagegen ab. Die kompensieren das, was ihnen emotional fehlt, mit anderen Aktivitäten. Und als Ersatz kommt praktisch alles in Frage, was betäubt oder das Selbstwertgefühl steigert. Vom Saufen bis zum Krimischreiben. Ruth Michalski hat das mit ihrem Job kompensiert — da halte ich jede Wette.«

Zusammen mit Brennecke war er der Ansicht, daß der Täter oder das Motiv bereits in den Akten erfaßt waren, sie selbst aber bei der Auswertung irgendetwas übersehen oder falsch gedeutet hatten.

»Jemand hat uns belogen«, fügte der Kriminalmeister hinzu. »Vielleicht sogar alle.«

»Erlauben Sie mal«, sagte Hänsel. »Sie wollen doch nicht ernsthaft behaupten, daß ein kranker, alter Mann wie Puth . . .«

Lohkamp winkte ab und ließ Martina Langer reden.

Die Kommissarin war im Prinzip der gleichen Meinung wie Steigerwald und Brennecke: »Wir haben die Aussage des Ex-Gatten viel zu wenig beachtet. Die fehlenden Akten enthielten sicher die Lösung. Wir sollten deshalb a) alle Chefs von Ruth Michalski durchleuchten (Strafsachenkartei), b) in Datteln nach vergessenen oder vertuschten Skandalen suchen, von denen sie gewußt haben kann.«

Lohkamp selbst war vorsichtiger. Alles sah nach einem Dattelner Lokaldrama aus — aber sie hatten praktisch nichts in der Hand.

»Wir müssen auf schnellstem Wege das Material der Holländer besorgen und zwei Fragen klären: Warum ist Ruth M. nach Holland gefahren? Wer hat sie dort so schnell aufspüren können? Die Antworten bringen uns wahrscheinlich auf die richtige Spur.«

Eine halbe Stunde später hatten sie die Arbeit neu aufgeteilt: Hänsel durfte noch einmal Verwandte und Bekannte unter die Lupe nehmen und dabei auch den unsichtbaren Liebhaber suchen, Kommissarin Langer und Steigerwald sollten Datteln Innenleben erforschen, Hänsel wollte die INPOL-Karteien durchkämmen, und Brennecke streckte seine Fühler zur *Rijkspolitie* aus.

»Und Sie, Chef?«

»Lesen!« sagte er und deutete auf den Aktenstapel, den ihm sein Vorgänger hinterlassen hatte.

Der Mann in Holland, den Brennecke am Nachmittag am Telefon erwischte, hieß de Jong, sprach recht gut Deutsch und war perplex, daß die Akten noch nicht in Recklinghausen waren: »Wir haben vor zehn Tagen die Kopien unserer Unterlagen und das Gepäck der Toten in einem versiegelten Container losgeschickt. Moment mal . . .«

Minutenlang rauschte es in der Leitung, dann meldete sich der Major erneut: »Das ist alles ans Innenministerium gegangen. Die senden das über Interpol weiter . . .«

Nach zehn weiteren Telefonaten hatte Brennecke den gegenwärtigen Standort der Unterlagen aufgespürt: Sie lagen bereits beim Landeskriminalamt und sollten irgendwann im Laufe der Woche . . .

»Fahr«, sagte Lohkamp. »Und hol das Zeug her!«

Halb sechs am Nachmittag war der Kriminalmeister wieder da: Zusammen mit einer Streifenwagenbesatzung schleppte er Ruth Michalskis Hinterlassenschaften herein: einen *Samsonite*- Koffer, eine Handtasche sowie einen Pappkarton mit den Akten von *Rijkspolitie* und den Prospekten, die Ruth auf Vlieland gesammelt hatte. Der pünktliche Feierabend war wieder einmal geplatzt . . .

»Ein Haufen Arbeit«, meinte Lohkamp, nachdem sie die Beute gemeinsam durchgesehen hatten. Allein für das Studium der Polizeiakten würden sie ein bis zwei Tage brauchen — von Ruth Michalskis letzter Lektüre ganz zu schweigen.

»Was mir einfällt«, sagte Brennecke, »wer soll das ganze Zeug übersetzen? Ich verstehe nur Bahnhof.«

»Ich sehe da kein Problem«, lächelte Hänsel und rückte seine gelbe Seidenkrawatte zurecht. «Bei uns auf dem Dorf wird so viel Platt gesprochen — ich brauche nur ein Wörterbuch für die Fachausdrücke.«

»Das ist ein Wort!« Lohkamp schob den Papierberg auf die andere Seite des Schreibtischs. Die Urlaubslektüre reservierte er für sich.

»Und die Kleidung?« fragte Brennecke und starrte hilflos auf den geöffneten Koffer.

Steigerwald zuckte die Achseln: »Die Holländer haben sie bestimmt schon untersucht . . .«

»Das wird Herr Hänsel herausfinden«, grinste Lohkamp. »Bis dahin ...«

»Ich sehe sie mir noch einmal durch«, meldete sich die Kommissarin.

Jetzt blieb nur noch ein Gegenstand übrig, den die Kollegen aus Leeuwarden in einer Plastikhülle verstaut hatten: Ein Safeschlüssel. Er hatte unter der Fußmatte von Ruth Michalskis Auto gelegen.

»Hier«, sagte Lohkamp zu Brennecke. »Wenn du bis Freitag den passenden Safe findest, gebe ich einen aus ...«

Der Kriminalmeister grinste: »Aber nicht irgendein Kopfschmerzenbier, Herr Lohkamp — *Urquell.* Sie können den Kasten übrigens schon mal kalt stellen ...«

Als er am nächsten Morgen zum Dienst antrat, hatte er ein Rundschreiben an alle Sparkassen und Banken der Nachbarschaft entworfen: Die Bitte um Auskunft, ob eine gewisse Ruth Michalski, geborene ...

»Du brauchst noch einen Wisch vom Richter«, meinte Lohkamp. »Sonst berufen die sich ...«

»Schon beantragt. Hole ich in einer Stunde ab ...«

Den Rest des Tages verbrachte er damit, den Rundbrief und die richterliche Verfügung zu kopieren und zu verschicken. Dann setzte er sich ins Auto, fuhr nach Hause und schlief sich gründlich aus.

Am Mittwoch und Donnerstag geschah fast gar nichts: Hänsel übersetzte die Akten und lernte dabei Holländisch, Lohkamp blätterte in den Prospekten, bis er sich bei dem Gedanken ertappte, den nächsten Urlaub auf Vlieland zu verbringen, und draußen fielen die ersten Blätter von den Bäumen.

»Wir haben es!« triumphierte Brennecke, als er Freitag morgen die Post öffnete. Das Schließfach befand sich ganz in der Nähe: in der Stadtsparkasse Recklinghausen.

Eine halbe Stunde später stand er zusammen mit Lohkamp und dem Staatsanwalt vor dem Leiter des Geldinstituts am Viehtor. Nachdem der Mann alle Unterlagen geprüft hatte, führte er sie in den Keller. Lohkamp steckte den Schlüssel der Toten in das linke Loch, dann wurde das Gegenstück ins andere Schloß geschoben. Die Stahltür schwang auf.

Als erstes erkannten sie eine grüne Geldkassette, wie man sie in jedem Eisenwarenladen kaufen kann. Darunter lag ein gelber

Schnellhefter von beträchtlichem Umfang. Auf der ersten Umschlagseite stand mit Filzstift nur ein kurzer Name.
Puth.

32

»Unternehmertum — dieser Begriff ist identisch mit Einsatzfreude und Schöpfertum, Mut und Risikobereitschaft. Wir würden unseren eigenen Vorstellungen von einem modernen Unternehmen nicht gerecht, wenn wir den Herausforderungen der Zukunft nur die Technologie der Gegenwart entgegensetzten«, erklärte Puth und schüttelte leicht den Kopf.

»Nein, die Produktpalette erweitern — das heißt für uns zugleich, neue Wege zu beschreiten und neue Lösungen zu finden. Maßstäbe zu setzen, die für einen ganzen Industriezweig ein Jahrzehnt lang gültig sind. Herausgekommen sind dabei die Wagner-Transportsysteme — die Technik für das Jahr 2000 . . . «

Bei den letzten Worten hob Puth seinen linken Zeigefinger und lächelte. Dann nickte er noch einmal wie zur Bekräftigung und ließ das Lächeln verwehen, blickte aber weiter geradeaus in die Kamera.

Mager schwenkte von dem faltigen Gesicht weg und riskierte zum Ausklang eine Ranfahrt auf einen kostbar aussehenden Quader aus Bleiglas, in dem Puth seine Schreibutensilien aufbewahrte: Filz- und Bleistifte, Kugelschreiber, einen silbern glänzenden Brieföffner mit einer Verzierung an der Griffspitze. Noch während die Kamera lief, ahnte er, daß die Aufnahme wenig hermachen würde. Und als er dann auch die Schärfe nicht hinbekam, fluchte er stumm in sich hinein und schaltete aus: »Fertig!«

Puth ließ sich in seinen Chefsessel zurückfallen und rang nach Luft. Saale trat ans Fenster und öffnete es, nachdem ihm Puth zugenickt hatte.

»Wenn mein Medizinmann wüßte, wie anstrengend das ist, hätte er mich ins Bett geschickt.«

Saale blickte auf seine Uhr: »Wie verabredet — wir haben keine Stunde gebraucht!«

Der Unternehmer winkte ab: »Ich habe mich auch gar nicht über Ihre Arbeit beschwert. Sie machen das großartig.«

Saale befreite ihn von dem Mikrofon, das sie unter seiner Krawatte verborgen hatten: »Sie haben Ihre Sache aber sehr gut gemacht. Nur zwei Durchgänge — alle Achtung. Mancher Profi braucht für so ein Statement vier oder fünf Wiederholungen.«

»Naturtalent!« lächelte Puth müde. Seine Wangen röteten sich leicht.

Mager filmte noch das Bücherregal ab und begann, Puths Schreibtisch aufzuräumen.

»Was wird das denn?«

»Schnittmaterial«, erläuterte Mager. »Wenn wir Ihr Statement kürzen müssen, werden dekorative Aufnahmen dazwischengesetzt. Dann fallen die Schnitte nicht so auf. Und gleichzeitig sind die Bilder was fürs Auge . . .«

Er zerrte Stativ und Kamera näher heran und legte sich ein paar Unterlagen zum Abfilmen zurecht. Er hatte gerade das Wort »Gutachten« groß im Bild, als ihm ein welkes Stück Pergament die Sicht nahm. Er blickte hoch: Das Pergament war Puths Hand, und die lag auf dem Schriftstück.

»Das nicht!« sagte er entschieden.

»Ich habe nur die obere Hälfte ins Bild gesetzt«, murrte Mager. »Kein Mensch kann lesen, um was es dabei geht . . .«

»Zu intern«, beschied ihn Puth und versenkte das Gutachten in den Tiefen seines Eiche-Möbels.

Mager zuckte mit den Schultern: »Ich brauche aber noch eine Einstellung, die Sie am Schreibtisch bei der Arbeit zeigt. Das wird die Sequenz, in der Sie vorgestellt werden. Was Sie genau tun, ist ziemlich egal. Am besten machen Sie sich einige Notizen oder ordnen Ihre Korrespondenz.«

Puth nickte.

Das PEGASUS-Team verzog sich mit der Ausrüstung in die hintere Ecke des Raums. Als Mager die Kamera eingerichtet hatte, machte sich Puth bereits an der Post zu schaffen.

»Gut so!« rief Mager. »Wir brauchen ungefähr zwei Minuten. Nicht hochgucken! Tun Sie so, als ob wir nicht da wären. Achtung! Kamera läuft.«

Puth senkte brav den Blick und kritzelte Hieroglyphen auf einen Notizblock. Dann beugte er sich vor und nahm ein Schriftstück auf, überflog es, notierte sich etwas, blätterte in seinem Terminkalender, nahm das nächste Blatt zur Hand. Der Bundeskanzler hätte das kaum besser machen können.

Sie hatten die Szene fast im Kasten, als es klopfte. Mager stöhnte auf und hoffte, alles bliebe still, aber da flog die Tür auf — Lohkamp und Brennecke standen im Raum: »Guten Tag!«

Mager schaltete die Kamera ab und schüttelte in stiller Verzweiflung den Kopf.

Lohkamp blickte zuerst auf Puth, dann auf die PEGASUS-Leute. Seine Miene verfinsterte sich: »Sie schon wieder?«

»Die Welt ist klein«, erwiderte Mager.

Unwirsch drehte ihnen der Hauptkommissar den Rücken zu: »Herr Puth, wir müssen Sie dringend sprechen!«

»Verstehe«, sagte der Unternehmer. »Einen Moment noch. Wir haben gerade ein Interview aufgenommen, sind aber noch nicht ganz fertig . . . «

Griesgrämig blickte Lohkamp zu ihnen hinüber: »Wie lange noch?«

»Keine fünf Minuten«, meinte Saale.

»Okay, wir warten draußen.«

Fünfzehn Minuten später hatten die PEGASUS-Stars die Ausrüstung rutschfest verstaut und klemmten sich auf ihre Sitze.

»Der war ganz schön geladen!« meinte Saale. »Das Ding auf dem Friedhof verzeiht er uns nie.«

»Hör bloß auf!« schimpfte Mager. »Das war doch ein Schuß in den Ofen.«

»So?« fragte Saale spitz. »Auf einmal?«

»Ja, du Arsch. Das reinste Indianerspiel. Und warum? Weil Helga dir diesen Floh ins Ohr gesetzt hat. Den großen Unbekannten suchen – solch ein Tinnef. Und ihre Alte hat mir dann nur Dorfklatsch erzählt und meinen Calvados ausgesoffen. Ich sag dir, das war das letzte Mal, daß ich auf Amateure gehört habe...«

»Das kannst du Helga ja gleich selbst erzählen!« grinste Saale.

»Wie bitte?«

»Hatte ich fast vergessen. Wir sind mit ihr für die Mittagspause verabredet . . . «

»Nee!« protestierte der Dicke. »Mein Bedarf an der Familie Kronenberger ist erstmal gedeckt . . . «

»Alter, es ist wichtig . . . «

Mager schaute auf seine Armbanduhr, ein Erbstück aus den Nachkriegsjahren, als man noch nicht mit Gold oder Platin strunzen mußte, sondern froh war, wenn sich zwei heile Zeiger regelmäßig drehten.

»Weißt du, wie spät es ist?«

»Keine Sorge, Du kommst noch zu deinem Mittagsschlaf. Ich gebe dir das Essen aus.«

Magers Miene hellte sich spürbar auf: «Na gut. Es gibt Angebote, die kann ich einfach nicht ablehnen . . .«

33

»Herr Puth«, sagte Lohkamp, kaum daß die Tür hinter den PEGASUS-Männern ins Schloß gefallen war. »Sie stecken ganz tief in der Tinte!«

Es war plötzlich still im Zimmer. Puth saß wie erstarrt und umklammerte die Armlehnen seines Sessels. Sein Augen glitten von ihnen ab und fixierten einen Punkt auf seinem Schreibtisch, den vielleicht nur er selber sehen konnte.

»Ich glaube, ich verstehe nicht . . . «

»Oh, doch, Herr Puth!«

Auf einen Wink seines Chefs packte Brennecke einen prallgefüllten gelben Schnellhefter aus und hielt ihn dem Unternehmer so dicht vors Gesicht, daß er die Aufschrift auf dem Deckel ohne Brille erkennen konnte. Der Mann bewegte seinen Arm, als ob er nach der Mappe greifen wollte, aber lesen sollte er sie noch nicht.

»Wissen Sie, was wir hier gefunden haben?«

Puth schüttelte leicht den Kopf.

»Rechnungen, Lieferscheine, Quittungen, Zahlungsbelege und dergleichen. Alle von der Puth GmbH ausgestellt oder an sie gerichtet. Beweise dafür, daß Firma und Geschäftsführung Zigtausende von Mark am Finanzamt vorbeigesteuert haben — für schwarze Kassen und Transaktionen, die in keiner Bilanz, in keinem Geschäftsbericht auftauchen. Soll ich Ihnen die Paragraphen und die Mindeststrafen vorlesen?«

Der Betonfabrikant sah nicht so aus, als wäre er besonders scharf darauf.

»Wenn Sie nur die Steuern nachzahlen müßten und statt der Haft- eine Geldstrafe bekämen, wäre Ihr Laden morgen dicht. Bankrott. Stimmt's?«

Puths Mund schwieg, doch seine Augen antworteten für ihn.

»Aber das ist noch nicht alles«, fuhr Lohkamp leise fort und hielt erneut für einen Moment die Stimme an: Die nächsten Sätze sollten wirken. Er hoffte inständig, Puth würde sich nicht plötzlich besinnen und mit seinem Anwalt telefonieren.

»Gleichzeitig enthält dieser Aktendeckel Hinweise darauf, wozu der Besitzer die Unterlagen benutzt hat: Erpressung. Seit einem Jahr monatlich einen Tausender. Fein säuberlich aufgelistet. Wie würden *Sie* diese Fakten miteinander in Einklang bringen, Herr Puth?«

»Ich werde nicht erpreßt«, begehrte der Mann auf. »Da stimmt etwas nicht . . . «

»Nein? Das müssen Sie mir aber beweisen . . . «

»Hirngespinste, alles Hirngespinste, Herr . . . «

Lohkamp kam mit einigen schnellen Schritten auf den Unternehmer zu, packte die Rückenlehne seines Chefsessels und drehte Mann und Möbel so herum, daß Puth ihm in die Augen sehen mußte.

»Wissen Sie, woher wir die Unterlagen haben? Aus einem Tresorfach. Stadtsparkasse Recklinghausen. Und der Name des Inhabers — pardon, der Inhaberin lautet: Ruth Michalski . . . «

Puth zuckte zusammen, als habe ihn ein Tiefschlag getroffen. Sein Gesicht verlor jegliche Farbe, die Augen wurden trübe, und die Hände hingen schlaff von den Lehnen herab.

»Sie hat Sie bespitzelt — jahrelang. Und hat genügend Material zusammengetragen, um Sie vor den Kadi zu bringen. Die Schwerpunktstaatsanwaltschaft für Wirtschaftsvergehen in Bochum hat eine erneute Durchsuchung Ihrer Büros angeordnet. Die Kripo hat dort eine eigene Abteilung für solche Fälle, und die Kollegen dürften in diesem Moment in Ihrer Firma eintreffen. Wenn Sie Zweifel haben, ob die ihr Fach verstehen, dann fragen Sie in Bochum mal bei Ärzten und Apothekern herum.«

Lohkamp unterbrach sich und holte tief Luft. Lange Reden waren ohnehin nicht seine Sache, und solch ein Trommelfeuer schon gar nicht. Aber hier witterte er den Anfang des Fadens, der ihn zu der Lösung des Falls führen würde, und er hatte nicht vor, Puth zur Besinnung kommen zu lassen.

»Ruth?« Der Alte schüttelte ungläubig den Kopf. »Sie war — wie eine Tochter für mich.«

Er atmete durch und streckte die Hand nach der mittleren Schreibtischschublade aus. Bevor er auch nur die Kante berührte, hielt Lohkamp ihn fest.

»Nein«, flüsterte Puth. »Nicht, was Sie denken. Meine Pillen . . . «

Der Erste Hauptkommissar öffnete die Lade: Eine stolze Sammlung an Röhrchen und Döschen tauchte auf - der Vierteljahresvorrat für ein gut belegtes Sanatorium.

»Wasser . . . «

Brennecke lief los, um den Hausgeist zu suchen, und Puth schraubte ein weißes Plastikröhrchen auf. Drei blaue Schmerzbomben rutschten auf seine Hand. Er hielt sie krampfhaft fest, bis das Muttchen mit dem Wasser kam. Dann schluckte er die Pillen und spülte gründlich nach.

»Danke«, sagte er. »Das war's, Frau . . . «
»Herr Puth, soll ich nicht besser Ihre Gattin oder Doktor . . . «
»Nein. Sie sollen uns allein lassen . . . «

Einige Augenblicke war es fast still. Draußen, auf dem Uferweg, ritt eine Gruppe Halbwüchsiger vorbei, angetan mit Reithosen und Käppchen, lachend, sorglos − die künftigen Regenten der Stadt. Als sie verschwunden waren, hätte man eigentlich nichts mehr hören dürfen außer den Atemzügen der drei Männer. Aber irgendwo tickte ruhig und unermüdlich eine große Uhr. Irritiert sah Lohkamp sich in dem Arbeitszimmer um, aber Brennecke war schneller. Er drückte die Tür zum Flur ins Schloß, und das Geräusch verebbte.

»Herr Puth«, begann Lohkamp, sobald sich Puths Wangen wieder färbten. Er schien jetzt halbwegs auf dem Damm zu sein.

»Wir haben nicht den geringsten Zweifel, daß Frau Michalski Sie erpreßt hat. Gleichzeitig gibt es nicht den geringsten Zweifel, daß Frau Michalski tot ist. − Wie war das noch mit Ihrem Alibi für die Nacht vom Vierten auf den . . . «

»Ich war hier«, flüsterte Puth. »Meine . . . «

»Nein. Ihre Hausgehilfin hatte ab mittags frei. Und das Zeugnis Ihrer Gattin reicht mir nicht mehr aus. Wir brauchen jemanden, mit dem Sie nicht verwandt sind, am besten jemanden, der nicht bei Ihnen beschäftigt ist . . . «

»Sie glauben doch nicht, daß ich . . . «

»Herr Puth, ich bin kein Pastor, sondern Kriminalpolizist. Mit dem Glauben kommen wir nicht weiter. Ich will Beweise«, fuhr Lohkamp ihm so schneidend in die Parade, daß Brennecke überrascht zusammenzuckte: So hatte er seinen Herrn und Meister noch nicht erlebt.

»Ich war hier . . . «

Lohkamp beugte sich vor. Seine Stimme wieder leise, der Tonfall fast lakonisch: »Sie unterschätzen unsere Möglichkeiten, Herr Puth. Wir klappern mit einem Foto von Ihnen und von Ihren Autos alle Wege nach Harlingen ab. An jeder Tankstelle, in jedem Café werden wir nach Ihnen fragen. Und irgendwer wird sich erinnern . . . «

»Unsinn. Jeder Arzt bestätigt Ihnen, daß ich gesundheitlich gar nicht in der Lage . . . «

Lohkamp lachte auf und winkte ab: »Geschenkt. Sie waren es vielleicht nicht persönlich, Herr Puth. Vielleicht haben Sie ja nur die Anweisung gegeben, den Befehl. Das würde einem Richter völlig reichen, um Ihnen für den Rest des Lebens ein etwas kleineres Arbeitszimmer zuzuweisen. Also!«

»Ich bin kein Mörder.«

»Himmeldonnerwetter«, brach es aus Lohkamp heraus. »Wie lange wollen Sie das Spielchen noch treiben? Ich will eine klare Antwort. Wenn Sie dazu nicht bereit sind — wir haben noch ein paar Zellen frei. Also: Waren Sie in Datteln? Ja oder nein?«

Die grau-blauen Augen des Kommissars waren hart und stechend geworden, die Backenmuskeln zuckten. Es gab keinen Zweifel: Er meinte es ernst.

Puth schluckte.

»Nein«, sagte er schließlich.

34

Es war eines dieser trostlosen *Ristoranti*, deren Namen unaussprechlich italienisch, deren Rezepte aber unausstehlich heimisch sind. Der Pizzateig war hart wie Mechthilds Weihnachtsgebäck, im Tomatenmark paddelten Champignons, die in der Dose groß geworden waren, und der Schinken war zäh wie Kalle Magers Kaugummis. Jede Pommesbude hätte Magers Hunger besser stillen können — und billiger.

Er nippte an dem lauwarmen *Frascati* und schaute gelangweilt auf das junge Glück an seinem Tisch. Seit Helga hereingekommen war, hatte Saale ihre Hände nur noch losgelassen, um ein paar Spaghetti einzuwerfen. Er war noch nie ein großer Esser gewesen, aber jetzt blieb sein Teller fast voll.

In einem Anfall von Melacholie erinnerte sich Mager flüchtig daran, daß auch er mal auf diese Weise in Kneipen und Cafés herumgesessen hatte. Aber das war lange her und wohl für immer vorbei. Daß er für diese bittere Erkenntnis seinen Mittagsschlaf opfern mußte, deprimierte ihn doppelt.

Er drückte seine Zigarette aus und räusperte sich: »He! Als Anstandsdame bin ich wirklich nicht ausgebildet. Ich verzieh' mich jetzt. Holger kann . . . «

»Warte noch!« bat Helga und legte ihm die Hand auf den Arm. »Ich habe euch was zu erzählen.«
Sie blickte sich kurz um, aber niemand in dem Laden interessierte sich für sie.
»Puth hat Freitag ein Grundstück von der Bundesbahn gekauft.«
»Und?« fragte Saale und stocherte in den erkalteten Spaghetti herum.
Helga lächelte.
»Für einhundertachtunddreißigtausend Mark.«
Die PEGASUS-Männer sahen sie an.
»Nicht schlecht«, staunte Mager schließlich. »Und ich wohne in einem Haufen nasser Steine. Ich sollte Puth mal fragen . . .«
»Eben! Nach den Zahlungseingängen und Kontoauszügen, die über meinen Schreibtisch gehen, ist die Firma so pleite wie ich am Monatsende. Ich schwör's euch, an der Sache ist was faul.«
Saale zog wieder sein cooles Gesicht: »Du tust gerade so, als ob in dieser Firma irgendetwas nicht faul wäre . . .«
»Anwesende ausgenommen«, ergänzte Mager.
»Begreift doch: Woher hat Puth soviel Geld? Und so plötzlich?«
»Die Bankheinis!« erinnerte sich Saale. »Denen hat er die Scheine aus den Rippen geleiert. Gellermanns Show hat eingeschlagen. Ganz schön abgezockt . . .«
Er verfiel einen Augenblick ins Grübeln.
»Gerade waren wieder die Bullen bei Puth. Ob . . .«
Mager schüttelte den Kopf: »Ruth Michalskis Tod hat doch nichts mit Puths Geldsegen zu tun.«
»Ich weiß nicht«, sagte Helga. »Ich blicke in dem Laden nicht mehr durch. Übrigens . . .«
Sie packte ihren Lederbeutel auf den Tisch: »Guckt mal, was ich heute in der Post gefunden habe.«
Sie zog eine längliche beige-braune Briefhülle heraus und strich die umgeknickten Ecken mit den Händen sorgfältig glatt, ehe sie das Couvert auf den Tisch legte. Neugierig beugten sich Mager und Saale vor. Unten links prangten die acht Zacken des internationalen Polizeisterns, in dessen Mitte etwas sehr Holländisches stand.
»Ein Beileidsbrief von Rijkspolitie?« fragte Mager.
»Du spinnst . . .«
Helga zog das Schreiben heraus. Es war eine ganz normale

Giro-Zahlkarte, deren wichtigste Spalten bereits mit Maschinenschrift ausgefüllt waren. Darin wurde die Gustav Puth GmbH in Datteln aufgefordert, den Gegenwert von fünfzig Holländischen Gulden auf ein Kölner Postgirokonto zu überweisen. Grund: Das der Firma gehörende Fahrzeug mit dem polizeilichen Kennzeichen RE-P 228 hatte am 4. September von 20.15 Uhr bis 20.30 Uhr im Parkverbot gestanden. Tatort: Harlingen, Anlegestelle.

Saale riß ihr den Schrieb aus den Händen und las ihn zum zweitenmal. Dachte nach.

Für ein paar Augenblicke genoß Helga die Verblüffung der beiden. Dann wurde ihr Gesicht ernst.

»Vierter Neunter — das war der letzte Abend, den Ruth erlebt hat. Und Harlingen . . .«

» . . . liegt gegenüber von Vlieland«, ergänzte Mager. »Von da gehen die Fähren ab.«

»Richtig. Und bei den Fragen der Polizei nach den Alibis kam eins 'raus: Die letzte Fähre geht abends um viertel nach sieben, die erste kommt am Morgen um halb neun. Im Parkverbot stand Ruths Mörder.«

»Und wem gehört der Wagen?« fragte Saale.

Helga nahm einen tiefen Schluck aus ihrem Glas: »Das ist der Dreihunderter Mercedes. Der Wagen vom Chef.«

35

»Nein, ich war nicht in Datteln«, wiederholte Puth leise.

Lohkamp kramte seine Zigaretten hervor und steckte sich, ohne um Erlaubnis zu bitten, eine an. Puths Eingeständnis, gelogen zu haben, ließ eine Zentnerlast von seiner Seele fallen. Aber als er den Alten da sitzen sah, eingefallen, zittrig, mit einem Bein im Grab, da beschlich ihn der vage Verdacht, daß er der Lösung des Hauptproblems noch nicht nähergekommen war.

»Wenn Sie nicht in Datteln waren — wo dann?«

»Nicht in Holland, wenn Sie das meinen . . .«

»Wo, Herr Puth? Ort, Zeit, Zeugen . . .«

»Ich war auf einem Geschäftsessen. In Düsseldorf, mit einem Herrn Dr. Boos.«

»Wo?«

»In dem Japan-Restaurant. Von — ja, mindestens von acht bis elf. Danach haben wir noch — wir waren . . .«

»Im Puff?« staunte Lohkamp.
»Nein. Aber in einer Bar. Gar nicht weit weg vom Hauptbahnhof. Sie finden die Quittungen in der Firma, bei den Spesenabrechnungen. Alles abgeheftet, mit Namen und Datum ...«
Schweigen.
»Dieser Herr Boos«, begann Lohkamp erneut, »ist das ein Kunde?«
»Nein.«
»Sondern?«
»Ich weiß nicht, was das zur Sache tut«, wand sich der Betonmischer. »Sie haben seinen Namen, und ich werde Ihnen seine Adresse geben, damit Sie ...«
Ärgerlich hieb Lohkamp die Faust auf den Schreibtisch.
»Schluß jetzt mit den Fisimatenten! Wir spielen hier doch nicht Räuber und Gendarm! Falls Ihnen das unklar ist: Sie behindern die polizeilichen ...«
Sprachlos starrte Puth ihn an. Daß ein Fremder es wagte, auf seinen Schreibtisch zu hauen — einen solchen Akt von Kompetenzüberschreitung hatte er wohl noch nie erlebt.
»Also gut«, resignierte er mit versteinertem Gesicht.
»Dr. Boos ist Gutachter. Ich hatte vor, ein Grundstück zu kaufen, und Herr Boos war als Sachverständiger bestellt, um das Gelände zu taxieren. Es war deshalb nötig, ohne Rücksicht auf meinen Zustand, daß ich mich an jenem Freitag mit ihm traf...«
»Um ihn zum Essen und zum Striptease einzuladen«, ergänzte Lohkamp.
Puth wischte sich den Schweiß von der Stirn.
»Mir lag sehr viel an dem Grundstück. Aber ich bin finanziell zur Zeit stark belastet. Ich wollte Herrn Boos die Grenzen meiner Möglichkeiten aufzeigen ...«
»Und deshalb haben sie ein paar Hunderter springen lassen. Wie teuer war's denn?«
»Zwölf-, dreizehnhundert. Es ging schließlich um ein paar hunderttausend. Ja, im Endeffekt sogar um die Existenz meiner Firmen und der Mitarbeiter. Herr Boos zeigte Verständnis ...«
»... und garantierte ein Gefälligkeitsgutachten«, lachte Lohkamp auf.
»Das haben Sie gesagt!« widersprach der Unternehmer. Aber das geschah um des Prinzips willen, ohne großen Nachdruck — ein Rückzugsgefecht. Puth wußte es, Brennecke wußte es, Lohkamp wußte. Er grinste.

Brennecke schaute noch einmal auf seinen Notizblock: »Warum hatten Sie es denn so eilig? Ihr Herzinfarkt lag gerade zehn Tage zurück. Sie mußten aus dem Krankenhaus türmen. Sie haben einen Re-Infarkt riskiert.«

»Stimmt. Aber es mußte sein. Ich hatte Tage darauf Vertreter eines Bankhauses hier, mit denen ich über einen neuen Kredit verhandelt habe«, erklärte Puth endlich und grinste, als freue er sich über einen gelungenen Knabenstreich. Seine Boxerfalten gewannen etwas von ihrer ursprünglichen Farbe zurück. «Bis dahin mußte die Sache unter Dach und Fach sein . . . «

»Und — in der Sache Michalski wissen Sie nichts Neues? Wenn Sie schon mal dabei sind, Ihre Aussagen zu korrigieren?«

»Nein. Ich kann es mir nach wie vor nicht erklären . . . «

Lohkamp erhob sich und blickte geringschätzig auf den Mann hinab.

»Sie wollten mir noch die Adresse . . . «

Puth reichte ihm einen Zettel.

»Sie können sicher sein, daß wir alles genauestens überprüfen. Ihren Laden können Sie schon mal dichtmachen — unsere Bochumer Kollegen sind wirklich findig. Und tatendurstig. Ihnen gehen nämlich langsam die Zahnärzte aus . . . «

Puth drückte sich aus seinem Sessel hoch. Es sah fast so aus, als wolle er nach überstandenem Duell dem Sieger gratulieren. Aber Lohkamp litt plötzlich unter Sehstörungen und wandte sich zum Gehen.

»Herr Lohkamp . . . «

Die beiden drehten sich um.

»Ich habe Ihnen reinen Wein eingeschenkt. Darf ich Sie jetzt bitten, mir einen Blick auf die Unterlagen zu gestatten, die Sie gefunden haben. Sie verstehen — ich habe an Ruth gehangen. Ich kann es nicht glauben, daß Sie mich hereinlegen wollte . . . «

Brennecke starrte seinem Chef neugierig ins Gesicht. Der zögerte. Er hätte jedem widersprochen, der behauptete, er stünde Puth gegenüber in irgendeiner Schuld.

»Bitte!« sagte der Alte fast flehend. Er war erledigt. Und zum Tode Verurteilte haben in der Regel einen letzten irdischen Wunsch frei.

Lohkamp nickte.

Brennecke kehrte um und legte den Schnellhefter auf den Tisch. Puth ließ sich in seinen Sessel sinken und setzte umständlich seine Brille auf.

»Es stimmt. Das ist Ruths Handschrift . . .«

Er schlug die Mappe auf und las das erste Blatt, das zweite, das dritte. Dann wurde er schneller, las nur noch diagonal, blätterte schließlich hastig weiter — und begann zu lachen.

»Sie haben mich ja ganz schön 'reingelegt . . .«

»Wie bitte?«

»Doch. Schauen Sie, hier: Da geht es um die EDV, die wir vor drei Jahren angeschafft haben. Wir haben, wie ich sehe, zweihunderttausend Mark zuviel gezahlt. Die *Randow-Computer-GmbH* hat uns gewaltig übers Ohr gehauen. Für Ruth mußte es ein Kinderspiel sein, das herauszubekommen. Denn Randows Frau ist ihre Schwester . . .«

Lohkamp seufzte: Da war ihnen wieder etwas entgangen.

»Aber eins stimmt: Die Akte belastet in der Tat jemanden aus der Firma«, fuhr der Mann fort. »Den, der das Geschäft von unserer Seite aus eingefädelt hat. Der hat sicher die Hälfte des Aufpreises von Randow als Prämie bekommen.«

»Und wer war das?« fragte Brennecke.

»Gellermann!«

36

»Darf ich Ihnen noch etwas bringen?« fragte der Kellner und schielte dabei unmißverständlich auf seine Armbanduhr.

»Ja«, antwortete Mager schon aus reiner Bosheit. »Einen Mokka!«

»Zwei!« ergänzte Saale.

»Ach«, grinste Helga, »machen Sie drei . . .«

Als der Mann weg war, setzten sie ihren Wettbewerb im Kopfschütteln fort.

»Der alte Puth«, flüsterte Saale schließlich. »Ich kann's nicht fassen. Vor einer Stunde hat er uns etwas von modernem Management erzählt. Und dann wendet er Steinzeitmethoden an, um Konflikte zu lösen . . .«

»Unter die Psychologen gegangen?« fragte Mager. »Dann hasste aber schlecht aufgepaßt. Guck dir den Mann doch mal genau an: Wie seine Schultern durchhängen. Wie seine Hände zittern. Und wie der geht. Der war's nicht. Nie im Leben! Der kann keinem Wellensittich mehr den Hals umdreh'n . . .«

Helga seufzte: »Habe ich mir im ersten Moment auch gedacht.

Aber diese Karte ist doch eindeutig! Als mir klar wurde, was ich in den Fingern hatte, wurden mir die Knie weich.«

»Hat Gellermann den Brief gesehen?« fragte Saale.

»Der war auch noch nicht da . . . «

»Hast du das Ding sonstwem gezeigt?«

»Wem denn? Es sind doch nur noch ein paar Leute da. Wenn ich zu denen gegangen wäre, wüßte das jetzt ganz Datteln. Nur gut, daß ich euch kenne.«

Sie streichelte Saales Hand, und der hielt dabei ganz still.

»Also: Was mache ich mit dem Brief?«

»Polizei!« sagte Saale.

»Nicht so eilig!« brauste Mager auf. »Zur Polizei können wir immer noch. Wir sollten uns aber vorher überlegen, was *wir* mit dem Kärtchen anfangen können. Pegasusmäßig, meine ich.«

Sein Angestellter tippte sich an die Stirn: »Du bist ja hier! Du kannst doch kein Beweismaterial unterschlagen. Wenn das herauskommt, machen die uns den Laden dicht!«

Der Schwarzgelockte kam mit dem Mokka und stellte die Tassen so rasant auf den Tisch, daß die Hälfte der schwarzen Suppe auf den Untertassen landete.

Normalerweise hätte sich Mager diese Gelegenheit nicht entgehen lassen. Aber jetzt knurrte er nur und goß seinen Frischmacher kurzerhand in die Tasse zurück und begann zu schlürfen.

»Ehrlich«, sagte Helga. »Das mit der Kripo geht wohl nicht anders. Aber irgendwie ist mir dabei ganz schön mulmig. Ich meine: meinen Chef anzuschwärzen. Egal, was dabei herauskommt – er hat mich immer korrekt behandelt.«

Mager massierte angestrengt seine Nackenmuskeln, aber die geniale Eingebung, wie man die Geschichte filmisch umsetzen könnte, ließ auf sich warten.

»Ich finde es einfach unglaublich«, meinte Saale. »Da fährt einer dreihundert Kilometer, um jemanden umzubringen. Dann findet er einen Strafzettel unterm Scheibenwischer, schmeißt ihn weg und fährt seelenruhig nach Hause. Wenn er gleich bezahlt hätte, wäre das Ding für alle Zeiten in den Akten verschwunden. Wie kann man nur solch einen Fehler machen?«

»Das verstehst du nicht«, erklärte Mager. »Ihr Hamburger fahrt öfter nach Dänemark als nach Holland. Hier im Ruhrpott macht das fast jeder so, wenn er dort eine Knolle bekommt. Bis vor kurzem hast du nämlich von der Sache meist nie wieder was gehört.«

»Vielleicht hatte Puth auch keine Zeit, erst ein Postamt zu suchen und zu bezahlen«, überlegte Helga laut.

»Wie meinst du das?«

»Weil er zu einem bestimmten Zeitpunkt wieder hier sein mußte. Wegen des Alibis . . . «

Sie schwiegen wieder. Am Nebentisch rief ein Vater seine kleine Tochter zur Ordnung, die ihre Spaghetti mit den Fingern essen wollte, in den Boxen heulte Julio Iglesias, und am Eingang strullte ein streunender Schäferhund in den Topf mit der Yucca-Palme.

»Nun sagt mir, was ich tun soll«, sagte Helga. »Ich muß gleich wieder in die Firma.«

»Der vierte September. Da begann doch das Kanalfest. War Puth nicht dabei?«

Mager schüttelte den Kopf: »Nee. Seine Frau hat Roggenkemper lang und breit erklärt, er läge noch im Bett.«

»Wann?«

»Am Samstag morgen. Auf dem Sektempfang.«

»Aber Dienstag war er in der Firma«, erinnerte sich Saale. »Als diese Bankiers . . . «

Mager nickte.

Der Kellner tauchte wieder auf und präsentierte ihnen ungefragt die Rechnung. Helga zückte ihr Portemonnaie, aber Saale winkte ab: »Klaus-Ulrich bezahlt. Firmenkosten!«

»Was?« schrak Mager auf. »Du hast mich doch eingeladen!«

Saale feixte: »Stell dich nicht so an. Was soll unsere neue Partnerin von PEGASUS denken?«

»Partnerin? Habe ich eine Firmen-Vollversammlung verpaßt?«

»Also gut: Informantin. Und Informanten lädt man zum Essen ein. Geschäftsunkosten. Steuermindernd.«

Mager gab es auf und kramte nach dem Fünfziger, den er sich morgens in die Jackentasche gesteckt hatte. Mitten in der Bewegung hielt er inne.

»Mensch, ich hab's!«

»Endlich mal!« frozzelte Saale.

»Sag mal, Helga: Puths Karre — ist das so ein dunkelblauer Dreihunderter?«

Sie dachte nach und nickte.

»Jau! Leute, ich hab' recht. Puth ist nicht gefahren. An diesem Wochenende hat jemand anders den Wagen benutzt. »

»Woher weißt du das?«

151

»Weil ich mit dieser Kiste beinahe umgenietet worden wäre. Vor dem Rathaus. Wir mußten dort gegen Mittag den Roggenkemper-Clan filmen. Und da kam er mit dieser Karre angebraust und hätte mich fast auf die Hörner genommen . . .«

Er verstummte, und hinter seiner Stirn begann es zu arbeiten.

»Kommt hin. Von Harlingen bis hier braucht man mindestens drei Stunden. Tempolimit und fast hundert Kilometer Landstraße. Da kommst du auch mit einem Benz nicht schneller durch . . .«

»Woher weißt du das so genau?« fragte Helga.

Mager lächelte: »Als alter Ameland-Fahrer? Das ist nur zwei Inseln weiter. Und bis auf die letzten dreißig Kilometer dieselbe Strecke.«

»Und wer saß am Steuer?« fragte Saale ungeduldig.

Mager grinste und steckte sich gewollt umständlich eine Zigarette an: »Sagte ich das nicht? Unser Freund Gellermann!«

37

Lohkamp schaute Puth nachdenklich an. Was er gesagt hatte, klang nicht gerade unlogisch: Altmodisch, wie der Beton- und Bergbaumaschinenfabrikant war, hatte er von Elektronischer Datenverarbeitung sicher keine Ahnung. Bei solch einem Chef konnte ein Typ wie Gellermann problemlos zum Ober-Guru in allen High-Tech-Fragen aufsteigen und — absahnen.

Aber der Mord?

Klar, allein vom Alter her kam der Prokurist viel eher als Täter in Frage: Er war jung, gesund, hielt sich mit Tennis und Schwimmen fit und wäre sicher in der Lage, eine Frau wie diese Michalski umzubringen, ohne daß die sich noch großartig wehren konnte. Doch Gellermann hatte ein Alibi. Vom Bürgermeister. Aber wenn der sich geirrt hatte?

»Glauben Sie wirklich, daß Frau Michalski Herrn Gellermann erpreßt hat? Immerhin hatten die beiden lange ein Verhältnis.«

Der Mann im Chefsessel wand sich wieder. Das Thema war ihm eindeutig unangenehm.

»Also, ich hätte Ruth das niemals zugetraut. Ich habe so lange mit ihr gut zusammengearbeitet, und in dieser Zeit . . .«

»Sie *hat* erpreßt. Da beißt keine Maus einen Faden ab. Es geht nur noch um das . . .«

Opfer hatte er sagen wollen, scheute aber plötzlich vor diesem Begriff zurück. Erpressung war ein Verbrechen, klar. Aber die Frau selbst hatte es viel schlimmer erwischt.

»Ich habe mich eigentlich immer aus den Privatangelegenheiten meiner Leute herausgehalten«, meinte Puth. »Aber als man in der Firma und in der Stadt zu klatschen begannen, habe ich Gellermann darauf angesprochen. Diese . . . Affaire war nicht gut für unsere Firma. Nach außen nicht, auch nicht intern. Außerdem hat der Mann noch etwas vor. Mit Hilfe des Bürgermeisters, und der hat Einfluß im Landtag . . . «

Puth streckte die Hand nach dem Glas Wasser aus, das er zum Herunterspülen der Pillen bekommen hatte. Mit den letzten Tropfen netzte er seine trockenen Lippen.

»Ich habe ihn von dieser Flanke gepackt. Habe verlangt, daß er klare Verhältnisse schafft — so oder so. Einige Tage später hat er die Beziehung gelöst.«

»Und wie hat Frau Michalski reagiert?«

»Das habe ich Ihnen schon bei unserem ersten Gespräch erzählt: Sie konnte so etwas vor anderen Leuten sehr gut verbergen. Aber wenn ich ehrlich sein soll — vor mir selbst, meine ich, denn mir hat diese Beziehung nie so recht gepaßt —, dann hat sie sich davon auf Dauer sicher mehr erhofft.«

»Hat sie Ihnen so etwas gesagt?«

Puth schüttelte den Kopf: »Nein, das ist eher ein Gefühl. Sie war — also, sie wirkte nach dieser Trennung irgendwie hohl, ausgebrannt. Etwas in ihr war zerbrochen.«

Das Telefon, eines dieser schwarzen Ungetüme aus den frühesten Sechzigern, läutete — noch ganz auf die altmodische Art, die diesen Ausdruck auch verdiente. Besser konnten sich Lohkamps Eindrücke von Puths Verhältnis zur Technik der Moderne kaum bestätigen.

»Für Sie!«

Brennecke sah gespannt zu, wie der Chef den Hörer ans Ohr preßte. Die grau-blauen Augen blickten erst noch aus dem Fenster, in den Garten und auf die dahinterliegende Weide hinaus, wo sich mehrere Stuten mit ihren Fohlen tummelten. Eine Landidylle, wie man sie in Ballungszentren wie Stuttgart und München nicht mehr kennt.

Plötzlich zogen sich Lohkamps Augenbrauen zusammen, seine Lider zuckten. »Wann hat sie angerufen? Gerade? Und wo ist sie? Am Denkmal? Ecke Südring? Danke!«

Er legte auf und streckte Puth die Hand entgegen. Der Mann war von dem plötzlichen Gnadenakt völlig überrascht und brauchte einige Zeit, bis er sie ergriff.

»Sie werden das alles zu Protokoll geben müssen. Wir können das auf der Wache in Datteln erledigen, wenn Ihnen der Weg zu weit ist – aber vielleicht ist es Ihnen in Recklinghausen lieber. Wir melden uns. Guten Tag!«

»Sie schon wieder?«

Lohkamp warf dem PEGASUS-Team einen flüchtigen Blick zu und wandte sich dann an Gellermanns Sekretärin: »Zeigen Sie mal!«

Sie packte ihr Geschenk aus. Lohkamp riß es ihr fast aus der Hand und überflog den knappen Text. Dann steckte er die Papiere ein.

Gut, daß wir das Ding schon auf Band haben, dachte Mager und grinste.

»Und wie kommen Sie darauf, daß Herr Gellermann den Wagen gefahren hat?«

Mager sagte es ihm.

»Mmh. Könnte hinhauen. Aber theoretisch hätte es immer noch Puth oder ein anderer Fahrer sein können. Die fünf Minuten, um den Wagen eben bei Gellermann vorbeizubringen, damit der zum Rathaus fahren konnte, waren noch drin . . .«

Mager und Saale stöhnten gleichzeitig auf. Dieser Lohkamp nahm wohl nie jemanden fest.

»Vielleicht habe ich mich auch selbst mit der Kiste über den Haufen fahren wollen!« motzte Mager.

»Vormachen!« grinste Brennecke, aber sein Chef blieb ernst.

»Sie verstehen mich falsch, Herr Mager: Das ist ein wichtiges Beweismittel. Sogar das beste, was wir bisher bekommen haben. Aber bevor wir Herrn Gellermann damit festnageln können, müssen noch einige Nachforschungen angestellt werden. Zum Beispiel werden unsere Kollegen in Holland mit einem Foto dieses Herrn alle Leute befragen, die ihn gesehen haben können oder müssen: Auf dem Schiff, auf der Insel, unterwegs. Seien Sie sicher: Wir kriegen ihn . . .«

»Aber wann? So etwas dauert doch Tage oder Wochen. Wollen Sie Gellermann bis dahin . . .«

»Dienstgeheimnis«, flüsterte Lohkamp und grinste jetzt selbst.

»Wissen Sie auswendig, wo er wohnt, Frau Kronenberger?«

Helga nickte. Als sie den Mund öffnete, hielt Brennecke bereits Notizbuch und Kugelschreiber in der Hand.

Die beiden Beamten stiegen in ihren Golf und warteten eine Lücke im dichten Verkehr auf der Bundesstraße ab. Dann wendeten sie, rasten los: Bei Gelb um die nächste Ecke in den Südring, drei Straßen weiter abermals nach rechts, in die Waltroper, sofort danach links in die Hafenstraße. So heiß der Reifen auch war, den Brennecke fuhr, eines schaffte er nicht: den roten Lada abzuhängen, der an seiner hinteren Stoßstange klebte.

38

Das Haus am Hafen war rundum von hohen Hecken und Bäumen umgeben und gehörte, solange es überhaupt noch zu haben war, mit zum Feinsten, was der Immobilienmarkt der Kanalstadt zu bieten hatte: Leicht verschachtelte Terrassenbauweise, Eigentumswohnungen, die sich über zwei Etagen erstreckten, private Gärtchen für die Erdgeschoßbewohner — der Haus-im-Haus-Stil für Individualisten, die ihre Ruhe wollen, aber zugleich ein Mindestmaß an sozialen Kontakten nicht missen mögen.

Mit quietschenden Bremsen hielten die Wagen an der Ecke der beiden Straßen, in deren Winkel sich das Anwesen befand. Mindestens so schnell wie Lohkamp und Brennecke spritzen auch die PEGASUS-Leute heraus — Kamera und Recorder einsatzbereit.

»Mensch, Mager!« raunte Lohkamp. »Dramatisiert die Sache nicht unnötig . . .«

Saale zögerte, Schuldbewußtsein im Blick: Zu oft war er in Hamburg gestrauchelt, wenn er sich auf einen direkten Clinch mit der Ordnungsmacht einließ. Doch Mager, den polizeiliche Verbote reizten wie einen Jagdhund der Fuchsbau, ließ ihm keine Wahl. Er eilte hinter den Kripo-Männern her, das Verbindungskabel zwischen Kamera und Recorder hob und spannte sich — Saale mußte los.

In Viererkolonne marschierten die beiden Teams zwischen hohen Ligusterhecken auf den Hauseingang zu. Als Lohkamp in den Schatten des Regendachs an die Tür trat, um zu klingeln, schaltete Mager sein Magnetauge ein.

Doch nichts passierte.

Der Polizist ließ den schon erhobenen Arm wieder sinken und

winkte seine Verfolger heran: »Der wohnt hier nicht. Diese Frau Kronenberger muß sich geirrt haben . . .«
Enttäuscht ließ Mager die Kamera sinken.
»Kann nicht sein!« widersprach Saale. »Die irrt sich nicht!«
Lohkamp warf ihm einen mißtrauischen Blick zu, dann kehrte die Prozession zurück zum Bürgersteig. Ratlos blickte man die Straße entlang. Zwei Autos preschten an ihnen vorbei, aber es war niemand zu sehen, den man hätte fragen können.
»Vielleicht«, meinte Brennecke, »hat der Schuppen mehrere Eingänge . . .«
Die vier machten sich auf den Weg. Umkurvten, immer die Grundstückshecke zur Seite, die Straßenecke, peilten die Blätterfront entlang — und wurden endlich fündig. Unwillkürlich beschleunigten sich ihre Schritte.

Same procedure as last year: Die Regentraufe, darunter die beiden Männer, der erhobene Ärmel von Lohkamps grüner Cordjacke, die laufende Kamera. Und jetzt hatte der Erste Hauptkommissar das Gesuchte auch tatsächlich gefunden: Er nickte Brennecke befriedigt zu und drückte auf eine Klingel.
Nichts.
Vom Hafen drang leise das Tuckern eines Schiffsdiesels herüber, irgendwo in der Ferne schrien ein paar Kinder, und im nächsten Apfelbaum ertönte das spöttische Keckern eines Vogels, dessen Namen Mager im Biologieunterricht verpaßt haben mußte.
Brennecke schüttelte den Kopf: »Das muß an Ihnen liegen, Chef. Seit Sie in Recklinghausen sind, treffe ich niemanden mehr zu Hause an.«
»Halt den Mund«, raunzte Lohkamp und blickte zuerst seinen Gehilfen, dann die PEGASUS-Männer an: Kritik vor der Weltöffentlichkeit war das Allerletzte, was ihm jetzt gefallen konnte.
Kurz entschlossen drückte er die nächste Klingel.
»Ja?« meldete sich eine Frauenstimme.
»Wir suchen Herrn Gellermann. Wissen Sie . . .«
»Oh, da haben Sie Pech. Die Frau ist mit den Kindern eine Woche nach Lanzarote, und Herr . . .«
Hier müßte man Einbrecher sein, dachte Lohkamp. Die besten Tips bekommt man gratis.
Mager schaltete die Kamera ab. Dachte nach, ließ seine spitze Nase für das nächste das Hin-und-Her-Spiel trainieren und ging ein paar Schritte zurück, um sich die Straße anzusehen.

»Sein Wagen steht aber draußen, Herr Lohkamp . . .«
Schweigend starrten vier Augenpaare auf den weißen BMW. Das linke Seitenfenster war einige Millimeter tief herabgelassen — heiß war es zuletzt am Samstag gewesen. Der Kühler und das Dach waren mit eingetrockneten Regentropfen übersät — die letzte Dusche hatte es in der Nacht zu diesem Montag gegeben. Und unter dem rechten Scheibenwischer klemmte ein herabgewehtes Birnbaumblatt. Aber seit dem Regen war es windstill.

Irgendjemand in der Runde seufzte, aber keiner hätte hinterher zu sagen gewußt, wer es war. Lohkamp starrte Brennecke an, Mager seinen treuesten Angestellten.

Plötzlich machte der Hauptkommissar auf dem Abatz kehrt, lief auf das Haus zu und hämmerte mit der flachen Hand auf die Schelle.

»Ja?«

Dieselbe Stimme.

»Drücken Sie mal auf — Kriminalpolizei!«

Sekunden später ertönte der Summer, Lohkamp und Brennecke stürmten hinein. Mager startete, aber da schlug ihm der Kriminalmeister die Tür vor der Nase zu.

»Scheißbulle!« schrie der Kameramann und trat gegen den schwarzen Metallrahmen, der das gelbe, geriffelte Glas am Umfallen hinderte.

Saale kam heran, grinste und drückte noch einmal auf den Klingelknopf. Aber nichts passierte, und sein Grinsen verschwand. Sie warteten. Hörten Stimmen im Hausflur, konnten jedoch kein Wort verstehen. Traten unter der Regentraufe weg ins Freie. Aber niemand lag im Fenster, den sie um irgend etwas hätten bitten können.

»Denen gebe ich noch mal einen Tip!« knurrte Mager und steckte eine Selbstgedrehte an. Saale sagte gar nichts. Seinen Boss darauf hinzuweisen, wer dieen Tip gegeben hatte, wäre lebensgefährlich gewesen.

Die Sekunden vergingen.

Plötzlich öffnete sich die Tür. Lohkamp und sein Gehilfe kamen heraus und marschierten schweigend an ihnen vorbei zur Straßenecke zurück. Sie wurden von einer schlanken Blonden begleitet, die mindestens einen Kopf größer als Mager und so braun war, wie man es nur weit weg in der Karibik oder im nächsten Sonnenstudio werden kann. In ihrem Gesicht klebte mehr Chemie, als der Rhein pro Minute in die Nordsee spült.

»Das da sind die Fenster von Gellermanns Wohnung«, sagte sie und zeigte auf eine Sammlung von Glasflächen, die zur Kanalstraße hinausblickten.

»Und alles, was vor den Fenstern liegt, gehört zu Gellermanns Garten.«

»Danke«, sagte Lohkamp, aber die lange Blonde machte keine Anstalten, in ihr Heim zurückzukehren. Als Mager die Kamera hob, ordnete sie mit einer gekonnten Bewegung ihr perfekt frisiertes Haar.

Abschätzend blickten die Polizisten die Hecke entlang. Einige Schritte weiter gab es eine Stelle, die weniger dicht war. Tiefe Spuren hatten sich in das tellergroße Stück unbewachsenen Bodens gepreßt: Offenbar quetschten sich Gellermanns Töchter hier hindurch, wenn sie zum Rollschuhfahren gingen.

»Sie bleiben da!« herrschte Lohkamp die Männer mit der Kamera an. Dann schlängelte er sich als erster durch die Lücke.

»Komm!« sagte Mager.

»Mensch! Die hauen uns . . . «

»Komm, sage ich!«

Das Stück Rasen hinter der Hecke konnte sich sehen lassen: Reichlich Platz für Federball und Sonnenbad. Eine Schaukel, eine Sandkiste. Buntes Holzspielzeug. Auf der halb überdachten Terrasse vier Gartensessel und ein runder Tisch. Nicht abgeräumte Tassen, halb voll mit Regenwasser. Eine Flasche Cognac, leer.

Das Auge am Okular blieb Mager an der Hecke stehen und sah zu, wie die Kripo-Leute an den beiden Erdgeschoßfenstern entlangliefen. Fehlanzeige. Das Terrassenfenster: Leicht gekippt. Die Tür im Schloß. Ratlosigkeit, Kopfkratzen, Nackenmassage.

Pause.

Eine Minute lang.

Dann probierte Lohkamp etwas aus: Er drückte gegen die Terrassentür. Erst leicht, dann fester. Und ganz plötzlich gab es einen leisen Knacks: Sie war eingerastet, aber nicht verriegelt gewesen.

Mager stürmte vor, aber Brennecke stellte sich ihm in den Weg: »Jetzt ist Sense, Mann, da können Sie wirklich nicht rein!«

Sie warteten. Zehn Sekunden lang. Dann tauchte Lohkamp wieder auf. Blaß.

»Er ist tot!«

39

»Unfaßlich!« schrie Saale und knallte die Zeitungen auf den Tisch, die er aus Datteln mitgebracht hatte. »Schau dir das mal an!«
Mager nickte und rieb sich die brennenden Augen. Seit Stunden starrte er auf die beiden Monitore, ließ die Videobänder vor- und zurücklaufen, markierte Schnittstellen, verglich die Aufnahmen mit der *Shotliste,* machte all das, wofür eine anständig ausgebildete Schnittkraft mindestens einen Fünfziger Stundenlohn kassierte. Bei ihm war es im Preis inbegriffen. Die GmbH, die zu zwei Dritteln Susanne und zu einem Drittel ihm gehörte, hatte ihn als Kameramann und Schnittmeister im Paket gekauft, für 2.5oo Brutto. Das war der Einheitslohn bei PEGASUS — bis die besseren Zeiten kamen. Aber die schienen ihm an an diesem Vormittag in weite Ferne gerückt.
Er stand auf, nahm die Zeitungen mit in sein Büro, goß sich Kaffee ein und legte die Beine auf eine halb herausgefahrene Schublade. Schlug die Blätter auf und staunte.

FRAKTIONSCHEF: SELBSTMORD
Datteln. Tot aufgefunden wurde am Montag nachmittag der bekannte Kommunalpolitiker und Prokurist der Wagner-Transportsysteme GmbH Uwe Gellermann (41). Er hat in seiner Eigentumswohnung am Hafenweg offenbar schon am Sonntag abend Selbstmord begangen. Über etwaige Zusammenhänge mit dem noch unaufgeklärten Mord an Ruth Michalski (29), der Sekretärin seines Chefs Gustav Puth, vor drei Wochen wird derzeit noch spekuliert. Aus Familienkreisen verlautete, der Vater zweier Kinder habe in letzter Zeit zunehmend unter der Doppelbelastung gelitten, die durch die Arbeit in seiner Partei und in der Firma entstanden ist. Bekanntlich haben die Wagner-Werke (vormals Puth GmbH) in den letzten Monaten mehr Arbeitskräfte abbauen müssen, als es in den Rationalisierungsplänen vorgesehen war.

»Das gibt's doch gar nicht!« schrie jetzt auch Mager und lief zu dem langen Saale hinüber. »Die wollen den offenbar als Psychopathen abstempeln. Einfach lächerlich . . . «
Er griff zum Telefon, schaltete den Raumlautsprecher ein und wählte Lohkamps Nummer. Der hörte sich geduldig an, was Mager ihm erzählte, war aber völlig anderer Meinung.

»Hören Sie, Herr Mager, die Sache ist eindeutig. Die Pistole lag neben ihm — mit seinen Fingerabdrücken. Schmauchspuren am Kopf. Und auf dem Tisch lag ein Abschiedbrief — getippt zwar, aber eigenhändig unterschrieben . . .«

»Ich glaub's nicht!«

»Hören Sie, Sie haben die ganze Zeit vor dem Haus gestanden. Glauben Sie, daß ich . . . «

»Nein, das meine ich nicht. Die Sache mit der Schwermut.«

Lohkamp schwieg einen Augenblick. Papier raschelte. Er räusperte sich.

»In zwei Stunden werden wir es sowieso bekannt geben. Also: Er hat in dem Abschiedsbrief gestanden, diese Ruth Michalski umgebracht zu haben . . . «

Im PEGASUS-Büro schüttelte man die Köpfe.

»Die hatten doch ein Verhältnis! So jemanden bringt man doch . . . «

»Herr Mager! Sie vergessen ganz, womit ich meine Brötchen verdiene. Also: Sie hatte vermutlich gehofft, er würde sich zu ihren Gunsten scheiden lassen. Als er mit ihr brach, hat sie angefangen, ihn zu erpressen. Sie hat herausgefunden, daß er die Firma betrogen hat. Die Summen sind sechsstellig, Herr Mager. In letzter Zeit aber hat sie wieder versucht, mit ihm Kontakt zu bekommen. Als er ablehnte, hat sie von Vlieland aus angerufen und gedroht, ihn hochgehen zu lassen. Und das wäre für seine Karriere das Ende gewesen.«

»Aber . . .«

»Kein Aber, Herr Mager. Er hat sie erwürgt, die Nacht im Wald verbracht und ist morgens mit dem ersten Schiff zurückgefahren. Das ist wasserdicht.«

»Komisch«, meinte Mager nach einer langen Pause. »Wieso hat er so plötzlich Selbstmord gemacht? Er konnte doch gar nicht davon ausgehen, daß es so bald überführt wird. Es sah doch sogar sehr gut für ihn aus!«

»Das Gewissen, Herr Mager. Und in seiner Ehe war auch nicht alles vom Feinsten. Und der Ärger in der Firma. Könnten *Sie* damit leben?«

»Nee!«

»Eben. — Aber wenn Sie noch Zweifel haben, dann kommen Sie zu unserer Pressekonferenz. In zwei Stunden . . . «

»Vielleicht . . . «

»Das wär's dann . . . «

»Nein!« rief Saale dazwischen. »Wie ist das mit dem Alibi?«
Pause. »Das ist in der Tat noch ungeklärt. Aber ich nehme an, Herr Roggenkemper hat sich einfach um ein paar Stunden oder einen Tag geirrt.«
»Haben Sie ihn . . . «
»Er war auf Reisen. Ich werde aber noch mit ihm darüber sprechen. So long!«

Mehrere Minuten lang herrschte Schweigen. Susanne kaute an ihrer Unterlippe, Karin drehte sich eine Locke um den Finger, Saale zog sein rechtes Ohrläppchen in die Länge, und Mager saß, die Arme im Nacken und die Beine lang, auf dem Besucherstuhl.
»Also«, sagte die Chefin schließlich. »Machen wir weiter . . . «
Achselzuckend kehrte der Dicke zu seinen Monitoren zurück. Spulte vorwärts, spulte rückwärts. Sah sich plötzlich Auge in Auge mit Roggenkemper, der in die Kamera schwafelte. Mager drehte den Ton leiser.
»Die Bürger sind stolz auf ihre Stadt. Wir Politiker — das darf ich als, äh, ihr Bürgermeister sicher sagen — genießen das Vertrauen unserer . . . «
Mager drückte die Stopp-Taste, und Roggenkemper versteinerte mit offenem Mund.
Scheiß-Patzer. Mager überlegte. Susanne blickte ihm über die Schulter.
»Ich kippe den ganzen Einschub raus«, meinte Mager, »das bringt uns fünf Sekunden. Guck mal in die *Shotliste*, was wir noch an Schnittbildern haben.«
Susanne nahm das Blatt mit den Notizen.
»Der schöne Brieföffner mit dem Leuchtturm ist noch offen!«
Mager drehte sich um.
»Quatsch. So'n Brieföffner ist im Puth-Material.«
»Hier auf der Liste steht bei Time-code-Nummer: 01.12.54 Brieföffner.«
»Das muß diese Karin falsch abgeschrieben haben«, murrte der Dicke.
»Komm, solche Fehler passieren dir doch öfter!«
Mager bohrte Susanne den rechten Zeigefinger ins Schulterblatt: »Mach mich nicht an! Zwei Filme zur selben Zeit hat nicht mal Faßbender gepackt.«
»Aber du wirst dich doch noch an dieses blöde Schnittbild erinnern!«

»Ich erinnere mich daran, daß ich keinen Bock habe, mich von dir hier anmachen zu lassen.«

Susanne stand auf: »Laß es!«

An der Tür drehte sie sich noch einmal um: »Du hast einfach keine Nerven mehr. Und bist sauer wegen Gellermann. Und ich habe keine Lust auf einen Streit. Mach', was du willst.«

Magers angewinkelter Mittelfinger stach noch in die Luft, als sie schon längst verschwunden war.

Zehn Minuten später klopfte es an Susannes Büro — bei PEGASUS eine Revolution der Umgangsformen. Mager stand im Türrahmen.

»Komm mal mit«, sagte er ungewohnt leise. Sie tat ihm den Gefallen. Saale kam vom Klo, den firmeneigenen *Stern* in der Hand, und schloß sich der Wallfahrt ungefragt an.

»Du bist ein Schwein, Saale!« ging Mager auch fast automatisch hoch. »Auf dem Lokus lesen. Ist das der aparte hanseatische Stil?«

Sie bauten sich vor den Monitoren auf.

»Was seht ihr?«

Susanne und Saale blickten sich an.

»Einen Leuchtturm, Herr Oberlehrer!« sagte Saale. »Mit einer Fahne links und einem Holzgerüst rechts. Alles in Metall gehauen. Auf einen Löffelstiel oder so ähnlich . . .«

»Brieföffner!« knurrte Mager. »Aber sonst gut. Setzen . . .«

Er ließ das Bild absacken, nahm die Cassette aus dem Player und steckte eine neue hinein. Ließ das Band im Schnelldurchgang vorlaufen. Puth sabbelte wie eine Ente. Mager wechselte auf Normalgeschwindigkeit. Puth schloß die Lippen, ins Bild kamen der Schreibtisch und ein länglicher, silbern blinkender Gegenstand. Umgeben von Filzern, Bleistiften, Kugelschreibern. Mager drückte auf Stopp.

»Derselbe Löffel, derselbe Leuchtturm!« sagte Saale und gähnte.

»Sonst fällt euch gar nichts auf?«

»Daß wir Product placing für die Brieföffner & Leuchtturm Company machen und abkassieren sollen«, grinste Saale.

Mager ließ sich nicht irritieren, sondern schwenkte zwei Cassettenhüllen durch die verqualmte Studioluft. »Erkenntnis Nummer eins«, sagte Mager, »sowohl bei Puth als auch bei Roggenkemper gibt es einen Brieföffner mit Leuchtturm.«

Er wandte sich zum Mischpult: »Jetzt paßt mal auf.«
Er ließ Bild für Bild in langsamer Geschwindigkeit auf dem Monitor erscheinen, bis am unteren Rand der Wiese, auf der der Leuchtturm stand, ein halbkreisförmiger Schriftzug auftauchte. In Großbuchstaben.
Mager stoppte das Band.
»Was steht da?«
Susanne kniff die Augen zusammen: «Friesland oder so.«
Saale wurde blaß.
»Vlieland.«

40

Lohkamp wählte die Nummer von Hauptkommissar Harder.
Der kaute wohl wieder einmal an einem Bienenstich und muffelte mit vollem Mund vor sich hin.
»Lohkamp hier. Ich will die Sache Puth hinter mich bringen. Haben Ihre Untersuchungen etwas ergeben?«
»Tach, auch.«
Harder schien beim Namen Puth einen Adrenalin-Schub bekommen zu haben, jedenfalls wurde seine Stimme um eine Tonlage freundlicher.
»Da haben Sie uns ein dolles Ding übergeben, Herr Kollege. Der Mann ist was fürs Lehrbuch der Wirtschaftskriminalität. Wenn ich nicht dienstlich damit zu tun hätte, könnte ich mich glatt über seine Eulenspiegelei amüsieren . . . .«
»Lassen Sie hören!«
»Okay, also erste Bilanz! Die Unterlagen, die wir bei Puth und bei diesem Dr. Boos beschlagnahmt haben, geben Hinweise auf ein gutes Dutzend Straftatbestände. Betrug wäre eine milde Beschreibung . . . «
»Herr Kollege, können Sie es kurz machen? Ich muß gleich weg«, log Lohkamp. Die Pressekonferenz war nämlich vertagt worden. Ohne Roggenkempers Aussage zum falschen Alibi war der Fall nicht abgeschlossen.
»Ihr immer auf die Schnelle. Na, gut. Also: Puth hat die Bundesbahn, von der er das Grundstück gekauft hat, irgendwie dazu bekommen, daß die diesen Dr. Boos als neutralen Gutachter bestellt hat. Der Mann ist allerdings bekannt dafür — das haben wir jetzt spitzgekriegt — daß er für ein paar Scheine auch

seine Großmutter verkauft. Also schätzte er das Grundstück auf hundertdreißigtausend und ein paar Gequetschte.«
Pause. Offenbar schob Harder gerade eine neue Fuhre Kalorien nach.
»In Wirklichkeit war das Gelände das Zigfache wert. Puth kaufte also billig, eigentlich ohne einen Pfennig Geld zu haben. Nur drei Tage später wurden auf das Grundstück bereits Belastungen in Höhe von einer Million eingetragen . . . .«
»Von den Krediten hat Puth dann die Bahn bezahlt?«
»Nicht nur das. Zwei Tage später kam eine neue Million an Belastung dazu. Diese sogenannten Eigentümer-Grundschulden hat Puth zur Absicherung von Krediten bei einem Schweizer Bankhaus angegeben . . . «
Lohkamp schüttelte den Kopf und lehnte sich zurück.
»Wie ist das denn möglich, daß ein amtlich auf hundertdreißigtausend Mark geschätztes Grundstück Tage später so hoch beliehen werden kann?«
»Ganz einfach. Noch ehe Dr. Boos das Gelände auf diese Summe 'runterrechnete, hatte Puth andere Zinker an der Hand, die das Grundstück so schätzten, daß über 3 Millionen zusammenkamen.«
»Genial!«
»Stimmt. Aber Betrug! Puth hat seine Freunde für ihren Sachverstand nicht schlecht belohnt.»
Lohkamp machte sich Notizen. »Beweise?«
Harders Gelächter dröhnte aus dem Hörer.
»Mehr als genug. Der Mann war so penibel, daß er die Belege für seine Geschenke fein säuberlich abgeheftet hatte. Wahrscheinlich wollte er sie von der Steuer absetzen.«
»Eine Frage noch«, setzte Lohkamp nach. »Gibt es Hinweise darauf, daß sein Prokurist Gellermann oder seine Sekretärin Michalski etwas mit diesen Tricks zu tun hatten?«
»Tut mir leid. Aber das läßt sich aus den Unterlagen nicht ersehen. Wäre aber nicht unwahrscheinlich.«
Sie tauschten noch ein paar Artigkeiten aus, dann legte Lohkamp auf.
Mißmutig starrte er auf die Akte Michalski. Daneben, nicht ganz so vollgepackt, ein Schnellhefter mit der Aufschrift »Gellermann«. Das Ganze war nicht gerade erfreulich abgelaufen. Der Mörder begeht Selbstmord. Sein eigener Fall hängt durch, aber den Jungs vom *Kommissariat Zahnärzte & Apotheken* verhilft er

ganz nebenbei zu einem Schulterklopfen. Wenn Puth vor Gericht steht, wird sich keiner mehr daran erinnern, daß er ihn den Kollegen frei Haus geliefert hat.

Das Telefon klingelte. Seine Frau ermahnte ihn, an den Geburtstag der Schwiegermutter zu denken und nicht ohne Blumenstrauß aufzutauchen.

»Mach ich, Mäuschen!«

Um kurz nach halb zwölf steckte Brennecke den Kopf durch die Tür, faselte etwas von Krebsvorsorgeuntersuchung und trollte sich.

Er griff zum Telefon, wählte das Dattelner Rathaus an, aber Roggenkemper war schon wieder unterwegs. Wie der Mann das schaffte, war ihm schleierhaft . . .

Fünf Minuten später summte sein eigener Apparat.

»Lohkamp?«

»PEGASUS hier . . . «

Auch das noch.

41

»Volltreffer!« sagte Lohkamp lakonisch und bediente sich aus der Vorratskiste mit den Selbstgedrehten. »Wollen Sie nicht bei uns anfangen?«

Mager grinste zurück: »Sie können mich doch gar nicht angemessen bezahlen!«

Er steckte sich auch eine an und fand, daß seine Hausmarke so gut schmeckte wie schon lange nicht mehr: Endlich hatte er diesen Burschen mal gezeigt, was eine Harke ist! Und es hatte dem Bullen glatt den Schuh ausgezogen — das war ihm deutlich anzumerken. Der rüde Umgangston vom Montag war passé. Bis zum nächstenmal jedenfalls.

»Hören Sie — ich brauche diese Bänder. Dringend.«

Mager zog zwei Cassetten aus dem Regal: »Schon fertig. Kopien. Aber sauber . . . «

»Im Grunde genommen müßte ich die Originale . . . «

»Die kriegen Sie, wenn es einen Prozeß gibt.«

Lohkamp schwieg.

»Kann man das feststellen — daß dies Kopien sind?«

»Klar. Ihre Leute — ich meine, diejenigen, die auf Jagd nach den Raubcassetten sind — haben da ein paar schöne Methoden entwickelt. Man kann sogar eindeutig sagen, die wievielte Nach-Kopie das ist . . . «

Der Polizist zögerte noch.

»Sie können sich ja die Originale holen«, stichelte Saale, der unbemerkt hereingekommen war. »Ich meine: die Brieföffner, Herr Lohkamp.«

»Mal sehen.«

Er trank seinen Kaffee aus und stand auf.

»Wissen Sie wirklich noch nicht, was Sie jetzt unternehmen?« bohrte Saale nach.

»Doch. Ich setze mich erst einmal an meinen Schreibtisch und denke nach!«

Er klemmte sich die Cassetten unter den Arm und wandte sich zum Gehen. In der Tür fiel ihm aber noch ein guter Ratschlag ein: «Und Sie muß ich bitten, wie bisher . . . «

»Klar«, nickte Mager. »Wie bisher!«

Kaum war der beigefarbene Polizei-Golf aus dem Hof gerauscht, zogen sich die PEGASUS-Männer in Saales Dachkammer zurück.

»Was machen wir?« fragte Mager.

Statt einer Antwort griff Saale zum Telefon. Wählte Roggenkempers Nummer an. Fragte die Vorzimmerdame. Erhielt eine freundliche Antwort. Aber keine brauchbare Information.

Zu Hause: die Gattin.

»Tut mir leid — aber mein Mann ist so viel unterwegs, daß ich das wirklich nicht nachhalten kann . . . «

»Ruf mal bei Puth an!« empfahl Mager. Ausnahmsweise gehorchte der Lange ohne Widerworte.

Das Freizeichen ertönte. Ein, zwei Minuten vergingen. Nichts. Keine Gattin, keine Hausdame, kein Pferdepfleger.

»Dieser Lohkamp — der wird nicht lange an seinem Schreibtisch sitzen bleiben. Der greift sich die beiden — jede Wette!«

Mager nickte: »Und da möchte ich bei sein! Versuch's doch mal in Roggenkempers Unterbezirksbüro.«

Schon nach dem ersten Durchstellen bekamen sie eine richtige Information: »Herr Roggenkemper ist gerade aus dem Haus, Aber er hat vorher mit Herrn Puth telefoniert . . . «

Mager griff schon zu seiner Jacke: »Los, Saale. Pack die Klamotten!«

Eine halbe Stunde später bremste der Lada am Anfang des Kiesweges. Ohne abzuschließen, rannten die beiden zu der Villa hinunter. Klingelten, als ob ihnen der Leibhaftige auf den Fersen wäre. Und erst als drinnen schnelle Schritte nahten, fiel Mager siedend heiß ein, daß er absolut nicht wußte, was er der Frau erzählen sollte: Guten Tag, ich will Ihren Mann überführen? So ging's wohl doch nicht . . .

»Guten Tag. Sie wünschen?«

Sie stellten sich vor und sagten, daß sie den *Herrn Gemahl* sprechen wollten.

»Ach, das tut mir leid. Gerade, das heißt natürlich: vor einer halben Stunde sind die beiden losgezogen . . . «

Mager kam es überhaupt nicht in den Sinn zu fragen, wer der zweite Mann war. Das konnte nur einer sein.

»Es ist wirklich sehr dringend. Können Sie uns verraten, wohin?«

42

»Ist doch immer noch schön hier«, schwärmte Roggenkemper und blickte sich nach allen Seiten um.

Sie standen am Rande der ausgedehnten Deichanlage, an der die ersten siebenhundert Meter des Wesel-Datteln-Kanals enden. Flankiert von erhöhten Steuerungskabinen, Trafostationen und Maschinenhäuschen, graben sich zwei parallel angelegte Schleusen tief in den hohen Wall. Während das kürzere, westliche Bassin von Stahltüren versperrt wird, die bei Bedarf zur Seite weggefahren werden, ragen am Anfang und am Ende des östlichen Beckens zwei grüngestrichene Metallgerüste in den Himmel, an denen die stählernen Tore hochgezogen werden — wie das Fallbeil in einer Guillotine.

»Stimmt schon«, nickte Puth, der diesen Vergleich, auf den Roggenkemper schon vor Jahrzehnten gekommen war, längst vergessen hatte. Er ging ein paar Meter weiter und lehnte sich über das Geländer der Brücke, die über die Ausfahrt der längeren Kammer führt. Unter ihm zischten und gurgelten schmutzige Strudel; durch die Rohröffnungen am Boden der Fahrrinne schossen über dreiundzwanzigtausend Kubikmeter Wasser in das acht Meter tiefer liegende Hafenbecken. In wenigen Minuten würden die beiden deutschen Kähne und der tiefliegende Holländer ihre

Fahrt zum Niederrhein fortsetzen können. Das Auf und Ab der Schiffe war ein Schauspiel, das sie schon als Kinder fasziniert hatte.

Der Bürgermeister drehte sich um und nickte zum Hafen hinüber: »Weißt du noch, wie wir da unten gebadet haben? Und wie dein Alter uns beiden den Arsch versohlt hat?«

Der Unternehmer nickte, aber in seinen Augen glomm Mißtrauen auf: »Du bist doch nicht mit mir hierhermarschiert, um von den alten Zeiten zu schwärmen.«

Der andere lachte.

»Komm«, sagte Puth, der langes Herumreden noch nie hatte leiden können. »Ich kenne dich doch. Immer, wenn du von früher anfängst, willst du was von mir. Um was geht es diesmal?«

Roggenkemper lächelte dünn: »Gustav, dir kann man auch wirklich nichts vormachen . . .«

»Laß den Stuß! Erzähl!«

Die drei Schiffe waren schon mehrere Meter tief abgesackt. Wie die Felswände zu beiden Seiten einer Schlucht wuchsen neben ihnen schwarz und glitschig die Mauern der Schleusenkammer aus dem Wasser.

»Wo warst du Sonntag abend?« fragte der Bürgermeister plötzlich. »Gegen acht, halb neun . . .«

»Sonntag abend? Zu Hause.«

»Allein?«

»Ja. Beatrix war in Dortmund, in der Operette. Weißt du doch, Hedwig war doch auch dabei! Wieso?«

»Ach«, meinte Roggenkemper, »falls jemand nachfragt — ich war bei dir!«

Puth nickte automatisch. Aber dann sah er den anderen scharf an: »Moment mal, Gerd — am Sonntag . . .«

Roggenkempers Augen blieben betont ausdruckslos. Da begriff der Mann mit dem kantigen Schädel. »Du warst es also!« sagte er und trat unwillkürlich ein paar Schritte zurück.

»Was war ich?« fragte Roggenkemper barsch.

»Du hast . . .«

»Quatsch. Eine Weibergeschichte, mehr nicht. Und falls jemand nachfragt, erzähl ihm, ich wäre bei dir gewesen . . .«

Puth lachte spöttisch: »Für wen brauchst du denn ein Alibi? Hedwig kannst du sowieso nichts mehr vormachen. Sie hätte deine Seitensprünge doch fast alle mitzählen können. Wer war's denn diesmal?«

Als Roggenkemper schwieg, sprach er selbst weiter: »Sonntag ist Gellermann gestorben. Selbstmord, sagt die Polizei. Wieso brauchst du ein Alibi, wenn es Selbstmord war?«

»Wie gesagt — nur eine Weibergeschichte. Gustav, du kennst mich doch . . .«

»Eben. Und deine Weibergeschichten auch. Seit über vierzig Jahren . . .«

Er spuckte in das Wasser hinunter, den alarmierten Blick des anderen ignorierend. Früher hatten sie das stundenlang gemacht: Auf Windstille gewartet und gezielt, gewettet, wer am besten treffen konnte. Früher.

»*Du* warst es. Hast ihm eine Kugel in den Kopf gejagt und den Abschiedsbrief getippt.«

»Und die Unterschrift?« fragte der Bürgermeister. »Habe ich die etwa auch gefälscht?«

»Hör doch auf! Wer sich im Rathaus auskennt, weiß, daß du stapelweise Blankopapier mit seiner Unterschrift hast. Zu Hause, im Büro. Damit du Briefe der Fraktion selbst schreiben kannst, wenn es eilt. Das läuft bei euch so, und bei uns ist es auch nicht anders. Mich wundert's nur, daß dieser Lohkamp dir das abgenommen hat.«

Zwei Halbwüchsige keuchten mit ihren Fahrrädern um die Ecke. Sie stellten ihre Stahlrösser ab und steckten ihre Köpfe dicht neben den Männern über das Geländer.

Roggenkemper faßte Puth am Ellenbogen unter und zog ihn zur Seite. Hintereinander kletterten sie die steile Steintreppe zum Ufer des Hafenbeckens hinab. Das Wasser vor dem Stahltor hatte sich beruhigt, gleich würde die Sperre hochgezogen werden. Mißtrauisch blickte Roggenkemper zu den beiden Jungen auf der Brücke hoch, aber sie waren viel zu weit weg, um sie belauschen zu können.

»Gustav . . .«

»Nein, jetzt hör mir mal zu!«

Der Unternehmer tippte Roggenkemper auf die Brust und schob ihn ein Stück vor sich her, von der Treppe weg. Auch er schaute noch einmal zur Schleuse hoch und am Ufer entlang — aber kein Jogger, kein Angler war in der Nähe. Die zahlreichen Geräusche, die durch die Luft schwirrten, schirmten sie zusätzlich ab. Selbst das Surren der Autos auf der Bundesstraße drang von der Natorper Brücke bis zu ihnen herüber.

»Weißt du, warum ich so sicher bin? Weil mich Uwe Sonntag

nachmittag angerufen hat. Er saß wieder allein zu Hause, die Kinder bei der Oma in Essen, Heike auf Lanzarote. Er hat den ganzen Samstag durchgesoffen und am Sonntag das heulende Elend gekriegt. Fertig war er, restlos fertig. Einen Mord wäscht man nicht einfach von sich ab. Aber als er Ruth umbrachte, da hat er noch geglaubt, was du ihm erzählt hast: Daß Ruth *ihn* hochgehen lassen wollte. Daß es um *seine* Karriere ging, die zu Ende wäre, noch bevor sie richtig begonnen hatte: Unterschlagung, Steuerhinterziehung, Kreditbetrug . . .«

»Du kennst eure Sünden ja sehr genau«, warf Roggenkemper ein und lachte kurz auf.

»Für wie blöd hältst du mich eigentlich?« fragte Puth kalt. »Ich weiß mehr, als du glaubst. Zum Beispiel auch, daß Uwe mich beschissen hat, wo er nur konnte. Aber mir waren die Hände gebunden. Die Firma durfte nicht ins Gerede kommen, wenn ich noch eine Chance haben wollte, sie zu retten. Außerdem war er ja dein Mann. Dein Ziehkind sogar. Dein Hauskandidat fürs Wirtschaftsministerium . . .«

Das stählerne Schleusentor bewegte sich langsam in die Höhe wie der Vorhang vor einer Theaterbühne. Nach und nach wurde der Blick auf die drei Lastkähne frei, die in ihrer über zweihundert Meter langen Schlucht auf die Weiterfahrt warteten. Auf dem Holländer löste ein Matrose bereits die Bugtrossen von den Stahlpollern am Beckenrand.

»Ich packe aus, hat er gesagt. Und wahrscheinlich war er so blöd, dich auch noch anzurufen. Verstehst du? Er wäre lieber ein Leben lang in den Knast gegangen, als die nächsten zwanzig Jahre nach deiner Pfeife zu tanzen. Ein Wirtschaftsminister für Datteln? Er wäre dein Privatminister geworden. Und diese Aussicht war für ihn schlimmer als der Knast.«

Er starrte aufs Wasser, ehe er Roggenkemper ins Gesicht sah.

»Wie du ihn dazu gekriegt hast, weiß ich nicht. Aber auf jeden Fall hat er dir Sonntag nach dem Anruf noch einmal die Tür aufgemacht. Du hast ihn einfach abgeknallt. Wie ein Karnickel, das in deinem Garten Blumen abfrißt. Er hätte daran denken sollen, daß ihr Kollegen seid. Zwei Mörder unter sich . . . «

43

Der Kiesbelag auf Puths Privatweg knirschte böse, als sie mit stampfenden Schritten zurück zum Wagen liefen. Sie warfen sich in die Sitze, als würden die das noch öfter aushalten, wendeten und rasten los. Mußten an der Bundesstraße warten, bis ein Linienbus vorbeigezockelt war. Klemmten sich hinter ihn und kamen auf dem kurzen Stück bis zur Brücke nicht mehr an ihm vorbei. Standen erneut, weil eine lange Fahrzeugschlange aus Datteln heraus über den Kanal kroch und ihnen das Linksabbiegen verwehrte.

»Meine Güte nochmal!« stöhnte Mager. Mit brennenden Augen starrte er auf den Lindwurm aus Blech, auf das Hafenbecken hinter der Brücke, auf die beiden Riesenguillotinen an der Ostschleuse, die den ganzen Horizont beherrschten. Zum Greifen nah lagen sie vor ihnen.

In der Kolonne auf der Gegenspur tat sich plötzlich eine Lücke auf, groß genug, um eine Schwalbe durchzulassen.

»Fahr doch!« brüllte Mager. Sein Anspruch, im Bett zu sterben, war in dieser Sekunde vergessen.

Und Saale fuhr. Fünfundsiebzig Pferdestärken heulten auf, die Reifen verloren einen halben Millimeter von ihrem Profil, zwei, drei entgegenkommende Fahrer mußten mit beiden Füßen auf ihre Bremsen — aber sie kamen durch. Stürzten sich die schmale Piste zum Kanal hinunter, daß die Bäume und Büsche an beiden Seiten ängstlich zurückwichen, rasten auf das Wasser und die Schleusen zu. Linkskurve, noch ein paar Bäume — in diesem Stil hätten sie eine Chance auf der Rallye Paris-Dakar gehabt.

»Langsamer«, warnte Mager jetzt. »Bremsen, Junge! Wir sind gleich da . . . «

Hinter einer leichten Rechtskurve weitete sich der Blick: Die Straße führte in offeneres Gelände hinaus. Auf Saales Seite lag, ein ganzes Stück zurückgesetzt, der *Ankerplatz*, halbrechts zweigte die aufgeschüttete Rampe ab, die — parallel zum nahen Ufer — zwischen Birken, Pappeln und Weiden zu den Schleusen hinaufführte.«

»Da sind sie!« flüsterte Saale.

Er zeigte auf einen schmalen Zipfel Wiese, der — schon im Schatten der Dämme — zwischen Hafenbecken und Rampe lag. Neben einer tiefhängenden Trauerweide erkannte nun auch Mager den kahlen Schädel des Betonfabrikanten und die handtuchbreite Gestalt des Bürgermeisters. Der Abstand zwischen den beiden und die heftigen Bewegungen ihrer Arme ließen gar nicht erst den Verdacht aufkommen, da vorne würden alte Treueschwüre erneuert.

»Geradeaus weiter!«

Ganz sachte gab Saale Gas. Er hielt erst wieder an, als die nach Süden ansteigende Rampe zwischen ihnen und den Streitenden lag. Zum Parken aber war die Stelle eigentlich zu schmal. Saale lenkte den Kombi so weit an den Rand, daß sich die Räder auf der Beifahrerseite in den schweren Boden des Ackerstreifens gruben, der sie noch von der Böschung der Schleusenauffahrt trennte.

»Raus!« Doch Saale rührte sich nicht.

»Muffe?« fragte Mager.

»Ja. Was sagen wir den beiden, wenn sie fragen, warum wir . . .«

»Irgendeinen Scheiß«, winkte Mager ab. »Landschaftsaufnahme. Datteln wichtigste Männer am Schauplatz ihrer Jugendsünden. Außerdem werden sie uns nicht sehen. Laß uns mal Mäuschen spielen . . .«

Sie stampften über die Brache und keuchten die Böschung hinauf. Mager rutschte aus, schlug der Länge nach hin, fluchte leise. Als er aufstand, war sein blauer Pullover grün wie Gras.

Vorsichtig spähten sie über die Fahrbahn hinweg: Von ihren Kunden war nichts zu sehen. Aber sie hörten ihre Stimmen.

»Wir müssen näher 'ran!« raunte Mager.

Gebückt schlichen sie über die schmale Asphaltpiste auf ein paar dickere Baumstämme zu. Noch hing genug Laub an den Zweigen, um sie gegen einen flüchtigen Blick zu schützen.

»Ich packe aus, hat er gesagt. Und wahrscheinlich war er so blöd, dich auch noch anzurufen. Verstehst du? Er wäre lieber ein Leben lang in den Knast . . .«

In der Ausfahrt tauchte der Bug des Holländers auf. Sein Diesel ließ in der engen Schleusenkammer einen blau-weißen Qualmwirbel zurück, der sich nur langsam auflöste. Das Tuckern des Motors wurde von den steilen Mauern verdreifacht.

»Mist!« schimpfte der Dicke so laut, daß Saale erschrocken den Finger an den Mund legte — eine Geste, die sogar Mager verstand. Aber ihre Sorge war unnötig: Drei Meter vom Wasser und dem lärmenden Diesel entfernt, konnten die beiden Streithähne einander selbst kaum verstehen.

Vor Ungeduld fiebernd klebten Mager und Saale hinter ihren Bäumen und hofften, daß diese Scheiß- Kähne sich möglichst bald verzogen.

»Weißt du, was ihn am meisten fertiggemacht hat? Daß du ihn belogen hast. Er hat anfangs wirklich geglaubt, du wolltest ihn warnen und er hätte nur seine eigene Haut gerettet. Aber in Vlieland und in Ruths Wohnung hat er all das Material gefunden, das Ruth gegen dich in der Hand hatte. Nicht ihm wollte sie an die Wäsche, sondern dir. Januar fünfundvierzig! Denkst du noch manchmal daran? Mit der Vlieland-Geschichte hätte sie dir das Genick gebrochen. Und darum hast du ihn gegen das Mädchen gehetzt. Wie einen Bluthund . . .«

»Mensch, ich hatte gar keine andere Wahl. Gellermann hat durchgedreht. Der wollte sich stellen und hätte uns alle mit 'reingerissen. Dich, mich, unsere Familien. Alles wäre hin gewesen, was wir uns in den letzten vierzig Jahren hier aufgebaut haben. Alles, was wir für diese Stadt getan haben, hätten sie in den Dreck gezogen. Und wofür? Für eine Sache, die schon so weit zurückliegt, daß sie schon gar nicht mehr wahr ist. Wir waren damals noch halbe Kinder . . .«

»Die Ausrüstung!« flüsterte Saale. »Schnell!«

Im Rückwärtsgang zogen sie sich von ihrem Horchposten zurück, sprangen die Böschung hinunter und rannten durch den Lehm zum Wagen. Um die Ausrüstung herauszuholen, brauchten sie nur Sekunden, dann ging es wieder durch die Matsche — die unvermeidlichen Leiden der Reporter, die noch vom großen Fernsehpreis träumen.

Am Fuß der steilen Böschung hielt Mager an und zerrte mit einem Ruck die rote JVC-Kamera aus dem klobigen Kunststoffkoffer. Er klappte das Okular herunter und blickte Saale an: »Fertig?«

Doch sein Kumpel fluchte nur.

»Was ist?«

»Der Recorder springt nicht an!«

»Ausgerechnet jetzt! Hier, stöpsel schon mal ein!«

Mager hielt ihm das Ende für das Verbindungskabel zwischen Kamera und Recorder unter die Nase.

»Andere Seite! Mach schon!«

Der Kameramann streckte ihm bereits die Cassette entgegen, da kämpfte Saale noch mit der Verbindungsbuchse: Stecker mit vierzehn Stiften in die richtigen Löcher zu fummeln, war schon im

Training nicht einfach. Aber jetzt, als es um Sekunden ging, weil die heißeste Aufnahme ihrer Laufbahn auf sie wartete, zitterten ihm die Hände.

»Mach doch, du Arsch!« flehte Mager mit bebender Stimme. Seine Pulsfrequenz lag über zweihundert, und an seinen Magenwänden tobten sich zwei Wölfe aus. Herzinfarkt, du mußt warten, dachte er. Nur noch diese Aufnahme!

»Er tut's nicht!« jammerte Saale, während er die *Power*-Taste bearbeitete.

»Kein Saft!«

»Ist denn überhaupt ein Akku drin?«

Saale riß die Klappe auf und starrte ins Leere: »Ach, du schöne Scheiße!«

Mager verdrehte die Augen und tippte sich an die Stirn: »Los, lauf. Die braune Tasche. Die mußt du doch . . .«

Irgendetwas in den Augen seines Kofferschleppers verriet ihm, daß er sie nicht eingepackt hatte. Aber er wollte es nicht wahrhaben.

»Lauf, guck trotzdem nach!«

»Nein, ich weiß, wo der Akku ist . . .«

»Ja?«

»Im Ladegerät!«

»Und wo ist das?«

»Zu Hause . . .«

44

Brennecke und die anderen nahmen gespannt Platz, als Lohkamp die Video-Cassette einlegte. Geheimnisvoll, wie der Chef tat, war nun die sensationelle Wende in den Ermittlungen angesagt, auf die sie alle warteten: Denn Gellermanns Selbstmord und die Schulderklärung hatten niemanden überzeugt oder gar befriedigt.

Aus Erfahrung wußten sie: Tötungsdelikte ließen sich oft im ersten Zugriff lösen — wenn sie im Affekt begangen wurden und die Täter, aus dem Rausch aufgewacht, nichts Dringenderes zu tun hatten, als sich mit einem schnellen Geständnis Erleichterung zu verschaffen.

Aber der Fall Michalski/Gellermann war einer von der unangenehmeren Sorte — falls es angesichts des Abschiedsbriefes überhaupt noch einer war. Dann hatte der Mörder die Tat kühl geplant und die Spuren mit Bedacht verwischt. Ein solches Lügengespinst zu entwirren, war nicht einfach, und mit insgesamt dreieinhalb Wochen Ermittlungsdauer lagen sie noch nicht einmal schlecht. Aber wenn sie noch lange ohne handfestes Material die feineren Kreise der Kanalstadt belästigten, würde es Ärger geben. Und unter solchem Druck würde ihre Arbeit weder leichter noch besser werden . . .

Die Reaktionen auf Lohkamps Video-Vorführung waren völlig unterschiedlich.

»Sie sahen einen Werbefilm der europäischen Brieföffnerindustrie«, bemerkte Steigerwald süffisant und begann, sich in Seelenruhe eine Pfeife zu stopfen. Die Langer dachte nach, Hänsel schüttelte enttäuscht den Kopf, und nur Brennecke schrie nach einem Haftbefehl: »Die haben doch gelogen! Puth hat behauptet, er hätte nie etwas von dieser Insel gehört. Und Roggenkemper . . . «

»Hat nicht gelogen!«

Hänsel hob den Schnellhefter mit den Aussageprotokollen: »Wenn ich vorlesen darf, was er unterschrieben hat: 'Der Zweck der Reise, die Frau Michalski nach Vlieland unternommen hat, ist mir gänzlich unbekannt.' Ende.«

»Das war anders«, widersprach der Kriminalmeister. »Wir haben ihn gefragt, ob er die Insel kennt. Und da hat er gesagt . . . Mist!«

»Mit der Antwort habt ihr euch zufrieden gegeben?« warf Steigerwald ein.

»Quatsch. Er hat gesagt, er kennt sie, weil die Luftwaffe da übt.«

»Falsch«, schaltete sich Lohkamp ein. »Er hat nur gesagt: Die Luftwaffe übt da.«

»Und wo ist der Unterschied?«

»Mensch, bei wem hast du Deutsch gehabt?« fragte Steigerwald. Brennecke schwieg beleidigt.

»Warum haben Sie Roggenkemper nicht direkt gefragt, ob er auf Vlieland war?« fragte die Kommissarin. »Wer hat das denn verschlampt?«

»Verpennt«, gestand Lohkamp. Ihre Augen vereisten, und er verzichtete auf jeden Versuch, seinen Patzer zu erklären.

»Ich verstehe die ganze Aufregung sowieso nicht«, wiegelte Hänsel ab. »Zwei gleiche Brieföffner — was besagt das schon? Irgendwer hat die als Andenken mitgebracht und verschenkt.«

»Ach, kommen Sie!« sagte die Langer. »Wenn die aus Heidelberg wären, aus München oder Paris — dafür gäbe es sicher eine harmlose Erklärung. Aber ausgerechnet diese Insel? Da muß etwas dran sein . . . «
»Aber nichts, wofür wir den Haftbefehl bekommen, den Kollege Brennecke verlangt«, beharrte Hänsel.
Alle nickten.
»Hinfahren, nachfragen!« schlug Steigerwald vor. «Das ist am einfachsten . . . «
Sie blickten Lohkamp an. Er hatte zu entscheiden.
»Ich muß mir das alles nochmal überlegen«, sagte er nach einer Weile. »Und dabei stört ihr . . . «
»Wirklich, ein eleganter Rausschmiß!« kicherte die Langer, als sie zur Tür drängten.
»Und haltet mir die Anrufer vom Leib!«

Lohkamp starrte auf die Papiere, die sich auf seinem Schreibtisch stapelten. In diesem Wust konnte die Lösung sein — aber wo? Wie sah sie aus?
Er setzte neuen Kaffee auf und blätterte die Protokolle durch, die Hänsel aus dem Niederländischen übersetzt hatte — saubere Arbeit, soweit er das bei einem Textvergleich beurteilen konnte. Aber spätestens bei Vorlage der Rechnungen für die Wörterbücher würden ihnen ein paar Bürokratenseelen aufs Dach steigen, weil sie keinen vereidigten Dolmetscher engagiert hatten. Die Vorschriften waren diesen Typen wichtiger — auch wenn es das Vierfache an Zeit und das Zwanzigfache an Geld kostete.
Die Blätter mit den Aussagen Gerrit Bakkers überschlug er: Der war's nicht, und der wußte nichts. Die Flurnachbarn: Sie waren viel zu blau gewesen, um in jener Nacht noch etwas zu bemerken. Das Personal, die Familie des Besitzers, die anderen Gäste: Alle hatten in ihren Betten gelegen und nichts bemerkt. Der Discjockey: Er konnte zwar in allen Einzelheiten erzählen, wie das Ankoppelungsmanöver zwischen Ruth und Gerrit abgelaufen war — aber das brachte sie auch nicht weiter. Die Ladenbesitzer, die Bibliothekarin, die Leute vom Fremdenverkehrsbüro *VVV*, alle also, bei denen sich Ruth Lektüre besorgt hatte — nichts. Was blieb, war das Bild einer schnuckeligen Insel, auf der man wirklich einmal Urlaub . . .
Alles Quatsch.
Genauso unsinnig wie die Behauptung dieser Ruth Michalski,

ihr Vater hätte da gedient. Ernst Pohlmann, der bei Kriegsende elf Jahre alt war . . .

Aber — warum erzählte sie solch einen Blödsinn?

Lohkamp wühlte in dem Stapel mit den Ausgaben des *Vlieland Magazine*, mit dem die Insel überall in den Niederlanden Urlauber anwarb. Ein blaues Sonderheft: *Vlieland en de Oorlogsjaren* — *Vlieland im Krieg*.

Lohkamp schlug das Heft auf. Er hatte es schon mindestens dreimal durchgeblättert und kannte es fast auswendig. Vier bunte Reklameseiten am Anfang - auf einer von ihnen das *Albatros* , in dem Ruth Michalski ermordet worden war. Dann die Anzeige eines Hotels, in der sich eine Zeichnung des Leuchtturms befand — samt diesem seltsamen Gestell daneben. Mehrere Geschichten mit Kriegserlebnissen gebürtiger Vlieländer. Ein Bild des Wehrmachtsbefehlshabers der Niederlande, der die Besatzungstruppen auf der Insel inspizierte. Die beiden Fotoseiten in der Mitte.

Wie immer richtete sich Lohkamps Blick zuerst nach rechts oben: Eine Batterie kurznasiger Kanonen auf Gummirädern. Darunter die Abfahrt der deutschen Soldaten am 4. Juni 1945. Dicht gedrängt standen sie an der Reling eines Fahrgastschiffes — mit Fahrrädern und Strandkarren, als zögen sie auf Urlaub und nicht in Gefangenschaft. Links unten: Die Engländer übernehmen die Stellungen der Wehrmacht. Am Rand der Szene der ehemalige Batteriechef, vollgefressen wie auf einer Karikatur — das Vlieland-Kommando galt als Lebensversicherung.

Und oben. Eine offene Hotelveranda. Vier deutsche Soldaten. Drei, hinter einem hüfthohen Mäuerchen, wie Urlauber: Lässig zurückgelehnt, zufrieden mit sich und dem Schicksal, das sie auf diese friedliche Insel verschlagen hatte. Und ein vierter, vor dem Mäuerchen auf einem Faß sitzend. Die rechte Hand etwas verlegen am linken Unterarm, die andere vor dem Hosenschlitz. Ein dümmliches Grinsen: Hier bin ich, mir gehört die Welt . . .

Brennecke fiel fast von seinem Stuhl, als er Lohkamp nebenan losschreien hörte: Hatte der Chef einen Rappel?

Sie stürzten alle in sein Dienstzimmer. Er saß, die Beine ausgestreckt, hinter dem Schreibtisch und lächelte zufrieden. Vor sich hatte er eine Menge Papier ausgebreitet. Weiße Blätter, die irgendetwas abdeckten. Mit zwei quadratischen Lücken, briefmarkengroß. In den Lücken: Gesichter.

Vier Köpfe beugten sich über das Arrangement.

»Das ist doch Puth!« sagte Brennecke. »Dieses fette Grinsen . . . «

Alle nickten.

»Und der andere?« fragte Lohkamp.

Brennecke hielt den Atem an.

»Eindeutig«, sagte Steigerwald: »So kennt ihn der ganze Landkreis aus der Zeitung: Roggenkemper!«

»Und was soll das Spiel?« fragte Hänsel, seine herrlich grüne Krawatte zurechtzupfend.

Lohkamp nahm die Blätter weg, mit denen er den Rest des Fotos abgedeckt hatte. Alle studierten die Szene. Und lasen den Text: *Duitse bezetters — uitrustend in de sére bij Hotel Dijkstra.*

»Deutsche Besatzer«, übersetzte Hänsel, »die sich auf der Veranda vor dem Hotel Dijkstra ausruhen . . . «

45

Puth atmete schwer und lockerte den Sitz seiner Krawatte. Hochrot im Gesicht stand er vor dem Bürgermeister, die Schultern leicht gebeugt, den Schädel gesenkt wie ein Stier vor dem Angriff. Der Streit strengte ihn sicher mehr an, als es seinem Arzt gefallen hätte. Aber noch hielt er durch und wankte nicht.

Roggenkemper schwieg und musterte ihn, als wollte er testen, wie lange Puth noch auf den Beinen stand.

»Vergiß eines nicht!« sagte er plötzlich, und seine Stimme war kalt und schneidend.

»Wenn ich falle, Gustav, dann fällst du auch. Du selbst weißt am besten, was du alles auf dem Kerbholz hast. Laß deinen Anwalt mal zusammenrechnen, wieviel Jahre du für deine Betrügereien absitzen mußt. Da kommst du höchstens in einer Holzkiste wieder heraus. Denk daran, bevor du jetzt auch noch umfällst und irgendwelche Geschichten verbreitest!«

»Willst du mir drohen? Mir? Wo ich jetzt schon mit einem Bein im Grab stehe?«

»Nein, ich drohe nicht. Ich warne dich nur. Weil ich die Unterlagen habe. Alle . . . «

Puth starrte ihn verblüfft an.

»Was für Unterlagen?«

»Alle. Deine Schiebereien bei den Bauaufträgen. Die Sache mit den Leiharbeitern. Aber das ist ja Kleinkram. Am schönsten

sind nämlich die Tricks, mit denen du eure Maschinenfabrik retten wollest. Die hättest du verkaufen sollen, an einen, der Ahnung hat. Das war nicht deine Branche, Gustav, und deshalb hat sie dir auch den Hals gebrochen.«
»Wer hat dir die Sachen gegeben? Ruth?«
Roggenkemper zog die Schultern hoch.
»Gellermann?«
»Beide«, lachte der andere. »Uwe und Ruth. Aber Ruth war die bessere Quelle. Sie hat nicht nur deine Sünden aufgezeichnet, sondern auch Uwes. Ich könnte dir auf Heller und Pfennig ausrechnen, um wieviel er dich beschissen hat.«
Puth schüttelte den Kopf und trat ein Stück näher ans Ufer. Die Kähne hatten sich, dünne Rauchfäden im Schlepp, schon ein ganzes Stück von ihnen entfernt. Nur die letzten Ausläufer ihres Kielwassers plätscherten noch gegen die Uferbefestigung.
»Hast du ihr die tausend Mark gegeben?«
»Welche tausend?«
»Dieser Lohkamp sagte so etwas. Sie soll jemanden erpreßt haben: Seit einem Jahr hat sie monatlich einen großen Braunen zusätzlich kassiert und aufs Konto gelegt . . . «
»Mich erpreßt keiner, merk dir das«, entgegnete der Bürgermeister und kicherte plötzlich: »Nein, sie hat Uwe zur Kasse gebeten als Wiedergutmachung für eine Enttäuschung. Und der hat's, nehme ich an, von dir genommen . . . «
Eine Weile stand Puth sprachlos. Seine Hände verkrampften sich in den Zweigen der Trauerweide, die auf der flachen Uferwiese einsame Wache hielt.
»Du bist das größte Schwein, das ich kenne«, sagte er.
»Spiel nicht den Empörten. Du hast auch kassiert, und das nicht zu knapp. Wer hat denn die meisten Bauaufträge bekommen? Du. Und warum? Weil deine Kalkulationen nie über den Sätzen der anderen Firmen lagen. Und warum war das so? Weil ein gewisser Gustav Puth stets rechtzeitig in die Angebote der Konkurrenten gucken durfte . . . «
»Das war ein Geschäft auf Gegenseitigkeit, Gerd. Vergiß dein Haus in Spanien nicht! Nein, ich meine etwas anderes . . . «
Er holte tief Luft und sah sich noch einmal nach allen Seiten um, ehe er weitersprach.
»Wir alle sind für dich nur Marionetten gewesen, die du nach Belieben eingesetzt hast. Miteinander, gegeneinander — aber immer nur für dich.«

Er lachte bitter auf und schüttelte den Kopf.

»Ich halte vierzig Jahre lang die Schnauze, und du hetzt deine Spione auf mich. Hattest du Angst, daß ich auspacke? Druckmittel sammeln, was? Die besten Leute, die es gibt, hast du gesagt und den Wohltäter gespielt. Aber in Wirklichkeit haben sie alles über mich gesammelt, was sie bekommen konnten. Doch damit nicht genug: Du hast sie auch noch gegeneinander gehetzt: Ruth gegen Gellermann, Gellermann gegen Ruth. Jeden wolltest du in der Hand haben! Meine Güte, wenn das die Leute wüßten: Gerhard Roggenkemper, der Volkstribun von Datteln. Schön wär's. Aber in Wirklichkeit bist du das größte Schwein. Ein Ekelpaket. Ja — das Ekel von Datteln. Das wäre der richtige Titel für dich.«

Roggenkemper zog die Schultern hoch.

»Reg dich nicht auf, Gustav. Ich habe nie etwas gegen dich unternommen. Ich war immer fair . . . «

»Fair?«

Puth spuckte das Wort aus wie eine Spinne.

»Mensch, ich sehe das alles noch vor mir. Dieses Besäufnis Ende Januar fünfundvierzig. Damals hat das alles angefangen. Weil du die Finger nicht von den Weibern lassen konntest . . . «

»Die Finger schon«, versuchte Roggenkemper den alten Herrenwitz, doch damit konnte er bei dem anderen nicht landen.

»Das Mädchen wollte nicht, das war klar. Aber du wolltest. Und was man dir nicht freiwillig gibt, das holst du dir. Und als sie geschrien hat, hast du sie umgebracht. Einfach so. Und ich habe mir das alles von unten angehört und gehofft, daß der Sturm laut genug ist und keiner was merkt.«

»Es hat auch keiner was gemerkt . . . «

»Nein. Nur das Mädchen. Ich hätte 'raufkommen und dich abknallen sollen. Das wäre die beste Lösung gewesen . . . «

Er schüttelte den Kopf, dachte nach.

»Wenn ich mir überlege, wa wir für einen Massel hatten. Zehn Tage Schneetreiben. Ich sehe uns noch im Garten wühlen. Mit dem Klappspaten. Ein Grab für Hanna So-und-so . . . «

46

Magers Hände zitterten, sein Gesicht war kalkweiß. In ohnmächtigem Zorn blickte er über Böschung und Acker, als suchte er einen geeigneten Gegenstand, um Saale damit zu verprügeln. Aber außer einem roten Toyota, der den Feldweg entlangschnurrte, war nichts zu erkennen.

Die beiden Insassen verlangsamten ihre Fahrt und spähten neugierig herüber: Das Fernsehen in Datteln, obwohl das Kanalfest vorüber war? Welche Sensation gab's da zu sehen, von der die *Morgenpost* bei Redaktionsschluß noch nichts gewußt hatte?

Fahrt bloß weiter, beschwor Mager sie in Gedanken. Fahrt weiter, oder ihr sterbt auf diesem Acker!

Der Toyota rauschte davon, Mager atmete auf.

»Was ist mit deinem Kamera-Akku?« fragte Saale. »Hat der noch Saft?«

Der Dicke schulterte die Kamera und schaltete sie ein. Nickte erleichtert.

»Saft ist da. Aber ich weiß nicht, wieviel . . . «

Er stellte die Kamera auf einer Grasnarbe ab, die einigermaßen trocken aussah, entriegelte die Sicherung und koppelte die kiloschwere Box vom Ende der Kamera ab.

»Los!«

Als der Akku am Aufnahme-Recorder angeschlossen war, versuchte Saale sein Glück erneut. Doch die Maschine rührte sich nicht. Ratlos starrten sie sich an.

»Mensch, ich muß auf *Extern* umschalten«, erinnerte sich Mager und tastete nach dem Hebel. Die Kontrollampe am Recorder morste aufgeregt los, das Cassettenfach sprang auf.

»Na, also!« seufzte Saale und blickte Mager so triumphierend an, als hätte er selbst die rettende Idee gehabt. Doch der starrte wie gebannt auf die Batterie-Anzeige. Der Pegel stand in gefährlicher Nähe zu dem roten Feld. Wenn er es erreicht hatte, konnten sie einpacken.

»Das gibt nicht mehr viel!«

»Versuchen wir's!« beschwor ihn Saale und ließ die Cassette einfädeln. Dann schaltete er das Gerät aus und wuchtete es über seine Schulter.

Mager nahm die Kamera und bewegte seine Füße. Das Vier-Meter-Kabel, das die beiden Hauptteile ihrer Ausrüstung verband, hing durch und blieb immer wieder an Sträuchern hängen.

»Nicht so schnell, Saale!«

Der kurze Anstieg war schwerer als erwartet. Der schlanke Ex-Hamburger litt unter den zehn Kilo, die der Recorder wog, Mager unter den fast neunzig, die er an privatem Ballast mit sich herumschleppte.

Zeit zum Verschnaufen gab es nicht. Mager stieß seinen Kopf in Richtung Kanal, wo das Duell der Gladiatoren noch immer nicht beendet war. Als er über die Fahrbahn huschte und wieder hinter den Bäumen in Deckung ging, wieselte Saale hinterher. Er zerrte das Mikro heraus und machte es startklar. Noch stand der Pegel der Batterieanzeige im grünen Bereich.

Mit der linken Hand preßte sich Saale die Kopfhörer auf die Ohren und hielt das Mikro in Richtung Kampfplatz. Bis zum Anschlag mußte er den Aufnahmeregler drehen, ehe der Zeiger auf der Aussteuerungsskala leise ausschlug. Dünn, sehr dünn. Von Sendequalität konnte keine Rede sein, auch wenn jedes Wort zu verstehen war.

»Das Mädchen wollte nicht!« schrie Puth gerade. »Aber du wolltest. Und was man dir nicht freiwillig gibt . . . «

Saale blickte zu Mager hinüber. Der kämpfte noch mit ein paar tief herabhängenden Ästen, die ihm immer wieder vor die Kamera rutschten.

»Es hat keiner was gemerkt«, konterte Roggenkemper unten. Seine Stimme kam so scharf herauf, daß der Aussteuerungspegel endlich Sendequalität meldete.

Saale konnte nicht länger warten und drückte die Aufnahme- und Starttaste. Die Cassette begann zu laufen: »Zehn Tage Schneetreiben. Ich sehe uns noch im . . . «

Das grüne Lichtsignal im Suchermonitor brachte Mager in Panik. Er war so daran gewöhnt, die Kamera selbst einzuschalten, daß er jetzt genau das Falsche tat. Er drückte auf *Off*.

Idiot, dachte Saale. Er zerrte so fest am Verbindungskabel, daß es Mager fast die Kamera von der Schulter riß. Der Dicke drehte sich um und schoß einen Blick ab, der ausgereicht hätte, eine Herde Büffel zu verjagen.

»Los«, schrie Saale in Lippensprache.

Mager nickte, peilte durchs Okular und startete die Aufnahme. Mit dem Einschalten der Kamera sank der Pegel sofort ins rote Feld. Aber das Band — es drehte sich. Saale preßte den Kopfhörer so fest gegen das Ohr, daß er fast im Gehörgang verschwand. Zugleich versuchte er, das Mikro ruhig zu halten.

»Sie war eine Nutte«, verteidigte sich Roggenkemper. »Sie hat es mit der ganzen Batterie getrieben.«

»Was ändert das denn?« schrie Puth. »Sie war ein Mensch, egal, was sie getan hat. Niemand gibt uns das Recht, zu entscheiden . . . «

Eine Schiffssirene übertönte den Rest des Satzes. Weiter draußen im Hafenbecken waren sich zwei Kohlenfrachter ins Gehege kommen. Saale hätte sie auf der Stelle versenken können.

Als er wieder hinabschaute, kaute Roggenkemper an einem Weidenzweig und sah Puth böse und hinterhältig an. Die Geschichte, die der andere erzählte, schien ihm nicht zu gefallen. Aber das Heulen der Sirene war verhallt, und die nächsten Worte waren wieder deutlich zu hören.

»Und wer hat am nächsten Tag die Bücher auf der Schreibstube gefälscht? Passierschein für Hanna So-und-so? Wer hat das Gerücht in Umlauf gesetzt, sie hätte nach Zwolle zurückgewollt? Ich war's. Vierzig Jahre lang habe ich geschwiegen, habe das mit mir herumgeschleppt. Und du setzt mir Spitzel auf den Leib. Hau ab, Roggenkemper, du hast bei mir verschissen . . . «

»Jetzt will ich dir mal was sagen«, fuhr ihm der andere in die Parade.

»Du hast das alles eingebrockt. Wenn du deinen Mund gehalten hättest, brauchtest du jetzt nicht zu jammern. Das war ganz allein deine Entscheidung, deine Sekretärin zur Beichtmutter zu machen und ihr diese alten Stories aufzutischen. Kein Wunder, daß sie schnurstracks . . . «

Wie aus dem Nichts tauchte die Silhouette eines *Tornado* über dem Hafen auf. Die Triebwerke brüllten Saale die Ohren voll. Genau über den grünen Stahlgerüsten der Ostschleuse zog der Pilot den Todesvogel in die Kurve — weiter durfte er nicht, der Himmel über dem Ruhrgebiet war tabu.

»Seit zweiundvierzig Jahren schleppe ich das mit mir herum. Es gab Nächte, in denen ich keine Stunde Schlaf bekam. Und an jenem Montag war ich nah daran zu krepieren. Du weißt ja nicht, wie das ist, so ein Herzinfarkt. Das sind Schmerzen, viel schlimmer als alles, was du kennst. Wenn du darüber hinweg bist, dann fallen dir alle Sünden wieder ein. Dann weißt du, das nächste Mal überlebst du's nicht. Und dann will man alles loswerden . . . «

Er schwieg einen Moment und schüttelte stumm den Kopf. Seine Schultern hingen so tief herunter wie an jenem Tag, als Saale ihn zum erstenmal gesehen hatte, vierzehn Tage nach dem

Herzinfarkt, als Gellermann die Bankiers durch die Hallen schleifte.

»Ich hatte zum Glück die Schmerztabletten im Büro. Als sie endlich wirkten und ich mit Ruth auf den Krankenwagen wartete, da war ich restlos kaputt. Ich hatte Angst, sie kriegten mich im Krankenhaus nicht wieder hin. Ich dachte, das ist vielleicht die letzte Gelegenheit, alles zu erzählen . . . «

In diesem Augenblick machte es im Recorder *Klack.* Die Stimmen und alle Nebengeräusche im Kopfhörer verschwanden, das Band stand. Saale hätte sich am liebsten in den Hintern gebissen.

Roggenkemper lachte schrill.

»Und deswegen hast du gesungen? Ich sage dir was, Gustav: Du bist alt und schlapp und wehleidig geworden. Deine Selbstbeherrschung ist hin, du hast keinen Biß mehr. Und wer muß das ausbaden? Ich. Wen hat sie denn von Vlieland aus angerufen? Mich! *Hallo, Bürgermeister! Rate, wo ich bin? Kennst du noch das Hotel Dijkstra? Wie schön! Und jetzt hör gut zu: Ich habe den Beweis, daß du auf Vlieland warst. Du mußt das Schwein sein, von dem mir Puth erzählt hat. Vor dem er solch eine Angst hat, daß er selbst nach einem Herzinfarkt nicht mit dem Namen herausrückt. Und ich werde die Holländer dazu kriegen, daß sie hinter dem Rathaus buddeln. Da war doch euer Wehrmachtsheim, wo ihr gesoffen und 'rumgehurt habt. Und da liegt doch die Leiche, die auf dein Konto geht. Stimmt's? Also, genieße dein letztes freies Wochenende.* Das hat sie gesagt — und aufgelegt.«

Er verstummte und rang nach Atem. Dann änderte er Tonfall und Taktik: »Denk doch nach! Mir blieb keine andere Wahl — sie mußte weg. Aber sollte ich selber hinfahren und sie zum Schweigen bringen? Diese Lösung ist die beste — und Gellermanns Geständnis gibt uns die Chance, auch noch unsere letzten Jährchen zu überstehen. — Mensch, Gustav, uns kann doch keiner.«

Die PEGASUS-Männer starrten sich an. Die Lippen des Dikken formten lautlos zwei Silben: Wahn-sinn. Noch immer hatte er die nutzlos gewordene Kamera auf der Schulter, während Saale den Recorder längst auf der Fahrbahn abgestellt hatte.

Der Blickwechsel mit Mager löste Saale aus der Erstarrung. Daß die beiden da unten sie noch nicht entdeckt hatten, war fast ein Wunder. Vielleicht lag es daran, daß sie am Ende der Rampe kauerten, hoch über ihren Köpfen . . .

»Wir müssen hier weg«, hauchte Saale schließlich. Mager

schüttelte heftig den Kopf und zeigte ihm einen Vogel: Von der Generalbeichte da unten wollte er sich keine Silbe entgehen lassen. Das Flehen in Saales Augen konnte ihn nicht rühren.

Doch dann wurde die Situation auf ganz andere Weise geklärt.

»Das Fernsehen ist ja auch schon da!« bellte eine laute, gereizte Stimme hinter ihnen.

Saale zuckte zusammen: Lohkamp! Er wollte noch den Zeigefinger vor den Mund legen, aber es war zu spät, wie ein Blick über die Schulter bestätigte: Puth schaute herauf, und er hatte sie entdeckt. Mager mit der Kamera, Saale mit warnend erhobener Hand, Lohkamp mit Brennecke — alle in voller Größe, ungeschützt zwischen den Baumstämmen statt hinter ihnen.

Was sich von diesem Bild wirklich noch in seine Netzhaut einbrannte, konnte niemand mehr in Erfahrung bringen. Puths Gesicht verzerrte sich plötzlich in einem ungeheuren Schmerz, seine linke Hand fuhr an die Brust, er taumelte und schlug hin. Der schwere, eigensinnige Schädel schlug dumpf auf der Betonkante des Kanalbeckens auf.

»Gustav!« schrie Roggenkemper und beugte sich über den Gestürzten.

Halb rutschend, halb springend flog Lohkamp die Böschung hinunter. Er kniete neben Puth nieder und preßte ihm das Ohr auf die Brust, hob den Kopf und suchte die Halsschlagader.

»Einen Krankenwagen!« schrie er. »Mach schnell, Brennecke!«

Der Kriminalmeister machte auf dem Absatz kehrt und spurtete die Rampe hinunter.

Nun gerieten auch die PEGASUS-Leute in Bewegung. Mager legte endlich die Kamera ab und stolperte hinter Saale zum Ufer hinunter, wo Roggenkemper versuchte, sich zwischen Puth und den Polizisten zu schieben: »Gustav! Gustav!«

Ein Schweißfilm überzog seine Stirn, und in dem sonst so beherrschten Gesicht spiegelten sich Furcht und Entsetzen. Noch immer hielt er die Hand des Kranken, der mit ihm mehr als ein halbes Jahrhundert auf Gedeih und Verderb verbunden war.

Puth hatte die Lider zusammengepreßt, sein Gesicht war verzerrt. Der schwere Körper bebte wie in einem Krampf, der Mund zuckte, ein Seufzer kam über die zerbissenen Lippen.

»Gustav, komm zu dir, sprich doch!«

Doch Puth konnte nichts mehr sagen. Seine Augen hatten sich geöffnet und starrten in den graublauen Himmel über dem Kanal.

Es dauerte etliche Sekunden, bis die Umstehenden begriffen,

was geschehen war. Betreten standen sie da und wußten nicht, was sie tun sollten.

Roggenkemper erwachte aus seiner Benommenheit.

»Wie konnten Sie uns nur so erschrecken«, giftete er die drei an. »Sie wußten doch, daß der Mann krank ist. Sie haben ihn auf dem Gewissen. Sie alle.«

Sie standen wie vom Donner geschüttelt.

»Hören Sie«, sagte Saale. »Wer Puth in den Tod getrieben hat, ist doch wohl klar. Sie . . .«

»Was machen Sie hier eigentlich? Haben Sie mich belauscht? Ich habe mit einem alten Freund ein Privatgespräch geführt. Er hat mir ein paar entsetzliche Dinge gebeichtet, von denen ich bis heute keine Ahnung hatte . . .«

»Wie bitte?« fragte Mager.

»Herr Lohkamp«, sagte Roggenkemper feierlich. Er richtete sich auf, steckte den Zipfel seiner Krawatte in den Hosenbund und richtete seine graue Jacke. Seine grünen Augen starrten auf die Nasenwurzel des Polizisten.

»Herr Puth hat mir einen Mord gestanden . . .«

Saale stockte der Atem. Als er endlich wieder seine Lippen bewegen konnte, wurden seine Worte von einem Signalhorn übertönt. Auf der anderen Seite der Schleusen tauchte ein Rettungswagen auf, jaulte die Galerie vor den Wasserbecken entlang und hielt mit schleifenden Reifen über ihren Köpfen auf der Rampe.

Als Mager sich noch einmal zu Puth umsah, blieb ihm fast das Herz stehen: Roggenkemper kniete neben dem Toten, den Kopf gesenkt und die Hände gefaltet, und sprach ein stummes Gebet.

47

Die Farben auf dem Monitor verblaßten, Puths Stimme setzte aus, dann blieb das Bild schwarz.

»Wenig, bitter wenig, meine Herren«, sagte Lohkamp und schüttelte seine Locken. Brennecke zog die Nase hoch, und auch auf den Gesichtern der drei anderen Kriminalbeamten spiegelte sich nackte Enttäuschung.

»Und auf der Grundlage soll ich einen Mann wie Roggenkemper festnehmen? Was meinen Sie, was seine Anwälte mit mir machen?«

»Roggenkemper ist ein Mörder. Das hat Puth klipp und klar gesagt. Das können wir beeiden.«

»Herr Mager«, antwortete Lohkamp. »Erstens. Zur Sprachregelung. Ein Mörder ist einer erst dann, wenn er von einem ordentlichen Gericht rechtskräftig wegen dieses Delikts verurteilt worden ist . . . «

Er sah, daß Mager tief Luft holte, ließ ihn aber gar nicht erst zu Wort kommen.

»Was immer Sie sagen wollen: In meinem Büro ist das so. Und wenn ich Ihnen einen guten Rat geben darf: Halten auch Sie es so bei Ihrer Arbeit. Das erspart Ihnen jede Menge Ärger.«

Der PEGASUS-Vize verdrehte die Augen und starrte zur Zimmerdecke hoch. Belehrungen konnte er noch nie vertragen, und von Bullen erst recht nicht.

»Zweitens«, fuhr Lohkamp unerbittlich fort und zielte mit seinem Kugelschreiber auf den Kontrollmonitor. »Zur Sachlage: Fahren Sie doch noch einmal die letzte Passage ab, die Sie auf dem Band haben. Achten Sie auf den Text, nicht auf das Bild . . . «

Mager spulte das Band ein Stück zurück. Nach zwei Versuchen hatte er die richtige Stelle gefunden.

Seit zweiundvierzig Jahren schleppe ich das mit mir herum. Es gibt noch immer Nächte, in denen mich die Erinnerung an diesen Mord nicht schlafen läßt. Und dann kam dieser Montag, an dem ich nahe dran war zu krepieren . . .

Mager und Saale blickten sich an. Langsam dämmerte ihnen, was Lohkamp demonstrieren wollte.

Ich hatte Angst, sie kriegten mich im Krankenhaus nicht wieder auf die Beine. Ich dachte, das ist vielleicht die letzte Gelegenheit, alles zu erzählen . . .

Seufzend lehnte sich Lohkamp zurück und griff nach Zigarette und Feuerzeug.

»Haben Sie's gemerkt? Wenn es in dieser Sache jemals zu einem Prozeß kommen sollte — bieten Sie die Cassette Roggenkempers Anwalt an. Dafür rückt der ein Honorar heraus, wie es Ihre Firma noch nicht gesehen hat.«

Betretenes Schweigen lastete auf der Versammlung. Es war heiß und stickig geworden. Lohkamp stand auf und öffnete das Fenster. Die Blätter des wilden Weins, der an den Außenwänden des Präsidiums hochkroch, färbten sich bereits rot. Der erste Herbststurm würde sie mit sich nehmen.

»Trotzdem müssen wir das Band behalten«, meinte er, als er sich wieder umdrehte. »Die Ermittlungen sind noch nicht abgeschlossen. Und vielleicht filtern unsere Techniker an den verdorbenen Stellen etwas mehr heraus, als wir hier mit diesen Geräten hören können.«

Saale und Mager rührten sich nicht.

»Vielen Dank, meine Herren«, sagte Lohkamp. »Sie haben eine Menge für uns getan. Vielleicht kann ich mich mal revanchieren . . . «

Sie packten ihre Ausrüstung zusammen und schleppten sie hinaus. Der lange Brennecke stiefelte hinter ihnen her: »Warten Sie! Mit mir kommen sie leichter durch die Kontrolle am Ausgang . . . «

»Dieser Scheiß-Bulle!« fluchte Mager, kaum daß sich die Tür hinter ihnen geschlossen hatte. »Wenn daraus wirklich noch 'mal ein Prozeß wird, dann könnten wir die Aufnahme gut gebrauchen. Puths letzte Worte im Fernsehen — das wäre ein Knüller.«

»Wenn, wirklich, wäre«, äffte ihn Saale nach. »Vergiß es!«

Sie zogen über den leeren Vorplatz des Präsidiums und strebten auf die Steintreppe zu, die zur Straße hinunterführte.

»Jetzt weiß ich, was ich gegen Recklinghausen habe«, meinte Mager. »Guck dir das mal an: Hinter uns die Bullen, vor uns das Finanzamt. Eine Firma wie unsere würde dazwischen glatt zerrieben . . . «

Als sie die Treppe betraten, kam ihnen von unten Roggenkemper entgegen. An seiner Seite befand sich ein kaum größerer, aber untersetzter Mann mit pechschwarzem Knebelbart und tonsurähnlicher Glatze auf dem Hinterkopf. Seine schwarze Ledertasche roch verdächtig nach Anwalt.

Mager wollte sich grußlos an dem Bürgermeister vorbeischlängeln, aber Roggenkemper hielt ihn fest: »Nicht so eilig, junger Mann!«

Dann blickte er den Mönchskopf an: »Wenn Sie uns einen kleinen Augenblick entschuldigen würden?«

Voller Verständnis eilte der Untersetzte die Stufen der Treppe hinauf und blieb erst stehen, als er deutlich außer Hörweite war. Mitten auf dem Pflaster setzte er die Tasche ab, entzündete eine Zigarre und studierte die gemeißelte Inschrift über dem Portal, als sähe er sie heute zum erstenmal.

»Was ich Sie fragen wollte«, begann der Bürgermeister und

blitzte die PEGASUS-Leute mit den Brillengläsern an. »Sie waren vorhin nicht die ganze Zeit dabei?«

Mager warf einen hilflosen Blick auf Saale, aber der konnte ihm auch nicht helfen.

»Nein«, sagte Mager schließlich. Wenn er es nicht selbst zugab, würde Roggenkemper es von Lohkamp erfahren.

»Dachte ich mir. Dann können Sie auch nicht verstehen, warum Herr Puth zum Schluß so die Kontrolle über sich verloren hat.«

»Was meinen Sie damit?« fragte Saale überrascht.

»Nun, diese Phantasievorstellungen, in die er sich hineingesteigert hat. Ich will Ihnen etwas verraten: Gustav Puth war nicht nur körperlich am Ende. Die Ereignisse der letzten Wochen haben ihn psychisch ruiniert: Der Kampf um den Erhalt der Firma, Frau Michalskis schrecklicher Tod, die Entdeckung, daß Herr Gellermann es gewesen ist, die Feststellung, daß ausgerechnet dieser Mann seine Firma um Hunderttausende betrogen und sie damit noch näher an den Abgrund gestoßen hat — muß ich noch mehr aufzählen? Das alles reicht schon, um einen angeschlagenen Mann in den Wahnsinn zu treiben.«

»Ich glaube Ihnen kein einziges Wort!« entfuhr es Mager.

»Niemand verlangt das, meine Herren. Sie müssen das alles sicher auch noch einmal in Ruhe überdenken. Ich wollte Sie nur über einige Hintergründe aufklären, damit Sie nicht vorschnell falsche Schlüsse aus dem ziehen, was Sie an der Schleuse gehört haben. Ihnen fehlt einfach der Kontext, um diese Tragödie richtig zu verstehen.«

Verblüfft starrte Mager den kleinen Mann an. Wie konnte der zwei Stunden nach der Szene am Kanal so freundlich und gelassen sein?

»Und dann wollte ich mich noch bei Ihnen entschuldigen«, fuhr Roggenkemper fast ohne Unterbrechung fort. »Mein Vorwurf, Sie hätten Gustav Puth in den Tod getrieben. Das war einfach ungezogen . . . «

Er schaute wie zerknirscht zu Boden und schüttelte das Haupt, als könne er sich selbst nicht begreifen.

»Halten Sie mir zugute, daß ich zutiefst erschüttert war und bin. Puth war trotz allem ein aufrichtiger und warmherziger Freund — Sie selbst könnten sich keinen besseren wünschen. Diese letzte halbe Stunde werde ich einfach aus meinem Gedächtnis streichen . . . «

Ein Streifenwagen rollte auf den reservierten Parkstreifen vor dem Präsidium. Die Polizisten stiegen aus, lachend, schlossen ihren Wagen ab und liefen, noch immer feixend, an ihnen vorbei.

»Im übrigen: Unsere Zusammenarbeit sollte von diesen traurigen Vorfällen unberührt bleiben«, sagte Roggenkemper beinahe herzlich und strich sich mit der rechten Hand vorsichtig über seine Haarbürste — als wären die Stoppeln angespitzt und vergiftet.

»Ich bin mit Ihrer Arbeit sehr zufrieden. Ich habe neulich im Unterbezirk davon erzählt, und mehrere meiner Parteifreunde waren sehr interessiert. Sie würden gern ähnliche Filme über ihre Städte produzieren lassen. Ich glaube, hier sitzt noch mancher Anschlußauftrag für Sie drin. Und ich bin gerne bereit, mein bescheidenes Gewicht für Sie in die Waagschale zu werfen . . . «

Er hob den Arm, blickte auf die Uhr und streckte Mager die Hand entgegen.

»Wie Sie sehen: Ich bin nicht nachtragend. Den kleinen Seitensprung mit dem Film von den Randalierern habe ich schon vergessen. Ich verstehe Sie ja: Eine alte Frau muß viel stricken, damit sie über den Winter kommt. Aber das haben Sie in Zukunft nicht mehr nötig.«

Er zog die unbenutzte Hand wieder ein, sparte sich eine zweite Niederlage bei Saale, nickte aber beiden noch einmal freundlich zu, bevor er zu seiner nächsten Vorführung enteilte: Lohkamp würde noch seinen Spaß an ihm haben.

Schweigend trugen sie ihre Ausrüstung zum Wagen.

»So ein Schwein«, sagte Mager. »Der preßt die Leute aus wie Zitronen.«

»Jetzt weißt du, warum die Michalski den Roggenkemper so gehaßt hat!« nickte Saale. »Mit der Vlieland-Geschichte hätte sie es ihm heimzahlen können.«

»Ich kapier nur eins nicht«, meinte Mager, während er den Wagen startete. »Bei Gellermann hat sie abkassiert, weil er sie abgeschossen hat. Warum hat sie nicht auch den Puth angezapft?«

»Keine Ahnung. Vielleicht, weil er noch der menschlichste von diesen Gangstern war.«

48

Seit Tagen wehte ein unangenehmer Sprühregen über die Insel. Alles troff, und in den Pflastermulden auf der Dorpsstraat bildeten sich riesige Pfützen, deren Wasser nicht mehr abfloß. Der Sturm rüttelte an Dachziegeln und Fensterläden und riß die Blätter von den Bäumen. Im Watt drückten, sobald die Flut stieg, die grauen Wogen so hoch gegen den Deich, als wollten sie nun auch Oost-Vlieland von der Landkarte tilgen.

Herbstwetter, Nachsaison: Die Touristenzahl war auf unter vierhundert geschrumpft. Trotzdem mußten jetzt noch viele Menschen morgens zur Arbeit: Der Fährbetrieb zum Festland ging weiter, Post, Banken und die meisten Läden und Hotels blieben geöffnet, der Kindergarten und die Schule hatten die nächsten Ferien noch weit vor sich, und auch die drei Männer der *Rijkspolitie* taten ihren Dienst. Ungewöhnlich war lediglich das Treiben im Rathausgarten.

Oberwachtmeister Hoekstra stand seit zwei Tagen im Regenumhang zwischen Deich und Rathaus und sah zu, wie sechs Mitarbeiter der *Taktischen Recherche* aus Leeuwarden Stück für Stück den Rasen abhoben und metertiefe Löcher in den Sand schaufelten. Mehr als einmal geschah es, daß sie bis zu den Knöcheln im Wasser standen, und nicht immer war klar, ob es noch der Regen oder schon das Grundwasser war.

Neben einer Unzahl von Muscheln, Krebspanzern und Fischskeletten förderten sie einige Gegenstände zu Tage, von denen keiner zu sagen wußte, wie sie in den sandigen Boden geraten sein mochten: ein verrosteter Hammer ohne Stiel, ein paar Münzen aus dem letzten Jahrhundert, eine Ölsardinenbüchse aus den Dreißigern und ein verrotteter Turnschuh aus den Sechzigern.

Zum Schluß sah der Garten aus wie eine Baugrube, aber von der menschlichen Leiche, die es hier geben sollte, fand sich keine Spur.

Vor Nässe triefend, trafen sich die Polizisten im Rathaus, schlürften heißen Tee und kalten *Genever*, berieten. Die einzige Konsequenz, die sich aus ihren bisherigen Mißerfolgen ergab, würde dem Bürgermeister der Insel nicht gefallen.

»Ihr seid ja verrückt!« brauste van der Meer erwartungsgemäß auf, als sie ihm ihren Vorschlag unterbreiteten. »Außerdem gibt es hier keine Leiche, auf der Insel wurde niemals jemand vermißt . . . «

»Wir müssen es genau wissen, Fokke. Und anders geht es nicht ...«

Nachdenken, Schweigen, Kopfschütteln. Hoekstra gab von seinem Vorrat Zigarillos ab, den er ständig bei sich trug und täglich erneuern mußte. Das gemeinsame Rauchopfer half dem Bürgermeister, in allen Ehren zu kapitulieren.

»Also gut ...«

Mißmutig sah er zu, wie die Polizisten den braunen Holzbungalow in Angriff nahmen, der zur Erweiterung der Büroflächen im Garten aufgestellt war. Sie benötigten einen ganzen Tag, bis sie sämtliche Akten und Möbel herausgeschleppt hatten. Tische, Stühle und Aktenschränke versperrten alle Gänge und Ablageflächen im Hauptgebäude und machten jede geregelte Weiterarbeit unmöglich. Der Gartensand knirschte in allen Gängen.

Dann begannen die Polizisten, die Fußböden aus dem Bungalow herauszumontieren und die Einzelteile unter Plastikplanen zu stapeln. Was man wiederverwenden konnte, brauchte nicht bezahlt zu werden.Mit Spitzhacken wurde die dünne Betonschicht unter dem Fußbodenholz durchstoßen und quadratmeterweise zerhackt. Die Männer husteten nun noch heftiger als vorher: Zu den Erkältungen, die sie sich schon im Freien eingefangen hatten, kam jetzt noch der Staub. Graue Wolken wirbelten auf und setzten sich an den Wänden, in der Kleidung und in den Haaren fest. Eimerweise wurden die Betonbrocken vor die Tür getragen und zu einem riesigen Haufen aufgeschüttet.

Dann kam der Sand an die Reihe. Schaufelweise. Die Polizisten arbeiteten mit der Umsicht von Archäologen, die ein Römerlager freilegten und auf Gegenstände aus Glas und Keramik stoßen konnten, von denen sie nicht eine Scherbe zerbrechen wollten. Und je näher sie sich an die Barackenwände herangruben, desto behutsamer gingen sie zu Werke. Aber immer wieder rutschte nasser Sand aus dem Garten nach.

Der Pulk von Journalisten, die sich auf der Insel versammelt hatten, hatte es schon längst aufgegeben, den Grabenden stundenlang auf die Finger zu schauen. Einmal täglich machten sie aus dem Nachbargarten heraus eine fotografische Bestandsaufnahme der Verwüstungen hinter dem Rathaus und setzten sich dann in die nächste Kneipe, um ihre Kleidung zu trocken und die Kehlen zu befeuchten. Sie hatten Hoekstras Wort, sofort gerufen zu werden, sobald die Grabenden fündig wurden — falls sie überhaupt etwas fanden.

Am vierten Tag, gegen halb elf, war's soweit. Einer der Männer stieß mit seinem Handspaten gegen etwas Hartes, Morsches. Mit einem dichten Malerpinsel kratzte er den Sand weg, der den grauen Gegenstand im Boden umgab. Zentimeterweise legte er ein größeres, leicht gewölbtes Knochenstück frei. Den Schädel eines Menschen.

49

Der Bericht aus Leeuwarden kam diesmal schnell und unbürokratisch: Major de Jong hatte den Befund der Leiche und der Begräbnisstätte einfach einmal mehr kopiert und die Blätter unter Umgehung aller Dienstwege direkt nach Recklinghausen geschickt.

Während sich Oberkommissar Hänsel mit den vier eng beschrifteten Seiten zu seinen Wörterbüchern ins Nebenzimmer begab, gluckste Steigerwald plötzlich los. Alle starrten ihn an, aber er grinste ungerührt weiter und tippte mit dem Mundstück seiner Pfeife auf das Wappen, das den beige-braunen Briefumschlag zierte: Mitten in einem achtzackigen Polizeistern prangte eine jener handlichen runden Wurfbomben, mit denen die Terroristen des neunzehnten Jahrhunderts so manchen Despoten auf seine letzte Reise geschickt hatten. Der unbekannte Zeichner hatte offensichtlich Sinn für dramatische Momente besessen: Aus einer Öffnung im Oberteil der Kugel loderten neun flackernde Flammen in den Himmel — das letzte Tausendstel vor der Sekunde der Explosion.

»Stellen Sie sich vor«, feixte Steigerwald, »dieser Brief landete in Bonn auf dem Schreibtisch des Innenministers . . .«

Lohkamp sah ihn ausdruckslos an. Er kannte den Herrn, von dem Steigerwald sprach, von Angesicht zu Angesicht. Aber seit der Dortmunder Affaire hatte er aufgehört, Witze über ihn zu reißen.

Schließlich zuckte er mit den Achseln: »Hoffen wir, daß der Inhalt genauso brisant ist . . .«

Als Hänsel um kurz vor zwölf mit den Texten zurückkam, hatte er einen Joghurtflecken auf seiner weinroten Krawatte und zog ein enttäuschtes Gesicht: »Hören Sie zu . . .«

Das Skelett im Rathausgarten stammte von einer zwanzig- bis dreißigjährigen Frau und hatte vierzig bis fünfundvierzig Jahre im

Boden gelegen. Die sterblichen Überreste gaben keinen Aufschluß über die Art ihres Todes.

Was die von Puth erwähnte junge Frau anging, so erinnerten sich zwei alte Inselbewohner an ein Mädchen namens Hanna Kienstra aus Zwolle. Sie hatte einem — Ende 1944 verstorbenen — pensionierten Kapitän den Haushalt geführt. Nach seinem Tode beauftragten dessen in Rotterdam lebende Verwandte sie damit, das winklige Haus am Ende der Dorpstraat bis zum Kriegsende in Schuß zu halten — es war nicht die Zeit, um Erbschaften anzutreten. Als Hanna K. Ende Januar / Anfang Februar 1945 verschwand, machte sich niemand über sie Gedanken — es hieß, sie sei aufs Festland zurückgekehrt. In Zwolle aber sei sie nach dem bisherigen Stand der Ermittlungen nie mehr aufgetaucht.

»Kann ja immer noch sein«, wandte die Langer ein, »daß sie tatsächlich abgereist ist und daß das Schiff einen Volltreffer . . . «

Steigerwald schüttelte den Kopf: »Die Holländer hatten während der Besatzung ihre Nationalflagge aufs Dach gemalt. Die Alliierten haben sie aus Prinzip nicht angegriffen. Und Görings Luftwaffe nicht, weil deutsche Soldaten auf den Booten sein konnten . . . «

Lohkamp blieb die Spucke weg: »Woher . . . «

»Mein Alter war Flieger. Und hat mich jahrelang mit seinen Memoiren beglückt . . . «

Hänsel musterte ihn irritiert, fuhr aber dann mit seinem Bericht fort. Ob Hanna K. mit der Toten im Rathausgarten identisch sei, könne zur Zeit nicht festgestellt werden. Gegenwärtig werde versucht, medizinische Unterlagen über Hanna K. aufzutreiben, aber selbst ein Gebißvergleich sei fast aussichtslos: Die Tote habe nahezu makellose Zähne gehabt.

»Aber was ist mit dem Grab?« fragte Brennecke. »Da muß es doch irgendwelche Spuren geben . . . «

»Nichts«, sagte Hänsel. »Genauer gesagt: Sie haben einen Knopf von einer Wehrmachtsjacke gefunden. Mehr nicht . . . «

»Der perfekte Mord«, sagte Steigerwald und griff zu Pfeife und Tabaksbeutel. Hänsel rieb mit Spucke an dem Joghurtfleck herum, Brennecke trommelte mit den Fingernägeln ein langsames, trostloses Solo auf ein Regalbrett, und die Langer starrte die Buntnessel an, die auf der Fensterbank wucherte.

Lohkamp schlug seufzend die Akten mit dem vorformulierten Abschlußbericht auf. Der bisher letzte Satz lautete: . . . *ist die*

Täterschaft des Uwe Gellermann im Falle Michalski unseres Erachtens schlüssig nachgewiesen. Was seinen eigenen Tod vom 28. September d.J. angeht, so haben sich trotz der Hinweise der Zeugen Mager und Saale keine Beweise für die These finden lassen, daß er anders als durch Suizid ums Leben gekommen ist.

Er schüttelte noch einmal den Kopf und klappte den Ordner geräuschvoll zu: »Herr Hänsel?«

»Ja?« Die Finger des Oberkommissars fielen jäh von der Krawatte herab.

»Seien Sie so nett: Tippen Sie noch eine Bemerkung darunter, daß die letzten Ermitlungen von Rijkspolitie an der Sachlage nichts geändert haben. Heften Sie Ihre Übersetzung dazu und legen Sie mir das Zeug morgen früh zur Unterschrift vor.«

Er stand auf, reckte sich und griff zur Jacke: »Brennecke, du kommst mit!«

»Wohin?«

»Krebsvorsorgeuntersuchung . . .«

»Aber da war ich . . .«

Brennecke begriff und stand auf. Ehe er den Raum verließ, warf er Steigerwald seinen Wagenschlüssel zu: »Schließ den besser bei dir ein. Und ruf' meine Mutter an: Es wird spät . . .«

50

Rund achtzehn Kilometer Luftlinie von Lohkamps Büro entfernt saßen Susanne Ledig und Karin Jacobsmayer mit geröteten Augen vor den Monitoren im PEGASUS-Studio. Seit dreimal sechs Stunden bemühten sie sich, das Datteln-Video fertigzuschneiden. Sie fühlten sich wie gerädert und hätten am liebsten aufgehört. Susannes Bett war nur knappe zwei Meter entfernt und auf dem kurzen Umweg über das Treppenhaus erreichbar. Aber sie dachte nicht daran, einfach aufzugeben und die Decke über den Kopf zu ziehen.

Während Karin vor allem wegen der in Aussicht gestellten Erfolgsprämie von fünf Blauen durchhielt, gab es für Susannes Hartnäckigkeit mindestens zwei Gründe: Der erste war die Sorge um die Bezahlung des lukrativen Auftrags — am selben Tag lief die letzte Abgabefrist ab, und neben dem Honorar standen fünf weitere Tausender von Firmen in Aussicht, deren Leuchtreklamen und Lieferwagen im Bild auftauchten.

Der zweite Grund hing, mit Filzstift auf ein Stück Papier geschmiert, noch immer an der Studiotür. Es war eine kurze Mitteilung, die Saale und Mager hinterlassen hatten, ehe sie am Abend zuvor verschwunden waren: »Hier wird gestreikt.«

In der Bochumer Prinz-Regent-Straße, gegenüber der alten Zeche gleichen Namens, parkte seit rund achtzehn Stunden ein roter Lada-Kombi. Die beiden Insassen des Fahrzeugs waren aber längst weitergezogen. Als die Zeche dichtgemacht hatte, waren sie mit dem Taxi in die Innenstadt gefahren, nach zwei, drei Zwischenstationen früh morgens in die Kantine des Großmarkts vorgedrungen und von dort in die Bahnhofskneipe übergewechselt. Als die Nacht endgültig vorüber war, hatten sie sich für längere Zeit in einem etwas feudaleren Café am Dr. Ruer-Platz breitgemacht und standen nun, nach einem kleinen, aber erfrischenden Spaziergang, vor Bochums berühmtester Würstchenbude, wo sie ihr Mittagsmahl einnahmen — leicht schwankend, aber im Prinzip aufrecht.

Sehr viele Kilometer weiter saß, ebenfalls um diese Mittagsstunde, ein nicht sehr großer, aber kräftig gebauter Mann Ende der vierzig an seinem Schreibcomputer und bereitete einen Artikel für die nächste Ausgabe des *Vlieland Magazine* vor. Neben der Tastatur lag eine ältere Ausgabe derselben Zeitschrift. Unter der Schlagzeile »Der letzte Mord auf Vlieland« war da die Geschichte des Eynte Harmens aufgezeichnet, der im Jahre 1807 die Witwe Jannetje Prangers beraubt und erschlagen hatte.

Der Mann zögerte einen Augenblick — die ersten Sätze sind immer die schwersten. Womit anfangen? Daß man noch immer nicht wußte, wer die Tote war? Daß die *Recherche* tagelang in den Büros über ihrem Grab getagt und ermittelt hatte?

Schließlich setzten sich seine Finger in Bewegung, und auf dem Bildschirm erschien der Satz: »Es ist leider an der Zeit, die Chronik unserer schönen Insel um ein sehr häßliches Kapitel zu ergänzen . . .«

Zum selben Zeitpunkt wurde Puth wurde unter großer Anteilnahme der Bevölkerung zu Grabe getragen. Fast jeder in Datteln hatte schon einmal mit ihm zu tun gehabt: Als Erbauer eines Eigenheims mit seinen Baggern und seinem Beton, als Mieter bei der kommunalen Wohnungsgesellschaft mit den Bauten, die

Puths Maurerkolonnen hochgezogen hatten, als Bergmann mit seinen Kohlehobeln und Transportbändern.

Es war ein kalter, trüber Tag, und besser noch als das Ritual des Pfarrers wärmten die Worte des Mannes, der am offenen Grab den letzten Gruß der Stadt sprach: »In dieser kühlen, vom nackten Materialismus und Egoismus geprägten Zeit steht dieser teure Tote als Zeugnis dafür, daß es auch heute noch Tugenden, ja Schätze gibt wie Liebe, Treue und Freundschaft, die alles im Leben und den Tod selbst überdauern . . . «

Auch Schatulla, dieser Hauklotz von einem Landrat, war von diesen Worten sonderbar angerührt. Mit feuchtem Schimmer in den Augen wandte er sich an den Vorsitzenden seines Ortsvereins, der sich still die Nase schneuzte: »Ährlich, du: Diese ganzen Heinis, die im Fernsehen das Wort zum Sonntag labern - die kannze alle vergessen. Sowatt kann keiner besser wie unser Bürgermeister.«

Werner Schmitz

Dienst nach Vorschuss

Kriminalroman

grafit

Der Autor

Werner Schmitz, Jahrgang 1948, lebt in seiner Heimatstadt Bochum. Nach der Schulausbildung arbeitete er fünfzehn Jahre als Kommunalbeamter. Ende der Siebzigerjahre verließ Schmitz das Rathaus und begann mit dem Schreiben von Kurzgeschichten. Es folgten journalistische Lehrjahre bei einer Stadtillustrierten im Ruhrgebiet und dem WDR-Lokalradio Dortmund.

In den Achtzigerjahren veröffentlichte Schmitz drei Kriminalromane: *Nahtlos braun, Dienst nach Vorschuss* und *Auf Teufel komm raus,* »einen der besten Krimis, die in den letzten Jahren in deutscher Sprache geschrieben wurden« (FAZ-Magazin).

Von 1989 bis 2006 arbeitete Werner Schmitz als Reporter im Inlandsressort des *Stern.* Sein Themenschwerpunkt: Verbrechen. 1994 wurde Schmitz' Bericht über den gewaltsamen Tod eines deutschen Juden für den Egon-Erwin-Kisch-Preis nominiert. Zehn Jahre später folgte mit *Schreiber und der Wolf* der vierte Kriminalroman des Autors.

Zeitgleich mit diesem Buch erscheinen im Landwirtschaftsverlag Münster die von Werner Schmitz aufgezeichneten Lebenserinnerungen *Mit der Sonne steh ich auf* einer Siebenbürger Sächsin.

Mehr Infos unter www.tz-werner.de

Die Personen

Altenscheidt (Bauarbeiter) ist die Bestie von Bochum.

Wegener (Oberkommissar) jagt dieselbe.

Bäcker (Stadtamtmann) ist nicht der mausgraue Beamte, für den man ihn hält.

Fuchs (Stadtoberinspektor) wird erst fündig und dann strafversetzt.

Gries (Baudirektor) bekommt ein Grundstück.

Köhler (Subunternehmer) bekommt einen Auftrag.

Wiegand (Bauunternehmer) bekommt jeden Auftrag.

Natürlich sind Namen und Handlung in diesem Kriminalroman frei erfunden.
Übereinstimmungen mit der Wirklichkeit sind nicht beabsichtigt, aber unvermeidbar.

Zu schreiben erster Grund war mir die Erkenntnis, wie ergötzlich es für die Menschen ganz allgemein ist, etwas Neues zu erfahren.
Zum Zweiten – und das fällt schwerer ins Gewicht – beunruhigten mich all die unangenehmen Dinge, die mir im Laufe meines Lebens begegneten und meinen Geist beschwerten.
Von solchen Begebenheiten werde ich in der folgenden Abhandlung in gebührender Bescheidenheit berichten, aus der Überzeugung, daß diese die Leser zu großem Mitleid und nicht geringem Verdruß bewegen wird.

Benvenuto Cellini (1500–1571)

1

Draußen schlug die Uhr dreimal.

Er blickte von der Akte auf.

Der Innenhof des Rathauses lag im Dunkel. Die Lampen an den Wänden kämpften vergeblich dagegen an. Drei oder vier Zimmer im gegenüberliegenden Flügel waren noch beleuchtet.

Viertel vor fünf.

Er riß den 14. Januar vom Umlegekalender auf seinem Schreibtisch, legte das Blatt zwischen die endlosen Zahlenkolonnen der aufgeschlagenen Akte, klappte den Ordner zu und brachte ihn zum Schrank. Er verschloß ihn und legte den Schlüssel in die flache Schreibtischschublade zu Büroklammern, Gummibändern und Heftzwecken. Das Körbchen mit der unbearbeiteten Post verschwand im Fach darunter. Der Schreibtisch war blank.

Wie immer ging er noch einmal zur Toilette, kam zurück, wusch seine Hände am Waschbecken hinter der dunklen Tür des Einbauschrankes, zog den Mantel mit dem Pfeffer-und-Salz-Muster an, klemmte die Aktentasche unter den Arm und wartete. Daß sie vor mehr als zehn Jahren die gleitende Arbeitszeit eingeführt hatten, berührte ihn nicht.

Als der erste Schlag des Fünf-Uhr-Geläuts durch den Innenhof schepperte, knipste er das Licht aus, verschloß sein Büro und ging.

Das Bochumer Rathaus wurde in den zwanziger Jahren gebaut. Hohe Flure, dunkle Eichentüren, Wandlampen aus Messing und geätztem Glas. Der orangefarbene Kasten mit den Gleitzeituhren wirkte wie ein Fremdkörper.

Er steckte den Schlüssel in das Fach mit der Aufschrift Faber und stoppte sein Zählwerk. Das vorletzte rote Lämpchen erlosch.

Nur Vogt war noch im Amt, oder er ließ die Uhr durchlaufen, um Stunden gutzumachen.

Irgendwann fällt der auch auf, dachte Faber und spürte

Vorfreude. Er bog in den Flur, in dem die Büros der Verwaltungsspitze lagen. Der Gang weitete sich, auf dem Boden lösten graue Marmorplatten das Linoleum ab. Raumhohe Fenster über messingverkleideten Heizungen. Quadratische Pfeiler aus rostrotem Stein. Faber umkurvte die Bohnermaschine, die eine pausierende Putzfrau stehengelassen hatte.

Draußen setzte das Glockenspiel der Rathausuhr ein. Verstimmt wie eh und je. *Üb' immer Treu und Redlichkeit, bis an Dein kühles Grab.*

Mozart würde sich darin umdrehen, falls er seine Melodie erkannt hätte.

Das Scheppern der Glocken verfolgte Faber auf dem Weg zum Paternoster. Jeden Morgen um halb neun fuhr er mit dem Beamtenbagger in sein Büro im zweiten Stock und nachmittags um fünf zurück ins Parterre. Wenn er kam, mußte er oft auf eine leere Kabine warten, denn um diese Zeit begann der Publikumsverkehr.

Mollige Mütter ließen sich ins Sozialamt hieven, Baumenschen mit riesigen Planrollen strebten aufwärts ins Planungsamt. Wenn er Mittagspause machte, gehörte der Paternoster den Schulkindern, die ihre Runden drehten, bis der Hausmeister sie verjagte.

Jetzt, da im Rathaus die Putzfrauen regierten, zuckelte der Aufzug verlassen von Etage zu Etage. Faber hörte ihn schon von weitem. Als er davor stand, sackte gerade eine Kabine nach unten weg.

Springen oder nicht?

Zu spät. Die Kabine blieb leer.

Daß er auch die nächste nicht nahm, lag nicht an seiner Entscheidungsschwäche. Sie war besetzt. Auf dem Boden lag ein Mann.

Einer, den er kannte. Seine Füße stießen gegen die Rückwand des Paternosters, die Beine hatte er angezogen. Der Kopf berührte fast die Flurkante.

Wie eine Erscheinung entschwebte der Mann in die Tiefe des Hauses.

Die übertreiben das auch mit den Geburtstagsfeiern im Tiefbauamt, dachte Faber und blinzelte nach unten.

Zu sehen war nichts. Stattdessen kündigte ein von Mal zu Mal lauter werdendes Klappen das Nahen des Kollegen an. Er machte zwei Schritte nach rechts, um ihn kommen zu sehen.

Der Mann im Paternoster hatte sich gestreckt, sein Kopf ragte über den Kabinenboden hinaus und drückte die Klappen – das erste Stück Flurboden war aus Sicherheitsgründen an Scharnieren befestigt – in die Höhe.

Wenn der Schädel das Hindernis passiert hatte, fiel die Platte krachend in ihre Ausgangsstellung zurück.

Man sollte den besoffenen Kerl eigentlich kreisen lassen, überlegte Faber für einen Moment. Die Kabine glitt nach oben weg. Und wenn dem was zustieß?

Er drückte den Nothaltknopf. Stotternd blieb der Paternoster stehen.

Faber hastete zum Treppenhaus, stolperte über die Steinstufen in die dritte Etage.

Da lag der Kollege, den Kopf unter der Klappe.

Er überstieg das Hindernis und griff dem Betrunkenen unter die Arme, um ihn hochzuziehen.

Seine rechte Hand faßte in etwas Warmes, Nasses.

Angeekelt zog er die Hand zurück.

Erbrochenes war das nicht. So rot und dünn bricht man nicht.

Faber sprang über die Klappe zurück auf den Flur, rappelte an verschlossenen Bürotüren, fand endlich eine offene und stürmte hinein.

Der Raum lag im Halbdunkel. Das Telefon schlief auf einem Schwenkarm über zwei Schreibtischen. Er griff nach dem Hörer, drückte das Knöpfchen und wählte den Notruf.

2

Das Tiefbauamt war in einem älteren Anbau des Rathauskomplexes untergebracht. Im Erdgeschoß lag eine Gastwirtschaft, gegenüber die stillgelegte Brauerei; aus den Bürofenstern blickte man auf den Puff.

Erste Braustätte der Schlegelbrauerei von 1854, las Oberkommissar Werner Wegener im Vorbeigehen an der Hauswand. Die Luft, die ihm im Eingang neben dem Zeitungskiosk entgegenschlug, schien aus den Gründerjahren des Brauhauses zu stammen.

Wegener beeilte sich, nach oben zu kommen. Nicht nur auf dieser Treppe. Mit einunddreißig war er der jüngste Oberkommissar im Präsidium.

Ohne zu schnaufen, kam er im zweiten Stock an, kontrollierte sein Äußeres in der spiegelnden Etagentür. Er strich über den gesteppten Trench, den seine Frau ihm zu Weihnachten geschenkt hatte, zupfte an den Bügelfalten der Thermohose, deren Enden sich auf den Schnürsenkeln knauschten, zog den kleinkarierten Schlapphut etwas tiefer in sein glattrasiertes Jungengesicht.

Wegener lächelte sein Gegenüber in der Glastür gewinnend an und versuchte, diesen Gesichtsausdruck ins Büro des Amtsleiters hinüberzuretten. Es gelang.

Der Chef des Tiefbauamtes arbeitete in einem großen, hellen Raum. Das bißchen Wand, das die Fenster übrigließen, bedeckten Plankarten – weiße Ungetüme mit vielen schwarzen Linien, verwirrend wie Schnittmusterbögen. Über dem Besprechungstisch, an den der vielleicht sechzigjährige Ingenieur namens Jüngerstedt Wegener bat, hing verloren ein Alibi-Kunstdruck.

„Sie haben sicher aus der WAZ von der Sache erfahren", begann der Polizist. „Ihr Mitarbeiter Gerd Bäcker ist gestern tot im Paternoster gefunden worden. Erschlagen, wahrscheinlich mit einem stumpfen Gegenstand. Ziemlich brutale Sache."

Jüngerstedt nickte heftig, durchkämmte seine Taschen.

Das Etui mit den filterlosen, elliptischen Zigaretten lag auf seinem Schreibtisch. Er griff danach und rauchte los. Wegener versuchte, den süßlichen Wölkchen auszuweichen.

„Erzählen Sie mir alles, was Sie über Bäcker wissen. Was hat er hier bei Ihnen gemacht und wie?"

Statt zu antworten, sprang der Ingenieur wieder auf. Diesmal ging er ins Vorzimmer und kam mit einem dünnen Hefter zurück.

„Was soll ich Ihnen g..g..g.."

Er blieb an diesem G hängen und verbiß sich darin. Wegener sah von seinem Notizblock auf. Unter seinem Blick ging das gackernde G des Amtsleiters in ein kehliges Knattern über.

„..k..kroß erzählen", fing er sich wieder und schob Wegener den Hefter über den Tisch. „Seine Be..Be- ..urteilung."

Der Kommissar beugte sich tief über den Vordruck, versuchte krampfhaft zu lesen.

„Sch..sch..sch", zischte sein Gegenüber wie eine Dampflok, „sch..schlechte Augen, wie?"

Bloß jetzt nicht hochgucken, dachte Wegener. Und las.

Die *dienstliche Beurteilung von Leistung und Befähigung* war ein halbes Jahr alt, der Vordruck auf dem Weg zur Computerlesbarkeit. Noch fehlten die Kästchen zum Ankreuzen, in den einzelnen Spalten warteten aber schon vorgestanzte Werturteile. Von der Anmerkung, daß diese Auswahl nur als Anregung aufzufassen sei, hatte sich der Amtsleiter nicht beirren lassen.

Laut Beurteilung hatte Bäcker die ihm übertragenen Aufgaben *selbständig* ausgeführt, war *mündlich wortgewandt* und *schriftlich sicher* gewesen, *pflichtbewußt und verträglich im Umgang mit Vorgesetzten und Mitarbeitern,* von *eifrigem* Fleiß und schneller Auffassungsgabe.

In Spalte sechs, *Gewandtheit und Verhalten im Verkehr mit der Bevölkerung,* hatte sich der Amtsleiter für *eckt nicht an* entschieden. Nach seiner Meinung war Bäcker, was seine *charakterlichen Anlagen* betraf, weder *weichlich* noch *beschönigend,* auch nicht *großsprecherisch* oder *verlogen,* sondern *ausgeglichen* gewesen.

Nur mit der Pünktlichkeit schien der Tote es nicht genau genommen zu haben. Wenn auch nicht *saumselig,* war er doch *häufig zu spät* gekommen.

Im Gesamtergebnis hatte es zu einem *über dem Durchschnitt* gereicht.

Bäckers hingewischte Unterschrift, die die *Kenntnisnahme der vorstehenden Beurteilung* bestätigte, paßte zu dem Bild, das Wegener sich von dem toten Beamten machte: abgenutzt von zwanzig Dienstjahren.

„Erhebung von Erschließungsbeiträgen und Beiträgen nach § 8 KAG steht hier unter Aufgabengebiet. Was heißt das auf deutsch?"

„Wenn Straßen neu gebaut werden, müssen die Anlieger bezahlen, und b . . bei Erneuerungen auch."

„Was wissen Sie über Bäcker persönlich, privat?"

Der Amtsleiter schien überfragt. „Was ich weiß, sch . . sschteht da drin", stotterte er.

Wegener studierte angelegentlich seine Schnürsenkel.

„Ich möchte mir Bäckers Büro ansehen, mit seinen Kollegen sprechen", bat er.

„Kommen Sie!"

Der Amtsleiter faßte seinen Ärmel und zog ihn durch das leere Vorzimmer auf den Flur. Der Mann war groß, mindestens einsneunzig, trug einen grauen Anzug, dessen zu kurze Hosenbeine um seine Waden schlotterten. Auf dem Flur brüllte Jüngerstedt einem, der fünfzehn Meter vor ihnen ein Zimmer betrat, ein „Moin!" hinterher. Der andere fuhr herum, grüßte höflich und verdrückte sich hinter die Toilettentür.

Bäckers Büro lag gegenüber. *Zimmer 256, Erschließungsbeiträge, Herr Bäcker, Herr Fuchs.*

Drinnen war Versammlung. Sechs oder sieben Männer füllten den überheizten Raum. Trotz der Enge blieb einer der beiden Schreibtische leer. Hinter dem anderen lümmelte sich ein Mittzwanziger, etwas rundlich, mit blaßbraunem Haar. Ein Bärtchen ersetzte das fehlende Kinn. Die andern waren fünf bis zehn Jahre älter. Sie lehnten an den Wänden, standen in der geöffneten Tür zum Nachbarzimmer oder saßen zwischen den Topfpflanzen auf der kniehohen Fensterbank. Es roch nach Schweiß und Kohlepapier.

„Meine Herren", begann Jüngerstedt und wiederholte die Anrede so oft, wie Leute im Raum waren, „das ist O . . Oberkommissar Wegener von der Kriminalpolizei. Er will Ihnen ein paar Fragen stellen."

Und an Wegener gewandt: „Ich denke, S . . s . . ssie kommen allein zu . . zurecht."

Ohne eine Antwort abzuwarten, zog er die Tür hinter sich zu.

Die Beamten sahen sich verstohlen an und schwiegen. Einer, der weit hinten stand, im Nachbarbüro, kicherte.

„Wer hat hier den Hut auf?" fragte Wegener. Er kannte die Hackordnung der Büros und wollte sich nicht auf langes Gedrucke einlassen.

Keine Antwort. Die Beamten schienen den Spruch nicht zu kennen.

„Sie", sagte schließlich der Kicherer.

Ein halbes Dutzend Augenpaare richteten sich auf Wegeners Schlapphut. Man grinste.

„Also gut."

Wegener knüllte den Bibi in der einen Hand zusammen und fuhr mit der anderen durch sein plattgedrücktes blondes Haar.

„Wer ist hier der Chef?"

„Ich." Der Mann hätte ihm beim Reinkommen auffallen müssen. Er war kleiner als die anderen, schmal, mit einem Kopf, zu kurz für ein Pferd und zu lang für ein Pony. Den Hals verdeckte eine dunkelblaue Fliege. Das Oberhemd plusterte sich über dem Hosenbund.

„Mein Name ist Swoboda. Ich bin hier Abteilungsleiter."

Seine Stimme zerschnitt die Stille in zwei Hälften.
Die Beamten rührten sich nicht. Aufgereiht an den Zimmerwänden bildeten sie einen Kreis um den leeren Schreibtisch.
„Wie lange saß Bäcker auf dieser Stelle?"
Die Männer wechselten Blicke und warteten.
„Etwa ein Jahr", antwortete der mit der Fliege.
Die anderen nickten. Einer brummte.
„Wieviel Sterne hatte er denn an der Jacke?"
Die Augenbrauen des Abteilungsleiters erschienen oberhalb seiner Hornbrille.
„Kollege Bäcker ist Stadtamtmann", antwortete er.
„War Stadtamtmann", berichtigte Wegener. „Das ist Besoldungsgruppe A 11, oder?"
„Ja", sagte einer von den jüngeren und sah zum leeren Schreibtisch hinüber.
„Wann ist er Amtmann geworden?"
„Kurz nachdem er zu uns kam. Er hatte sich vom Ordnungsamt herbeworben auf die Elfer-Stelle."
Wegener notierte im Stehen. Auffordernd blickte er in die Runde.
„Was war Bäcker für ein Mensch? Wie kamen Sie mit ihm zurecht, meine Herren?"
„Hat Ihnen der Chef nichts dazu gesagt?" fragte der Abteilungsleiter zurück.
„Der Chef", betonte Wegener, „hat mir Bäckers Beurteilung gezeigt. Mehr konnte er nicht sagen."
Dieser Beamtenbund begann, ihm auf die Nerven zu gehen. So kam er nicht weiter. Nicht mit allen auf einem Haufen.
„Herr Fuchs?" fragte er und sah den dicklichen Burschen am Schreibtisch an. Der nickte. „Ich möchte mich gern mit Ihnen unterhalten. Die übrigen Herren haben sicher noch zu tun."
Es dauerte, bis die Beamten begriffen, daß die Versammlung aufgelöst war. Dann drängten sie aus dem Raum.

Wegener schälte sich aus seinem Mantel, warf ihn über einen freigewordenen Besucherstuhl und ging zum Fenster.

„Darf ich?" fragte er.

Fuchs nickte.

Wegener riß den schmaleren Flügel auf und sog die klare Winterluft durch die Nase. Unten stakste ein Mann mit einem steifen Bein in Richtung Puff. Vor der ersten Kneipe wendete er und verschwand. Es war zehn. Seit einer Stunde hockte Wegener im Tiefbauamt und wußte nichts über den Erschlagenen, außer daß er von eifrigem Fleiß und ausgeglichenem Charakter gewesen war. Er ließ das Fenster offen, setzte sich an Bäckers Platz.

„Wann haben Sie ihn zum letzten Mal gesehen?"

„Gestern. Kurz nach vier."

Schluß. Mehr nicht. Der Junge sah Wegener an, als ob er nicht bis drei zählen könne.

„Sie haben zu der Zeit Feierabend gemacht?" riet der Polizist.

Fuchs nickte.

„Blieb Bäcker immer so lange?"

„Nur kurz vorm Letzten, wenn er tief in den Miesen war."

Wegener begriff nicht.

„Gleitende Arbeitszeit", warf Fuchs hin. „Man darf die Sollzeit für den Monat nur um zehn Stunden unterschreiten. Das sind die Miesen. Sie werden dem Soll für den nächsten Monat zugeschlagen."

„War Bäcker in den Miesen?"

„Schwer zu sagen am fünfzehnten."

„Wie kann ich das rauskriegen?"

„Notieren Sie sich seine Zeit unten bei den Uhren, und sprechen Sie mit dem Glatzkopf."

Der Junge lehnte sich zurück und genoß seinen Heimvorteil.

Wegener ließ ihm den Spaß.

„Wer ist der Glatzkopf?" fragte er.

„Finkemeier, Zimmer zweihundertsiebenundsechzig."

Den Gefallen, nach der Bedeutung des Spitznamens zu fragen, tat er ihm nicht.

„Wie lange haben Sie mit Bäcker auf einem Zimmer gesessen?" begann er an anderer Stelle.

„Acht Monate."

„Und wie war er?"

„Nicht schlecht. Das meiste, was ich über Erschließungsbeiträge weiß, hab ich von ihm. Bißchen viel geredet hat er, aber man muß ja nicht unbedingt hinhören."

Er fuhr sich mit dem Zeigefinger ins rechte, etwas abstehende Ohr und ließ den Daumen der linken Hand aus dem anderen entweichen.

„Wie kamen die anderen mit ihm klar? In der Beurteilung steht verträglich im Umgang mit Vorgesetzten und Mitarbeitern."

„Bäcker war in Ordnung. Hat niemanden in die Pfanne gehauen. War für jeden Spaß zu haben."

„Für jeden?"

„Ziemlich."

„Zum Beispiel?"

„Zum Beispiel hat er sich gern einen getrunken."

„Frauen?"

„Er war verheiratet."

„Und?"

„Im Rathaus läuft immer irgendwas. Ich hab da nicht den Überblick. Bäcker hat bestimmt nichts anbrennen lassen."

Er zuckte mit den Schultern und wiederholte seine Darein-da-raus-Geste.

„Namen?"

Fuchs schüttelte den Kopf. Seine vollen Backen vibrierten leicht.

„Da war nichts Festes. Mehr Zufallstreffer. Nach Geburtstagsfeiern oder so."

Er redete schnell, spuckte seine kurzen, abgehackten Sätze aus. Dabei wirkte er äußerlich ruhig, saß breit und bequem auf seinem Drehstuhl, die Ellenbogen auf der Tischplatte fingen das Gewicht des Oberkörpers ab.

„Dreiundvierzig ist ein bißchen alt für einen frisch beförderten Amtmann", begann Wegener.

„Er war in keiner Partei und nicht besonders dienstgeil."

„In welcher muß man denn sein?"

„SPD, aber die ist überlaufen. 1000 Mitglieder im Rathaus. CDU ist auch nicht schlecht. Kriegt man vielleicht eher eine Proporzstelle."

Er wiegt den Kopf und kratzte seinen löchrigen Kinnbart.

„Müßte man direkt mal durchrechnen."

Er kritzelte etwas auf ein Kalenderblatt.

„Feinde hatte Bäcker keine?"

„Unter den Kollegen nicht."

„Und sonst?"

„Man macht sich nicht grad Freunde in dem Job."

„Wieso?"

„Stellen Sie sich vor, Ihre Eltern hätten ein altes Zechenhaus. Mit Obstgarten, Gemüsebeet und so. Plötzlich fällt der Stadt ein, in der Ecke eine neue Straße zu bauen. Eine Wohnungsgesellschaft will Eigentumswohnungen bauen. Dummerweise grenzt das Grundstück ihrer Eltern an die neue Straße. Neunzig Prozent der Straßenbaukosten wälzt die Stadt auf die Anlieger ab. Mit der Baugesellschaft gibt es keine Schwierigkeiten. Die haben das in der Kalkulation. Ihre Eltern nicht. Die müssen zahlen. Zweiundzwanzigtausend Mark, weil das Grundstück so groß ist."

Erschöpft von der langen Rede lehnte sich Fuchs in seinem Drehstuhl zurück.

„Passiert?" fragte Wegener.

Fuchs nickte.

„Namen und Anschrift von den Leuten brauch ich".

Wegener zog sein Notizbuch, das er, während Fuchs erzählte, von sich geschoben hatte, wieder zu sich. Der Junge war nicht schlecht.

Fuchs überlegte einen Moment.

„Karl Mertens", sagte er dann.
„Anschrift?"
„Kommunalfriedhof Linden."
Wegener ließ den Kuli fallen und sah langsam hoch.
Fuchs grinste nicht mal.
„Die alten Leute haben den Garten verkauft, um bezahlen zu können. Als die Baumaschinen anrückten, sind sie gestorben. Beide kurz hinternander."
„Haben Sie immer soviel Erfolg?"
„Leichen sicher seltener als Sie. Daß Leute nicht bezahlen können, passiert öfter."
„Was machen Sie dann?"
„Ratenzahlung."
Wegener klappte seine Kladde zu und stand auf.
„Haben Sie eigentlich viel zu tun?" fragte er und sah sich in dem Büro um. Es wirkte aufgeräumt.
„Hält sich in Grenzen."
„Ich brauche alle Akten, die Bäcker bearbeitet hat, seit er hier ist. Geht das?"
Fuchs nickte.
„Bis wann?"
„Vorgestern."
Wegener schnappte Hut und Mantel und ging.

3

Annegret Bäcker war allein. Sie bat Wegener ins Wohnzimmer. Wegener sank in den ledernen Dreisitzer und seufzte.
Er blickte sich um. Die großen Fotos vom alten Bochum interessierten ihn.
Die Witwe auch. Sie war keine zehn Jahre älter als er, groß und blond. Ihre schwarze Lederhose und der gleichfarbige weite Pullover ließen sie nicht besonders traurig aussehen.
Sie setzte sich nicht. Streunte durch den Raum. Zupfte

an den Falten der Vorhänge. Schob die wenigen Bücher in der Palisanderwand zurecht. Prüfte die Feuchtigkeit im Topf der Palme.

Dann sah sie Wegener an. Ihre Augen waren bläulich beschattet. Etwas Rouge betonte ihre ohnehin stark gewölbten Wangenknochen.

„Wissen Sie, wer es war?" fragte sie.

Die Leute hatten Vorstellungen. Gestern die Leiche, heute den Täter. Obwohl, meistens lief es wirklich so ab. Für die drei Teenies, die dem Opa aus der Nachbarschaft den Schädel eingeschlagen und die Rente gemopst hatten, brauchte er vier Stunden.

Diesmal wird es nicht so schnell gehen, dachte Bäcker. Nicht bei den Leuten.

„Wir stehen erst am Anfang der Ermittlungen", sagte er. „Wir müssen uns ein Bild von Ihrem Mann machen."

Die Bäcker nickte. Ihre schulterlange Mähne wogte um den schmalen Kopf. Sie war hinter einem Sessel stehengeblieben und wartete.

„Wie lange waren Sie verheiratet?" begann Wegener.

„Zweiundzwanzig Jahre."

War wohl nichts mit Ende dreißig. Er taxierte ihr faltenloses braunes Gesicht, die schlanken Schultern, die Stellen, an denen sich der Pulli trotz seiner Weite beulte.

„Darf ich fragen, wie alt Sie sind?"

„Dreiundvierzig", antwortete die Witwe.

Der Glanz zwischen zwei Wimpernschlägen verriet, wie zufrieden sie mit seiner Frage war.

„Haben Sie Kinder?"

„Eine Tochter. Claudia. Sie studiert in Göttingen. Ich hab sie noch nicht erreicht . . ."

„Wie alt ist Claudia?"

„Einundzwanzig."

„Sind Sie berufstätig, Frau Bäcker?"

Sie schüttelte den Kopf. „Wär' ich gerne, jetzt, wo Claudia weg ist. Aber man findet nur schwer was. In meinem Beruf."

„Was haben Sie denn gelernt?"

Die Bäcker verzog einen Mundwinkel zu einer Art Lächeln.

„Stenotypistin im Rathaus."

„Haben Sie da Ihren Mann kennengelernt?"

Sie nickte und ging zum Fenster. Auf dem Reihenhausrasen wendete eine Amsel ein braunes Blatt, fand nichts Eßbares darunter und verzog sich schimpfend.

„Wie war Ihre Ehe, Frau Bäcker?"

Die Witwe drehte sich um und sah Wegener prüfend an.

„Wie ist denn Ihre, Herr Kommissar?"

Er rutschte noch ein Stück tiefer in den Sessel, ehe er antwortete.

„Nicht schlecht. Aber wer weiß, was ich in achtzehn Jahren sage."

Annegret Bäcker setzte sich auf die Sessellehne, nahm eine Mentholzigarette aus dem Kästchen und steckte sie an. Sie rauchte in tiefen Zügen, blies den Qualm in Strahlen aus der Nase.

„Unsere Ehe war nicht besonders."

„Warum?"

Sie stand auf.

„Gerd war so . . .", sie ging ein paar Schritte, „. . . so durchschnittlich. Ohne Ehrgeiz. Erst mit vierzig Amtmann." Sie schnaubte.

„Und privat?"

Die Witwe stand jetzt wieder am Fenster. Wegener betrachtete ihre schwarze Silouette vor dem Betonhimmel über der Siedlung.

„Montags bis donnerstags fernsehen, freitags knobeln, samstags VFL, sonntags die Oma besuchen", leierte sie gegen die Scheibe.

„Und Sie?"

Annegret Bäcker löste sich vom Fenster, kam auf ihn zu.

„Ich", dehnte sie, beugte sich über den Tisch und

drückte ihre Zigarette aus. Ihr Gesicht war jetzt nah vor ihm. Sie hatte metallicblaue Augen. „Ich mach meine eigenen Sachen."

„Was sind das für Sachen, Ihre eigenen?"

„Schwimmen, Tennis, Sauna zum Beispiel."

Sie hockte sich wieder auf die Lehne.

Wegener zog sein Notizbuch aus der Jacke und blätterte unkonzentriert darin herum.

„Hatte Ihr Mann außer Ihnen noch andere Feinde?" fragte er und ließ sie dabei nicht aus den Augen.

„Nicht daß ich wüßte", überging sie seine Provokation mit dem Anflug eines Lächelns.

Draußen war es noch grauer geworden. Es schien zu regnen. Wegener ließ sich seinen Mantel geben und verabschiedete sich.

„Wenn ich noch Fragen habe, ruf ich Sie an", drohte er und schlidderte über den Plattenweg zur Straße.

Im Präsidium erwartete Möller ihn mit den ersten Ergebnissen der Spurensicherer. Fein säuberlich hatten die Kollegen Bäckers Tascheninhalt aufgelistet, vom benutzten Tempo in der Hose bis zu den Präservativen im Jackett. Dazu ein Schlüsselbund, die Brieftasche mit dem üblichen Kram. Im Aktenköfferchen eine glattgestrichene Alufolie mit Brotresten und die ZEITUNG vom Vortag.

Sonst nichts.

Das Ergebnis der gerichtsmedizinischen Untersuchung lag noch nicht vor. Die Spuren im Paternoster gaben nichts her. Halb Bochum hatte dort seine Fingerabdrücke hinterlassen.

Genau so hatte Wegener sich den ersten Mord nach Brinkmanns Pensionierung vorgestellt! Dabei kam alles darauf an, jetzt ein paar zügig aufgeklärte Fälle für die Statistik hinzulegen. Dann war ihm der „Haupt" nicht mehr zu nehmen.

Wegener ließ Heret kommen. Der lufttrockene Kriminalhauptmeister genoß den Ruf, der beste Berichtschreiber des Kommissariats zu sein. Mit seinen geschraubten Formulierungen hatte er schon manchen einfachen, aber unangenehmen Sachverhalt vernebelt. Ihn setzte Wegener auf die Akten im Tiefbauamt an.

„Nehmen Sie sich Möller dazu", sagte er, „und fangen Sie noch heute an."

Heret trollte sich grummelnd. Kurz vor drei und dann noch raus!

4

Fuchs haßte Beerdigungen. Als Inspektoranwärter hatten sie ihn bei jedem verstorbenen Verwaltungsmenschen den städtischen Kranz tragen lassen. Weil er sich einmal beschwert hatte. Von wegen ausbildungsfremder Tätigkeit.

Nach einem Jahr grüßte er jeden zweiten Bochumer Pastor, kannte die Abschiedsworte des Personalchefs am offenen Grab auswendig und wußte, daß der Personalrat voll war, wenn er statt Weinbrand-Cola Urwald-Maggi bestellte.

Daß er bei Bäckers Begräbnis weder Kranz noch Sarg zu tragen brauchte, lag nicht an der Rücksichtnahme der Kollegen auf jene schlimmen Erfahrungen, sondern an seinem Familienstand. Ihm fehlte der dunkle Hochzeitsanzug, und der Konfirmationsanzug von damals fiel aus verschiedenen Gründen aus. Einer davon war sein Bauch.

Fuchs folgte den Trauerfeierlichkeiten von irgendwo weit hinten. An die zweihundert Menschen wollten Bäcker unter die Erde bringen, viele Kollegen darunter.

Der Dezernent hatte zur Teilnahme an der Beerdigung des Stadtamtmannes Gerd Bäcker Dienstbefreiung erteilt.

Auch beim anschließenden Kaffeetrinken hielt Fuchs sich zurück.

Der Anblick von Streuselkuchen drehte ihm noch immer den Magen um. Er wäre auch eher verhungert, als Bienenstich zu essen.

Von den Kollegen schienen sich viele nichts aus Kuchen zu machen. Sie umlagerten die Theke in Dreierreihen.

Die erste Runde tranken sie schweigend, stöhnten nur kurz auf und schüttelten sich, als der Korn die Speiseröhre ätzte.

Beim zweiten Pils begannen die Älteren von früheren, besseren Zeiten zu berichten, als der Beamte noch was galt. Zwei Schnäpse später folgten die unvermeidlichen Anekdoten. Zuerst die, in denen der Verstorbene eine Rolle spielte, dann alle anderen.

Irgendwann zwischen dem achten und zehnten Pils stimmte Willi sein erstes Lied an. *Ich hatt' einen Kameraden.* Ergriffen lauschte die Thekenbesatzung dem Amtsboten, der beim Männergesangverein „Liederfreund" die zweite Tenorstimme sang. Andere getragene Weisen folgten, die ersten summten mit, leise zunächst, dann kräftiger. Eine Stunde später – die Grenze zwischen stimmungsvollem Gesang und Stimmungslied ist fließend – fiel die halbe Theke in Willis knödelndes *So ein Tag, so wunderschön wie heute* ein.

Der Wirt hastete durch den Schankraum und schob die Tür zum Gesellschaftszimmer mit den Familienangehörigen zu.

Fuchs suchte seinen Mantel und ging.

Im Büro machten die Kripo-Leute den Aktenberg auf Bäckers Schreibtisch nieder. Wenn sie das Tempo durchhielten, würden sie heute fertig. Auch Swoboda war schon wieder im Amt.

„Herr Fuchs", dehnte er ins Telefon, „kommen Sie bitte mal zu mir."

Fuchs legte auf, dachte kurz nach, kam nicht darauf, was Swoboda von ihm wollte, und ging durch die leeren Büros zu ihm rüber.

Der Abteilungsleiter hatte sich von der Beerdigung eine der angebotenen Zigarren mitgenommen. Die steckte jetzt zwischen seinen Schneidezähnen und veränderte Swobodas

Pferdekopf in Richtung Starenkasten. Wie immer, wenn er etwas getrunken hatte, paffte er mit fliegendem Arm.

Fuchs ließ sich auf dem Besucherstuhl vor dem Schreibtisch nieder und sah ihm zu.

„Das Personalamt hat uns angeschrieben", begann Swoboda, schmauchte nochmal auf diese kindische Art, „wegen Ihrer Ernennung zum Beamten auf Lebenszeit."

Er hing in seinem Drehstuhl wie ein Schluck Wasser in der Kurve.

„Wir sollen Sie beurteilen."

Fuchs wartete. Acht Monate Tiefbauamt hatten gereicht, um Swob kennenzulernen. Er rechnete immer mit dem Schlimmsten, wenn er zu ihm mußte. Meist traf es ein.

„Wie lange sind Sie bei uns, Herr Fuchs?" fragte Swoboda.

Fuchs sagte: „Acht Monate."

„Eigentlich eine kurze Zeit", sinnierte Swob und sah dabei aus dem Fenster.

„Wieviele Straßen haben Sie bisher abgerechnet?"

„Drei", antwortete Fuchs so ruhig er konnte. „Kindermannsweg, Mondscheinweg und Konradstraße nach KAG."

„Ach richtig, Mondscheinweg. War das nicht die mit den vielen Widersprüchen?"

Fuchs nickte.

„Sehen Sie, Herr Fuchs, in Ihrem eigenen Interesse habe ich dem Personalamt geschrieben, daß mir eine Beurteilung nach so kurzer Zeit noch nicht möglich ist."

Er rauchte hingebungsvoll.

„Aber Sie haben in den nächsten Monaten ja mehr als genug Gelegenheit zu zeigen, was in Ihnen steckt."

Swoboda grinste.

„Wie jede andere freiwerdende Stelle wird Bäckers ein halbes Jahr nicht besetzt. Ich erwarte, daß Sie diesen Engpaß mit gesteigertem Einsatz überbrücken."

Fuchs stand auf und sah auf den dampfenden Abteilungsleiter herab.

„Das war's?" fragte er.
Swob bestätigte.
An der Tür rief er Fuchs zurück.
„Was machen denn die Herren Kollegen von der Kripo?"
„Akten wälzen", warf Fuchs hin. „Werden wohl heute fertig werden".
„Informieren Sie mich, wenn der Kommissar wieder auftaucht", rief Swoboda ihm hinterher.
Fuchs ging noch mal zurück.
„Vorher oder nachher?" fragte er und sah Swob mit gespielter Einfalt an.
Swoboda grinste.
Er liebte Widerstand. Weil er ihn dann brechen konnte.

5

Während seine Leute an die vierhundert Aktenhefter mit ungefähr sechshundert Beitragszahlern durchforsteten, nahm Wegener sich das Personal einzeln vor.

Ohne ihren Abteilungsleiter waren die Leute wesentlich gesprächiger.

Stichler, den die anderen Abi nannten, ein Überbleibsel aus den Siebzigern mit schmutzig-blonder Mähne und schludriger Kleidung, gehörte zu Bäckers Knobel-Club. Freitag abends trafen sie sich in einer Vorortkneipe und würfelten Runden aus. Sie hatten eine Kasse und flogen einmal im Jahr mit dem Geld aus, nach Rom, Zürich oder London.

Schmidt, ein Enddreißiger mit Halbglatze und krummem Rücken, saß unter einem Plakat mit der Aufschrift: *Hier wird vom VfL geredet.* Jemand hatte mit Filzstift *nur* eingeklemmt. Schmidt organisierte die Fußballmannschaft des Tiefbauamtes. Die Urkunden an den Wänden kündeten von ihren Erfolgen. Auf den Mannschaftsfotos stand Bäcker mit gespanntem Trikot rechts außen.

„Aktionsradius wie ein Kanaldeckel", kommentierte Schmidt das fußballerische Leistungsvermögen des Toten, „aber die Erfahrung von fünfundzwanzig Jahren am Ball."

Frau Neumann, die Stenotypistin der Abteilung, wirkte nur auf den ersten Blick wie ein verhuschtes Mäuschen. Irgendwas in ihrem Gesicht, wahrscheinlich die großen Augen, mit denen sie Wegeners Blicken standhielt, paßte nicht dazu. Sie habe nur dienstlich mit Bäcker verkehrt und wisse wenig über ihn, betonte sie.

Kramer, der kleine dicke Aktenverwalter, den er mit einer Dose Bier überraschte, sah das anders.

„Als Kraft ist die ne Pflaume", kicherte er und bot Wegener eine Dose an, „aber als Pflaume ne Kraft."

Wegener riß den Deckel hoch und trank. Der Aktenmann strahlte.

„Bei der Aussicht solle kein Durst kriegen."

Mit der Nase tippte er rüber zur Brauerei. Die nächste Dose verschwand in seiner klobigen Hand.

Kramer kannte eine Menge Geschichten und freute sich, sie loszuwerden. Nach zwei Dosen hätte Wegener ein Buch schreiben können: Wer mit wem im Tiefbauamt, und wenn nein, warum nicht.

Eine lustige Truppe. Bis auf Swoboda duzte man sich, tippte seit Jahren die Bundesligaergebnisse und versoff den Einsatz bei einer großen Fete in Schmidts Garten, machte sich hin und wieder an weibliche Auszubildende oder Stenotypistinnen heran.

Bäcker immer mittenmang. Daß er nach einer Geburtstagsfeier die Neumann auf dem großen Leuchttisch in Stichlers Büro gevögelt haben wollte, rechnete Wegener trotz gegenteiliger Beteuerungen des Aktenverwalters dem Reich der Fabel zu.

„Ach übrigens", fiel ihm beim Rausgehen noch ein, „warum nennt ihr den Finkemeier Glatzkopf?"

Kramers Schweinsäugelchen blinkerten ihn an.

„Weil er Gleitzeitbeauftragter ist. Gleitende Arbeitszeit – GLAZ."

Bäcker war nicht in den Miesen. Seine Gleitzeituhr im Eingang des Tiefbauamtes hatte er am Tattag bei 77,1 gestoppt.

„76,5 Stunden war am vierzehnten Soll", wußte Glatzkopf Finkemeier nach einem Blick in die Tabelle. „Aus dem alten Jahr hat er sogar zwei Plusstunden mitgebracht."

Er drehte Bäckers Abrechnungsbogen um und quetschte die Lippen zu einem altjüngferlichen Lächeln.

„6,4 Stunden Außendienst aufgeschrieben."

Wann genau Bäcker seine Uhr abgeschaltet hatte, war nicht zu erfahren.

„Eigentlich sind es keine Uhren", dozierte Finkemeier, „sondern Zeitsummenzähler. Der Kollege stellt morgens mit dem Schlüssel das Zählwerk an und stoppt es nachmittags, wenn er geht."

Es war fast fünf, als Wegener sein Büro im dritten Stock des Präsidiums betrat. Die Türen zu den Nachbarzimmern standen auf. Nirgendwo regte sich was. Reichlich ruhig für einen aktuellen Mord.

Einen Rest Kaffee hatte ihm die Sekretärin in der Maschine warmgehalten. Er füllte seine Bürotasse mit der schwarzen Brühe und ging zum Schreibtisch.

Die interessanten Akten aus dem Tiefbauamt liegen auf dem Aktenbock, hatte Heret auf einen Zettel gekrakelt.

Wegener seufzte. Auf seinem Beistelltisch balancierte ein halbmeterhoher Stoß Hefter. Der Abend war gerettet.

Er griff die oberste Akte. Emilie Skrotzki. Das erste Blatt war der *Bescheid über die Erhebung des Erschließungsbeitrages für das Grundstück Mondscheinweg 16.*

Sehr geehrte Frau Skrotzki, grüßte im Auftrag des Oberstadtdirektors Dipl.-Ing. Jüngerstedt. *Nach § 133 Abs. 1 S. 2 Bundesbaugesetz (BBauG) vom 19. 3. 1961 in der z. Zeit gültigen Fassung (BGBl I 1961, S. 1486) in Verbindung mit der Satzung der Stadt Bochum über die Erhebung des Erschließungsbeitrages (Erschließungsbeitragssatzung – EBS) vom 21. 8. 1979 erhebe ich hiermit für die endgül-*

tige Herstellung der Erschließungsanlage Mondscheinweg in allen Teileinrichtungen einen endgültigen Erschließungsbeitrag in Höhe von 8118,08 DM. Der Beitrag ist innerhalb eines Monats nach Zustellung dieses Bescheides fällig. Eventuell eingelegte Rechtsbehelfe berühren die Fälligkeit nicht. Die Berechnung des Beitrages ist der in der Anlage beigefügten Aufstellung zu entnehmen.

Wegener fragte sich, ob ein Normalbürger aus diesem Kauderwelsch und dem Zahlengewirr des Berechnungsbogens klug werden könnte. Die Antwort gab Emilie Skrotzki zwei Seiten weiter:

Stadt Bochum!
Es ist mir leider nicht möglich, Ihre Geldforderung von 8118,08 DM zu erfüllen, da mein Mann Johann Skrotzki im letzten August verstorben ist. Er hatte im Alter von 44 Jahren einen schweren Arbeitsunfall, und so bekomme ich mit meinen 71 Jahren eine Witwenrente von 790,10 DM, weil die Rentengesetze nun eben so sind.
Ich besitze kein Auto und muß noch hinzufügen, daß sich vor unserem Grundstück seit jeher ein gepflasterter Bürgersteig befand, welcher von dem vorherigen Besitzer vor vielen Jahren angelegt worden ist.
Mein Mann und ich sind geborene Bochumer und haben mit Ausnahme des Krieges, nirgendswo anders gelebt, als in unserer Stadt.

Das Schreiben der Witwe hatten sie als Ratenzahlungsantrag behandelt und der Frau hundert Mark monatlich eingeräumt.

Seit einem Jahr stotterte sie ihre achttausend Mark plus Zinsen ab.

Ob Heret glaubte, wer der Stadt solche Briefe schriebe, schlüge auch ihren Beamten den Schädel ein? Die Akte Skrotzki wurde Grundstein für den Stapel *unwichtig*, den Wegener im Laufe des Abends immer höher türmte.

Wichtig waren ihm acht Leute. Sie hatten der Stadt richtigen Ärger gemacht.

Wenn Sie wirklich darauf bestehen wollen und bleiben,

ich den Zahlemann & Söhne, wie man sagt, unschuldig spielen soll: Dann möchten Sie sich bitte anschließend an die Firma Oliver & Söhne, große Schüppen – kleine Löhne wenden. Dort liegt Pfändungen von mir vor genug, schrieb ein Laubenbesitzer aus Hordel und beschwerte sich: *Ihr Vertrauensmann Bäcker ist für mich nicht maßgebend: da dieser Herr in mein Haus gestern frech vorgekommen ist. Er hat sich so laut benommen, daß die ganze Straße neugierig ins Fenster lag.*

Auch von dem Besitzer des Vorortkinos in Wattenscheid war nichts zu holen: *Über die Anordnung von 9231,90 DM ist ja ein bißchen sehr reichlich bei unseren Einkommen,* nölte er und schrieb auch, warum: *Wie Sie vielleicht wissen sind bei den Rand-Kinos die Einnahmen um 60% zurückgegangen. Jedes Theater was der Stadt gehört und bei Abschluß des Jahres ein Zuschuß erhalten. Was erhalten wir am Rande der Stadt nichts, das war eine kleine Randbemerkung.*

Um zehn verließ Wegener das Präsidium. In seinem Schädel prügelte sich das frühe Bier mit den späten Akten. Er wunderte sich, daß ihm der Hut noch paßte.

6

Am nächsten Morgen mußte er zum Chef. Meier II von der Staatsanwaltschaft war da. Als Wegener die Tür mit der Aufschrift *Leiter der Kriminalpolizei* aufriß, standen sich die beiden leitenden Herren gegenüber, schüttelten einander unaufhörlich die Hand und hielten sich höfliche Reden.

Sie waren gleichgroß, ungefähr einsfundsiebzig, gleichalt – Ende fünfzig –, gleichdick – Wegener schätzte sie auf satte vier Zentner zusammen – und gleich bescheuert.

„Na, dann wollen wir den Täter mal zur Strecke bringen", prustete der Chef und bat an den Besprechungstisch.

Meier II wieherte mit.

„Am besten berichten Sie uns mal den Stand der Ermittlungen, Wegener", begann der Kripo-Chef, als sie sich einigermaßen beruhigt hatten. Wegen einer vagen Ähnlichkeit und der ständigen Lacherei hieß er selbst beim letzten Streifenpolizisten Heinz Erhardt.

Meier II, der auch problemlos einen toten Komiker hätte doubeln können, glubschte Wegener erwartungsvoll an.

„Zum Tathergang wissen wir nicht viel", sagte der.

Die beiden Dicken machten erstaunt-besorgte Gesichter.

„Zuletzt gesehen hat ihn sein Kollege im Tiefbauamt um kurz nach vier. Genau eine Stunde später fand man ihn im Paternoster, wo er noch vor dem Eintreffen des Notarztes starb."

Wegener blätterte im Bericht der Gerichtsmedizin, der ihm am Morgen auf den Tisch geflattert war.

„Der Tod ist wenige Minuten nach fünf eingetreten, schreiben die Medizinmänner, und wenige Minuten vorher herbeigeführt worden. Durch einen Schlag auf den Kopf. Mit einem kurzen, stumpfen Gegenstand."

Heinz Erhardt fragte: „Wieso kurz?"

Wegener ließ sich Zeit mit der Antwort und sah in die fragenden Kinderaugen.

„Schon mal Paternoster gefahren?"

Stereo-Kopfnicken gegenüber.

„Die Kabinen sind viel zu eng, um mit einer langen Stange auszuholen."

Meier II kaute eine Weile auf dieser Erkenntnis herum.

„Mord im Paternoster", kicherte er. „Warum ausgerechnet da? Kann doch in jedem Stockwerk einer zusteigen."

„Erstens ist das Rathaus um fünf entvölkert und zweitens . . ." Wegener fischte ein Taschentuch aus seiner Mappe. „Haben Sie schon mal was von Böll gelesen?"

Die Dicken drucksten. Meier II mußte gerade jetzt seine Nase einmal gründlich säubern.

„Dr. Murkes gesammeltes Schweigen", sagte Wegener und löste damit beim Kripo-Chef einen Lachanfall aus.

Wegener suchte die Stelle, die die Erinnerung ihm gestern abend, kurz vor dem Einschlafen, aus den Tiefen seiner Schuljahre ins Bewußtsein gespült hatte.

Er sprang in den Paternosteraufzug, stieg aber nicht im zweiten Stockwerk, wo sein Büro lag, aus, sondern ließ sich höher tragen, am dritten, am vierten, am fünften Stockwerk vorbei, und jedesmal befiel ihn Angst, wenn die Plattform der Aufzugskabine sich über den Flur des fünften Stockwerks hinweg erhob, die Kabine sich knirschend in den Leerraum schob, wo geölte Ketten, mit Fett beschmierte Stangen, ächzendes Eisenwerk die Kabine aus der Auswärts- in die Abwärtsrichtung schoben, und Murke starrte voller Angst auf diese einzige unverputzte Stelle des Funkhauses, atmete auf, wenn die Kabine sich zurechtgerückt, die Schleuse passiert und sich wieder eingereiht hatte und langsam nach unten sank.

Andächtig hatten die beiden zugehört, ihre Lippen umspielte schöngeistiges Lächeln.

„Sehen Sie, meine Herren, es gibt auch im Paternoster eine unbeobachtete Stelle", sagte Wegener.

Eigentlich sogar zwei, dachte er, denn die gleiche Prozedur findet auch im Keller statt. Aber er hielt den Mund, um seine Gesprächspartner nicht zu überfordern. Auf die wichtigsten Fragen kamen die ohnehin nicht. Zum Beispiel die: Warum ist Bäcker überhaupt mit dem Paternoster am anderen Ende des Rathauses gefahren? Aus seinem Büro im zweiten Stock des Bauamtes ist er runter zum Eingang und hat seine Uhr abgestellt. Und dann? Wieso ist er nicht die paar Schritte zur Glastür gegangen und ab die Post zur Mama ins Reihenhaus? Wie kam er eine Stunde später in den Paternoster? Durch den Verbindungsgang zwischen Bauamt und Rathaus oder außen rum? Was hat er in der Zwischenzeit gemacht? Jemand im Rathaus besucht und von da aus runter? Oder etwas in der Stadt erledigt und dann noch mal durchs Rathaus zurück, weil am Bauamt schon zu war?

Unwahrscheinlich das letzte. Wie Bäcker verpackt war,

hätte er seine Uhr laufen lassen. Und zum Abstellen wäre er nicht mehr gekommen.

Wegener blickte auf.

Von keinem Gedanken angekränkelt saßen ihm die beiden gegenüber und warteten, daß er weitermachte.

„Möller und Heret überprüfen die Leute, mit denen sich Bäcker beim Beiträgekassieren angelegt hat", sagte er, „und ich will nochmal zu seiner Witwe. Am Nachmittag hab ich dann ein Rendezvous mit den fünfzig Putzfrauen, die für Sauberkeit im Rathaus sorgen."

Heinz Erhardt sagte: „Sie sind mir aber ein Schelm!" und meinte es ernst.

Meier II fragte: „Brauchen Sie Verstärkung von uns?" und meinte es leider auch ernst.

Wegener schüttelte den Kopf.

„Wenn wir eine heiße Spur haben, komme ich gern auf Ihr Angebot zurück", schmeichelte er dem Staatsanwalt, und, an seinen Chef gewandt: „Falls nichts Dringendes mehr anliegt, würde ich gern an die Arbeit."

Der hielt ihm seine Hand über den Tisch.

„Weiter so, Wegener", röhrte er und: „Sie finden ja allein heraus?"

Der Tag lief weiter, wie er begonnen hatte. Die Witwe ließ sich nicht ausholen. Ihre finanziellen Verhältnisse seien in Ordnung, sagte sie. Er werde das nachprüfen, antwortete Wegener. Zur Tatzeit sei sie in der Tropen-Sauna an der Wasserstraße gewesen, gab sie an.

Das Alibi war wasserdicht. Die kleine Schwarze in der Sauna, Barfrau und Kassiererin zugleich, erinnerte sich, fand nach einigem Suchen sogar noch ihre Verzehrkarte. Mit sechs Campari-Orange hatte die Witwe versucht, den Flüssigkeitsverlust wettzumachen. Allein war sie gewesen. Frau Bäcker kam immer allein. Und blieb es auch. Hier und da mal ein Flirt. Das gehört zur Sauna. Aber nichts Ernstes. Sagte die kleine Schwarze.

Heret und Möller waren ähnlich erfolgreich gewesen.

Das Vorortkino hatte den Besitzer gewechselt. Nicht das Programm. Es lief *Schulmädchenreport 16. Teil.* Mit türkischen Untertiteln.

Wo sein Vorgänger geblieben war, konnte der schnauzbärtige Cineast nicht sagen.

Den aufmüpfigen Laubenpieper hatte die Firma Oliver & Söhne wegen Auftragsmangels rausgeschmissen. Er hockte in seiner Bude vor der Kiste, von Testbild zu Testbild. Sein Alibi war nicht schlecht. Er hatte die *Sendung mit der Maus* gesehen und erinnerte sich an jeden Beitrag. Genau wie Möller.

Von den übrigen sechs hatten sie drei nicht angetroffen. Wegener scheuchte die beiden noch mal raus und machte sich nach einem Kaffee zum Rathaus auf.

Die Uhr schlug fünf, als er dort ankam. Nur der Hintereingang der grauen Steinburg war noch offen. Das Glockenspiel schepperte undefinierbares Liedgut.

Wegener nahm den Paternoster, stieg aber nicht im zweiten Stockwerk aus, wo die Putzfrauen auf ihn warteten, sondern ließ sich höher tragen, am dritten, am vierten – leider gab es keinen fünften – vorbei, und es befiel ihn Angst, als die Plattform der Aufzugskabine sich über den Flur des vierten Stockwerks hinweg erhob, die Kabine knirschend in den Leerraum schob.

Wegener war enttäuscht. Statt geölter Ketten, mit Fett beschmierter Stangen, ächzendem Eisenwerk und unverputzter Stellen eine graue Wand voll hastiger Kindersprüche. Er atmete auf, als die Kabine sich zurechtgerückt, die Schleuse passiert, sich wieder eingereiht hatte und langsam nach unten sank.

Fast wäre er im zweiten abgesprungen, heiter und gelassen, aber da stand ein Putzeimer im Weg, und dann fiel ihm das andere Ende ein. Er ließ sich hinuntertragen, am ersten Stockwerk, am Erdgeschoß und am Keller vorbei. Wieder kein ächzendes Eisenwerk. Nur etwas angetrocknetes Blut, von dem nichts im Bericht der Spurensicherung stand. Die Beamten würden morgen eine Weile Treppen steigen müssen.

Die Putzfrauen gaben nichts her. Keine erkannte Bäcker auf dem Bild, das Wegener rumreichte.

Bei ihrer Filiale im Bauamt hatte er mehr Glück. Eine um die vierzig, mit schwarzem Flaum unter Nase und Mund, erinnerte sich.

„Ich hab ihm gesehn", orgelte sie. „An den Tag, wo er umgekommen is. Auffe Treppe kam er mir entgegengerannt. Ich sach noch so: Hamse wat vergessen, Herr Bäkker? Aber der war nich zu bremsen. Fegte den Flur hoch, als wenn der Deibel hinter ihm her wär."

„Er lief die Treppen rauf?"

„Sach ich doch gerade. Deshalb is mir dat doch aufgefallen. Wenn einer um halb fünf die Treppen runterrennt, is dat ziemlich normal. Wenn Feierabend is, können die Herrschaften gar nich schnell genug wegkommen. Musse beim Treppenputzen richtig aufpassen, dasse dich nich umrennen."

„Wo ist Bäcker Ihnen denn begegnet?"

„Vorm ersten Stock. Ich war gerade mitte Treppe fertig und wollt nach oben fahrn."

„Können Sie sich noch erinnern, was er anhatte?"

„Sein Wintermantel mit Fell drin. War doch so kalt an den Tag."

„Sie sagten gerade: Er rannte die Treppen hoch, als ob der Teufel hinter ihm her wäre. War denn jemand hinter ihm her?"

Die Putzfrau sah ihn entgeistert an.

„Meinen Sie der Mörder?"

„Ich meine gar nichts. Ich hab nur gefragt."

„Ich bin sofort danach im Aufzug gestiegen. Aber eigentlich kann da keiner gewesen sein."

„Warum nicht?"

„Weil die Tür um die Zeit von außen schon zu is, damit keine Leute mehr kommen. Nur von innen geht se noch auf, damit die Herren rauskönnen."

Mehr war aus der Frau nicht rauszukriegen. Fürs erste reichte es aber auch.

Wegener irrte über den verschachtelten Flur zum Treppenhaus. Durch die Milchglasscheibe von Zimmer 256 fiel Licht in den engen Gang. Er schaute hinein.

„So spät noch eifrig?"

Fuchs sah von seinem als Fotozeitschrift getarnten Pin-Up-Blatt auf.

„Die Zeit läuft", sagte er.

„Verpassen Sie den Abpfiff nicht. Ist schon zwanzig vor sechs."

Der Junge ließ das Mädchen in der Schublade verschwinden.

„Hier hat noch keiner den Feierabend verschlafen", konterte er und begann, seinen Schreibtisch abzuräumen.

„Welchen Ausgang hat Bäcker eigentlich benutzt, wenn er nach Hause ging?"

Der Junge sah ihn erstaunt an.

„Den unten im Erdgeschoß."

„Vom Tiefbauamt?"

„Natürlich. Sein Wagen stand doch immer auf dem Parkplatz drüben."

Fuchs zeigte aus dem Fenster.

„Aber am Tag, an dem er starb, benutzte er den am anderen Ende des Rathauses. Warum?"

Fuchs schwieg. Sein Schreibtisch war jetzt leer. Er saß dahinter und wartete.

„Weil vor dem Tiefbauamt jemand wartete, vor dem er Angst hatte."

Wegener beobachtete das Gesicht seines Gegenübers. Er zeigte keine Reaktionen.

„Er hat unten im Flur seine Uhr abgestellt, durch die Glastür seinen Mörder auf ihn warten sehen und ist wieder nach oben gerannt. Hat versucht, durchs Rathaus zu entkommen. Wollte durch den Nebeneingang an der Hans-Böckler-Straße raus. Aber der andere war genauso schlau. hat da auf ihn gewartet. Bäcker sieht ihn, rennt zurück in den Paternoster. Der andere hinterher. Springt in die Kabine und schlägt ihn nieder."

„Dann muß der Mann sich aber gut im Rathaus ausgekannt haben."

Wegener nickte.

„Bäcker war früher beim Ordnungsamt", dachte er laut.

„Was hat er da eigentlich gemacht?"

„Geisteskranke nach Eickelborn gebracht", antwortete Fuchs. „Zwangsweise."

7

Karl Altenscheidt war einundvierzig, als er zum ersten Mal aktenkundig wurde. Seine Frau Gerda gab beim Ordnungsamt zu Protokoll, er habe sie im Rausch geschlagen, gewürgt und gedroht, sie umzubringen, *falls sie nur ein Sterbenswörtchen darüber verliere.*

Der Hausarzt attestierte Frau Altenscheidt Blutergüsse unter dem rechten Auge, auf Brust und Armen, dazu Würgemale am Hals.

Altenscheidt arbeitete als Handlanger auf dem Bau, wenn er arbeitete. Zur Arbeit ging er nur, wenn er nüchtern war. Nüchtern war er, wenn er kein Geld hatte. Der Krauter, der das mit sich machen ließ, hieß Wust. „Ein guter Handlanger muß saufen", sagte er und zahlte Altenscheidt wöchentlich Abschlag.

Für Nachschub war also gesorgt. Altenscheidt soff weiter. Als seine Frau im Streit herausschrie, sie sei beim Ordnungsamt gewesen und die würden ihn schon dahin bringen, wo er hingehöre, nach Eickelborn, klinkte Altenscheidt aus.

Zunächst zerkleinerte er das Mobiliar der Wohnküche, wozu er keine anderen Werkzeuge benötigte als seine Handkanten.

Anschließend trieb er seine Frau mit dem Brotmesser durch die Wohnung. Die von den Nachbarn alarmierte

Polizei verhinderte das Schlimmste. Drei Streifenwagenbesatzungen fingen Altenscheidt ein, brachten ihn vorerst in die Gummizelle des evangelischen Krankenhauses, wo er blieb, bis der Unterbringungsbeschluß des Amtsgerichts vorlag. Für den Abtransport nach Eickelborn waren die Psych-KG-Leute vom Ordnungsamt zuständig. Weil der Arzt weder mit Gewalt noch gutem Zureden mit der Valium-Spritze an ihn rankam, brachten sie Altenscheidt an die Trage gefesselt ins Landeskrankenhaus.

Dem Chef des Transports drohte er zum Abschied: „Wenn ich hier rauskomm, beiß ich dir die Kehle durch."

Die Unterbringung leitete der achtunddreißigjährige Stadtoberinspektor Gerd Bäcker.

Wegener liebte Luftstarts. Von Null auf Hundert in wenigen Sekunden.

Anruf im Westfälischen Landeskrankenhaus Eickelborn: Karl Altenscheidt am 20. Dezember auf Weihnachtsurlaub nach Hause entlassen. Bisher nicht zurückgekehrt.

Anruf bei Gerda Altenscheidt: Mann am 10. Januar mit Köfferchen zurück nach Eickelborn. Harmonische Feiertage.

Anruf bei der Baufirma Wust: Altenscheidt nicht aufgetaucht.

Anruf im Präsidium: Fotos und exakte Personenbeschreibung von Altenscheidt besorgen.

Dann war er auf der Straße und quälte seinen BMW durch die rauskommende Mittagschicht vom Opel-Werk Richtung Dortmund. Der Verkehr auf der B 1 glitt leidlich, die schlimmsten Dauerbaustellen hinter der Westfalenhalle waren verschwunden, vorbei an englischen Kasernen und am Landeskrankenhaus Aplerbeck, in das sie die Verrückten gebracht hatten, als Wegener noch zur Schule ging.

Dann war das Revier zu Ende. Unna tat nur so, als ob es dazu gehörte.

Er verließ die Autobahn kurz hinter Soest. Die Landstraße durchschnitt winterstarres Hügelland, ein paar Dörfer in den Mulden. Bettinghausen, Ostinghausen, Eickelborn.

Er fand einen Parkplatz an der Hauptstraße und ging rüber zum Konsum, um Zigaretten zu kaufen. An Tagen wie diesem rauchte er. Vor ihm an der Kasse hing ein blondes Bürschchen über dem Einkaufswagen.

„Was machst du eigentlich mit dem ganzen Zeug, Ulli?" fragte die Kassiererin.

Der Junge packte an die zwanzig Dosen Deo-Spray aufs Band.

„Sprühen", fistelte er, „mein Zimmer." Er drehte sich Wegener zu und knibbelte mit den Augen. „Das mach ich gegen die Bakterien. Sonst hätt ich Angst, daß ich krank werden könnte."

Ulli zahlte 72 Mark 68.

„Ich fürchte nur, daß die meine Sprüherei als Krankheit ansehen", sagte er und huschte nach draußen.

Vor der Tür steckte Wegener sich eine an. Er sog den Schwindel bis in die Zehen. Reichlich Betrieb für eine westfälische Dorfstraße. Ein schwindsüchtiger Asphaltcowboy kam, einen Haufen Scene-Blätter unterm Arm, aus dem Zeitungslädchen. Ein Pärchen mit vom Alkohol zerstörten Gesichtern flanierte zur Kneipe an der Ecke. Das ganze Dorf lebte von den Verrückten.

Die Anstalt lag außerhalb.

Mit dem Dienstausweis überwand Wegener im Wagen die erste Kontrolle. Drinnen ist es genau wie draußen, hatten sie ihm beim Ordnungsamt gesagt, nur anders. Wie im Knast, fand Wegener. Langgestreckte Gebäude, unverputzt, die Fensterreihen mit den halbrunden Oberlichtern vergittert. Der Pfleger, der ihn am Eingang der geschlossenen Abteilung abholte, empfing ihn mit einem Redeschwall.

„Seit hundert Jahren werden hier Geisteskranke verwahrt, Triebtäter, Vatermörder, Notzüchter. Der Jürgen Bartsch ist hier bei der Kastration gestorben. Nirgendwo in

Deutschland leben so viele psychisch kranke Rechtsbrecher auf einem Haufen."

Der Mann hätte Fremdenführer werden sollen, dachte Wegener und trabte hinterher.

„Da drüben liegt Männer 4 B."

Mit seinem zugewachsenen Gesicht wies der Pfleger auf einen Backsteinblock an der Mauer. Von der Rückfront des Baus drangen Schreie herüber.

Wegener sah den Bärtigen fragend an.

Der sagte: „Sporttherapie" und führte ihn zum Hinterhof.

Auf dem abgewetzten Rasenstück zwischen Hauswand und Außenmauer jagten zehn Männer in Turnzeug einen Fußball von Tor zu Tor. Andere hingen innen an den Gittern. Sie begleiteten die Aktionen geräuschvoll. Als der Wart des hinteren quergestreiften Tores beim Abschlag den Ball auf das Dach der meterhohen Mauer drosch, gröhlten Publikum und Spieler wie verrückt.

Zwei machten Räuberleiter. Einer kletterte auf die Schultern des Keepers und schwang sich nach oben. Der Ball war über den First auf die andere Seite des Daches gerollt. Der Fußballer balancierte hinüber, erschien nach zehn Sekunden wieder, das Leder unterm Arm.

„The show must go on", kommentierte der Pfleger.

Drinnen war es wie im Zoo: seltene Lebewesen hautnah. Über den gefliesten Flur schlurfte eine Gestalt auf sie zu.

„Was ist das denn?" fragte der Pfleger. Er zupfte an dem weißen Laken, das der Patient um seine Körper geschlungen hatte. Der Angesprochene sah durch ihn hindurch.

„Vom Schaf ein Fell", hauchte er.

Im Tagesraum von Männer 4 B lärmte ein Radio, Patienten schrien, Pfleger brüllten zurück. In einer Ecke, auf braunen Plastiksesseln, saßen zwei Frauen mit einer Handvoll Kranken beim Tee. Einen kannte Wegener. Der Junge, der zusammengesunken auf dem Stuhl hockte, den Rundrücken über der Lehne, den Kopf vorgestreckt, Stielaugen auf die Brüste der Frauen, war Ulli mit dem Deo-

Spray. Er trug ein Sweat-Shirt mit dem Jägermeister-Hirschen, die fleckigen Hosenbeine mündeten in karierte Kamelhaar-Puschen. Sein schmaler Kindermund lächelte, wenn die blonde Frau sprach.

Wegener deutete auf den Kranken. „Warum darf der draußen im Dorf rumlaufen", fragte er halblaut.

Unter der Behaarung des Pflegers grinste es. „Das fragen Sie am besten die Stationsleiterin."

Er trat in die Teerunde und flüsterte mit der Blonden. Sie nickte zweimal und sah Wegener über die Schulter an. Fast gleichzeitig fuhren die Köpfe der Patienten herum. Sie starrten ihn an. Mit tranigen Augen der eine, dessen Mundwinkel wie chinesische Schnäuzerenden herabhingen; bohrend der andere mit dem verbeulten Kopf und den widerspenstigen Stehhaaren. Einer stand auf, zuckelte auf Wegener zu, eine Plastiktüte in der Hand.

„Da sind meine Unterlagen drin."

Er zog einen Stapel Papier aus der Tüte und hielt ihn Wegener hin.

„Die habe ich gerade dem Gericht geschickt. Ich bin nämlich ein Justizirrtum."

Wegener sah hilfesuchend zum Pfleger.

„Steck mal weg, Erwin", sagte der, legte dem einen Kopf kleineren Mann seinen Arm um die Schulter und bugsierte ihn auf seinen Platz zurück.

Die Stationsleiterin stand auf und übergab ihrer Kollegin die Gesprächsleitung.

Jetzt war Wegener mit dem Starren an der Reihe. Die Frau war gut einssiebzig, kräftig. Ihr Gesicht, mit runden Wangen, Grübchen und Schmollmund — eigentlich zu süß für seinen Geschmack — wirkte abgespannt. Dunkle Schatten fraßen am Glanz ihrer Augen. Das Begrüßungslächeln fiel mager aus.

„Guten Tag, mein Name ist Mertmann", sagte sie in demselben ruhigen Tonfall wie vorher bei den Patienten.

Wegener schüttelte ihre Hand. Sie war kräftig und kalt. Er zeigte den Dienstausweis.

„Ich komme wegen Altenscheidt", begann er und sah sich um. Ein glatzköpfiger Patient schlich um sie herum. Der Pfleger führte ihn weg.

„Kommen Sie", sagte die Stationsleiterin und ging voraus. Ihr Bauernkittel war zu weit, um ihn mehr von ihrem Hintern mitkriegen zu lassen als eine runde Ahnung.

Die Küche war hoch, leer und kalt wie eine Kirche. Sie setzten sich an den Tisch mit der geblümten Wachstuchdecke unter den vergitterten Fensterflügeln. An der Wand brüllte die Spülmaschine. Kachelboden und Fliesenwände spielten Ping-Pong mit dem Lärm.

Die Frau stoppte die Maschine, schloß ein Oberlicht und setzte sich wieder. Wegener fingerte an der Zigarettenschachtel, hielt ihr die halbherausgezogenen Marlboro hin.

Sie rauchten.

Am Telefon hatte er sie kurz informiert. Jetzt berichtete er ausführlich, was in Bochum passiert war. Sie hörte schweigend zu, der rotlackierte Nagel ihres Zeigefingers fuhr dabei die Muster der Tischdecke ab.

„Und nun meinen Sie, Altenscheidt wär's gewesen?" fragte sie, als er fertig war.

Wegener schüttelte den Kopf.

„Ich meine gar nichts. Noch nicht. Ich würde ihn gern fragen, was er am 14. Januar nachmittags um fünf gemacht hat. Dazu muß ich ihn erst mal finden. Und solange ich ihn nicht habe, nehme ich mit Ihnen vorlieb."

Er verzog die Lippen zu einem spitzen Lächeln.

„Am besten, Sie erzählen mir von ihm. Was er gemacht hat und warum Sie ihn laufenließen."

Den letzten Halbsatz betonte er nicht anders als den Rest.

Sie verstand ihn auch so. „Altenscheidt sollte im Februar auf die halboffene Station", versetzte sie. „Er war hier so was sie ein Musterpatient, Stationssprecher, Ordnungsfaktor."

„Das müssen Sie mir erklären."

„Als er eingeliefert wurde, spielte Altenscheidt den wilden Mann. Damals wurde hier noch viel gespritzt. ‚Wenn Sie mich mit dem Zeug fertigmachen wollen, bringen Sie am besten ein Dutzend Pfleger mit', hat er meinen Vorgänger angeschrien. ‚Dem ersten, der mich anpackt, schlag ich jeden Knochen einzeln kaputt.' – Sie ließen ihn in Ruhe. Als ich vor einem Jahr herkam, lag das Schlimmste schon hinter ihm. Der Alkoholentzug war gelaufen, er arbeitete täglich acht Stunden für vierzig Mark im Monat."

Sie quetschte die Zigarettenkippe in den Ascher, als sei die für den Lohn verantwortlich.

„Hier auf Männer 4 B geht es nicht besonders sanft zu. Nachts schleichen Patienten durch die Station, überfallen andere. Die Starken toben sich an den Schwachen aus, schlagen sie brutal zusammen. Einer wie Altenscheidt ist da Gold wert. Er ist nicht viel größer als ich, aber dreimal so breit. Wenn die Bullen der Abteilung randalierten, war er zur Stelle."

Sie nahm sich noch eine von seinen Zigaretten. Wegener sah zu, wie der halbe Filter zwischen ihren aufgeworfenen Lippen verschwand.

Da saß er mit der Leiterin der Station zusammen, einer Diplom-Psychologin, und die erzählte ihm, dem Kripomann, Geschichten von Mord und Totschlag.

„Behandeln Sie Ihre Patienten zwischendurch auch?" fragte er.

Die Frau zog die Brauen hoch.

„Früher", dehnte sie, und ihre Augen brannten ihm Löcher in den Pelz, „früher wurden hier Verrückte eingesperrt. Heute haben wir ein neues Direktorium und eine Menge guter Vorsätze. Ein therapeutisches Milieu soll geschaffen werden, aber Geld darf es nicht kosten. Deshalb hat man erstmal die Namen geändert. Das Fußballspiel haben Sie ja schon gesehen. Das heißt jetzt Sporttherapie. Wenn die Patienten aus Langeweile Skat kloppen, dann ist das Spieltherapie. Basteln heißt Beschäftigungstherapie, Singen Musiktherapie. Nur noch eine Frage der

Zeit, wann die Nachtruhe in Schlaftherapie umbenannt wird."

Sie fuhr mit den Händen durch ihr schulterlanges Haar in die Nackenmuskeln, drückte den Kopf nach hinten.

„Ich arbeite jeden Tag zehn bis zwölf Stunden. Acht bekomme ich bezahlt. Die meiste Zeit geht für Gespräche mit den Patienten drauf. Gesprächstherapie", schnaubte sie.

„Was machte Altenscheidt für einen Eindruck auf Sie. Halten Sie es für möglich, daß er Bäcker ermordet hat?"

„Im persönlichen Gespräch kam er mir sehr vernünftig vor. Seine Frau hat ihn häufig besucht. Deshalb durfte er Weihnachten zu ihr."

„Aber Altenscheidt ist nicht zurückgekommen, bei seiner Frau ist er nicht, und der Mann, der ihn hierher brachte, ist wie angekündigt tot. Nochmal meine Frage: Halten Sie es für möglich, daß er Bäcker ermordet hat?"

„Möglich", sagte sie, „möglich ist in der Psychiatrie alles. Unser Dilemma hat ein amerikanischer Kollege auf den Punkt gebracht. Die Hälfte seiner Patienten könne er entlassen, hat der gesagt. Er wisse bloß nicht, welche Hälfte."

Im Paternoster geköpft: Polizei jagt Bestie

VON HANS ESSER*

Bochum, 21. Januar

„Wenn ich hier rauskomm, beiß ich dir die Kehle durch", drohte der Bochumer Maurer Karl Altenscheidt (43), als Beamte des Ordnungsamtes den geistesgestörten Alkoholiker vor zwei Jahren ins Landeskrankenhaus Eickelborn schafften. Der Grund der Einweisung: Altenscheidt hatte im Suff immer wieder seine Frau verprügelt. Als er sie schließlich mit dem Brotmesser verfolgte, alarmierten Nachbarn die Polizei. Der Mann, der den irren Maurer nach Eickelborn brachte, ist inzwischen tot: Gerd Bäcker (41), Stadtamtmann, seit zwanzig Jahren glücklich verheiratet und Vater einer Tochter, die noch studiert, wurde vor einer Woche im Paternoster des Bochumer Rathauses gefunden. Enthauptet!

Der Mörder hatte ihn niedergeschlagen und den Kopf zwischen Kabine und Flur abgetrennt. Hat Altenscheidt so sein Versprechen eingelöst?

Vor Weihnachten hatte man ihm in Eickelborn über die Jahreswende Urlaub gegeben.

Gerda Altenscheidt: „Mein Mann war wie ausgewechselt, als er am Heiligen Abend nach Hause kam. So

---

* Als Mann, der bei Bild Hans Esser war, habe ich meine Erfahrungen mit der Art von Journalismus, die dort gepflegt wird, in diesen Artikel eingebracht.
Als Hans Esser bin ich solchen scharfmacherischen Stories aus dem Wege gegangen.

Günter Wallraff

friedlich. Wir haben ruhige Feiertage gehabt."
Frau Altenscheidt hat ihren Mann am Tag vor dem grauenhaften Mord zum Bahnhof gebracht. „Er war so traurig, weil er wieder in die Anstalt mußte."
In Eickelborn ist Altenscheidt nie angekommen.
„Dabei sollte er doch auf die halboffene Station verlegt werden", wundert sich Angelika Mertmann, Leiterin der geschlossenen Männerstation 4 B.
„Der blonde Engel", wie die Irren sie liebevoll nennen, ist ratlos.

„Wen soll ich denn eigentlich noch rauslassen?" fragt sich die sechsunddreißigjährige Diplom-Psychologin. Für sie war Altenscheidt ein Musterpatient.
Andere sehen das anders. Wie wir aus Anstaltskreisen erfuhren, war der bärenstarke Maurer auch auf der Station mit den Fäusten schnell bei der Hand.
Trotzdem bekam er Urlaub. Hat er auch den „blonden Engel" bedroht?
Jedenfalls ist Stadtamtmann Bäcker tot. Und die Kripo macht Jagd auf die Bestie von Bochum.

„Atze, ich werd' verrückt."

Erwin Cybulla rutschte beim Lesen von einer Backe auf die andere. Sein massiger Körper brachte den Streifenwagen ins Schaukeln.

Artur Schwandt glotzte seinen Kollegen von der Seite an und kaute weiter. Mühsam malmte er das Vollkornbrot mit seinem leicht vorspringenden Unterkiefer, polkte mit den Fingernägeln Fetzen des Belags – der Farbe nach war es roher Schinken – aus seinem lückenhaften Gebiß.

Erst als die ganze Schnitte zwischen seinen wulstigen Lippen verschwunden und das Butterbrotpapier glattgestrichen war, reagierte er.

„Zeig mal her!"

Cybulla übergab ihm die aufgeschlagene ZEITUNG. Schwandt buchstabierte sich durch den Artikel.

„Mensch, Erwin, dat ist ja der, den wir damals weggebracht haben!"

Cybulla nickte. Bauch und Auto wabbelten. Er sagte: „Im Wolfsfeld 157."

Schwandt verzog das Gesicht. Sie waren als erste in der Wohnung gewesen, als Altenscheidt ausklinkte.

„Wo der sich jetzt wohl rumtreibt?" dachte er laut.

„Bei seiner Alten. Wo denn sonst?" gab Cybulla zurück.

Er nahm Schwandt die ZEITUNG wieder ab und stöberte mit dem Zeigefinger durch den Artikel.

„Wir haben schöne Feiertage gehabt", äffte er eine Frauenstimme nach, ballte die Faust, schob den Daumen zwischen Zeige- und Mittelfinger.

Schwandt griente.

Cybulla faltete die ZEITUNG zusammen. Er startete den grün-weißen Variant, wendete auf dem Parkplatz des verlassenen Ausflugslokals, das sie Café Arschloch nannten, kurvte durch das Hörsterholz. Wo sich die schmale Asphaltstraße weitete, gab er Gas. Hinter den Hecken flitzten die Zechenhäuser der Eiberger Straße vorbei.

Am Dahlhauser Bahnhof mußte er halten. Ein Bagger wühlte in den Eingeweiden des Bahndamms, der den Stadtteil durchschnitt. Schaufel um Schaufel riß das Ungetüm aus der Böschung. Vor ihnen hupten wartende Wagen. Als der Aushub auf dem Kipper fast überquoll, räumte der Bagger die Straße. Die Autos huschten vorbei. Eine graue Abgasfahne hinter sich herziehend, bretterte der Streifenwagen die Keilstraße hinauf.

„Erwin, wo willst du hin?" Schwandt stieß seinen Kollegen in die Rippen. Wenn er aufgeregt war, stand sein Unterkiefer noch zwei Zentimeter weiter vor.

„Paß auf, daß es nicht reinregnet", sagte Cybulla, ohne den Blick von der Straße zu nehmen. Sie fuhren schon lange zusammen Streife.

Cybula bog links in Richtung Hang.

„Nur mal gucken", sagte er und stoppte kurz vor der kleinen Kreuzung. Dahinter zog sich eine Reihe dreistöckiger Backsteinbauten hin, einer so schmucklos wie der andere.

„Wo war das nochmal?" fragte Cybulla.
„Im dritten oder vierten Haus?"
Mit einem Bein stand er schon auf der Straße.
Schwandt sagte: „Im fünften unten rechts", und blieb sitzen.
„Komm, Atze, nur mal gucken."
Schnaufend wuchtete Cybulla sich aus dem Auto, schlug die Tür zu. Er schob seine kugelige Gestalt über die Kreuzung, ohne weiter auf Schwandt zu achten. Der kam schon von allein.

Am vierten Haus stand die Seitentür offen.

Cybulla ging hinein. Der feuchte Modergeruch des Altbaus hatte sich mit atemberaubendem Knoblauchduft vermählt.

Cybulla schellte an der ersten Tür. Jemand schlurfte durch die Wohnung. Die Tür öffnete sich eine Handbreit. Knapp über der Türklinke erschien ein Kopftuch.

Cybulla verdreht die Augen.

„Ich Polizei", begann er und steckte den Zeigefinger bis zum Anschlag in seinen Bauch. „Du wissen, ob Mann von Frau Altenscheidt zu Hause?"

Aus dem Türspalt sahen ihn schwarze Augen fragend an.

„Mann von nebenan nicht da?" versuchte Cybulla es nochmal.

„Mann plem-plem", stieß die Frau hervor, stierte flackernd in Richtung Tür, grimassierte und tippte sich dabei an die Stirn.

Begleitet von einem spitzen Schrei klatschte die Tür ins Schloß.

An der Hausecke stand Schwandt. Er schielte in die Straße.

Als Cybulla ihm die Hand auf die Schulter legte, fuhr er herum. Cybulla grinste.

Vorsichtig näherten sie sich dem nächsten Haus.

»Halt die Tür im Auge, Atze!"

Bevor Schwandt widersprechen konnte, zog Cybulla den Kopf ein und huschte unter den Fenstern entlang. Vor dem letzten bremste er, richtete sich auf und schob ein Auge um die Ecke.

In der Wohnküche brannte Licht.

Rechts verdeckte ein weißer Küchenschrank die großgemusterte Tapete, gegenüber Spülstein, Herd und Kühlschrank. An der Eckbank im Hintergrund hockte die Altenscheidt und schälte Kartoffeln. Sie hatte eine Zeitung auf ihrem Schoß, in die sie die Schalen fallen ließ. Platschend flog eine Kartoffel nach der anderen in den Topf.

Von ihrem Mann keine Spur.

Cybulla überlegte nicht lange. Mit der Walter pochte er fest gegen die Scheibe. Die Frau ließ eine halbgeschälte Kartoffel fallen, sprang auf und rannte ans Fenster. Die Schalen ringelten sich am Boden. Als sie den Kopf zum Fenster rausstreckte, hielt Cybulla ihr die Walter unter die Nase.

Sie fuhr zurück.

„Mein Mann ist nicht da", kreischte sie und schlug das Fenster zu.

Cybulla plumpste von dem Mauervorsprung, auf den er sich gestellt hatte, um besser sehen zu können.

Seine Handflächen ratschten an den unverputzten Ziegeln entlang. Die Fußgelenke ächzten beim Aufprall seiner siebenundneunzig Kilo. Humpelnd hetzte er zum Eingang.

„Atze, paß auf!" schrie er schon vor der Ecke.

Schwandt hörte ihn nicht. Er war ums Haus geschlichen, an den halbverfallenen Stallungen vorbei. Der Hintereingang war unverschlossen. Schwandt drückte die Klinke sacht herunter und schob sich durch die Tür.

Unter der Treppe, im Gestank des Etagenklos, blieb er stehen und hielt die Wohnungstür im Auge.

Ob Schwandt einen Moment nicht aufgepaßt hatte, daran konnte er sich später, als der Oberkommissar ihn im Krankenhaus besuchte, nicht mehr erinnern. Es ging alles zu schnell.

Altenscheidt nahm die halbe Treppe zwischen Wohnungstür und Hinterausgang mit einem Satz, bemerkte ihn in seiner Ecke zwischen Toilette und Kellerabgang, riß die Hintertür auf und schlug sie mit aller Macht gegen den Polizisten. Das massive Holz donnerte ihm gegen Kniescheiben, Arme und Unterkiefer.

Schwandt taumelte rücklings vor die Toilette.

Dort erwischte ihn die Tür zum zweitenmal. Der Maurer warf sich mit dem ganzen Körper dagegen. Schwandt kam nicht weg. Er hörte, wie es in seinem Brustkorb knackte.

Er schrie, schrie auch, als der Druck nachließ, schrie noch, als Cybulla vor ihm stand.

Altenscheidt war weg.

Cybulla suchte noch eine Zeit das Gewirr der Gänge zwischen Häusern, Ställen und Gärten ab. Ohne Erfolg.

Schließlich gab er auf. Mißmutig watschelte er zum Wagen, machte Meldung bei der Leitstelle und orderte einen Krankenwagen.

Eine halbe Stunde später traf Wegener ein.

Der Bürgersteig vor Haus Nummer 157 ähnelte inzwischen dem Basar einer anatolischen Kleinstadt.

Männer mit jeder denkbaren Art von Schnäuzer gestikulierten, Frauen in großblumigen Pluderhosen standen abseits und schwatzten. Die Deutschen aus den Einfamilienhäusern gegenüber lagen verschüchtert in den Fenstern. Schwandt war vor ein paar Minuten weggebracht worden. Cybulla lehnte im Hausflur und rauchte. Wegener hörte sich an, was er zu erzählen hatte, und ging dann in die Wohnung.

Die Frau saß am Küchentisch und flennte. Nachts habe sie wachgelegen, schniefte sie, und sei erst am Morgen eingenickt. Irgendwann müsse ihr Mann gekommen sein, er habe ja noch einen Schlüssel. Um neun, als sie aufwachte, habe er neben ihr gelegen. Sie sei aufgestanden und habe ihn schlafen lassen. Er sah so müde aus. Nach dem Einkaufen habe sie mit dem Essenkochen angefangen und wollte gerade gucken, ob er noch schliefe, als es am Fenster klopfte.

Wegener nahm sie in die Mangel. Versuchte es mit allen Tricks. Die Frau blieb bei ihrer Geschichte.

Nein, mit ihrem Mann habe sie kein Wort gewechselt. Wo er die letzte Woche gewesen sei, wisse sie nicht. Undsoweiter.

Nach einer dreiviertel Stunde glaubte Wegener ihr.

Es gibt Menschen, die sind zu dumm zum Lügen.

Draußen war der Bus mit den Hunden eingetroffen. Altenscheidts Frau mußte eine Jacke, die ihr Mann in der Eile liegen gelassen hatte, aus dem Schlafzimmer holen. Die Kleffer schnüffelten daran, und ab ging die Post.

Sie zogen ihre Führer und den Troß der Uniformierten eine halbe Stunde durch den Stadtteil, bis sie auf dem breiten Bürgersteig der Hattinger Straße anhielten. Hasso vom Geschriebenstein pißte an die Kirchenmauer, sein Partner bellte die Straßenbahn an.

Die Jagd war vorbei.

9

Fuchs hatte den Wagen stehenlassen und ging zu Fuß, vorbei an den Lokalen am Adenauerplatz, wo sich auf Fünfziger Jahre gestylte Typen bei Achtziger-Jahre-Musik und Kiwi-Bowle langweilten.

Es war Freitagabend kurz nach acht. Ikea-Pärchen im Viererpack kreisten auf Parkplatzsuche um den Ring. Er hatte Mühe, auf die andere Seite zu kommen.

Auf den Farbfotos im Schaukasten der Paprika-Bar am Ring posierten Frauen in Dessous, die sie für aufregend hielten. Wie die Bar hatten sie ihre Blütezeit in den Sechzigern, als Paprika ein in Bochum weitgehend unbekanntes, sagenhaft scharfes Gewürz war. Porno-Kino und Peep-Show, in der Fuchs im Vorbeigehen einen Blick riskierte, hatten ihnen längst den Rang abgelaufen.

Das Ulmeneck war eine der wenigen Kneipen, die er nicht einmal dem Namen nach kannte. Er umrundete etliche Blocks in dem Viertel zwischen Bahndamm, stillgelegten Krupp- und dröhnenden Thyssenwerken, ehe er unter der Fiege-Pils-Reklame stand.

Drinnen warteten sie schon. Sie hockten um einen der beiden Tische an der Wand neben dem Eingang. Fuchs hängte seine Steppjacke an die Garderobe, für die er selbst zu haften hatte, und rutschte in die Runde.

„Ich bin der Neue", sagte er.

Stichler hatte ihn überredet, für Bäcker beim Knobelklub Wilde 13 einzuspringen, auf Probe erstmal. Außer Abi war da noch Kurt Geschrei, ein drahtiger Kleiner aus dem Ordnungsamt, der seinen Hausnamen Lügen strafte. Still wie immer nickte er Fuchs über sein Pils weg zu.

Den Mann neben Geschrei kannte Fuchs vom Sehen. Er hieß Fischbach oder so, ein rathausweit bekannter Trinker, den sie irgendwo im Baudezernat vor der Öffentlichkeit verbargen. Hier sagten sie Hannes zu ihm.

Nur eines der Gesichter in der Runde war ihm fremd. Es war grobporig, mit wässrigen Augen, unter denen ausgeleierte Tränensäcke hingen, und gehörte einem Enddreißiger, den Stichler ihm als Winfried Rieder, Journalist, vorstellte. Rieder verzog den Mund zu einem schmalen Lächeln und gab Fuchs die Hand.

Das also war die Wilde 13. Den Namen trugen sie wegen der Zahl der Bierdeckel, die pro Spielhälfte zu verteilen waren. Herbert, der Wirt, brachte sie zusammen mit dem Knobelbecher und Fuchs' Pils. Es wurde offen geschockt.

Die erste Partie verlief teigig. Nur Fischbach riskierte etwas. Er hatte sich schon im Büro warmgetrunken. Als Abi krakeelend Schock fünf vorlegte, ließ er im ersten die Sechs stehen, legte im zweiten und dritten je eine Eins dazu: Schock sechs.

„Das war der doppelte Fischbach!" brüllte er.

Rieder, Stichler und Geschrei hielten eingebildete Täfelchen hoch.

„Sechs Komma null, fünf Komma neun, sechs Komma null", punkteten sie.

Fischbach bimmelte mit einem Glöckchen. Der Wirt brachte Bier.

„Hervorragender Einstand", knurrte er.

Fuchs' Deckel bekam fünf Striche.

Sie prosteten ihm zu.

Fischbach sagte: „Kannst öfter kommen."

Fuchs legte vor und war nach zwei schnellen Hälften mit Fischbach im Endspiel. Er startete mit zwei Straßen, die Hannes nicht überbieten konnte, schickte einen Vierer-Pasch hinterher, verspielte den K.O. mit Schock vier.

Ungerührt kassierte Fischbach die Pappen.

„Da verliert einer, der denkt noch gar nicht dran", versicherte er und trank sein Bier aus, ehe er vorlegte.

Im dritten Wurf fiel die dritte Eins. Schockout.

Sie hielten dieses Tempo bis gegen zehn. Die Partien wurden lauter. Ständig krabbelte jemand unter dem Tisch nach Würfeln. Meist hatten sie ein frisch gezapftes neben dem angetrunkenen Pils stehen.

Fischbach rutschte von Runde zu Runde tiefer, bis Abi den Aufhänger seines Jacketts über einen Knauf der Stuhllehne stülpte. Die Talfahrt war gestoppt.

Überhaupt Abi. Er hatte nicht einen Strich auf dem Deckel und führte in der Tageswertung, die Geschrei nach einem undurchsichtigen Schlüssel berechnete.

Abi riß die Würfel mit dem Becher über die Tischkante. Der Abend war sein Freund.

Auf dem Pissoir traf Fuchs Rieder. Er fummelte an seinem Hosenschlitz.

„Komm raus, du Feigling! Brauchst bloß pinkeln", gibbelte er.

„Was für ne Sorte Journalist bist du eigentlich?" nuschelte Fuchs. Er hatte die Nase stillgelegt, um dem Fichtennadel-Urin-Gestank zu entgehen.

„Stadtrundblick", warf Rieder hin, als handele es sich nicht um den örtlichen Anzeigenfriedhof, sondern die New York Times.

Mit der freien Hand schlug er Fuchs auf die Schulter, daß er Mühe hatte, die Richtung zu halten.

„Kannst dir auch was nebenbei verdienen."

„Soo?" dehnte Fuchs, wippte ein bißchen und packte ein.

„Mhm", machte der Journalist. „Hat Bäcker auch gemacht."

Fuchs nahm die Brille ab und warf sich ein paar Hände kaltes Wasser ins Gesicht. Das schlaffe Gefühl in den Backen ließ etwas nach.

„Was muß man denn machen?"

Rieder verzichtete aufs Händewaschen. Er stieß die Toilettentür auf.

„Niemand da", dachte er laut und kam Fuchs so nahe, als ob er ihn küssen wollte.

„Tips geben", wisperte er. „Wo einer baut, welche Straße demnächst repariert wird. Alles was die Leute interessiert."

Fuchs setzte seine Brille wieder auf. Ohne war er hilflos.

„Und was kommt dabei rum?" fragte er.

Rieder machte ein wichtiges Gesicht. „Zwanziger ist Standard. Und für ne größere Sache, die ich weiterverkaufen kann, auch 'n Fuffi."

„An wen weiterverkaufen?"

„Kommt auf den Tip an. Das meiste mach ich für die ZEITUNG. Wenn die Story verrückt genug ist, nehmen die die sofort. Und wenn nicht, helf ich ein bißchen nach."

„Bei der ZEITUNG?"

Rieder grinste.

„Ne, Junge, bei der Story. Guck, mal. Zum Beispiel Bäcker. Die beste Geschichte, die der mir geliefert hat, war seine Leiche. Haste die Schlagzeile gelesen? Beamter im Paternoster geköpft! Das wollen die Leute lesen. Und ich meine, fast wärs ja auch so gekommen, mit dem appen Kopp."

Er zog ein speckiges Portemonnaie aus der Gesäßtasche, nestelte darin herum und hielt Fuchs schließlich eine verbeulte Karte hin.

„Hier, ruf mich an, wenne was hast."

In der Kneipe waren ein paar neue Gäste eingetroffen. Ältere, angesoffene Ehepaare, die von einer Familienfeier übriggeblieben waren.

Das Knobeln ging langsamer voran. Fischbach nickte zwischen den Würfen ein, fuhr hoch, wenn sie ihn anstießen.

„Was ist tief?"

Als er irgendwann statt des Bechers sein frisches Pils umdrehte, machten sie Schluß, gingen an die Theke bezahlen, blieben wegen der Schnapsrunde, die der Wirt gab, hängen. Jeder mußte sich revanchieren.

Fuchs verlor den Faden. Die Ehepaare wollten tanzen. Eine der Frauen ging zur Musik-Box. *Heute hauen wir auf die Pauke,* gröhlte Tony Marschall. Fuchs sah zwei Frauen auf sich zukommen, wollte zwischen ihnen durch, stieß mit der Vollschlanken zusammen, rappelte sich auf, zahlte und ging.

Am Tisch schlief Fischbach.

10

Samstag hatte Fuchs seinen Körper sich selbst überlassen. Wintersonntage haßte er ohnehin. Erst Montagmorgen verließ er seine Wohnung in der Kronenstraße. Er hastete die Viktoriastraße hinunter, wieselte durch das Baustellengewirr am Husemannplatz, wo sie noch eine Tiefgarage unter die Innenstadt höhlten, bog bei der Post um die Ecke und sah die Rathausuhr.

Zwanzig vor neun. Vor zehn Minuten hatte die Kernzeit, in der Anwesenheitspflicht bestand, begonnen.

Im Kiosk kaufte er die WAZ, wartete hinter der Tür, bis der Pulk vom Kanalbau unter Führung des kleinen, dicken

Abteilungsleiters in Richtung Parkplatz verschwunden war, stellte im Eingang seine Uhr an, zog sich vorsichtig zurück, erreichte ungesehen den Hintereingang und fuhr mit dem Lastenaufzug in die zweite Etage. Der verbaute Flur gähnte ihn an.

Fürsorgliche Kollegen hatten das Licht in seinem Zimmer angeknipst. Er huschte hinein, hängte die Jacke weg, dekorierte die Schreibtischplatte mit Straßenakten und einem Lageplan, groß genug als Deckblatt für die aufgeschlagene Zeitung.

Die WAZ ließ sich seitenlang über das Motto eines Schlesiertreffens aus. Ihm fiel die vertrocknete Schrulle aus der Wohngeldabteilung ein, die mit Unterstützung des berufsmäßig vertriebenen Personalausschußvorsitzenden befördert worden war. *Fräuläin Klawa war schon in dr Häimat in VI b jewäisn.*

Im Sportteil herrschte tiefster Winter. Nordische Kombination am Holmenkollen. Fuchs fror beim Hingucken.

Blieb noch der Lokalteil. Hier kämpfte der Fotograf seinen einsamen Kampf gegen die Poller, mit denen die Stadt das Zuparken der Bürgersteige in der Innenstadt verhinderte.

Die Anzeigen waren auch langweilig.

Niemand Bekanntes gestorben.

Fuchs warf die Zeitung weg. Der Lageplan grinste ihn an. Er grinste zurück, griff einen Stapel ÖTV-Magazine, die seit zwei Wochen auf seinem Aktenbock darauf warteten, von ihm als Vertrauensmann verteilt und von den Mitgliedern ungelesen in den Papierkorb geworfen zu werden, und ging auf Tournee.

Sie erzählten ihre Wochenendgeschichten. Karl Kramer hatte mit seinem Schwager zwei Kästen Bier niedergemacht, Abi die elektrische Eisenbahn seiner Frau aufgebaut.

„Hat deine Frau 'n Lokschuppen?" fragte Fuchs.

Nebenan bei Schmidt wurde vom VfL geredet. Fuchs hörte sich das eine Weile an.

„Die könnten bei uns aufm Hof spielen", sagte er, als Schmidt Luft holte, „da würd ich nicht mal die Rolläden für hochziehen."

Im Büro wartete Swoboda. Er hatte sich die Zeit damit vertrieben, die Akten auf Fuchs' Schreibtisch zu durchwühlen.

„Was macht eigentlich die Abrechnung Wespenweg, Herr Fuchs?" fragte er.

Seine Pianistenfinger wieselten durch den Hefter.

„Sind doch alle Unterlagen da, oder?"

Fuchs nickte.

„Und?"

„Und was?"

Swoboda bleckte seine Pferdezähne.

„Und wann wollen Sie damit anfangen, meine ich."

„Ach so!"

Fuchs massierte sein Kinn zwischen Daumen und Zeigefinger. Die Barthaare schmirgelten das Kinn. Er schloß die Augen und griff sich an die Stirn. Rubbelte auch hier.

„Ende der Woche vielleicht", sagte er und sah Swoboda mit Unschuldsmine an.

„Darf man erfahren, warum erst dann?" ätzte der Abteilungsleiter.

„Wegen Ihrer Liste, Herr Swoboda." Der Satz kam genau so leichthin wie geplant.

Swob liebte Listen. Wenn es ihm in den Kopf kam, stürzte er durch alle Sachgebiete, ordnete den Stopp der laufenden Arbeiten an und ließ sie statt dessen Listen aufstellen. Listen über alle historischen Straßen, Listen über alle fertigen Straßen, Listen für alle abgerechneten Straßen, Listen über alle erneuerten Straßen, Listen über alle erweiterten Straßen, Listen über alle verbesserten Straßen. Der Gipfel war eine Liste über alle Listen. Als sie damit fertig waren, hatte Fuchs vorgeschlagen, ihn Odysseus, den Listenreichen, zu nennen. Den anderen war das zu intellektuell. Sie blieben bei Swob.

In die Liste, um die es gerade ging, wollte der Abteilungsleiter alle abrechnungsfähigen, aber noch nicht abgerechneten Straßen aufgenommen wissen. Das zwang sie, die Karten auf den Tisch zu legen. Die Straßen, die da auftauchten, mußten in Kürze abgerechnet werden, was mit viel Arbeit und einer Menge Ärger verbunden war. Sie ließen sich Zeit mit dem Verzeichnis.

„Bis Mittwoch spätestens habe ich Ihre Liste, Fuchs", bestimmte Swoboda und verschwand türenschlagend im Nebenzimmer.

Viertel nach elf.

Vor der Mittagspause anzufangen, lohnte sich nicht mehr. Fuchs vertrödelte die Viertelstunde. Machte sich dann auf. Aß in der Gerichtskantine *Wiener Rahmschnitzel mit Petersilienkart. und gem. Salat.* Lief ziellos durch die Stadt. Kaufte irgendeine LP für zehn Mark.

Bei Tschibo traf er den Verkäufer aus dem Plattenladen. Sie schütteten ein paar Tassen ohne alles in sich hinein.

Der Typ sah kaputt aus. Seine dunklen Augen hatten sich tief in die Höhlen zurückgezogen, der stachelige Zwei-Tage-Bart machte sein Kindergesicht auch nicht schöner. Er rauchte Kette.

„Benson", sagte er. „Dylan raucht die auch. Stand neulich im Rolling Stone."

Den Job hatte er geschmissen.

Kurz vor zwei war Fuchs wieder im Tiefbauamt. Abi kam ihm auf dem Flur entgegen, sah auf die Uhr und grinste.

Fuchs sagte: „Die Mittagspause ist zwischen elf Uhr dreißig und vierzehn Uhr zu nehmen. Steht in der GLAZ-Ordnung."

„Sie beträgt dreißig Minuten, heißt der nächste Satz."

„Soweit bin ich noch nicht gekommen."

Die Straßen, die aus seinem Bezirk auf Swobodas Liste gehörten, hatte er im Kopf. Er schrieb sie auf, strich eine, von der er hoffte, daß Swob sie nicht kannte, und gab den Zettel zum Schreiben.

Das Problem war Bäckers Bezirk. Von zwei drohenden Abrechnungen hatte er oft gesprochen, runderneuerte, alte Straßen mit zig Anliegern. Der Krawall mit den Leuten war vorprogrammiert.

Im Aktenraum ging Fuchs Bäckers Wiedervorlagen durch. Dort schmorten noch vier Abrechnungen. Den Schreibtisch hatten die Hilfssheriffs des Kommissars zwar schon einmal durchsucht, aber wohl kaum auf Abrechnungen. In der Schublade schlummerte der übliche Kurmel von Tipschein bis Namensstempel, hinter den Türen ein Stapel Kicker-Hefte und eine angebrochene Asbach-Flasche, die Fuchs sicherstellte.

Ihm fiel das Schrankfach wieder ein, oben über der Tür, daß Bäcker manchmal, auf einem Stuhl stehend, beschickt hatte.

Fuchs schaute nach.

Es war halbleer. Schriftverkehr mit dem Beamtenheimstättenwerk füllte einen Ordner. Aus einer Klarsichtmappe quollen Durchschläge von Swobodas Listen. In einem aufgerissenen Din-A-4-Umschlag steckte ein Vertrag. (siehe S. 59)

Es folgten drei Seiten mit den üblichen juristischen Feinheiten, die Unterschriften der Beteiligten einschließlich Notar.

Fuchs warf den Rechner an und ließ ihn 21 960 durch 732 teilen. 30 Mark hatte der Baudirektor seinem Dienstherrn für den Quadratmeter Bauland gezahlt.

Fuchs ging zur Flurkarte an der Wand. Stiepel war nicht schlecht, Bochums Nobelvorort an der Ruhr. Flur 51 war gut. Zwei, drei Straßen am Hang, Südlage, unverbaubare Sicht auf die bewaldeten Hügel, jenseits der Ruhr. Flurstück 316 war Spitze. Das letzte Grundstück an einer kleinen Sackgasse, dahinter begann freies Feld – Naturschutzgebiet.

Die Richtwertkarte mit den Grundstückspreisen hing bei Abi. Fuchs steckte den Vertrag zurück in den Umschlag und nahm ihn mit.

Urkundenrolle Nr. 17/1982

Beglaubigte Fotokopie

Verhandelt

zu Bochum am 3. März 1982

Vor mir,
dem unterzeichnenden Notar
Dr. Sachse
mit dem Amtssitz in Bochum

erschienen heute:

1. für die Stadt Bochum – nachstehend „Verkäufer" genannt – Frau Stadtamtmännin Ilse Biermann, von Person bekannt,

2. Herr Stadtbaudirektor Bernhard Gries, Am alten Stadtpark 37, und Frau Gabriella Meist, beide verfügungsfähig und von Person bekannt, nachstehend „Käufer" genannt.

Die Erschienenen erklärten:
Vorbehaltlich der Zustimmung des Rates der Stadt Bochum schließen wir folgenden

Kaufvertrag:

§ 1

Der Verkäufer verkauft dem Käufer das in seinem Eigentum stehende Baugrundstück, bestehend aus dem Flurstück Gemarkung Stiepel, Flur 51, Nr. 316 in Größe von 732 qm (Kaufgrundstück).

§ 2

Der Kaufpreis beträgt 21 960,– DM, in Worten: einundzwanzigtausendneunhundertsechzig Deutsche Mark.

Abi hatte Besuch. Fischbach saß auf der Schreibtischkante. Während Fuchs sich auf der Karte orientierte, hörte er mit einem Ohr, wie der Knobelbruder in kanadischer Kriegsgefangenschaft das Berliner Olympiastadion im Maßstab 1:100 aus Streichhölzern nachgebaut hatte.
Der Richtwert lag bei 300 Mark pro Quadratmeter.
Beim Einwohnermeldeamt kannte er Zappo.
Er rief ihn an.
„Kannst du an den Terminal?"
Zappo brummte Zustimmung.
„Kannst du auch die Schnauze halten?"
Zappo schwieg wie zum Beweis.
„Bernhard Gries."
„Der Baudirektor?"
„Ich dachte, du könntest die Schnauze halten!"
„Was willst du denn wissen?"
„Familienverhältnisse."
Es dauerte drei Minuten, bis Zappo sich wieder meldete.
„Am alten Stadtpark 37", sagte er. „Außerdem sind da noch Viktoria, geborene Kromschröder und Barbara, geboren 13. 11. 1961."
Fuchs kritzelte die Daten auf seinen Block.
„Tu mir noch einen Gefallen, Zappo."
„Wie heißt der denn?"
„Gabriella Meist."
Zappo sagte: „Bleib dran."
Der Hörer schlug hart auf.
Fuchs wartete.
„Nichts im Speicher", meldete Zappo.

Auf der Vertrauenleute-Versammlung nachmittags bei Hasselkuss setzte er sich neben die größte Klatschbase der Verwaltung. Der Mann hieß Mahlmann, war Personalrat und von keiner Geburtstagsfeier im Rathaus wegzudenken. Während der Rede des Vorsitzenden drehte Werner Mahlmann sich fast das Ohr ab.

„Schon mal was von Gabriella Meist gehört?" tuschelte Fuchs in die gerötete Muschel.
Langsam drehte Mahlmann ihm sein fleischiges Gesicht zu. Seine Augen leuchteten.
„Sozialarbeiterin im Jugendamt", sagte er tonlos.
„Und?"
Mahlmanns Augäpfel legten noch sechzig Watt zu. Er rückte ein Stück näher, sah sich unauffällig um.
Als alle am Tisch guckten, sabbelte er „Die hat was mit dem Gries" in Fuchs' Ohr.

Abends rief Fuchs den Zeitungsmenschen an.
„Ich hab nen heißen Tip für dich, Alter."
„Schön", sagte Rieder. „Wann können wir uns treffen?"
„Am liebsten gleich", drängte er.
Rieder wollte nicht.
„So heiß kann gar kein Tip sein, daß er mich um diese Zeit vom Sofa holt."
Er schlug den nächsten Mittag beim Chinesen an der Brückstraße vor.
Fuchs war das recht.

Sie bestellten Menü A. Zwischen Peking-Gulasch und Frühlingsrolle zeigte er den Vertrag. Rieder setzte eine Hornbrille vor die Triefaugen und überflog die erste Seite.
„Kenn ich", sagte er und steckte die Brille zurück in seine Jackentasche.
Der Kellner brachte die Warmhalteplatte.
„Woher?"
„Von Bäcker."
Das süß-saure Schweinefleisch traf ein. Rieder hatte sich einen Berg Reis auf seinen Teller gehäuft. Er löffelte das Fleisch dazu, kippte, als ihm die Schaufelei zu lange dauerte, den Schaleninhalt über den Reis.
„Weißt du," kaute er, „ich hab keine Lust, mich mit der Stadt anzulegen. Die Hälfte meines redaktionellen

Teils besteht aus deren Pressemitteilungen. Wenn die mich aus dem Verteiler streichen, seh ich alt aus."

Er baggerte Süß-Saures, verdünnte es noch im Mund mit Pils und schluckte.

Fuchs sah zu und würgte.

„Aber die ZEITUNG, für die wär das doch was", beharrte er.

Rieder winkte ab. „Damit brauch ich denen gar nicht kommen. Ich seh schon das Gesicht des Nachrichtenführers. Und wo ist die Geschichte? Ich sehe die Geschichte nicht", äffte er eine Kasernenhof-Stimme nach. „Weißt du, wann die das nähmen? Wenn die Frau von dem Gries . . . Der ist doch verheiratet, oder?"

Fuchs nickte.

„Wenn die Wind von der Sache kriegt und Selbstmord begeht. Dann strahlt die Redaktion. Mit sowas kommen sie sogar in den Bundesteil. Aber so? Irgendein kleines Licht in Bochum hat ein billiges Grundstück gekriegt. Die lachen mich aus, wenn ich denen damit komm."

Er hatte beim Reden weitergegessen. Der Berg auf seinem Teller war niedergemacht. Die letzten Reiskörner drückte er zwischen die Zinken der Gabel und lutschte sie auf.

Fuchs aß lustlos weiter.

Als die Rechnung kam, nahm Rieder die Getränke auf seinen Deckel.

„Die ersten Pflaumen sind madig", sagte er und tätschelte Fuchs' Arm.

11

Wie die ZEITUNGs-Schmierer von der Beinahe-Festnahme Altenscheidts Wind gekriegt hatten, war Wegener ein Rätsel. Von der Pressestelle konnten sie es nicht haben. Die hatte er noch gar nicht informiert.

Jedenfalls riefen sie schon mittags an und standen um vier zu dritt auf der Matte.

Er bugsierte sie an den Besuchertisch und berichtete, was am Morgen passiert war.

Einer der Männer, blond, braun mit sündhaft teurer Jacke, schrieb mit, fragte nach, während der mit der Kamera mit den ruhelosen Augen, die Wegener häufiger an Fotografen aufgefallen waren, sein Büro taxierte. Der dritte sah angeschmuddelt aus. Er hielt ein Fotoalbum auf den Knien und ansonsten den Mund. Wegener kannte ihn vom Sehen. Er schrieb das Anzeigenblättchen der Stadt. Die Jungens waren heiß auf die Geschichte.

„Wie schwer ist Ihr Kollege denn verletzt?" fragte der Blonde und strahlte, als Wegener von „Einlieferung ins Krankenhaus" und „noch nichts gehört" erzählte.

„Fotos haben wir auch schon jede Menge", prahlte er und kniff dem mit dem Album ein Auge zu.

„Zeig mal her, Rieder."

Er griff sich die Mappe und blätterte darin.

„Habe ich von Altenscheidts Frau", grinste Rieder.

„Und die hat Sie Ihnen so einfach gegeben?"

Rieders Grinsen wurde breiter.

„Erst wollte sie nicht so recht. Aber als sie hörte, daß wir sonst auf Anstalts-Fotos aus Eickelborn zurückgreifen müßten, und wer weiß, wie ihr Mann darauf aussieht, Frau Altenscheidt . . ."

Der Blonde fiel ihm ins Wort: „Jedenfalls machen wir die Sache groß auf. Mit vielen Bildern und einem Aufruf zur Mitarbeit an die Bevölkerung."

Zum Schluß wollten sie noch ein Foto von ihm. Sie stellten ihn vor den Stadtplan an die Wand und blitzten, was das Zeug hielt.

Am nächsten Morgen machte Meier II seine Drohung war und schickte ihnen einen seiner Staatsanwälte.

Er hieß Föhrenbach, ein netter Junge aus gutem Hause, eifrig, aber ohne Erfahrung. Wegener ließ ihn die Obdachlosenasyle, Stadtstreicherunterkünfte und Pennerhotels nach Altenscheidt abklappern.

Die Liste der Verwandten und Bekannten, die Heret zusammen mit Altenscheidts Frau aufgestellt hatte, nahmen Möller und Heret sich vor.

Er selbst kam nicht mehr vom Telefon weg. Pausenlos wollten die Leute ihn und nur ihn sprechen, um ihm zu sagen, wo sich die Bestie von Bochum versteckt hielt. Es kamen Anrufe, nach denen Altenscheidt – so ziemlich zur gleichen Zeit – in Essen, Oberhausen, Dortmund, Duisburg, Köln, Münster und auf Helgoland gesehen worden war. Er notierte alle Hinweise, abgesehen von den ganz lächerlichen.

Als Bäckers Kollege anrief, hatte er gerade eine Oma abgewimmelt, die den geisteskranken Triebtäter mit einem kleinen Mädchen im Gebüsch verschwinden sehen hatte.

„Spreche ich mit dem Schimanski von Bochum?" fragte Fuchs.

„Nun werden Sie mal nicht frech."

„Wieso frech? Ich gebe nur wieder, was die ZEITUNG über Sie schreibt."

Wegener wurde flau. Vor lauter Telefonieren war er nicht dazu gekommen, den Artikel zu lesen. Jetzt war es nicht mehr nötig. Der Junge aus dem Tiefbauamt las ihm den Text vor. von der Schlagzeile *(Bestie schlug wieder zu. Angefallener Polizist ringt mit dem Tod.)* über den sympathischen jungen Kommissar Wegener *(Seine Kollegen nennen ihn den Schimanski von Bochum.)* bis zum bitteren Ende *(Helfen Sie mit, die Bestie von Bochum zu jagen!)*

„Aber das Foto ist nicht schlecht", frotzelte Fuchs.

Wegener reichte es. „Darf ich erfahren, warum Sie anrufen?" giftete er.

„Ich möchte einen sachdienlichen Hinweis geben. Ich hab was gefunden, hier im Büro. Etwas, daß Sie vielleicht interessiert."

Mehr wollte er nicht sagen. Wegener versprach, vorbeizukommen, ordnete die Zettel mit den Tips, legte die vernünftigsten nach oben, pikste den kleinen Stapel an die

Pinwand neben seinem Schreibtisch und machte sich auf den Weg.

Über die Gott sei Dank leeren Flure des Präsidiums, genauso hoch wie die im Rathaus und genauso alt. Die Piloten der Royal Air Force schienen Respekt vor der Obrigkeit gehabt zu haben. Während sie den Rest der Innenstadt in Schutt und Asche legten, blieben Finanzamt, Rathaus und Präsidium stehen.

Wegener ging zu Fuß, registrierte nebenbei die vielen neuen Geschäfte in der Innenstadt. Sogar im Erdgeschoß des Rathauses hatte sich ein Sporthaus breitgemacht. Er warf einen Blick auf die Ski-Anzüge. Vor dem Urlaub mußte er hier noch einmal hin.

Diesmal arbeitete der Junge, als Wegener sein Büro betrat. Er hing mit der Nase über einem ziemlichen Plan und zog mit Buntstiften irgendwelche Linien nach. Sicher hatte er ihn erwartet.

Das Büro war wieder überheizt. Wegener zog den Mantel aus und setzte sich auf Bäckers Platz.

Fuchs legte Stifte und Lineal weg und sah ihn mit wichtiger Miene und Fischaugen an.

Wegener sagte: „Ich höre."

Statt zu reden, zog der Junge einen großen Briefumschlag unter dem Plan vor und schob ihn über den Tisch.

Wegener las den Vertrag einmal quer.

„Und?"

„Der lag da oben im Einbauschrank. Ganz unten, wo man ihn so schnell nicht findet."

„Und was ist daran so bemerkenswert?"

Fuchs grinste in eine Ecke.

„Grundstücksgeschäfte sind Top-Secret. Die Verträge macht das Liegenschaftsamt und läßt sie in nicht-öffentlicher Sitzung vom Grundstücksausschuß absegnen."

„Was hatte Bäcker mit der Sache zu tun?"

„Das ist es ja gerade. Nichts. Bäcker hat Straßen abgerechnet, und zwar im Bezirk Mitte. Stiepel gehört nicht dazu."

„Wie kam er dann an den Vertrag?"
Fuchs zuckte mit den Schultern.
„Gefunden hat er ihn bestimmt nicht. Vielleicht kennt er jemand beim Liegenschaftsamt, oder ein Politiker aus dem Ausschuß hat ihm den Vertrag gesteckt."
„Und was sollte der gute Bäcker damit?"
„Er hat versucht, ihn an die ZEITUNG zu verkaufen", sagte der Junge und erzählte ihm von seinem Treffen mit Rieder.
Wegener ließ ihn blubbern.
„Und was hat das ganze mit dem Mord zu tun?" fragte er, als Fuchs fertig war.
Der sah ihn erstaunt an.
„Lassen Sie sich immer ihre Fälle von Fremden lösen?"
„Normalerweise nicht. Andererseits bin ich als Anfänger dankbar für jeden Tip, den man mir gibt."
„Schöner Konter. Könnte glatt von mir sein", strahlte Fuchs.
Ob es nicht möglich sei, daß der Baudirektor Wind von Bäckers finsteren Plänen bekommen habe, fragte er dann und rieb sein Bärtchen.
Wegener nickte heftig.
„Und dann hat er ihn im Paternoster erschlagen."
Der Junge stand auf, schob sein Bäuchlein um den Schreibtisch und grabschte nach dem Vertrag. Wegener zog ihn weg.
„Nicht so heftig, Jugendfreund", brummte er, faltete das Papier zweimal und steckte es ein.

Der Baudirektor empfing ihn an der Tür. Er streckte Wegener seine fleischige Hand entgegen und zerrte ihn in eine Sitzecke.
Wegener ließ sich ins Leder sinken. Gries orderte Kaffee. Er war an die sechzig, wirkte aber jünger, was er vor allem seinem rosig-glatten Gesicht und den glänzenden Knopfaugen verdankte.

Daß er zu füllig um die Hüften war, konnte auch der gutgeschnittene Einreiher nicht verdecken.

„Trinken Sie ne Tasse mit?" fragte Gries.

Wegener nickte.

Er beobachtete, wie sich der Baudirektor drei Löffel Zucker in den Kaffee häufte. Es dauerte, bis er ihn verrührt hatte. Schließlich lutschte Gries den Löffel ab.

„Was kann ich für Sie tun, Herr Hauptkommissar?"

„Ober, Herr Gries, Oberkommissar."

Gries grinste.

„Was nicht ist, kann ja noch werden", sagte er und knöpfte das Jackett auf. Der Bauch nahm seinen Lauf. „In Ihrem Alter war ich kleiner Bauleiter in einem 15-Mann-Betrieb."

Er schüttelte den Kopf und schnaufte, als läge diese Zeit Lichtjahre zurück.

„Aber Sie sind sicher nicht hergekommen, um sich von einem alten Fuhrmann Dönnekes erzählen zu lassen", sagte er.

„Ich leite die Ermittlungen im Fall Bäcker."

Gries sah ihn über den Tassenrand an.

„Üble Sache das", nickte er. „Haben Sie den Täter schon?"

Wegener verneinte.

„So schwierig kann das doch nicht sein, den Mann zu finden. Sie haben doch alles: Name, Adresse, Fotos."

Wegener erzählte ihm die Geschichte mit den sachdienlichen Hinweisen. Der Baudirektor hatte seinen Spaß.

„Aber was führt Sie in diesem Zusammenhang zu mir?" wurde er plötzlich ernst.

Wegener reichte ihm den Vertrag.

Gries warf einen Blick darauf, stutzte und blätterte dann nachlässig darin herum.

„Würden Sie mir bitte erläutern, was dieser Vertrag mit dem Tod von Bäcker zu tun hat?" fragte er betont höflich.

„Ein Kollege hat ihn in Bäckers Unterlagen gefunden und mir gegeben."

Der Baudirektor blieb gelassen.

„Und weiter?"

„Nichts weiter."

Gries sah ihn ungläubig an.

„Und deshalb kommen Sie zu mir?"

Wegener brummte Zustimmung.

„Kannten Sie Bäcker?"

„Vom Sehen."

„Haben Sie mal mit ihm zu tun gehabt, dienstlich oder privat?"

Gries verneinte. Er schüttelte den Kopf dabei.

„Können Sie sich vorstellen, warum Bäcker den Vertrag in seinem Büro aufbewahrte?" fragte Wegener.

Er fühlte sich nicht wohl in seiner Haut. Dieser Baumensch war nicht halb so jovial, wie er tat.

Außerdem hatte er wirklich schon schlauere Fragen gestellt.

Gries sah ihn milde an.

„Der einzige, der Ihnen das beantworten konnte, war Bäcker", stellte er fest.

Wegener gab ihm recht. Was blieb ihm auch anderes übrig? Innerlich fluchte er auf den dicken Jungen aus dem Tiefbauamt, der ihn in diese idiotische Situation manövriert hatte. Dabei kam das Unangenehmste noch.

Gries sah auf die Uhr. Sie hatten beide den Kaffee auf. Die Sekretärin brachte neuen.

„Die Frau, mit der Sie das Grundstück gekauft haben", begann Wegener, als die Vorzimmerdame raus war, „ist nicht Ihre Frau?"

Gries verzog die Lippen zu einem feinen Lächeln.

„Die Polizei, die regelt den Verkehr."

Wegener lief rot an.

Sein Gegenüber genoß das. Er lehnte sich in die Polster und ließ kein Auge von ihm.

„Wissen Sie", sagte er, weil Wegener schwieg, „ich lebe seit ein paar Jahren nicht mehr bei meiner Frau. Daß meine neue Lebensgefährtin hier im Rathaus arbeitet, hat man Ihnen sicher schon gesteckt. So was ist nicht geheimzuhalten. Ein netter Kollege hat mir wegen des Altersunterschiedes empfohlen, sie zu adoptieren."

Gries stand auf und knöpfte seine Jacke zu.

„Sonst noch Fragen?"

Wegener zog seinen Mantel an und trollte sich.

Den Vertrag ließ er liegen.

12

Der erste, von dem Fuchs es hörte, war der Aktenverwalter.

„Fücksken, du wirst versetzt", lallte der an Weiberfastnacht nach drei Sechser-Packs Dosenbier.

Weil Kremer im besoffenen Kopf immer solche Scherze trieb, dachte Fuchs nicht weiter darüber nach.

Als am nächsten Morgen Abi Stichler, dessen Frau beim Personalamt schaffte, mit derselben Meldung über den Flur kam, sah Fuchs immer noch nicht mehr dahinter als ein abgekartetes Spiel, in dem er die Rolle des Deppen übernehmen sollte.

Erst ein paar Stunden später, bei der Privataudienz im Büro des Abteilungsleiters, der ihn angrinste wie Fury in der Schlußszene, ging ihm ein Licht auf.

Swoboda schob Fuchs eine blaue Mappe über den Tisch. In dürren Worten teilte ihm das Personalamt mit, daß er mit Wirkung vom nächsten Ersten zum Ausgleichsamt versetzt sei.

Swoboda weidete sich an den Spuren der Versetzung in Fuchs' Gesicht.

„Waren Sie schon mal beim Ausgleichsamt?" fragte er.

Das Amt, in dem vierzig Jahre nach Kriegsende die letzten Flüchtlinge um Entschädigungen für verlorengegangene Rittergüter fochten, galt im Rathaus als Strafbataillon. Alkoholiker, Kommunisten und sonstige Querulanten wurden dort kaltgestellt.

So gelassen wie möglich zückte Fuchs seinen Kuli, unterschrieb die Empfangsbestätigung und reichte sie dem Abteilungsleiter.

„Nein", sagte er, „war ich noch nicht. Aber ich hab schon viel Gutes darüber gehört."

Den Schrieb vom Personalamt faltete er nachlässig und schob ihn in die Hosentasche.

Er stand auf.

An der Tür stoppte ihn die Stimme des Abteilungsleiters.

„Nicht so eilig, Herr Kollege."

Fuchs sah sich um. Swoboda hatte sich im Sessel zurückgelehnt. Anstelle des fehlenden Bauchs streckte er sein plustriges Oberhemd raus.

„Sie können wohl gar nicht schnell genug von hier wegkommen", fragte er und nahm seine Hornbrille dabei ab.

Fuchs nickte Zustimmung.

„Wenn das so ist . . .", dehnte Swoboda und ließ sich mit dem Weitersprechen Zeit.

Fuchs fiel ein Spruch seines Vaters ein: Wenn das so ist, Frollein, und das Gras naß ist, dann geben Sie die Tafel Schokolade wieder her.

„. . . muß ich Sie enttäuschen", vollendete Swoboda seinen Satz. „Ich habe soeben mit Herrn Teufler vom Ausgleichsamt telefoniert. Er ist damit einverstanden, daß Sie zunächst die im Sachgebiet entstehenden Abrechnungen abwickeln und erst danach die neue Stelle antreten."

Als er Swobodas Tür hinter sich geschlossen hatte, war es vorbei mit der mühsam bewahrten Haltung.

Mit hängenden Schultern und zuckenden Mundwinkeln schlurfte Fuchs in sein Büro zurück. Er plumpste auf seinem Drehstuhl, sauste gegen die Fensterbank und blieb da hocken.

Vom Puff kam eine aufgeschwemmte Nutte zum Einkaufen in die Stadt. Ein Karnevalshütchen aus rotem Glanzkarton hing schief in ihrem aufgetürmten Haar. Auf Stilettabsätzen watete sie durch die Regenpfützen der Gußstahlstraße. Ihr kahlgeschorener Pudel zitterte trotz des Plastikmäntelchens.

Fuchs griff zum Telefonverzeichnis und ging sein neues Amt durch. Ein paar Leute kannte er dem Namen nach, persönlich nur einen.

Fuchs wählte seine Nummer.

„Ausgleichsamt Ringels", säuselte es durch die Leitung. Winfried Ringels hatte vor zehn Jahren mit ihm bei der Stadt angefangen. Die Anwärterjahre hatten sie gemeinsam durchlitten, dann bekam Ringels die Stelle im Ausgleichsamt am Berliner Platz und ließ sich nur noch selten im Rathaus blicken.

Daß Fuchs und er bald wieder Kollegen sein sollten, ging ihm nicht in den Kopf.

„Wir haben doch überhaupt keine Stelle frei", staunte er.

„Bestimmt nicht?" fragte Fuchs.

Ringels schnaufte in den Höhrer: „Wenn ichs dir sage. Wir sind n kleines Amt, da weiß jeder, wo was frei ist."

Fuchs ließ ihn noch eine Weile über alte Zeiten, Fußball und Frauen plappern, ehe er auflegte.

Er überlegte einen Moment, suchte dann die Nummer des Polizeipräsidiums raus und verlangte Wegener.

„Haben Sie Gries gesagt, daß ich Ihnen den Vertrag gegeben habe?" wollte er wissen.

„Durfte ich nicht?" fragte der Kommissar zurück.

„Ich bin mit Wirkung vom nächsten Ersten zum Ausgleichsamt versetzt", sagte Fuchs.

Wegener schwieg.

Um drei Uhr machte Fuchs Feierabend. Wie jeden Freitag blitzte ihn seine Wohnung an, als er zur Tür reinkam. Seine Mutter war zum Putzen dagewesen.

Fuchs klinkte die Jacke an den Haken, ging zum Kühlschrank, aß das Stück Hering in Gelee, das sie mitgebracht hatte, und trank eine Dose Bier dazu.

Im großen Becken auf dem Regal warteten die Wasserschildkröten. Er hielt ihnen einen Finger hin. Die größere schnappte danach, ließ sich aus dem Wasser ziehen und plumpste erst zurück, als er ihren leuchtend gelben Bauch kitzelte. Weil die kleinere keine Ruhe gab, wiederholte er den Trick mit ihr. Ob es sich um ein Pärchen handelte, hatte er trotz eingehender Untersuchungen nicht herausbekommen.

Fuchs hätte gern mit irgendwem über seine Versetzung geredet, mit jemandem, der zuhörte, weil es ihn interessierte und nicht, weil es sein Job war zuzuhören. Den Kneipenwirten der Innenstadt hatte er schon erzählt, wie ihn das Rathaus anödete. Sie heuchelten Mitgefühl, solange er dabei trank, und warfen ihn raus, wenn er abgefüllt war.

Fuchs mochte Frauen, aber er hatte nicht das Gefühl, daß sie ihn mochten. Die meisten Kollegen in seinem Alter waren entweder verheiratet oder sonstwie in festen Händen. Bei ihm hatte es nur zu ein paar flüchtigen Geschichten mit Frauen aus dem Rathaus gereicht.

Manchmal, wenn es ihm mies ging, rief er seine Mutter an. Sie erzählte ihm, was es Neues gab in der Straße, aus der er kam. Warum Tante Hilde nach der Altengymnastik nicht mit in die Kneipe durfte und daß die Witwen aus ihrem Wanderklub zur Darmspiegelung bei dem neuen Doktor in Höntrop waren, alle ohne Befund.

Ganz zum Schluß fragte sie meist, wie es ihm gehe. „Wie immer, Mutti", sagte er dann und erinnerte sie an das Stück Hering in Gelee für die nächste Woche. Einmal hatte er nachgerechnet, wie viele von den flachen Blechdosen, aus denen der Fischhändler zwölf möhrenscheibenverzierte Happen holte, er bis zur Pensionierung noch leeren würde.

Er kam auf einhunderteinundfünfzig Dosen mit eintausendachthundertneunzehn Portionen – vorausgesetzt, seine Mutter würde 85.

13

Irgendwann in der Nacht begann der Winter. Schnee sackte in dicken Flocken auf die Stadt, dämpfte das Dröhnen des Stahlwerks und verwandelte die Straßen in Skipisten.

Als Wegener um halb acht aus der Haustür trat, schneite es nicht mehr. Es war bitterkalt.

Er blinzelte, zog den Hut tiefer ins Gesicht und stiefelte über den Hof zu den Garagen. Das Schloß der Schwingtür war tiefgefroren, der Enteiser lag im Handschuhfach. Wegener trat gegen die Stahltür und machte sich humpelnd auf den Weg zur Straßenbahn.

Leute, die mehr Glück gehabt hatten als er, schlingerten mit ihren Autos vorbei. Kein Mensch hatte Schneeketten aufgezogen, die meisten nicht mal Winterreifen.

Im Wartehäuschen drängten sich Schulkinder, Büromenschen und Verkäuferinnen. Wegener quetschte sich dazwischen und sah hinaus. Eine tausendäugige Blechraupe kroch über die Hattinger Straße in die Stadt, stockte an jeder Ecke, um dann mühsam wieder in Gang zu kommen. Der städtische Räumdienst ließ sich nirgends blicken.

Wenn es mal drauf ankommt, versagen diese Stadtverwaltungsfritzen kläglich, dachte Wegener und versuchte, sich die Füße warm zu stampfen.

Es mißlang.

Die Tiefbauer saßen sicher schon in ihren warmen Büros und schaukelten sich die Nüsse. Er sah den dicken Fuchs direkt vor sich, wie er in aller Ruhe in seinem Fotomagazin blätterte. Der Junge hatte Nerven! Schickte ihn zur Verwaltungsspitze wegen nichts. Nur mit dem peinlichen Vertrag in der Tasche. „Die Polizei, die regelt den Verkehr!" Er war rot geworden wie ein Schuljunge.

Nach einer halben Stunde Frostgare erschien die Bahn und schob sich auf die Haltestelle zu. Wegener zwängte sich mit den übrigen Wartenden hinein.

Drinnen war Umfallen unmöglich. Naseputzen auch. Er

fuhr mit der Zunge über die Oberlippe. Hätte den Schnäuzer stehen lassen sollen, dachte er.

Was er nach Brinkmanns Pensionierung gebraucht hätte, wären ein, zwei schöne Morde. Nicht so glatt, daß jedem auffiele, wie leicht sie aufzuklären wären, aber auch nicht so verwickelt, daß man ein halbes Jahr daran herumpuzzelte.

„Solche Fälle gibt es nur im Krimi", hatte Brinkmann immer gesagt, wenn er drängelte, und dahinter seine Dienstmüdigkeit versteckt. „Durch längeres Liegenlassen erledigt sich vieles von selbst", war der Lieblingsspruch des Alten.

Wegener haßte Untätigkeit. Er wollte nicht warten, bis Altenscheidt irgendwann in den Maschen der Fahndung hängenblieb. Er brauchte ihn jetzt. Auf Kommissar Zufall hatte er noch nie gesetzt.

Mühsam bahnte sich die 18 ihren Weg durch das Chaos. Immer wieder blockierten steckengebliebene Wagen die Gleise. An jeder Haltestelle quetschten sich neue Fahrgäste in die Bahn.

Wegener taxierte jeden Zugestiegenen.

Wenn er jemanden suchte, dann überall. Eine Art umgekehrter Verfolgungswahn. Letzten Samstag beim VfL, als das Spiel im Mittelfeld dahinplätscherte, hatte er die Tribüne Reihe für Reihe durchgescheckt. Beim Volkslauf in Wattenscheid machte er eine halbe Stunde Rast und ließ die Gesichter der Jogger an sich vorüberziehen.

Wie die meisten stieg Wegener am Bahnhof aus, unterquerte den Vorplatz und tauchte im Schickeria-Viertel wieder auf. Ohne auf die glitzernden Schaufenster der Boutiquen zu achten, schritt er aus. Der Schnee puderte seine Hosenbeine bis zu den Knien. Sogar die Großbaustelle am Husemannplatz, wo sie bisher bei jedem Wetter gearbeitet hatten, lag eingeschneit und still.

Schlechtwettergeld, dachte Wegener und ‚mein Mann ist auf Montage, kommen Sie ruhig rein.' Eine dralle

Hausfrau hatte ihn vor Jahren so empfangen, als er wegen fehlender Tatzeugen Klinken putzen mußte.

Plötzlich war ihm klar, wie ein Maurer gleichzeitig Geld verdienen, eine Bleibe finden und aus der Stadt verschwinden konnte.

Montage hieß das Lösungswort, möglichst beim Subunternehmer, ohne Papiere, aber mit Wohnbaracke gleich neben der Baustelle.

Wegener beeilte sich, ins Präsidium zu kommen.

14

Solange er denken konnte, war Fuchs am Rosenmontag zum Gänsereiten gegangen. Wenn man wie er aus dem Wattenscheider Süden kam, tat man das einfach. Man strömte mittags in einem Wäldchen zusammen und sah etwa zwei Dutzend als Bauern verkleideten Handwerksmeistern bei einem Reiterspiel zu, von dem nur Dumme und Bochumer annahmen, es würde auf Gänsen ausgetragen.

Trotzdem spielte die Gans eine tragende Rolle: Mit den Füßen nach oben baumelte sie an einem Seil hoch zwischen zwei Bäumen und ließ den Kopf hängen – solange sie ihn noch hatte.

Drunterdurch ritten die speckbäuchigen Blaukittel und zerrten am Kopf herum. Das ging nicht lange gut. Der Hals des Vogels wurde lang und länger, riß schließlich ab. Wir haben einen neuen König, jubelten die Gänsereiter. Der Klügere gibt nach, frotzelten die Zuschauer.

Diesmal waren sie zu viert rausgefahren nach Höntrop – Abi, Kramer, der unvermeidliche Fischbach und er –, hatten keine Kneipe zwischen Straßenbahnendstelle und dem Reitplatz ausgelassen und kamen entsprechend frohgelaunt an.

Beim Ritt auf die Schaugans studierten sie das Pferdematerial. Es waren Gäule vom benachbarten Reiterhof, einer braver als der andere. Alles kam auf die Entschlossenheit der Reiter an.

Eine fünfstellige Summe kostete den König seine einjährige Regentschaft. Die Aussicht darauf ließ viele vorsichtig werden. Sie griffen nur zu, solange die Gans den Kopf noch fest auf dem Hals hatte.

Übrig blieb eine Handvoll ernsthafter Thronanwärter.

Fuchs' Favorit war ein älterer Mann mit strähnigem schwarzen Haar, der aus Angst, er könne sie verlieren, vor jedem Ritt die Zähne herausnahm. Corega Taps nannte er ihn, oder einfach Corega.

Fuchs setzte einen Zwanziger auf El Corega. Abi Stichler war unentschlossen. Er hätte sich vorher bei einem Londoner Buchmacher nach den Quoten erkundigen sollen, meinte er. Wenn die schon Bäckers Wette auf den Torschützenkönig des VfL Bochum angenommen hatten, warum dann nicht auch auf den Gänsereiterkönig von Höntrop.

Schließlich entschied er sich für einen angefetteten Mittvierziger, der so aussah, als hätte er das nötige Kleingeld.

Die anderen setzten einen Zwanziger auf ihre Favoriten, und der Kampf um die Königsgans begann.

Es wurde ein langes kaltes Gewürge. Zweimal mußte mit dem Messer nachgeholfen werden.

„Halsabschneider", brüllten die Zuschauer.

Nach dem zweiten Schnitt ritt Abis Fettsack als erster an, trabte unter die Gans und ging ihr mit beiden Händen an den Kragen. Das Pferd verstand sein Gezappel falsch. Es lief weiter und ließ den Dicken an der Gans hängen. Einen Moment lang schwebte er dort. Dann riß der Hals, und er tropfte als neuer Gänsereiterkönig auf den Parcours.

Seine Untertanen tobten.

Abi Stichler kassierte sechzig Mark, die sie im Laufe des Tages in den Kneipen der Umgebung versoffen.

Am nächsten Morgen führte Fuchs' erster Weg in Stichlers Büro. Abi hatte die ZEITUNG auf dem Tisch ausgebreitet. Seine Nase berührte fast die Zeilen. Eine Strähne seiner Matte verhüllte die Blößen der australischen Badenixe von Seite sieben.

„Was war das denn gestern mit Bäcker und der Wetterei?" fragte Fuchs.

Mühsam hob Stichler den Kopf und sah ihn aus verquollenen Augen an. Er griff zur Mineralwasserflasche neben seinem Stuhl, nahm einen tiefen Zug und rülpste.

„Hat er dir nie was davon erzählt?" fragte er zurück.

Fuchs schüttelte vorsichtig den Kopf.

„Es gibt einen Buchmacher in London, der hat sich auf Deutschland spezialisiert", erklärte Abil. „Die schicken dir jede Woche einen Tippschein zu. Bundesliga, zweite Liga und erste englische Division. Da kannst du dir die Spiele raussuchen, die du wetten willst."

„Und was war das mit dem Torschützenkönig vom VfL?"

„Du kannst bei denen anrufen, ob sie eine Wette drauf annehmen, daß Fischer es wird. Dann sagen die dir den Kurs, du setzt mindestens zehn Mark und fertig."

„Und wie kommen die an ihr Geld?"

Stichler sah gequält auf. Er strich sich die Haare aus dem Gesicht und stöhnte: „Seit wann interessierst du dich denn für Sport?"

„Ich interessier mich für Wetten", sagte Fuchs.

Stichler zog seine Schreibtischschublade auf und kramte zwischen Kronkorken, Nagelschere, Stempeln und leeren Zigarettenschachteln herum.

„Hier flog immer so n Tippschein rum", murmelte er und suchte im Seitenfach weiter. Dort herrschte das gleiche Chaos.

Als Fuchs die Hoffnung schon fast aufgegeben hatte, wurde Abi fündig. Ein angeschmuddeltes Blatt Papier tauchte auf, der Tippschein der Overseas Betting Ltd. für die siebte Woche.

Fuchs sah sich den Zettel an. Dreißig Fußballspiele mit festen Quoten konnte man tippen, wer Davis-Cup-Sieger werden würde, ob bei der Schwergewichts-Europameisterschaft in Kopenhagen Tangstad (NOR) oder Eklund (SWE) zusammengeschlagen würde und in welcher Runde.

Unten rechts waren die Kontonummer und der Name des Tippers eingetragen: Gerd Bäcker. Er hatte eine Menge Geld auf ein paar Heimsiege in der Bundesliga gesetzt, und zwanzig Mark darauf, daß Bernadette Bradley aus Jamaika Miss World werden würde, Totaleinsatz zweihundertdreißig Mark.

„Wie kommst du denn an Bäckers Tippschein?" fragte Fuchs.

„Hat er mir mal gegeben, um mir den Mund wässrig zu machen."

„Hast du den über?"

Stichler nickte.

Fuchs ging in sein Büro zurück und sah sich den Schein noch mal genau an.

Man konnte seine Wetten entweder telefonisch nach London durchgeben — die Nummer stand drauf — oder hinschicken. Den Einsatz legte man dem Brief bei, als Euroscheck oder in bar.

Den ganzen Tag über ging Fuchs Bäckers Wetterei nicht aus dem Kopf. Zweihundertdreißig Mark Einsatz waren eine Menge Holz für einen Familienvater. Wenn der jede Woche soviel gesetzt hatte. Vielleicht wollte er sich mit dem Tippschein auch nur wichtig tun. Seht mal, was ich mir erlauben kann und so. Manchmal hatte Bäcker die Tour draufgehabt. Besonders, wenn Frauen zuhörten.

Nachmittags zu Hause setzte Fuchs sich ans Telefon und wählte die Londoner Nummer. Es rauschte in der Leitung, hupte ein paarmal ziemlich fremd, bevor eine Stimme sich unverständlich meldete.

„Excuse me, is there Overseas Betting? Here is Mister Bäcker, Germany", stotterte Fuchs in den Hörer.

„Hier ist SSP Overseas Betting. Guten Tag, Herr Bäkker, was kann ich für Sie tun?"

Fuchs bekam rote Ohren. Er raschelte mit dem Tippschein und hustete.

„Ich hab eine Zeitlang nichts bei Ihnen gesetzt", brachte er schließlich heraus. „War in Urlaub. Und jetzt weiß ich meinen Kontostand nicht mehr."

„Ihre Nummer, Herr Bäcker?"

Fuchs las ihm Bäckers Kontonummer vor und wartete. Die Gebühreneinheiten ratterten durch den Hörer.

„Ihr Guthaben ist zweiundzwanzig Deutschmarks", verkündete die Stimme schließlich.

Fuchs gab sich einen Ruck.

„Was? So wenig?" brauste er auf. „Das kann doch nicht stimmen!"

Der Mann am anderen Ende der Leitung schwieg. Fuchs fiel die Geschichte von dem Kanalfischer ein, der das Telefonkabel zwischen England und Frankreich gehoben und durchgehackt hatte.

„Hallo, sind Sie noch dran?" fragte er.

„Sicher, Herr Bäcker. Ich habe auf dem Terminal Ihre Einsätze angesehen. Es ist alles okay. Zweiundzwanzig Marks."

„Das kann nicht sein", beharrte Fuchs. „Nach meiner Rechnung müßte ich noch über zweihundert Mark gut haben."

Der Satz kam ihm locker über die Lippen.

Er staunte über sich selbst.

„Einen Moment, Herr Bäcker", sagte die Stimme am anderen Ende und ließ ihn wieder mit dem Knattern der Einheiten allein.

Fuchs zählte die Knacks.

Bei siebzehn meldete sich der Buchmacher wieder.

„Herr Bäcker, wir werden Ihnen eine Übersicht Ihrer Einsätze und Gewinne des letzten Jahres schicken. Sie können dann überprüfen, daß alles okay ist."

„Einverstanden", sagte Fuchs und legte auf. „Mehr wollte ich ja gar nicht."

Erst als er vor Freude seinen Schildkröten eine Extraration Würmer vorgeworfen hatte, ging ihm auf, daß er Fuchs und nicht Bäcker war und die Aufstellung der Einsätze an Bäckers Adresse gehen würde und nicht an seine.

Fluchend fischte er den Schildkröten die Würmer vor der Nase weg. Die Viecher sahen ihn fassungslos an.

Er ging in die Küche. Der Kühlschrank war leer bis auf ein Sechser-Pack Bier, ein halbes Glas Gewürzgurken und eine Flasche Ketchup.

Fuchs schlug die Kühlschranktür zu, setzte sich ans Telefon und suchte Bäckers Privatnummer.

Bäcker, Gerhard, StAmtm, 77 13 11.

Seit wann hieß der denn Gerhard? Und dann auch noch den Titel eintragen lassen. Das hatte bestimmt seine Alte gebracht. Er kannte Bäckers Frau von der Beerdigung. Sie hatte kalt und unnahbar ausgesehen unter ihrem breitkrempigen schwarzen Hut. Was hattest du denn erwartet? fragte er sich. Daß sie mit einem Arbeitskollegen ihres Mannes herumschäkert?

Er lachte laut. Es klang ein wenig hohl, aber er wählte. Die Witwe meldete sich schon nach dem zweiten Klingeln.

Fuchs stellte sich vor.

„Ich glaube, ich habe Sie bei der Beerdigung gesehen", sagte sie. „Sie sind doch der mit der Brille und dem Kinnbart, oder?"

Er bejahte.

„Und was kann ich für Sie tun?"

„Wir haben . . . Da kommt in den nächsten Tagen bei Ihnen ein Brief an. Von einem Londoner Buchmacher. Für Gerd. Ich meine Ihren Mann. Das ist . . . Wenn Sie mich dann anrufen könnten. Es ist nämlich die Abrechnung von unserem Gemeinschaftstip."

Er hielt die Hand auf die Muschel und schnaufte.

„Ach, Sie haben mit Gerd getippt?" sagte die Frau.

Fuchs brummte irgendwas, das sich nach Zustimmung anhörte.

„Sobald der Schrieb kommt, ruf ich Sie im Büro an", versprach die Frau.

Er bedankte sich hastig und legte auf.

„Wer A sagt, muß auch B sagen", dachte er laut und leerte die Bierdose.

15

Nach drei bleiernen Tagen kam der Anruf.

Bäckers Frau wollte den Brief an seine Adresse weiterschicken. Fuchs war das zu lange hin.

„Kann ich den Brief nicht heute nachmittag bei Ihnen abholen?" drängelte er.

Sie hatte nichts dagegen.

Um Punkt drei stellte er die Uhr ab und fuhr nach Linden. Der Feierabendverkehr begann gerade erst, und er kam zügig durch. In der Siedlung kurvte er mehrere Runden, ehe ein blauer Passat einen Platz im schmutzigen, verharschten Schnee am Straßenrand freimachte.

Als Fuchs ausstieg, fuhr ihm der eisige Wind aus dem Ruhrtal unter die Jacke. Er zog den Kopf zwischen die Schultern und hastete an der Häuserreihe vorbei, bis er Nummer 7 gefunden hatte.

Bevor er schellen konnte, wurde die Haustür von innen geöffnet.

„Ich hab Sie vom Fenster aus frieren sehen", empfing ihn Bäckers Frau.

Sie lachte ihn dabei an, nahm ohne zu fragen seine gefütterte Lederjacke und ging voraus. Fuchs betrachtete sich im Dielenspiegel.

Er sah so aus, wie er sich fühlte: Hatte nur kurz an der Tür das Kuvert in Empfang nehmen und wieder verschwinden wollen. Stattdessen nun Kaffeeklatsch mit der Witwe.

Sie wartete an einem runden Eßtisch mit selbstgebackenen Waffeln auf ihn. Es gab Kirschmarmelade dazu und Schlagsahne.

Fuchs setzte sich hinter sein Gedeck, ließ sich artig Kaffee einschütten, nahm Milch und Zucker, rührte lange, wandte sich dann den Waffeln zu, bestrich eine mit Marmelade, klackste Sahne darauf, rollte sie ein und biß ab. Daß Messer und Gabel neben seinem Teller lagen, fiel ihm erst auf, als er die halbe Waffel verschlungen hatte.

Die Frau bemerkte seinen ratlosen Blick auf das kleingeratene Besteck und lachte. Er lachte mit, verschluckte sich an der Waffel, mußte husten, wurde rot.

Als er sich beruhigt hatte, grinste sie immer noch. Zeigte dabei ihre breiten, weißen Schneidezähne. Den Rest von ihr fand Fuchs weniger häsisch.

„Sind Sie immer so schweigsam?" fragte sie ihn in der Pause zwischen der ersten und der zweiten Waffel.

Er schüttelte den Kopf.

„Wovon sollen wir reden, vom Wetter oder von Gerd?"

Sie verzog das Gesicht.

„Zum Wetter fällt mir nichts ein."

„Dann eben Gerd", sagte er und säbelte ein Stück von seiner Waffel ab. „Hat er viel Geld ausgegeben für die Tipperei?"

„Ich dachte, Sie hätten zusammen gewettet."

Der Satz schwebte eine Weile über dem Tisch.

„Zeigen Sie mir doch mal den Brief", bat Fuchs.

Die Frau stand auf und ging zum Couchtisch hinüber. Sie war kaum kleiner als er, nicht zu schlank, ihre Art, sich zu bewegen, verriet, daß sie regelmäßig Sport trieb. Sie schien eine Schwäche für Solarien zu haben.

Fuchs verabscheute diese Grills, konnte eine gewisse Bewunderung für ihre Wirkung an dieser Frau jedoch nicht unterdrücken.

Den Brief aus London hatte sie schon geöffnet. Fuchs leerte das Kuvert und faltete den Inhalt auseinander. Neben einem Tippschein für die folgende Woche war da noch eine Auflistung aller Einsätze und Gewinne auf Bäckers Konto bei der SSP Overseas Betting LTD.

Es begann vor etwa einem Jahr mit Beträgen zwischen zwanzig und dreißig Mark und blieb einige Monate auf diesem Niveau. Gelegentliche kleine Gewinne hatte Bäkker postwendend verspielt.

Der große Sprung nach vorn kam in der dreiundzwanzigsten Woche.

Glatte tausend Mark hatte Bäcker gesetzt, sechshundert gewonnen, in der nächsten Woche noch fünfhundert draufgelegt und bis auf einen Kleingewinn von siebenundzwanzig Mark alles verloren. Seitdem bewegten sich die Einsätze Woche für Woche in dieser Preislage und gingen erst zum Schluß rapide zurück.

Fuchs überschlug die Summe der Einsätze. Wenn man die Gewinne von ungefähr dreitausend Mark davon abzog, blieben achtzehntausend verspielte Mark.

Er sah Bäckers Frau über die Liste hinweg an.

„Na, stimmt was nicht?" lächelte sie süßsauer und zwang seinen Blick auf das Papier zurück.

Er vertiefte sich in die Aufstellung, merkte, wie seine Ohren heiß wurden, wußte, daß er irgendwann wieder auftauchen mußte. Er tat es mit einem Ruck.

„Ich hab' nicht mit ihm zusammen gewettet", sagte er und kam sich vor wie der kleine Fuchs, den die Mutti beim Lügen ertappt hatte.

„Wer denn dann?" hakte sie nach.

Fuchs sagte: „Niemand."

Es war ein stilles Haus in einer ruhigen Siedlung. Der Schnee, der nicht tauen wollte, dämpfte die Geräusche, die die Autos der heimkehrenden Männer machten. Kinder kamen nicht vor.

Bäckers Frau goß sich Kaffee nach, nahm Milch dazu, nippte, setzte die Tasse ab und wartete. Sie sagte nichts. In ihren Augen war keine Spur mehr von Spott oder sonstwas. Sie waren einfach blau und warteten.

Fuchs haßte solche Situationen. Er ließ niemand so nah an sich heran, daß es brenzlig werden konnte. Jetzt war es zu spät zum Abstandhalten. Er verfluchte alle englischen Buchmacher, Höntroper Gänsereiter, verrückten Wetter, coolen Kommissare, pferdeköpfigen Abteilungsleiter, knobelnden Kollegen und neugierigen Oberinspektoren, an der Spitze Helmut Fuchs, noch Tiefbauamt, bald Ausgleichsamt, siebenundzwanzig, Beamter auf Probe und bald auf Lebenszeit.

„Ich weiß nicht, woher Gerd das Geld hatte", knurrte er.

„Und warum wollten Sie dann unbedingt den Brief aus London haben?"

16

Die Amtseinführung des neuen Präsidenten zog sich hin. Nachdem das Lied des Polizeichores verklungen war, schritt der Minister ans Rednerpult, um sich über den Polizeibeamten im demokratischen Staatswesen zu verbreiten. Ihm folgte der alte Präsident, dessen launige Worte große und kleine Ereignisse aus seinen Bochumer Jahren vor den zum Teil geschlossenen Augen seiner Zuhörer vorüberziehen ließen. Für Aufmerksamkeit sorgten anschließend die Polizeisänger. Sie sangen zu Ehren des Scheidenden dessen Lieblingslied: *Auf, auf, zum fröhlichen Jagen.*

Die Antrittsrede des Neuen war vorsichtig bis nichtssagend. Er beschwor Teamgeist und moderne Technik, die dem Beamten zunehmend den Dienst erleichtere, aber auch neue Probleme schaffe.

Wegener sah auf die Uhr: Elf, und noch immer kein Ende in Sicht.

Für die Mitarbeiter des Polizeipräsidenten hatte Heinz Erhardt das Wort ergriffen. Er bedankte sich beim Alten im Namen von 1354 Schutzpolizisten, 298 Kriminalbeamten und -angestellten, 14 Polizeipferden und 8 Diensthunden für die faire Zusammenarbeit, bot dem Neuen dieselbe an, um danach die bisher gehaltenen Reden mit eigenen Worten wiederzugeben. Bevor der Polizeichor zum erlösenden Schlußgesang ansetzte, wandte sich der Dirigent an die Zuhörer und verkündete, daß der neue Präsident freiwillig die Schirmherrschaft über die beamteten Sänger übernommen habe, getreu dem Motto des Chores: *Wo man singt, da laß dich ruhig nieder. Böse Menschen haben keine Lieder.*

In der Kantine setzte sich Wegener zu den Jungens vom sechsten K., die sich den frustigen Vormittag mit Kaffee und Bockwurst vertrieben. Seine Frage nach ihren Erfahrungen mit illegaler Beschäftigung schien ihre Laune nicht zu heben.

Ein Jüngerer, dessen Namen er nicht kannte, brummte was wie: „Nimmt ständig zu." Er sah Wegener nicht dabei an und konnte ebensogut Korn, den Chef des sechsten K. gemeint haben, der gerade mit zwei Würstchen und einem Stück Torte an ihren Tisch kam. Siegfried Korn war an die zwei Meter groß und athletisch, wenn man von dem Rettungsring um die Taille absah.

Wegener erzählte ihm von seiner Idee mit Altenscheidt und der Montage.

Korn hörte kauend zu.

„Mmmh", brummte er zwischen Bockwurst und Torte, „keine schlechte Idee für einen vom ersten K."

Seine Leute gibbelten.

Wegener wartete, bis der Kuchen hinter Korns kantigen Kieferknochen verschwunden war.

„Erzähl", sagte er und lehnte sich zurück.

Korn steckte sich eine Zigarette an und blies ihm den Rauch unter die Nase.

„Was?" fragte er.

„Wie das läuft mit illegaler Arbeit. Wie man da rankommt. Zu wem man gehen muß. Und so weiter."

Korns Leute verdrehten die Augen. Einer sagte: „Nicht mal in die Kantine kann man mehr gehen, ohne daß einer vom Dienst anfängt", und stand auf.

Die anderen folgten.

Korn blieb sitzen.

„Nirgends arbeiten so viele Subunternehmer wie auf dem Bau. Hochbau, Tiefbau, Straßenbau, wo du willst.

Die übernehmen einen bestimmten Teil des Auftrags einer größeren Firma. Mit eigenen Leuten."

„Und das ist verboten?" unterbrach Wegener.

Korn sah ihn strafend an.

„Wenn sie angemeldet sind, nicht. Aber viele sind nicht angemeldet. Für die zahlt der Sub keine Sozialabgaben. Steuern werden hinterzogen. Alles strafbar, aber billig. Deshalb setzen die Großen im Geschäft sie auch so gerne ein."

„Müssen die nicht überprüfen, ob der Subunternehmer seine Leute angemeldet hat?"

Korn wiegte seinen Quadratschädel.

„Der Sub muß dem Hauptunternehmer eine Unbedenklichkeitsbescheinigung von der Ortskrankenkasse vorlegen, daß seine Leute da versichert sind."

„Und die kriegt er?"

„Immer. Der meldet einfach zehn Leute an, bezahlt für die alle Abgaben und Steuern, und die anderen fünfzig arbeiten schwarz auf verschiedenen Baustellen."

Die Kantine hatte sich geleert. Korn holte nochmal Kaffee und legte Feuer an seine nächste Zigarette. Wegener ließ ihn erstmal schlürfen.

„Wie kommt ihr denen auf die Schliche?" fragte er dann.

„Nur durch Tips. Wenn einer von den Illegalen um seinen Lohn beschissen wird zum Beispiel. Manchmal informiert jemand von der Baustelle die Gewerkschaft, oder beim Arbeitsamt fällt einer auf."

Wegener dachte an ihre Aufklärungsrate von weit über neunzig Prozent. Dann schon lieber Blut sehen, als ständig mit der Stange im Nebel rumstochern.

„Habt ihr eine Liste mit den schwarzen Schafen unter den Subunternehmern?" fragte er.

Korn prustete.

„Schwarze Schafe ist gut. Ich hab' oben eine Aufstellung aller Subunternehmer im Ruhrgebiet. Da hast du die ganze Herde beisammen."

„Kann ich mir davon eine Kopie ziehen?"

„Nein", sagte Korn, kippte den Rest Kaffee runter, räumte sein Geschirr zusammen und brachte es zur Theke.

Wegener paßte ihn auf dem Weg zur Tür ab.

„Was hast du vor?" fragte Korn gequält. „Die Subunternehmer abklappern, denen das Foto von deiner Bestie unter die Nase halten und fragen, ob sie den Herrn vielleicht illegal beschäftigen? Wenn du das machst, kannst du deinen Triebtäter gleich vergessen. In jeder zweiten Autobahnbrücke ist ein Illegaler einbetoniert, der aus dem Verkehr gezogen werden mußte."

„Für wie blöd hältst du mich eigentlich? Ich will auf die Großbaustellen in der Umgebung, mit den Leuten reden, die da arbeiten. In die Wohnheime mit dem Foto."

„Das wirst du nicht tun", sagte Korn.

Mehr nicht.

Er drückte Wegener kameradschaftlich zur Seite und ging zur Tür. Seine massige Gestalt füllte den Rahmen und verschwand.

Auf dem Flur holte Wegener ihn wieder ein.

„Kannst du mir vielleicht auch sagen, warum nicht?"

Seine Stimme hallte durch das Treppenhaus. Eine ältere Sekretärin, die mit zwei vollen Plastiktüten aus der Mittagspause zurückkehrte, blieb auf den Stufen stehen und lauschte.

„Weil ich dir das sage", antwortete Korn ruhig. „Es geht hier um illegale Beschäftigung, und das fällt in mein Kommissariat."

Er blieb nicht einmal dabei stehen, grüßte die Frau mit den Tüten im Vorbeigehen und stapfte weiter.

Wegener stellte ihn auf dem Treppenabsatz. Er schnaufte vom hastigen Lauf.

„Jetzt will ich dir mal sagen, worum es hier geht. Es geht um Mord. M-o-r-d. Du verstehen? Mord. Erstes Kommissariat. Leiter zur Zeit Kriminaloberkommissar Wegener. Auf Wunsch kannst du das auch schriftlich haben."

„Und ich sage dir, daß du die Finger von den Subunternehmern läßt, Kriminaloberkommissar Wegener. Das kriegst du auch noch schriftlich. Von oben, mein Lieber, von ganz oben."

17

Daß er nur zwei Tage später wieder mit Bäckers Frau Kaffee trinken würde, hätte Fuchs nicht geglaubt, als er sie nach dem ersten Gespräch verließ.

Schweigsam waren sie beide zum Schluß gewesen und ziemlich ratlos auseinandergegangen. Zu Hause hatte er viel an sie gedacht: ihre Art, über ihn zu lachen, ohne ihm weh zu tun. Wie sie die Zähne dabei zeigte. Daß die Bräune ihr wegen der blonden Haare so gut stand. Wie blau ihre Augen waren. Und daß sie, wenn sie früh genug damit angefangen hätte, seine Mutter hätte sein können.

Komischerweise irritierte ihn das nicht. Nicht einmal, als er abends im Bett lag und übte.

Im Amt schien außer Abi niemand etwas von Bäckers Wetten zu wissen. Er ließ bei allen, die dafür infrage kamen, Bemerkungen über englische Buchmacher fallen, ohne daß jemand darauf ansprang.

Von Rieder, dem Zeitungsmenschen, erfuhr er, daß Bäcker in guten Monaten auch schon mal zweihundert Mark Info-Honorar kassiert hatte, mehr nie. Fuchs dachte an das schäbige Redaktionszimmer des Anzeigenfriedhofs an einer stinkigen Ausfallstraße und glaubte ihm aufs Wort.

Er war aufgeregt gewesen, als Bäckers Frau anrief. Hörte nur mit einem Ohr auf das, was sie erzählte. Lauschte mehr dem Wohlklang ihrer Stimme. Bekam gerade noch mit, daß er am Nachmittag vorbeikommen sollte.

Blumen oder nicht? Um zwei Minuten nach drei stand Fuchs vor dem Laden in der Rathauspassage und besah sich das Grünzeug.

In ihrem Alter standen die Mädels auf Blumen. Er kaufte welche in Blau, passend zu den Augen. Unter den Fenstern des Tiefbauamtes versteckte er den Strauß so gut es ging.

Erste Zweifel kamen ihm im Stau auf der Alleestraße. Vielleicht verstand sie ihn falsch, wenn er mit Blumen auftauchte.

Aus dem Auto nahm er den Strauß noch mit, hielt ihn hinter sich, während er auf das Haus zuging. Als er geschellt hatte und ihre Schritte hinter der Tür auf ihn zukamen, war ihm völlig unklar, wie er verstanden werden wollte. Mit leichtem Schwung ließ er die Blumen seitlich in die Büsche plumpsen.

„Bisher bin ich mit Gerds Tod ganz gut fertig geworden", begann sie, nachdem Fuchs das Zeremoniell (ablegen, Platz nehmen, Kaffee trinken, Gebäck probieren) hinter sich gebracht hatte.

„Es lief seit Jahren nicht mehr viel zwischen uns. Seit unsere Tochter voriges Jahr aus dem Haus gegangen ist, brauchten wir niemandem mehr was vorzumachen. Auch uns selbst nicht."

Sie sah ihn an und lächelte verlegen.

„Gerd hat Ihnen davon erzählt, oder?"

Fuchs schüttelte den Kopf. Von zu Hause hatte Bäcker nie gesprochen. Erst jetzt fiel ihm auf, daß seine Frau in den acht Monaten nicht einmal im Büro angerufen hatte.

„Außerdem schien der Fall klar zu sein. Irgendeiner von den Verrückten, die er nach Eickelborn geschafft hat, hat sich gerächt."

Sie sagte das, als sei es die normalste Sache der Welt, von einem Geisteskranken den Schädel eingeschlagen zu bekommen. Berufsrisiko sozusagen. Künstlerpech.

„Aber seit Sie vorgestern hier waren, hab ich keine Ruhe mehr. Den Abend und die halbe Nacht hab ich mir den Kopf zerbrochen, woher er das Geld gehabt haben könnte. Gestern morgen habe ich angefangen, das Haus zu durchsuchen."

Sie griff hinter sich, nahm eine braune Umlaufmappe der Stadtverwaltung von der Anrichte und reichte sie ihm.

„Geld hab ich keins gefunden. Aber das hier."

Die Mappe war dünn. Zwei Blätter lagen darin, Fotokopien. Das erste Schreiben trug die Unterschrift des Leiters der Sondergruppe Stadtautobahn. Es war an Stadtbaudirektor Gries gerichtet:

Bei der Ausschreibung des 3. Abschnitts der Stadtautobahn hat erneut die Firma STRABO das günstigste Angebot eingereicht. STRABO hat bereits die beiden vorigen Bauabschnitte und das Brückenlos der Stadtautobahn durchgeführt. Besonders bei der Abwicklung des Brückenprojektes ist es in letzter Zeit häufiger zu Stockungen und Verzögerungen gekommen. Wie ich aus Kreisen der Geschäftsführung der STRABO erfahren habe, soll sich das Unternehmen in finanziellen Schwierigkeiten befinden.

Ich bitte um Entscheidung darüber, ob der Auftrag für den 3. Bauabschnitt an STRABO vergeben und gegebenenfalls eine Vertragserfüllungsbürgschaft in Höhe der Auftragssumme von 3,2 Millionen DM verlangt werden soll.

Nur drei Tage später hatte der Baudirektor geantwortet. Zwei Sätze:

Wegen der Sicherung von Arbeitsplätzen in der heimischen Wirtschaft ist der Aufftrag an den günstigsten Anbieter, die Firma STRABO, zu vergeben. Die Vorlage einer Bankbürgschaft ist nicht erforderlich.

Fuchs klappte die Mappe zu und legte sie beiseite.

„Wo haben Sie das Teil gefunden?" fragte er. „In seinem Schreibtisch?"

Bäckers Frau lächelte.

„Sehen Sie hier einen? Meinen Sie, Gerd hätte sich Arbeit mit nach Hause genommen?"

„Scheinbar schon", warf Fuchs hin und tippte auf die Mappe.

Die Frau stand auf, ging rüber zu einer Schrankwand und öffnete eine Schreibklappe.

„Hier hat er seine Unterlagen aufbewahrt. Versicherungen, Bausparkasse, Steuern, Garantiescheine. Den ganzen Krempel, mit dem ich mich rumschlagen muß, seit er tot ist. Irgendwo dazwischen lag die Mappe."

Er warf einen Blick in das Schreibfach. Falls Bäcker hier irgendeine Ordnung gehalten hatte, war es seiner Frau gelungen, auch die geringste Spur davon in kürzester Zeit zu verwischen.

Fuchs stocherte ein bißchen in dem Papierdschungel herum.

„Haben Sie alles durchgesehen?" fragte er.

Sie lächelte.

„Sieht man das nicht?"

Er nickte, setzte sich zurück an den Tisch und las den Schriftwechsel zum zweiten Mal.

Der Text blieb derselbe.

Bäckers Frau war von hinten an den Sessel getreten und sah ihm über die Schulter. Ihre Nähe wärmte seinen Rücken.

„Verdeutlichen Sie mir das mal", sagte sie und legte ihre Hände auf die Rückenlehne des Sessels, ziemlich nah bei seinen Schultern.

Vorsichtshalber drehte er sich nicht um, blieb wie angenagelt sitzen und redete die Wand an.

„Städtische Aufträge werden öffentlich ausgeschrieben. Die Firma, die das günstigste Angebot einreicht, wird in der Regel genommen, aber nicht automatisch. Wenn unsere Techniker zum Beispiel Zweifel haben, ob die Firma die Arbeiten überhaupt ausführen kann, weil sie zu klein oder zu unerfahren oder wer weiß was ist, nehmen sie die zweitbilligste. Das hier wäre so ein Fall. Da muß man entweder jemand anderen beauftragen oder wenigstens eine Bürgschaft fordern."

„Hat man aber nicht."

„Wegen der Sicherung von Arbeitsplätzen in der heimischen Wirtschaft", zitierte Fuchs und schnaufte. „Wenn die STRABO wirklich vor der Pleite steht, dann rettet sie so n Auftrag auch nicht mehr, und wenn nicht, hätte sie die Bankbürgschaft jederzeit bekommen. Gegen die entsprechenden Zinsen natürlich. Die hat man jetzt gespart."

Bäckers Frau kam um den Sessel herum und setzte sich vor ihm auf die Tischkante. Ihre mandelförmigen Schneidezähne perforierten die Unterlippe.

„Was wollte Gerd? Warum hat er so was gesammelt?"

Fuchs überlegte nicht lange.

„Aus dem Kaufvertrag hat er versucht, Geld zu machen. Das hier ist das nächste schmutzige Geschäft. Er wird es wieder probiert haben."

„Die Zeitungen haben ihn doch schon beim ersten Mal abblitzen lassen."

„Es gibt noch ein paar Möglichkeiten mehr, um seinen Schnitt aus so einer Sache zu machen", dozierte Fuchs.

Bäckers Frau sah ihn von der Seite an.

„Und was soll ich nun tun?"

Sie tippte mit dem Zeigefinger auf die Mappe.

„Soll ich damit zur Polizei gehen?"

Fuchs schnaubte. „Ich hab Ihnen doch vorgestern erzählt, was dabei rauskommt. Dieser Arsch von einem Kommissar rennt zum Baudirektor, fragt ihn pro forma, was das soll, läßt sich von Gries belatschern und fertig. Wenn's hochkommt, interviewt er noch den Chef von STRABO. Was der ihm erzählt, bringt ihn auch nicht weiter. Was wird er also machen?"

Fuchs legte eine Kunstpause ein und sah die Frau triumphierend an.

Sie schwieg.

„Nichts", antwortete er sich selbst. „Gar nichts. Der jagt seine Bestie von Bochum, wenn's sein muß bis nach Posemuckel, und wenn er das arme Schwein hat, nimmt er den solange in die Mangel, bis er alle ungeklärten Morde in Bochum und Umgebung seit der Währungsreform gesteht. Anschließend bringen sie ihn zurück in die Klapsmühle und lassen ihn da verrotten."

Fuchs war immer lauter geworden, hatte zum Schluß fast

geschrien. Jetzt stand er auf und lief Furchen in den Berberteppich.

„Diesmal kriegt der das nicht sofort", bestimmte er nach der vierten Raumdurchquerung und griff sich die Mappe. „Diesmal nicht."

Er holte seine Jacke aus dem Garderobenschrank im Flur und hielt der staunenden Witwe die Hand hin.

„Ich guck erstmal selbst, was an der Sache dran ist", sagte er. „Zur Kripo können wir immer noch gehen."

Bäckers Frau machte kein besonders glückliches Gesicht, widersprach aber nicht. Sie brachte ihn zur Tür.

Draußen klaubte Fuchs die Blumen wieder auf und marschierte zum Wagen.

18

Er kannte nur das fertige Stück der Stadtautobahn, einen vierspurigen Tunnel, dessen Eingang die Schlote des Kraftwerks bewachten. Der Oberbürgermeister hatte ihn im Kommunalwahlkampf mit Freibier, Blasmusik und Scherenschnitt für den Verkehr freigegeben.

Am nächsten Morgen – Fuchs hatte sich bei Swoboda zum Außendienst abgemeldet – fuhr er mit dem Fiesta ans andere Ende der Trasse. Ein Schild, so groß wie ein Möbelwagen, verkündete, daß hier die Stadt Bochum mit Hilfe von Land und Bund den dritten Abschnitt der Stadtautobahn errichtete. Daneben genauso groß das Emblem der STRABO, eine rote Straße auf weißem Grund.

Fuchs parkte den Wagen am Straßenrand und umkurvte die Schilder. Eine graubraune Schneise, breit wie ein Fußballfeld und so lang, daß er ihr Ende nicht sehen konnte, gähnte ihn an. In den breiten Spuren, die die Ketten der Raupen ins rohe Fleisch der Erde gefräst hatten, stand bleigraues Wasser. Das einzige Fahrzeug, das er sah, war ein klappriger Handwagen, den sein Besitzer einen Hang heruntergekippt hatte.

Rechts am Rand fand er eine geschotterte Piste und machte sich auf den Weg.

Nach einem halben Kilometer stand Fuchs vor einer Lehmwand. Graues Wasser schoß über eine Betonrutsche auf ihn zu und verschwand unter seinen Füßen in einem mannshohen Kanal.

Er kraxelte die Barriere hinauf. Ein grasbewachsener Vorflutgraben, der die Abwässer von halb Bochum zur Emscher leitete, endete hier.

Fuchs hielt sich am Rand der Kloake, wich alle paar Meter dem Stumpf eines gefällten Baumes aus und kam schließlich an einen gemauerten Steg, der von den benachbarten Gärten über den Graben ins schlammige Nichts der Baustelle führte.

Die Gärten glichen jenen Streifen entlang der Eisenbahn, in denen gehörlose Hobbygärtner ihre Freizeit verbringen. Statt mit den Ohren mußten Leute, die hier an warmen Sommertagen weilten, Schwierigkeiten mit dem Geruchssinn haben.

Weiter vorn, wo die Raupen vor den letzten Bäumen haltgemacht hatten, lagen die Container der Bauleitung. Wie beim Aufräumen vergessene Bauklötze.

Fuchs steuerte auf sie zu.

Ein Mann in blauem Arbeitszeug und gelben Gummistiefeln stapfte die Stufen eines aufgebockten Containers hinunter und sah zu ihm herüber.

„Wat wolln Sie denn hier?" rief er, als Fuchs auf zehn Meter heran war.

„Erdbeeren pflücken."

Den Mann schien die Antwort nicht zu befriedigen. Er kam Fuchs ein Stück entgegen und pflanzte sich vor ihm auf.

„Nicht pampig werden, Bürschchen", zischte er und machte ein Gesicht, das er für furchterregend hielt. Er war an die fünfzig Jahre, kräftig, aber nicht so, daß es einem Angst einjagte. Der Wind blies ihm Strähnen seiner dünnen braunen Haare in die Stirn.

Fuchs tat einen Schritt zur Seite und versuchte vorbeizukommen. Der Blaumann ließ ihn nicht.

„Betreten der Baustelle verboten", leierte er. Fuchs hätte sich nicht gewundert, wenn noch „Eltern haften für ihre Kinder" hinterhergekommen wäre.

„Also gut", seufzte er, kramte den Dienstausweis aus der Brieftasche und hielt ihn dem Nachtwächter unter die Nase.

Der Mann nahm den Kopf ein Stück zurück und entzifferte den kurzen Text mit zusammengekniffenen Augen. Als er beim Siegel und der schwungvollen Unterschrift des Amtsleiters angekommen war, zog Fuchs den Ausweis wieder ein. Sein Gegenüber blickte zerknirscht und vergaß vor lauter Ehrfurcht, den Weg freizumachen.

„Ich kannte Sie ja nicht, Herr Oberinspektor. Und gerade auf junge Leute soll ich besonders aufpassen, hat der Schachtmeister gesagt."

„Und warum?"

„Weil die uns immer die Maschinen kaputtmachen."

Fuchs sah sich sicherheitshalber noch einmal um.

„Ich seh hier keine Maschinen", sagte er.

Der Bauarbeiter nickte heftig.

„Dat isset ja gerade. Die ham doch die ganze Baustelle stillegen müssen wegen denen."

„Wegen wem?"

„Wegen die Choten da hinten."

Er zeigte mit der Hand über die Brücke, unter der die Autobahn durch sollte. Außer Schrebergärten und einer alten Schule konnte Fuchs nichts Chaotisches entdecken.

Der Baumann merkte das.

„Die Hausbesetzer aussem Abbruchviertel, wo wir als nächstes hermüssen. Ganzen Tach liegense mittem Arsch im Bett, und nachts schüttense uns Zuckerwasser im Tank."

Wie oft so was vorgekommen war, konnte der Aufpasser nicht sagen.

„Müssense den Bauleiter fragen, aber der ist nich hier."

„Und wie lange liegt die Baustelle schon still?"
„Seit Rosenmontag."
Mehr war aus dem Mann nicht herauszukriegen. Fuchs ließ ihn stehen.

Hinter der Brücke führte die Trasse an der Rückfront einer Häuserzeile, Marke Sozialer Wohnungsbau, Baujahr schätzungsweise 1960, vorbei. Bis auf einen zehn Meter breiten Rasenstreifen war den Leuten von ihrem Blick ins Grüne nichts geblieben. Als Entschädigung bekamen ihre Wohnungen gerade Isolierglasfenster eingebaut, was Wert und Miete zweifelsohne mächtig steigern würde.

Fuchs ging an der Straßenseite entlang und warf ab und zu zwischen zwei Häusern einen Blick auf die angeschnittene Schrebergartenkolonie am anderen Ufer der Schlammpiste. Dann war die Straße zu Ende und mit ihr der braune Lindwurm, dem er gefolgt war. Er stand vor dem Abbruchviertel, das der Autobahn im Wege lag.

Es begann mit fünf verwahrlosten Altbauten, Backsteinhäusern, deren Ziegel räudig, grau, unverputzt dem Wetter trotzten. Ausgefranste Bettlaken flatterten zwischen den Fenstern, mit Parolen, die der Wind durcheinanderbrachte. Blinde Fenster mit lila Rahmen.

An der Straßenecke hatten die Bagger einen Platz geschaffen. Der Trümmerschutt war weggeräumt. Nur die Tapeten an den Giebelwänden der stehengebliebenen Häuser erinnerten daran, daß hier einmal wer gewohnt hatte.

Es ging gesitteter zu an dieser Straße. Blumenfenster gab es, mit Häkelgardinchen, und wenn nicht irgendein farbenfroher Zeitgenosse *Arbeit ist Verrat am Proletariat* in Rosa über eine Tür gesprüht hätte, niemand wäre auf die Idee gekommen, daß hier Hausbesetzer am Werke waren.

Um die Ecke gab es noch eine Straße mit ganz normalen Mietshäusern, von denen einige zur Hälfte leer standen. Vor einer ausgedienten Schule, in der arbeitslose Jugendliche Möbel reparierten, machte Fuchs kehrt. Außer einem Straßenköter begegnete ihm auf dem Rückweg niemand.

Es war elf.

Mit den Schlafgewohnheiten der Hausbesitzer schien sich der Baumensch auszukennen. In der Telefonzelle an der Ecke bestellte Fuchs ein Taxi und ließ sich für vier Mark fünfzig zurück zum Wagen bringen.

Mit den Leuten von der Sondergruppe Stadtautobahnbau hatte Fuchs nichts im Sinn. Die Herren Ingenieure hockten in einem der verschachtelten Rathausanbauten, waren dem Baudirektor persönlich unterstellt und ließen diesen Sonderstatus so weit heraushängen, daß sie selbst darüber stolperten. Von denen war nichts zu erfahren. Die Techniker der Straßenbauabteilung boten sich da schon eher an. Wegen der Abrechnungen hatten sie häufig mit der Verwaltungsabteilung zu tun.

Fuchs suchte sich eine Straße heraus, die die STRABO gebaut hatte, blätterte die Akte durch, dachte sich ein paar dumme Fragen aus und marschierte ins vierte Stockwerk.

Wie immer bei naßkaltem Wetter war niemand im Außendienst. Die Techniker bevölkerten ihre Büros, redeten aufeinander ein oder heuchelten Hektik, wenn ein Gruppenleiter in der Nähe war.

Fuchs fragte nach dem zuständigen Mann.

„Die Konradstraße hat der Kutz gebaut", sagte einer. Sie sagten immer, der und der hat die Straße gebaut, wenn sie den Mann meinten, der für die Stadt die Bauaufsicht geführt hatte.

Kutz war einer der älteren in der Abteilung, unbeholfen, was den Verwaltungskram anging. Vor dem Zechensterben hatte er als Steiger auf Dahlhauser Tiefbau gearbeitet und war danach durch Beziehungen bei der Stadtverwaltung untergekommen.

Fuchs ging mit ihm die Abrechnung durch, ließ sich über Deckenstärken, Gehwegbreiten und die Anzahl der Sinkkästen aufklären. Vielleicht ist Ausgleichsamt ja doch nicht so schlecht, dachte er, während Kutz' blaugenarbter Zeigefinger immer neue Zahlen aufspießte.

„Baut die STRABO oft kleine Straßen wie die hier?" fragte er so beiläufig wie möglich. Kutz nickte.

„Kleinvieh macht auch Mist."

„Und ich hab die immer für Großbauern gehalten."

„Sind sie auch", lachte Kutz, „aber heutzutage nehmen auch die Großen alles, was kommt."

„Und wenn's bloß ne mickrige Stadtautobahn ist."

Kutz horchte zum Nachbarzimmer, in dem drei Kollegen über einen Plan gebeugt schwadronierten.

„Gott sei Dank haben wir damit ja nichts zu tun", murmelte er. „Sollen die Sonderingenieure mal sehen, wie sie die fertigkriegen."

„Warum kommen die denn nicht weiter mit dem Ding?"

Kutz zuckte mit den Achseln und schwieg.

„Wegen der Hausbesetzer?"

Der Alte blies die Luft scharf durch die Nase aus.

„Soviel wie ich weiß, stören die noch gar nicht."

„Die Baustelle liegt aber trotzdem still."

Kutz stand auf und ging zum Fenster. Man konnte weit sehen von hier oben, über das Stahlwerk und die Viertel davor.

„Ich bau gerade eine neue Straße in Weitmar. Auch mit der STRABO. Seit vierzehn Tagen haben die da keinen Schüppenstiel angepackt."

„Warum?"

„Das hab ich den Bauleiter auch gefragt. Aber der sagt nichts. Unter der Hand hört man, daß da die Pleitegeier kreisen. Aber wie gesagt, unter der Hand."

19

Fuchs' Wagen rollte über die breite Hauptstraße des Industrieparks, den die Stadt vor zehn Jahren angelegt hatte. Bogenlampen schütteten ihr kaltes Licht auf die Fahrbahn. Gehwege, zwischen deren Platten Grasbüschel klemmten, glitten vorbei. Hinter immergrünen Gehölzen duckten sich flache, schmucklose Hallen.

Er drosselte das Tempo, um die Firmenschilder an den zurückliegenden Gebäuden entziffern zu können. Auf Leuchtreklame hatten die Inhaber verzichtet. Abends war hier draußen niemand, den sie anlocken konnten.

Auf der anderen Seite, wo eine kaum schmalere Straße in den Highway mündete, flammte das Lichtband einer Büroetage auf. Laut Plan mußte dort der Betriebshof der STRABO sein.

Fuchs steuerte den Fiesta auf den Parkstreifen, stieg aus und ging hinüber.

Eine halbhohe Mauer umschloß das Eckgrundstück, darauf ein mannshohes Gitter aus Vierkanteisen. Der Hof dahinter lag im Dunkeln. Schemenhaft erkannte er die Umrisse von Baumaschinen. Raupen, die ohne Probleme ein mittleres Einfamilienhaus wegschieben konnten, Bagger mit demütig gesenkter Schaufel und einen flachgelegten Baukran. Wie eine Herde Elefanten drängten sie sich rechts vor den überdimensionalen Garagen.

Im Pförtnerhäuschen lief ein Fernseher, dessen fahles Licht die Glaskiste ausleuchtete. Der Portier hatte die Beine auf den Tisch gelegt und bestaunte den kleinen Bildschirm. Hinter der Glaskanzel lag die Einfahrt. Ein Laufgitter versperrte den Raum zwischen Pförtnerloge und der Fahrzeughalle, dessen Rückfront den Bauhof zum Nachbargrundstück abschloß. Auf der Giebelwand prangte das Emblem der STRABO.

Fuchs blieb stehen.

Vor ihm zog sich die Straße mit dem schmalen Mittelstreifen, die nach hundert Metern abrupt endete, verschluckt vom Schwarz der Felder. Am Horizont spiegelte sich das Essener Lichtermeer unter den dünnen Wolken. Irgendwo weiter weg rauschte ein Zug vorbei.

Im Pförtnerhäuschen läutete das Telefon. Der Mann nahm die Beine vom Tisch, nickte mit dem Hörer am Ohr und legte auf.

Er verließ die Glasbox, ging über den Platz und machte sich an einem der Scheunentore zu schaffen.

Im Bürogebäude wurde die beleuchtete Etage dunkel. Das Flurlicht sprang an und beschien drei Männer, die das verglaste Treppenhaus hinunterkamen. Vor dem Eingang blieben sie stehen und redeten kurz miteinander, ehe sie sich trennten. Einer ging nach links weg, die beiden anderen spazierten zu der Garage, die der Pförtner geöffnet hatte.

Fuchs stieg auf das Mäuerchen, um besser sehen zu können. In der Halle hinter der Tür stand ein Tieflader. Einer der Männer kletterte ins Führerhaus.

Der Motor brummte auf wie eine gemischte Raubtiergruppe vor der Fütterung.

Mit der Schnauze voraus kroch der Transporter ins Freie. Das Fernlicht flammte auf und schoß an Fuchs vorbei durch das Gitter. Dann blendete der Fahrer ab.

Inzwischen war die benachbarte Tür von innen geöffnet worden, und das gleiche Spektakel wiederholte sich mit einem zweiten Brummer.

Die Wagen standen so, daß Fuchs nicht auf die Ladefläche sehen konnte. Er hing am Gitter und wartete.

Nach ein paar Augenblicken kam der Pförtner zwischen den Lastern zum Vorschein und flitzte in seinen Glaskasten. Fast geräuschlos schob sich das Laufgitter zur Seite. Einer der Tieflader heulte auf und kreiste in weitem Bogen auf die Einfahrt zu.

Auf der Ladefläche standen zwei Oldtimer. Der Lack der Autos glänzte, als sich der Transporter am Pförtnerhaus vorbei auf die Straße schob.

Fuchs drückte sich enger an das kalte Eisengitter. Er trug keine Handschuhe. Seine Finger fühlten sich an, als ob sie nicht zu ihm gehörten.

Auf dem Hof setzte sich der andere LKW in Bewegung, zwei weitere Veteranen der Landstraße auf dem Buckel. Der Fahrer beschleunigte, als er den Engpaß überwunden hatte, und donnerte seinem Vordermann hinterher.

Das Laufgitter schob sich vor die Einfahrt, der Pförtner legte die Beine hoch und sah in die Röhre, der Bauhof lag düster und verlassen.

Fuchs hüpfte von der Mauer. Er blickte den Lastern nach, die weiter vorn vor einer Ampel hielten und dann rechts in die Hauptstraße bogen, ging zu seinem Wagen zurück, startete und knipste das Gebläse auf volle Touren. Warmluft taute seine Eisfüße.

Die Ampel sprang auf Rot. Zeit zum Überlegen. Rechts hinter den Oldies her oder links ab zu Schildkröten und Hering in Gelee? Er blinkte rechts und hatte die Tieflader nach einem Kilometer vor sich.

Mit siebzig dröhnten sie auf die B 1 zu, ordneten sich unter der Eisenbahnbrücke ganz links ein und gondelten durch die große Schleife Richtung Dortmund. Fuchs hielt so viel Abstand wie möglich, um nicht aufzufallen. Allzuweit zurückfallen lassen ging auch nicht.

Die Ausfahrten folgten in kurzen Abständen. Vor ihm pflügten die Laster den Ruhrschnellweg, vorbei an den Restposten der Bochumer Industrie, einem angestrahlten Gasometer und dem Schlachthof, der sich auf neue Schweine freute. Am Autobahnkreuz verließen sie die B 1 und bogen auf die A 43.

Fuchs überlegte, wohin ihn die Brummer führen konnten. Da war das nördliche Ruhrgebiet, Herne, Recklinghausen, Castrop-Rauxel. Dahinter plattes Land bis Münster. Es konnte weitergehen über Osnabrück nach Bremen und Hamburg und von da in die große weite Welt. Oder links ab nach Ostfriesland.

Er war beim Bund nach der Grundausbildung in einer Kaserne irgendwo zwischen Lingen und Emden verrottet, das nächste Dorf fünf Kilometer entfernt, mit einem Gasthof und dem Schild: *Jeden Samstag Tanz. Es spielt: Die Kapelle.* Damals hatte er sich geschworen, diese Gegend fürderhin zu meiden. Er hatte nicht vor, diesen Schwur zu brechen.

Die Tieflader ließen sich von seinen Betrachtungen nicht

beeindrucken. Ruhig zogen sie durch die Nacht, gleichmäßig achtzig, stur rechts.

Hinter Recklinghausen leerte sich die Autobahn völlig. Nur ab und zu jagte jemand auf der linken Spur an ihnen vorbei. Fuchs fuhr so, daß er die Rücklichter des hinteren Lasters gerade noch erkennen konnte, scherte an jeder Ausfahrt auf die Parallelfahrbahn, um nach einigen hundert Metern wieder hinter den LKWs aufzutauchen. Er kannte den Trick aus dem Fernsehen. Verfolgungsjagden waren seine Lieblingsszenen. Brutale Gangster, hartgesottene Detektive, schnelle Wagen, Action.

Dies hier war das genaue Gegenteil: Ein Kommunalbeamter im abgetragenen Kleinwagen verfolgt zwei Tieflader durchs Münsterland. Weshalb, weiß Oberinspektor Fuchs selbst nicht so genau. Wahrscheinlich ist es die heiße Fracht, bestehend aus vier alten Autos, die ihn nicht ruhen läßt. Eine Stunde ist er den Unholden schon auf den Fersen. Unaufhaltsam donnert der Konvoi auf Appelhülsen zu. Wird er hier den Highway verlassen, um sich Nottuln, der Perle der Baumberge, zuzuwenden?

Es war halb zwölf und die letzte Abfahrt vor Münster, als der Tieflader vor ihm rechts blinkte. *Senden fünf Kilometer*, zeigte ein Pfeil nach rechts. Die Laster bogen links ab, überquerten die Intercity-Strecke und stießen auf ein Dorf, dessen Namen Fuchs in der Eile übersehen hatte.

Das Nest bestand aus einer Straße, die die Tieflader ohne Mühe ausfüllten. Am Ortsausgang verengte sie sich nochmal. Die Fahrer drosselten das Tempo und schlichen auf einem besseren Feldweg in die Dunkelheit.

Fuchs stoppte bei den letzten Häusern. Der Auto-Atlas lag im Handschuhfach. Nach einigem Blättern hatte er die richtige Seite. Laut Karte gab es hier kilometerweit nur Taiga. Er legte das Buch weg und jagte den Wagen hinterher. Als sie vor ihm auftauchten, schaltete er das Licht aus.

Es war eine klare Nacht. Der Wind trieb die wenigen Wolken wie Papierknäuel vor sich her, die Sterne strahlten mit dem halbfetten Mond um die Wette. Der asphaltierte

Weg hob sich hell gegen die dunklen Weiden ab. Zäune und Hecken zerschnitten das weite Land. Waldstücke zogen vorbei. Es wurde sogar ein bißchen wellig, nicht gerade hügelig, aber uneben genug, daß die Münsterländer die Gegend Baumberge nannten.

Dann waren die Rücklichter weg.

Fuchs hielt auf einer kleinen Anhöhe. In der Mulde dahinter war Licht.

Die Laster standen auf der Straße vor einem Gebäude, von dem Fuchs nicht wußte, wie er es einordnen sollte. Er stieg aus, um besser sehen zu können. Ein Wall umgab den Komplex, darauf in regelmäßigen Abständen Bäume, deren Äste wie dürre Finger in den Nachthimmel griffen. Es gab beleuchtete Fenster in dem der Straße abgewandten Teil des Gebäudes, ebenerdig eins und mindestens zwei Stockwerke hoch. Weiter vorn, wo die Laster standen, brannten größere Lampen. Stimmen drangen von dort zu ihm herüber und das Geräusch, das schwere Eisenteile machen, wenn man sie fallen läßt.

Vorsichtig drückte er die Tür ins Schloß und ging näher heran.

Sie waren beim Abladen. Mehrere Männer schoben den ersten Wagen von der Ladefläche und rollten ihn durch eine Einfahrt in den Hof. Als sie verschwunden waren, hastete Fuchs die letzten hundert Meter bis zum Wall und blieb dort hocken, bis er wieder ruhiger atmete. Die Böschung war seifig. Er rutschte beim gebückten Gehen aus und konnte sich nur mit Mühe auf den Beinen halten. Oben suchte er Deckung hinter einem der Baumriesen.

Er stand vor einer Wasserburg. Glatte Mauern ragten aus dem Wassergraben, bildeten ein Karree um den Innenhof, auf dem das Auto verschwunden war. Eine Brücke führte über die Gräfte dorthin. Über sie kamen die Männer zurück.

Es waren vier. Sie kletterten auf die Ladenfläche, lösten die Verankerung des zweiten Oldies und schoben ihn, nachdem sich einer ans Steuer gesetzt hatte, auf die Straße und von da über die Brücke in den Hof. Als sie zurückkehrten, setzte einer der Fahrer den leeren Tieflader zurück. Wie von einer Schnur gezogen, glitt der Brummer an Fuchs vorbei und hielt wenige Meter hinter ihm. Das Fernlicht flammte auf.

Bevor Fuchs hinter dem Baum verschwinden konnte, erfaßten ihn die Strahlen und warfen seinen riesigen Schatten gegen die Mauer der Burg.

Zum Verschwinden war es zu spät. Der Fahrer hatte seine Kabine bereits verlassen und stand nach ein paar schnellen Schritten neben ihm.

„Wat willst du denn hier, Bursche?" fuhr er ihn an und massierte Fuchs' Schulter mit einer Hand, für die die Bezeichnung Pranke eine mittlere Schmeichelei bedeutet hätte.

Fuchs schwieg.

„Komm, spuck aus, Junge", brummte der Mann. Er hatte ein breites Gesicht mit verschlafenen Hundeaugen, die Fuchs treu anschauten, während der Klodeckel von einer Hand seine Schulter weichwalkte.

„Ich bin spazierengegangen", begann Fuchs und merkte an dem steigenden Druck auf seiner Schulter, daß das kein guter Anfang war. Es gibt aber keinen besseren, wenn man nachts um zwölf hinter dicken Bäumen beim Spionieren erwischt wird, dachte er und versuchte, seine Schulter freizubekommen. Es ging nicht.

„Mensch, Junge", schnaufte der Fahrer, „erzähl nich son Scheiß. Du schnüffelst hier rum, steckst deine Nase in anderleuts Angelegenheiten und spielst dann noch den Doofen. Ich sach dir eins: Mach, daß du wegkommst! Aber ganz schnell, und laß dich nie wieder blicken, sonst klopp ich dir den Kopp zwischen den Ohren weg."

Er schüttelte Fuchs während seiner Ansprache wie eine krümelige Tischdecke und ließ ihn dann rücklings den Wall hinuntersausen. Ohne sich umzusehen, galoppierte Fuchs zu seinem Wagen zurück, wendete und gab Gas. Sein rechter Arm schmerzte beim Schalten.

Heinz Erhardt saß mit Korn am Besprechungstisch und tuschelte, als Wegener Punkt neun das Büro des Kripoleiters betrat.

„Ach, da kommt der zweite Streithahn ja auch schon", gibbelte er, hielt Wegener ohne aufzustehen seine quabbelige Hand hin und strahlte.

Korn nickte knapp. Seine breite Stirn warf Falten wie das Watt bei Ebbe. Schwarze Ringe beschatteten seine Stechaugen.

Wegener klemmte sich ihm gegenüber an den Tisch und schwieg. Er haßte es, sich mit Kollegen vor Vorgesetzten zu streiten. Das gab denen nur Gelegenheit, den Chef heraushängen zu lassen, sich auf die eine oder andere Seite zu schlagen oder salomonische Urteile zu fällen, die niemandem nützten.

„Sie hatten um dieses Gespräch gebeten, Wegener", begann Heinz Erhardt. „Vielleicht fangen Sie als der jüngste in unserer Runde einmal an und schildern die Sache aus Ihrer Sicht."

Wegener kannte dieses Ritual: Sachvortrag durch den zuständigen Beamten, obwohl alle wußten, worum es ging. Meist folgte dann ein sogenannter Meinungsaustausch: Die eigene Meinung wurde gegen die des Vorgesetzten ausgetauscht.

Lustlos rapportierte er den Stand der Ermittlungen im Fall Bäcker, erläuterte seine Idee mit den Subunternehmern, bei denen Altenscheidt untergekommen sein könnte.

Heinz Erhardt zeigte seine präsidiumsweit bekannte Dienstbesprechungshaltung. Er hatte den Kopf auf die Seite gelegt, den Mund leicht geöffnet und die Ohren auf Durchzug gestellt.

Korn gab sich erst gar keine Mühe, den interessierten Zuhörer zu mimen. Er blätterte in dem Stapel Papier, der vor ihm auf dem Tisch lag, hakte mit dem Kuli Sachen ab.

Erst als Wegener in groben Zügen darstellte, wie die weitere Fahndung nach Altenscheidt aussehen sollte, horchte er auf.

Er fingerte eine Zigarette aus der Hartbox, steckte sie an und zog gierig daran. Den Rauch schluckte er runter, weigerte sich eine Zeitlang, ihn wieder rauszurücken, und ließ ihn schließlich widerwillig in kleinen Wölkchen aus der Nase entweichen.

„Wird gemacht, Wegener, wird alles gemacht", nickte er.

„Was wird gemacht?"

„Das, was du vorschlägst. Nur etwas anders."

Wegener sah ihn groß an.

„Wir werden die Subunternehmer nicht einzeln abklappern, sondern alle auf einen Schlag. Großrazzia nennt man so was bei uns im Sechsten. Hast du sicher schon von gehört. Oder nehmen die das heute auf der Fachhochschule nicht mehr durch?"

Wegener überhörte den Standardspruch aller altgedienten Kripoleute. Seit sich die frischgebackenen Kommissare Diplom-Verwaltungswirte schimpften, ging das schon so und würde wohl erst enden, wenn der letzte alte Hase pensioniert war.

„Warum steigt ihr jetzt so groß ein?" fragte er.

„Weil wir endlich was gegen die Subs in der Hand haben. Zwei von meinen Leuten machen seit einem halben Jahr nichts anderes, als in dem Bereich zu recherchieren. Alles, was wir wußten, haben sie erst mal hinternandergeschrieben, dann mit den Steuerfahndern die Erkenntnisse abgeglichen, vom Arbeitsamt Informationen eingeholt. Als wir einmal dran waren, stießen wir auf neue Informanten. Schwarzarbeiter, die um ihren Lohn betrogen wurden. Angemeldete, die sauer auf die Illegalen sind, weil die zweimal kassieren: beim Arbeitsamt und auf dem Bau. Betriebsräte, weil die Hälfte der Bauarbeiter arbeitslos ist oder kurzarbeitet. Jetzt wissen wir eine ganze Menge. Zum Beispiel, daß die Subs ein richtiges Syndikat aufgebaut haben. Nach dem Vorbild der Mafia. Mit vielen Kleinen ganz unten und zwei Großen an der Spitze. Dazwischen tummelt sich alles, was in der Branche Rang und Namen hat. Bei der Razzia nehmen wir die ganze Blase mit einem Schlag hoch."

Korn lehnte sich in seinem Stuhl zurück. Er grinste zufrieden und blinkerte Wegener schadenfroh an.

„Stell dir vor, du wärst jetzt von Baustelle zu Baustelle gezogen. Ich hätte die ganze Chose abblasen können."

„In der Tat, Korn, in der Tat", lachte Heinz Erhardt.

Wegener wartete, bis er sich beruhigt hatte.

„Wann soll die Veranstaltung denn steigen?"

„Das erfährst du Donnerstagmorgen um neun bei der Einsatzbesprechung im Versammlungsraum."

„Soll ich noch ein paar von meinen Leuten mitbringen?"

Korn sah ihn mitleidig an. „Wir haben 200 Beamte im Einsatz. Ich denke, das reicht fürs erste."

Heinz Erhardt fand auch das komisch. „Zufrieden, Wegener?" kicherte er.

Korn strahlte. Er konnte es sich nicht einmal verkneifen, ihn auf die Geheimhaltung hinzuweisen.

„Gut, daß du mich dran erinnerst", konterte Wegener, „sonst hätte ich's womöglich meiner Mutter erzählt."

21

Das Handelsregister befand sich in dem Teil des Justizpalastes, der wie die meisten Gebäude der Innenstadt in den Wiederaufbaujahren hochgezogen worden war. Über quietschendes Linoleum stieg Fuchs in den dritten Stock und trat ohne anzuklopfen ein.

Hinter dem Schreibtisch hockte ein mausgrauer Beamter mit einem Gesicht, in dem schon jemand anderes übernachtet zu haben schien. Ohne aufzusehen, stocherte er in einer dünnen Akte herum, krakelte sein Namenszeichen hinter irgendwelche Eintragungen, griff aus einem dreistöckigen Ständer immer neue Stempel und drückte sie sorgfältig auf Karteikarten, Vordrucke und Durchschläge. Fuchs wußte nicht, wonach es hier mehr roch, nach Stempelfarbe oder Bohnerwachs.

„Den Handelsregisterauszug der Firma STRABO möcht ich gern einsehen", sagte er.

Der Mann hinter dem Schreibtisch sah ihn an wie eine Erscheinung, stand dann auf und verschwand wortlos im Nebenraum. Fuchs bestaunte das Büro, als sähe er so was zum ersten Mal. Den kantigen Schreibtisch mit dem üblichen Gefummel, das schmuddelige Behördenhandtuch neben dem Waschbecken, die Fensterbank, auf der drei Topfpflanzen vor sich hinmickerten, den Werbekalender irgendeiner Lebensmittelkette. Zusammengehalten vom undefinierbaren Pastellton der Rauhfaser und dem Waldmeistergrün der Leinenvorhänge, strahlte der Raum die anheimelnde Atmosphäre einer Leichenhalle aus.

Die dazugehörige Leiche schlurfte herein und gab ihm das gewünschte Handelsregisterblatt. Fuchs klemmte sich an das Besuchertischchen hinter der Tür und las.

Die STRABO war die erwartete GmbH & Co. KG, mit fünfzigtausend Mark Stammkapital der persönlich haftenden GmbH und weiteren fünfhunderttausend, die der Geschäftsführer der STRABO, Dr. Herbert Wiegand, eingebracht hatte. Laut Eintragung war Wiegand berechtigt, die Gesellschaft allein zu vertreten. Weiter enthielt das Blatt keine Informationen, wenn man von dem juristischen Kauderwelsch absah, mit dem der Aktenknecht die Spalte *Rechtsverhältnisse* gefüllt hatte. Vor allem gab es keine Hinweise auf die finanzielle Situation der Firma.

Zurück im Tiefbauamt griff Fuchs zum Telefonbuch. Wiegand wohnte Am Felde, eine Straße in Wiemelhausen, von der er noch nie etwas gehört hatte, obwohl sie in seinem Bezirk lag. Mein Bezirk, dachte er und sah auf das rotumrandete Stück Bochum auf der Karte an der Wand. *Straßennamen von A bis K: Bäcker, von I bis Z: Fuchs,* hatte Bäcker mit einem dicken Filzstift auf den Plan geschrieben, als er vor acht Monaten ins Amt gekommen war. Bald würde beides nicht mehr stimmen. Ein paar Abrechnungen noch, dann war auch für ihn Schluß mit Erschließungsbeiträgen.

Ein paar Abrechnungen noch war gut. Auf Bäckers Schreibtisch türmten sich die Akten, die er vom Archivar hatte heraussuchen lassen. Mindestens einmal am Tag schob Swoboda sein Pferdegesicht durch die Tür, um ihn anzutreiben.

Doch statt beitragsfähigen Erschließungsaufwand zu ermitteln, Art und Maß der baulichen Nutzung zu bestimmen und Verteilungsmaßstäbe anzuwenden, trank er Kaffee mit einer Witwe, telefonierte mit Londoner Buchmachern und verfolgte Autotransporter ins Münsterland. Lange ging das nicht mehr gut, dafür würde Swoboda schon sorgen. Aber lange wollte er das auch nicht mehr machen.

Nur noch ein paar Sachen herausbekommen. Zum Beispiel, wem das Wasserschloß gehörte, auf das Wiegand seine Oldtimer hatte schaffen lassen.

Über den Verbindungsgang zwischen altem und neuem Rathaus, den sie die Beamtenlaufbahn nannten, marschierte er zur Stadtbücherei und suchte eine Karte des Münsterlandes mit kleinem Maßstab heraus. Der Ort, durch den sie zuletzt gekommen sein mußten, hieß Mosenboll. An der Straße, die von dort in die Baumberge führte, entdeckte Fuchs einen Kreis mit einem Fähnchen drauf, laut Legende das Zeichen für Schloß oder Burg. Das Kaff gehörte zur Gemeinde Dahldrup.

In der Rathauskantine saßen um diese Zeit nur die üblichen Stammgäste herum. Er trank auf die Schnelle einen Kaffee, ging dann ins Büro zurück, ließ sich von der Auskunft die Nummer der Gemeindeverwaltung Dahldrup geben und meldete das Gespräch bei der Zentrale an.

„Dienstlich oder privat?" knurrte eine der ewig unfreundlichen Telefonistinnen.

„Ein Beamter ist immer im Dienst", gab er zurück und legte auf.

Lustlos schnüffelte er in der Straßenakte, die er bei seinem Eintreffen zu Dokumentationszwecken aufgeschlagen hatte.

Nach seinen ersten Abrechnungen hatte er gemerkt, worauf die ganze Sache mit den Erschließungsbeiträgen hinauslief. Die Wohnungsbaugesellschaften wälzten die Beiträge auf ihre Mieter ab. Betriebe, die nicht schon bei der Ansiedlung von der Beteiligung befreit worden waren, nahmen sie in ihre Preiskalkulation auf. Übrig blieben die kleinen Hausbesitzer, die kräftig zur Kasse gebeten wurden.

Seitdem versuchte er, an jeder Baumaßnahme einen Haken zu finden, um die Abrechnung zu verhindern. Mal fehlte der Stadt noch ein Stück Straßenland, dann wieder war das Umlegungsverfahren noch nicht abgeschlossen. Schwierigkeiten, die sich umgehen ließen, wenn man die Vorschriften weit genug auslegte.

Fuchs tat genau das Gegenteil. Er bestand darauf, daß die Gesetze auf Punkt und Komma erfüllt wurden. Es war sein eigener privater Dienst nach Vorschrift, mit dem er versuchte, den Schaden, den er anrichtete, so gering wie möglich zu halten. Bei den Kollegen ließ er sich dafür als Abrechnungskiller feiern. Daß das Ganze auch seiner Trägheit entgegenkam, gestand er sich nur in stillen Stunden ein.

Das Telefon schrillte. Ein Mensch namens Fuhrkötter mit einem breit rollenden westfälischen R meldete sich.

Fuchs entschied sich für die Kumpel-Tour.

„Moin, Herr Kollege", grüßte er und stellte sich vor. „Wir haben bei uns hier Schwierigkeiten mit der STRABO. Das ist eine Tiefbaufirma aus Bochum. Die haben für uns ein paar Straßen gebaut, an denen Schäden aufgetreten sind. Und jetzt gibt's Probleme mit der Haftung, weil die so gut wie pleite sind."

„Ist wohl überall dasselbe mit der Bauwirtschaft", pflichtete der andere bei. „Bei uns ist gerade erst ne alteingesessene Firma in Konkurs gegangen. Da war auch nichts mehr zu holen."

„Nu hab ich gehört, der Eigentümer der STRABO soll bei Ihnen draußen so eine Art Wasserschloß besitzen. Bei Mosenboll."

Der Münsterländer schwieg einen Moment.

„Ich mußte erst überlegen", sagte er entschuldigend. „Was Sie meinen, ist kein Wasserschloß. Das ist Gut Frevesum. Das ist ein Gestüt."

„Wissen Sie, wem es gehört?"

„Früher hat das denen von Japen gehört. Das waren hier so Adlige aus der Gegend. Aber vorn paar Jahren haben die verkauft. Moment mal eben, ich frag mal meine Kollegin."

Die Kollegin kannte den neuen Eigentümer auch nicht.

„Wissen Sie was? Ich frag eben beim Katasteramt vom Kreis nach und ruf dann zurück."

Fuchs buchstabierte seine Durchwahlnummer und bedankte sich.

Eine Viertelstunde später kam der Anruf.

„Da werden Sie wenig Glück haben, Herr Kollege", unkte Fuhrkötter. „Ein Dr. Wiegand hat Gut Frevesum zwar gekauft. Das ist doch Ihr Mann, oder?"

Fuchs bejahte.

„Aber vor drei Monaten hat er das Gestüt auf seine Frau überschrieben. Angelika Wiegand heißt die Dame, wohnhaft Bochum, Am Felde 7."

Es begann bereits zu dämmern, als er gegen vier das Büro verließ. Mit eingeschaltetem Licht krochen die Autos der Büromenschen von Ampel zu Ampel. Fuchs nutzte den Stau, um den Ring zu überqueren. Nach einer Ortsbesichtigung am Mittag hatte er den Wagen auf dem städtischen Parkplatz am Puff abgestellt. Zusammen mit anderen Kollegen, die Feierabend machten, einer Gruppe Türken, die aus Vorfreude oder Verlegenheit lachten, und zwei Betrunkenen marschierte er durch die Gußstahlstraße.

Unter der S-Bahn-Brücke blieben die Betrunkenen stehen und pißten endlos. Auf Zehenspitzen hüpften die Rathausleute über die gelbe Flut. Die Türken verschwanden hinter der Sichtschutzwand. Die Beamten verrenkten sich erfolglos die Hälse, gingen zum Parkplatz und fuhren heim.

Auf Schleichwegen umkurvte Fuchs die Innenstadt, stieß hinterm Schauspielhaus auf die Königsallee und ließ sich im Strom der Heimkehrer nach Süden treiben.

Auf dem Stadtplan hatte die Gegend, in der Wiegand wohnte, nach nichts ausgesehen, jedenfalls nach nichts Besonderem. Abi Stichler, der sich in der Stadt auskannte, wußte es besser.

„Edle Lage. Als Normalsterblicher kommst du da nicht rein. Soviel ich weiß, wohnt Biedenkopf da. Und vor kurzem ist der Peymann hingezogen."

Fuchs fand, daß dem das ähnlich sah. Im Theater pausenlos Brecht-Stücke spielen, von der Stadt dafür ein Schweinegeld kassieren und sich nach der Probe mit dem Dienstwagen ins Villenviertel chauffieren lassen.

Die Straße, von der weiter unten Am Felde abgehen sollte, fing ganz harmlos an, mit älteren Ein- und Zweifamilienhäusern an beiden Seiten. An einer kleinen Kreuzung ging es dann los. Der Gehweg weitete sich zu einer Promenade. Büsche schirmten ihn gegen die Straße ab, dazwischen Birken, deren schwarz-weiße Stämme in der Nässe glänzten. Einstöckige Bungalows verbargen sich hinter immergrünen Hecken. Kopfsteinpflaster, klein, grau und irgendwie vornehm, löste den Asphalt ab.

Die Reifen des Fiesta surrten darauf wie eine Nähmaschine. Fuchs parkte kurz hinter der Einmündung von Am Felde und stieg aus.

Es regnete nicht mehr. Das Hochhaus an der Königsallee hatte die Wolken aufgeschlitzt und ließ sich von der bleichen Abendsonne die Scheiben polieren.

Am Felde war eine Sackgasse, höchstens sieben Meter breit, mit einem Bürgersteig nur auf der rechten Seite. Flachdachbungalows hielten Abstand zur Straße und zu den Nachbarn. Die Vorgärten machten selbst um diese Jahreszeit, am Ende des Winters, einen gepflegten Eindruck. Torf bedeckte die Erde der Beete, die Gehölze waren zurückgeschnitten, das Laub des vergangenen Herbstes bis auf das letzte Blatt beseitigt. Nach Adam Riese hätte Haus Nummer 7 das vierte auf der rechten Seite sein müssen, aber nach Nummer 5, dessen abweisende Klinkerfront die ganze Grundstücksbreite einnahm, folgte eine schmiedeeiserne 9, Blickfang und Einbruchsicherung am Portal einer auf repräsentativ getrimmten Villa.

Fuchs ging bis ans Ende der Straße und wieder zurück. 7 fehlte.

Er lungerte noch eine Weile unschlüssig an der Ecke herum. Wenn das mit Nummer 7 kein Trick war, um sich unliebsame Besucher vom Hals zu halten, mußte es das Haus geben. Er ärgerte sich, nicht vorher in die Flurkarte geguckt zu haben, und versuchte, von hinten an die Häuser heranzukommen. Die Rückfront der Gärten grenzte an ein freies Feld. Über buckeligem Land schimmerten die grünen Halme der Winteraussaat.

Nach wenigen Schritten klebten dicke Erdklumpen an seinen Schuhen, er schlingerte durch eine Furche, fluchte und stakste vorsichtig zurück zur Straße. Stampfte den Dreck von den Schuhen und stieg ins Auto. Er wendete und steuerte den Wagen Richtung Heimat. Hinter ihm bog ein weißer Golf aus der Sackgasse.

Der Fiesta ratterte über frostzerfressenen Asphalt. Nach zwei Ampeln war der Weiße immer noch hinter ihm. An der dritten mußte Fuchs halten. Verstohlen sah er in den Rückspiegel. Es war fast dunkel geworden und außer, daß ein Mann am Steuer des Golfs saß, konnte er nichts erkennen.

„Bloß nicht durchdrehen, Fuchs", sagte er laut und warf das Radio an. „Vielleicht ist Detektivspielen doch nicht der richtige Job für dich."

In WDR 2 lief die „Hörbar". Aber die Kalauer, die er sonst so gern hörte, lenkten ihn nicht von der Tatsache ab, daß ihm seit einem verpatzten Besuch bei Wiegand jemand folgte.

An der nächsten Ampel wollte er es wissen. Es war die Schauspielhaus-Kreuzung, und es war grün. Fuchs kroch mit dreißig auf die Ampel zu, fuhr fast Schritt, bis sie endlich auf Gelb sprang, und gab dann Gas.

Mit quietschenden Reifen flitzte sein Wagen in die Kreuzung.

Rechts und links starteten die Fahrer auf der Querstraße. Wütend hupten sie auf ihn ein. Jedenfalls bezog Fuchs es auf sich.

Erst als er sich auf der anderen Seite erleichtert umdrehte, merkte er, daß sie ebensogut den Fahrer des Golfs gemeint haben konnten, der noch bei Rot über die Kreuzung gehuscht sein mußte.

Rechts ab ging es zu seiner Wohnung. Fuchs fuhr geradeaus, stieß auf den Ring und drehte eine Ehrenrunde um die Innenstadt.

Der Golf auch. Sein Fahrer gab sich nicht die geringste Mühe, unauffällig zu sein. Er hängte sich an wie eine Klette, küßte bei Ampelstopps fast die Stoßstange des Fiestas.

An Abhängen war nicht zu denken. Panik kroch in Fuchs hoch und legte sich wie ein Würgeeisen um seinen Hals. Er knipste das Radio aus und kurbelte das Fenster herunter. Atmete tief und regelmäßig. Versuchte, den Kopf freizubekommen. Zwang sich, ruhig zu überlegen.

Eins war klar: Mit Beschatten hatte der Film, der hier lief, nichts zu tun. Jedenfalls nicht, wenn sein Verfolger halbwegs zurechnungsfähig war. Um festzustellen, wer er war, reichten die Autonummer und ein Anruf beim Straßenverkehrsamt. Denen ging es um etwas anderes. Sie wollten ihm Angst einjagen, ihn einschüchtern. Oder Schlimmeres.

Als er zum dritten Mal den Bahnhof passierte, kam ihm die rettende Idee oder das, was er dafür hielt.

Am Anfang hatte er Zweifel. Auf der Herner Straße

erschien sie ihm genial. An der Auffahrt zur Münsteraner Autobahn war er sicher, daß sie ihm nicht nur aus dieser Patsche helfen würde. Er hielt Ausschau nach einer Parkmöglichkeit. Fuhr bei nächster Gelegenheit rechts ran und wartete.

Der Golf glitt vorbei, blinkte rechts und hielt.

Fuchs stieg aus und sah sich um.

Es war der Streifen Niemandsland zwischen Bochum und Herne, in dem sie hielten. Rechts ein paar Betriebe, links nichts. Die Straßenbahn raste vorbei. Eine Haltestelle gab es nicht.

Fuchs ging auf den Golf zu. Der Mann hinter dem Steuer sah ihn an und stieg aus.

Fuchs kannte ihn. Von dem Wasserschloß in Mosenboll.

Er grinste.

„Da bin ich wieder", sagte Fuchs und sah dem Untersetzten in sein breitgeschlagenes Gesicht. „Aber bevor du mir wie angekündigt den Kopp zwischen den Ohren weghaust, hab ich was zu sagen, das deinen Boss interessieren wird."

Der Dicke grinste nicht mehr.

„Schieß los, Kleiner."

„Sag Wiegand, er soll mich anrufen. Wegen Bäcker. Er weiß dann schon Bescheid. Mein Name ist Fuchs. Vom Tiefbauamt."

Der Dicke ließ die Arme, die er gerade noch vor dem Bauch angewinkelt hatte, sinken.

Fuchs bekam Oberwasser.

„Und noch eins kannst du deinem Chef ausrichten. Ich kann nicht mehr lange warten", sagte er, drehte sich um und ging. Zwang sich, nicht zu rennen. Stieg ein und verriegelte die Tür. Fuhr weiter Richtung Herne.

Von weitem sah er, wie der Golf auf der Straße wendete und verschwand.

Langsam füllte sich der Versammlungsraum. In Grüppchen trudelten die Besprechungsteilnehmer ein, suchten unsicher nach einem passend erscheinenden Platz und quetschten sich, wenn sie ihn gefunden hatten, durch die enggestellten Stuhlreihen dorthin. Man grüßte sich höflich und zurückhaltend. Nur selten ein lautes Hallo, wenn sich zwei von der Fachhochschule oder aus der gemeinsamen Arbeit kannten. Man redete gedämpft, tuschelte fast. Nur das Dutzend uniformierter Bereitschaftspolizisten hinten in der Ecke wieherte in unregelmäßigen Abständen über die Witze, die der Clown der Truppe riß.

Wegener lehnte an der Wand zwischen den Fenstern und betrachtete neugierig die Hereinkommenden. Außer Korns Leuten vom sechsten K. und ein paar Bochumer Staatsanwälten kannte er niemanden. Er war gespannt, wie die Razzia organisiert werden sollte. Wahrscheinlich waren wieder die Spezialisten vom Landeskriminalamt am Werke. Vor einem Jahr als Sondertruppe gegen Bandenkriminalität ins Leben gerufen, hatten sie sich mit erfolgreichen Schlägen gegen Waffenschieber, Goldschmuggler und Video-Piraten einen Namen gemacht.

Um zwei Minuten vor neun erschien Korn mit drei anderen Beamten, denen man den Leitenden Herrn schon von weitem ansah. Sie trugen Anzüge in gedeckten Farben, zu denen Wegener nichts anderes einfiel als korrekt, pastellfarbene Hemden, unaufdringliche Schlipse und festes Schuhwerk.

Korn, der sonst auch im Dienst die Freizeitkollektion des holländischen Modepapstes Jan van der Stange aus dem Hause C & A spazierenführte, hatte sich zur Feier des Tages in einen taubenblauen Einreiher geworfen, der um die Hüften mächtig spannte.

Die vier nahmen am Tisch der Versammlungsleitung Platz, fischten dicke Papierstöße aus den Aktenköfferchen und breiteten sie vor sich aus.

Korn räusperte sich ins Mikro, das Summen der Gespräche versiegte und machte gespannter Aufmerksamkeit Platz. Trotzdem hüstelte Korn noch einmal, was aus den Lautsprechern etwa so klang wie der Start eines Diesels bei zehn Grad minus morgens um sechs.

„Liebe Kollegen", begann er und sah suchend über die Köpfe der etwa hundert Anwesenden. „Kolleginnen sind ja zum Glück heute keine da."

Man lachte.

„Ich darf Ihnen zunächst die Herren hier am Vorstandstisch vorstellen. Rechts von mir Oberstaatsanwalt Reh von der Bochumer Schwerpunktstaatsanwaltschaft für Wirtschaftskriminalität."

Reh erhob sich leicht und nickte kaum merklich ins Publikum. Irgendwo hinten klatschte jemand Beifall, brach aber jäh ab, als sich hundert Augenpaare auf ihn richteten.

„Links neben mir Werner Sonthausen, der Leiter der Sondergruppe Bandenkriminalität des LKA, und ganz linksaußen, was natürlich nicht politisch gemeint ist, Herr Brandt von der Steuerfahndung. Zum Verfahren würden wir vorschlagen, daß ich zunächst die Anwesenheit der Einsatzgruppen durchchecke, Werner Sonthausen anschließend über den Gegner informiert und dann der Einsatzplan durchgehechelt wird."

Ohne wenigstens anstandshalber ein paar Sekunden auf Einwände zu warten, begann Korn die Liste der Eingeladenen herunterzubeten. Es waren zumeist Beamte aus den Wirtschaftskommissariaten der Umgebung, aber auch Leute aus dem rheinischen Raum und dem Sauerland bis runter nach Siegen. Auch von den sogenannten Stützpunkt-Dienststellen zur Bekämpfung illegaler Beschäftigung beiden Arbeitsämtern waren Beamte erschienen, Steuerfahnder aus dem ganzen Ruhrgebiet und eine Menge Staatsanwälte. Sie antworteten mit einem „Ja" oder „Anwesend", wenn Korn ihre Namen aufrief. Nur der Einsatzleiter der Bereitschaftspolizei aus Unna machte Männchen und meldete zackig.

„Sie sehen, meine Herren, es ist alles versammelt, was Rang und Namen hat", schloß Korn die Gesichtskontrolle. „Es ist übrigens die aufwendigste landesweite Polizeiaktion in der Geschichte Nordrhein-Westfalens."

Seinen Stolz darauf, daß er der Boß dieser Aktion war, konnte er nur mühsam verbergen. Er schob Sonthausen das Mikro zu und lehnte sich zufrieden zurück. Der Mann vom LKA beachtete es nicht. Er stand zum Reden auf.

Wegener beobachtete ihn zwischen den Köpfen seiner Vordermänner hindurch. Sonthausen war untersetzt, aber nicht dick. Die wenigen Haare, die ihm geblieben waren, trug er nicht einmal streichholzlang. Wie ein Borstenrand umrundeten sie die hintere Hälfte seines Eierkopfes. Seine breite Stirn, die gerundeten Backen und das kräftige Kinn, an dem er beim Sprechen manchmal rieb, wiesen ihn als Tatmenschen aus, zu dem die randlose Intellektuellen-Brille gar nicht passen wollte. Ende vierzig mochte er sein, schätzte Wegener.

Sonthausen kam ohne Begrüßung oder andere Umschweife zur Sache.

„Womit wir es zu tun haben, meine Herren, ist ein Syndikat. Seine Mitglieder sind dem Milieu der illegal arbeitenden Subunternehmer zuzurechnen, die seit Jahren sogenannten Menschenhandel betreiben. Wir haben überschläglich ermittelt, daß von ihnen in den letzten fünf Jahren etwa 100 Millionen Mark Lohnsteuer, Einkommenssteuer, Umsatzsteuer und Sozialversicherungsbeiträge hinterzogen worden sind. Beteiligt sind nach bisherigen Erkenntnissen 25 Subunternehmer aus den Städten Bochum, Duisburg, Mühlheim, Bottrop, Witten, Iserlohn, Siegen, Gummersbach, Wülfrath und Kempen. Sie haben in den vergangenen Jahren zweiundzwanzig Scheinfirmen gegründet, um legal Bauarbeiter anwerben zu können. Nach kurzer Zeit wurden die meisten Firmen abgemeldet und mit den Kolonnen illegal weitergearbeitet. Nur wenige Betriebe mit einer Handvoll Mitarbeitern blieben, um an die Unbedenklichkeitsbescheinigung der Ortskrankenkassen zu kommen. Am Anfang gingen die Bochumer Kollegen davon aus, daß es sich bei den verdächtigen drei oder vier Subunternehmern, um unabhängig voneinander operierende Personen handele. Erst als man feststellte, daß ihre Kolonnen häufig auf denselben Baustellen eingesetzt und die illegalen Arbeiter zwischen ihnen ausgetauscht wurden, ging den Kollegen ein Licht auf. Schließlich traten die einzelnen Subunternehmer untereinander noch als Sub-Subunternehmer oder als Sub-Sub- Subunternehmer auf. Wir stießen in einem Falle auf die vierfache Weitervergabe von Teilen des Auftrages. Das Hin- und Herschieben von Aufträgen dient dabei vor allem der Verschleierung. Es gibt keine Buchführung, anhand der man die Transaktionen nachvollziehen könnte. Die einzelnen Subunternehmer kennen sich häufig nur beim Vornamen. Die Arbeiter werden morgens an geheimen Treffs abgeholt, zur Baustelle gekarrt und abends wieder weggeschafft. Bezahlt wird täglich bar auf die Hand. Am nächsten Morgen taucht auf der Baustelle ein anderer Sub mit neuen Arbeitern auf. Alle Fäden dieses verwirrenden, sich ständig verändernden Netzes illegaler Geschäfte laufen nach unseren Erkenntnissen bei einem Bochumer Subunternehmer zusammen. Der Mann galt bisher als einer der Seriösen in der Branche, mit dem alle großen Firmen im Bausektor seit Jahren zusammenarbeiten. Wenn in der Vergangenheit behauptet wurde, die führenden Bauunternehmen, die sich der Subunternehmer bedienten, müßten von deren illegalen Geschäften gewußt haben, verwies man dort gern auf diesen Mann mit der weißen Weste. Im Laufe der Ermittlungen ist es uns jedoch erstmals gelungen, die Mitwisser- und Mitträgerschaft einer Entleiherfirma nachzuweisen. Es handelt sich um eine angesehene Bochumer Firma, deren Dumpingpreise vielen seit langem unerklärlich sind. Soweit vielleicht zunächst einmal, meine Herren. Bitte haben Sie Verständnis dafür, daß ich vor dem Tag X noch keine Namen nenne. Ich möchte niemandem von Ihnen etwas unterstellen, aber bei einer solchen Vielzahl von beteiligten

Beamten sind strenge Sicherheitsmaßnahmen unumgänlich."

Sonthausen setzte sich und schwieg. Korn flüsterte mit Reh von der Staatsanwaltschaft.

Im Saal setzte Gemurmel ein. Es war nicht gerade viel Neues, was der LKA-Mann bekanntgegeben hatte, fand Wegener. Seine Vorsicht konnte er gut verstehen. Die Fensterbohrer-Bande, ein Einbrecher-Syndikat, gegen das Sonthausens Spezialtrupp zuletzt gearbeitet hatte, hatte Verbindungsleute bei Post und Polizei und war so über den Stand der Ermittlungen stets auf dem Laufenden gewesen. Wegener wußte, daß die Beamten enttarnt und gefeuert worden waren. Ob damit alle undichten Stellen gestopft worden waren, wußte er nicht.

„So, meine Herren", brüllte Korns Stimme durch die Lautsprecherboxen und sorgte für Ruhe im Saal. „Sie haben gehört, gegen wen es geht. Kommen wir nun zum Wie."

Er warf einen Blick auf das oberste Blatt seiner Unterlagen.

„Bei unserer gemeinsamen Aktion gibt es im wesentlichen zwei Arten von Aufgaben zu erledigen. Da sind einmal die Subunternehmer, die in ihren Wohnungen festgenommen und hierher zum Verhör geschafft werden müssen. Gleichzeitig werden die Wohnungen und, falls vorhanden, auch die Büros durchsucht und alles uns interessierende Material beschlagnahmt. Dafür sind im wesentlichen die Kollegen aus den 6. Ks und die Staatsanwälte verantwortlich. Sie erhalten nach Abschluß der Besprechung oben bei meinen Leuten Namen und Adressen Ihrer Kunden. Und dann haben wir noch ungefähr dreißig Baustellen zu kontrollieren. Eine dankbare Aufgabe für die Bereitschaftspolizei. Es kommt uns darauf an, die Baustellen zunächst komplett abzuriegeln. Niemand darf uns durch die Lappen gehen. Dann werden die Personalien aller anwesenden Arbeitskräfte festgestellt. Wer sich ausweisen kann, erhält eins von den roten Armbändern, der Rest wird zur Personalienfeststellung mit auf die Wache genommen. Ich bitte Sie, sich darauf von den Transportkapazitäten her einzustellen."

Hinten meldete sich der Chef der Bereitschaftspolizisten.

Korn nahm ihn dran.

„Kriegen wir die Armbänder heute hier von Ihnen?" wollte er wissen.

„Wieso? Haben Sie keine?"

„Nein, wir haben bei uns nur grüne."

„Dann nehmen Sie die, um Gottes Willen", stöhnte Korn.

Gelächter im Saal.

„Wenn es sonst keine Fragen mehr gibt", sagte er prüfend über die Köpfe, „dann gebe ich jetzt den Termin der Aktion bekannt: morgen früh, sechs Uhr."

Ein Raunen ging durch die Versammlung, man sah sich an und machte wichtige Gesichter dabei.

Korn forderte nochmal dazu auf, sich die Einsatzorte auf Zimmer 230 abzuholen, und löste die Versammlung auf. Die Leute, die sich vor versammelter Mannschaft nicht getraut hatten, belagerten den Vorstandstisch und bestürmten Sonthausen und ihn mit Fragen.

Wegener wartete auf seinem Platz, bis sich der Trubel gelegt hatte.

Korn packte seine Sachen zusammen und kam auf ihn zu. Die Beine seiner Anzughose schlugen ihm wild um die Knöchel.

„Na, zufrieden, Wegener?" grinste er und fragte, ohne eine Antwort abzuwarten: „Willst du mit den Bereitschaftsheinis auf irgendeine Baustelle?"

„Ich wollte dich gerade drum bitten. Wenn es dir recht ist, such ich mir oben eine raus."

Korn knuffte ihn in die Seite und nickte.

23

„Hasse gestern gesoffen, Fücksken?"

Der Archivar knallte einen Stapel Akten zu den anderen auf Bäckers Schreibtisch und sah ihn mitleidig an.

Fuchs erzählte etwas von zwei Palletten Dosenbier, um ihn loszuwerden. Kramer nickte anerkennend und verschwand.

Fuchs hatte gestern nichts mehr getrunken. Auf Umwegen war er zur Wohnung zurückgefahren, hatte den Wagen zwei Straßen weiter abgestellt und war zum Haus gehastet. Oben hatte er die Wohnungstür hinter sich abgeschlossen, zweimal, war dann durch alle Räume geschlichen, hatte sogar in den Kleiderschrank geguckt. Den Rest des Abends hatte er im Sessel gehangen und sein Gehirn verrenkt, bis es völlig verkrampfte. Schließlich hatte er den Kopfhörer genommen und es mit Dire Straits geduscht.

Geschlafen hatte er kaum. Die Bilder der letzten Wochen drängten sich in seinem Kopf, lösten einander ab wie Dias im Schnelldurchlauf, schoben sich übereinander zu verrückten Montagen. Bäckers Frau im Oldie, Wegener als Gänsereiter, Swoboda in Anstaltskleidung mit einer Eisenstange im Paternoster.

Irgendwann am frühen Morgen, als die ersten S-Bahnen durch sein Schlafzimmer mit Bahnhofsblick kreischten, mußte er eingeschlafen sein. Lange nach Beginn der Kernzeit war er im Büro aufgetaucht und wartete seitdem. Aber es kam kein Anruf, nicht mal ein dienstlicher.

Er ging zum Aktenraum und holte sich die Flurkarte von Wiemelhausen, breitete den badehandtuchgroßen Plan auf seinem Schreibtisch aus. Am Felde 7 war schnell gefunden. Das Haus lag hinter Am Felde 5 inmitten eines Riesengrundstücks, von der Straße nicht einsehbar und nur zu erreichen, wenn man vorher durch Haus Nummer 5 ging.

Fuchs legte den Tausender-Maßstab an die Grundstücksgrenzen an und kam auf knapp 5 000 Quadratmeter. Mal Richtwert machte das ein hübsches Sümmchen, wenn der

Wert der Häuser dazukam. STRABO-Gläubiger würden allerdings wenig Freude an der Immobilie haben. Im Eigentümerverzeichnis fand Fuchs auch hier Angelika Wiegand.

Die Nummer des Golfs hatte er bei einem der zahllosen Ampelstopps auf einen Zettel gekritzelt. Er fischte ihn aus den unergründlichen Tiefen seiner Hosentasche und rief Urmel an. Urmel saß beim Straßenverkehrsamt, vergab Kennzeichen, stellte Kraftfahrzeugscheine aus und träumte von der freien Wirtschaft. Seit fünf Jahren ging er Fuchs mit seinem Gerede von Abitur nachmachen und Betriebswirtschaft studieren auf die Nerven.

„Urmel, ich brauch n Halter", sagte Fuchs.

„Brust oder Hüfte?"

Das war sein Standardspruch, seit Fuchs ihn kannte.

„HW 5."

„Ist das der Golf?"

Fuchs brauchte einen Moment.

„Jetzt bisse platt, wa? Wat ich alles weiß."

„Erzähl!"

„Ganz einfach, Fuchs. HW ist Herbert Wiegand, der Bauunternehmer. Der hat meinem Vorgänger alle HWs von eins bis fünf gegen ne kleine Spende aus der Seite geleiert. Eins ist der Sechshunderter, mit dem er sich durch die Gegend fahren läßt. Zwei der Porsche für die Frau Gemahlin und so weiter. Aber warum interessiert dich die Nummer denn? Bisse seiner Putzfrau hinten reingefahren?"

„Klar", sagte Fuchs und legte auf. Wenn man ihn ließ, sauigelte Urmel sonst, solange es ging.

Es war kurz vor zehn, als das Telefon klingelte. Kurz und energisch. Fuchs stand vor dem Fenster und sah dem Küster zu, der den gepflasterten Kirchplatz fegte.

Er fuhr herum, riß den Hörer ans Ohr und meldete sich.

Es war seine Mutter. Ob er denn die Wohnung auch schon aufgeräumt habe, wollte sie wissen. Damit sie morgen früh sofort mit dem Putzen anfangen könne und nicht erst eine Stunde brauche, um den Fußboden freizulegen. Morgen sei sie nämlich nachmittags zur Dauerwelle angemeldet, weil Tante Hilde übermorgen Geburtstag habe, und da könne sie doch mit dem Kopf nicht hingehen, wo sich die anderen immer so fein machten.

Es sei schon alles tiptop, log er.

Der nächste Anruf kam um halb zwölf.

„Sie wollten mich sprechen", sagte der Mann mit der sonoren Stimme eines Rundfunksprechers alter Schule.

„Wenn Sie Herr Wiegand sind, ja."

„Worum geht es denn?"

„Mir geht es um das gleiche wie Bäcker."

„Müssen wir uns darüber am Telefon unterhalten?"

Fuchs verneinte.

„Dann kommen Sie heute um vier zum Tierpark."

„Wohin?"

„Zum Zoo im Stadtpark. Kennen Sie den nicht?"

„Wohin denn da?"

„Gehen Sie einfach hinein. Der Rest wird sich finden."

Es knackte in der Leitung.

Fuchs legte auf, suchte die Nummer des Polizeipräsidiums raus und verlangte Wegener.

Der Kommissar war nicht zu erreichen. Fuchs hinterließ Namen und Telefonnummer, dienstlich und privat.

„Er soll mich sofort zurückrufen", sagte er. „Es ist dringend."

24

Wegener hatte nicht lange gebraucht, um herauszufinden, welche Baustelle er nehmen sollte. Möglichst weit weg von Bochum, auf dem platten Land, mit Wohnbaracken zum Übernachten – von der Sorte hatten Korns Leute nur eine im Angebot: eine Brücke für die A 31. Die Autobahn sollte einmal das Ruhrgebiet mit den ostfriesischen Inseln verbinden und hieß in Fachkreisen Friesenspieß.

Die Baustelle lag nördlich von Dorsten im Kreis Borken. Für die Überprüfung war der Zug der Bochumer Bereitschaftspolizei eingeteilt, mit dem Wegener um fünf Uhr morgens aus der Kaserne ausrückte. Zusammen mit sieben schlaftrunkenen jungen Beamten hockte er in einem vergitterten Mannschaftswagen und döste in die Dunkelheit. Ihre Köpfe wackelten, wenn der Fahrer eines der zahlreichen Schlaglöcher erwischte, die der harte Winter in Bochums Straßen gerissen hatte.

Bis Anfang Februar war die Kälte geblieben. So lange, daß Korn und Sonthausen die ganze Aktion fast um einen Monat verschoben hätten. Bei Frost würden die meisten Baustellen stilliegen, befürchteten sie. Glücklicherweise hatte es in den letzten Tagen nicht mehr gefroren, und auch der Regen hielt sich in erträglichen Grenzen. Überall auf dem Bau wurde gearbeitet. Es gab niemanden, der froher darüber war als Wegener. Noch einen Monat länger auf der Stelle treten, hätte ihn fertiggemacht, erledigt. Ohne Altenscheidt lief nichts in diesem Fall. Die anderen Spuren, ohnehin dünn genug, hatten zu nichts geführt. Tatwaffe: Fehlanzeige. Spuren am Tatort: ein paar Blutspritzer Opfers.

Und dann die Motive! Es gab erschließungsbeitragsgeschädigte Anlieger, die bestenfalls in der Lage waren, Drohbriefe zu schreiben. Eine Ehefrau, die ihren ermordeten Mann zwar haßte, dafür aber über ein wasserdichtes Alibi verfügte. Und einen städtischen Baudirektor mit einem billigen Grundstück, dessen Kaufvertrag in Bäckers Büro gefunden worden war. Wegener war noch immer sauer über den dicklichen Burschen aus dem Tiefbauamt, der ihm das angedient hatte, und wütend auf sich selbst, weil er darauf eingegangen war.

Es herrschte kaum Verkehr auf der Autobahn. Ab und zu überholten sie einen Laster, der wie sie nach Norden donnerte. Die Gesichter der Jungen sahen im fahlen Licht der Scheinwerfer bleich und übernächtigt aus. An der Art, wie sie ihn bei der Abfahrt begrüßt hatten, war ihm aufgefallen, wie erstrebenswert ihnen seine Stellung erschien. Auch hier im Wagen fing er, wenn er unversehens aufsah, bewundernd auf ihn gerichtete Blicke auf.

Wegener genoß das. Auch wenn ihn die alten Herren ständig mit ihren Sprüchen nervten. Er war froh, daß ihm die Ochsentour über Schutzpolizei und Streifendienst erspart geblieben war. Mit dreißig Jahren Oberkommissar, das sollten die erstmal nachmachen. Und wenn er endlich im Fall Bäcker den Täter liefern könnte, und zwar nicht aufgrund irgendeiner Rasterfahndung, sondern Dank seiner ureigenen Idee, ließ der Hauptkommissar bestimmt nicht mehr lange auf sich warten.

Der kleine Konvoi hatte inzwischen die Autobahn verlassen und kroch über gut ausgebaute Landstraßen seinem Ziel entgegen.

Es war viertel vor sechs.

Der Zugführer hatte den Auftrag, seine Truppe an einem Waldstück außer Sichtweite der Baustelle zu postieren, den Arbeitsbeginn um sechs Uhr abzuwarten, dann die beiden Zufahrten abzuriegeln, das Gebiet zu umstellen und mit einer Handvoll Leuten die Baustelle zu kontrollieren. Sie hatten abgesprochen, daß Wegener im Hintergrund bleiben und nur, falls er richtig getippt hatte, in Aktion treten sollte.

Jetzt, als sie in den Waldweg eingebogen waren und die stinkigen Transits verlassen hatten, um vor dem Einsatz noch einmal zu pinkeln, ließ er Altenscheidts Bild kreisen.

„Falls er da ist, wo wir gleich hinfahren, gibt es Schwierigkeiten, Leute", sagte Wegener, als das Paßbild wieder bei ihm ankam, und erzählte ihnen, was dem Dahlhauser Kollegen passiert war.

„Also keine Einzelaktionen auf eigene Faust!"

Die Jungen nickten und krabbelten zurück in ihre fahrbaren Käfige. Im Osten begann es zu dämmern. Die Vögel randalierten.

Um zehn nach sechs fuhren die ersten zwei Wagen los. Sie wandten sich nach rechts, um auf die Hauptstraße hinter dem Wäldchen zu kommen und die Baustelle auf ihr zu umfahren. Zehn lange Minuten verstrichen, ehe sie über Sprechfunk mitteilten, daß sie angekommen waren.

Die drei Wagen mit Wegener und dem Zugführer setzten sich in Bewegung. Links, hinter der vorspringenden Nase des Waldes, lag die Baustelle. Scheinwerfer auf Holzmasten umgaben den eingerüsteten Betonriesen mit einer Insel aus Licht. Zwei Kräne zeichneten sich gegen den grauen Himmel ab. Es gab eine Menge Baufahrzeuge und ein paar aufeinandergetürmte Container mit beleuchteten Fenstern. Zwischen Waldrand und Baustelle lagen knapp dreihundert Meter freies Feld, die sie zügig überquerten. Bei den Containern ließ der Zugführer halten, kontaktierte die Leute auf der anderen Seite per Walkie-Talkie und gab dann das Kommando zum Umstellen.

Die Jungen polterten aus den Wagen und rannten, eine Besatzung links, eine rechts, über das Feld. Nach dreißig Metern blieb der erste stehen, nach weiteren dreißig der zweite. Den Rest verschluckte die Dämmerung.

Zwei Minuten später knarzte der Sprechfunk des Einsatzleiters. Die Enden der Kette hatten sich getroffen, der Sack war zu.

Während Wegener mit den Beamten, die zur Personenkontrolle eingeteilt waren, am Eingang wartete, stiefelte der Zugführer zum Container der Bauleitung und verschwand darin. Von den Bauarbeitern hatten nur die oben auf der Brücke etwas gemerkt. Sie standen in kleinen Gruppen zusammen und redeten. Einer warf den weißen Helm weg, lief hinüber zu den Privatautos und startete. Mit hohem Tempo schoß der Audi auf sie zu, bremste abrupt vor dem querstehenden Transit, umkurvte die Brücke auf einer schlammigen Schotterstrecke und verschwand.

„Weit wird der nicht kommen", schnaufte Wegener, und die Umstehenden lachten nervös.

In der Tür der Bauleitung erschien der Einsatzleiter, ein paar Leute mit Helmen und Gummistiefel drängten nach.

„Gebt mir mal das Megaphon", rief er.

Man brachte es ihm.

Breitbeinig stand er da, die Tröte in der Faust vor den Mund gehoben, und schmetterte sein tausendmal geübtes: „Achtung, Achtung! Hier spricht die Polizei."

Auf der Baustelle stockte die Arbeit. Eisenbieger ließen eine Stahlmatte fallen, die Zimmerleute stellten das Hämmern ein, der Baukran stoppte mitten im Schwenk.

„Wir müssen auf Ihrer Baustelle eine Personenkontrolle durchführen", tönte die Stimme des Einsatzleiters durch die Flüstertüte. „Bitte kommen Sie unverzüglich zur Bauleitung. Bringen Sie Ihren Personalausweis oder den Führerschein mit."

Er wiederholte die Durchsage, marschierte zur anderen Seite der Brücke und quakte dort. Nach dem Fluchtversuch hatte Wegener mit einigem Wirbel gerechnet. Aber nichts geschah. Ob es hier keine Schwarzarbeiter gab oder ihre Postenkette im heller werdenden Morgen besser zu erkennen war – aus allen Ecken strömten Weißhelme auf die Container zu. Die meisten verschwanden in den Buden und kamen kurz darauf mit Ausweispapieren in der Hand wieder heraus.

Wegener zählte an die hundert Leute.

Der Einsatzleiter war in seinem Element.

„Alle, die bei einem Subunternehmer beschäftigt sind, bitte mal hier rechts zu unserem Wagen. Sie kommen bitte einzeln hintereinander, sagen Namen und Firma und weisen sich aus. Wer keine Papiere dabei hat, muß zur Feststellung seiner Identität mitkommen."

Ein Raunen ging durch die Menge, dann teilte sich der Pulk, und der erste Arbeiter trat an den Wagen.

„Heinz Neumann, Recklinghausen, Marktstraße 112."

„Ausweis?"

Der Mann hielt dem Schreiber einen speckigen Führerschein hin.

„Bei welcher Firma?"

Schulterzucken.

„Sie müssen doch wissen, für wen sie arbeiten?"

Der Bauarbeiter schüttelte den Kopf.

„Hab ich vergessen", sagte er laut und sah sich zu den anderen um. Einige grinsten gequält. Der Schreiber war ratlos.

„Mitnehmen oder nicht?" fragte er Wegener, der am Wagen lehnte und seine eigene Kontrolle veranstaltete.

„Ich glaub, da kann man nichts machen, aber fragen Sie besser Ihren Boss."

Der Einsatzleiter war seiner Meinung. Der Mann bekam ein grünes Armband und ging.

„Halten Sie sich bitte hier am Wagen auf, und gehen Sie noch nicht zur Baustelle zurück", befahl er.

Der Mann nahm das wörtlich. Er stellte sich neben Wegener und sah jeden, der drankam, scharf an.

Es waren ungefähr vierzig Leute, die für Subunternehmer arbeiteten, ein knappes Dutzend davon konnte sich nicht ausweisen.

Den Namen der Firma sagte niemand.

Und Altenscheidt war nicht dabei.

Wegener ging rüber zur Abteilung „Ehrliche Arbeiter". Die Männer standen fröstelnd in der Kälte und rauchten.

„Dat is richtig, datse die endlich am Arsch kriegen", giftete einer. „Dienstags war doch von denen nie einer hier. Da warn die alle aufm Arbeitsamt, Stempelgeld abholen."

„Hör doch auf zu singen, Walter. Was würdest du denn machen, wennde keine Arbeit hass und solls deine Elsbeth und die drei Blagen von zweihundert Mark Stütze inne Woche am Kacken halten?"

„Arbeit is doch genug da", warf ein dritter hin. „Siehsse doch hier auffe Baustelle. Die brauchten doch nich beim Sub zu schuften. Die könnten bei Langbreit sein, genau wie wir. Aber so isset doch viel günstiger fürn Unternehmer. Er kannse sich holen und wieder wegschicken, wann er will. Besser kann der dat doch gar nich habn. Die sollen doch bloß aufhörn mit ihrn Kampf der Schwarzarbeit, die Scheißbullen."

Jemand stieß ihn in die Seite und nickte mit dem Kopf in Wegeners Richtung.

"Wat wahr is, muß wahr bleiben", brummte der Bauarbeiter und wandte sich ab.

Wegener holte Altenscheidts Bild aus der Tasche.

"Ich bin auf der Suche nach diesem Mann hier", sagte er und gab dem Dicken, der Walter hieß und sich über die Schwarzarbeiter aufgeregt hatte, das Foto.

"Der Mann ist zweiundvierzig Jahre, etwas kleiner als ich, dafür aber doppelt so breit."

Der Dicke sah erst das Bild und dann ihn an.

"Hat der ne Tätowierung aufm Arm?"

"Weiß ich nicht."

Andere Arbeiter drängten sich an den Dicken heran und betrachteten das Paßfoto.

"Zeig doch mal her, das ist doch der Karl", rief einer und riß das Bild an sich. "Genau. Der Karl Dingsbums, hier bei uns vonne Baustelle. Was is denn mit dem?"

Zwei, drei andere erkannten Altenscheidt auch.

"Klar is dat der Karl. Guck ma, dat breite Grinsen un die schiefen Zähne."

Wegener merkte, wie es in ihm kribbelte.

Er hatte Mühe, ruhig zu bleiben.

"Arbeitet der Mann noch hier auf der Baustelle?" fragte er. Die Weißhelme nickten.

"Heute morgen hab ich ihn noch gesehen", prahlte der Dicke, der vor einer Minute mit dem Foto überfordert gewesen war. "Da drüben, an den neuen Pfeiler."

"Wat wollen Sie überhaupt von dem?" fragte der mit dem Scheißbullen.

"Ich will ihm ein paar Fragen stellen. Wegen einem Mord in Bochum", konterte Wegener.

Das saß.

"Der gehört zu der Kolonne von dem Sub", sprudelte der Dicke, "aber gewohnt hat der hier bei uns."

Wegener nahm sich zwei Sekunden Zeit, um stolz auf sich zu sein.

„Moment, ich bin gleich wieder da", sagte er dann und ging rüber zum Wagen. Dort hatten sie angefangen, die Langbreit-Arbeiter abzufragen.

„Ich brauch zwei von Ihren Leuten, Herr Kollege."

Der Einsatzleiter nickte.

„Ist er hier?"

Wegener brummte Zustimmung.

„Sagen Sie es den Männern in der Kette."

Zusammen mit zwei Uniformierten, die ihm, wenn er an Altenscheidts Opfer dachte, reichlich schmächtig vorkamen, ging er zu den Arbeitern zurück.

„Ich zeig Ihnen seine Behausung", sagte Walter und wabbelte vor ihnen her zu einem der Container. Drinnen klebten Etagenbetten an den Wänden. Es gab Eisenspinde, die offenstanden, zwei Tische mit derben Stühlen, einen Ofen und jede Menge nackte Mädchen an den Wänden. Der Raum roch nach Heizöl und dreckigen Socken.

„Dat da is sein Bett."

Der Dicke deutete auf die Schaukel rechts unten.

Wegener schlug die Decke zurück, griff unter Kopfkissen und Matratze, sah unters Bett.

„Wo ist sein Spind?"

Der Dicke eilte hin und rappelte daran.

„Zu", staunte er, als draußen der Schuß fiel.

Wegener reagierte als erster. Er schob die Arbeiter, die den Eingang blockierten, auseinander und sah sich um.

Niemand rührte sich. Alle standen wie versteinert, als ließen sie den Schuß in sich nachklingen.

Er rannte rüber zum Einsatzleiter, nahm ihm das Walkie-Talkie ab.

„Hier Möwe eins, Möwe eins an alle. Wer hat geschossen?"

Es rauschte nur eine Sekunde.

„Möwe drei, hier Möwe. Wir stehen hundert Meter rechts von Ihnen."

Wegener schaute in die angegebene Richtung. Der Mann winkte.

„Ich wollte nur melden: Hier bei uns keiner."
„Schnauze", schrie Wegener.
„Möwe fünf. Möwe eins bitte kommen."
„Hier Möwe eins."
„Fluchtversuch. Hier auf der anderen Seite. Kommen Sie schnell. Es gibt Verletzte."
Wegener rannte los, drehte sich nach ein paar Metern um, schrie „Notarzt" und lief weiter. Mitten über die Baustelle. Sprang über Pfützen, wieselte zwischen mannshohen Stapeln mit Verschalplatten durch, stolperte über liegengelassene Kanthölzer, blieb mit der Boss-Hose an einem Moniereisen hängen und hörte sie reißen.

Der seifige Acker quatschte unter seinen Schuhen, als er die letzten zwanzig Meter zu den Posten hinüberrannte.

Es gab nur einen Verletzten. Ein Milchgesicht von zwanzig Jahren mit blonden Haaren und großen Ohren, die die Schirmmütze daran hinderten, tiefer zu rutschen, saß mit dem Hintern im Dreck. Seine Tränen verdünnten das Blut, das in einer breiten Spur aus seiner demolierten Nase floß. Er zitterte am ganzen Körper.

Der zweite Verletzte war tot. Wegener hatte in den letzten Jahren zuviele Leichen gesehen, um daran zu zweifeln. Sie lagen alle anders, wenn man sie fand, und doch war irgendwas bei allen gleich. Er hätte nicht sagen können, was es war, aber darauf kam es auch nicht an.

Der hier lag auf dem Bauch, die Arme ausgebreitet, als wollte er fliegen. Er trug olivgrüne Gummistiefel, in deren Schäften eine Kordhose steckte. Der Friesennerz war von hinten unbeschädigt.

Es war Altenscheidt.

Wegener drehte ihn vorsichtig auf den Rücken und entdeckte das häßliche rote Loch auf der linken Brustseite.

„Blattschuß", schnaufte er und drehte sich zu dem uniformierten Häufchen Elend um.

„Wie konnte das passieren?"

Der Junge zitterte noch mehr und stammelte zusammenhangloses Zeug. Jemand gab ihm ein Taschentuch, mit dem er die hellrote Suppe gleichmäßig über sein Gesicht verteilte.

Wegener merkte, wie die Wut ihm die Lungen füllte.

„Jetzt nehmen Sie sich mal zusammen, Mann!" zischte er. „Ich will wissen, wie das passiert ist."

Statt zu antworten, heulte der Bursche auf.

Wegener schüttelte den Kopf und ließ von ihm ab. Wir hätten Berittene mitnehmen sollen, dachte er. Oder wenigstens Hunde. Oder nicht solche Schlappschwänze wie den da.

„Ich hab mitgekriegt, wie es dazu kam, Herr Oberkommissar." Einer der Bereitschaftspolizisten sah ihn an.

Wegener nickte ihm auffordernd zu.

„Ich bin aufmerksam geworden, als Bernd ihn anrief. Halt, stehenbleiben, Polizei oder so. Da war der Mann da vorne, wo das Feld anfängt. Er rannte genau auf Bernd zu. Als Bernd die Waffe gezogen hatte, war der Mann schon bei ihm. Es hat ein Handgemenge gegeben, und dann fiel der Schuß."

„Laßt alles so, wie es ist", sagte Wegener und marschierte zu den Fahrzeugen zurück.

Er nahm den Schotterweg außen herum, ließ, als er angekommen war, die zuständige Mordkommission alarmieren und nahm sich dann die Arbeiter nochmal vor.

Sie standen in der Nähe der Wagen und redeten aufeinander ein. Der dicke Walter führte das große Wort. Mit grünberingtem Arm fuchtelte er in der Luft herum und stach den anderen mit seinen Wurstfingern fast die Augen aus.

„Ich hab noch ein paar Fragen an Sie. Vielleicht gehen wir dazu in den Container."

Wegener setzte sich an den Holztisch und knöpfte den Mantel auf. Eine Menge Männer drängte hinterher. Sie holten sich Stühle vom anderen Tisch oder blieben, an die Etagenbetten gelehnt, stehen.

Niemand sprach.

„Erste Frage. Wie lange hat Karl Altenscheidt hier gearbeitet?"

„Ungefähr zwei Monate", sagte Walter. Er hätte gut und gern noch einen zweiten Stuhl mit seinem Gesäß bedecken können und rutschte dementsprechend unruhig hin und her.

„Kann sich jemand an den genauen Tag erinnern?"

„Wir warn am Einschaln für den ersten Pfeiler", sagte einer von den Stehenden. „Willi, du hattest Geburtstag, als der die erste Schicht gemacht hat. Weisse noch, wie wir nach Feierabend hier inne Bude ein draufgemacht haben, und er wollt partout keinen mittrinken."

Willi, hochaufgeschossener Mittdreißiger mit knochigem Gesicht, nickte.

„Karl is nämlich Antialkoholiker", schlaumeierte der Dicke.

„War Antialkoholiker", verbesserte jemand von hinten.

„Wann haben Sie denn Geburtstag?"

Willi mußte einen Moment überlegen.

„Am 14. Januar", stotterte er, als die ersten zu gibbeln anfingen.

Wegener mußte keinen Moment überlegen, was an diesem Tag im Bochumer Rathaus passiert war.

Er klappte sein Notizbuch zu, sagte: „Das war's meine Herren", stand auf und ging.

25

Der Wolf war struppig, groß und grau, wie es sich für einen anständigen Kinderschreck gehörte. Er tickte im Dreieck durchs Gehege, trabte am Maschendrahtzaun entlang, der ihn vor den Besuchern schützte, wendete, kurz bevor seine Nase den Eckpfosten berührte, zur Hütte im hinteren Teil des Zwingers und von dort wieder ans andere Ende des Zaunes.

Der Boden war kahl wie ein Hühnerhof und glänzte, wo der Wolf seine Bahnen zog, wie gebohnert. Der Mann, der ihn aus gebührendem Abstand beobachtete, interessierte den Wolf nicht. Er war in Eile. Nur selten hielt er mitten im Lauf inne, legte den Kopf nachdenklich auf die Seite und rannte dann weiter. Wahrscheinlich überlegt er, in welcher Runde er ist, dachte Fuchs und ging weiter.

Es war kurz vor vier, und die Frau, die am Eingang Eintrittskarten und Ziegenfutter verkaufte, hatte ihm das Wechselgeld mit einem mürrischen „Wir schließen um fünf" zurückgegeben. Außer ihm hatten sich nicht viele Bochumer in den Tierpark verlaufen. Eine gestreßte Mutter zog ihren Nachwuchs zur Streichelwiese, vor dem Bärengehege diskutierten drei Invaliden über ihre Rente, ohne die Tiere eines Blickes zu würdigen. Die Eisbären ihrerseits straften die Rentner mit Verachtung. Mürrisch zottelten sie über die Betonfelsen, ärgerlich, weil der Winter vorbei war.

Es wäre besser gewesen, zu wissen, wie Wiegand aussah. Nach der Stimme zu urteilen, war er ein stattlicher älterer Herr mit vorzüglichen Manieren. Beim Stadtarchiv, wo Fuchs am frühen Nachmittag angerufen hatte, konnten sie ihm nicht helfen. In ihrem Personenregister tauchte Wiegand nur einmal auf, mit einer Zeitungsmeldung, die die Verleihung des Bundesverdienstkreuzes an den „pressescheuen Unternehmer" bekanntmachte. Ohne Fotos.

Also mußte er abwarten, daß er angesprochen wurde.

Er schlenderte ziellos durch den Zoo, vorbei an Geiern, die lustlos an einem Kadaver zerrten, und einem toten Hering, den die Seehunde übersehen hatten. Das Tropenhaus war menschenleer. Es roch so durchdringend nach Affenschiß, daß Fuchs auf dem Absatz kehrtmachte. Um in den zweiten Teil des Tierparks zu kommen, mußte er durch eine Unterführung, über die ein Spazierweg führte.

Der Mann auf der Brücke stand am Geländer und sah herunter. Er war Mitte dreißig, untersetzt. Die Hände hatte er in den Taschen seiner Schimanski-Jacke vergraben.

Mit weichen Knien ging Fuchs den abschüssigen Weg, wartete einen Moment unter der Brücke. Über ihm knirschte der Kies. Dieser Kommissar hatte sich nicht gemeldet. Wenn man die Bullen schon mal brauchte. Er gab sich einen Ruck und trat ins Freie. Auf dieser Seite war es noch unangenehmer. Er konnte nicht mal sehen, was hinter ihm passierte. Hastig marschierte er nach oben und drehte sich vorsichtig um. Die Brücke war leer, niemand auf dem Weg. Nur der sibirische Tiger lag auf seiner Bank, grinste und kniff ihm ein Auge zu.

Es wird Zeit, mit dem Detektivspielen Schluß zu machen, dachte er. Sonst kannst du mit der Bestie von Bochum, wenn sie die haben, in Eickelborn Mensch-ärger-dich-nicht spielen. Fuchs ließ den Tiger links liegen und drehte seine Runde ums Hirschgehege. Vornehme ältere Herren waren nicht im Angebot. Auf dem Rückweg war die Brücke immer noch leer. Er sah zur Uhr.

Gleich halb fünf.

Unschlüssig blieb er stehen. Noch immer standen die Rentner bei den Bären, auf der Streichelwiese bewarfen Kinder die überfressenen Ziegen mit Futter. Der Wolf war noch beim Sechs-Tage-Rennen.

Um halb fünf verließ Fuchs den Zoo. Er wartete noch ein paar Minuten vor dem Eingang, stieg dann ins Auto, knallte den ersten Gang rein, und mißhandelte das Gaspedal.

Das Schloß hakte ein bißchen, als er die Wohnungstür öffnete. Der fensterlose kleine Flur roch nach seinen Schuhen, die im Regal darauf warteten, betreten zu werden. Seine Jacke hing da, wo sie immer hing, und der Dylan an der Wand schielte über die Sonnenbrille wie eh und je. Fuchs öffnete die Toilettentür. Das schlechte Wetter drückte den Geruch des Abflusses in den engen Raum.

Er verstöpselte die Badewanne, kippte das Fenster und pinkelte im Stehen. Vorsichtig, damit seine Mutter keinen Ärger wegen der Spritzer machte. Er hatte Hunger und ging zur Küche.

Die Tür stand offen. Er prallte zurück.

Jemand hatte alle Schränke geöffnet, die Schubladen

herausgezogen und ihren Inhalt gleichmäßig über den Boden verteilt. Der Kühlschrank war von der Wand gerückt, die Besenkammer auf links gekrempelt.

Er hastete ins Wohnzimmer. Das gleiche Bild. Ausgeräumte Regale, der Teppich hochgeschlagen, die Polster aus den Überzügen geklaut und im Zimmer verstreut, kein Bild mehr an der Wand, das Aquarium mit den Schildkröten auf dem Boden.

Er war auf dem Weg ins Schlafzimmer, als das Telefon schrillte.

Unschlüssig blieb er vor dem Gerät in der Diele stehen. Es gab keine Ruhe. Er nahm den Hörer ab und meldete sich.

Wer da mit ihm reden wollte, bekam er nicht mit.

Eine Hand griff ihm über die Schulter, drückte die Gabel herunter und ruckte das Kabel aus der Wand.

Die Hand kam ihm bekannt vor.

26

In der Einsatzzentrale ging es auch am Nachmittag noch hoch her. Korn sauste wie ein Kugelblitz zwischen Telefonen und Funkmikrophon herum, bölkte irgendwelche Bereitschaftspolizisten an oder jammerte bei zugehaltener Sprechmuschel über den Unverstand des Haftrichters, der schon wieder einen Sub auf freien Fuß gesetzt hatte, weil ihm die Beweisdecke zu dünn erschien.

Es dauerte eine Weile, bis er Wegener überhaupt wahrnahm.

„Eins muß der Neid dir lassen, Wegener", begrüßte er ihn dann, „ein feines Näschen hast du."

Er strahlte ihn an, als wolle er sämtliche Sticheleien vergessen machen.

Wegener nickte nicht mal. Er ließ sich auf einen der freien Drehstühle fallen und betrachtete den angetrockneten Lehm auf seinen Schuhen.

Korn verzog sein Panzerknacker-Gesicht.

„Ach, so einer bist du. Wegener, unser Seelchen! Erst jagt er den Irren bis ins tiefste Münsterland, und wenn er einen von uns anfällt und ins Gras beißen muß, ist es ihm auch nicht recht."

Er winkte ab und wandte sich einem der Telefone zu.

„Noch nichts Neues von Richard Kimble?"

Die Antwort schien ihm nicht zu gefallen.

„Bewegt euch, Jungens, bewegt euch", knurrte er und legte auf.

Wegener hing immer noch im Drehstuhl wie ein Schluck Wasser in der Kurve.

„Ist doch das Beste, was dem Mann passieren konnte", sagte Korn. „Der wär doch sein Lebtag nicht mehr aus der Klapsmühle rausgekommen. Und billiger ist es auch. Stell dir vor, was der den Steuerzahler noch gekostet hätte."

Wegener richtete sich auf und sah Korn an. Der Mann hatte vom vielen Telefonieren rote Ohren, die Augen schossen Blitze durch den Raum, und seine Nasenflügel zitterten wie bei einem Kaninchen.

Wenn der noch einen fängt, kriegt er Schaum vorm Maul, dachte Wegener.

„Es hätte keinen Prozeß gegeben", sagte er.

„Wieso nicht?"

„Weil Altenscheidt es nicht war. Der hat am Tattag auf der Baustelle gearbeitet."

Korn verdrehte die Augen. Beim sonstigen Zustand seines Gesichts wirkte das besonders apart.

Wegener stand auf.

„Und wie ist es hier gelaufen?" fragte er anstandshalber.

„Nicht schlecht, Wegener, nicht schlecht. Von den Subs ist uns keiner durch die Lappen gegangen. Die meisten sitzen schon in U-Haft. Meine Jungens machen gerade einen Raum leer für die Geschäftsunterlagen, die sie beschlagnahmt haben. Und das Schärfste kommt noch."

Eins der Telefone rappelte. Korn ging ran.

„Das gibt's doch gar nicht", brüllte er und warf den Hörer auf die Gabel.

„Wir können zum ersten Mal eine Verbindung des Syndikats zu den Bauunternehmern nachweisen. In den Verhören haben ein paar von den Galgenvögeln die Firma STRABO schwer belastet. Die STRABO arbeitet seit Jahren hauptsächlich mit Subs und soll von allem gewußt haben, wenn nicht mehr. Zwei Angestellte sind schon hochgenommen. Die schieben alles auf den Chef. Und der ist nicht zu finden."

„Dann sucht mal schön", sagte Wegener und ließ den Wilden stehen.

Im Kommissariat wußten sie natürlich längst, was am Morgen passiert war. Heret und Möller hockten auf der Schreibtischkante der Sekretärin und sahen ihn erwartungsvoll an, als er zur Tür reinkam.

Wegener hatte keine Lust auf Erzählen.

„Er war's nicht", knurrte er und ging durch in sein Büro. Hinter ihm schwebte der Satz im Raum und sorgte für Ruhe.

Am Wandschrank legte er den Mantel ab und versuchte, wenigstens den gröbsten Dreck von den Schuhen zu bekommen. Die teuren Treter kannst du vergessen, dachte er, und den Ski-Urlaub auch. Nächste Woche sollte es losgehen und nun das. Statt des Täters eine zweite Leiche. Sein erster eigener Fall war ein Scheißfall, das stand fest. Auf dem Schreibtisch türmte sich der Stapel Papier, der in Sachen Bäcker inzwischen zusammengekommen war. Er füllte drei Ordner. Es half nichts, er mußte nochmal von vorn anfangen. Am besten gleich.

Wegener klemmte sich hinter den Schreibtisch und griff den ersten Ordner. Auf der Schreibtischunterlage klebte ein Zettel mit zwei Telefonnummern. Der Handschrift nach hatte die Sekretärin sie gemalt. Wegener rief sie an.

„Was ist mir den Nummern hier?"

„Da hat einer angerufen. Sie sollen zurückrufen. Es wär dringend."

„Wer?"

„Einer von der Stadtverwaltung. Fuchs oder so."

Wegener legte auf.

Der hat mir heute auch noch gefehlt, dachte er und wählte die Stadtverwaltungsnummer. Niemand meldete sich. Die Herren hatte bereits Schluß gemacht. Die andere Nummer hatte nur fünf Stellen. Innenstadt. Wegener wählte und wartete.

„Fuchs", meldete sich sein Freund aus dem Tiefbauamt. Als er antworten wollte, knackte es in der Leitung. Das Gespräch war weg.

„Zu doof zum telefonieren", brummte Wegener und versuchte es wieder.

Diesmal meldete der Bursche sich nicht mal.

27

„Ich will wissen, wo die Unterlagen sind."

Der Mann wirbelte Fuchs herum und wrang die Revers seiner Jacke, bis ihm der Hals eng wurde. Die sieben Liter Blut, die ihm gehörten, versammelten sich in seinem Kopf und gelierten. Der Rest Fuchs hing schlapp an den Fäusten des Preisboxers.

Dann ging die Schüttelei wieder los. Das schien seine Spezialität zu sein. Nur seine Arme bewegte er dabei. Das breite Gesicht mit der Nase, auf der außer einem Krauteimer schon alles gelandet war, vibrierte nicht mal. Er konnte das ziemlich lange machen. Viel länger, als Fuchs es aushielt.

Seine Füße fühlten sich fremd an, als er wieder auf ihnen stand. Das Kantinenessen vom Mittag – *Schweinebraten, Schwarzwurzeln in holl. Sauce, Petersilienkart.* – gab Pfötchen.

„Welche Unterlagen?" fragte er so forsch wie möglich, um seine Todesangst zu überspielen.

Als Antwort pumpte der Bursche ihm eine Faust in den Bauch.

Mit einem Seufzer klappte er zusammen.

Er hockte auf dem Teppich und japste. Der Schläger stand breitbeinig über ihm. Seine Schnürsenkel waren an mehreren Stellen geflickt.

Fuchs rappelte sich auf und stand ihm gegenüber.

Der Typ wartete. Seine Augen hatten wieder den schläfrigen Ausdruck angenommen, der ihm schon beim Wasserschloß aufgefallen war.

Fuchs Gehirn arbeitete fieberhaft. Es war sinnlos, dem noch irgend etwas zu erzählen. Man hatte ihm gesagt, er solle alles Belastungsmaterial holen, das es gab. Und genau das tat er jetzt. Koste es, was es wolle.

„Ich hol das Zeug", sagte Fuchs und ging ins Schlafzimmer.

Es war nicht durchsucht.

Wiegands Mann ließ ihn nicht aus den Augen. Er füllte den Rahmen der Schlafzimmertür und schwieg.

Die Stadtverwaltungspapiere, die er von Bäckers Frau hatte, lagen zwischen der Bettwäsche. Da, wo seine Mutter zu Hause ihr Sparkassenbuch versteckte. Gescheiteres war ihm nicht eingefallen. Außerdem fand er es witzig.

Jetzt war ihm das Lachen vergangen.

Er zog die beiden Blätter unter dem Kopfkissen weg und brachte sie dem Brutalo. Der konnte sogar lesen. Seine Lippen bewegten sich dabei, formten die Worte, die Fuchs inzwischen auswendig kannte: „Wie ich aus Kreisen der Geschäftsführung der STRABO erfahren habe, soll sich das Unternehmen in finanziellen Schwierigkeiten befinden."

Der Typ buschstabierte auch noch die Antwort des Baudirektors, bevor er aufsah.

"Und wo hast du den Rest versteckt?"

„Welchen Rest?" rutschte es Fuchs heraus.

Ansatzlos schoß der Schläger seine Rechte ab.

Sie landete an Fuchs' Kinn. Es krachte. Fuchs sackte aufs Bett und weinte. Das hier war das Aus.

Sie glaubten, er wisse mehr. Dabei hatte er nur richtig gereimt.

„Wo ist der Rest?"

Der Killer stand vor dem Bett, die Pranken locker vorm Bauch.

Fuchs riß die Arme hoch, um seinen Kopf zu schützen. Der Schlag blieb aus.

„Setz dich auf den Hocker, ich guck mir die Bude in aller Ruhe an", sagte der Typ und begann, den Schrank auszuräumen. „Und keine Faxen, Bürschchen. Die sind deinem Kollegen schon schlecht bekommen."

28

Wegener sah ins Telefonbuch. Die Nummer stimmte. Er versuchte es nochmal, ließ es lange klingeln.

Es passierte nichts. Er sah auf die Uhr.

Zehn vor sechs.

Seit dreizehn Stunden im Dienst. Und morgen würde es erst richtig losgehen. Besprechung beim Alten, Berichte schreiben, eine Stellungnahme für die Pressestelle zusammenschustern. Er durfte nicht dran denken.

Lustlos schob er die Akten weg und holte seinen Mantel. Aus dem Spiegel im Wandschrank sah ihn ein verknitterter Wegener an. Er grinste in eine Ecke und ging. Durch das leere Vorzimmer, über den entvölkerten Flur.

Bisher war alles in seinem Leben planmäßig verlaufen. Das Gymnasium, wo der Sohn des Wachtmeisters Heinrich Wegener und seiner Frau Erika immer zu den Besten gehörten, die Aufnahme in den gehobenen Polizeidienst, Studium an der Fachschule, Diplom mit Auszeichnung, die Heirat mit seiner Frau Angelika, einer Datentypistin bei IBM in Dortmund, keine Kinder, die Eigentumswohnung, die Versetzung ins 1. K. und die Ernennung zum Oberkommissar – alles hatte geklappt, ohne daß er sich allzusehr anzustrengen brauchte. Er überlegte sich die Sachen gründlich, bevor er sie machte und nicht erst hinterher. Das senkte die Fehlerquote enorm.

Altenscheidt war sein erster richtiger Flop. Dabei hätte es genausogut eine neue Sprosse auf der Karriereleiter werden können. Seine Idee mit dem Sub und der Baustelle auf dem platten Land war genial. Und wenn Altenscheidt der Täter gewesen wäre . . .

Wegener stieg in seinen BMW und glitt vom Dienstparkplatz. Gondelte durchs Stadtparkviertel, wo die Gründerzeitvillen standen, von denen seine Frau träumte. Bog auf den Ring ein und umkurvte die Stadt. Quälte sich über die Ampeln auf dem Südring. Schaffte es nach zwei Rotphasen, links in die Viktoriastraße zu kommen. Mußte unter der Eisenbahnbrücke schon wieder halten und sah das Schild *Kronenstraße*.

Da wohnte dieser Fuchs, hatte er im Telefonbuch gelesen. Wegener nahm die Gelegenheit beim Schopf, bog ab und parkte vor dem Haus Nummer 10. Es war ein vierstökkiges Haus wie alle an dieser Straße, weißverklinkert, mit einer Durchfahrt auf den Hof.

Die Haustür stand offen. Eine umfangreiche Hausfrau wischte das Treppenhaus. Sie wrang den Aufnehmer aus und legte ihn Wegener vor die Füße. Er trat darauf, sah, wie der Feudel sich unter seinen Lehmschuhen braun färbte, und machte, daß er hochkam.

Die Frau schimpfte hinter ihm her.

Statt eines Namensschildes hing im vierten Stock links ein Plastikfigürchen: ein aufrechtstehender Fuchs in Straßenkleidern.

Drinnen ging es hoch her. Jemand redete laut und wütend. Hörte sich nicht an wie Fuchs. Dann klatschte es zweimal und irgendetwas Großes, Schweres fiel zu Boden.

Wegener klingelte.

Drinnen blieb es still.

Er klingelte nochmal. Es rührte sich nichts.

„Herr Fuchs, hier ist Wegener."

Es rührte sich nichts.

„Wegener von der Kripo. Herr Fuchs, machen sie auf!"

Schritte näherten sich der Tür.

Sie wurde von innen aufgerissen, eine Faust schoß vor und traf Wegener mitten ins Gesicht. Ehe er begriffen hatte, stürzte jemand an ihm vorbei und raste die Treppen herunter.

Seine Nase war aufgeplatzt und blutete. Er wischte das Blut mit der Hand weg, zog die Pistole, die seit morgens im Schulterhalfter drückte. Unten kreischte die Putzfrau.

Wegener jagte die Treppen hinab, rutschte auf dem Putzwasser aus, fing sich an der Tür.

Der Mann hatte zwölf Meter Vorsprung. Er rannte nach rechts. Richtung Bahnhof.

Wegener galoppierte hinterher. Sein Mantel hinderte ihn beim Laufen.

„Halt! Stehenbleiben! Polizei!" schrie er.

Der Mann rannte weiter.

Der Schuß peitschte durch die Straße. Der Flüchtende machte noch gerade drei Schritte, taumelte dann wie ein Traumtänzer und sackte auf dem Bordstein zusammen.

Wegener war über ihm. Seine Kugel hatte den Mann im Rücken getroffen, da, wo die meisten lebenswichtigen Organe liegen.

Wegener schaute sich um.

Auf der anderen Straßenseite gab es eine Trinkhalle. Er ging hin, ließ sich das Telefon geben und wählte den Notruf.

29

Als Fuchs die Augen aufschlug, war der Schmerz weg. Die Bettdecke unter seinen Händen fühlte sich gut an, frisch gebügelt und kühl. Ein Fensterflügel stand auf und ließ den Geruch der aufbrechenden Erde in sein Zimmer. Sonnenstrahlen fielen durch den immer noch kahlen Ahorn und zeichneten seinen bizarren Schatten auf das junge Gras. Eine fette Taube gurrte.

Der Arzt war jung und fröhlich. Er stand am Fußende und hielt Röntgenbilder gegen das Licht.

„Was eine Zahnlücke alles bewirken kann", sagte er und zeigte Fuchs die gebrochene Stelle. „Es war der schwächste Punkt Ihres Unterkiefers, an dem Sie getroffen wurden."

Fuchs erkannte nichts. Er betastete sein taubes Kinn mit den Händen. Die Drähte, mit denen sie die Knochenteile verbunden und die Zähne gerichtet hatten, waren deutlich zu spüren. Es fühlte sich an wie ein Maul voll Stacheldraht.

„Es dürfte drei bis vier Monate dauern, bis alles ausgeheilt ist", sagte der Arzt. „Aber dann müßte Ihr Unterkiefer so gut wie neu sein."

Fuchs versuchte etwas zu sagen.

Der Arzt lächelte.

„Sie werden eine Weile nicht sprechen können, oder nur durch die Zähne. Und das Essen werden Sie mit dem Strohhalm nehmen müssen. Alles kommt darauf an, daß Sie den Kiefer nicht anstrengen."

Fuchs nickte.

Als der Arzt gegangen war, schlief er ein.

Mittags kam seine Mutter. Sie brachte Schlafanzüge und Handtücher für mehrere Monate, den Kulturbeutel und ein Kofferradio, setzte sich an sein Bett und heulte. Zum Glück hatten ihr die Ärzte gesagt, daß er nicht reden dürfe.

Sie blieb zwei Stunden und drohte zum Schluß, am nächsten Morgen wiederzukommen.

Pünktlich zu den Fünf-Uhr-Nachrichten stand Wegener im Zimmer. Fuchs hätte ihn fast nicht erkannt. Seine Nase hatte Größe, Form und Farbe einer Aubergine angenommen. Weil sie frisch mit Salbe eingerieben war, glänzte sie auch so.

Die beiden sahen sich an und grinsten.

Wegener legte seinen unvermeidlichen Mantel ab, zog einen Stuhl ans Bett und sagte: „Er ist tot."

"Hat er was gesagt?" Fuchs quetschte die Frage durch den Stacheldrahtverhau.

„Ist er nicht mehr zu gekommen."

„Und nun?"

„Wir wissen, wer er war. Werner Köhler. Kommt aus der illegalen Subunternehmer-Scene und hat höchstwahrscheinlich Ihren Kollegen auf dem Gewissen."

„Wieso?" zischte Fuchs.

„Wir haben in seiner Wohnung einen Toschläger gefunden. Die Blutspuren stammen von Bäcker."

„Warum?"

„Warum er ihm umgebracht hat?"

Fuchs nickte.

„Als wir gestern auf den Krankenwagen warteten, hab ich Ihnen von der Razzia erzählt. Wir haben das ganze Syndikat hochgenommen, bis auf Wiegand, der mit Sicherheit dazugehörte. Den Lastwagen voll Geschäftsunterlagen, den wir beschlagnahmt haben, sichten die Kollegen gerade. Es gibt da eine Liste mit Sonderausgaben. Schmiergelder für alle möglichen Bürokraten, Schweigegelder und so. Wir sind dabei, das nachzurecherchieren. Bäcker steht auch auf der Liste. Mit Beträgen, die ständig größer wurden. Zu schmieren gab es bei ihm nichts, haben Sie mir selbst erklärt. Weil er mit dem eigentlichen Straßenbau nichts zu tun hatte. Bleiben also Schweigegelder. Wahrscheinlich hat er noch mehr über STRABO und die Subs rausgekriegt als das bißchen, das Sie bei ihm zu Hause gefunden haben. Damit hat er das Syndikat angezapft, bis es denen zuviel wurde."

„Weiß seine Frau schon?"

Wegener sah ihn groß an.

„Wegen der Lebensversicherung", beeilte sich Fuchs. „Ohne Mörder zahlen die nicht."

Langsam gewöhnte er sich daran, die Zähne zusammenzuhalten. Es klang reichlich nuschelig, war aber zu verstehen.

„Was ist mit Wiegand?" wollte er wissen.

„Dem geht es gut!" Wegener schnaufte dabei und fuhr sich durchs Gesicht. „Das Privatvermögen hat er seiner Frau überschrieben. Da kommt keiner ran. Und an ihn selbst auch nicht. Als er gestern Wind von der Razzia

bekam, hat er sich abgesetzt. Wir wissen sogar, wohin. Auf sein Gestüt nach Irland. Mit denen haben wir keinen Auslieferungsvertrag. Wenn der Wirtschaftskrams in zehn Jahren verjährt, kann er zurückkommen. Falls er dann noch lebt."
„Und wann verjährt Anstiftung zum Mord?"
Wegeners Gesicht verdunkelte sich. Er stand auf, lief ziellos im Krankenzimmer herum. Spielte mit der Blüte auf der Fensterbank.
„Dazu hätte ich Köhler haben müssen. Lebend."
Der Kripo-Mann zog den Mantel an und hielt ihm die Hand hin.
Fuchs ignorierte sie.
„Und Gries, was ist mit dem? Der hat Wiegand doch die Aufträge zugeschanzt." Er war laut geworden, trotz Drahtkiefer.
Wegener grinste unter seinem Riechkolben.
„Gut, daß ich dafür nicht zuständig bin. Das sollen die Stadtverwaltungsleute unter sich ausmachen. Sie können ja nochmal einen Vorstoß unternehmen, Fuchs", lächelte er, nahm seine Hand von der Bettdecke und schüttelte sie. „Wenn Sie wieder besser sprechen können, machen wir ein schönes Protokoll. Vorgelesen, genehmigt und unterschrieben: Fuchs. Geschlossen wie oben: Wegener."
Dann ging er.
Fuchs blieb allein mit seinem zerpochten Kopf. Er stellte das Radio an. Grönemeyer sang „4630 Bochum". *Tief im Westen, wo die Sonne verstaubt, ist es besser, viel besser als man glaubt.*
Fuchs schnaubte.
Herbie ließ sich davon nicht irritieren, sang von Schrebergarten, Himmelbett und Doppelpaß. *Hier wo das Herz noch zählt, nicht das große Geld.*
„Halt's Maul", zischte Fuchs und drückte auf Aus.

Gabriella Wollenhaupt

Grappas Versuchung

Kriminalroman

|grafit|

Die Autorin:

Gabriella Wollenhaupt, Jahrgang 1952, arbeitet als Fernsehredakteurin in Dortmund. Ihre freche Polizeireporterin Maria Grappa hatte 1993 ihren ersten Auftritt. Seitdem stellte sie neunzehn Mal ihre Schlagfertigkeit unter Beweis.
Zwischendurch wagte die Autorin einen Ausflug in die Historie: *Leichentuch und Lumpengeld* spielt im Vormärz und steht den Grappa-Krimis in Sachen Witz und Ironie in nichts nach.
www.gabriella-wollenhaupt.de.

Die Personen:
(in alphabetischer Reihenfolge)

Dr. Arno Asbach, Fraktionschef der Bunten, wandelnder Karriereknick mit erheblichen Webfehlern.
Hajo Brunne, wie alle Fotografen träumt er von blonden Models und viel Geld.
Gregor Gottwald, der Oberbürgermeister. Steckt alle in die Tasche und klebt an seinem Stuhl.
Maria Grappa, Journalistin, immer auf der Suche nach der Wahrheit. Nach mörderischen Erfahrungen muß sie sich mit der Wirklichkeit zufrieden geben.
Kurt und **Lisa Korn**, Bauunternehmer und Bürgermeisterin. Die Kombination der beiden Berufe des Ehepaares führt zu einem millionenschweren Geldsegen.
Richie Mansfeld, jung und tot. Und allen ist es egal.
Michael Muradt, schön und kultiviert. Lügt nur leider ein bißchen viel.
Manfred Poppe, Radiomann mit der schönsten Stimme nördlich des Äquators.
Karl Riesling, Chef des Lokalradios. Erst spät findet er zu seiner wahren Berufung.
Willy Stalinski, Chef der Mehrheitsfraktion. Hat alles und jeden im Griff.
Heinz Strickmann, Staatsanwalt, der Damen gern bei Pannen hilft.
Elfriede Strunk, eine nette alte Dame, die nicht aus ihrer Wohnung ausziehen will und dafür büßen muß.

Die Geschichte spielt in Bierstadt, einer Großstadt im Revier, die nach einer neuen Identität sucht. Fußballverein, Brauereien und Stahl bestimmen aber noch immer das Leben der Menschen, die unter Wohnungsnot und Arbeitslosigkeit leiden. Trotzdem sind die Menschen offen und freundlich und versuchen, ihr Leben zu meistern.

Ähnlichkeiten zwischen real existierenden Personen und den Personen in dieser Geschichte sind rein zufällig, auch wenn sich Übereinstimmungen manchmal geradezu aufdrängen.

Ein ganz gewöhnlicher heimtückischer Mord

Für einen Tag Anfang März war es recht mild. Vier junge Männer verließen das Gasthaus »Zum Stier« gegen 23 Uhr. Einer der vier ging nicht mehr sicher auf seinen Beinen. Die drei anderen paßten auf, daß er nicht hinfiel. Die vier hatten ein Ziel. Sie wollten den dunkelgrünen alten Mercedes erreichen, der um die Ecke im Halteverbot parkte. Behutsam schoben zwei der jungen Männer den dritten auf den hinteren Sitz, so, als hätten sie Angst, daß er sich verletzen könnte. Sie fuhren nicht weit und hielten auf dem Gelände der Universität an. Um diese Zeit war hier niemand — die vielen Autos der Studenten, die tagsüber kreuz und quer parkten, waren verschwunden.

Der Mann am Steuer stoppte und stieg aus. Die anderen beiden zerrten den jungen Mann vom hinteren Sitz ins Freie. Im Schein der Straßenlaterne war zu erkennen, daß der Mann blondes Haar hatte, recht groß war und daß dunkle Streifen vom Haaransatz bis zum Adamsapfel führten. Es sah aus wie Blut, das aus einer Kopfwunde geflossen und eingetrocknet war.

»Gib deine Hände«, forderte einer barsch. Der Blonde rührte sich nicht. Sie drehten ihm die Hände auf den Rücken und fesselten sie mit einem Kabel. Dasselbe geschah mit den Füßen.

Die anderen beiden gaben dem Blonden einen Stoß. Er fiel hin.

Der Fahrer des Wagens stieg ins Auto, setzte etwa 50 Meter zurück, legte den Vorwärtsgang ein und gab Gas. Die beiden sahen ungerührt zu, wie der alte Wagen über den Mann auf dem Boden rollte.

Zehn Meter hinter dem Opfer, das sich noch bewegte und wimmerte, legte der Fahrer mit einem Ruck den Rückwärtsgang ein und fuhr noch einmal langsam über den Körper am Boden.

»Das dürfte reichen«, sagte einer der Zuschauer und zündete sich eine Zigarette an. Er zog gierig an ihr und sie glimmte auf. »Laß uns weg hier«, drängelte er.

Doch der Fahrer schüttelte den Kopf. Er hatte noch nicht genug, er wollte sicher sein. Er öffnete den Kofferraum des alten Wagens, der mit Quietschen aufsprang, und holte ein Abschleppseil heraus. Er band es um die Knöchel des Toten, verknotete es und legte das Ende des Seils um den Abschlepphaken.

Die drei stiegen ein, der Fahrer gab Gas. Der Körper wurde mitgeschleift, überschlug sich ein paar Mal, doch das Seil hielt.

Der Fahrer stoppte und stieg aus. »Jetzt ist er hin«, konstatierte er und drückte seine Zigarette auf dem Boden aus. »Packt mit an!«

Gehorsam stiegen die beiden aus und halfen, den leblosen, blutüberströmten Körper in den Kofferraum zu legen. Dann fuhren sie los in Richtung Norden. Das Auto hielt vor einer Bundesbahnbrücke und die drei schleppten den Körper die Böschung hinauf und legten ihn mitten zwischen die Schienen, so, daß Arme und Beine ausgebreitet auf den Schottersteinen lagen.

Sie hatten eine häufig befahrene Strecke ausgewählt. Hier verkehrten in regelmäßigen Abständen Güterzüge, S-Bahnen und die schnellen Intercitys.

Es dauerte deshalb auch nicht lange, bis ein Zug sein Kommen ankündigte. Einer schaute auf die Uhr. »Pünktlich! Der Intercity Basel-Dortmund.«

Die drei traten etwas zurück. Dann kam der Zug. Mit Tempo 120 überfuhr der Stahlkoloß den Körper des Blonden und zerfetzte ihn.

»Sauerei«, murrte einer der Zuschauer und wischte sich mit einem Taschentuch ein Stück blutiger Masse von der Hose. Die Hand säuberte er notdürftig und leise fluchend an dem Gras, das den Bahndamm spärlich bewuchs.

»So, das wär's«, der Fahrer drehte um und die anderen kletterten mit ihm die Böschung herunter. »Der ist tot, toter geht's nicht.« Die beiden anderen lachten. Es war ein Lachen der Zufriedenheit. Hier war ein Job schnell und ohne Spuren erledigt worden.

»Meine Kehle ist verdammt trocken, ich brauch' ein kühles Blondes.«

»Und ich eine heiße Blonde«, wieherte einer der drei im Dunkeln.

»Dann laß' uns hier verschwinden.« Ein paar Augenblicke später lag der Bahndamm wieder verlassen und einsam da. Die Dunkelheit deckte einen Schleier über die blutigen Überreste eines jungen Mannes, dessen Leben mit ganz gewöhnlicher, fast schon alltäglicher Gewalt beendet worden war.

In der Ferne drängelte sich eine Sirene durch die Dunkelheit. Die Bierstädter Feuerwehr war zu einem Einsatz irgendwo in der Stadt ausgerückt.

Drei Gebote des Reporters —
Tarnen, täuschen und verpissen

Das Verhältnis zwischen meinem Chef und mir ist von tiefer, gegenseitiger Achtung geprägt. Er denkt »Achtung!«, wenn er mich sieht und ich denke dasselbe, wenn er mir über den Weg läuft. Ich verließ gerade das Funkhaus, verstaute den Kassettenrecorder im Auto, als er mir entgegenrief: »Nun, Fräulein Grappa, geht's wieder auf Recherche?«

»Frau Grappa bitte, Herr Riesling. Eine Reporterin ist immer auf Achse. Aber, wem sage ich das? Ihre letzte Reportage vor 15 Jahren beeindruckt mich noch heute.«

Ich sah, wie er rot anlief. Er wußte, daß er im Funkhaus »der Schreibtischtäter« genannt wurde. Und er fand das — im Gegensatz zu mir und meinen Kollegen — überhaupt nicht komisch.

Riesling kochte. Doch Schlagfertigkeit war nie seine Stärke gewesen. Er hielt es mehr mit Schüssen aus dem Hinterhalt, die dann einschlugen, wenn sein Opfer an nichts Böses dachte.

Ich wartete ab, was er sagen würde. Denn er würde antworten, das sah ich ihm an. Sein Hals war angeschwollen, seine Mundwinkel zuckten, doch die Worte wollten nicht so recht kommen. Kleine Sprachhemmung. Gar nicht gut für einen Journalisten, den eine schnelle Reaktionsfähigkeit auszeichnen sollte.

Doch bei manchen dauern die Schrecksekunden halt minutenlang. Ich sah ihn amüsiert an. Was würde kommen? Einige Dinge aus seinem mageren Repertoire kannte ich schon.

Na endlich, er hatte eine Antwort gefunden, denn er öffnete den Mund und holte Luft. Ich schaute ihn interessiert an und legte ein mildes Lächeln in meine Züge.

»Sie und arbeiten? Ich kann mich auch noch an die drei Gebote eines Reporters erinnern«, zischte er, »tarnen, täuschen und verpissen ...«

Den Spruch kannte ich wirklich schon. Schade, ich hatte was Neues erwartet. Ich schwieg, denn ich hatte mir vorgenommen, meine manchmal etwas derben Umgangsformen zu verfeinern und nicht in jedes Messer zu laufen, das mir hingehalten wurde. Sollte er mich doch kreuzweise, der Dödel.

Ich winkte ihm nur noch freundlich zu und gab Gas und machte mich auf den Weg. Eigentlich war der Schreibtischtäter kein Problem für mich. Er würde mich in Ruhe lassen, solange ich die Leichen in seinem Keller nicht ans Tageslicht zerrte.

Solange ich ihn zum Beispiel nicht daran erinnern würde, daß er vor fünf Jahren von der Stadt ein preiswertes Grundstück direkt neben einem Naherholungsgebiet erhalten hatte. Ein Grundstück, das sicherlich viele gern gekauft hätten — etwa 800 Quadratmeter für 70000 Mark in allerbester Wohnlage.

Und das in einer Stadt wie Bierstadt , wo Grundstücke in solcher Lage mindestens 250 bis 300 Mark pro Quadratmeter kosten — wenn es sie überhaupt zu kaufen gab.

Er würde mich in Ruhe lassen, solange ich ihn nicht daran erinnern würde, warum er in einer Zeit der hohen Zinsen einen äußerst günstigen Kredit bei der Stadtsparkasse erhalten hatte. Solange ich nicht ausplaudern würde, daß er in keiner seiner bevorzugten Gaststätten in Bierstadt das Portemonnaie rausholen mußte, bevor er ging. Oder — daß Bierstädter Autohäuser ihm seine Autos zu Testzwecken lieferten und er so immer in den neuesten Modellen durchs Städtchen kutschieren konnte. Machte Eindruck bei den Mädels und bei seinen Kumpanen im Rotary-Club, der Mann von Welt mit Haus und Autos und einem Radio-Sender, den er stolz »mein Dampfradio« nannte.

Vor 30 Jahren hatte der Schreibtischtäter noch Sporttabellen ins Reine getippt und war gern gesehener Gast in Ortsvereinsversammlungen und bei Heimatfesten gewesen. Langsam und stetig hatte er sich hochgebuckelt und nun war unsere Redaktion mit ihm gestraft. Ich seufzte tief, während ich mit meinem Auto vom Funkhaushof rollte.

Zwischen dem Schreibtischtäter und mir gab es seit vielen Monaten einen Waffenstillstand. Nicht offiziell vereinbart, sondern unausgesprochen und trotzdem wirksam. Ich hatte außerdem das Gefühl, daß er die Zeit bis zu seiner kurz bevorstehenden Pensionierung möglichst ohne viel Streß bewältigen wollte. Es sei ihm von Herzen gegönnt, dachte ich und war stolz auf meine Großzügigkeit.

Solange ich machen konnte, was ich wollte, würde ich auch keinen Grund haben, ihn an diese Dinge, mit denen er sich sein Leben so bequem eingerichtet hatte, zu erinnern.

Termin in einer Dorfkneipe — ratlos!

Im Gasthaus »Zum Stier« war nicht viel los, noch nicht. Das gelbgetünchte Haus war durch Anbauten quer durch die Jahrzehnte verwinkelt, der Eingang zur Gaststätte lag fast versteckt an der spitzen Seite des Hauses. Die schwere Holztür stammte noch aus Kaiser Wilhelms Zeiten.

Merkwürdig, daß Kneipen immer so schrecklich riechen müssen. Nach Rauch von Zigaretten, nach schalem Bier und den großen Sprüchen, die von betrunkenen Männern jeden Abend hier geklopft wurden.

Ich mußte durch einen engen Gang, bevor ich den Schankraum betreten konnte. Nicht viel los, wie gesagt. Aber es war noch früh. Pulsierendes Bierstädter Kneipenleben gab's sowieso nur im Norden der Stadt und nicht hier in diesem Stadtteil, wo alles noch ländlich-sittlich ablief und in den die Großstadt noch nicht ihre Wunden geschlagen hatte.

Es kam mir merkwürdig vor, daß ein junger, inzwischen dahingeraffter Mann hier verkehrt haben sollte ... weil sie weder eine Diskothek noch eine Szenekneipe für junge Leute war, diese Gaststätte »Zum Stier«.

Ich schaute mich um. Ein Stammgast hob den Blick über den Rand seines Bierglases, als ich zielstrebig zum Tresen marschierte. Den Kassettenrecorder hatte ich erst mal im Auto gelassen, denn manche Leute reagieren allergisch auf das schwarze Ding.

Der Mann hinter dem Glas erwachte langsam. »Was will'en die Frau hier«, lallte er in Richtung Wirt und versuchte sich aufzurichten.

Auf dem Tresen standen noch die ungespülten Gläser von gestern, die Aschenbecher auf den Tischen waren voller Kippen, und aus Richtung Klo zog der zarte Duft von Urinstein in meine Nase. Ich mußte niesen und schüttelte mich.

Miese Atmosphäre, ich haßte solche Kneipen, aber manchmal hatte ich beruflich drin zu tun. Wie jetzt. Ich ging zur Bar. Der Wirt musterte mich schräg. »Bitte?«

»Ein Wasser, ohne Eis und Zitrone.«

»Eis ham wer sowieso nicht.«

»Na prima!« gab ich zurück.

Es klirrte, als er die Flasche auf den Tresen knallte. Dann knallte er noch ein Glas daneben. Ich goß mir ein und setzte die Lippen vorsichtig ans Glas und nippte. Das Wasser war badwarm und schmeckte wie abgekaute Fingernägel.

»Vor zwei Wochen«, begann ich, »soll es hier eine Schlägerei gegeben haben ...«

»Kloppereien gibt's hier immer. Das liegt an der Gegend.«

»Ich dachte, so was liegt eher an den Gästen ... Also konkret: Skinheads gegen einen jungen Mann, blond, einsfünfundachtzig, Typ Gottschalk für Arme.«

Er knurrte. »Ich hab' der Polizei schon alles gesagt. Was wollen Sie noch und wer sind Sie überhaupt, daß Sie hier reinschneien und Fragen stellen?«

»Ich bin vom Lokalradio. Ich mache eine Serie über ungeklärte Mordfälle.«

»Wieso Mord? Der hat sich doch selbst auf die Schienen gelegt. Probleme mit der Freundin, was weiß ich.«

»Also erinnern Sie sich doch?«

»Nix tu ich! Stand doch alles in der Zeitung.« Er kam hinter dem Tresen auf mich zu. »Hören Sie mal, Frollein. Ob der hier war, weiß ich nicht. Kann sein, aber kann auch nich' sein. Ich lass' mir von meinen Gästen nicht den Ausweis zeigen, bevor sie ein Bier kriegen. Kapiert?«

Ich schüttelte den Kopf und versuchte es trotzdem weiter.

»Da sollen noch drei Leute dabei gewesen sein, so hat es einer Ihrer Gäste der Polizei erzählt. Kannten Sie die? Waren die inzwischen wieder da? Die drei Leute, meine ich?«

»Ich weiß nicht, wen Sie meinen. Und ich will es auch nicht wissen. Wir alle müssen mal sterben und jetzt raus.«

Ich wurde wütend. Was bildete sich der Kerl ein? »Hören Sie, so können Sie mit mir nicht umspringen.«

»So?« fragte er und kam ein bißchen näher. »Und wie wollen Sie's gerne haben, junge Frau?« Er nahm das ein, was im Polizeideutsch eine »drohende Haltung« genannt wird.

Ich machte mich abflugfertig und rutschte schnell vom Barstuhl runter. Jetzt mischte sich auch noch der besoffene Gast vom Nebentisch ein, rappelte sich hoch und wollte mich »beschützen«.

»Hömma Heinz, so kannste doch mit 'ner Dame nich' umgehen. Nich, wenn ich dabei bin, da bin ich ganz eigen!« Er torkelte auf uns zu, sich redlich bemühend, den Weg zu finden.

»Setz dich hin, Paul und spiel nicht den Helden«, blaffte ihn Heinz unbeeindruckt an. Das half. Paul setzte sich und spielte nicht den Helden.

Heinz kam noch näher, er stank nach altem Schweiß und frischem Spülmittel. »Wenn Sie mich anfassen, haben Sie in zehn Minuten die Polente da!« drohte ich mit etwas kläglicher Stimme.

»Ach nee. Da schlottere ich ja vor Angst. Und jetzt raus hier und zwar plötzlich.«

Da ich klüger war als Heinz, gab ich nach und trollte mich. Nicht jeder Tag ist ein erfolgreicher. Vorher hatte ich noch locker zwei Mark auf den Bierdeckel gelegt. »Für das Wasser und Ihre Mühe.« Und in der Tür sagte ich: »Bis bald, ich komme wieder.« Auch das schien ihn nicht weiter zu erschrecken, denn er machte Anstalten, mir wieder näher auf den Pelz zu rücken.

Ich sah zu, daß ich in mein Auto kam und gab Gas. Der Wagen knallte vom Bordstein runter. Irgendwann würde ich mir die Achse bei solchen Fluchtmanövern ruinieren.

Die Sache mit dem Toten auf den Schienen war nicht ganz

koscher. Mein Informant im Polizeipräsidium hatte mir etwas von Ungereimtheiten erzählt. Das viele Blut an der Böschung, Hirnmasse im Gras und Schleif- und Reifenspuren. Keiner, der sich verzweifelt vor den Zug schmeißt, haut sich vorher so eins auf den Kopf, daß der Schädel zerspringt.

Das sah nach vertuschtem Mord aus. Und dann die Sache mit den drei Typen. Alles verdammt merkwürdig.

Nachbarn sind wir alle — von Schreibtischtätern und Samaritern

Der Schreibtischtäter war beim Oberbürgermeister von Bierstadt zum Hintergrundgespräch eingeladen, das konnte Stunden dauern. Gregor Gottwald, der Kaiser von Bierstadt, redete gern, und es war ihm irgendwie egal, wer ihm zuhörte. Hauptsache, es war überhaupt jemand da. Er stand auf Kriegsfuß mit den deutschen Fällen, verwechselte »als« und »wie« und »mir« und »mich«, was der Aussagekraft seiner Worte dennoch keinen Abbruch tat. Er wurde von den Bürgern verstanden, denn er sprach wie sie. Ohne Schnörkel und ohne Eiertanz.

Klar, die Gesellschaft »Rettet dem Dativ« hätte ihn gern zum Ehrenmitglied gehabt, und das Finanzamt hätte seinen Mitgliedsbeitrag sicherlich als Weiterbildungskosten anerkannt. Und irgendein »intellektueller Wichser« hatte irgendwann mal die Frage gestellt, ob sich eine aufstrebende strukturgewandelte Stadt einen solchen Mann noch leisten konnte, der bei der Begrüßung einer englischen Delegation munter und unverdrossen in den Ratssaal gedröhnt hatte: »Ei griet ju fromm se bottom of mei hart«.

Die Bürger liebten ihn dafür, denn er tat nicht so, als seien seine Fremdsprachenkenntnisse besser als ihre. Nein, so schnell legte Gregor Gottwald sein Zepter nicht nieder und stieg vom Sockel herunter. Er liebte Macht und Ansehen und manches Vögelchen mit akademischem Abschluß hatte sich in den Leimruten zu Tode gezappelt, die Gregor Gottwald fein säuberlich um seinen Sockel ausgelegt hatte.

Ich zumindest hörte ihn gerne reden. Gregor Gottwald war seit 20 Jahren unser Oberbürgermeister und es hatte einige Zeit gedauert, bis ich mich an seine Art gewöhnt hatte. Und er sich an meine Art, auch über ihn kritisch zu berichten.

Beim Schreibtischtäter lag die Sache anders. Riesling fühlte sich wohl unter Menschen, die was darstellten, die ein Amt oder Geld hatten. Riesling bezog sein eigenes Selbstwertgefühl aus dem Umgang mit der Macht.

Die Hintergrundgespräche im Rathaus fanden in schöner Regelmäßigkeit statt, heraus kam dabei nichts, wenigstens nichts Journalistisches. Kleiner Kaffeeklatsch über Gott und die Welt. Die Rollen waren auch verteilt: Der Oberbürgermeister war Gott, und die Welt war Bierstadt und der Schreibtischtäter der journalistische Statthalter – so glaubte er wenigstens.

Die Arbeit in der Redaktion gestaltete sich heute ruhig. Im Sendestudio nebenan lief gerade die Sendung »Nachbarn sind wir alle«, moderiert vom »Samariter«. Meine »Lieblingssendung«. Hier konnten aufmüpfige Ehefrauen gegen nette Kanarienvögel eingetauscht werden, hier konnten sich ganze Familien neu einkleiden lassen, hier wurden Wohnzimmerschränke, Couchgarnituren und alte Matratzen verschenkt. Aber – hier schwärzten auch gute ordentliche Deutsche ihre schlechten Nachbarn an, hier erzählten neurotische Hausfrauen ihre Alpträume der letzten Nacht. Lebenshilfe live per Telefon.

Die Sendung für die Mühselig' und Beladenen, die Suchenden und die Findenden. Der Samariter, der mit bürgerlichem Namen Manfred Poppe hieß, knapp über 50 war und die schönste Radiostimme in der freien westlichen Welt besaß, nahm grundsätzlich alle Anrufer ernst, denn er war der Mann, der Hilfe und Trost spendete, der die Welt liebte und alle Kreaturen mit ihr.

Jedes Wesen war seiner Meinung nach von Natur aus gut – außer mir natürlich. Denn da ich ihn und sein selbstloses Lebensgefühl nicht ernst nahm und dies auch bei jeder passenden Gelegenheit kund tat, gehörte ich zur anderen Hälfte der Welt, zu denen, deren Leben ohne gute Taten einfach so sinnlos verstrich.

Doch immerhin: Der Samariter gab den Anrufern, die sich meldeten, das Gefühl: »Wir sind gar nicht so beschissen, wie wir uns meistens fühlen und wie man uns sagt, daß wir sind.«

Leider überstand dieses neue Selbstwertgefühl noch nicht mal die Dauer der Sendung, und die lief nur eine Stunde. Und in den Tagen danach wanderten die Altmöbel dann doch auf den Sperrmüll und der junge Mann, der im Radio live versprochen hatte, der alten Dame den Müll herunterzutragen, hatte nach zweimal Tütenschleppen die Nase voll.

»Vielleicht gibt es in Bierstadt einen armen, armen Menschen, der die zehn Jahre alte Schrankwand von Frau Müller aus der Nordstraße noch gebrauchen kann? Rufen Sie uns an ...« und der Samariter gab zum xten Mal die Nummer des Hörertelefons durch.

In der einen Stunde wurden an diesem Tag vier Katzen verschenkt, ein Wellensittich gefunden, zwei Matratzen und die Schrankwand von Frau Müller wechselten den Besitzer.

Der Samariter verabschiedete sich nach getaner Sozialarbeit und kam mit hochrotem Kopf ins Großraumbüro. »Es gibt so viel Not in Bierstadt«, sagte er erregt und blickte mißbilligend auf mich, die ich gerade — dekadent wie ich war — in meiner Lieblings-Gourmet-Zeitschrift mit den total ausgeklügelten Gaumenfreuden blätterte.

»Manfred, hier ist ein italienisches Mandelkuchen-Rezept drin, das zieht dir die Schuhe aus. Eischnee, geriebene Mandeln, Puderzucker und nur 50 Gramm Mehl, danach wird das ganze mit Amaretto getränkt und noch glasiert. Einfach köstlich ...«

Ich sah, wie ihm das Wasser im Mund zusammenlief. Trotz seiner sozialen Aufgabe, der er sich immer wieder mit Inbrunst stellte, war er ein ausgebufftes Schleckermaul, besonders wenn es um Süßes ging. Er war ein genialer Erfinder lockerer Nachtische und seine Petits-Fours erreichten höchste Zustimmungsquoten. Und zwar live, wenn er die Kollegen nach einer gelungenen Backarie am Wochenende mit seinen Köstlichkeiten verwöhnte und die Rezepte mit seiner sonoren Stimme vortrug. Es war für alle ein Genuß: Für die Augen, für die Ohren und für den Gaumen.

»Manfred, ich brauche deine Hilfe«, sprach ich ihn an. »Vor 14 Tagen hat es im Gasthaus 'Zum Stier' eine Schlägerei gegeben. Das Opfer, ein junger Mann, bekommt erst die Hucke voll und wird am anderen Morgen in Einzelteilen neben den Schienen des Intercity Basel-Dortmund gefunden. Die Staatsanwaltschaft glaubt zur Zeit noch an Selbstmord, hat die Leiche dann aber doch kurz vor der Beerdigung beschlagnahmen lassen. Meiner Meinung nach ist er vorher ermordet und dann auf die Schienen gelegt worden, um die Spuren zu vertuschen.«

Er schaute mich angeekelt an. »Und was willst du mit diesen Krawallgeschichten bei mir?« fragte er. Er war inzwischen ganz auf italienischen Mandelkuchen eingestellt, denn er hatte mir mein Gourmet-Heft aus der Hand gerissen, um sich in das Rezept zu vertiefen.

»Deine Sendung hat nun mal die höchste Einschaltquote und ich dachte mir, daß du für mich nach Zeugen suchen könntest ... Ob jemand den Jungen nach der Schlägerei noch irgendwo gesehen hat, vielleicht zusammen mit drei Typen, mit denen er aus der Kneipe wegging. Irgendwas, das mir helfen könnte, ein bißchen zu spekulieren. Die Polizei kommt zur Zeit nicht weiter in der Sache und ich habe, wie gesagt, das Gefühl, daß es kein Selbstmord ist ...«

»Ah ja«, meinte er triumphierend, »dazu ist meine Sendung plötzlich gut genug. Und sonst zerreißt du dir dein Schandmaul darüber ...«

Ich sagte nichts und bemühte mich, eine betroffene Miene zu machen. Doch auch Menschen wie ich hatten ein Recht auf Hilfe. Ich wußte, daß der Samariter mich nicht im Regen stehen lassen würde. »Ich werde nie mehr was schlechtes über deine Sendung sagen«, versprach ich und wir beide wußten, daß ich diesen Vorsatz schnell wieder vergessen haben würde.

»Na gut, erkläre mir die Geschichte und ich frage meine Hörerinnen und Hörer morgen danach. Die Menschen, die du spöttisch als Mühselige und Beladene bezeichnest ...«

Ich schlug betroffen die Augen nieder. Nein, ich war kein guter Mensch! Wo er recht hatte, hatte er recht.

»Danke, Manfred! Du bist der Beste. Ich werde mich bessern!«

Die Töne kannte er. Er grinste mich an und warf einen Blick gen Himmel. Als Wiedergutmachung lieh ich ihm mein Gourmetheft.

Am nächsten Tag überreichte mir der Samariter einen Zettel mit einem Namen und einer Telefonnummer. »Mehr haben sich nicht gemeldet«, meinte er nicht ohne Stolz.

Ich steckte den Zettel ein. Ein Name stand drauf. Nicht viel, aber immerhin besser als gar nichts. »Ich danke dir, Manfred ... — und nimm meine Kommentare über ʾNachbarn sind wir alleʾ nicht immer so furchtbar tragisch. Du weißt, ich mein' das nicht so.«

»Ich weiß genau, wie du das meinst, Maria. Und du wirst auch nie aufhören, dich über die Sendung lustig zu machen«, lächelte er ein bißchen gekränkt.

»Trotzdem danke.« Und ich nahm mir vor, ihn künftig etwas netter zu behandeln. Ich nahm es mir wirklich ganz ernsthaft vor. Hoffentlich würde es sich mal irgendwie ergeben.

Mord — oder »Die Frau an seiner Seite«

Ich verzichtete dann doch auf einen erneuten Besuch im Gasthaus »Zum Stier«. Der Wirt war derart unangenehm, daß es sowieso nichts gebracht hätte. Fragen an Leute zu stellen, die partout nicht antworten wollen, kostet Zeit und bringt keine Erfolge. Höchstens ein blaues Auge, und darauf kann ich verzichten. 14 Tage hatte es gedauert, bis ich wieder normal aussah, als mir zwei Jungs bei einer Faschisten-Demo die Faust entgegengestreckt hatten. Und im Funkhaus konnte ich damals noch den Spott der anderen ertragen.

Nein, wenn schon Veilchen, dann nur für ganz heiße Stories und die war noch nicht heiß genug. Ich hatte eher das Gefühl, daß sie langsam abkühlte. Und zwar mit jedem Tag mehr. Vielleicht sollte ich die Serie über unaufgeklärte Mordfälle doch fallen lassen. Zuviel Blut und zuviele unangenehme Leute. Die anderen Fälle, die ich mir zusammengesucht hatte aus dem Pressearchiv, lagen teilweise Jahre zurück, waren also noch kälter.

Ich hatte mir alles so schön vorgestellt: Ich würde durch unermüdliche und intelligente Recherchen neue Spuren finden, die zur Ergreifung der Täter führen würden. Mal gucken, wie lange ich meinen Kinderglauben behalte, dachte ich mürrisch.

Die Serie »Die Frau an seiner Seite«, die mir der Schreibtischtäter schon seit Wochen aufs Auge drücken wollte, riß mich allerdings auch nicht vom Hocker. In ihr sollten die Gattinnen bekannter Bierstädter Größen einer uninteressierten Öffentlichkeit nahe gebracht werden. Frau Chefarzt-Gattin, Frau Theaterintendanten-Gattin oder Frau Brauerei-Besitzers-Gattin. Das würde bedeuten, stundenlang für die neusten Ikebana-Kunststücke Interesse zu heucheln oder die Kinderkrankheiten der jeweiligen Bälger durchhecheln zu müssen oder darüber zu reden, wie man dem Herrn Gemahl am nettesten die Pantoffeln nachschleppt ... Nein, dann doch lieber Leichen auf Intercity-Strecken als Prominenten-Ehefrauen! Die Mordserie mußte einfach was werden!

Ich machte einen kleinen Umweg, als ich nach Hause steuerte. Ich fuhr zu der Stelle, an der dieser Richie Mansfeld ums Leben gekommen war. Nichts deutete darauf hin, daß es hier vor zwei Wochen einen ungewöhnlichen Vorfall gegeben hatte, der mit dem Tod eines Menschen endete. Bei der Bahn hatten sie Leute, die die Toten und ihre Überreste von den Gleisen schaffen mußten. Und die restlichen Spuren wurden von Wind und Wetter beseitigt. Warum ich dort hingefahren war? Ich wußte es nicht mehr. Einfach nur mal gucken, vielleicht begreifen wollen, was nicht zu begreifen war, daß hier ein Leben beendet worden war.

Es war ohne Sinn. Ich fuhr die Strecke zu meiner Wohnung. In ihr war es warm und gemütlich. Ich zog mich bequem an und erinnerte mich an den Zettel. Mal schauen, ob die Spur taugte. Wenn nicht, würde ich mich langsam in die Serie »Die Frau an seiner Seite« eindenken müssen. Verdammter Job!

Ich wählte lustlos die Nummer, die der Samariter auf einen kleinen Zettel geschrieben hatte. »Michael Muradt« stand dort. Merkwürdiger Name, klang irgendwie arabisch — auf jeden Fall geheimnisvoll. Ich wählte die Nummer.
»Spreche ich mit Herrn Muradt? Gut. Hier ist Maria Grappa vom Lokalradio«, begann ich meinen Spruch, »ich plane eine Serie über ungeklärte Mordfälle und ich interessiere mich für den Tod von Richie Mansfeld. Sie haben sich in der Sendung gemeldet. Wissen Sie etwas darüber?«
»Nicht am Telefon«, meinte eine mitteltiefe kühle Männerstimme mit einem kleinen S-Fehler, »wir sollten uns treffen.«
»Hören Sie, ich kann mich nicht auf blauen Dunst mit jemandem treffen, den ich nicht kenne. Etwas mehr müssen Sie mir schon sagen, meinen Sie nicht auch?«
»Na gut, Richie Mansfeld war mein Neffe. Und ich bin logischerweise sein Onkel. Reicht das?«
»Ja. Wo treffen wir uns und wann?«
»In einer Stunde. Im Pinocchio.«
Ich kannte das italienische Nobelrestaurant nur vom Hören. »Wieso gerade da? Sind Sie dort Pizza-Bäcker oder essen Sie nur gerne?«
Er lachte und sein Lachen gefiel mir. »Beides falsch. Das Restaurant gehört mir.«
»Gut, ich rufe nur noch einen Freund an und sage ihm, wo ich hingehe.«
»Sie sind wohl besonders vorsichtig.« Wieder dieses Lachen und die leichten Schwierigkeiten bei den S-Lauten. Die Sache gefiel mir.»Ihnen kann nichts passieren, denn mein Restaurant ist stets gut besucht. Klappt es in einer Stunde? Und wenn Sie da sind, dann fragen Sie nach Herrn Muradt.«
Die letzte Anregung hätte er sich sparen können.»Ich werde mich beeilen. Bis dann.«
Ich wusch mir schnell die Haare, zog das kleine Blaue an, das mich zehn Pfund schlanker machte, und die flachen Schuhe, in denen ich prima wegrennen konnte, falls es nötig sein würde. Noch ein Pfund Lippenstift und die großen mexikanischen Ohrringe, die zu meinen Henna-Haaren paßten.

Und die Nase pudern, das war's. Ich konnte mich sehen lassen.

Ich wußte nicht, warum ich mich so in Schale schmiß, denn Menschen mit schönen Stimmen müssen noch lange nicht sympathisch sein. Aber vielleicht war er es doch ...? Ich rief mich energisch zur Ordnung. Meine Affinität für schöne Männer in Hollywood-Klassikern neutralisierte wohl inzwischen meine 15jährigen Erlebnisse in diversen Frauengruppen, in denen ich die Schlechtigkeit und Triebhaftigkeit der Männer nur zur Genüge durch die Erzählungen geschundener Frauen kennengelernt hatte!

Wenn ich mich schon für einen Unbekannten mit kühler Stimme und S-Fehler so rausputzte, war Alarm angesagt. Ich mußte meine Männerverteufelungskurse dringend wiederholen.

Aber — so sagte das Weibchen in mir — wenn der Mann so aussah, wie seine Stimme klang, wollte ich trotz aller Frauenbewegungsideale nicht aussehen wie eine nahe Verwandte des Glöckners von Notre Dame.

Ich gab den Katzen noch eine halbe Dose Futter und machte mich auf den Weg. Der Abend war noch jung und ich fühlte mich gut.

Bierstadt ist nicht Casablanca

Das »Pinocchio« lag mitten in der Stadt und war für seine italienische Küche bekannt. Keine Vorortpizza oder Spaghetti bolognese, sondern erste Sahne mit entsprechenden Preisen.

Ich betrat den Laden. Spiegel an der Wand, Messing und Silber, die Tische in Nischen, so daß niemand sehen konnte, was am Nachbartisch verspeist wurde. Eine leise Musik im Hintergrund und gedämpfte Stimmen.

Hier fehlte zum Glück die dunkle Gemütlichkeit der Bierstädter Restaurants, in denen ich mit dem Kopf an die Korblampe stoße, wenn ich in Richtung »kleine Mädchen« aufstehen. Der Raum war so hell erleuchtet, so wie ich es mag, weil dann ein schmieriges Glas keine Chance hat und ich genau sehen kann, was ich auf dem Teller habe.

»Sind Sie Frau Grappa?« sprach mich ein dünner Kellner in halblautem Tonfall an, »Herr Muradt hat einen Tisch für Sie reserviert. Kommen Sie bitte.«

Er führte mich zu einem Tisch für Zwei. Kristallgläser und Silberbesteck, 925er Sterling. Nobel, nobel! Aber hier klauen die Gäste vermutlich nicht.

Ich musterte das Personal, das die Gäste umschwirrte. Nein, in Kellnerkluft würde der Besitzer wohl kaum ankommen. Mir fiel ein kleiner Dicker auf, der an einer dezent versteckten Kasse saß. Vielleicht war er der Herr mit dem arabisch klingenden Namen und der schönen Stimme. Ich lächelte. Könnte sein, da erwarte ich Rübezahl und wer kommt: Rumpelstilzchen!

Doch der kleine Dicke machte keine Anstalten seinen Hintern zu lupfen und an meinen Tisch zu kommen. Er tippte eifrig Zahlen ein. Ich wartete und nahm eine lässigere Haltung ein.

Jemand stand hinter mir, ich spürte einen leichten Luftzug. »Wie schön, daß Sie gekommen sind ...« Der kleine S-Fehler war nicht zu überhören bei drei S-Lauten in einem Satz. Ich drehte mich um.

Da stand er. Sehr groß, was vermutlich daran lag, daß ich saß. Sehr männlich, was vermutlich daran lag, daß ich zur Zeit etwas entwöhnt war. Sehr überlegen, was vermutlich daran lag, daß ich Naturgewalten schon immer für etwas Schicksalhaftes gehalten habe, gegen die ein normal Sterblicher nicht die geringste Chance hat und die man einfach nur überstehen muß.

Da stand er immer noch – eine Mischung aus Charlton Heston und Winnetou. Wie im Film. Gut ausgeleuchtet. 15 Jahre strenges Training in Frauengruppen waren wie weggeblasen. Meine Hormone jubelten. Meine Knie wurden weich. Mein Magen schlug Purzelbäume. Hier stand er, der Mann, von dem ich immer gern geträumt hätte, wenn ich hätte annehmen können, daß es ihn überhaupt geben würde. Ich hatte es irgendwie geahnt, daß dieser Abend der Auftakt zu einer Menge Schwierigkeiten emotionaler Art sein würde, jammerte ich innerlich und bedauerte mich jetzt schon. Hoffentlich war er verheiratet und hatte einen Stall voll Kinder oder war wenigstens stockschwul.

Ich atmete tief durch und bemühte mich, meiner Stimme einen überlegenen Klang zu geben. Ich war schließlich im Dienst und nicht bei einer Single-Party.

Jetzt drehst du durch, dachte ich. Nur nichts anmerken lassen. Ich setzte mein charmantestes Lächeln auf, zog den Bauch ein und hauchte: »Herr Muradt, wie ich mich freue ...«

Du lieber Himmel, ich sülzte vielleicht einen Quatsch! Schließlich hatte er sich in der Sendung gemeldet, er war der Onkel des Toten und wollte was von mir. Doch meine Ansprache schien ihn nicht zu irritieren. Er war es vermutlich gewohnt, daß sich Frauen freuen, wenn er auftauchte.

»Die Freude ist ganz auf meiner Seite. Ich hoffe, Sie haben noch nicht zu Abend gespeist. Ich habe mir nämlich erlaubt, ein Abendessen für uns zusammenzustellen. Sie mögen die italienische Küche?«

Und wenn er mir Hundefutter angeboten hätte! »Ich bin ein Italien-Fan«, säuselte ich. »Pizza, Spaghetti, Knoblauchbrot ...«

Er schaute mich an wie ein Kind, das am liebsten Fischstäbchen mit Himbeer-Soße ißt. Bei der Erwähnung von Pizza kräuselte er die Stirn in leiser Verachtung.

Seine Stimme klang verzeihend, als er sagte: »Ach ja, Pizza! Ich hatte da an etwas anderes gedacht. Zuerst gibt es 'melanzane riepine di riso', gefüllte Auberginen mit Reis. Danach 'vitello arrosto alla milanese', das ist Kalbsbraten auf Mailänder Art, danach 'tonno al cartoccio', Thunfisch in Alufolie, und über das Dessert sprechen wir später. Als Wein würde ich einen 'Barbera del Monferrato' vorschlagen oder ziehen Sie einen 'Recioto della Valpolicella' vor?«

Er ahnte vermutlich, daß ich nur Chianti und Lambrusco kannte und trug entsprechend dick auf.

Valpolicella, den kannte ich aber auch und ich sagte – ganz 'grande dame': »Ich glaube, der Valpolicella paßt besser zu den weiblichen Hormonen im Kalbsbraten.« Er verstand meine Anspielung auf die zahlreichen vergangenen Fleisch-Skandale nur eingeschränkt, denn er zuckte mit keiner Wimper.

»Wie recht Sie haben«, meinte er überaus höflich und ich wußte nicht, ob er mich veralbern wollte. »Ich hätte selbstverständlich dieselbe Wahl getroffen.«

Er winkte den Kellner heran. »Aperitif und die Vorspeise, Luigi, bitte.«

Ich betrachtete ihn. Ein wirklich schöner Mann. Ein ganzes Ende größer als ich, Mitte 40, scharf geschnittenes Gesicht mit schmalen Lippen. Seine Augen waren dunkel und blickten wahlweise leicht amüsiert oder leicht irritiert. Seine Ohren standen etwas ab, was er geschickt mit dem Haarschnitt kaschierte, der kürzer war, als ich es bei Männern eigentlich mag.

Er hatte schöne schmale Hände ohne Schmuck, also auch ohne Ehering. Aber das hieß ja erst mal überhaupt nichts. Verheiratet wirkte er nicht und schwul? Nein, das konnte ich mir wirklich nicht vorstellen. Die Kühle seiner Stimme paßte zu den Farben seines Anzuges. Ein dunkles mattes monochromes Blau, das Hemd hatte einen Stich ins rosé, die Krawatte war zwar edel, aber ein bißchen langweilig.

Vor mir saß ein Mann, der mir gefiel. Punktum. Und ich mußte aufpassen, daß der heutige Abend nicht den Auftakt zu meiner Rückentwicklung zum Weibchen einläutete.

Seine Umgangsformen schienen tadellos zu sein. Obwohl es ja nur Äußerlichkeiten sind ... ich habe trotzdem was gegen Männer, die mit den Fingern essen und sich anschließend die Fleischbrocken aus den Zähnen bohren, auch wenn das so schön alternativ ist.

Ein Relikt meiner bürgerlichen Erziehung, in der der virtuose Gebrauch der Hummergabel höher eingeschätzt wurde, als beim Kegeln alle Neune umzubolzen.

Ich schnüffelte. Nein, er benutzte kein Rasierwasser oder Herrenparfum. Er schien auch kein Raucher zu sein. Nahezu perfekt. Denn nichts ist ekelhafter, als einem Mann näher zu kommen, aus dessen Poren der Teer tropft, der nicht nach Haut, sondern nach alten Zigarettenkippen riecht.

Der Aperitif riß mich aus meinen Gedanken. Mein trockener Sherry und sein Campari mit Eis standen bereit. Er hob sein Glas.
»Ich habe Sie schon mal im Radio gehört«, stellte er fest.
»Sie machen mich verlegen«, sagte ich und es sollte ironisch klingen.
»Ich weiß, daß Sie klare Worte lieben und das zu Ende führen, was Sie anfangen. Sie lassen niemandem im Interview entkommen, für meinen Geschmack könnten Sie Ihren Stil aber noch etwas verfeinern. Aber es macht Spaß, Ihnen zuzuhören, auch wenn ich den real existierenden Kapitalismus nicht so ablehne, wie Sie es zu tun scheinen. Lassen Sie uns darauf anstoßen, daß unsere Bekanntschaft für beide angenehm und erfolgreich sein wird.«
Endlich ein Minuspunkt: Er hörte sich gerne reden! Genau wie ich. Aber auch ich habe kurze Ansprachen für fast jede Gelegenheit in meinem Repertoire. Ich lächelte süß, hob mein Glas, versuchte, mich in seine Augen zu vertiefen und sprach: »Es freut mich, daß Sie meine Arbeit schätzen. Und ich hoffe, daß Sie mir mit Informationen über das schreckliche Ende Ihres Neffen weiterhelfen können. Daß dieses Treffen in einem so netten Rahmen stattfindet, freut mich besonders. Wenn Ihr Neffe ermordet worden ist, so werde ich das rauskriegen. Auch ich möchte mit Ihnen auf unsere neue Bekanntschaft anstoßen.«
Ich hob mein Glas, schaute ihm noch tiefer in die Augen und wir tranken. Und als der Klavierspieler im hinteren Teil des Restaurants wie auf Kommando anfing, die Tasten malträtieren, wartete ich nur auf seinen Satz: »Schau mir in die Augen, Kleines«. Aber, das tat ich ja ohnehin schon. Außerdem hatte der Pianist nicht »As time goes by« sondern die »Love Story« im Programm. Doch Bierstadt war nicht Casablanca. Und ich war nicht Ingrid Bergmann und er hatte auch nicht die geringste Ähnlichkeit mit Humphrey Bogart, denn er sah um Längen besser aus.
Er leerte sein Glas und winkte die Vorspeise heran, mit der Luigi schon wartete. So mit einer ganz legeren fast unsichtba-

ren Handbewegung, in deren Unmißverständlichkeit etwas Gewalttätiges lag. Etwas, das den geringsten Widerspruch oder eine fahrlässige Nichtbeachtung mit einer saftigen Strafe belegen würde. Der Mann war hart und duldete nicht die geringste Mißachtung seiner Befehle!

Zweiter Minuspunkt also: Super-Macho mit tyrannischem Einschlag. Luigi wieselte mit den Antipasti-Tellern heran. Wir speisten göttlich und ich erfuhr die Geschichte. Die Geschichte von Richie Mansfeld, dem Sohn seiner Schwester, die früh an Krebs gestorben war. Er hatte ihn aufgezogen — oder was er dafür hielt — und auf die Hotelfachschule geschickt, damit er später die Restaurants des Onkels — er besaß noch zwei weitere — übernehmen konnte.

»Doch Richie ging seine eigenen Wege, er entglitt mir«, seufzte Michael Muradt tief und quälte die 'dolce santa brigida' mit seinem silbernen Dessertlöffel, »er vernachlässigte seine Ausbildung, zog aus in ein teures Appartement in City-Nähe. An den Restaurants hatte er auch kein Interesse mehr. Er wollte Spaß im Leben haben, so nannte er das.«

»Und wovon hat er gelebt?« fragte ich. »Wer hat ihm die teure Wohnung bezahlt?«

»Ich habe keine Ahnung. Richie rief mich zwei Tage vor seinem Tod an und erzählte, daß er mich dringend sprechen müsse. Ich hatte aber leider keine Zeit für ihn. Unsere letzten Treffen waren ... sagen wir mal, nicht ganz harmonisch. Ich habe ihm Vorwürfe gemacht, weil er die Ausbildung abgebrochen hatte und sich — so glaubte ich — in schlechter Gesellschaft herumtrieb. Auch sein Äußeres hatte er verändert. Nein, nicht daß er sich vernachlässigt hätte, ganz im Gegenteil. Er kleidete sich teuer und erzählte etwas vom großen Geld, das nicht mehr lange auf sich warten lassen würde. Irgendwas stimmte nicht mit ihm, und ich habe die Chance verpaßt, es zu erfahren und ihm zu helfen. Vielleicht wäre er noch am Leben, wenn ich Zeit für ihn gehabt hätte!«

Muradt seufzte wieder und schien ehrlich betrübt zu sein. Er rührte dabei so an meinem Pflegetrieb, daß ich ihm am liebsten das Taschentuch gereicht, den Kopf getätschelt und das

Händchen gehalten hätte. Als Einstieg in ein längeres Beschäftigungs-Programm mit caritativen Aspekten.

»Das sind doch nur Vermutungen. Hat er denn niemals eine Andeutung gemacht, mal einen Namen genannt?«

Muradt schüttelte den Kopf. »Wir haben uns ja auch nur selten gesehen. Richie war volljährig und hätte sowieso gemacht, was er wollte. Nur zum Schluß, das ist mein Eindruck, schien ihm die Sache über den Kopf zu wachsen. Er wirkte am Telefon nervös und ängstlich ... Und kurze Zeit später erfuhr ich von der Kripo, daß seine Leiche auf den Schienen gefunden worden war.«

»Wieso sollte Richie eigentlich alles erben?« fragte ich, »haben Sie keine eigenen Kinder?«

»Nein, leider nicht. Ich bin noch nicht einmal verheiratet.«

Ich nickte verständnisvoll. »So wie Sie aussehen, kriegen Sie natürlich keine Frau mit, das ist vollkommen klar. Geben Sie doch mal eine Anzeige auf ...«, riet ich ihm. »Oder, es gibt da bei uns eine Sendung, in der armen einsamen Menschen geholfen wird ... soll ich mal ein gutes Wort für Sie einlegen? Wie soll sie denn aussehen, die Frau Ihrer Träume?«

Nein, Ironie war nicht sein Ding. Entweder kapierte er sie nicht oder der Tod seines Neffen hatte ihn unempfänglich für spöttische Töne gemacht.

Er schaute mich mit einem tiefen Ernst an. »Sie haben recht. Nichts ist schwieriger im Leben, als den richtigen Partner zu treffen. Wenn es gar nicht mit mir klappen sollte, werde ich vielleicht doch mal in dieser Sendung anrufen, von der Sie gerade sprachen. Kann ich mir die Frau dann bei Ihnen abholen, oder wie läuft das? Und auch wieder abgeben, wenn es doch nicht die Richtige ist?«

Na also, es ging doch mit dem Humor. »Abgeben geht nicht«, sagte ich, »aber Sie können sie eintauschen, gegen eine Waschmaschine oder ein Dampfbügeleisen.«

Er lachte, langsam stellte er sich auf meinen Stil ein. Dann hob er das Glas und meinte: »Vielleicht ist der heutige Abend der Beginn einer erotischen Glückssträhne?«

»Wieso? Haben Sie heute noch einen Termin?«

»Nein, nur diesen einen. Aber lassen wir das Thema vorläufig beiseite. Hat Ihnen das Essen geschmeckt?«
»Es war göttlich«, schwärmte ich.
»Was haben Sie heute abend noch vor?« wollte er wissen. Er wartete auf meine Antwort und legte mir in der Zwischenzeit seine schmale schöne Hand ohne Ehering auf meine unlackierte, von Katzenkrallen und Kugelschreiberspuren verzierte Rechte. Wenn jetzt die Nummer mit der Briefmarken- oder der Münzsammlung käme, wäre der ganze Abend im Eimer.
»Eigentlich habe ich nichts Konkretes geplant«, sagte ich. »Haben Sie vielleicht einen Vorschlag?«
»Ja, ich habe einen Vorschlag. Lassen Sie uns doch in diese Kneipe gehen, in der Richie zuletzt lebend gesehen wurde. Vielleicht sind die drei Männer zufällig wieder da.«
»Um diese Uhrzeit? Es ist gleich elf!«
»Warum nicht? Lassen Sie uns doch gleich anfangen mit den Ermittlungen. Oder haben Sie Angst, da noch mal hinzugehen?«
»Nicht, wenn Sie mitkommen. Aber ... Sie werden auffallen in diesem Anzug! So ein Teil hat man im 'Stier' noch nie zu Gesicht bekommen!«
»Ach, das stört mich nicht. Sie sehen auch nicht gerade nach Vorstadtkneipe aus. Besser zu gut angezogen, als zu schlecht. Also, gehen wir?«
»Wir können es versuchen. Haben Sie eine Waffe dabei? Der Wirt ist ein bißchen gewalttätig.«
»Lassen wir's doch mal drauf ankommen. Fahren wir mit Ihrem oder mit meinem Wagen?«
»Mit meinem. Ich setze Sie dann hier wieder ab.«

Wer fragt, bekommt eine blutige Nase

Im »Stier« schwappte die Musik aus der Box bis auf die Straße. Eine Luft zum Schneiden, Bierdunst und die Emissionen von uralten Frikadellen. Unser Erscheinen wurde zunächst nicht registriert, zu dicht war der Vorhang aus Nikotin.

Wir klemmten uns in eine freie Lücke am Tresen. Der Wirt versuchte gerade einen Gast zu überzeugen, daß er doch nicht mehr mit dem eigenen Auto nach Hause fahren sollte. Welch eine Fürsorge dieser Bursche an den Tag legte. Mir hätte er fast eine gehauen, als ich nach Richie gefragt hatte.

»Und was jetzt?« fragte ich Muradt. Schließlich hatte er unbedingt hierher gewollt, also konnte er auch die Initiative ergreifen. In dem Augenblick erspähte der Wirt uns. Ich winkte ihm neckisch zu, so, als ob er ein alter Bekannter von mir wäre. Er schaute mich an, als würde er nicht daran glauben wollen, mich zu kennen. Ich winkte ihn heran. Er schlurfte näher. »Fragen stellen Sie aber«, zischte ich Muradt zu.

Doch das brauchte er gar nicht, denn der Stier brüllte gleich los: »Mein Lokal ist kein Auskunftsbüro. Ich habe Ihnen schon mal gesagt, daß ich nichts weiß ...«

»Hören Sie mal«, mischte sich Muradt ein, »es muß doch möglich sein, sich mit Ihnen vernünftig zu unterhalten. Wir wollen Ihnen nichts anhängen, sondern nur wissen, mit wem der junge Mann, nach dem diese junge Dame Sie schon gefragt hat, zuletzt zusammen war. Warum wollen Sie uns nicht helfen? Der Tote war mein Neffe und ich möchte natürlich wissen, warum er einen gewaltsamen Tod sterben mußte.«

Muradts sachliche Ansprache schien zu wirken. »Ich weiß wirklich nichts«, brummte der Wirt. »Gucken Sie sich mal um ... hier ist es jeden Abend rappelvoll. Und da soll ich mir noch merken, wer mit wem spricht und wer mit wem weggeht? Bißchen viel verlangt, oder?«

»War denn der Tote häufiger Gast bei Ihnen?«

»Nee. Das hab' ich der Polizei aber auch schon gesagt. Der war vorher noch nie hier.«

»Und die drei Männer? Sind die noch mal wiedergekommen?«

Der Stier schüttelte den Kopf. Er hatte genug erzählt und seine Gesichtszüge wurden wieder schlaff und er wandte sich ab.

»Kommen Sie, Herr Muradt«, raunte ich ihm zu. »Es ist sinnlos. Entweder, er weiß wirklich nichts, oder er wird nichts sagen. Lassen Sie uns gehen. Ich habe morgen einen harten Tag vor mir und muß ins Bett.«

Muradt packte mich am Ellenbogen und führte mich zur Tür. Einige Gäste guckten uns konsterniert an. So ein Pärchen wie uns hatten sie wohl noch nicht gesehen. Wenigstens nicht in einer solchen Kneipe.

Draußen war die Luft kühl und roch nach Frühling. Ich schloß die Augen und atmete tief durch. Plötzlich sah ich im Augenwinkel eine Gestalt auf uns zukommen. »Achtung!« schrie ich geistesgegenwärtig und versuchte, Muradt zur Seite zu ziehen. Zu spät, denn der Schwinger landete voll in seinem Gesicht. Er stöhnte kurz auf und wollte zurückschlagen, doch die Gestalt rannte weg. Der Kerl war massig und Muradt hätte sowieso keine Chance gehabt, ihn zu erwischen nach diesem Überraschungsangriff.

»Lassen Sie ihn laufen«, sagte ich und hielt ihn an seiner Jacke fest. »Es hat doch keinen Sinn, der schlägt höchstens nochmal zu.«

Ich zerrte ihn unter eine Straßenlaterne. »Sind Sie verletzt?« Ich sah, wie sich eine Blutspur aus seiner Nase in den Kragen schlängelte. Die Lippe war auch aufgeplatzt, der Schläger hatte kurz und gezielt zugelangt.

Muradt holte ein weißes Taschentuch aus der Hosentasche und tupfte vorsichtig die blutenden Stellen ab. Er sagte nichts. Ich hatte den Eindruck, daß es ihm peinlich war, daß sein Äußeres so derangiert worden war. »Kein schönes Ende eines sonst so schönen Abends«, meinte ich trocken, »soll ich Sie ins Krankenhaus fahren oder zu einem Arzt?«

»Soweit kommt das noch«, meinte er wütend. »Ich habe mich schlagen lassen wie ein Anfänger ... es tut mir wirklich leid, Frau Grappa!«

»Wieso tut es Ihnen leid? Sie sind doch vermöbelt worden. Wenn Sie nicht zum Arzt wollen, soll ich Sie zur Polizei fahren? Wollen Sie Anzeige erstatten?«

»Nun hören Sie endlich auf«, wehrte er meine Angebote ab, »eine solch kleine Schramme bringt mich ja wohl nicht um. Am besten setzen Sie mich vor meinem Restaurant ab, dort gibt es einen Erste-Hilfe-Kasten mit Pflaster. Können wir fahren?«

»Sicher. Aber wir fahren zu meiner Wohnung, die liegt näher. Pflaster gibt's auch bei mir. Und ein bißchen Jod habe ich auch da.«

»Ich glaube nicht, daß ich Ihnen das zumuten kann«, meinte er reserviert.

»Du lieber Himmel«, langsam nervte er mich, »natürlich können Sie mir das zumuten. Und wenn das Jod brennt, dürfen Sie auch schreien. Ihrer Männlichkeit wird das ganz bestimmt keinen Abbruch tun und ich werde niemandem verraten, daß Ihnen jemand eine getunkt hat. Recht so?«

Ich zog ihn in Richtung Auto und verfrachtete ihn auf den Beifahrersitz. »Tut's weh?« wollte ich wissen. »Sicher tut es weh. Noch mehr weh tut die Wut, die ich habe. Hätte ich den Kerl nur erwischen können ...«

»Mein Gott, Sie werden schon noch Gelegenheit zur Rache kriegen. Der Angriff zeigt doch nur, daß wir auf dem richtigen Weg sind. Jemand hat beobachtet, daß wir Fragen gestellt haben. Und er wollte Ihnen einen Denkzettel verpassen.«

»Sie haben recht, Maria. Ist es noch weit zu Ihrer Wohnung? Ich könnte einen starken Kaffee brauchen.«

»Wir sind gleich da«, lächelte ich, »und wenn Sie lieb sind, dann zeige ich Ihnen meine Briefmarkensammlung. Oder wäre Ihnen meine Münzsammlung lieber?« Ich prustete los. Er verstand nicht, warum.

»Sie scheinen ja eine prima Laune zu haben.« Etwas gekränkte Männlichkeit war doch noch da.

»Habe ich auch. Es war ein aufregender Abend. Ein Abend, wie schon lange nicht mehr. So, wir sind da.«

In der Wohnung wies ich ihm einen Sessel zu und schaute mir die Bescherung an. Die Nase war etwas geschwollen, schien aber nicht gebrochen zu sein. Die Lippe war aufgerissen. Beides würde seiner Schönheit nur für ein paar Tage Abbruch tun.

»Halb so schlimm, das Ganze. Bald wird man nichts mehr sehen. Jetzt ganz ruhig halten, ich tupfe etwas Jod auf die Lippe.«

Vor Schreck schloß er die Augen. Ich tröpfelte ordentlich drauf und er zuckte mit keiner Wimper. »Na also, da waren Sie aber schön tapfer. Keinen Mucks haben Sie von sich gegeben. Braver Junge!«

»Und was kriege ich als Belohnung? Zeigen Sie mir jetzt ihre Briefmarkensammlung?«

»Der Kaffee ist die Belohnung. Die Briefmarkensammlung ist gerade nicht greifbar, ich habe sie versetzt. Und das mit der Münzsammlung war sowieso gelogen.«

»Sie bringen nicht nur unbescholtene Männer in kriminelle Situationen, sondern Sie lügen auch noch. Machen das eigentlich alle Journalisten so?«

Na also, er hatte sich wieder gefangen. Er sah irgendwie putzig aus mit seiner geschwollenen Nase und dem Pflaster im rechten Mundwinkel. Wir unterhielten uns noch brav über Gott und die Welt und dann bestellte er sich ein Taxi.

Bevor ich einschlief, sagte ich mir noch, daß es wirklich der netteste Abend seit langem gewesen war. Ich hoffte, daß wir uns bald wiedertreffen würden.

»Wir wollen Brot und Rosen«

»Wir wollen Brot und Rosen!« forderten Anfang dieses Jahrhunderts 20000 Hemdblusennäherinnen in New York. Sie waren es leid, schuften zu müssen, Haushalt und Kinder zu versorgen und noch dem Herrn Gemahl eine fröhliche Gefährtin zu sein. Sie kämpften und streikten gegen unmenschliche Arbeitsbedingungen und für gerechte Löhne. Wählen durften sie 1908 auch noch nicht und das in einem Land, das im Jahre 1776 in der »Erklärung der Menschenrechte« in Artikel I verkündet hatte: »Alle Menschen sind von Natur gleichermaßen frei und unabhängig« und in dessen Unabhängigkeitserklärung im selben Jahr geschrieben wurde: »... daß alle Menschen gleich geschaffen sind, daß sie von ihrem Schöpfer mit gewissen unveräußerlichen Rechten ausgestattet sind, daß dazu Leben, Freiheit und das Streben nach Glück gehören ...«

Aus dem Kampf der amerikanischen Frauen, die erst 1920 das Wahlrecht erhielten, war der Internationale Frauentag entstanden, der in jeder Stadt am 8. März gefeiert wird. In Bierstadt geschah dies in der Bürgerhalle des neuen prunkvollen Rathauses, das vor wenigen Jahren für 65 Millionen Mark errichtet worden war – Oberbürgermeister Gregor Gottwald hatte mal wieder seinen Willen durchgesetzt.

Es war soweit. Ich durfte hin und sollte am anderen Morgen einen bunten Bericht abliefern. Kein Problem, auf Wunsch berichtete ich über alles. Zwar hätte ich lieber die Recherchen im Fall Mansfeld intensiviert – aber die Pflicht mußte eben auch erfüllt werden.

Bewaffnet mit Kassettenrecorder trabte ich zur Bürgerhalle. Bürgermeisterin Lisa Korn schüttelte den eingeladenen Frauen im Foyer der Bürgerhalle die Hand. Ihr Lächeln war gequält, ließ jene unbefangene Herzlichkeit vermissen, die ich bei OB Gottwald so mochte. Der fühlte sich unter so vielen Frauen wie der Hahn im Korb und benahm sich auch so.

Ich kam unbemerkt in den Saal, denn ich hatte keine Lust auf Small-Talk mit Frau Korn. Der Saal war voll. Die Tische weiß eingedeckt. Unter der Freitreppe, die zu den Sitzungssälen führte, war eine kleine Bühne aufgebaut. Ich setzte mich an einen freien Tisch und winkte dem Kellner. Er kam näher und ich bestellte ein Glas Sekt. »Das müssen Sie aber selbst bezahlen«, warnte er mich vor. »Die Stadt bezahlt für alle nur das Bier und Limonaden und den Imbiß.«

»Kein Problem, junger Mann«, gab ich gut gelaunt zurück. »Her mit dem Schampus ...«

Ich guckte mich um, langsam füllte sich die Halle. In der Ferne sah ich die Ratsfrau der Bunten, Erika Wurmdobler-Schillemeit, die immer einen guten Kontakt zu den Medien suchte. Hoffentlich kam sie nicht auf die Idee ... Ich hatte es kaum zuende befürchtet, da stand sie schon schnaufend neben meinem Stuhl. »Ist das der Pressetisch oder kann ich mich setzen?« Die acht Stufen der Rathaustreppe hatten ihr hektische Flecken auf den Hals gezaubert.

»Heute gibt es keine Regeln, Frau Wurmdobler-Schillemeit«,

säuselte ich, »wenn Frauen ganz unter sich sind, wir gehen doch einfach anders miteinander um, gell?«

Sie nickte dankbar und ließ ihre 100 Kilo in den nachgeahmten Thonet-Stuhl plumpsen. Ich guckte sie verstohlen an. Ich mochte sie gut leiden, denn ich freue mich immer, wenn ich eine Frau sehe, die dicker ist als ich.

Der Kellner, der recht passabel aussah, brachte den Sekt und goß ein. »Noch einen Wunsch, die Dame?« fragte er und warf seine blonden Locken in den Nacken. Dann schmiß er mir einen galanten Blick zu. Ihm dürfte der Kampf der New Yorker Frauen um Gleichberechtigung schnuppe sein — dachte ich und fragte: »Wie fühlen Sie sich unter so vielen Frauen?« Sicherheitshalber hielt ich ihm dabei das Mikrofon unter die Nase. »Sehr gut«, schwärmte er und rollte mit den Augen, »manche sind ein bißchen alt für mich.«

»Ist ja auch kein Ball der einsamen Herzen, sondern der Frauentag, der internationale«, gab ich zu bedenken. »Ich weiß,« meinte er, »letztes Jahr hab' ich hier auch serviert. Nicht eine Mark Trinkgeld. Und noch Überstunden. Zahlen Sie gleich oder später?« Ich zog einen Zehner für den Piccolo aus dem Geldbeutel und sagte: »Der Rest ist für Sie und bringen Sie gleich noch einen, so in fünf Minuten.«

Erika Wurmdobler-Schillemeits Gesicht hatte durch die Ruhezeit auf dem Stuhl wieder eine normale Farbe angenommen. »Muß man hier selbst bezahlen?« fragte sie und guckte neidisch auf den Schampus. »Nur Sonderwünsche müssen extra gelöhnt werden«, beruhigte ich sie, »alles andere bezahlt Frau Korn.«

»Gut.« Erika Wurmdobler- Schillemeit war erst ein Jahr im Rat; sie war über die Bunte Liste nachgerückt. Von Beruf war sie Krankenschwester in der Bierstädter Nervenklinik, ein Job, der ihre Aussichten, es in der bunten Fraktion lange auszuhalten, unglaublich erhöhte.

»Ich finde es unmöglich, daß heute abend Männer als Kellner hier sind«, nörgelte sie. Dabei hatte ihr der Hübsche doch gerade galant ein Bierchen für lau auf den Tisch gestellt.

»Ach wissen Sie, Frau Wurmdobler«, lenkte ich ein, »Sie sollten das nicht so eng sehen. Betrachten Sie's als ungewollten Beitrag zur Befreiung der Frau. Früher haben Frauen die Männer bedient, heute abend ist es umgekehrt. Außerdem gibt's statistisch gesehen immer noch mehr Frauen, die als Serviererinnen arbeiten, als Männer. Und ich finde, daß man Männern den Zugang zu Frauenberufen nicht auch noch erschweren sollte.«

Erika Wurmdobler-Schillemeit kam ins Grübeln. Dann begann die Veranstaltung.

Das angekündigte Programm war eine Mischung aus Volksfest, Schulkonferenz, Ortsvereinsversammlung und Gerichtsverhandlung. 300 weibliche Wesen bei Musik und Gespräch fast »ganz unter sich«. In meinem Rücken hoben plötzlich vier Frauen eine Flöte und fingen an zu blasen. Im Programm hieß das: »Musikalischer Einklang«. Na ja, warum auch nicht, Flötespielen ist ja schließlich nicht verboten.

Ich zielte mit dem Mikro auf die Bläserinnen und prüfte über die Kopfhörer die Qualität meiner Aufnahme. Bißchen hohl klang es schon, eher wie aus einer Leichenhalle, und das Schmatzen von Erika Wurmdobler-Schillemeit war zwischen den barocken Flötentönen rhythmisch eingeklinkt. Inzwischen hatte es nämlich eine Platte mit abgezählten Schnittchen für jeden Tisch gegeben.

Dann trat Bürgermeisterin Lisa Korn zum Pult. Nach Begrüßungs-Elogen und der Verlesung von Grußadressen von bekannten Menschen, die heute abend leider nicht mit uns Mädels feiern konnten, ging's dann ans »Eingemachte«. Da wurde die Wichtigkeit von Frauen in der Politik betont, die Kriege und Menschheitskatastrophen verhindert hätten, da wurden Rechte eingefordert und Mißstände angeprangert. Tausendmal gehört und tausendmal ist nix passiert...

Lisa Korn sprach mit einer dünnen leblosen Stimme ohne Höhen und Tiefen und ohne Betonung. Es muß ja nicht jeder ein Cicero sein, aber ein bißchen Schwung hätte schon sein dürfen. Politiker sollten, bevor sie öffentlich reden, zu einer Sprecherziehung geschickt werden!

Die Rede war aus und die Bürgermeisterin schritt danach

wie eine Königin durch die Tischreihen, gefolgt von ihren »Hofschranzen«: ihrer Referentin, der Vorsitzenden der Gleichstellungskommission des Rates und zwei weiteren Frauen der Mehrheitsfraktion. Immer auf der Jagd nach O-Tönen mischte ich mich mit startbereitem Mikro in die Damen-Riege. Prima, Lisa Korn schritt auf den Tisch mit Ausländerinnen zu. Das wär doch was, Dialog zwischen der Bürgermeisterin und ausländischen Mitbürgerinnen. In den Zeiten zunehmender Ausländerfeindlichkeit könnte sie hier »Zeichen setzen«.

Ich pirschte mich ran und bekam folgenden Dialog auf die Audiokassette:
»Guten Abend, Sind Sie Ausländerinnen?«
»Ja.«
»Und woher kommen Sie?«
»Aus Bierstadt.«
»Nein, ich meine ursprünglich ...«
»Aus Spanien.«
»Aus Spanien. Das ist aber schön. Und ... fühlen Sie sich wohl in Bierstadt?«
»Ja, eigentlich schon.«
»Das ist aber schön. Und ... wann wollen Sie wieder zurück?«
Schweigen. »Oder wollen Sie gar nicht wieder zurück?«
»Mal sehen, ich weiß noch nicht.«
»Wie schön. Ich wünsche Ihnen noch einen schönen Abend und alles Gute.«

Und weiter ging's zum nächsten Tisch. Die Vorsitzende der Gleichstellungskommission des Rates kniff mir ein Auge zu. Ich kniff zurück. Irgendwie schwierig, der Dialog zwischen Frauen — dachten wir beide vermutlich gleichzeitig. Ich fragte die Spanierin, die geantwortet hatte, nach ihrem Namen. Sie hieß Ines Müller und promovierte gerade an der Universität über die englische Gewerkschaftsbewegung.

In meinem Rücken zückte das Flötenquartett wieder die Instrumente. Ich betätigte meinen Kassettenrecorder, um noch mal etwas Musik aufzunehmen. Erika Wurmdobler-Schillemeit aß nicht mehr, denn die Platte war spiegelblank. Nur ein krauses Zweiglein Petersilie vereinsamte dort.

»Und ... hat's geschmeckt?« konnte ich mir nicht verkneifen zu fragen. Sie nickte zufrieden mit Kinn und Kinneskinn.

Der hübsche Kellner schleppte noch ein Bier heran. Die Mädels an den Flöten taten derweil ihr Bestes und trafen die Töne immer präziser.

»Wie hat Ihnen die Rede von Frau Korn gefallen?« wollte ich von der Bunten wissen. »Eigentlich ganz gut«, meinte sie und wischte sich den Bierschaum von den Lippen.

»Und die Veranstaltung allgemein?«

Da war sie überfordert.

»Sagen Sie's mir vor dem Mikro.« forderte ich sie auf. Dafür, daß sie mir die Schnittchen weggegessen hatte, konnte sie sich wenigstens mit einem O-Ton revanchieren.

Doch sie wollte nicht, weil ihr Medienauftritt nicht mit der Fraktion abgestimmt war. »Unser Fraktionsvorsitzender hat das nicht so gern«, vertraute sie mir an.

»Na und? Lassen Sie sich doch von Dr. Asbach nicht so gängeln ... heute ist doch der Kampftag der Frauen.«

Ohne Erfolg. Die Angst vor Dr. Arno Asbach war größer. 100 Jahre Befreiungskampf hatten wir Mädels zwar hinter uns, doch ausgestanden war die Sache noch lange nicht.

Der Champagner war zu trocken

Sie hatte den Tisch gedeckt und wartete. Sie hatte schon so oft gewartet. Nicht ungeduldig, sondern gefaßt, wohl wissend, daß es spät werden konnte. Viertel nach acht, bisher wartete sie nur eine Viertel Stunde. Auch wenn sie warten mußte, bisher war er immer wieder zu ihr zurückgekommen.

Mit Blumen meist und einer Ausrede. Während er sich in Wahrheit mit irgendeinem blonden Flittchen im Bett gewälzt hatte.

»Schatz, da war noch ein wichtiger Anruf, geschäftlich natürlich.« Das Wort »geschäftlich« betonte er immer, seit dem sie einmal den Verdacht geäußert hatte, er hätte eine Geliebte.

Sie wußte schon lange, daß er sie betrog. Es war ihr egal, oder doch nicht? Am meisten machte sie wütend, wenn der Parfumgeruch seiner Weiber an ihm hing und er ihn mit zu ihr brachte.

In dieses schöne, große Haus, das schließlich von ihrem Geld bezahlt worden war. Sie hatte die Möbel ausgesucht und die Farbe der Tapeten bestimmt. Alles war ein Teil von ihr, in dem fremde billige Gerüche nichts zu suchen hatten.

Sie ging ins Bad, um sich — zum wievielten Male eigentlich? — die Hände zu waschen. Ihr Blick fiel auf ihr eigenes Spiegelbild. Für 46 konnte sie sich sehen lassen. Das Haar war zwar neuerdings gefärbt, aber in einem natürlichen Honigblond. Sie benutzte kein Make-up, nur Lippenstift und etwas Lidschatten. Sie war nie eine Schönheit gewesen, auch als junges Mädchen nicht.

Ihr Vater hatte — als Zeichen seiner guten Laune — »Klößchen« zu ihr gesagt, was sich weniger auf ihr Körpergewicht bezog, als auf ihre Art, sich zu bewegen. Sie trat mit dem ganzen Fuß auf, wenn sie ging und das gab ihr den plumpen Gang eines watschelnden Schwans.

Warum sie, die Tochter aus gutem Hause, immer an die falschen Männer geraten war? Immer waren sie eine Spur zu brutal, zu rücksichtslos, zu hart, zu verschlagen. Sie kannte nicht die gebildeten, die zärtlichen, die humorvollen. Hatte sich — wenn sie ehrlich war, aber auch nie für sie interessiert.

Die Männer, die sie in ihrem Leben getroffen hatte, hatten sie nur ausgenutzt und zum Narren gehalten. Weil sie nicht schön, sondern nur reich war.

Sie hatte gehofft, daß es bei ihm anders sein würde. Denn er kam aus kleinen Verhältnissen, hatte sich aus eigener Kraft hochgearbeitet, auch wenn sie ihn finanziell unterstützt hatte. Er machte wenigstens was aus ihrem Geld und das kam ihr schließlich auch zugute. Sie hatte ein politisches Amt angestrebt und errungen, weil er es wollte und es ihm bei seinen Geschäften in Bierstadt zugute kam.

Er wollte gesellschaftliche Anerkennung, er hatte sie durch sie bekommen. Sie hatte ihm jeden Gefallen getan und gehofft, daß außer Dankbarkeit noch Zuneigung entstehen könnte. Sie hatte beides nicht bekommen.

Gefühle waren bei ihm nie dabei gewesen. Bei ihr schon und nicht nur ganz am Anfang. Inzwischen hielt er es kaum noch aus, zu zweit, allein mit ihr. Immer wenn er bei ihr war, hatte sie das Gefühl, er sei auf dem Sprung. Daß er auf einen Anruf hoffte, der ihn von ihr weghole.

Noch im Bad hörte sie, wie die Haustür aufging und er den Flur entlang kam. »Hallo, Liebling!« lächelte er, »da war noch ein geschäftlicher Anruf. Aber jetzt gehört der Abend uns.«

Sie lächelte und wollte ihn umarmen. Doch der süße, fremde Parfumgeruch ließ sie sich wieder abwenden. Und auch er hatte sich schon wieder umgedreht. »Ist der Champagner kalt?« fragte er und öffnete den Kühlschrank. »Jetzt trinken wir auf unseren großen geschäftlichen Erfolg. Die Sache mit den Wohnungen im Norden habe ich heute erfolgreich abgeschlossen und die Abbruchgenehmigung dürfte nur noch ein Klacks sein.«

Gekonnt entkorkte er die Flasche und ließ die Flüssigkeit in die Kelche gleiten. »Oh, etwas Kork«, er wandte sich ab und ging zum Spülstein.

Sie sah, daß er ein Päckchen aus der Anzugtasche zog, es vorsichtig aufriß und den Inhalt in das Glas gleiten ließ. Sie rührte sich nicht. Er kam auf sie zu und reichte ihr den Kelch. »Auf uns«, lächelte er und hob das Glas. Seine Augen lächelten nicht, sondern warteten. Warteten darauf, daß sie endlich das Glas zum Mund erhob.

»Auf uns«, sagte sie leise und trank. Der Champagner schmeckte so wie immer ... vielleicht war er eine Spur trockener, als gewöhnlich. Sie nahm noch einen Schluck, um die Erfahrung eines neuen Geschmacks in dem Champagner voll auszukosten.

Schwarze Musik für Lisa Korn

Lisa Korn war Mitte vierzig und wurde auch nicht wesentlich älter. Sie wurde tot in ihrer Wohnung gefunden. Die Bürgermeisterin hatte am Tag nach dem Frauenempfang noch einer 105jährigen zum Geburtstag gratuliert, ihr weiterhin gutes Gelingen gewünscht und ihr einen Blumenstrauß im Namen der Kommune Bierstadt überreicht. Radio Bierstadt war dabei. Denn bei solch sensationellen Ereignissen hatten wir unser Mikrofon immer am Puls unserer Stadt.

»Wie wird man denn so alt wie Sie, Frau Meininghaus? Haben Sie ein besonderes Rezept?«

Die Greisin hatte sie nur verständnislos-mümmelnd angeguckt. Nun war sie 105 geworden, hatte zwei Weltkriege überlebt und mußte jetzt noch diese Gratulationscour über sich ergehen lassen! Sie ahnte natürlich nicht, daß Lisa Korn noch vor ihr »den Löffel abgeben« würde. Es war ihr vermutlich auch schnuppe.

Lisa Korns Todesursache schien mysteriös zu sein, denn die Staatsanwaltschaft verhängte ein paar Stunden lang eine Nachrichtensperre und bestätigte lediglich, daß die Bürgermeisterin tot sei.

Der Schreibtischtäter schrieb höchstselbst einen Nachruf aus dem hohlen Bauch, simulierte tiefe Betroffenheit und würdigte die Leistungen der Toten. Was unter dem letzten genau zu verstehen war, wurde zwar nicht klar, aber warum auch. Die Stadt war schockiert, besonders, weil niemand wußte, wie das alles passiert war.

Nach dem Nachruf im Radio legte der Techniker die sogenannte »schwarze Musik« auf, die für finstere Anlässe im Sendestudio immer bereit lag. Schließlich konnte an eine so traurige Meldung, die der Tod eines Menschen ja immer ist, nicht irgendein seichter Disko-Titel drangeknallt werden, in dem eine Sängerin nach ihrem Liebsten gröhlt.

Mir war sie nie sehr sympathisch gewesen, die tote Bürgermeisterin. Und das hatte ich sie auch in meinen Berichten manchmal spüren lassen. Jetzt tat es mir fast leid, wer weiß, welche Probleme die Frau hatte, daß sie gestorben war. Nach dem Verhalten der Staatsanwaltschaft sah das Ganze für mich wie Selbstmord aus.

Was hatte mich eigentlich an ihr gestört? Daß sie Karriere durch die richtige Parteizugehörigkeit gemacht hatte? Als diese Partei ihre Frauenquote erfüllen mußte, suchte man diese Frau aus. Doch — nicht das allein war es gewesen. Sie wirkte bei allem, was sie tat, in der Öffentlichkeit merkwürdig kalt und uninteressiert. Sie war nicht herzlich und die Menschen, die ihr begegneten, merkten, daß sie sich nicht wirklich für sie interessierte.

Ich hatte ihr vielleicht unrecht getan. Sie hatte immer im Schatten von Gregor Gottwald, dem Oberbürgermeister, gestanden, und der trat ihr auch nur die Repräsentationstermine ab, zu denen er keine Lust hatte. Sie kümmerte politisch ein bißchen vor sich hin und entwickelte auch keine eigenen Initiativen, um aus dem Amt etwas zu machen. Auch wenn sie die Ratssitzungen leitete, kannte sie zwar die Formalien, konnte die Ratsvertreter aber nicht für Dinge begeistern oder mal hart zupacken, wenn der Teufel los war.

Gregor Gottwald bollerte zum Beispiel los, wenn der Fraktionschef der Bunten, Dr. Arno Asbach, seine psychischen Probleme mal wieder mit Verbalinjurien während der Ratssitzung lösen wollte. Sie ließ ihn dagegen gewähren. War hilflos gegen alles Unvorhergesehene, das außerhalb der ausgetretenen Pfade passierte.

Doch am meisten hatte mich bei Lisa Korn ihr Ehemann gestört. Ich kannte ihn persönlich nicht, doch ich hatte einiges über ihn gehört. Seine Karriere nahm plötzlich einen kometenhaften Aufschwung, seitdem seine Frau das politische Amt hatte.

Er baute plötzlich Häuser in Bierstadt wie verrückt. Wußte immer vor den anderen, welche Grundstücke als Bauland ausgewiesen würden und konnte entsprechend günstig kaufen und entsprechend günstig verkaufen. Und wenn ein Projekt ausgeschrieben wurde, war er grundsätzlich billiger als alle Mitbewerber.

Das hatte schon zu Anfragen der Bunten im Rat geführt, doch nie hatte jemand beweisen können, daß Kurt Korn gegenüber seinen Mitkonkurrenten einen erheblichen Vorsprung besaß. Und wenn die Anfragen im Stadtparlament zu dreist wurden, bügelte man sie ab. Denn Lisa Korns Partei hatte schließlich die satte Mehrheit im Bierstädter Rathaus. Und Fraktionschef Willy Stalinski ließ sich von ein paar wildgewordenen Bunten nicht in die Suppe spucken.

So hatte es Kurt Korn innerhalb von drei Jahren zu einem mittleren Imperium gebracht. Und Experten rechneten damit, daß er in weiteren fünf Jahren der größte regionale Bauunternehmer sein würde.

Endlich hatte das Warten ein Ende. Die Staatsanwaltschaft gab — vorbehaltlich der Obduktion — bekannt, daß Lisa Korn Selbstmord begangen hatte, vermutlich mit Schlafmitteln. Ein Abschiedsbrief lag nach den ersten Ermittlungen nicht vor.

Ich wollte mehr wissen, als in dem Fernschreiben stand und wählte die Nummer der Staatsanwaltschaft. Staatsanwalt Heinz Strickmann verwies mich auf die Pressekonferenz zum Todesfall Lisa Korn, an der natürlich der Schreibtischtäter teilnahm, im Schlepptau den Samariter, der einen adäquaten Bericht fürs Lokalradio verfassen sollte. Ich war aus der Sache raus und bereitete mich auf die Moderation der Sendung »Domina« vor, der Sendung mit den knallharten Themen aus den Bierstädter Vororten: Einbruch in ein Kleingartenheim, Schäferhund reißt junges Reh im Streichelzoo, Sprüher in der U-Bahn, Zusammenstoß zwischen Straßenbahn und Kinderwagen und ein Live-Interview mit dem Vorsitzenden des Bierstädter Schwimmverbandes zum Thema: »Macht Schwimmen schlank?«

Das war Bierstädter Leben live. Zwischen die Musiken streute ich meist ein paar kleine bunte Zwischenmoderatiönchen ein und die Leute am Radio hatten ihren Spaß. Hoffte ich wenigstens. Domina — die lieben Kollegen nannten sie »Die Sendung mit der Peitsche«. Na gut, ab und zu ging ich mal etwas härter mit meinen Interviewpartnern um, besonders wenn sie sich hinter Worthülsen verkrochen und auch auf mehrfache Nachfrage nicht antworten wollten.

Trotzdem haben sich bisher alle nach einem Interview bei mir bedankt — weil sie wieder wegdurften.

Zwei Leichen live —
oder »qui tollis peccata mundi«

Der Hauptfriedhof lag im Nebel, der so dicht war, daß die Geräusche der in langen Reihen vorbeiziehenden Autos auf der Bundesstraße 1 nur kaum zu hören waren. Der Frühlingstag war verhangen und feucht, das neue Grün der Eiben und Fichten trieb durch und ein einsamer Amselmann balzte sein Weibchen in den schönsten Tönen an.

Ich mochte Beerdigungen nicht, sie waren deprimierend und manchmal unehrlich. Da wird von lieben Entschlafenen gefaselt und zur gleichen Zeit schlagen sich die lieben Hinterbliebenen ums Erbe.

Ich schlenderte die Kieswege entlang und las die Namen auf den Grabsteinen. Da gab es die einfachen Gräber, wo nur eine oder zwei Personen lagen, aber auch hochherrschaftliche Familiengruften mit teuren Grabsteinen, Statuetten und sogar Marmorengel, die den Blick gottergeben zum Himmel richteten.

Die frischen Gräber waren mit Unmengen von Kränzen bedeckt, die alle von Floristen stammen mußten, die denselben Lehrmeister hatten. Auch die Sprüche ähnelten sich: »Wir werden dich nie vergessen«, oder »Die Trauer ist unser« oder gar — für Altsprachler »qui tollis peccata mundi.«

Es raschelte hinter mir. Der Nebel war inzwischen so dicht, daß ich nichts mehr sehen konnte. Instinktiv packte ich meine Handtasche fester. Ein Mann kam auf mich zu. »Hallo, Maria ...«

Ich atmete durch. »Ach, du bist es, Hajo!« Ich war beruhigt. »Was machst du hier?«

»Ich soll das Begräbnis von Lisa Korn fotografieren. Großer Bahnhof mit vielen Promis und Blasorchester. Kommst du nicht mit?«

Ich schüttelte den Kopf. »Nein, ich habe hier einen anderen Termin.«

»Termin? Konspiratives Treffen mit Geheimagenten auf dem Friedhof. Jeder von ihnen als Grabstein getarnt.« Hajos Phantasie hatte ihn noch nie im Stich gelassen. »Genau, Süßer. Geh du schön zu Frau Korn und laß mich zum Geheimtreffen. Aber folge mir nicht — wir werden beobachtet.«

»Dann mach's besser. Ich ruf dich mal an«, meinte er noch und winkte mir zu.

»Wenn du willst. Tschüs, Hajo.«

Ich sah dem langen blonden Schlaks nach, wie er, seine Fototasche auf dem Buckel, im Nebel verschwand.

Ich bog ab und fand die Stelle, an der heute die Einzelteile von Richie Mansfeld der Erde übergeben werden sollten. Die Staatsanwaltschaft hatte die Leiche freigegeben, die Ermittlungen hatten zu nichts außer Selbstmord geführt. Bißchen viel Selbstmord die letzten Tage, dachte ich.

In der Ferne hörte ich das Blasorchester spielen, zu Ehren von Lisa Korn, der Bürgermeisterin. Es klang wie ein fernes Rauschen, in dem die dunklen Töne stärker zu hören waren, als die hellen. Es war schließlich Nebel.

Nur Michael Muradt und die Sargträger standen an dem Grab. Er drückte mir fest die Hand und hielt sie eine Weile. Obwohl ich fröstelte, merkte ich doch, wie mir ein warmer Schauer von der Taille bis zum Nackenwirbel rann.

Wir sprachen nicht viel und die Beerdigung ging unfeierlich über die Bühne. Als alles zuende war, hatte sich der Himmel noch mehr zugezogen. Noch nicht einmal die Amsel sang mehr.

Muradt lud mich zum Mittagessen ein und langsam besserte sich meine Stimmung. Außerdem sah ich die Möglichkeit, mehr über Richie Mansfelds Tod zu erfahren.

»Warum nur«, fragte ich, »war Richie so nervös und ängstlich kurz vor seinem Tod? Und wovon hat er gelebt? Wenn wir das wissen, sind wir auf der richtigen Spur. Hatte er keine Freunde oder eine Freundin?«

»Ich habe keine Ahnung. Erst jetzt wird mir klar, daß ich mich nicht genug um ihn gekümmert habe. Ich weiß nicht viel über ihn. Die einzige Information, die er mir bei unserem letzten Telefongespräch gegeben hat, war die, daß er Urlaub machen wollte, in Teneriffa. Ich kann mich daran erinnern, weil ein Bekannter von mir dort eine Finca hat und ich auch ein paar Mal dort war. Ich gab ihm noch den Tip, lieber in den Norden der Insel zu fahren. Denn dort ist die Landschaft schöner als im Süden.«

»Hat er gesagt, mit wem er hin will?«

»Ich erinnere mich nicht, nein. Doch irgendwie hatte ich den Eindruck, daß er mit einer ganzen Gruppe junger Leute dorthin fahren wollte.«

Ich grübelte. »Bringt sich ein junger Mann um, der einen Urlaub plant, der seinen Job gewechselt hat und dem es offenbar finanziell nicht schlecht geht?«

Muradt guckte nachdenklich und wartete ab.

»Sind Sie schon in seiner Wohnung gewesen? Vielleicht gibt es dort Spuren oder Anhaltspunkte?«

»Die Hausverwaltung will mir in den nächsten Tagen einen Schlüssel aushändigen. Bei Richie wurde keiner gefunden. Vermutlich verloren gegangen ...«

Ich war mir da nicht so sicher.

»Vielleicht haben die Typen bei der Schlägerei im 'Stier' den Schlüssel genommen ... Dann waren die auch schon in der Wohnung ...«

»Ich habe die Hausverwaltung gebeten, die Tür von außen zu verriegeln, so lange, bis ich den Schlüssel habe.«

»Na ja, für einen Einbrecher dürfte das ja kein Hindernis sein. Ich frage mich, warum Sie nicht schon längst dort gewesen sind ... um nach Erklärungen zu suchen. Oder Beweisen, oder vielleicht nach einem Abschiedsbrief ...«

Er fühlte sich angegriffen und meinte, sich verteidigen zu müssen: »Nach einem Abschiedsbrief hat die Polizei doch längst gesucht, auch in Richies Wohnung. Gefunden wurde nichts. Warum sollte ich also dort hingehen? Ich bin doch bis vor kurzem auch von Selbstmord ausgegangen. Bis ich zufällig Ihren Aufruf im Radio hörte. Erst da kamen mir Zweifel. Erst da überlegte ich mir, daß es wirklich einige Ungereimtheiten gegeben hatte. Außerdem war ich terminlich angespannt. Glauben Sie wirklich, daß irgendwelche Beweise in seiner Wohnung sind?«

»Kommt drauf an, was man für einen Beweis hält. Kontoauszüge, Fotos, Rechnungen, zum Beispiel, die sind immer interessant. Briefe, persönliche Dinge eben.«

»So habe ich das bisher nicht gesehen. Sie recherchieren also weiter?«

»Sicher. Meine Serie über mysteriöse Todesfälle habe ich noch nicht aufgegeben. Die scheinen sich in unserem netten Bierstadt übrigens zu häufen. Ich meine damit den Tod der Bürgermeisterin Lisa Korn. Offiziell auch ein Selbstmord. Aber wer weiß? Vielleicht taucht die auch mal in meiner Serie auf. Kannten Sie Frau Korn eigentlich?«

Er zögerte, zu antworten. Dann meinte er vorsichtig und ohne den Blick von mir zu lassen: »Sie kannte ich nur flüchtig. Aber ihr Mann Kurt Korn ist mir bekannt.«
»Ach ja? Ist er wirklich so ein widerlicher Kerl, wie es heißt?«
»Was heißt widerlich? Er ist als Geschäftsmann sehr erfolgreich und macht Millionenumsätze im Jahr.«
»Deshalb kann er doch ein Widerling sein, oder? Viel Geld macht noch lange nicht sympathisch!«
»Privat weiß ich nichts über Korn. Ich habe ihn nur ein paar Mal gesehen, wenn er mit Geschäftsfreunden in meinen Restaurants gegessen hat.«
»Vielleicht hat er ja seine Frau umgebracht«, sinnierte ich, »und wenn ich das rauskriege, dann ist das eine Bombenstory ...«
»Jetzt geht aber Ihre Phantasie mit Ihnen durch«, lächelte er und hatte gleichzeitig eine gewisse Schärfe in seinem Ton. »Man sollte nicht leichtfertig über einen Menschen so etwas sagen, auch wenn es nur so dahingeredet ist ...«
Hoppla. Die Verbindungen zu Korn waren wohl doch nicht so unpersönlich. Er sagte offenbar nicht ganz die Wahrheit, wahrscheinlich hatte er Angst, daß ich ihn für eine Story aushorchen wollte.
Die Stimmung war hin und wir beendeten unser Mittagessen. Wir verabschiedeten uns, ohne über ein weiteres Treffen zu reden. Der Rest des Tages verlief ohne weitere Irritationen.

40 Jahre durch die Wüste zum Berg Sinai

Zuhause wandte ich mich meinen beiden Katzen Happy und Miou zu. Die Schäden, die sie angerichtet hatten, waren unerheblich, wenn ich an meine lange Abwesenheit dachte. Happy hatte mein Bett unterwühlt und es sich auf meinem Kopfkissen bequem gemacht, Miou hatte meinen Angora-Pullover ergattert und ein Nest daraus gebaut. Ich gab ihnen ihre Streicheleinheiten und schaute mir eine alte Hollywoodschnulze an.

Ich liebe diese Filme. Große Gefühle von kleinen Leuten, aber in Farbe und vor grandioser Kulisse. Mit meinem Lieblingsschauspieler Charlton Heston als Moses. Er führt sein Volk Israel 40 Jahre durch die Wüste und altert kaum dabei. Lediglich Bart und Haare werden immer länger und weißer, doch der Glanz seiner Augen bleibt. Die Frauen schleppen ihm die Pantoffeln und die Ziegenmilch hinterher, auf daß sich der Herr und Meister wohl fühle und den Kopf frei hat für goldene Kälber und brennende Dornbüsche.

Es reichte. Ich schaltete auf RTL. Liebesgrüße aus der Lederhose – ich roch es fast. Billig-Produktionen, seriöse Stars von heute als Porno-Darsteller von gestern. Ingrid Steeger läuft auch im tiefsten bayerischen Winter ohne Unterhosen rum, die Arme.

Die Fernbedienung führte mich direkt in eine dieser Talkshows. Lotti Huber, die Uralt-Mimin auf allen Wellen, gibt mal wieder Obzönes von sich. In ihrem Alter kann das sogar im Öffentlich-rechtlichen gesendet werden. Dort, wo man in der ersten Reihe sitzt oder in die ersten Sitze reihert.

In einem Magazin, das einen politischen Anspruch erhebt, durfte ein bekannter katholischer Kirchenkritiker sich an der Wahl des »Models des Monats« beteiligen.

Ich machte schlapp, schminkte mich ab und verkroch mich im Bett. In der Nacht träumte ich, wie ich mit Charlton Heston auf einem Friedhof italienisch aß und anschließend Nebelhorn blies.

Einladung zu einem erotischen Wochenende

In der Redaktion wurden bereits die ersten Prognosen gestellt, welches Ratsmitglied die Nachfolge von Lisa Korn antreten würde. Gregor Gottwald hatte da ein Wörtchen mitzureden und wie ich ihn kannte, hatte er bereits Vorstellungen. Und diese Vorstellungen stimmten nicht immer mit denen seiner Partei, der Mehrheitsfraktion, überein.

Es hatte schon häufiger zwischen Gregor Gottwald und

Willy Stalinski, dem Chef der Mehrheitsfraktion, geknallt. Gregor Gottwald gehörte zu der alten Garde der Männer aus dem Volk, die nie den Kontakt zu ihm verloren hatten. Das Gefühl für Macht und publikumswirksame Auftritte hatte er sich im Laufe der Jahre angeeignet. So kam es zu einer Mischung aus Spontaneität, Offenheit und dem, was Bauernschläue genannt wird. Und Gottwald spielte perfekt auf dieser Klaviatur.

Als jedoch Bierstadt sein Image einer Industrieregion mit Stahl und Kohle hinter sich lassen wollte, hielten viele in der Stadt Gregor Gottwald für ein auslaufendes Modell. Denn die demokratisch gewählten Vertreter der Stadt wurden plötzlich fein, verstanden keine klare Sprache mehr und besuchten nur noch widerwillig die monatlichen Ortsvereinsversammlungen ihrer Partei in den dunklen Gesellschaftszimmern von Bierstädter Vorortkneipen.

Die Männer — sie besetzten die Stühle im Rat noch immer mit satter Mehrheit — trugen plötzlich die besseren Anzüge von der Stange, legten Wert auf eine Designer-Krawatte, und auf den salopperen Hemden prangte ein Krokodil.

Das Wort High-Tech ging ihnen plötzlich besser von den Lippen als Hoesch-Stahl, sie hielten ein Fischmesser nicht mehr für einen Brieföffner und begriffen sogar den Unterschied zwischen Chateau-neuf-du-Pape und Chateaubriand.

Fraktionschef Willy Stalinski, der den Oberbürgermeister ebenfalls gern auf dem Altenteil gesehen hätte, scherte sich nicht um den Krawatten- und Krokodil-Kult. Er trug weiter seine Blousons aus den siebziger Jahren auf und hielt Chateau-neuf-du-Pape für eine sexuelle Stellungsvariante.

Wer also würde neuer Bürgermeister werden? In der Redaktion tippte die Mehrheit auf Walter Drösig, einen karrieresüchtigen freigestellten Betriebsrat eines Stahlkonzerns, der durch Wohlverhalten und bedingungslosen Gehorsam sich seit Jahren in der Sonne von Willy Stalinski wärmen durfte.

»Was meinst du?« fragte mich Manfred Poppe. »Hoffentlich nicht dieser Drösig«, antwortete ich, »großes Maul und nichts dahinter. Sitzt sich seit Jahren im Betriebsratsbüro den Hintern platt und glaubt, er sei ein Arbeiter. Der würde auch bei den Konservativen eintreten, wenn er dadurch ein höheres Pöstchen bekommt. Aber — er wird's wohl werden. In dieser Partei gibt es halt wenig guten Nachwuchs. Willy Stalinski hat nur die Ja-Sager hochkommen lassen in seiner Fraktion ... oder die Unauffälligen. Ich wundere mich nur, wie schnell alle wieder zur Tagesordnung übergehen. Die Frau ist doch gestern erst beerdigt worden und schon startet das Rennen um ihren Job ...«

»So ist das Leben«, meinte Poppe, »daß gerade dich das wundert, läßt mich staunen! Sollte es doch so etwas wie eine Seele in deiner Brust geben?«

Ich überhörte diese Unterstellung. »Frag doch mal deine Hörer« schlug ich Manfred Poppe vor, »das wäre doch mal so richtig schön basisdemokratisch! Die Bürger wählen sich ihren Bürgermeister selber — im Radio. Das ist noch nie dagewesen. Zu stellst drei Kandidaten zur Auswahl — laß mich überlegen ... welche Ratsmitglieder kämen in Frage? Walter Drösig von der Mehrheitspartei, Knut Bauer von den Konservativen und Erika Wurmdobler-Schillemeit von den Bunten ...«

Ich war Feuer und Flamme für diese Idee. »Dann gewinnt Drösig«, weissagte Manfred Poppe. »Knut Bauer hat keine Chance, denn rechts neben ihm ist nur noch die Wand und diese Bunte ... na ja! Allein dieser Doppelname ... dann laß uns lieber Asbach nehmen, den kennt wenigstens jeder in Bierstadt.«

»Jede Stadt hat ihren Hofnarren«, murmelte ich, »stell dir Arno Asbach bei einer Hundertjährigen vor, wie er ihr zum Geburtstag gratuliert im Namen der Stadt oder wie er in Vertretung von Gregor Gottwald die Ratssitzung leitet ...«

»Du hast recht«, räumte der Samariter ein, »die Oma würde das keine Minute überleben und das Kommunalparlament würde sich in Kürze selbst auflösen ...«

Ich wollte mich an der Diskussion nicht weiter beteiligen und zog mich in mein Büro zurück. Schon auf dem Flur hörte ich, daß das Telefon Sturm läutete.

»Hallo, morgen ist Wochenende«, meinte Michael Muradt und war sehr stolz auf diese Entdeckung, »ich habe ein Wochenendhaus am Meer in Holland. Ich wollte hinfahren. Das Wetter ist nicht übel. Hätten Sie Lust mitzukommen?«

Ich hörte mich ganz cool »Ja gern, warum nicht« sagen und vereinbaren, daß er mich tags drauf früh um sieben Uhr abholen sollte. Den Rest des Tages machte ich mir Gedanken über meine Garderobe und war kurz davor, zum Friseur zu gehen. Ich kämpfte jedoch erfolgreich gegen diesen Rückfall in jene finsteren Zeiten an, in denen sich Frauen für einen Mann noch schön gemacht hatten.

Schau mir in die Augen, Kleiner!

Am nächsten Morgen hörte ich ein pünktliches Klingeln. Er wartete, bis ich nach unten kam. Statt eines dunklen Anzugs trug er eine Breitcord-Hose und einen Norweger-Pullover. Einer der Pullover, in denen Männer unter Ein-Meter-achtzig aussehen wie fette Teddybären.

Obwohl noch gar kein Wind blies, waren seine schwarzen Haare zerzaust. Ein schöner Mann, viel zu schön für mich mit meinen Ende 30 und dem dicken Hintern.

»Es müssen meine inneren Werte sein«, erkannte ich und beschloß, daran zu glauben. Außerdem hatte mir ein Psychologe, den ich mal kannte, schon vor Jahren gesagt, daß ich mich, um schön zu sein, nur so fühlen müsse. Also beschloß ich, mich attraktiv zu finden.

Ich hatte meinen Koffer sorgfältig gepackt und meine besten Sachen für dieses Wochenende mitgenommen, den Kaschmir-Pullover oversized, den ich für sündhaft viel Geld erstanden hatte. »Sie müssen etwas Lockeres nehmen, Sie haben untenrum Probleme«, hatte die Verkäuferin messerscharf erkannt, als sie mir das gute Stück aufschwatzte. »Junge Frau«, hatte ich entgegnet, »ich habe nicht nur untenrum Probleme.«

Sie nickte verständnisvoll und ich empfahl ihr im Gegenzug eine umfassende Akne-Behandlung und einen Termin beim Kieferorthopäden.

Ich war also bildschön und sexy an diesem Wochenende und hatte für alle Fälle noch jede Menge innerer Werte im Handgepäck. Michael Muradt benahm sich so, als habe er nicht einen Augenblick damit gerechnet, daß ich nein sagen könnte. War es sein gesundes Selbstbewußtsein oder ein paar Pfund männliche Arroganz zuviel? Ich würde es in ein paar Stunden wissen ...

Was wollte er von mir? Ein schnelles Abenteuer? Nein, das war woanders einfacher zu haben. Aber, daß ihm viel an der Aufklärung des Todes seines Neffen lag, daran glaubte ich nicht einen Augenblick lang. Dazu schien mir die Verbindung zwischen beiden nicht herzlich genug gewesen zu sein. Warum hatte er sich gemeldet? Wahrscheinlich, um auf dem laufenden zu sein oder aus spätem Bedauern, daß er so wenig Zeit für seinen toten Neffen aufgebracht hatte, beruhigte ich mich.

Ich mußte auf jeden Fall noch einiges klären, bevor wir sein Haus in Holland betreten würden. Mir war klar, daß wir im Bett landen würden, die Atmosphäre war danach.

Ich war fasziniert von ihm. Ich wollte ihn und konnte es kaum erwarten. Aber er? Vielleicht war ich ein Kontrastprogramm zu den devoten allzeit bereiten Frauen, die nur darauf lauerten, daß ihnen ein Mann wie dieser, attraktiv und offensichtlich wohlhabend, ins Netz ging.

Und wenn er schnellen Sex wollte, dann brauchte er nur mit den Fingern zu schnippen und die Mädels standen Schlange. Also warum ich?

»Also warum ich?« dachte ich laut.

Er schaute nach rechts. »Was meinen Sie?« wollte er wissen.

»Warum haben Sie mich eingeladen in Ihr Haus? Was steckt dahinter?«

»Wollen wir nicht den Tod meines Neffen aufklären?« fragte er.

»Klar. Aber das können wir auch in Bierstadt. Was also noch?« beharrte ich.

»In einer schönen Umgebung, wo wir uns entspannen können, geht das Denken vielleicht einfacher.«

»Ach ja? Wäre es nicht sinnvoller gewesen, wir wären in die Wohnung Ihres Neffen gegangen, um dort zu denken?« wollte ich wissen und runzelte die Stirn.

Er schüttelte den Kopf und sagte völlig ernst: »Ich habe keine unseriösen Absichten, wenn Sie das meinen. Es geschieht alles so, wie Sie es wünschen. Der Ablauf des Wochenendes liegt nur bei Ihnen.«

Bei mir! Das war ja das Problem. Genervt durch meine Fragerei trat er das Gas durch.

»Hätte ich nicht fragen sollen?« quengelte ich.

»Man kann schöne Situationen auch zerreden«, meinte er milde, »warum nicht alles auf sich zukommen lassen? Warum nicht spontan reagieren? Sich seinen Gefühlen hingeben? Sich einfach treiben lassen?«

Guter Tip! Sich den Gefühlen hingeben. Und danach? Ein schaler Geschmack und das war's dann? Scheiß-Moral! Was soll's? Eine Affäre mehr oder weniger? Meine Laune tendierte gegen Null. Am liebsten hätte ich ihn gebeten, umzukehren.

»Na gut«, meinte ich trocken, »lassen wir uns treiben und uns unseren Gefühlen hingeben. Wenn es denn sein soll ...«

Er lachte laut auf und meinte: »Sie tun so, als würden Sie zu ihrer eigenen Hinrichtung fahren ... Aber ich verspreche Ihnen: Mein Haus wird Ihnen gefallen und das Wochenende auch.«

Eine Frau braucht vier Männer

Das Haus lag einsam und tief versteckt in den Dünen. Ein schlechter Weg führte zu dieser spartanisch eingerichteten Festung aus Naturstein. Ein riesiger Raum mit loderndem Kamin, afrikanischer Kunst an den Wänden und alten Teppichen auf dem grauen Schieferboden. Ein alter Eichentisch mitten im Raum, blank gewachst, ein antiker massiver Schrank aus Kastanienholz. Alles schlicht, teuer und von hoher Eleganz. Auf dem Tisch standen frische Blumen und eine Flasche Champagner kühlte im Eiseimer vor sich hin. Er holte zwei Gläser.

»Wer hat denn das Feuer angemacht und die Blumen besorgt?« Ich staunte.

»Eine gute weibliche Seele, die mich manchmal betreut.«

»Oh, über zwanzig?«

»Dreimal zwanzig«, lachte er und reichte mir das Glas, »zum Wohl und Willkommen!«

Ich trank und beobachtete ihn. Er wirkte lockerer als in Bierstadt, nicht so formell. Die Spuren der Schlägerei im »Stier« waren fast nicht mehr zu sehen. Er trank den Champagner mit Genuß, nicht so wie ich, die immer ein bißchen zu schnell und manchmal ein bißchen zu viel trank. Ich verkniff mir den nächsten hastigen Schluck. Auf einen Schwips hatte ich keine Lust. Noch nicht.

Er zog sich den Wollpullover über den Kopf. Darunter hatte er ein T-Shirt an, beige mit Rollkragen. Kein Bauchansatz und nicht zu breite und nicht zu schmale Schultern. Ich guckte und guckte, und ich kam mir vor wie auf einem Sklavenmarkt beim Taxieren eines Leibeigenen für die Baumwollernte. Ich mußte komplett verrückt sein, aber die Vorstellung hatte was Verworfenes. Ich prustete los.

»Was ist? Woher die gute Laune?« Er ließ mich nicht aus den Augen. »Ich habe gerade an was Komisches gedacht«, sagte ich und mußte immer noch lachen. Ich merkte, wie er unsicher wurde. Er wurde leicht unsicher. War seine Arroganz nur Masche?

»Wir gehen jetzt spazieren«, bestimmte er, »und danach begebe ich mich in die Küche und koche ein fürstliches Mahl für uns.«

Das hatte ich von meiner Kicherei! Zur Strafe mußte ich wandern. Ich rappelte mich hoch, schnappte den Ostfriesen-Nerz und trottete hinter ihm ins Freie.

Der Wind pfiff, doch die Sonne schien. Ich kramte nach meiner Sonnenbrille, denn ich bin nicht nur kurzsichtig wie ein Maulwurf, sondern auch noch genau so lichtempfindlich.

In punkto Sportlichkeit konnte ich mit ihm nicht konkurrieren. Er bewegte sich wie ein tänzelndes Rennpferd am Strand, ich eher wie ein Muli. Der Sand stopfte sich in meine Schuhe und der Versuch, damit graziös zu schreiten, schlug fehl.

»Moment«, rief ich genervt gegen den Wind, setzte mich auf einen Sandhaufen und schüttete die Körner raus. Er wartete höflich.

Als wir ein paar Felsen erreichten, drückte er mich gegen einen Stein und knöpfte meinen Ostfriesennerz auf. Es dauerte etwas, bis seine Hände das untere Ende des Kaschmir-Pullovers fanden, um ihn hochzuschieben. Da war noch das Unterhemd, kochfeste Baumwolle, genau das richtige bei dem Wetter. Stabiles Material und schön warm. Ich hörte, wie das Teil zerriß.

Er biß mich in den Hals und scheiterte an dem Reißverschluß meiner Jeans, den ich mit einer Sicherheitsnadel fixiert hatte. Mir blieb die Puste weg.

Hilfsbereit öffnete ich die Sicherheitsnadel und stach mich prompt in die Finger.

Der Wind war plötzlich nicht mehr so eisig. Der kalte Granit kratzte meinen nackten Rücken, meine Hände glitten unter sein Hemd und umfaßten seinen Oberkörper. Er zuckte leicht zusammen, denn meine Hände waren kalt. Er glühte. Ich fühlte mit meinen Fingerspitzen, wie er schwer atmete und klammerte mich an seinem feuchten bebenden Oberkörper fest.

»Bleib so«, murmelte er an meinem Hals, »bitte rühr dich nicht und komm ...«

Es wurde schon dunkel, als wir, erschöpft, den Rückweg antraten. Ein Regenschauer kühlte uns ab. Als wir im Haus ankamen waren wir ziemlich durchnäßt, trotz der Regenkleidung. Das Feuer im Kamin loderte nicht mehr, sondern glomm leise vor sich hin.

»Mach es dir bequem und zieh die nassen Sachen aus.« Seine Haare waren klitschnaß und das Regenwasser lief ihm in den Kragen. Er schleuderte seine Jacke achtlos auf den Boden und ging in ein anderes Zimmer, vermutlich ins Bad.

Er brachte ein weißes Frotteéhandtuch mit zurück und fing an, meine Haare trockenzureiben. Dann den Hals, die Schultern und den Rest des Körpers. Dabei kam es wieder zu einigen erotischen Übungen, die er mit einem tiefen Ernst ausführte.

Ich rappelte mich von dem Teppich hoch und löste seine Arme von meiner Taille. Ich küßte sein schwarzes Haar, das wieder feucht geworden war. »Wo ist das Bad?«

»Moment«, er sprang auf, »ich schau erst mal nach, ob alles in Ordnung ist ...« Er schlug sich das Handtuch um die Hüften und spurtete los. Ich hörte, wie er hastig etwas zusammenräumte. »Alles in Ordnung«, lächelte er und trat beiseite. »Hast du alles mitgebracht, was du brauchst?«

Ich nickte. Er ließ mich allein. Ich sah die große Wanne für zwei Personen, den weißen Marmor und die Haarbürste auf der Ablage. Ich nahm sie und guckte genau hin. Lange blonde Haare, dunkel an der Wurzel.

Ich klappte den Spiegelschrank auf. Lippenstift, Haarshampoo und Lockenstab. Zielstrebig hob ich den Deckel eines kleinen Wäschepuffs. Ein seidener Morgenmantel lag obendrauf.

Ich legte etwas Make-up auf und stylte mir mit dem Lockenstab die roten Haare.

Schön wie zuvor trat ich ins Zimmer zurück. Ich hörte ihn in der Küche fuhrwerken. »Hier bin ich«, rief er mir fröhlich zu. »Du kannst den Tisch decken, wenn du willst! Ich habe die Teller schon bereitgestellt.«

Ich trat in die Küche, in der es phantastisch roch. Frisches Gemüse lag bunt und zerkleinert auf einem Brett, kleine Lammkoteletts warteten darauf, in eine Pfanne mit Olivenöl gelegt zu werden, ein roter Bardolino atmete Sauerstoff.

Auch hier war er in seinem Element und betrieb die Kunst des Kochens mit merkwürdigem Ernst. Er wollte wohl immer alles hundertprozentig perfekt machen, vermutete ich, ein bißchen laissez-faire gab's bei ihm wohl nicht. Und er hatte mir im Auto was von »sich treiben lassen« erzählt!

Ich stellte die Teller auf den Tisch und das übrige. Eine Vorspeise gab's auch, Serrano-Schinken mit Melone.

Ich hatte Hunger und langte zu. »Du siehst gut aus«, meinte er plötzlich. »Das habe ich mit dem Lockenstab in deinem Bad geschafft«, antwortete ich und ließ ein Stückchen Schinken von oben in meinen Mund gleiten, »der Lockenstab war neben dem grellroten Lippenstift in dem Spiegelschrank. Ich habe meine roten Haare aber wieder rausgemacht, die hätten sich auch mit den langen blonden nicht vertragen ...«

Er schaute irritiert und blieb stumm. »Was denkst du jetzt?« kam es dann irgendwann.

»Ich denke, daß in dieser Hütte ein blondierter weiblicher Dauergast logiert, der grelle Farben liebt; Konfektionsgröße 38 hat und ein Shampoo gegen Schuppen benutzt. Kann ich noch ein Stückchen Melone bekommen?«

»Ich bin nicht mehr mit ihr zusammen«, sagte er.

»Dann solltest du ihr aber mal ihre Klamotten zurückgeben, der Guten«, murmelte ich, »vielleicht braucht sie die Sachen noch ... Schau nicht so! Manche Männer haben halt mehrere Frauen und manche Frauen haben mehrere Männer. So ist das Leben.«

»Mich ärgert deine arrogante Art«, er wurde wütend. »Ich habe dir gesagt, daß ich nicht mehr mit ihr zusammen bin. Glaubst du, ich bin ein Vorstadt-Casanova?«

»Laß die Vorstadt weg«, lächelte ich und räumte die Vorspeisenteller zusammen. »Eigentlich — ich habe mir schon oft überlegt, daß eine Frau eigentlich drei Männer braucht, um glücklich zu sein. Einen für die Seele, einen für den Intellekt und einen für den Körper.«

»Und ich bin wohl der für den Körper?« Er schien gekränkt.

»Genau, und da bist du einsame Spitze. Aber sei nicht traurig, intelligent bin ich selbst und Seelenschmerz habe ich zur Zeit auch nicht. Unsere Beziehung bewegt sich also genau im richtigen Rahmen.«

Wir aßen den Rest der Mahlzeit auf und machten die Flasche Bardolino leer. Der Alkohol und das Kaminfeuer hatten mich warm und müde gemacht.

»Eigentlich«, murmelte ich, »braucht eine Frau vier Männer. Der vierte sollte kochen können, so wie du.« Ich unterdrückte ein Gähnen.

»Komm ins Bett«, meinte er zärtlich und hievte mich vom Stuhl hoch. »Du bist beschwipst.«

Es war schon nach Mitternacht. Ein schöner Abend, ein

schöner Tag, viele Fragen und keine Antworten. Bevor ich einschlief, dankte ich der unbekannten blondierten Frau. Ihre Haare im Badezimmer hatten mich davor gerettet, mich unheilbar zu verlieben. Ich schlief traumlos und als ich morgens aufwachte lag mein Kopf auf seiner Brust und ich spürte seinen Atem. Ich horchte eine Weile und versuchte, mir den Rhythmus zu merken. Aber ich war noch nie besonders musikalisch.

Vor dem Frühstück aalten wir uns in der Doppelbadewanne und seine 170 Pfund arrogante Männlichkeit verwandelten sich wieder in 170 Pfund konzentrierte Leidenschaft.

Den Rest des Tages verbrachten wir zwischen Strand, Küche, Bad und Bett und zwischendurch fragte er mich: »Wie kommst du eigentlich zu deinem ungewöhnlichen Nachnamen?«

»Eine Jugendsünde«, gestand ich. »Als ich 20 war, habe ich mal Urlaub in Florenz gemacht. Der erste selbstverdiente Urlaub nach dem Abitur. Und da ist es passiert!«

»Was ist passiert?«

»Aus Maria Schneider wurde Maria Grappa.«

»Du hast geheiratet?«

»So ist es. Ich habe in Florenz das Museo Medici besucht und das Porträt von Giuliano de Medici gesehen. Ein schöner Mann, italienisch eben, nur leider seit 450 Jahren tot. Nach dem Besuch ging ich in eine Pizzeria und der Mann, der die Pizza so vollendet in die Luft warf, sah dem Medici auf dem Porträt sehr ähnlich. Also haben wir geheiratet!«

»Du und dieser Pizzabäcker?« Er war erheitert.

»Genau. Aber es hat nur vier Monate gedauert und ein Jahr danach war ich geschieden.«

Er lachte. »Das ist die verrückteste Geschichte, die ich je gehört habe! Und was ist aus Herrn Grappa geworden?«

Ich zuckte die Schultern. »Keine blasse Ahnung! Ich hoffe, daß ihm die Pizzeria inzwischen gehört. Aber vielleicht geht er auch als Unterhosen-Model!«

Am Montagmorgen starteten wir nach dem Frühstück Richtung Bierstadt. Er hatte so gut gekocht, daß ich bestimmt einige Pfunde mehr drauf hatte. Doch die dürften durch die ausgiebige körperliche Betätigung keine zusätzlichen Spuren an meinem Körper hinterlassen haben.

Es war gegen 11, als wir in Bierstadt ankamen. »Wo kann ich dich absetzen? Im Funkhaus?«

Ich nickte. Ich war traurig, daß das Wochenende vorbei war.

»Ich wollte heute abend in Richies Wohnung, um das Inventar zu sichten. Kommst du mit?«

»Natürlich. Ist dir eigentlich aufgefallen, daß wir in Holland nicht einmal über den Fall gesprochen haben?«

»Warum ein so schönes harmonisches Wochenende mit schrecklichen Dingen verderben?«

»Eigentlich hast du recht. Du hast mich gar nicht gefragt, ob es mir gefallen hat.«

»Und — hat es?«

»Es war himmlisch!«

»Warum?« Er wollte sich sein Lob abholen.

»Ich bin noch nie im Leben so gut ... mit Speis und Trank verwöhnt worden.«

»Du bist ein verdammt freches Mädchen ...«

»Und dir? Hat es dir gefallen?«

»Überhaupt nicht. Ich hatte Mühe, dich satt zu kriegen. Mit Speis und Trank natürlich ...«

Wir lachten ausgelassen und er küßte mich zum Abschied tief und lange. »Bis heute abend. Ich hole dich zuhause ab.«

Ein Staatsanwalt träumt

Staatsanwalt Heinz Strickmann, zuständig für Kapitalverbrechen, hatte schlechte Laune. Zwei von ihm angeordnete Obduktionen in der Leichensache Mansfeld hatten zwar Anhaltspunkte für ein Verbrechen gebracht, doch er wußte nicht, wo er den oder die Täter suchen sollte und er hatte nicht den geringsten Hinweis auf ein Motiv.

Also hatte er die Leiche, oder das, was von dem Körper noch übrig geblieben war, zur Beisetzung freigegeben. Offiziell ging die Öffentlichkeit von Selbstmord aus. Nur die Mordkommission nicht, denn die Ermittlungsbeamten hatten einige Ungereimtheiten entdeckt.

So trug die Leiche beziehungsweise deren Beine, nur einen Schuh. Der andere war zunächst verschwunden, spurlos, wurde dann aber durch einen Zufall auf dem Universitätsgelände gefunden. Wie er dahingekommen war, konnte noch nicht geklärt werden. Durch Regenfälle waren keine Reifen- oder Blutspuren mehr zu sichern gewesen.

Daß der Kopf des Opfers durch den Kontakt mit dem Zug völlig zertrümmert war, verwunderte bei Bahnleichen nicht. Wenn da nicht ein paar Gramm blutige Gehirnmasse gewesen wären, die jemand säuberlich ins Gras gewischt hatte. Ganz zu schweigen von einer Schleifspur und von Fußabdrücken an der Böschung.

Und dann die Schlägerei, die dem Tod vorausgegangen war. Die Ermittlungen in der Gaststätte hatten zu keinem Ergebnis geführt. Der Wirt hatte natürlich nichts gesehen, nichts gehört und kannte seine Gäste nicht.

Strickmann klappte den Aktendeckel zu und legte den Vorgang in einen grünen Korb auf seinem Schreibtisch, in dem die halberledigten Sachen landeten. Sie blieben dann noch etwa drei Wochen lang dort liegen, eine Art Anstandsfrist, und wanderten dann ins Archiv in den Keller der Staatsanwaltschaft.

Strickmann steckte sich seine Zigarre an und nahm seufzend den nächsten Vorgang. Lisa Korn, 46 Jahre, Tod durch eine Überdosis Schlafmittel, eingenommen in Verbindung mit Alkohol. Die klassische Methode. Doch meistens schrieben die, die so aus dem Leben gingen, einen Abschiedsbrief. Besonders, wenn sie Personen des öffentlichen Lebens waren. Doch der Brief fehlte.

Das war noch kein Anhaltspunkt dafür, daß hier was schief lag. Die Ehe der Frau Bürgermeisterin war nicht gut, ihr Gatte ging fremd, was das Zeug hielt. Kurt Korn — er hatte immer bekommen, was er im Leben wollte. Ein Wadenbeißer ohne Skrupel und Moral.

Strickmann wünschte plötzlich, Kurt sei's gewesen, der der eigenen Frau den Trank verabreicht hatte. Und er sah sich schon in der Rolle des Anklägers bei dem Mordprozeß. Heimtückisch, vorgeplant, die Arglosigkeit seines unschuldigen Opfers ausnutzend — besser konnte man juristisch Mord nicht definieren.

Lebenslänglich für Kurt Korn, der noch im Gerichtssaal zusammenbrechen würde. Sein vieles Geld und die besten Anwälte würden ihn nicht rausreißen können, weil er — Staatsanwalt Heinz Strickmann — eine lückenlose Beweiskette präsentieren würde, die kein Gericht der Welt ignorieren könnte.

Strickmann begriff, daß er Kurt Korn haßte. Und es gefiel ihm, denn er hatte das Gefühl, zu leben, zu atmen ... ein Mensch zu sein und keine superkorrekte gefühllose Ermittlungsmaschine.

Er schaute sich die dritte Akte an, die er neu von der Kriminalpolizei bekommen hatte. Der Bierstädter Mieterverein hatte Strafantrag gegen Unbekannt wegen gefährlicher Körperverletzung und Strafantrag wegen Nötigung, Erpressung, Beleidigung und Rufschädigung gestellt — gegen die Kurt Korn Wohnungs- und Grundstücks-GmbH und Co. KG.

Strickmann klappte die Akte auf. Zusammengefaßt ging es um folgendes:

Kurt Korn hatte in großem Stil sanierungsbedürftige Häuserzeilen aufgekauft, im Norden von Bierstadt — insgesamt 250 Wohnungen, in denen etwa 1000 Menschen wohnten, viele davon seit Jahrzehnten. Andere — Aussiedler, Türken und sozial Schwache wohnten erst seit kurzer Zeit hier. Nicht, weil sie die baufälligen muffigen Buden so schön fanden, sondern weil Bierstadt seit mehreren Jahren als Stadt mit hohem Wohnungsbedarf mit dem Bau von preiswertem Wohnraum nicht mehr nachkam.

»Das haben die Politiker der Mehrheitsfraktion versaut«, dachte Strickmann, denn er gehörte nicht unbedingt zu den Anhängern dieser Partei.

Da Kurt Korn die 250 Wohnungen nicht mit öffentlichen Mitteln sanieren wollte, wurden ihm auch keine Auflagen gemacht. Er strebte eine sogenannte »Luxusmodernisierung« an, wollte den Quadratmeterpreis verdoppeln und setzte die Mieter unter Druck, damit sie die Wohnungen verlassen sollten. Er wußte ohnehin, daß es nicht mehr dieselben sein würden, die dort wieder einziehen würden — weil sie die Miete nicht mehr würden bezahlen können.

Hier hatte sich nun der Mieterverein eingeschaltet und die Menschen auf die Mieterschutzgesetze aufmerksam gemacht: Zum Beispiel, daß bei Sanierungen Ersatzwohnungen angeboten werden müssen, daß sich die Mietererhöhung im Rahmen des Mietspiegels bewegen muß und vieles mehr.

Die Mieter wehrten sich und Kurt Korns Firma sah ihre Pläne gefährdet. Sie schrieb den 250 Mietparteien einen Brief, in dem sie jedem, der mit der Bierstädter Mieterschutzorganisation zusammenarbeiten würde, die Kündigung androhte und versicherte, daß die Korn GmbH niemals wieder an sie vermieten würde.

Der Geschäftsführer des Mietervereins wurde im selben Schreiben als »stadtbekannter Terrorist« bezeichnet. Eine Tage später, als dieser Mann von einer Mieterberatung zurückkam, lauerte ihm ein maskierter Täter auf und schlug ihn mit einer Eisenstange krankenhausreif.

Auch darauf gingen Kurt Korns Anwälte in dem Schreiben an die Mieter ein. Heinz Strickmann las: »Daß nicht alle Mieter mit den Hetztiraden des Mietervereins gegen unsere Gesellschaft einverstanden sind, beweist ja auch die Tatsache, daß der stadtbekannte selbsternannte Mieteranwalt kräftig verprügelt worden ist, weil er keinen Argumenten mehr folgen wollte.«

Das klang doch sehr nach Schadenfreude und war verdammt dreist, fand Strickmann. Er würde alle gestellten Strafanträge bearbeiten und die Ermittlungen mit aller Strenge führen.

Jetzt, wo Frau Bürgermeisterin das Zeitliche gesegnet hatte, würden sich Korns politische Freunde vielleicht langsam von ihm distanzieren. Und er hätte keinen politischen Druck zu befürchten.

»Kurt Korn, dein Stern sinkt. Und ich, Heinz Strickmann, werde dich auf die Rutsche nach unten setzen.«

Strickmann setzte mit ungewohntem Schwung seine Unterschriften unter die Schriftstücke, die ihm seine Geschäftsstelle bereit gelegt hatte.

Ein Samariter bei den Indios

Im Funkhaus war alles wie immer. Manfred Poppe, der Samariter, saß in der Kantine und erzählte zum xten Mal die Geschichte, wie er die Anden in Südamerika durchwandert hatte. Seine Wangen waren gerötet und seine schöne Stimme hatte den unvergleichlich sonoren Klang, der besonders auf Frauen mittleren Alters wirkte wie ein Naturereignis.

»Ich kam in Indianerdörfer«, so tönte es zwischen Kaffeedunst und Bratfett in Richtung Fan-Gemeinde, »dort gab es Indios, die hatten noch nie einen Gringo gesehen.«

Er berichtete, daß er nachts in den eisigen Anden im Zelt

den Geräuschen der Berge gelauscht hatte, daß er Seuchen ausgerottet, Vulkanausbrüche verhindert und kleine Kinder eigenhändig aus Erdspalten gezogen hatte.

Er hatte in drei Wochen das wieder gut gemacht, was Columbus und seine Erben in 500 Jahren versaut hatten. Er hatte in Windeseile alle 30 Indianerdialekte sprechen gelernt, hatte den Kondor gejagt und mit einem Lama um die Wette gespuckt. Und noch heute sprechen die Anden-Indios seinen Namen nur flüsternd und mit großer Ehrfurcht aus. Manfred Poppe erzählte und erzählte und er konnte schön erzählen. Auch ich hörte ihm immer wieder gern zu, auch wenn ich die Stories schon kannte.

Es war also alles wie immer. Der Schreibtischtäter brütete eine Etage höher über seinem Wochenkommentar, in dem die Worte: »Sowohl-als-auch« und »nichts-desto-trotz« fast immer einen gebührenden Platz bekamen; in dem Ereignisse in der Stadt grundsätzlich »in die richtige Richtung« gingen, bevor sie sich zu einem »Silberstreif am Horizont« entwickelten. Und wenn ihm gar nichts einfallen wollte, dann setzte er zum großen weltpolitischen Rundumschlag an, dann wurde der Brand eines Getränkelagers in Bierstadt mit der Reaktor-Katastrophe in Tschernobyl verglichen. »Global denken und lokal handeln« – so nannte der Schreibtischtäter das immer. Knapp daneben ist auch vorbei, das war mein Spruch bei solchen hanebüchenen Bewertungen.

Ich zog mich zurück. Ich hatte ja noch immer zwei unerledigte Leichen im Programm und einen neuen hinreißenden Liebhaber, an den ich in den folgenden Stunden nicht nur einen Gedanken verschwendete! Sondern mindestens zwei- bis dreihundert.

Spende für ein Altenheim

Staatsanwalt Heinz Strickmann fühlte sich von mir belästigt. Für ihn war der Fall Richie Mansfeld offenbar ad acta gelegt. Bei der toten Bürgermeisterin sah die Sache etwas anders aus.

Da wurde noch immer ermittelt, denn niemand wußte, woher sie die Schlafpillen hatte. »Außerdem — es fehlt das Motiv für eine Selbsttötung«, meinte Strickmann.

»Und Ehemann Kurt Korn?«

»Ist wenig kooperativ. Will seine Ruhe haben. Wimmelt alles ab.«

»Wie war die Ehe denn?«

»Wie Ehen halt so sind. Sie hat oder hatte politische Ambitionen, er schlug seine Vorteile daraus.«

»Wie meinen Sie das?«

»Ich will nicht zu viel andeuten«, überwand sich Strickmann, »er ist sehr erfolgreich als Bauunternehmer. Weiß als erster, welche Flächen zur Wohnbebauung ausgewiesen werden, kann günstig Gelände kaufen und wiederverkaufen, oder er baut selbst. Ist immer billiger als die anderen, so, als ob er die Angebote der Konkurrenz vorher kennen würde. Bietet alles komplett und schlüsselfertig an. Ja, der Kurt, der hat immer gewußt, wie man's machen muß. Wußte immer, wo Geld zu holen war, kannte alle Töpfe, die öffentliche Gelder verteilten, und als Lisa Korn Bürgermeisterin wurde, lief alles noch viel glatter. Alles legal, zumindest so lange, wie keiner genau hinguckte.«

»Kennen Sie den Herrn näher? Es hört sich ganz so an!« fragte ich.

»Was heißt das schon, näher kennen? Kurt Korn und ich, wir sind ein Alter, drückten die Schulbank gemeinsam. Ich studierte Jura und er das Leben.«

»Mal ehrlich, Herr Strickmann, würden Sie ihm zutrauen, daß er seine Frau selbst ...?«

»Sprechen wir jetzt vertraulich miteinander?«

Ich versicherte ihm, daß alles, was er mir sagte, unter uns bleiben würde. »Also, hätte er Skrupel, seiner Frau was in den Kaffee zu tun?«

»Zuzutrauen wäre es ihm. Aber ... als Staatsanwalt muß ich mich an Beweise halten. Und ich werde den Teufel tun, wenn ich nicht ganz sicher bin. Kurt Korn ist ein bekannter und erfolgreicher Mann ... und so beliebt. Besonders bei den Kommunalpolitikern. Aber, die Ermittlungen sind schwierig, alle schalten auf stur und heißen Hase, wenn man sie nach Kurt und seinem Lebenswandel fragt.«

»Hatte er Weibergeschichten?«

»Sicher. Er steht auf jung und dumm. Billig-Sex. Ex und hopp. Er hatte nie Probleme, Frauen zu finden. Soll auch sehr großzügig sein, finanziell meine ich.«

»Und was sagte seine Frau dazu?«

»Sie wußte einiges, aber schwieg. Eine Liebesheirat war es von ihrer Seite aus wohl auch nicht. Lisa Merz — so hieß sie früher — aus guter Familie. Vater Zahnarzt, einzige Tochter, ordentliche Erbschaft. Das Geld des Vaters war sein Startkapital — und er hat es inzwischen verzehnfacht.«

In Strickmanns Stimme klang Neid.

»Hat er viel Grundbesitz und Immobilien?«

»Mädchen, wenn wir beide nur ein Viertel hätten, könnten wir uns zur Ruhe setzen. Der hat Einkaufszentren in der Republik, dem gehören riesige Gelände in den neuen Bundesländern und er hat Hotels und Landsitze im Ausland. Abgesehen von den Wohnungen in Bierstadt.«

»Ausland? Wo denn zum Beispiel?«

»Mallorca, Ibiza und Teneriffa.«

Ich dachte einmal kurz daran, daß Richie Mansfeld nach Teneriffa in Urlaub wollte, aber Teneriffa war groß und es fuhren viele Leute dorthin.

»Wo war Korn an dem Abend, als seine Frau starb?«

»Er war zunächst bei ihr. Wollte angeblich mit ihr gemeinsam einen erfolgreichen Geschäftsabschluß feiern. Doch dann habe er plötzlich weggemußt. Dann habe seine Frau wohl das Pulver in den Champagner getan und sich das Leben genommen.«

»Hat er die Leiche gefunden?«

»Natürlich. Fand sie und rief die Polizei. War völlig aufgelöst. Alles ganz normal, so wie er sich verhalten hat.«

»Und? Glauben Sie ihm?«

»Das ist nicht die richtige Frage. Darauf kommt es nicht an. So lange ich keine gegenteiligen Fakten kenne, kann ich nichts machen. Sogar seine Fingerabdrücke an ihrem Glas sind völlig normal. Wenn das Glas abgewischt worden wäre, das hätte mein Mißtrauen erregt. Aber so ... entweder ist er wirklich unschuldig oder er ist gerissen, oder — er ist beides. Denn seit Jahren litt sie unter seinen Eskapaden.«

»Und wer hat ihn an dem Abend so dringend sprechen wollen?«

»Ein Geschäftsfreund. Sie nahmen ein oder zwei Getränke und trennten sich dann.«

»Hat dieser Mann das bestätigt?«

»Hat er.«

»Wo fand das Treffen statt? In der Nähe des Korn'schen Hauses?«

»In der City. In einem italienischen Restaurant namens Pinocchio.«

»Dort? Das darf doch nicht wahr sein! Und der Geschäftsfreund hieß Michael Muradt?«

»Woher wissen Sie das?«

»Zufall.« Ich hatte ein flaues Gefühl im Magen.

»Sie kennen Herrn Muradt?«

»Ja, flüchtig«, log ich. Ich war fassungslos und wußte nicht wie ich reagieren sollte. »Kennen sich Korn und dieser Muradt etwa schon länger?«

»Der war bis vor etwa fünf Jahren Partner von Kurt Korn. Trennten sich dann aber. Haben wohl Streit gehabt. Warum sie sich jetzt getroffen haben, ist mir nicht ganz klar. Muradt sagte etwas von einer Aussprache unter früheren Freunden.«

Ich wurde hellwach. Mein Jagdinstinkt funktionierte noch. »Was war das für eine Partnerschaft zwischen den beiden?«

»Muradt war Gesellschafter bei Korn. Der hat damals angefangen, sein Imperium aufzubauen. Ist schon zehn Jahre her.«

»Da muß es doch noch mehr geben«, bohrte ich, »was ist passiert damals?«

Der Staatsanwalt zögerte: »Darf ich eigentlich nicht sagen, Paragraf 30 Abgabenordnung, Steuergeheimnis. Na ja, die Schwerpunktstelle für Wirtschaftskriminalität kam beiden auf die Schliche. Schwarzarbeit auf Baustellen, Hinterziehung von

Lohnsteuer und Krankenversicherungsbeiträgen und das in erklecklicher Höhe.«

»Und was hatte Herr Muradt damit zu tun?«

»Wie gesagt, beide waren persönlich haftende Gesellschafter. Wer damals genau die Sauereien angestellt hat, interessiert da erstmal nicht. Haften mußten in diesem Fall alle beide.«

»Gab es einen Prozeß und eine Verurteilung?«

Ich hörte, wie Strickmann den Kopf schüttelte. »Der Staat hat abgewogen. Sie haben den Schaden erstattet, eine Millionen-Summe gezahlt, nachdem sie sich selbst bei der Finanzbehörde angezeigt hatten. Deshalb kam es nicht zum Prozeß. Der hätte jahrelang gedauert, und es wäre nicht sicher gewesen, daß die Staatsanwaltschaft ihn in vollem Umfang gewonnen hatte. So entschied der Generalstaatsanwalt, daß sie Sache durch die Zahlung der Summe erledigt sei.«

»Und Sie sind sicher, daß Herr Muradt da mit drin hing?«

»Frau Grappa, ich habe die Akten selbst gelesen, obwohl ich nicht der bearbeitende Dezernent war. Aber ich kenne Korn seit seiner Schulzeit und da war ich neugierig. Korn hat etwa fünf Millionen Strafe hingeblättert und Muradt 200000 Mark für ein Altenheim. Eine Spende. Fragen sie ihn doch danach. Er wird es Ihnen sicher bestätigen, wenn Sie ihn darauf ansprechen, Sie scheinen ihn ja gut zu kennen.«

Darauf konnte er Gift nehmen. Sieh an, dachte ich. Mein hinreißender Freund hatte sich seine Restaurants vermutlich nicht nur durch seine genauen Kenntnisse der italienischen Küche und der Betriebswirtschaft zusammengespart.

Und mir hatte er erzählt, daß er Korn nur flüchtig kenne! Daß er ab und zu mal bei ihm gespeist habe. Muradt hatte doch gewußt, daß mich die Geschichte mit Lisa Korns angeblichem Selbstmord interessiert. Und es wäre doch wohl das normalste der Welt gewesen, wenn er mir die Wahrheit gesagt hätte.

50000 in bar und ohne Quittung

Staatsanwalt Heinz Strickmann klappte seine Ordner zu, legte die Blätter auf seinem Schreibtisch aufeinander, leerte die Zigarillo-Kippen in den Papierkorb und wischte die Aschenreste mit einem eigens dafür bereitgelegten Lappen aus dem Aschenbecher. Es war gegen fünf Uhr nachmittags, Zeit, das Büro zu schließen. Seine Vorzimmerdame war schon eine halbe Stunde fort.

Seit etwa einer Woche beendete Strickmann seinen Dienst pünktlicher als sonst. Früher kam es ihm nicht so darauf an, seine Wohnung war dunkel und niemand wartete auf ihn. Strickmann war seit zehn Jahren geschieden, seine Ex-Frau war inzwischen Leitende Oberstaatsanwältin in Süddeutschland. Die Verbindung zwischen beiden war seit ein paar Jahren abgerissen. Von einem Kollegen hatte er gehört, daß sie inzwischen als Staatssekretärin in einem Ministerium in den neuen Bundesländern im Gespräch sein sollte. Er gönnte es ihr eigentlich nicht.

Alle hatten sie Karriere gemacht, sogar sein Schulfreund Korn, der den Abschluß nur geschafft hatte, weil er die dunklen Punkte im Leben der Lehrer rausgekriegt hatte, Verhältnisse mit Schülerinnen, Spielschulden und ähnliche Dinge. Schon damals — als Junge von 16 oder 17 Jahren hatte Korn keine Skrupel. Er erpreßte auch seine Mitschüler wegen irgendwelcher Kinkerlitzchen oder nur so, um zu gucken, ob es klappte und ob er sie dann für sich springen lassen konnte.

Jetzt aber hatte er, Strickmann, die Chance seines Lebens. Wenn er es geschickt anstellen würde, dann würde Korn bald vor Gericht stehen. Erpressung, Nötigung, mindestens Beihilfe oder Anstiftung zum Mord, Körperverletzung, Nötigung und so weiter und so fort.

Strickmann wusch die Hände in dem Waschbecken und besah sich angeekelt das Handtuch, das längst hätte erneuert werden müssen. Er haßte Schmutz und er haßte es, seiner Sekretärin alles fünfmal sagen zu müssen. Er knallte den Lappen auf den Boden.

Beim Blick in den Spiegel fiel ihm auf, daß seine Frisur nicht richtig lag. Zumindest das, was von seinem Haarwuchs noch vorhanden war. Sachte schob er den Kamm durch die schütteren weißblonden Haare. Er mochte sein Spiegelbild nicht. Er sah aus wie eine wässrige Made. Beson-

ders im Urlaub machte ihm seine helle Hautfarbe zu schaffen. Während alle anderen nach vier Tagen eine gesunde Bräune bekamen, wurde er rot wie ein Krebs, seine Haut warf Blasen, er pellte sich und war pünktlich zum Urlaubsende noch weißer als zuvor.

Strickmann öffnete den alten Holzschrank und holte seinen Trenchcoat heraus. Den Mantel trug er seit zwanzig Jahren, seine Frau hatte Wutanfälle bekommen, wenn er — trotz neuer moderner Klamotten — immer wieder störrisch zu dem alten Teil griff.

»Wie Columbo«, hatte sie gespottet, »nur daß du deine Fälle nicht so intelligent löst wie er.« Zum Ende ihrer Ehe hatte er sie richtig gehaßt. Mit einer ähnlichen Inbrunst, mit der er jetzt Korn haßte. Er hatte ohnehin das Gefühl, besser hassen als lieben zu können. Für einen Staatsanwalt vielleicht gar nicht so übel.

Strickmann lachte laut auf, als er an Korn dachte. Wollte ihn dieser Verbrecher doch bestechen! Hatte er ihm doch tatsächlich 50000 Mark bar auf die Hand und ohne Quittung angedient, wenn er keine Fragen mehr zu Lisa Korns Tod stellte und er dafür sorgen würde, daß die Ermittlungen in der Sache mit dem verprügelten Vereinsgeschäftsführer im Sande verliefen.

Und nur, weil er ermittelt hatte, daß Kurt Korns Sekretärin das Schlafmittel gekauft hatte, ahnungslos natürlich, im Auftrag ihres Chefs. Mit einem Rezept, das auf Kurt Korns Namen ausgestellt worden war. Angeblich schlief er schlecht.

»Der und schlecht schlafen«, dachte Strickmann, »ausgerechnet Kurt!«

Und jetzt dieser Bestechungsversuch. Nicht, daß Korn etwas zugegeben hätte, nein. Er wolle nur seine Ruhe haben, keine Fragen mehr beantworten müssen, sich endlich wieder auf andere Dinge konzentrieren — so hatte er lamentiert.

Und der maskierte Schläger, der den Mieteranwalt schwer verletzt hatte, wurde von Zeugen als der Mann erkannt, der mit den Korn'schen Anwälten die Mieter »besucht« hatte. Seine Vermummung hatte er nämlich abgelegt, als er nach seinem Überfall aufs Motorrad stieg und flüchtete.

Strickmann hatte die 50000 Mark natürlich abgelehnt, Bestechlichkeit wäre das allerletzte für ihn. Daß Korn ihn bestechen wollte, das sollte er büßen. Strickmann stand erst ganz am Anfang seiner Untersuchungen.

Der Staatsanwalt packte seine schwarze Aktentasche und verließ sein

Büro. Sorgfältig schloß er die Tür ab, stieg in den Paternoster und gab den Schlüssel unten beim Pförtner ab. Der grüßte, wünschte dem Herrn Staatsanwalt einen schönen Abend, so, wie er es seit 15 Jahren tat. Strickmann dauerte das Abschiedsritual heute fast zu lange. Endlich hatte der Mann den Schlüssel ans Brett gehängt.

Und mit bebendem Herzen sah Strickmann, daß sie auf ihn wartete.

Eine Spur führt in die Sonne

Muradt holte mich ab. Viktoriastraße. Beste Bierstädter Wohngegend, zwischen Fußgängerzone und Geschäftspavillons. Ich brannte darauf, Muradt nach seinen Verbindungen zu Korn zu befragen.

Er schien bester Laune zu sein, begrüßte mich liebevoll und wog sich in Sicherheit. Ich hasse Lügen, zumindest solche Lügen, die irgendwann entdeckt werden. Aber — belogen hatte er mich ja nicht. Er hatte nur nicht alles erzählt, aus welchen Gründen auch immer.

Die Polizei hatte das Amtssiegel entfernt und der Innenzustand der Wohnung ließ nicht darauf schließen, daß die Beamten gründlich durchsucht hatten.

»Wo fangen wir an?« fragte er, »ich habe noch keine Wohnung durchsucht.«

»Ich auch nicht. Aber — irgendwo müssen wir anfangen. Du nimmst dir die Schubladen und Schränke vor und ich gucke zwischen den Büchern nach und unterm Bett und so.«

Muradt nickte ernsthaft und öffnete den Kleiderschrank. Er schob die Klamotten auseinander und spähte hinein. Irgendwie wirkte er komisch, ich mußte auflachen und an die 200000 Mark Geldstrafe für das Altenheim denken, die er, offenbar ohne mit der Wimper zu zucken, hingeblättert hatte. Und nun tastete er ernsthaft irgendwelche Fummel ab, wahrscheinlich nur mir zu Gefallen, weil ich mir in den Kopf gesetzt hatte, daß dieser tote Neffe vor den Zug geschmissen worden war.

Warum das alles? dachte ich. Warum sitzt du nicht in deiner Redaktion und telefonierst mit ein paar Leuten, schusterst einen Beitrag zusammen über irgendwas, stöhnst über die viele Arbeit, hörst dem Samariter bei seinen Geschichten zu und haust dem Schreibtischtäter eins um die Ohren, wenn er dir wieder komisch kommt.

»Was ist los?« Er hatte gemerkt, daß mich das Elend gepackt hatte.

»Irgendwas ist mit dir, willst du es nicht sagen?«

Nun setzte er sich auch noch neben mich und hielt meine Hand. Ich schaute ihn wortlos an.

»Du hast ja Tränen in den Augen!« sagte er erschrocken. »Ist dir nicht gut? Soll ich dir ein Glas Wasser holen?«

»Zuviel der Fürsorge«, meinte ich rauh und zog meine Hand weg. »Sag' mir lieber, warum du Kurt Korn ein Alibi gegeben hast!«

Er bemühte sich um Fassung und rückte ein Stück von mir ab. »Wer sagt das?«

»Jemand, der es wissen muß. Also, warum?«

»Weil er abends wirklich bei mir im Restaurant war.«

»Ach ja? Und warum hast du mir gesagt, daß du ihn flüchtig kennst? Und das Alibi gar nicht erwähnt? Was wollte er von dir?«

»Er wollte ein Essen für 50 Leute geben und mit mir die Menufolge besprechen.«

Er log schon wieder. Menufolge, daß ich nicht lache!

»Und – seid ihr euch einig geworden ... über die Speisenfolge?«

Er blickte mich feindselig an. »Du benimmst dich wie eine Inquisitorin«, herrschte er mich an, »was hat Kurt Korn mit dem Tod von Richie zu tun? Ich dachte, dich interessiert dieser Fall noch. Stattdessen ermittelst du jetzt gegen mich und bezichtigst mich der Lüge! Du kannst mit mir nicht umspringen wie mit deinem Pizzabäcker! Also, was ist? Sollen wir gehen und die Sache auf sich beruhen lassen?«

Er handelte nach dem Motto: »Angriff ist die beste Verteidigung«. Eine beliebte Taktik, die mich zur Weißglut brachte. Ich fühlte, wie mir Wut den Rücken hinaufkroch. Meine Stimme war ganz leise, als ich sagte: »Mein Pizzabäcker hat auch keine

200000 Mark Geldstrafe wegen Steuerhinterziehung an ein Altenheim zahlen müssen ...«

Stille. Er sah müde aus, als er aufstand. »Du hast gut recherchiert«, sagte er dann, »sehr gut sogar. Wenn ich bedenke, daß diese Sache schon zehn Jahre zurückliegt ... Du hast mich also wirklich in deine Ermittlungen mit einbezogen? Vielleicht habe ich Richie auf die Schienen gelegt oder Korn geholfen, seine Frau umzubringen ... Ist das das nächste, was ich von dir zu hören bekomme?«

»Mit Richies Tod hast zu nichts zu tun«, beruhigte ich ihn, »sonst hättest du dich ja nicht im Radio gemeldet.«

»Wie tröstlich«, höhnte er, »da bin ich aber froh. Dann bleibt mir ja nur noch der Mord an Lisa Korn. Wie sieht's damit aus?«

»Auch nicht. Du hättest keinen Vorteil davon. Der einzige, der einen hat, ist Korn selbst. Du könntest ihm höchstens ein falsches Alibi gegeben haben.«

Er faßte mich an beiden Schultern und schüttelte mich. »Er war da an dem Abend, verdammt noch mal! Wenn er was mit dem Tod von Lisa zu tun hat, dann hat er ihr die tödliche Dosis vorher verabreicht. Aber — auch wenn? Wie will man es ihm beweisen?«

Das wußte ich auch nicht. »Laß uns erst mal den einen Fall klären«, lenkte ich ein. »Hatte Richie ein Sparbuch oder ein Konto? An wen hat er Miete gezahlt für diese Nobelwohnung?«

Er atmete durch. War er erleichtert? Er öffnete den obersten Knopf seines Hemdes. »Wird die Inquisition heute noch fortgesetzt?« wollte er wissen.

»Hör zu, es tut mir leid. Aber wenn mich jemand belügt, werde ich immer mißtrauisch ...«

»Ich habe nicht gelogen«, brauste er auf, »ich hab nur nicht alles gesagt.«

»Ist ja gut, Baby!« sagte ich forsch. »Komm, nun laß' uns weitersuchen!«

Die Spannung war abgebaut, aber mein Mißtrauen nicht. Ich würde mir in Zukunft genau überlegen müssen, welche Informationen ich ihm noch geben durfte.

Muradt zog die Schubladen auf. Ich sah mir die Einrichtung an. Der Junge hatte leider nichts von dem exquisiten Geschmack seines Onkels geerbt, Poster von Motorrad-Miezen an der Wand, Billig-Möbel, Couch und Gardinen Hauptsache bunt und die Kleider im Schrank, na ja. Rüschenhemden, schwarze Lederhosen. Im Bad jede Menge Kosmetika, wesentlich mehr, als ich normalerweise brauche, um mich herzurichten, und meine Kollektion war schon beeindruckend.

Teure Bräunungscremes, Sonnenmilch für vorher und nachher, Schaum- und Cremebäder, Haartönung in goldblond, Enthaarungscreme, Vaseline.

»Sieht aus wie die Grundausstattung eines Gigolo-Anwärters«, konstatierte ich, »war er einer?«

»Nein, er war nur ein bißchen eitel.«

»Bißchen? Das sind teuerste Hilfsmittel, um einen Callboy für den Job fit zu machen.«

Ich schaute mir die fünf Bücher an, die in ein Regal eingeordnet waren. Konsaliks Stalingrad, Wüsten- und Amazonas-Dschungel-Schinken. Ich guckte auf den Klappentext eines der Bücher, der übliche Schund. Irgendeine rassige Tamara im Range eines Leutnants der Sowjetarmee wollte sich partout nicht mehr dem lüsternen Oberst Nikolaj hingeben, seit dem sie sich seelisch dem blonden blauäugigen Kriegsgefangenen Hans verbunden fühlte oder so ähnlich. Großer Gott!

Weitere große Autoren, außer einem Herrn Telecom, gab es in dieser Wohnung nicht. »Hat er die Bücher von dir zu Weihnachten bekommen? Konntest du dem Bengel nicht mal was Vernünftiges schenken?« fragte ich Muradt.

Er guckte mich an, als hätte ich ihn zutiefst beleidigt. »Ich wußte gar nicht, daß er überhaupt Bücher las.«

Ich stellte den Schmöker in den Schrank zurück. Ein Papier fiel zu Boden. Ein Foto. Richie im Kreise junger Leute. Unzerstückelt sah er recht nett aus, wenn auch ein bißchen billig. Ich guckte genauer hin. Ein Urlaubsfoto. Im Hintergrund die Leuchtschrift einer Bodega. Das sah ganz nach Spanien oder den Kanaren aus. Hinten drauf stand: Icod, Tenerife.

»Guck mal«, ich zeigte ihm den Schnappschuß. »Ein Foto. Wer sind die Leute?«

»Keine Ahnung. Vielleicht die Klasse seiner Hotelfachschule?«

»Glaub' ich nicht. Guck mal genau hin. Die sind alle so durchgestylt, Designer-Klamotten oder das, was sie dafür halten und überall dieses gräßliche falsche Blond! Sieht eher aus wie die Abschlußklasse eines ... Bordells.«

Michael zuckte mit den Schultern. »Ich habe keine Ahnung, was er in seiner Freizeit machte. Er erzählte mir auch nicht besonders viel.«

»Du hast dich ja intensiv um ihn gekümmert ... Er muß auf jeden Fall schon häufiger Urlaub auf Teneriffa gemacht haben, vermutlich immer im selben Hotel. Wollte er dieses Mal vielleicht wieder dorthin?«

»Das kann gut sein. Ich kenne das Hotel. Es ist eine Art Landsitz. Es gehört einem Bekannten von mir.«

»Und ... wie heißt es?«

»Das habe ich vergessen. Ich war nie dort. Zuviele Touristen und zuviel Lärm. Aber Richie mochte das vermutlich. Sonne, Wasser, Diskotheken und Boot fahren.«

»Und wer ist denn dein Bekannter, kenne ich ihn vielleicht?«

»Warum willst du den Namen wissen? Der Name tut wirklich nichts zur Sache. Ein flüchtiger Bekannter.«

»So flüchtig wie Kurt Korn?«

Er blickte mich geradeaus an mit seinen schönen braunen Augen und zuckte nicht mal mit einer Wimper.

»Ja, es ist Kurt Korn. Schon wieder Kurt Korn. Du weißt ja inzwischen, daß ich ihn kenne — von früher.«

»Und dein Neffe macht in Korns Landhaus Urlaub? Und das sagst du mir erst jetzt? Wir hatten doch schon mal darüber gesprochen und da hast du nicht gewußt, wo er hinwollte, dein toter Neffe. Welche Verbindungen gibt es noch zwischen Korn und Richie außer diesem Landhaus auf Teneriffa?«

Er war ausgesprochen ärgerlich und sah mich an, als würde er mich nicht kennen und hätte sich meinen Anblick zu diesem Zeitpunkt auch gerne erspart.

»Ich habe es damals verschwiegen, weil ich über meine Kontakte zu Korn nichts sagen wollte. Weitere Verbindungen zwischen den beiden kenne ich nicht. Hast du noch weitere Fragen? Oder soll ich das Büßerhemd vorsorglich schon mal anlegen?«

Diesmal war die Stimmung endgültig im Eimer. Aber das hatte Muradt sich mit seiner Geheimniskrämerei selbst zuzuschreiben.

»Warum spielst du nicht mit offenen Karten? Alle Fragen sind erlaubt, finde ich. Du kannst dir deine Antworten ja aussuchen. Entweder lügst du, schweigst du oder du sagst die Wahrheit. Ich sammele lediglich Informationen. Ein Stückchen hier, ein Stückchen da. Und eines Tages passiert das Wunder: Die Teile passen ineinander und ergeben eine fertige Geschichte. Und in dieser Geschichte gibt es Täter, Opfer und Unschuldige.«

Er bemühte sich, ruhig zu bleiben. »Und wozu gehöre ich? Zu den Tätern oder zu den Unschuldigen? Oder zu den Unbeteiligten?«

Ich zuckte die Schultern. »Das wird sich noch herausstellen. Ich hoffe jedenfalls, daß du nichts mit schmutzigen Geschäften zu tun hast. Oder nicht mehr.«

»Aber sicher bist du dir da noch nicht?«

Ich schüttelte den Kopf. »Nein, ich kenne dich nicht so, daß ich sicher sein könnte. Ich wäre es gerne, aber ...«

Er baute sich dicht vor mir auf und fragte leise: »Du würdest mich wegschicken, wenn es so wäre, nicht wahr? Du verdammte Moralistin! Die Welt ist nicht nur tiefschwarz oder reinweiß, genauso wenig, wie die Menschen, die in ihr leben. Es gibt eine Menge Zwischentöne, mehr als du glaubst.«

Er legte seine Hand auf meinen Hinterkopf, zog mich zu sich heran und zwang mich, ihm direkt in die Augen zu sehen. Leise fragte er: »Ist es schon vorbei?«

Ich schmolz und hätte ihm alles verziehen. »Nein, das ist es nicht. Aber — warum hast du kein Vertrauen zu mir?«

»Mein Leben war nicht immer so, daß es deinen Vorstellungen von Ehre und Moral entspricht. Das ist alles. Ich bin Mitte 40, wohlhabend und merke erst jetzt, daß ich das Wichtigste im Leben verpaßt habe ...«

Pause. Ich ahnte, daß jetzt die liebende Ehefrau und die nette Kleinfamilie ins Spiel gebracht würden und vielleicht würde noch der Satz fallen, daß er mich gern zehn Jahre früher kennengelernt hätte und daß dann alles viel schöner in seinem Leben geworden und er heute nicht so einsam wäre und so weiter und so fort.

»Und, Liebster? Was hast du verpaßt?«

Er seufzte. Natürlich seufzte er. An dieser Stelle seufzen Männer immer. Ich blickte ihn erwartungsvoll an, in meinem Hals steckte ein trockenes Lachen.

»Vor zehn Jahren ...« begann er, »vor zehn Jahren, nach dieser Steuersache, hätte ich mein restliches Geld zusammenkratzen und mir eine Insel in der Karibik kaufen sollen. Das habe ich verpaßt im Leben. Dort würden mich Inselschönheiten verwöhnen, ich könnte den ganzen Tag Rum mit Cola trinken und mir die Sonne auf den Bauch scheinen lassen.«

Ich prustete los. Der Mann war genial. Er mußte geahnt haben, daß ich auf die Nummer mit dem verpaßten kleinbürgerlichen Familienglück gewartet hatte. Nun schlug er mir ein Schnippchen! Ich warf ihn lachend auf Richies rotbezogene Couch.

Nach einer Weile suchten wir weiter. Auf dem Sparbuch, das in einer Küchenschublade lag, waren etwa zehntausend Mark. Drei Monate lang hatte Richie dreitausend eingezahlt, und etwa 1000 Mark waren schon drauf gewesen.

»Wer hat dem Bengel pro Monat 3000 Schleifen gegeben und wofür? Hast du ihn unterstützt?«

Muradt winkte ab. »Ich habe ihn gefragt, ob er was braucht, als er die Hotelfachschule abgebrochen hatte, aber er sagte, er käme zurecht. Er habe einen guten Job ...«

»Ungewöhnlich, daß Monatslöhne in bar ausgezahlt und nicht auf ein Giro-Konto überwiesen werden. Weißt du, wem die Wohnung gehört?«

»Eine Hausverwaltungs GmbH kümmert sich für den Besitzer um alles. Ich habe zuletzt mit den Leuten wegen des Schlüssels verhandelt, wie du ja weißt.«

»Warum gibt es keine Überweisungen wegen der Mietzahlung?«

»Maria! Ich habe verdammt noch mal keine Ahnung. Sei doch nicht so störrisch. Ich kenne den Besitzer wirklich nicht und wenn es Korn sein sollte — die Chance ist ja nicht gering bei den vielen Wohnungen, die ihm gehören — so habe ich nichts davon gewußt!«

»Reg' dich nicht auf. Komm', laß uns gehen. Hier finden wir nichts mehr.«

»Gehen wir zu dir oder zu mir?«

»Zu dir. Meine Wohnung ist nicht aufgeräumt und ich habe noch nicht mal eine Flasche Wein im Haus.«

»Als Hausfrau wärst du eine Katastrophe«, stellte er fest und half mir in den Mantel, »oder meinst du, du könntest das noch lernen?«

»Mein Pflegetrieb ist nicht besonders ausgeprägt«, gestand ich, »und ich eigne mich auch nicht zum Kinderhüten und zum Flurputzen. Warum fragst du?«

»Wenn ich Fragen stelle, wunderst du dich. Ich habe mich den ganzen Abend durch deine Fragen quälen lassen müssen.«

»Du tust mir leid«, ich küßte ihn auf die Wange, »dann laß uns Versöhnung feiern.«

Die Tür fiel hinter uns zu. Er hatte ein Appartement in der Nähe von beachtlicher Größe und außergewöhnlichem Zuschnitt. Er entkorkte eine Flasche Roten und zauberte einen Imbiß. Ein perfekter Mann ... dachte ich gerade, als er sagte: »Übrigens, bevor du es selbst herausfindest, ich habe dieses Appartement von Kurt Korn erworben ...«

»Hör auf«, schrie ich und hielt mir die Ohren zu, »ich kann diesen Namen nicht hören. Wenigstens heute abend nicht mehr!«

»Dir kann ich es auch nicht recht machen«, tat er beleidigt, »Jetzt gestehe ich schon meine Verfehlungen und du fängst an zu schreien ... Du bist ein merkwürdiges Wesen.«

»Unser Streit tut mir leid, aber ich kann nun mal nicht anders. Hat es dich sehr gestört?«

»Ich fühlte mich ungerecht behandelt, ausgerechnet von einer Frau, die ich eigentlich sehr mag. Das hat mich fast um meine Fassung gebracht.«

»Aber nur fast«, räumte ich ein.
Der Abend endete wesentlich schöner, als er begonnen hatte. Zwei Stunden später setzte er mich zuhause ab.

Kein Gift im Wein vergiftet auch

Ich schlief schlecht in dieser Nacht und träumte seit langer Zeit wieder laut und deutlich. Ich versuchte zu fliehen, weil mich jemand verfolgte. Ich wußte nicht, wer hinter mir her war, und ich wußte nicht, wo ich war. überall Nebel, der war undurchdringlich, drohende Schatten, Stimmen und Schreie wie aus der Geisterbahn. Meine Füße waren schwer, ich versuchte zu laufen und kam nur zentimeterweise vorwärts, als hätte ich Bleigewichte an den Füßen.

Mir brach der kalte Schweiß aus, ich sah nach vorn, um den Weg zu finden, stand aber gleichzeitig neben mir und beobachtete mich. Ich keuchte, vor mir öffnete sich der Nebel. Der Samariter kam auf mich zu und sagte mit anklagender Stimme: »Der Mandelkuchen ging daneben, ich habe zuviel Mehl genommen.« Die Tränen liefen ihm die Wangen herunter. Ich ging auf ihn zu und legte ihm die Hand aufs Haar und sagte dramatisch und mit Hall unterlegt: »Habe ich dir nicht gesagt, daß du dich genau ans Rezept halten sollst?«

Er nickte und weinte bitterlich. Der Schreibtischtäter erschien, drückte den Samariter unwirsch beiseite und brüllte mich an: »Grappa, haben Sie meinen Kommentar verbrannt?« Ich starrte ihn an und schüttelte entgeistert den Kopf. »So etwas würde ich nie tun!« protestierte ich. Er kam auf mich zu und als er mit erhobener Faust vor mir stand, öffnete sich die Erde und verschlang ihn. Zurück blieb ein Gestank von Pech und Schwefel.

Kaum war der eine verschwunden, sah ich, wie Michael Muradt hinter mir herlief, einen Zettel in der Hand schwenkend. Ich versuchte wieder zu entkommen, hatte die Schuhe aber voller Sand und kam nicht vorwärts. »Warte doch«, keuchte er und kam näher. Ich sah, wie ich die Augen vor Entsetzen aufriß, als er mich erwischte. »Hier habe ich es.«

Ich schaute auf den Zettel in seiner Hand: Eine Spendenquittung über 200000 Mark, unterzeichnet von Staatsanwalt Heinz Strickmann und von Kurt Korn. Also steckten alle unter einer Decke! Nein, schrie ich und wachte auf. Ich schaute in das besorgte Gesicht meiner Katze Miou. Durch meinen unruhigen Schlaf hatte ich sie vom Fußende meines Bettes vertrieben.

Ich tastete nach dem Wecker. Kurz nach drei Uhr. Mein Kopf brummte, ich hatte wohl den Rotwein nicht vertragen.

Ich ging ins Bad und machte mich frisch. Mein Blick fiel in den Spiegel. Ich sah mitgenommen aus. Hatte wahnsinnige Kopfschmerzen. Wirre Gedanken in meinem Gehirn.

Richie und Korn und Muradt. Warum nur ließen sich die Teile nicht zu einem Ganzen zusammenfügen? Ich hatte irgendeinen Fehler gemacht, war nicht sorgfältig genug vorgegangen, ich war verliebt und das hatte mein Hirn vernebelt.

Verliebt in einen Mann, der eine enge Verbindung zu allen Beteiligten hatte. Hatte er meine Bekanntschaft gesucht, um über die Recherchen auf dem laufenden zu sein? Um sich rechtzeitig in Sicherheit zu bringen?

Mein Gott, war mir übel. Ich drehte den Wasserhahn auf und hielt die Stirn unter den Strahl. Meine Kopfschmerzen verursachten einen Brechreiz, doch das kalte Wasser kühlte meine Haut. Ich nahm zwei Aspirin, ich fühlte mich ausgebrannt und müde.

Vielleicht eine Grippe oder eine Magenverstimmung. Meine Knie zitterten, mit Mühe schaffte ich es ins Bett. Ich dachte an das, was ich zuletzt gegessen hatte. Konnte mich an nichts erinnern, sah nur noch den lila-roten Wein vor mir, den mir Muradt gegeben hatte.

Der Wein! Er hatte sehr stark geschmeckt. Unvorstellbar, in dem Wein war etwas, das nicht reingehörte! Ich fing an zu heulen, mir ging es hundeelend. Ich sah mich plötzlich tot auf meinem Bett liegen, auch noch ungeschminkt und blau im Gesicht von Zyankali oder Arsen. Aber — er hatte bestimmt ein nicht nachweisbares Gift genommen, schlau wie er war! Die elenden Kopfschmerzen brachten meine Phantasie in Schwung.

Ich heulte laut auf. Er war's, er wollte mich aus dem Weg räumen. Doch — so einfach wollte ich es ihm nicht machen! Er sollte wissen daß ich wußte, wer mich ermordet hatte. Ich hatte Fieber, ich spürte es.

Ich kroch zum Telefon, mein Bauch schmerzte. Durchhalten, nahm ich mir vor. Ich wählte Muradts Nummer. Es dauerte eine Weile, bis sich seine müde Stimme meldete: »Hallo, wer ist dort?«

»Das Gift wirkt schon«, schluchzte ich, »in zwei Stunden spätestens bin ich tot.«

»Mein Gott, was ist los mit dir? Bist du krank? Nun, sag doch was?« brüllte er in die Muschel. Ich versuchte meiner Stimme einen leidenden, aber edlen Klang zu geben: »Ich habe nicht gemerkt, daß du mir Gift in den Wein getan hast. Du hast es sehr geschickt angestellt. Du bist überhaupt sehr gerissen.«

»Was habe ich? Bist du verrückt geworden? Ich bin sofort bei dir und bringe dich in die Klinik.«

»Mach dir bitte keine Mühe. Dein Einsatz war schon hoch genug. Und dein Zeitaufwand. Außerdem würde ich dir nur das Auto vollkotzen. Und Rotweinflecken gehen schwer wieder raus.«

»Hör mir zu, du verrücktes Weib. Leg dich auf dein Bett und warte bis ich da bin, klar?«

Es klickte in der Leitung. Merkwürdigerweise ging es mir besser. Das war wohl nur das letzte Aufbäumen vor dem endgültigen Ende. Ich legte mich auf mein Bett und wartete. Es war kurz vor vier Uhr, in etwa zwei Stunden würde die Sonne aufgehen. Aber das würde ich nicht mehr erleben. Ich ließ mein bisheriges Leben an mir vorbeiziehen. Nach einer Weile war mir klar, daß ich kein besonders guter Mensch gewesen war. Und dabei hatte ich mir so oft vorgenommen, lieb und nett und freundlich zu allen Menschen zu sein, doch es hatte sich irgendwie nie ergeben.

Aber — etwas richtig Böses hatte ich noch nicht getan. Hier und da mal eine kleine Intrige gegen den Chef, ein paar kleine Notlügen, und mein Konto hatte ich schon mal häufiger überzogen. Die Bilanz war gar nicht so schlecht, die ich da am Ende meines Lebens zog. Ich legte mich auf den Rücken, schloß die Augen und wartete auf den Tod.

Zehn Minuten später klingelte es. Ich schleppte mich zur Tür. Er sollte sich ruhig ansehen, was er mir angetan hatte. Ich öffnete, Muradt stand mit zerzaustem Haar und übermüdeten Augen davor. Hinter ihm ein Mann mit Aktentasche. Ich wollte eigentlich noch im Flur zusammenbrechen, aber die beiden hätten mich dann in mein Schlafzimmer schleppen müssen, also vergaß ich es.

Der Mann, der angeblich ein Arzt sein sollte, untersuchte mich. »Darmgrippe, verbunden mit Fieber«, stellte er trocken fest. »Ich bin vergiftet worden«, korrigierte ich den Arzt. »Das sieht doch jedes Kind.«

»Sind Sie aber nicht, Frollein.« Er packte seine Instrumente in den Koffer. »Ich habe Ihnen was aufgeschrieben. Nehmen Sie drei von diesen Kohletabletten und bleiben Sie ein paar Tage im Bett. Das Fieber müßte bald runter sein. Soll ich den Herrn jetzt reinlassen?«

Ich nickte. Verdammt, ich hatte mich dämlich und hysterisch benommen. Was sollte ich ihm sagen?

Ich brauchte ihm nichts zu sagen, denn niemand kam rein. Er war gegangen.

Zwei Hochprozenter treffen aufeinander

»Lange nichts von Ihnen gehört, Frau Grappa«, tutete mein munterer Informant aus dem Grundbuchamt. »Kurt Korn, der Gatte unserer dahingeschiedenen Bürgermeisterin? Ist der Fisch nicht ein bißchen groß? Wenn der furzt, gehen in Bierstadt die Rathauslampen aus.« Meierchen lachte sich tot über seinen Witz.

»Jeder hat die Gegner, die er verdient. Also, was hat Korn so alles an den Füßen?«

»Korn und Grappa — zwei Hochprozenter. Ha, ha, ha. Wenn man die zusammenschüttet und jemand geht mit 'ner Zigarette dran vorbei, dann macht es Wuufff!«

»Sie sind der erste, der zugucken darf, wenn's brennt. Meierchen, bitte!! Ich hab's unglaublich eilig. Schlagen Sie Ihre schlauen Bücher auf ...«

»Schon dabei. Also, Kurt Korn. Da hätten wir die Kurt Korn Wohnungs-und Grundstücks GmbH und Co. KG, alleiniger Gesellschafter ist die Kurt Korn Bausanierungsgesellschaft mbH. So. Und jetzt zum Besitz. Aufkauf der Häuser Kielstraße 3 bis 75 im Bierstädter Norden. Das war vor einem halben Jahr. Vor drei Monaten die 250 Wohnungen im Nordviertel, Davor ... Moment ... Altlastengrundstück, 30000 Quadratmeter an der Bornstraße, muß aber saniert werden, zur Zeit noch nicht als bebaubar ausgewiesen. Es geht weiter: Appartement-Hochhaus Viktoriastraße ... Luxusappartements.«

Also doch! Das waren die Wohnungen, in denen Richie gewohnt hatte. Meierchen machte weiter: »Quadratmeter-Mietpreis um die 30 Mark. Kalt. Nichts für Arme oder Normale; man spricht von hübschen jungen Frauen und Männern, die hier dem ältesten Gewerbe der Welt nachgehen sollen.«

Also hatte mich meine Nase doch nicht getäuscht! Richie war ein Gigolo.

«Noch mehr, Herr Meier?«

»Klar, es geht weiter. Jetzt zu den öffentlich geförderten Projekten, zum Nordstadt-Sanierungsprogramm. Kielstraße, Blücherblock und Weißenturm-Weg. Für die gab's massenweise Geld von Stadt und Land. Er mußte sie mit diesem Geld modernisieren und sich verpflichten, die alten Mieter wieder aufzunehmen.«

»Und kamen die alten Mieter wieder zurück?«

»Die Mieten dürfen zwar nach der Sanierung erhöht werden, wegen der eingesetzten öffentlichen Mittel aber nur begrenzt. Und wenn die alten Mieter nicht mehr einziehen wollen, weil sie plötzlich keine Lust mehr haben oder in eine andere Stadt gehen oder doch nicht mehr zahlen können, dann vermietet er frei. Außerdem: Wo kein Kläger, da kein Richter. Notfalls zahlt Korn die öffentlichen Mittel zurück, wenn die Stadt ihm draufkommt. Mieter sind und waren für solche Hausbesitzer sowieso nie ein Problem. Hauptsache Grundbe-

sitz für 'nen Appel und 'nen Ei, dann wird solange luxussaniert, bis nur noch die Gutbetuchten dort wohnen können. Oder — er reißt alles ab. So wie der Norden aufgemöbelt werden soll, werden irgendwann schöne Büroflächen gesucht. Und die gehören der Kurt Korn GmbH und Co. KG. Und wenn's mit der Kündigung nicht klappt, greifen die zu anderen Mitteln.« Meier klang verbittert.
»Was für Mittel meinen Sie?«
»Rollkommandos. Drohungen. Die Fenster werden zerschlagen, die Kloschüsseln kaputtgehauen, Psychoterror, anonyme Telefonanrufe, schriftliche Drohungen und Überfälle, wie auf den Mann vom Mieterverein. Beschwert sich jemand, heißt es: Wo sind die Beweise? Und wenn einer dann immer noch aufmuckt, der wird mit einer Klagelawine überschüttet, so daß er sich nur noch einen Strick nehmen und sich aufhängen kann.«
»Woher wissen Sie das alles?«
»Meine Frau arbeitet beim städtischen Wohnungsamt. Da gehen die Leute hin und beschweren sich über die Methoden. Und wollen von der Stadt ihre Wohnung wiederhaben. Doch — die Stadt macht nichts, denn die Häuser sind ja verkauft. Auch die Leerstandsverordnung hilft da nicht. Denn dann werden die Wohnungen so gründlich verwüstet, daß sich eine Sanierung nicht mehr lohnt. Und dann erteilt die Stadt Korn die Abbrucherlaubnis. Seit der hier wütet, hat sich die Zahl der Wohnungssuchenden in Bierstadt vergrößert und zwar kräftig.«
Meier war eine wahre Goldgrube an dem Tag. Sitzt sich den Hintern im Grundbuchamt platt und spürt noch soziale Ungerechtigkeit.
Ich fragte mich, ob Bürgermeisterin Lisa Korn mit den Geschäftsmethoden ihres Gatten einverstanden war — als Politikerin, die im Bierstädter Norden auch noch ihren Kommunalwahlkreis hatte. Dort, wo ihr Mann ihre Wähler aus der Wohnung warf.
Aber — in dieser Stadt schien niemand an kleinen schiefen miesen Geschäftchen Anstoß zu nehmen.

Eine alte Dame in Nöten

Der Samariter war empört aus seiner Sendung gestürzt. Er suchte und fand mich. Auslöserin seiner Aktion war Elfriede Strunk, eine seiner liebsten Anruferinnen in der Sendung »Nachbarn sind wir alle«.

Sie himmelte ihn mit ihren 78 Jahren an wie ein später Teenager, der seine Tanzstundenliebe wiederentdeckt hat.

Der Samariter hatte ihr im Laufe seiner segensreichen Radio-Tätigkeit einen Kohleofen, eine Federkernmatratze und einen jungen Mann vermittelt, der einmal in der Woche für sie einkaufen ging.

Und als Wellensittich Lorchen das Zeitliche gesegnet hatte, sorgte Manfred Poppe für prompten Ersatz. Eine Bitte im Radio, vorgetragen mit dieser wunderschönen, tiefen sonoren Stimme, und Elfriede Strunk hätte eine Wellensittich-Farm eröffnen können, so viele »gute, gute Menschen« wollten einer »armen einsamen Frau« eine »große, große Freude« machen.

»Maria, da mußt du was machen«, kam er mir aufgeregt entgegen.

»Bleib' ganz ruhig. Erzähl die Geschichte von Anfang an. Worum geht es?«

Er schaute mich mit wunden Augen an. »Elfriede Strunk!« schleuderte er mir entgegen.

»Was ist passiert? Ist der Bollerofen kaputt oder hat ihr neues Lorchen sich einen Verehrer zugelegt ...?«

»Nein! Ganz falsch.« Manfred Poppe litt wirklich. »Frau Strunk hat Angst. Sie wird bedroht. Seit zwei Wochen. Weil sie nicht ausziehen will.«

Die Geschichte hörte sich wirklich gut an und roch nach Korn.

»Wohnt deine Frau Strunk nicht in der Kielstraße? In einem Altbau? Mit Klo auf der Treppe, dafür wenig Miete?«

»Genau. Ihr ist der Mietvertrag gekündigt worden. Sie ist die letzte in dem Haus. Der neue Besitzer hat die anderen Mieter schon rausgeekelt.«

»Ich fahr' hin. Hast du die genaue Adresse?«
Er gab mir schweigend einen Zettel. »Grüß die alte Dame von mir«, bat er. Aber klar doch!
»Übrigens, der Mandelkuchen ist nichts geworden. Ich habe wohl doch zuviel Mehl reingetan.«
»Ich habe dir doch gesagt, daß du dich genau an das Rezept halten sollst.«
O nein, nicht schon wieder dieser Mandelkuchen!

Die Sonnenseite, die Schattenseite

Um in die Kielstraße zu gelangen, ließ ich den Bahnhof hinter mir und fuhr am Bahndamm entlang. Obwohl Sperrbezirk, patroullierten hier junge Mädchen, die mit Sex eine schnelle Mark machen wollten ... machen mußten. Denn hier am Damm verdingten sich die drogenabhängigen Mädchen von der Platte. Die Freier hier waren verdammt mies.

Meist fanden die Nummern in deren Autos statt und oft wurden die Mädchen mißhandelt, um ihren Lohn betrogen, zusammengeschlagen und aus dem Auto geworfen, manchmal sogar umgebracht.

Die Gegend war nicht immer so. Erst seitdem die Stadt ihre gute Stube vor dem Bahnhof eingerichtet hatte, wo alles sauber, hell und architektonisch durchgestylt sein mußte.

Hier kaufte man nicht ein, sondern ging »shopping«, man »erlebte« den Konsum als prickelnden Zeitvertreib. Eine merkwürdige Bezeichnung dafür, daß Menschen ihr sauer verdientes Geld für übeteuerte Waren ausgeben.

Hinter dem Bahnhof die ganz andere Welt. Graue Straßen nur mit kümmerlichen Bäumen, schwarz-graue Häuserfassaden, die bei näherem Hingucken gar nicht so übel ausgesehen hätten, wären sie frisch getüncht und vom Dreck der letzten 70 Jahre befreit worden. Doch die Wohnungen waren grundweg schlecht. Dunkle Räume mit verrotteten Dielenfußböden, verwitterten Fenstern, feucht und schimmlig. Ofenheizung, Waschbecken und Klo eine Treppe tiefer. Im Winter kalt, im Sommer heiß.

Aber — die Mieten waren billig. 40 Quadratmeter für 250 Mark. Es war nicht die Schuld der Mieter, daß hier alles so verkommen war. Es waren die Besitzer der Häuser, Leute wie Kurt Korn, die nichts mehr investieren wollten in die alten Buden. Die nur scharf auf die Grundstücke waren, für die ein altes Haus ein Klotz am Bein war und die Mieter obendrein. Da halfen keine Mieterschutzgesetze, denn welche alte Frau oder welcher alte Mann ficht einen Streit vor Gericht durch alle Instanzen durch?

Aber auch diese Nordstädtler hatten die Stadt mit aufgebaut, ihr den Wohlstand gebracht, von dem sie jetzt noch zehrte, ihr die Wunden geschlagen, die sie heute noch schmerzten. Sie waren eher ein Teil des Ganzen als Kurt und Lisa Korn, als Staatsanwalt Strickmann oder Michael Muradt. Denn, diese Stadt, dieses Viertel, dieses alte Haus war ihr Leben. Sie kannten nichts anderes und sie wollten nicht anderes mehr kennenlernen, sie wollten ihren Tag leben, wie sie ihn 40 Jahre lang gelebt hatten. Doch die, die jetzt in der Stadt das Sagen hatten, die griffen nach der Sonne. Plötzlich sollte alles hell und edel sein, sauber und antiseptisch, eine Stadt mit Weltniveau. Bierstadt sollte in einem Atemzug mit New York, Paris und London genannt werden.

Auf dem Weg zur internationalen Metropole störten die hohe Arbeitslosenziffer, die Menschen, die eine billige Wohnung suchten und sie nicht fanden, die Familienväter, die vier Jahre oder mehr ohne Job waren. Sie hatten von Schwer-Vermittelbaren-Programmen, von Arbeitsbeschaffungsmaßnahmen und Weiterqualifizierungen aus Geldern des Europäischen Sozialfonds die Nase voll.

Sie wollten nicht immer gesagt bekommen, daß sie die Versager in dieser Stadt waren, weil sie sich nicht anpassen konnten an diese schöne neue saubere Welt mit ihrem Glitzer und Glimmer.

Auch deshalb hatten viele von ihnen bei der letzten Kommunalwahl die Ultrarechten gewählt, die die Ausländer und Asylbewerber für alles Böse in dieser Welt verantwortlich machten. Und die Vaterlandspartei war dann mit über sechs Prozent ins Kommunalparlament eingezogen.

Elfriede Strunk war eine alte Frau, die dort wohnen bleiben wollte, wo sie immer gelebt hatte. Ich bog links vom Bahndamm in die Kielstraße ein. Fand die Hausnummer. Das Türschloß war kaputt, ich drückte auf.

Kein Licht im Flur, die Briefkästen waren aufgebrochen und lagen teilweise am Boden — das konnte ich im Halbdunkel erkennen. Reklame und alte Zeitungen auf dem zerschlagenen Steinboden. Ich ertastete das Treppengeländer. Es roch nach Urin und Moder.

Ich schluckte und versuchte, flach zu atmen. Ich konnte kaum glauben, daß dieses Haus noch bewohnt war! Wie kam eine alte Frau wie diese Frau Strunk nur die kaputte Treppe hinauf?

Ich hatte Hemmungen, die zerschlagenen Stufen zu betreten. Die Streben des hölzernen Treppengeländers waren zertrümmert und zersägt.

Ich kam in der ersten Etage an. Die ersten drei Wohnungen schienen leer, denn die Türen standen entweder auf oder fehlten ganz. Zwielicht gab allem einen gespenstischen Anstrich. Ich schaute in die Räume hinein: Dreck, Schutthaufen, die Elektroleitungen aus den Wänden gerissen. In einer Wohnung stand ein verbeulter, verrosteter Kinderwagen, in einem anderen Raum hatte jemand mitten im Zimmer ein offenes Feuer brennen lassen. Das waren angeheuerte Vandalen, die so gewütet hatten!

Wie aufmüpfige Mieter gefügig gemacht werden

In der zweiten Etage fand ich eine Wohnung, die verschlossen war. Ich versuchte im Halbdunkel den Klingelknopf zu erkennen und glaubte, den Namen Strunk zu lesen.

Ich schellte, nichts tat sich. Ich klopfte schließlich an die Tür und wartete.

Ich hörte, wie sich jemand vorsichtig der Tür näherte, als wolle er prüfen, wer davor stand.

»Frau Strunk, ich bin von Radio Bierstadt. Herr Poppe schickt mich. Ich soll nach Ihnen sehen ... wie es Ihnen geht.«

»Moment, ich mache auf«, sagte ein dünnes Stimmchen. Es dauerte eine Weile und die Tür öffnete sich einen Spalt.

Ich setzte ein vertrauenerweckendes Lächeln auf, als mich die alte Frau mißtrauisch anschaute. Dann schob sie die Sicherheitskette zurück.

Sie war klein und ging gebückt. Ein altes Gesichtchen, blaß, die weißen Haare wie in einem Märchenfilm zu einem winzigen Knoten gebunden. Sie trug eine dieser Kittelschürzen mit kleinem Muster, kleine Blümchen auf blauem Grund dicht aneinandergereiht. Sie ging vor mir durch den düsteren Flur. Der Kittel war auf dem Rücken durchgeknöpft. Ich war angerührt, ich kannte solche Kittel, meine Oma habe ich nur in diesen Hausfrauen-Schürzen in Erinnerung. Damit die viele Hausarbeit nichts schmutzig macht und die guten Sachen nicht so oft gewaschen werden müssen.

Frau Strunk führte mich ins Helle, eine Wohnküche, mit alten Küchenmöbeln aus Weichholz, die, abgebeizt, auf Flohmärkten die reinsten Schmuckstücke wären.

Der Ofen bollerte. Es war warm und gemütlich. Mir strömte der Geruch von Kuchen oder Gebäck entgegen, das soeben den Backofen verlassen haben mußte.

Diese heimelige Stimmung zu erzeugen, das schaffen nur Frauen wie Elfriede Strunk. Ich saß in einer »Wohnküche« — der Begriff ließ Legionen unterdrückter Hausfrauen an meinem geistigen Auge vorüberziehen.

Ein Raum, in dem die Frau kocht, die Kinder stillt, dem Mann die Schuhe auszieht, wo die Familie ißt, die Frau anschließend das Geschirr abwäscht und kaum Zeit hat, sich mal auszuruhen.

Die Wohnküche der alten Frau war tiptop. Aufgeräumt, mit einem blankgescheuerten alten Tisch, auf dem jetzt eine Spitzendecke lag: »Bitte setzen Sie sich doch«, bat sie und rückte den Stuhl vom Tisch ab. »Wollen Sie etwas Kaffee haben und frischen Kuchen?«

Sie war einfach reizend. Langsam schlurfte sie zum Küchenschrank, reckte sich, so gut es ging und holte — zur Feier des Tages vermutlich — eine dieser Tassen mit Unterteller heraus.

Ich mußte unwillkürlich lachen. Ja, ich erinnerte mich, die Dinger hießen »Paradetassen« und wurden auch bei meiner Oma nur zu besonderen Anlässen herausgeholt, weil sie leicht kaputtgingen. Diese hier war beige, mit einer Menge Röschen drauf und oben am Tassenrand eine Goldbordüre. Der Henkel war affektiert abgespreizt.

Frau Strunk wischte das Goldstück mit einem Küchentuch aus. Dann brachte sie eine braune Kanne, aus der heißer frischer Kaffee duftete. Nicht gefiltert, wie es heute üblich ist. Nein, Kaffee unten rein, kochendes Wasser obendrauf und warten, bis sich das Mehl unten abgesetzt hat.

Sie goß den Kaffee vorsichtig in die Rosen-Tasse, damit sie den Kaffeesatz durch allzu heftiges Schütteln nicht aufrührte.

Dann kam der Kuchen. »Safran macht den Kuchen gel« — erzählte mir meine Oma immer, wenn sie mir das erste Stück gab, das Stück ganz vorn mit der Kruste, wo noch viel Paniermehl dranklebte. Paniermehl sollte das Anpappen des Kuchens in der Form verhindern, heute wird dazu Aluminium-Folie oder Backpapier genommen.

»Ich gebe Ihnen ein Mittelstück«, meinte Frau Strunk und setzte das Messer an. »O nein, bitte nicht, kann ich das ganz vorne haben?« Ich war glücklich, als ich es bekam.

Ich fühlte mich geborgen. Erstaunlich, daß unser Gehirn nicht nur Erinnerungen speichert, sondern auch solche Gefühle wie Geborgenheit. Es war übrigens Marmorkuchen.

»Frau Strunk, Sie wohnen ganz allein hier? Wo sind die anderen Mieter?«

»Weg, irgendwo hin. Die haben es nicht mehr ausgehalten.«

»Was ausgehalten?«

»Den Krach nachts. Die kaputten Lichtleitungen. Die Scherben, die zerschlagenen Klotöpfe.«

»Und wer hat das alles gemacht?«

»Junge Burschen. Ich habe sie früher in unserem Viertel nie gesehen. Aber die kommen fast jeden Abend.«

Sie schaute sich ängstlich um und fing plötzlich an zu flüstern: »Heute bestimmt auch wieder.«

»Haben Sie keine Verwandten?«

»Mein Mann ist vor 25 Jahren gestorben.« Sie ging zum Vertiko und reichte mir ein gerahmtes Foto rüber. Es zeigte einen jungen Mann in Wehrmachtsuniform mit kurzem Bürstenhaarschnitt, der keck aus dem Foto blickte.

»Schöner Mann«, murmelte ich. »Und — haben Sie keine Kinder?«

»Nein, eins ist früh gestorben.«

»Frau Strunk, was ist genau passiert?«

»Eines Abends klingelte es und da standen drei Leute vor der Tür. Sie kamen sofort in meine Wohnung und fragten mich, ob ich nicht ausziehen wollte. Nein, sagte ich, ich wohn' schon 40 Jahre hier und hier will ich bleiben. Die sagten dann: Das Haus wird aber abgerissen und wo willst du dann wohnen, Oma? Und als ich ihnen sagte, daß ich mich beim Mieterverein erkundigt hatte, wurde der große von ihnen böse. Er nahm einen Stuhl und schlug mir den Fernseher kaputt.«

Elfriede Strunk war erregt und setzte sich in einen Ohrensessel. »Am nächsten Abend kamen sie wieder. Sie drückten die Tür einfach ein. Sie warfen eine tote Katze in meinen Flur und brüllten: 'Das machen wir mit dir auch, Oma!' und verschwanden. Und dann habe ich bei der Nachbarschafts-Sendung angerufen.«

Sie knüllte ein Spitzentaschentuch in ihrer mageren Hand. Die Erinnerung an den Überfall machte ihr Angst und sie fing an zu weinen. Gefühlsausbrüche machen mich verlegen und ich überlegte, was ich jetzt machen sollte.

»Warum sind Sie nicht zur Polizei gegangen?«

Sie guckte hoch. »Ich hab' noch nie in meinem Leben was mit der Polizei zu tun gehabt.«

»Aber, die können Sie schützen!« Ich hatte das kaum gesagt, als ich ein ohrenbetäubendes schlagendes Geräusch an der Tür hörte. Da drosch jemand die Tür zusammen!

Ich hörte den Krach eher als Frau Strunk und ich sprang auf. »Wo ist das Telefon?« fragte ich. Sie schüttelte den Kopf und flüsterte: »Kaputt ...«

Ich griff zu einer Glaskaraffe, die einigermaßen schwer aussah und lief in das Flürchen. Drei Typen standen vor mir. Frau

Strunk jammerte im Zimmer vor sich hin. »Was wollen Sie hier?« schrie ich.

Einer der drei, fett und picklig, baute sich vor mir auf. »Oh, heute ist die Enkelin zu Besuch. Guck mal, Fred, gar nicht übel die Kleine.«

Die alte Frau wimmerte in ihrem Sessel. »Hören Sie«, begann ich, »verlassen Sie sofort diese Wohnung. Das ist Hausfriedensbruch.«

Er lachte fett. »Was du nicht sagst!« Die anderen zwei traten ins Licht.

Fred, ein langer Schmaler, entdeckte meinen Kassettenrecorder. »Radio, was? Die Alte hat eine Tante vom Radio zu sich bestellt.« Er nahm das Gerät und warf es in die Glasvitrine mit den Paradetassen. Es klirrte, Frau Strunk schrie auf.

Verdammt, ich hatte die Situation »Reporterin in Not« hundertmal vor meinem geistigen Auge durchgespielt. Aber jetzt fiel mir nicht das geringste ein. Ich sah blöd auf die Reste der Tassen, sah die Splitter und wartete auf eine Eingebung.

Die kam leider nicht und die drei bewegten sich auf den Käfig mit dem Wellensittich zu. »Nein«, schrie Frau Strunk und stellte sich vor den Käfig. »Wir wollen den Kleinen nur so herrichten, daß er in die Röhre paßt«, grölte der Fette und zu Fred und dem dritten sagte er: »Haltet mir die Alte vom Leib.«

Die wollte aber um ihr Lorchen kämpfen und trat dem Fetten ungeschickt vors Schienbein. Da holte Fred aus und schlug ihr mit der flachen Hand ins Gesicht. Sie fiel in ihren Ohrensessel.

Ich sah rot und ich hatte die Glaskaraffe noch immer in der Hand. Und wenn ich rot sah, dann sah ich auch rot.

Ich holte einmal aus und donnerte dem langen Fred eins auf die Nuß. Der guckte ungläubig und sackte zusammen.

Jetzt kam der Fette auf mich zu. »Ich glaube, die Mutter braucht Stoff und zwar richtig.« Er griff mich am Arm und zog mich an sich. Er stank aus dem Maul, mir wurde fast schlecht. Dann hob er die Hand und schlug mich rechts und links ins Gesicht und wieder und wieder.

Als er fertig war, gab er mir einen Stoß und ich flog in die

Ecke gegen den Ofen und stieß mir das Becken. Ich bemühte mich, nicht aufzuschreien. Ich blieb eine Weile liegen, um zu überlegen. Ich schmeckte Blut auf meinen Lippen. Das Schwein hatte mich grün und blau geschlagen! Mein Kopf schmerzte.

Ich blinzelte und sah mit Genugtuung, daß dem dünnen Fred ebenfalls das Blut übers Gesicht lief. Er hielt sich stöhnend den Kopf. »Sauerei«, brüllte er. »Korn hat gesagt, daß es ganz einfach wäre.«

»Halt dein dummes Maul«, fuhr ihm der Fette dazwischen.

Ich lag immer noch am Boden und schaute zu Elfriede Strunk. Sie war röchelnd in ihrem Stuhl zusammengesackt. »Die Frau stirbt«, schrie ich, »ihr Schweine. Und ihr habt sie umgebracht.« Die drei guckten in Richtung Ohrensessel. »Die Alte nippelt wirklich ab«, sagte der dritte erschrocken, »komm, nix wie weg hier. Damit will ich nix zu tun haben ...«

Er ging in Richtung Wohnungstür. »Ach was!« schrie der Fette, »die alte Schrecke simuliert nur. Der ist schon nix passiert.«

»Sie liegt im Sterben, seht ihr Mörder das denn nicht«, schrie ich und stellte mich wieder auf die Beine. Ich taumelte zu Frau Struck. Ich beugte mich über sie. Sie atmete nur noch schwach und schien bewußtlos zu sein.

Mein Gott, ich mußte Hilfe holen! Als ich hochsah, waren die drei verschwunden. Ich mußte unbedingt einen Arzt holen, sonst würde Frau Strunk sterben!

Ich rannte, so schnell ich konnte, die Treppe hinunter. Verstauchte mir den Knöchel, als ich auf eine kaputte Treppenstufe trat. Irgendwo draußen hatte ich eine Telefonzelle gesehen!

Auf der Straße führte ein Mann seinen Hund Gassi. »Holen Sie Hilfe«, flehte ich ihn an, »da oben ist eine alte Frau zusammengeschlagen worden, sie stirbt, wenn nicht sofort ein Arzt kommt.«

»Sie sind ja voller Blut«, sagte der Mann erschrocken und rührte sich nicht.

»Oben in der Wohnung, zweiter Stock. Schnell, sie stirbt.« An mehr kann ich mich nicht mehr erinnern, denn ich verlor das Bewußtsein.

Kurt Korn macht keine halben Sachen

Kurt Korn wählte die Telefonnummer seines Schulfreundes Heinz Strickmann, der als erfolgloser Staatsanwalt sein Leben fristete. »Herr Strickmann ist bei Gericht«, meinte seine Sekretärin. Danach pflege der Herr Staatsanwalt Strickmann in der Gerichtskantine zu speisen, gegen 15 Uhr sei dann wieder mit ihm zu rechnen.

»Er soll mich anrufen und zwar dringend«, befahl Korn und hinterließ seine Nummer. Er lachte in sich hinein.

Dieser Strickmann, schon in der Schule ein kläglicher Versager. Nicht, was die Noten betraf, da lag er im ersten Drittel. Schüchtern bis zur Feigheit, ging er jeder Schwierigkeit sofort aus dem Weg, gab immer schnell auf, unterwarf sich Lehrern und den Starken in der Klasse.

Seine 50000 wollte er nicht haben, der feine Herr Staatsanwalt, dieser Beamtenkacker, der sich seinen Arsch auf einem ungepolsterten Stuhl blankscheuerte.

Die Fälle, die der bekam, das waren Laden- oder Hühnerdiebe und kleine Verkehrssünder, die ihre Knöllchen nicht bezahlen wollten. Daß Heinzelmännchen — so wurde er in der Schule genannt — ausgerechnet seinen Fall bearbeitete, das schrie nach Rache. Dieser Beamtenpisser wagte es, sich mit ihm, Kurt Korn, ernsthaft anzulegen. In der Schule hatte er dabei immer schon den Kürzeren gezogen.

Corinna hatte brillante Arbeit geleistet. Es hatte ihr sogar Spaß gemacht, Heinzelmännchen auf Touren zu bringen. Sie stand auf Typen, die ihr eigenes Glück kaum fassen konnten, wenn sich eine schöne Frau wie Corinna für sie interessierte. Und die dann noch mit ihnen ins Bett ging. Ihnen allerhand beibrachte, was sie allenfalls in Pornos gesehen hatten.

Strickmann war so einer und als Corinna ihm ihre Arbeit in allen Einzelheiten schilderte — wie hatten sie gelacht! Der Kerl hatte sogar von Liebe und von heiraten und von »immer und ewig« gesprochen. Und sein Sparbuch hatte er ihr auch noch zur Begutachtung vorlegt, mit ein paar müden Kröten drauf.

»Schöne Grüße von Corinna«, sagte Kurt Korn, als Strickmann ihn endlich anrief. »Sie kommt nicht mehr. Dafür solltest du mal heute in deine

Privatpost gucken. Schöne Fotos, zumindest Corinna ist gut getroffen. Du solltest wirklich mal eine Abmagerungskur machen, mein Lieber. Aber du warst ja immer schon etwas schlaff.«

Heinz Strickmann war nicht in der Lage, etwas zu sagen. In seinem Kopf braute sich ein Gewitter zusammen.

»Corinna übrigens ist die Freundin eines Mannes, gegen den die Schwerpunktstelle für Wirtschaftskriminalität zur Zeit ermittelt. Wegen Steuerhinterziehung, Erpressung, Meineid und schwerer Körperverletzung. Sie hat mir erzählt, daß du sie unter dem Vorwand gebumst hast, deine Beziehungen spielen zu lassen.«

Strickmann sagte noch immer nichts. »Hat es dir die Sprache verschlagen, Heinzelmännchen? Kann ich verstehen, so sind sie nun mal, die Weiber. Immer auf ihren eigenen Vorteil aus. Ich muß die Fotos doch nicht mit den entsprechenden Hinweisen an den Generalstaatsanwalt schicken oder?«

»Was willst du?« fragte Strickmann mit leiser Stimme.

»Keine Fragen, keine Ermittlungen mehr, ich will endlich meine Ruhe. Ich will nichts mehr hören von einer Bürgermeisterin namens Korn und einer alten Frau, die angeblich in meinem Auftrag zusammengeschlagen worden ist. Und auch nichts mehr von diesem Mieterfritzen, der was mit der Eisenstange über den Schädel gekriegt hat. Kapiert?«

»Hast du Corinna beauftragt?« wollte Strickmann wissen.

»Na klar, Corinna hat große Erfolge bei ihrer Arbeit. Sie hat mir erzählt, was ihr alles du zusammen getrieben habt. Und was du zu ihr gesagt hast dabei. Haben wir gelacht. Und anschließend habe ich ihr mal gezeigt, was ein richtiger Mann alles kann.«

Strickmann schloß vor Scham die Augen. In seinem Kopf schwirrten die Gedanken durcheinander. Diese Demütigung, das war das Ende. Er legte den Hörer auf und verbarg seinen Kopf in beiden Händen. Er hatte Corinnas Gesicht vor sich, wie sie bat, seine Frau zu werden, wie er ihr seine Vermögensverhältnisse offenlegte, wie sie miteinander geschlafen hatten und er sich kaum wiedererkannt hatte. Alles Betrug.

Was sollte er jetzt tun? Sich eine Kugel durch den Kopf jagen? Dazu war er zu feige, bekannte er bitter. Korns Wünsche erfüllen? Dazu war er ein zu korrekter Beamter.

Aber, wenn Korn die Fotos an seinen Chef schickte, dann würde er suspendiert, bekäme ein Disziplinarverfahren, würde vielleicht sogar aus dem Dienst entfernt und verlöre seine Pensionsansprüche. Die Vorstellung schreckte ihn noch nicht mal so sehr. Aber die Enttäuschung, von einer Frau, die er zu lieben glaubte, schäbig belogen und betrogen worden zu sein, bereitete ihm körperliche Schmerzen.

Die Vorstellung, daß beide über ihn gelacht und dann anschließend zusammen im Bett waren, brachte ihn völlig außer sich. Er stand auf und übergab sich in das Waschbecken. Er zitterte am ganzen Körper.

Eine neue Heimat für Lorchen

Ich lag eine Woche im Krankenhaus und war danach noch eine Woche krank geschrieben. Prellungen und Gehirnerschütterung, so hatten die Ärzte gesagt. Frau Strunk war im Krankenhaus gestorben. Der Schock und die Angst. Die alte Frau war nicht mehr aufgewacht und die Stadt hatte die Auflösung ihrer Wohnung organisiert, wie das so üblich ist bei Todesfällen ohne Verwandte.

Ich rief im Sozialamt an und bot mich an, das Lorchen zu übernehmen. Der Sachbearbeiter war froh darüber und ich holte, sofort nach meiner Entlassung aus dem Krankenhaus, den Vogelkäfig ab. Frau Strunk war Kurt Korns drittes Opfer. Das sollte er büßen.

Ich war natürlich zur Polizei gegangen und hatte Anzeige erstattet: Die Staatsanwaltschaft leitete Ermittlungen wegen Körperverletzung mit Todesfolge gegen Unbekannt ein.

Natürlich hatte ich Korns Namen bei der Polizei genannt. Doch der Beamte hatte mich nur skeptisch angeguckt. Danach war ich mir nicht mehr so sicher, daß die Behörden meinem Tip folgen würden.

Endlich: Die Bunten greifen ins Geschehen ein

Die Machenschaften von Mieter-Hai Kurt Korn — so stand es in der Einladung der Ratsfraktion der Bunten zu einer Pressekonferenz. Endlich war jemand politisch aufgewacht, dachte ich mir. Es wurde auch langsam Zeit, daß sich jemand der schmutzigen Korn'schen Geschäfte annahm!

Mal sehen, was Dr. Arno Asbach und seine Mitstreiterin Erika Wurmdobler-Schillemeit zu erzählen hatten.

Ich kannte Arno Asbach noch aus der Zeit, als er sich in einer Bürgerinitiative gegen Polizeiübergriffe engagierte. Schon damals verwischten sich bei ihm die Grenzen zwischen Phantasie und Wirklichkeit, doch das fiel nicht weiter auf, weil die Bunten noch keine politische Kraft waren und niemand sie ernst nahm.

Heute nahm man sie ernst, doch sie waren kaum noch eine politische Kraft, auch wenn sie noch im Rat vertreten waren.

Dr. Arno Asbach hatte in Sozialwissenschaften promoviert. Im Fernstudium an der Universität Bremen. Das Thema seiner Doktorarbeit war mir entfallen, ihm vermutlich auch, denn nach seiner Promotion schlug er sich als Golflehrer in einem renommierten Club durch. Doch auch der Kontakt zu Leuten mit Geld und Macht, denen er leidlich half, ihre Pfunde abzutrainieren, brachte nicht die erhoffte Karriere.

So scheuchte er die Gattinnen der Manager immer mürrischer über den Rasen und begriff irgendwann, welche Rolle ihm das Leben zugedacht hatte: Er war ein wandelnder Karriereknick!

Also blieb nur eins: Kommunalpolitisches Engagement. Denn reden konnte er. Ohne Punkt und Komma. Am einfachsten schien eine Parteikarriere bei den Bunten, so sein Kalkül. Und er hatte recht: Innerhalb kurzer Zeit hatte er es zum Fraktionsvorsitzenden gebracht. Doch der berufliche Aufstieg ließ weiter auf sich warten.

Immerhin setzte sich Oberbürgermeister Gregor Gottwald dafür ein, daß die Stadt die Spitzenfinanzierung für seine Arbeitsbeschaffungsmaßnahme übernahm, die er bei einem »Verein für ganzheitliche Interaktion« bekam. Asbach war zuständig für das Projekt »Multikulturelle Konstellationen in den sozialen Brennpunkten unter besonderer Berücksichtigung der Bedürfnisse langzeitarbeitsloser ausländischer Mitbürger.« Klar, daß ganz Bierstadt den Ergebnissen der Untersuchung entgegenfieberte!

Er hielt sich zu allem Unglück noch für gutaussehend und konnte deshalb überhaupt nicht verstehen, daß es kein Mädel lange bei ihm aushielt. Selbst diese verhärmten, blassen Wesen, die den Geschlechterwiderspruch durch unaufhörliches Lamentieren über die Schlechtigkeit des Mannes zu knacken versuchten, fielen nur kurzzeitig auf ihn rein. Dann ergriffen sie die Flucht und wieder ihr Strickzeug.

Auch der zweite »Markt« blieb unerreicht für ihn: »Normale« weibliche Wesen stehen nun mal nicht auf Märchenprinzen, die von der Stütze leben, die kein weißes Pferd reiten, sondern ein Umweltticket der Stadtwerke zu ihrer Fortbewegung nutzen. Eine Entführung ins »Traumland der Liebe« in einem behindertengerechten Niederflurbus ist zwar ehrenhaft, macht aber keine Laune. Genervt durch sich immer wiederholende erfolglose Anstrengungen hatte Dr. Arno Asbach die Frauenfrage für sich persönlich gelöst: Er sparte jeden Monat eine kleine Summe von seinem Arbeitslosengeld und schenkte sich selbst jedes Jahr einmal eine dieser Junggesellenreisen nach Bangkok. In der Nachsaison natürlich, da waren die Tarife günstiger. Auch sein Einblick in die ökologischen Probleme der Dritten Welt waren seitdem viel intensiver geworden. An ihnen ließ er ein ausgesuchtes Bierstädter Publikum teilhaben — er hielt Dia-Vorträge in unserer Volkshochschule. Erika Wurmdobler-Schillemeit drückte an diesen Abenden enthusiastisch die Fernbedienung des Dia-Projektors.

Ich betrat den kleinen Sitzungssaal im Rathaus. Arno Asbach und Erika Wurmdobler-Schillemeit saßen bereits da und warteten auf uns Journalisten. Hajo Brunne war auch gekommen, um das Paar zu fotografieren. Beide mußten einen Aktenordner ins Bild halten, wahrscheinlich Beweismaterial gegen Mieter-Hai Kurt Korn — ich sah die Bildzeile vor mir. Hajo knipste und zog wieder ab, vorher kniff er mir ein Auge zu.

Dann erzählten sie. Von einer Fahrt des Bauausschusses des Rates ins Süddeutsche. Angeblich sollte sich der Ausschuß einige Sanierungsprojekte angucken. Um Vergleichsmöglichkeiten mit der Wohnungssanierung in Bierstadt zu haben.

»Doch abends«, tönte Asbach, »wurden wir in ein feudales Restaurant gebeten. Tolles Essen. Dann kam Herr Kurt Korn und es stellte sich heraus, daß er die Rechnung übernimmt. Stellen Sie sich diesen Skandal vor: Ein Privatmann bezahlt die Rechnungen von Politikern, die demnächst über seine Aufträge zu entscheiden haben! Wir alle sind böse hereingelegt worden! Und eingefädelt hat dies Baudezernent Werner Kunz!«

Ich war enttäuscht. Mehr hatten sie nicht herausgebracht? Keine Informationen über verbotene Preisabsprachen, nichts über kriminelle Methoden in den Sanierungshäusern, noch nicht mal moralische Entrüstung über einen rabiaten Hausbesitzer und Mieterhai, der versuchte, sich jedes Grundstück, jedes Haus in Bierstadt unter den Nagel zu reißen.

»Wer ist denn jetzt der Bösewicht?« fragte ich, »Kurt Korn oder Baudezernent Kunz?«

»Beide«, mischte sich Frau Wurmdobler-Schillemeit ein, »sie arbeiten eng zusammen. Und der Sohn von dem Kunz hat sogar einen Job bei dem Korn bekommen. Hochdotiert!«

Die anderen Journalistenkollegen waren auch enttäuscht. Peter Jansen, der Lokalchef des »Bierstädter Tageblattes«, murmelte etwas von vertaner Zeit und stand auf.

Na gut, irgendwie lustig war die Sache schon, fand ich. Da sitzt ein Ausschuß in einer Gaststätte und plötzlich taucht Kurt Korn auf und hält eine Rede und übernimmt auch noch die Zeche.

Vor einigen Jahren wäre das noch ein wirklicher Skandal gewesen, doch das Geben und Nehmen war in den letzten Jahren fast ganz normal geworden.

Ich mußte mit dem Baudezernenten reden, was er sich dabei gedacht hatte. Eine kleine Geschichte würde es schon geben, eine spöttische Moderation zwischen zwei Musiken.

»Ich hasse alle Journalisten«, sagte Baudezernent Kunz, als ich ihn anläutete. »Ich weiß«, meinte ich milde, »sagen Sie mir trotzdem, was es an diesem Abend zu essen gab?«

»An welchem Abend?«

»Beim Abendessen in Süddeutschland auf Kosten der Kurt Korn GmbH und Co. KG.«

»Haben die Bunten ihre Pressekonferenz schon beendet?«
Er hatte davon erfahren. Dann sagte er: »Spielverderber, diese Bunten. Da gibt man ihnen für umsonst was richtig Gutes auf die Gabel und so wird's gedankt.«
»Hätten denn nicht alle ihre Zeche selbst bezahlen können?«
»Natürlich. Aber die von den anderen Parteien hätten das nicht so gerne gesehen. Irgendeiner übernimmt bei solchen Fahrten sowieso die Zeche.«
»Aber ausgerechnet Kurt Korn!«
»Wieso ausgerechnet? Ich habe nichts gegen den Mann. Und was hätte die Presse geschrieben, wenn der Steuerzahler die Rechnung übernommen hätte?«
»War das alles Korns Idee?«
»Ja. Er wollte die Politiker von der Qualität seiner Sanierungsmaßnahmen überzeugen. Und das ist ihm auch gelungen, so hoffe ich.«
»Und — bekommt er jetzt den Auftrag für die Sanierung der Stadthäuser?«
»Wieso bekommt? Er hat ihn schon ...«
»Die Bunten sagen, die Auftragsvergabe stünde an ...«
»Die Bunten sagen ...« äffte er mich nach. »Diese Partei ist eine Mischung aus Halbwahrheiten, Intrigen, Pharisäertum und Frustration! Korn hat den Auftrag am 12. bekommen und das Essen war am 20. des Monats. Noch Fragen?«
»Noch zwei. Hat Ihr Sohn einen gutbezahlten Job bei Korn?«
»Nein, er arbeitet in einem Architekturbüro, das für Korn Aufträge durchführt. Als Praktikant, für 20 Mark die Stunde. Die zweite Frage?«
»Was gab's zu essen?«
»Ich lese Ihnen die Speisekarte vor: Klare Ochsenschwanzsuppe, Feines aus dem Fischernetz, Rehrücken mit Waldpilzen und Birne Helene. Wein und Schnaps nach Wunsch. Ein Essen, wie es in einem solchen Rahmen üblich ist. In Ihrem Beruf übrigens auch. Oder bezahlen Sie nach einer Pressekonferenz das Essen, zu dem Sie eingeladen werden?«
Nein, das tat ich nicht. »Hat es wenigstens geschmeckt?«
»Das ist schon Frage Nummer Drei! Ja, es war ganz gut. Be-

sonders Herrn Dr. Asbach hat es gemundet. Er hat noch eine Portion nachbestellt. Hat er das auch auf seiner Skandal-Pressekonferenz erzählt?«

»Nicht direkt«, räumte ich ein, »aber er hat nicht ausdrücklich abgestritten, daß er was gegessen hat.«

»Da habe ich aber Glück gehabt«, sagte Werner Kunz ironisch.

»Warum hassen Sie eigentlich alle Journalisten, Herr Kunz?«

»Weil sie sich wie die Richter dieser Welt aufspielen.«

Auch ein Grund. Die Geschichte war nicht mehr als eine Moderation über das, was die Bunten für ein Skandal halten. Die Bestechungsstory hatte sich »im Fischernetz« verfangen.

Wer ist Kurt Korn?

In den nächsten Tagen tat ich nichts anderes als Informationen über Kurt Korn und sein Imperium zu sammeln. Ich bemühte Pressearchive, holte mir die Kopie seiner Handelsregister-Eintragungen und stieß dabei auch auf Michael Muradts Namen. Er war tatsächlich zusammen mit Korn gleichberechtigter Gesellschafter der Baufirma gewesen und später dann ausgestiegen. Danach hatte sich Muradt — zumindest offiziell — nicht mehr an Korns Geschäften beteiligt.

Neben den Informationen, die mir Meierchen vom Grundbuchamt gegeben hatte, bekam ich noch heraus, daß Kurt Korn Optionen auf riesige Grundstücke hatte. Mir war nicht klar, warum, denn alle diese Flächen waren Industriebrachen, altlastenverseucht mit Phenolen und Furanen und so weiter. Für's Bebauen also wertlos, denn sie hatten im Altlastenkataster der Stadt ihren Platz. Das bedeutete, daß Korn niemals eine Baugenehmigung für die Flächen erhalten würde, denn — selbst wenn das Bauordnungsamt schlafen würde — irgendein Umweltschützer würde sofort Lunte riechen. Und die Grundstücke zu entkontaminieren — das würde viele Millionen kosten.

Ich blätterte noch mal die Handelsregisterauszüge durch

und fand die Erklärung. Korn hatte vor einem halben Jahr eine neue Firma gegründet, die »Altsan-KG«. Diese »Altsan« war eine Tochterfirma der »Ostschwung GmbH«, die sich in den neuen Bundesländern »engagierte«. Und siehe da, die »Altsan-KG« hatte das Geschäftsziel, Altlasten zu beseitigen, vergiftete Böden, Sondermüll und all diese »feinen« Sachen.

Wenn also die Firma »Altsan«, dachte ich mir, die Industriebrachen in Bierstadt aufbereiten würde, wäre Korn aus dem Schneider. Der Dreck wird dann in den Osten geschafft, wo die Firma »Ostschwung« die Ladung übernähme. Und im Osten würde der Müll als ungefährlich gelten, weil er von der Bierstädter Firma »Altsan« ja nur angeliefert würde. Inklusive Unbedenklichkeitsbescheinigung. Die Idee war genial einfach und zutiefst kriminell.

Als nächstes spürte ich Korns Aktivitäten im Bierstädter Norden nach. Ich rief bei seiner Firma an und stellte den Mitarbeitern dumme Fragen. Wieviel Mieter er denn schon aus den Wohnungen gedrängt hätte, ob es stimme, daß ein Rollkommando in seinem Auftrag die Mieter verschüchtert, warum er einen jungen Mann namens Richie Mansfeld mietfrei in seiner Wohnung logieren ließ, gerade Herr Korn, der doch sonst auf jeden Pfennig achtet. Danach fragte ich seine Sekretärin, ob sie wisse, welches Schlafmittel Herr Korn gewöhnlich nehme, ob er an dem Abend, als seine Frau starb, wirklich im »Pinocchio« mit seinem ehemaligen Partner Muradt zusammen war.

Ich nervte seinen Anwalt, mir etwas über die Geschäftspraktiken seines Mandanten zu sagen. Kurz, ich brachte durch meine dreiste Fragerei Kurt Korn ins Schwitzen — so hoffte ich wenigstens. Und weil ich ihn selbst nie sprechen wollte, sondern nur Erkundigungen über ihn einzog bei anderen, mußte er langsam in Panik geraten. Natürlich nannte ich immer ganz betont deutlich meinen Namen, er sollte schließlich wissen, wer da hinter ihm her war.

Die Sekretärin teilte mir gegen Ende der Woche mit, daß Korn mehrere Male angerufen habe, um mich zu sprechen. Doch ich rief ihn trotz seiner Bitten nicht an — um den Effekt meiner Aktion noch zu verstärken.

Sonnenuntergang auf der Spielbank

Jubiläums-Gala in der Spielbank Ruhr. Der Glückstempel war fünf Jahre alt und hatte es in kürzester Zeit zu einem guten Umsatz gebracht. Keine Bürgerinitiative hatte den Bau verhindern können. So protzte der gläserne Gigant in bester Bierstädter Lage neben einer kleinen, graubraunen, schlichten romanischen Kirche aus dem 8. Jahrhundert.

Das war wieder mal ein Termin nach meinem Geschmack. Der Schreibtischtäter setzte mich neuerdings auf Gesellschaftstermine an, vermutlich aus so einer Art Fürsorgepflicht. Denn die Vorgesetzten hatten ihn wohl gefragt, warum seine Mitarbeiterinnen so gefährliche Aufträge übernehmen müßten, bei denen sie im Krankenhaus landen.

Und die Frauenbeauftragte im Sender hatte an ihrer Pfeife gezogen und ihn auf die Unterrepräsentanz weiblicher Redakteure in seiner Redaktion aufmerksam gemacht.

Der Schreibtischtäter fürchtete die Frauenbeauftragte. Sie konnte äußerst unangenehm werden und guckte sich jedes Jahr ein neues männliches Opfer aus, dem sie Respekt vor ihr und den Frauen allgemein beibrachte. Und das gründlich und mit Fug und Recht.

Auf jeden Fall sollte ich eine Gesellschaftsreportage machen. Schön zahm, freundlich und milde. Ich sollte schildern, wer feierte, welche Prominenten gekommen waren, was die Damen an hatten, was es zu essen und zu trinken gab, das ganze garniert mit Histörchen, die ich beobachten würde. Kein Problem, auf Wunsch berichte ich über alles!

Ich hatte mich mit Hajo Brunne, dem Fotografen, verabredet. Ganz ohne Begleitung wollte ich auch nicht hin, denn trotz aller Arbeit hatte ich vor, mich ein bißchen zu amüsieren.

Ich bemerkte, daß ich die meisten Prominenten kannte, und das gefiel mir überhaupt nicht. Irgendwie arbeite ich schon zu lange in dieser Stadt, dachte ich, jeder kennt dich und du kennst jeden. Was bleibt da noch zu entdecken?

Hajo hatte sich beim Kostümverleih einen Smoking besorgt, ich trug einen schwarzen Hosenanzug mit Samtkragen, von dem ich mühsam die Katzenhaare entfernt hatte. Meine Haare waren frisch und feuerrot gefärbt, ich sah blendend aus, wie ich fand.

Von allen Seiten strömte Publikum in den Geldtempel. Die Gala war nur für geladene Gäste. Der Spielbankchef hatte mich irgendwann mal in Erinnerung behalten und kam auf mich zu. »Gnädige Frau, ich wünsche Ihnen einen schönen Abend.« Er drückte mir eine Reihe von Gutscheinen für Champagner in die Hand.

Ich wirkte vermutlich trotz meines edlen Aussehens auf ihn nicht so, als könne ich mein Glas Sekt selbst bezahlen.

Hajo guckte schon nach den ersten Fotomotiven, ich sondierte die Lage. Edel und gediegen — das mußte ich zugeben. Der Abend zog herauf und die Sonne ging langsam unter. Da das Gebäude aus viel Glas bestand, konnte ich den Sonnenuntergang beobachten. Die Luft war glasklar. Im Hintergrund perlte leichte Live-Musik, das Gemurmel von vielen hundert Stimmen klang an mein Ohr und das erste Glas Champagner in meiner Hand schmeckte erfrischend und kühl.

Auch das war Bierstadt. Nicht nur die miesen Geschäfte von Korn, auch nicht die Hinterhof-Idylle im Bierstädter Norden, wo Elend am besten wirkt, wenn man es in Schwarz-Weiß fotografiert.

»Komm, laß uns nach oben gehen«, drängelte Hajo und ich lief hinter ihm her. Oben standen viele Menschen in kleinen Grüppchen beieinander, redend, lachend, der Jazz-Musik zuhörend.

Das Kalte Buffet war noch nicht eröffnet worden, zuerst sollte Oberbürgermeister Gottwald eine Rede halten und das dauerte noch eine Weile. Doch Dr. Arno Asbach von den Bunten schlich bereits wie ein Wolf um die voll gedeckten Tische herum. Er suchte sich vermutlich die Brocken aus, die er sich später unter den Nagel reißen wollte.

»Nun Herr Dokter«, ärgerte ich ihn, »wieder auf der Suche nach den besten Happen? Markieren Sie sie doch mit einem kräftigen Daumenabdruck!«

Er sah auf und ich merkte an seinen Augen, daß er sich mal wieder in enger Kompagnie mit Brüderchen Alkohol befand. Blau war er noch schlimmer als nur bunt. Ich suchte das Weite.

Ich steuerte geradewegs auf den Bierstädter Freizeitdezernenten und seine Gattin zu. Sie hatte ein untrügliches Gespür für die auslaufende Modekollektion der letzten Saison und er trug seinen Konfirmationsanzug auf. Wenigstens die Krawatte war auf dem neusten Stand. Ich grüßte knapp und ging ein paar Meter weiter.

Mein Blick fiel auf eine Vierer-Gruppe. Das war Korn, ich kannte ihn aus Bildern in der Zeitung. »Da steht dein Freund«, sagte Hajo, der wieder neben mir stand.

Korn war ein kleiner untersetzter Mann. Er gestikulierte wild. Seine Aufmerksamkeit galt einem großen schlanken Mann, der mir den Rücken zuwandte. Er kam mir sehr bekannt vor und das Herz schlug mir bis zum Hals.

Eine Frau, jung, blond und hübsch, hing am Arm von Korn, schien sich aber am Gespräch nicht zu beteiligen. Sie trug eins dieser Kleider, das ich nie würde tragen können. Wie ein Schlauch, hauteng und ganz in Silber.

Der zweite Mann drehte sich nach rechts. Mir wurde flau im Magen, konnte mich von dem Bild aber nicht losreißen. Ich hatte vergessen, wie gut er aussah. Sein schlanker Körper steckte in dem Smoking, als sei er für ihn maßgeschneidert, was er vermutlich auch war. Er trug die Haare länger als gewöhnlich. An den Schläfen bemerkte ich einige graue Haare. Er lachte der Kellnerin zu, als er ihr das leere Glas aufs Tablett stellte.

Er nahm ein neues und sein Blick folgte der Kellnerin und blieb in meinen Augen hängen. Sein Lächeln erstarrte. Ich behielt die Fassung, hob leicht mein Glas an und prostete in seine Richtung. Mir wurde plötzlich übel. Ich bekam Panik. Nichts wie weg!

Ich drehte mich um und schritt in Richtung Treppe. Wochenlang hatte ich es vermieden, an ihn zu denken und jetzt war er plötzlich da. Ich krallte mich am silberfarbenen Geländer fest.

»He, wo willst du denn schon wieder hin?« rief Hajo hinter mir her. »Weg will ich, ich muß hier ganz schnell weg!« keuchte ich. Hajo kam erschrocken hinter mir her. »Was ist mit dir ...? Ist dir schlecht?«

Ich antwortete nicht. Ich hatte Muradt nicht mehr gesehen seit der Nacht in meiner Wohnung, als ich ihn verdächtigt hatte, mich vergiftet zu haben.

»Wie geht es dir?« fragte eine Stimme mit kleinem S-Fehler, den ich gut kannte, plötzlich hinter mir. Ich drehte mich langsam um. Er sah umwerfend aus. Braun gebrannt, eine leicht dekadente Müdigkeit im Blick und ein ironisches Zucken um die Mundwinkel.

»Du siehst gut aus«, komplimentierte ich, »warst du in Urlaub oder schläfst du unter der Sonnenbank?«

»Danke für die Blumen. Ich war in Urlaub. Zwei Wochen Malediven. Sport und Erholung.«

»Oh, vermutlich Golf?«

»Nein. Die Insel war nur 300 Meter lang und 100 Meter breit.«

»Wie schön ... Nur du, das blaue Meer und die Sonne? Oder hattest du Begleitung?«

»Ich hatte ein gutes Buch dabei.«

»Die neuesten Steuergesetze oder das Strafgesetzbuch?«

»Wir können auch übers Wetter reden.«

Er hatte wieder den Ton drauf, der mich zur Weißglut bringt. Diese widerliche männliche Überheblichkeit, an der ich mich so wunderbar reiben konnte.

In der Ferne sah ich Hajo mit einem Teller voller Häppchen antraben. Er bekam große Augen, als er mich — in einem offensichtlich leicht verwirrten Zustand — mit Muradt sprechen sah. Er bewies Takt, setzte die Häppchen etwas entfernt auf einem Tisch ab und blieb selbst auch gleich da.

Ich wandte mich wieder Muradt zu und fragte spöttisch: »Vermißt dein Freund Kurt Korn dich nicht? Ihr habt euch doch eben so nett unterhalten.«

Er ließ sich überhaupt nicht aus der Ruhe bringen. »Er wird halt mal eine Weile ohne mich auskommen müssen. Er ist ja schon volljährig. Ich habe gehört, du hast im Krankenhaus gelegen?«

»Ja, aber nur kurz.«

»Hattest du einen Unfall?«

»Nein, reine Routine.«

»Und warum hat man mir berichtet, du seist schwer verletzt worden bei einem beruflichen Einsatz? Als du eine alte Frau beschützen wolltest?«

»Alles erstunken und erlogen, da ist überhaupt nichts dran. Aber weißt du, das hört sich einfach besser an ... und deshalb habe ich diese Räuberpistole einfach erfunden. Weil sie zu dem Image einer unerschrockenen Reporterin paßt.«

Er glaubte mir kein Wort, aber das war mir auch egal. Immerhin stand er mit dem Mann gemütlich zusammen, dem ich meine Prügel letztendlich zu verdanken hatte. Und der dafür gesorgt hatte, daß eine nette alte Dame unter der Erde lag!

Inzwischen hatte sich Hajo doch noch zu uns gestellt und lauschte. Ich warf ihm einen Blick zu, den er wohl für eine stille Bitte um Hilfe hielt. Doch er brauchte nicht mehr einzugreifen, um die Situation zu retten.

Hinter uns raschelte es und eine Frauenstimme sagte mit unmißverständlicher Schärfe: »Kommst du, Liebling?«

Hajo war nicht gemeint und fühlte sich auch überhaupt nicht angesprochen. Der Liebling wandte sich der Frau zu und ich riskierte auch einen Blick: Eine Tussi wie aus einem Modejournal. Bildschön, kleiner als ich, übers Lebendgewicht will ich erst gar nicht reden, schwarzes Spitzenkleid, dunkle Löwenmähne, über und über behängt mit Goldschmuck, der natürlich nicht echt war. Sie sah aus wie eine festlich geschmückte Pfingstkuh. Er hatte sich offensichtlich schnell getröstet. Tussi beäugte mich schräg.

»Hallo«, sagte ich, »keine Angst, Ihr Liebling kommt sofort wieder zu Ihnen. Unser Gespräch war sowieso zu Ende.«

Sie lächelte säuerlich und musterte mich wie einen Schweinebraten in der Fleischtheke. »Willst du mir deine Bekannte nicht vorstellen, Michael?«

Muradt wandte sich ihr zu und sagte schlicht und bestimmt: »Das habe ich eigentlich nicht vor.«

»Sei doch nicht so unhöflich zu deiner Freundin«, lächelte ich und kochte innerlich vor Wut. »Ich bin Rotkäppchen auf dem Weg zu meiner Großmutter, um ihr Wein und einen Kuchen zu bringen. Und wer sind Sie?«

»Bei Ihren knallroten Haaren hätte ich mir ja denken können, daß Sie Rotkäppchen sind«, zischte sie. »Und Sie sehen auch aus, als ob Sie zuviel Kuchen essen. Haben Sie denn den bösen Wolf heute schon getroffen?«

Ich nickte. »Gerade eben. Aber heute ist der Wolf eine Frau.«

Sie wollte nicht mehr weiter spielen und schaute ihren »Liebling« provozierend an. »Kommst du? Kurt wartet sicher schon auf uns. Du weißt, daß wir noch eine Menge zu besprechen haben!«

Doch Liebling war aufmüpfig und gehorchte nicht.

»Komm doch mal mit«, meinte er zu mir und ergriff meinen Arm mit solcher Bestimmtheit, daß ich ihm den Sekt über den Smoking kleckerte. Er schnaubte verärgert und zog mich mit fort. Die Tussi und Hajo blieben mit offenen Mündern zurück.

Er schob mich die Treppe hinab, drängte mich in eine ruhige Ecke und verfrachtete mich auf ein weißes Ledersofa. Dann setzte er sich sehr dicht neben mich. Ich spürte seinen Oberschenkel an meinem Bein. Ich atmete tief durch, um eine Spur des Geruches seiner Haut zu erhaschen. Ich schaffte es und schloß die Augen. Oberhalb der Treppe stand die Pfingstkuh und ließ uns nicht aus den Augen.

Er nahm meine Hand und hielt sie mit beiden Händen fest. Ich wollte eigentlich protestieren und hatte die Lippen bereits zu einem stummen Protest geformt.

Doch Muradt kam mir zuvor. »Bitte, tu einmal im Leben das, was ich dir sage, bleib' still hier sitzen und höre mir zu. Und zwar ganz genau!«

Ich wußte nicht, warum ich es tat, ich wußte nur, daß ich es tun mußte. Ihm zuhören und all das, was danach kommen würde. Ich blieb also sitzen, entspannte mich und sagte: »Na, dann mal los. Ich bin ganz Ohr.«

»Du hast in der letzten Zeit etwas sehr Gefährliches getan«, sagte er, »du hast versucht, Korn in die Enge zu treiben. Er fühlt sich von dir verfolgt und dann kann er sehr gefährlich werden.«

»Du mußt es ja wissen, denn er ist ja dein Freund!« gab ich zurück. Ich ärgerte mich, weil er sich für diesen Verbrecher verwenden wollte. »Hast du Angst, daß meine Nachforschungen erfolgreich sein könnten? Oder hängst du noch immer in seinen miesen Geschäften drin?«

»Hör zu«, seine Stimme wurde eindringlich, »ich habe keine Angst um Korn, sondern um dich. Ich weiß, wozu er fähig sein kann, wenn er außer sich ist. Reicht dir ein Krankenhausaufenthalt noch nicht?«

»Du machst mir Spaß. Stehst mit dem Mann in aller Seelenruhe zusammen, weißt, wozu er fähig ist und bist trotzdem sein Freund. Sorgst dich sogar noch um ihn! Woher weißt du, daß er nicht für den Tod deines Neffen verantwortlich ist? Hast du ihn mal danach gefragt?«

»Ich weiß, daß Richie für ihn gearbeitet hat.«

»Ach ja? Und als was?«

»Er hatte ihn als Praktikanten in seinem Büro eingesetzt.«

»Und das glaubst du? War's nicht eher ein Job in seinem Rollkommando? Ich meine die Burschen, die den Mietern im Norden Angst einjagen! Oder ein abendlicher Nebenjob als Callboy?«

Muradt wehrte ab. »Ich kann mir nicht vorstellen, daß Richie so etwas gekonnt haben soll. Nein, er hat zwar für Korn gearbeitet, aber nicht so.«

»Der liebe Gott erhalte dir deinen Kinderglauben«, wünschte ich ihm. Über uns lauerte noch immer die dunkelhaarige Frau.

»Wer ist diese Tussi eigentlich? Deine neueste Schnalle?« Ich sah mißbilligend zu ihr hoch und zu ihm hin. Er hatte sich provozierend locker auf der Couch zurückgelehnt.

Er lächelte süffisant. »Corinna ist eine Bekannte von Korn; ich kenne sie von früher. Ich habe sie heute mitgenommen, weil ich nicht ohne Begleitung hierher gehen wollte. Das ist alles.«

»Hör zu«, jetzt war ich dran, »du brauchst mir überhaupt

nichts zu erklären. Nur weil wir ein paarmal Sex hatten, können wir beide machen, was wir wollen, oder? Ich kann mich zumindest nicht erinnern, daß wir eine feste Beziehung eingehen wollten, oder?«

»Schön, daß du es so siehst. Ich dachte schon, du würdest anderen Frauen das nicht gönnen, was du selbst nicht mehr haben willst.«

»Du siehst das völlig falsch«, bemühte ich mich ruhig zu bleiben, »ich habe eingesehen, daß wir nicht zueinander passen. Und damit ist die Sache für mich erledigt.«

»Dann bin ich ja beruhigt«, lächelte er mich an, nahm meine Hand und küßte sie. »Ich habe schon befürchtet, du würdest mich vermissen.«

Ich schluckte. Ein Wechsel des Gesprächsthemas war angesagt. Dann fiel mir etwas ein. »Du könntest mir einen Gefallen tun und mich deinem Freund Kurt Korn vorstellen.«

»Glaubst du, daß dies eine gute Idee ist?«

Ich nickte. »Der Tod deines Neffen interessiert mich noch immer. Und der Tod einer alten Frau und der Überfall auf einen Herrn vom Mieterbund und all' die Dinge, die dein Freund auf dem Kerbholz hat. Also, Michael, stellst du mich vor oder soll ich ihn so anquatschen?« Ich war entschlossen.

Er erhob sich, strich sich seinen Smoking zurecht, ordnete sein Haar mit einem Griff und hakte mich unter.

»Alles, was du willst, Liebste! Dann komm! Aber für die Folgen bin ich nicht verantwortlich.«

Wir stolzierten in Richtung Korn. Der hielt noch immer Volksreden und schwenkte die Arme. Zu mir klang ein fettes Lachen herüber. Dann fiel sein Blick auf uns. Er kam uns zwei Schritte entgegen. »Michael, wen hast du denn da mitgebracht?«

Der Kotzbrocken guckte mich liebenswürdig an. »Das ist eine Freundin vor mir, Maria Grappa vom Bierstädter Radio.«

Korns Gesichtszüge rutschten auseinander. »Sind Sie diese Journalistin, die diese vielen Fragen über mich stellt? Die meine Vermögensverhältnisse ausforscht? Die sich in meinen Immobilien herumtreibt, die mich bei der Polizei beschuldigt hat, eine alte Frau getötet zu haben? Die meinen Anwalt belästigt und meine Sekretärinnen ausfragt?«

Ich nickte freundlich. Die blonde Frau in Korns Arm ging vorsichtshalber auf Distanz. Na ja, dachte ich, hier wird er dir nichts tun, hier sind zu viele Leute, die er braucht und die ihn kennen. Also beschloß ich, noch etwas weiter zu gehen.

»Ich werde auch noch herauskriegen, daß ein junger Mann in Ihrem Auftrag auf die Schienen gelegt und getötet wurde, und ich werde herauskriegen, daß Sie Ihrer Frau die tödliche Dosis Schlafmittel verabreicht haben. Und Ihrem miesen Rollkommando komme ich auch noch auf die Spur.«

Ich sprach ganz leise, aber sehr deutlich und lächelte ihn an. Korn keuchte vor Wut. Hätte mich wahrscheinlich am liebsten verprügelt, aber das machte sich auf einer Spielbank-Gala überhaupt nicht gut. Da würden ja plötzlich alle wissen, daß Kurt Korn, der allmächtige Baulöwe, aus der Reserve zu locken war.

Blondchen, die schöne Corinna und Muradt waren blaß geworden. Alle erwarteten, das jetzt etwas passieren würde. Muradt stellte sich zwischen Korn und mich, so, als wolle er mich beschützen.

Kurt Korn hatte noch einiges auf Lager. Er bemühte sich, seine laute Stimme zu zügeln. Er stand in der Nähe des Universitätsrektors und des Sparkassen-Vorstandsvorsitzenden. Die bekamen schon lange Ohren, sie ahnten, daß sich neben ihnen eine Schlägerei anzubahnen drohte.

»Sie ticken wohl nicht sauber, junge Frau«, schnaubte er, »ich warne Sie. Lassen Sie mich in Ruhe, sonst ...« Er stockte.

»Reden Sie ruhig weiter, Herr Korn. Was ... sonst ...?«

»Ein Wort über mich in Ihrem Scheißradio und Sie können vor Schadensersatzklagen nicht mehr aus den Augen gucken. So alt können Sie gar nicht werden, bis Sie das abbezahlt haben.«

Er bemühte sich, nicht loszubrüllen. Schade, es wäre so schön gewesen, er hätte vor Zeugen gedroht, mich umzubringen.

»Mehr haben Sie nicht auf Lager, Korn?« fragte ich. Er kam

auf mich zu. Muradt trat dazwischen und herrschte Korn an: »Nimm dich zusammen, Kurt! Langsam reicht es mir! Wann lernst du endlich, dich zu beherrschen? Komm jetzt, Maria! Wir gehen!«

Die Luft war raus. Er zog mich weg. Ich folgte nur ungern. Zum Abschied rief ich Korn noch zu: »Ich kriege Sie, Korn!« Und lächelte ihn dabei so freundlich an, wie es mir möglich war.

»Du hast vielleicht komische Freunde«, sagte ich zu Muradt. »Bedroht der regelmäßig Menschen, die ihn nur was ganz Einfaches fragen wollen? Der spinnt wohl!«

»Nein, er bedroht nur Menschen, die ihm besonders impertinente Fragen stellen. So wie du. Was hast du nun damit erreicht, außer daß er jetzt überlegt, wie er dich ausschalten kann? Ich kenne ihn, das wird er dir nie verzeihen.«

»Darauf pfeife ich auch, wenn du es genau wissen willst.«

»Du bist unmöglich. Störrisch wie eine Eselin. Und dabei noch verdammt unvorsichtig. Komm, laß uns gehen! Ich will raus hier.«

»Und Corinna?« Er hatte seine Begleiterin vollkommen vergessen. »Die kann mit Korn und seiner Freundin zurückfahren.«

Wir strebten der Tür entgegen. Ich winkte Hajo zum Abschied zu. Der staunte nicht schlecht, als er mich einfach so verschwinden sah. Er stiefelte zwar noch in meine Richtung, doch ich hatte keine Lust zu irgendwelchen Erklärungen.

Ich war froh, als ich die frische Luft spürte. »Du bist völlig verrückt und lebensmüde«, seufzte er, »der Mann ist gefährlich, warum glaubst du mir das nicht?«

»Machst du dir wirklich Sorgen um mich?«

Er legte den Arm um meine Schultern. »Verrückt und lebensmüde«, wiederholte er. Es klang zärtlich.

Wir gingen durch die Grünanlage des Casinos zum Parkplatz. Die Luft war feucht und kühl, doch nicht mehr so kühl wie vor zwei Wochen. Der Frühsommer war schon zu spüren. Ich erzählte ihm die Geschichte von Elfriede Strunk. Wie sie um ihr Leben kämpfte und verlor. Wie die drei Typen mich zusammengeschlagen hatten. Wie einer von ihnen den Namen »Korn« genannt hatte.

Muradt schien beeindruckt. Irgendwann sagte er: »Ich werde dir helfen, ihn aus dem Verkehr zu ziehen und zwar gründlich. Du bist ihm allerdings nicht gewachsen, glaube mir. Du solltest mir die Sache überlassen. Aber wir können eng zusammenarbeiten.«

Ich nickte, das klang irgendwie logisch. Aber nur dann, wenn er es wirklich ehrlich meinte. Muradt und ich ein schlagkräftiges Team, das allen Ungerechtigkeiten dieser Welt ein Ende setzte! Traumhafte Vorstellung. Besonders die enge Zusammenarbeit.

Da wir es ernst meinten — zumindest an diesem Abend — fingen wir noch in der Nacht damit an und arbeiteten durch bis zum Morgengrauen. Irgendwann legte der Wecker neben meinem Bett los. Es war Zeit für meinen Live-Bericht im Radio. Als ich mich aus seinen Armen löste, um mich anzuziehen, murmelte er: »Warum glaubst du eigentlich, daß wir nicht zusammengehören?« Ich konnte mir die Antwort schenken, denn er schlief sofort weiter.

Die rauschende Ballnacht und ein fürstliches Mahl

Im Radio erzählte ich gutgelaunt von einer rauschenden Ballnacht in eleganter Umgebung, erwähnte den einen oder anderen Prominenten, lobte Musik, Essen ... verlor ein paar spitze Worte über das ulkige Kleid der Gattin des Freizeitdezernenten und erwähnte mit viel Verständnis in der Stimme, daß sich der Fraktionschef der Bunten mal wieder hatte sinnlos vollaufen lassen, danach in die Blumen-Rabatten des Spielcasinos gepinkelt hatte, um sich dann vom Dienstwagen des Oberbürgermeisters nach Hause fahren zu lassen, der nicht zusehen mochte, wie ein Bunter unter die Räder eines öffentlichen Verkehrsmittels geriet.

Ich erwähnte den Namen des neuen Friseurs der Landtagsabgeordneten, der sich für sein Design von den Produkten einer Betonmischmaschine hatte inspirieren lassen. Sie trug eine Art Bienenkorb auf dem Kopf, so daß sie sich bei einem Treppensturz die Frisur brechen würde.

Ich erzählte vom Bankdirektor, der der Gattin des Universitätsrektors zuerst die Amareno-Kirsche ins Dekolleté hatte plumpsen lassen, um sie anschließend mit der Hand wieder herauszuholen, was bei der Armen einen Entsetzensschrei zur Folge hatte. Der Gatte der Frau schlug dem Bänker anschließend seinen Gehstock kurz und schmerzvoll gegen das Schienbein, was ihn wieder auf den Boden der Tatsachen zurückbrachte.

Und ich bemerkte noch kurz, daß sich der Ordnungsdezernent der Stadt die Fleischreste des Kalten Buffets hatte einpacken lassen — für seinen Pudelmischling zuhause.

Kurz, ich schilderte sehr ehrlich und lebensnah, wie unser nettes Bierstadt ausgiebig und rauschend gefeiert hatte in der vergangenen Nacht.

Noch in der Studioregie klingelte das Telefon. Der Schreibtischtäter. »So habe ich mir Ihren Bericht über ein gesellschaftliches Ereignis nicht vorgestellt«, brüllte er. »Sind Sie völlig verrückt geworden?«

»Ich habe doch nur das geschildert, was ich gesehen habe«, meinte ich ruhig. »Der Bunte hat in die Rabatten gepinkelt und der Bankdirektor hat die Kirsche zwischen den Brüsten der Rektorsgattin gesucht. Alles die reine Wahrheit und nichts als die Wahrheit. Und nichts ist erregender als die Wahrheit — hat unser großer Kollege Egon Erwin Kisch gesagt.«

Ich war mir nicht ganz sicher, ob ihm der Name des Altmeisters des Journalismus geläufig war, aber es war mir auch egal.

Der Schreibtischtäter knallte den Hörer auf und brüllte etwas von »Konsequenzen«.

Ich zuckte die Schultern, sagte den Technikern, die die Sendung fuhren, tschüs und verschwand. Unterwegs hielt ich kurz beim Bäcker und holte vier frische Brötchen, denn wir hatten noch nicht gefrühstückt. Es war kurz vor sieben.

Als ich zu Hause ankam, hatte Muradt geduscht und sich in

einen meiner Bademäntel geworfen, der ihm ausgezeichnet stand. Ich liebe Bade- oder Hausmäntel, möglichst weiche, möglichst große und möglichst warme. Da ich die in den Damenabteilungen nicht bekam und mir die aufwendigen schreienden Blumenmuster nicht gefielen, ging ich zum Herrenausstatter.

Ich brachte die Brötchen in die Küche und ging ins Eßzimmer. Dort überraschte mich ein gedeckter Tisch mit einem opulenten Frühstück. Lachs, Hummer, Leberpastete mit Trüffeln, San Daniele-Schinken. Der Kaffee duftete schon, der unvermeidliche Schampus prickelte.

»Wo hast du die Sachen hergezaubert und dann noch um diese frühe Stunde?« fragte ich entgeistert.

»Ich habe meine Beziehungen. Komm, laß uns anfangen, ich habe einen Bärenhunger nach dieser Nacht.«

Ich hatte gar nicht gewußt, daß ich so viel und so lange essen kann. Es war köstlich und wir gaben uns voller Wonne der Genußsucht hin.

»Wer ist diese Corinna nun wirklich? Hattest du mal was mit ihr?« fragte ich, während ich mir die zweite Scheibe Leberpastete mit Trüffeln auf den frischen Toast legte.

»Ich dachte, du wärst nicht eifersüchtig.«

»Bin ich auch nicht. Aber, sag's mir trotzdem.«

»Corinna gehört zu Korns Leuten.«

»Welche Leute? Und was müssen sie für Korn tun?«

Er zögerte und suchte nach den passenden Worten. Ich wartete. Er nahm einen Schluck Champus, stellte das Glas mit einem Ruck hin. »Das sind Leute, die für Korn arbeiten. Sie machen Jobs für ihn. Mehr weiß ich nicht. Wohl nicht ganz legal.«

Ich verstand. »Also alte Frauen erschrecken, Journalistinnen verprügeln ... gehen die Jobs in diese Richtung?«

Er nickte. »Könnte sein. Corinna ist als ... sagen wir mal ... Hostess beschäftigt. Sie begleitet Korns Geschäftsfreunde.«

»Also eine Nutte?«

»Hostess würde ich eher sagen. Sie nimmt bestimmt kein Geld dafür.«

»Aber von Korn, da bekommt sie doch Geld, oder?«

»Ich nehme es an. Sie ist eigentlich kein schlechtes Mädchen, hat sogar einen Beruf erlernt.«

»Na sowas! Und ... hast du ihre gewissen Dienste auch schon in Anspruch genommen?«

»Ich kenne Corinna lange, ich habe sie Korn sogar vorgestellt. Ja, vor etwa zehn Jahren war ich kurz mit ihr zusammen.«

Vor zehn Jahren. Da war sie etwa 25 und er 35. Beide waren bestimmt ein traumhaft schönes Paar.

»Sie sieht ja auch Klasse aus, auch heute noch, oder? Auch wenn sie durch den billigen Goldschmuck etwas unecht wirkt. Warum hast du die Bekanntschaft jetzt wieder aufgefrischt?«

Es klang wohl etwas gequält, was ich da von mir gab. Ich brannte vor Eifersucht.

»Guck mich nicht so an«, lächelte er, »wenn du dich nicht so störrisch benommen hättest, dann wäre ich nicht mit Corinna zur Gala gegangen. Aber — zu solch einem Ereignis wollte ich nicht ohne Frau hingehen ... und da habe ich in meiner Not meine alte Bekannte angerufen.«

Er grinste und biß voller Lust in eine frische Feige. Er amüsierte sich köstlich über mich. Die Eifersucht grummelte weiter in meinem Magen, ich konnte nichts dagegen tun. Ich guckte finster auf meinen Teller und konzentrierte mich auf den Hummer, der partout nicht aus der Schale wollte.

»Nimm doch die kleine lange Gabel«, riet er mir, »das ist eine Hummergabel, die ist extra dafür gemacht.«

»Schlaumeier!« Wütend bohrte ich mit dem Ding das weiße Fleisch heraus und nahm mir einen kleinen Löffel Mayonnaise.

»Habe ich dir eigentlich schon gesagt, daß du besonders attraktiv bist, wenn du vor Wut kochst?«

Ich schwieg. Mir fiel nichts dazu ein. Außerdem, warum sollte er nicht mal seinen Spaß haben und sich über mich amüsieren?

Etwa zwei Minuten schwiegen wir. Ich guckte schließlich hoch und sah, daß er mich betrachtete. Mit diesem leicht amüsierten, überlegenen Blick.

»Geht es wieder?« fragte er dann. Ich nickte.

»Laß uns noch mal über Richie sprechen. Jetzt, wo du mir von dieser Corinna erzählt hast und ihrem Hostessen-Job, könnte es nicht sein, daß Richie auch so was Ähnliches gemacht hat? Denk doch mal an die merkwürdigen Kleider in seinem Schrank und die vielen Kosmetika im Badezimmer ... Richie als männlicher Begleiter, könntest du dir so etwas vorstellen?«

»Er war zwar ganz hübsch, aber ... ich weiß nicht. Aber — möglich ist alles. Doch das erklärt seinen Tod nicht.«

»Vielleicht wollte er aussteigen oder auspacken bei der Polizei. Korn hat das spitz gekriegt und ihn beiseite schaffen lassen.«

Ganz einverstanden war er mit dieser Lösung nicht. »Vielleicht hat Richie auch jemanden erpreßt, nicht im Auftrag von Kurt, sondern auf eigene Rechnung. Korn muß es nicht unbedingt gewesen sein, auch wenn er für dich jetzt der Mann fürs Böse ist. Und wenn er es doch war, dann ist es doch besser, ich bleibe in Verbindung mit ihm, oder? Ich kann mir nämlich nicht vorstellen, daß er mit dir noch mal ein Wort wechselt nach deinem Auftritt gestern abend.«

Das klang logisch. »Hör zu«, ich hatte eine Idee, »ich kenne den Staatsanwalt, der den Tod von Lisa Korn untersucht und der auch in Richies Sache ermittelt hat. Mit dem muß ich reden, der wartet vielleicht nur auf einen solchen Hinweis.«

»Ich kann mir nicht vorstellen, daß Herr Strickmann seiner Arbeit gewachsen ist«, warf Muradt ein.

»Wieso kennst du seinen Namen?« Ich war erstaunt.

»Du hast ihn mir mal genannt, erinnerst du dich nicht?«

Ich hatte ihm gegenüber nie Strickmanns Namen genannt. »Von mir kennst du den Namen nicht, zumindest nicht in dem Zusammenhang. Hast du mit Korn über Strickmann gesprochen?«

»Kann auch sein, daß der es war.«

Bemerkte ich da etwa eine Erleichterung in seiner Stimme? Darüber, weil ihm schnell eine Ausrede eingefallen war?

Ich schaute auf die Uhr. »Ich muß los, wann sehen wir uns wieder?«

»So bald wie möglich, wir sind ja jetzt schließlich ein Team.«

»Das sind wir, mein Liebling«, wiederholte ich und küßte ihm zum Abschied schwesterlich die Wange. »Und wer räumt den Tisch ab?«

»Die Leute, die das Essen gebracht haben, schaffen auch die Reste weg. Und nehmen das schmutzige Geschirr mit. Stets gern zu Diensten, gnädige Frau? Hat es Ihnen übrigens geschmeckt?«

»Es war köstlich. Das beste Frühstück, das ich je hatte. Jeden Tag so eins und du kannst mich demnächst rollen.«

Er verbeugte sich leicht, wie er es vermutlich in seinen Restaurants tat, wenn die Gäste gespeist, die saftige Rechnung beglichen und sich für den »schönen Abend« bedankt hatten.

»Laß den Wohnungsschlüssel bei der Nachbarin, wenn du gehst«, bat ich ihn. »Und sei nett zu den Katzen, sie sind Männerbesuch in meiner Wohnung nicht gewöhnt.« Weg war ich.

Audienz beim Schreibtischtäter

»Sie sollen sofort zu Herrn Riesling kommen«, empfing mich der Pförtner im Funkhaus. Ich ließ mir den Schlüssel für mein Büro geben und ging nach oben. Auf der Treppe traf ich den Samariter. »Dein Bericht heute morgen war ja sehr pointiert«, meinte er. »Du mußt damit rechnen, daß es Theater gibt. Aber ... meine Frau hat sich köstlich amüsiert.«

»Meine herzliche Empfehlung an die Gattin«, gab ich zurück. Ich trat ins Chefbüro. Der Schreibtischtäter thronte hinter seinem Schreibtisch. Ich setzte mich unaufgefordert.

»Frau Grappa«, sagte Riesling in einem gedämpften weinerlichen »Wort-zum-Sonntag«-Ton. »Frau Grappa, was ist das nur mit Ihnen? Können Sie nicht einfach nur mit netten Worten das Sympathische in dieser schönen Stadt schildern? Ohne diese hinterhältige hämische Art? Ohne sich immer über irgendwas lustig zu machen? Ohne Dinge und Menschen zu verspotten? Egal, was Sie sagen oder worüber Sie berichten, irgendeinem treten Sie immer auf die Füße.«

Er seufzte tief und ich kam mir ganz furchtbar schlecht vor. »Frau Grappa«, er sprach meinen Namen nur mit großer Überwindung aus, »liebe Frau Grappa ... was glauben Sie, was ich Ihretwegen heute schon zu hören bekam? 15 Minuten nach Ihrem Bericht war der Fraktionschef der Bunten am Telefon.«

»Konnte der denn schon wieder den Telefonhörer halten?« fragte ich erstaunt.

»Nicht nur das, liebe Kollegin.« Jetzt nannte er mich auch noch Kollegin! »Er war sogar in der Lage, mir gegenüber ein Gegendarstellungsbegehren anzukündigen. Durch seinen Anwalt.«

»Das soll er mal, ich kann mir nicht vorstellen, daß unsere Justizabteilung dem entsprechen wird. Und wenn er klagt, dann benenne ich mindestens 20 Zeugen, die gesehen haben, daß er in die Grünanlagen gepinkelt hat ... Und der Oberbürgermeister wird dann bestätigen, daß er ihn durch seinen Fahrer und in seinem Dienstmercedes hat nach Hause fahren lassen. Weil er nicht wollte, daß ein besoffener Bunter irgendwo im Straßengraben landet. Was ja sehr für Gregor Gottwald spricht.«

»Verstehen Sie denn nicht? Es geht nicht darum, die Wahrheit zu berichten, sondern darum, die Prominenten vor ihren eigenen Unzulänglichkeiten zu beschützen. Wenn er Probleme mit dem Alkohol hat, so gehört das nicht in die Medien.«

»Doch, das tut es. Wenn sich eine Person des öffentlichen Lebens bei einem offiziellen Anlaß derart danebenbenimmt, dann berichte ich sehr wohl darüber. Wenn er zuhause volltrunken die Treppe herunterfällt und seine Nachbarin sexuell belästigt, dann interessiert mich das überhaupt nicht. Es sei denn, er landet vor dem Richter.«

»Sie meinen also, daß die Wahrheit über allem steht?«

Ich setzte meinen Grundkurs Journalismus fort. »Die Wahrheit ist wichtig, aber auch die Angemessenheit der Mittel und der Schutz des Privatbereichs. Ich finde zum Beispiel nicht, daß es in die Medien gehört, wenn Bundeskanzler Kohl sich eine Freundin zulegt. Wenn er die Frau aber zu einer beamteten Staatssekretärin macht, sie also aus öffentlichen Geldern finanziert, dann ist das sehr wohl ein Thema.«

»Und was war mit Ihrer Bemerkung über den Bankdirektor und der Kirsche? Was hat das mit der hehren Wahrheit zu tun?«

»Das fällt unter den Humor-Vorbehalt. Die Nummer war so komisch und mindestens 30 Leute, die das mitbekommen haben, haben herzlich gelacht. Und das Kleid der Gattin des Freizeitdezernenten war objektiv so grauenhaft, daß meine Bemerkung vor jedem Richter, der nur ein bißchen Geschmack hat, Bestand haben würde.«

Ich setzte zum letzten Akt an. »Wenn zum Beispiel ein bekannter Journalist durch besondere Verbindungen zur Stadt ein besonders günstiges Gelände erworben hat und zudem noch alle Interessenten auf der Warteliste hinter sich gelassen hat, dann interessiert mich das journalistisch überhaupt nicht. Wenn aber dieser Journalist von seinen Mitarbeitern verlangt, über die Verwaltung und die Politiker in dieser Stadt nichts Negatives zu berichten, dann ist das sehr wohl ein Thema.«

Riesling wurde blaß. »Was meinen Sie damit?« fragte er.

»Nichts Konkretes. Das war nur ein fiktives Beispiel, um Ihnen meine Position noch einmal zu verdeutlichen«, log ich, ohne rot zu werden.

Er gab auf. »Natürlich stehe ich in der Öffentlichkeit hinter meinen Mitarbeitern, das wissen Sie ja.«

Ich nickte. »Ich schätze Ihre Loyalität, Herr Kollege.«

Dabei konnte ich mir lebhaft vorstellen, wie er über mich hergezogen hatte — so, wie er es über alle seine Mitarbeiter ausführlich tat. Dieser Mann mußte andere klein und schlecht machen, um sich selbst groß zu fühlen.

In meinem Zimmer angekommen, dachte ich an Muradt. Fast hatte ich es in den letzten Wochen geschafft, ihn zu vergessen. Doch die Versuchung, es wieder mit ihm zu tun, war zu groß gewesen.

Je näher ich ihn kennenlernte, um so weniger wußte ich von ihm. Am nächsten war ich ihm, wenn er matt, sanft und gelöst neben mir lag, wie ein zufriedenes, sattes, schönes Tier, das sich nicht so richtig an einen Menschen gewöhnen kann.

Trotz seiner Wildheit beherrschte er die Rituale dieser engen, konsum- und kapitalorientierten Gesellschaft besser als jeder, den ich kannte. Er konnte skrupellos und herrschsüchtig sein und kalt und erfolgsorientiert handeln. Er war der Sieger, egal wo. An mir fand er wohl faszinierend, daß ich mich ihm nicht bedingungslos unterwarf. Doch dies war nur eine scheinbare Harmonie ohne Zukunft.

Er war ein Rätsel für mich. Ich wußte noch immer nicht, ob ich ihm trauen konnte. Aber — vielleicht war das gerade das Reizvolle an dieser mysteriösen Affäre, die mich seit Wochen gefühlsmäßig in Atem hielt!

Ein Ermittler gerät aus dem Takt

Ich bin eigentlich für jede Überraschung zu haben, aber ab und zu gelingt es doch noch jemandem, mich aus der Fassung zu bringen. »Herr Strickmann ist krank«, so hatte mich die Justizangestellte noch vor zwei Stunden vertröstet. Um so erstaunter war ich, als ich von der Arbeit nach Hause kam und Strickmann auf den Stufen vor meiner Wohnung sitzen sah.

»Das ist aber eine Überraschung«, mehr fiel mir nicht ein. Er rappelte sich von den Treppen hoch und ich sah, daß er wirklich krank sein mußte. Sein mausgrauer Anzug hatte Falten und Flecken, das weiße Hemd trug er bestimmt seit Tagen, der hellgraue Dreitage-Bart und die Schatten unter seinen ohnehin schon wässrigen Augen — schrecklich! Der Mann war ein Fall für das Sanatorium.

»Kann ich mit Ihnen reden, bitte!« flehte er und ich wunderte mich über die neue Rollenverteilung. Daß ein Staatsdiener eine bei Ämtern und Behörden berüchtigte Journalistin um Hilfe bitten wollte, das war schon ungewöhnlich.

Meine Neugier, gepaart mit einem guten Schuß Mitleid — auch ich habe schließlich doch irgendwo eine Seele — siegte. »Kommen Sie, Herr Strickmann«, meine Stimme bekam unversehens einen mütterlichen Ton, »ich helfe Ihnen.« Ich packte ihn unter und kräuselte die Nase. Das war alter Schweiß verbunden mit frischem Alkohol.

Ich krabbelte in meiner Handtasche nach dem Schlüssel, Strickmann stützte sich auf meine rechte Schulter. Er konnte kaum noch gerade stehen. Ich öffnete die Tür.

Mit einem zufriedenen Blick sah ich, daß Muradt die Reste des Frühstücks weggeschafft hatte und daß die Aufräumungsarbeiten in Küche und Eßzimmer erfolgreich abgeschlossen worden waren. Das Geschirr war gespült und eingeräumt. Auf den Mann war Verlaß. Ich bugsierte Strickmann auf mein schwarzes Ledersofa. »Entspannen Sie sich, ich koche einen starken Kaffee.« Er stierte an die Wand und schien sich in die afrikanische Büffelmaske zu vertiefen, die ich von einer Reise in den Senegal mitgebracht hatte. Sie hatte schön geschnitzte Hörner und guckte Strickmann genau ins Gesicht.

Die Kaffeemaschine stöhnte, ich griff die Sahne und den Zucker. Strickmann saß noch immer da — unbeweglich. Mein Gott, war der Mann fertig!

»So, Herr Strickmann, trinken Sie einen Schluck Kaffee und erzählen Sie.«

Er schlürfte, verbrannte sich die Zunge, hustete, seine Hände konnten kaum noch die Tasse halten. »Ich bin reingelegt worden«, begann er.

»Von wem? Etwa von Korn?« half ich ihm. Er nickte. Aha, deshalb war er zu mir gekommen.

»Erzählen Sie doch mal, was ist passiert?«

»Ich habe eine Frau kennengelernt, Reifenpanne vor dem Landgericht. Ausgerechnet, als ich das Gebäude verließ. Das hätte mich gleich warnen müssen, aber ich Dummkopf habe nichts gemerkt. Eine Reifenpanne direkt vor meiner Nase ... und ich fall' drauf rein, ich Idiot.«

Er machte eine Pause, schüttete sich einen Schluck Kaffee auf das Jackett. »Wir kamen also ins Gespräch, ich wechselte den Reifen, anschließend lud ich sie zum Essen ein.«

O Mann, dachte ich. Ein ausgewachsener Staatsanwalt fällt auf die älteste Masche der Welt rein. Hilfloses Frauchen hat Panne und der Märchenprinz muß helfen.

»Es war ein schöner Abend. Wir gingen in ein Nobelrestaurant in der City. Italienisch.«

Da gab's nur eins, nämlich Muradts »Pinocchio«. Korns Mafia schien sich das Restaurant als geheimen Treffpunkt ausgesucht zu haben.

»Sie war einfach wunderbar«, schwärmte er immer noch, »nicht nur, daß sie gut aussah, sie hatte auch Humor und konnte zuhören.«

»Und zwei Tage später lagen Sie mit der Dame im Bett«, half ich nach.

»Ja, genau so war's«, sein Erstaunen war grenzenlos, »woher wissen Sie das?«

»Ich bin phantasiebegabt. Und ich weiß noch viel mehr: Die Dame schleppte sie ab in ihr eigenes Appartement, sie trieben es miteinander und merkten nicht, wie hinter einem großen Spiegel es immer wieder klick machte. Und nochmal klick. Wie in einem schlechten Kriminalfilm. Irgendjemand machte also heimlich Fotos von Ihnen beiden und schickte Sie Ihnen. Und ich weiß auch, wer dieser jemand war. Unser Freund Kurt Korn. Was hat er von Ihnen verlangt?«

Er war noch ganz in seinem Schmerz gefangen und stierte vor sich hin, so, als würden Bilder der Erinnerung an seinem geistigen Auge vorüberziehen.

Dann sagte er leise: »Ich bin ein Idiot. Ich hätte es merken müssen. Hundertmal habe ich solche Fälle selbst auf dem Schreibtisch gehabt und über die Idioten gelacht, die sich mit solch einer Masche ausnehmen ließen. Aber ich habe sie geliebt, wirklich geliebt. Sie war ganz anders als die Frauen, die ich bisher kannte. Die hörten mir nie zu, hatten kein Interesse an meiner Arbeit oder drängten mich zu einer Karriere. Sie bewunderte mich – so sagte sie jedenfalls. Ich habe von Heirat gesprochen, ich verdammter Trottel. Wie die beiden über mich gelacht haben müssen!«

Tränen der Enttäuschung liefen über seine graue Wangen und fanden den Weg unter den Kragen des angeschmuddelten Hemdes. Bevor noch was aus der Nase lief, holte ich schnell aus der Küche eine Papierserviette.

»Herr Strickmann, das erklärt immer noch nicht, womit er Sie erpressen wollte. Sie sind nicht verheiratet – wem also wollte eer die Fotos schicken? Ihrer geschiedenen Frau ja wohl kaum!«

»Dem Generalstaatsanwalt. Diese Hure ist die Freundin eines Mannes, gegen den umfangreiche Ermittlungen laufen. Wirtschaftsdelikte. Die Frau würde vor Gericht behaupten, daß ich sie erpreßt und ins Bett geholt hätte — damit ihr Freund besser davon käme, wenn sie mit mir ...«

Ich verstand. »Und Korn wollte, daß Sie die Ermittlungen gegen ihn einschlafen lassen?«

»Ich habe Corinna geliebt«, wiederholte er.

»Wie bitte, Corinna?« Das durfte doch nicht wahr sein. »Eine große, grazile Brünette, Haare lang, leicht gelockt, gebräunte Haut? Mit einer Vorliebe für unechten Goldschmuck?«

Er nickte und staunte. »Woher kennen Sie die denn?«

»Ich habe sie mit Korn einmal im Spielcasino gesehen.«

Er brauchte ja nicht unbedingt zu wissen, daß sie eigentlich nicht mit Korn, sondern mit einem gewissen Herrn Muradt im Geldtempel war.

»Haben Sie überprüft, ob die Frau wirklich mit diesem angeblichen Wirtschaftsstraftäter liiert ist?«

»Nein ...« murmelte er überrascht.

»Mann, die haben Sie reingelegt. Strickmann, die Frau gehört zu Korns Callgirl-Truppe! Die Sache mit ihrem angeblichen Freund ist erstunken und erlogen. Fassen Sie sich, machen Sie weiter, gehen Sie in Ihr Amt und machen Sie ihm Feuer unter seinem Fettarsch. Und die Fotos soll er sich in die Haare schmieren. Oder auch dem Generalstaatsanwalt schikken. Zeigen Sie Korn an wegen Erpressung! Machen Sie ein Faß auf und zwar richtig. Und Ihre Gefühle dieser Schlampe gegenüber — die vergessen Sie ganz schnell. Ich kann zwar verstehen, daß Ihre Männlichkeit einen Knacks bekommen hat, aber hier geht es um Gerechtigkeit und um Ihre Existenz. Reißen Sie sich zusammen.«

»Und wenn er die Fotos wirklich verschickt?«

»Na und? Vielleicht kriegen Sie ein kleines Disziplinarverfahren, in dem die Umstände genauer untersucht werden. Das können Sie so deichseln, daß Sie anschließend als Opfer dastehen. Ist ja auch die reine Wahrheit. Und Korn kommt wegen versuchter Erpressung dran.«

»Ich mache mich doch vollends lächerlich. Das spricht sich bei den Kollegen doch schnell herum, daß ich reingefallen bin. Und die Presse ...«

»Mein Gott, Strickmann! Da wächst auch schnell Gras drüber. Was wollen Sie eigentlich? So kommen Sie am schnellsten und am besten aus der Sache raus! Und wenn wirklich was in der Zeitung steht, was soll's? Nichts ist älter als eine Zeitung von gestern ... außerdem gibt es noch so was wie einen journalistischen Ehrenkodex. In Bierstadt gibt es schließlich nur bürgerliche Zeitungen und keine Revolver-Blätter.«

Er überlegte. »Dann werde ich aber nie Oberstaatsanwalt.«

Er würde sowieso nie Oberstaatsanwalt werden, dachte ich. Seine Karriere war schon seit zehn Jahren zuende, er wußte es nur noch nicht.

»Ach Quatsch! Natürlich werden Sie Oberstaatsanwalt. Das ist nur eine Frage der Zeit, auf jeden Fall werden Sie nicht Oberstaatsanwalt, wenn Sie sich erpressen lassen«, log ich aus Mitleid.

Strickmanns Körperhaltung änderte sich langsam, sein Blick wurde klarer. »Genau das werde ich tun«, meinte er, »und dann mache ich Korn fertig und wenn das das letzte ist, was ich in diesem Leben tue!«

Nun übertrieb er wieder. »Denken Sie aber nach und halten Sie sich an Ihre Vorschriften«, warnte ich. »Korn ist mit allen Wassern gewaschen, aber — wem sage ich das? Sie kennen die einschlägigen Gesetze ja wohl besser als ich. Und ihn vermutlich auch, er ist ja ein alter Schulfreund von Ihnen.«

Er stand auf. Mir war es offenbar gelungen, ihn zu trösten. Wenn das so weiter geht, dachte ich, bekomme ich noch mal den Spitznamen »Mutter Teresa von Bierstadt«.

»Ich danke Ihnen, warum lerne ich eigentlich solche Frauen wie Sie nicht kennen?«

Oh Himmel, das fehlte gerade noch! »Das liegt daran, weil ich in einem Autoreparatur-Kurs für Frauen gelernt habe, meinen Reifen selbst zu wechseln«, lachte ich.

Am Abgrund zählt nur eins: Haltung!

»Du bist so zurückhaltend zu mir. Irgendetwas steht zwischen uns«, meinte Muradt bei unserem nächsten Treffen.

»Wahrscheinlich die Wahrheit«, entgegnete ich trocken. »Es war ja meistens die Wahrheit, die zwischen uns gestanden hat, nicht wahr?«

»Welche Wahrheit? Deine oder meine?« Er war zum Streiten aufgelegt und seine Stimme wurde schärfer.

»Wahrheit ist nicht teilbar zwischen dir und mir. Aber — ich kann es auch anders ausdrücken: Nicht die Wahrheit steht zwischen uns, sondern die Lüge.«

»Und? Wer hat gelogen, du oder ich?«

»Du liegst da eindeutig an der Spitze«, behauptet ich. »Alles, was du mir über deine Beziehung zu Korn gesagt hast, war gelogen. Und wenn du nicht gelogen hast, dann hast zu geschwiegen. Ich verstehe nur nicht, warum. Warum schützt du Korn? Was verbindet dich mit ihm? Was verbindet dich mit dieser Corinna, die als Erpresserin arbeitet? Jeder Mensch ist nur so ehrenhaft wie die Freunde, mit denen er sich umgibt.«

»Da ich ja zur Zeit mit der Super-Moralistin der gesamten westlichen Welt zusammen bin, sollte ich eigentlich ein paar Pluspunkte auf meinem Minus-Konto bekommen, oder?«

Er knallte die Zeitung wütend auf den Boden. »Maria, ich bin es leid, dein verdammtes Mißtrauen. Ich habe dir schon mal gesagt, daß es nicht nur schwarz und weiß auf dieser Welt gibt. Aber das kapierst du nicht. Du bist borniert und engstirnig und läßt mich spüren, daß du mich moralisch gesehen für den letzten Dreck hältst. Warum gehst du dann eigentlich mit mir ins Bett? Warum bist du dir nicht zu schade dazu? Oder erhöht das deinen Nervenkitzel, es mit einem dubiosen Verbrecher zu treiben?«

Er ging in seinem Appartement auf und ab. Ich hätte nicht geglaubt, ihn so verletzen zu können. Gleichzeitig war ich von seinem Ausbruch fasziniert, es schien ja so, als würde er auf meine Achtung Wert legen.

»Ich glaube ja nicht, daß du immer lügst«, wollte ich ihn beruhigen, »nicht immer ... aber immer öfter!«

»Herzlichen Dank, gnädige Frau! Ich bin entzückt«, höhnte er. Seine Wut wurde immer größer.

Ich stand auf und ging auf ihn zu. »Bitte, laß uns nicht streiten. Wir wollten doch gemeinsam Korn zur Strecke bringen, oder? Das willst du doch noch?«

»Ja, das will ich. Aber warum eigentlich? Welche Vorteile bringt es mir? Gar keine. Je näher du dich mit Korn befaßt hast, um so geringer wird dein Vertrauen in mich.«

»Interessieren dich Korns Opfer eigentlich auch? Oder betrachtest du unsere Jagd auf Korn nur unter einem sportlichen Aspekt?«

»Warum sollten die mich kümmern? Ich kenne die Leute doch gar nicht.« Er spielte den abgebrühten kaltschnäuzigen Egoisten.

»Deinen Neffen hast du ja wohl gekannt und ich bin noch immer überzeugt, daß Korn und seine Leute ihn auf dem Gewissen haben. Und die anderen Opfer sind dir also wirklich gleichgültig?«

Er zuckte die Schultern und meinte: »Manche Menschen sind zu Tätern geboren, andere zu Opfern. Das ist im Leben so.«

»Du bist zynisch. Von der Würde des Menschen hältst du wohl nicht allzu viel?«

»Würde — das ist ein ethischer Begriff. Wie schnell kann es vorbei sein mit der Würde. Ich gebrauche da lieber das Wort 'Haltung', und die bestimmt jeder für sich selbst.«

»Und wie können die, die alt, arm, krank und ausgegrenzt sind, zu einer Haltung kommen, die sie in freiem Entschluß selbst bestimmen können?«

»Ich weiß nicht, wie sie dahin kommen können. Ich weiß nur eins: Gerade am Abgrund kommt es auf die Haltung an.«

»Weil es den Fall in die Tiefe viel schöner macht?«

»Du willst mich nicht verstehen. Ich will lediglich sagen, daß nicht alles Unglück schicksalhaft ist. Ich finde, daß die Menschen lernen sollten, für ihr Glück zu kämpfen und ihr Unglück zu besiegen. Das bedeutet natürlich eine gewisse Mühe und ist anstrengend. Und da der Mensch von Natur aus bequem ist, lamentieren die meisten dann lieber über ihr Schicksal und geben anderen — vorzugsweise der Gesellschaft — die Schuld.«

»Und was ist mit denen, die dazu unfähig sind? Zum Kampf, meine ich. Wie Frau Strunk zum Beispiel?«

Er zuckte die Schultern. »Alles eine Frage des Trainings. Frau Strunk mußte zum Opfer werden, weil sie es nie gelernt hat, Täterin zu sein. So einfach ist das, auch wenn es in dein romantisiertes Weltbild nicht paßt.«

»Mein Gott, wie konnte sie denn? Hättest du ihr Leben geführt, würdest du in zwanzig Jahren im Seniorenheim sitzen und müßtest gefüttert werden! Deine Opfer-Täter-Theorie ist der allerletzte reaktionärste Blödsinn.«

Da kam sie wieder durch, seine im Grunde menschenverachtende Haltung, die ich nicht ausstehen konnte. Aber — ich wollte die Diskussion nicht verschärfen und versuchte einzulenken.

»Und wo liegt dann der Unterschied zwischen dir und mir und Korn? Sind wir Opfer oder Täter?«

»Wir drei gehören zu den Tätern. Nur die Motive sind verschieden. Du willst ihm um jeden Preis das Handwerk legen, weil du auf eine tolle Story aus bist, ich will ihm das Handwerk legen, um alte Rechnungen zu begleichen und um dir zu helfen, und Korn ist Täter aus reinem Egoismus und aus Spaß, Menschen zu quälen und fertigzumachen. Du siehst, daß wir alle drei Täter sind, die aus persönlichen Beweggründen handeln, und nicht, weil wir einem hehren Ziel nachjagen, wie der Wahrheit zum Beispiel. So wie du es vorgibst zu tun.«

Schlagartig wurde mir klar: Es hatte keinen Sinn mehr. Ich mußte die Sache allein durchziehen. Mußte den Kopf freihaben dafür. »Okay«, sagte ich und erhob mich. »Ich werde allein weitermachen, deine Hilfe brauche ich nicht, ich will sie auch nicht mehr. Es wird auch ohne dich gehen.«

Er brachte mich schweigend zur Tür. Ich schaute ihn an und er schaute ernst zurück — ohne Bedauern, wie ich fand.

»Wir können uns die nächsten Monate nicht sehen«, sagte ich, »ich muß mich um einige private Dinge kümmern und werde verreisen.« Die Lüge schnürte mir fast die Kehle zu.

»Das trifft sich gut«, entgegnete er lächelnd. Er hatte verstanden. »Ich bin sowieso auf Geschäftsreise. Und muß mich auch um einige private Dinge kümmern in den nächsten Monaten.«

Ich drehte mich um. Er schloß die Tür hinter mir. Das war es dann wohl. Während der Fahrt nach Hause merkte ich, wie mir die Tränen die Wangen herunterliefen, ohne daß ich etwas dagegen tun konnte.

Eine Begegnung der blonden Art

Immer wenn ich unglücklich bin, befällt mich ein Kaufrausch. Ich habe dann das Gefühl, mir selbst etwas Gutes tun zu müssen, wenn schon die ganze Welt auf mich böse ist. Also verschwendete ich in den nächsten Tagen auf meine Arbeit etwas weniger Elan als gewöhnlich.

Ich machte einen Termin beim Friseur aus, ließ mir die Haare abschneiden — exakt kurz, geometrisch, fast männlich, lieferte mich einer ewig erzählenden Kosmetikerin aus, die mir auch die Fingernägel badete und feilte, hob 1000 Mark von meinem Sparbuch ab und stürzte mich an einem freien Tag in den Konsumrausch.

Leider sind die Sachen, die ich trage, recht teuer, aber zweimal im Jahr konnte ich mir eine solche Tour leisten, denn bei den 1000 Mark vom Sparbuch bleibt es meistens nicht, da gehen die Euroschecks auch mal drauf.

Von Muradt hatte ich nichts mehr gehört, ich mied die Plätze, an denen ich damit rechnen konnte, ihn zu treffen. Zuhause ließ ich die Anrufer zuerst auf den Beantworter sprechen und entschied dann, ob ich Kontakt aufnahm. Doch — keine Stimme mit kleinem S-Fehler brachte meine Tage in Unordnung.

In meinem Lieblingsladen schaute ich mir gerade die Etui-Kleider an, die zur Zeit so modern waren. Ich kaufte eins in

Kornblumenblau, das gut zu meinen Haaren paßte. Ich fuhr die Rolltreppe in die Dessous-Abteilung, um hier zunächst die entsprechenden Teile zu sichten. Da sah ich sie. Korns blonde Freundin, die von der Spielbank-Gala in dem engen silbernen Kleid. Sie wühlte in den Bademoden Größe 36. Ich pirschte mich heran. »Hallo guten Tag. Können Sie sich noch an mich erinnern?«

»Ja natürlich«, meinte sie erfreut. »Sie sind doch die Journalistin, über die sich Kurt so geärgert hat. Wissen Sie, Kurt regt sich immer so leicht auf. Aber in Wirklichkeit meint er es nicht so. Ich weiß ja nicht, warum er so wütend auf Sie ist, aber er ist bestimmt nicht nachtragend.«

Sie war wirklich sehr freundlich. Schade, dachte ich, so eine hübsche, nette junge Frau. Und dann dieser Kotzbrocken!

»Ich glaube auch, daß ich mich mit Herrn Korn irgendwann einmal intensiv aussprechen werde und daß wir dann die gegenseitigen Irritationen abbauen können ...« meinte ich zweideutig.

Sie verteidigte ihn weiter: »Kurt hat soviel mitgemacht. Der Tod seiner Frau und dann die Verdächtigungen gegen ihn, daß er sie in den Tod .... na ja, Sie wissen schon, was ich sagen will. Er ist mit den Nerven runter. Deshalb fahren wir ja auch jetzt in Ferien.« Sie lachte kindlich und naiv — voller Vorfreude auf den Urlaub.

Das war ja interessant, was ich da erfuhr. Korn verdrückte sich für ein paar Wochen. »Wie schön für Sie. Deshalb sind Sie heute in der Bademoden-Abteilung. Wohin geht es denn, hoffentlich in die Sonne?«

»Wir fliegen nach Teneriffa. Da soll es im Mai sehr schön sein, sagt Kurti. Er hat dort nämlich ein Landhaus mit Schwimmbad und großem Garten.«

O Himmel, sie nannte ihn auch noch 'Kurti'!

»Wann fliegen Sie denn?«

»Oh, schon in drei Tagen. Und ich habe so gut wie nichts anzuziehen.«

»Fliegen Sie nur zu zweit?« Sie nickte und konzentrierte sich auf einen knappen Bikini mit Goldstickerei. Sie mochte es of-

fenbar schillernd und glänzend. »Zuerst schon, aber dann kommen noch Kurts Mitarbeiter und Mitarbeiterinnen dazu.«
»Oh, die ganze Firma?«
»Nein, nur die Spezialabteilung. Alles junge Leute in meinem Alter. Wir werden bestimmt eine Menge Spaß haben!«
»Und was arbeitet diese Abteilung?«
Sie zögerte, doch ihre Mitteilsamkeit siegte: »Besondere Aufgaben, die besonders bezahlt werden.«
So hatte Kurti es ihr wohl verklickert. Mehr war wohl nicht aus ihr herauszukriegen, aber mir reichte es schon, um selbst auch Pläne zu machen.
Ich mußte genaueres wissen. Ich setzte noch nach. »Liegt das Landhaus am Meer?«
»Nein, etwas weg davon. Aber deshalb gibt es ja den Pool.«
»Im Norden oder im Süden von Teneriffa? Der Norden soll ja wesentlich schöner sein ...«
Sie überlegte. Ich tat unbeteiligt und wühlte in den Bademoden. Endlich sagte sie: » In der Nähe von Icod, das ist aber im Norden. In einem kleinen Fischerort mit einem komischen Namen. Gara.. Gara..« Sie stockte. »Ich hab's vergessen«, meinte sie entschuldigend.
Icod und ein Ort mit Gara.. am Anfang. Es dürfte kein Problem sein das rauszukriegen mit einer vernünftigen Landkarte.
»Ich glaube, dieser Bikini, den Sie sich da ausgesucht haben, würde gut zu Ihnen passen.«
»Ja, den nehme ich auch.« Sie zog den Bügel heraus. »Ich probier' ihn aber noch an.«
»Ja, dann wünsche ich Ihnen einen schönen Urlaub. Und sagen Sie Herrn Korn nicht, daß Sie mich getroffen haben, sonst ist ihm die Petersilie verhagelt.«
»Nein, das bleibt unter uns.« Sie verschwand in der Kabine, ihre Kindergröße stolz wie eine Trophäe in der Hand schwenkend.

Genossin Schneewittchen macht Karriere

Der letzte Termin vor meinem Urlaub war eine Bilanzpressekonferenz einer Konsumgenossenschaft, die sich in den neuen Bundesländern engagiert hatte. Es war die Genossenschaft, bei der fast alle Bierstädter ihre Lebensmittel kauften, weil der Konzern die Stadt mit seinen Läden übersät hatte. Ich kaufte auch dort, nur für Wein und Katzenfutter ging ich woanders hin — der Wein war zu gewöhnlich und das Katzenfutter zu teuer.

Am Fuße des riesigen Verwaltungsgebäudes wurden die Journalisten bereits von einem Mädel der Werbeabteilung abgeholt. Der Weg ins Vorstandszimmer führte durch teppichbodene Gänge, die jedes Geräusch verschluckten. Vor dem Vorstandszimmer stand — nicht unauffällig genug — ein riesiger Turm von unauffällig verpackten Kartons. Aha, dachte ich, die kleine Arbeitsgrundlage für die Journalisten, damit der positive Bericht besser aus der Feder fließt!

Der Vorstandssprecher drückte mir die Hand, ich wechselte brav ein paar Worte mit ihm und vereinbarte ein Interview nach der Pressekonferenz.

Ich bekam ein Glas Sekt gereicht und nippte vorsichtig. Nicht übel! »Darf ich Sie zu Ihrem Platz begleiten?« säuselte der Leiter der PR-Abteilung. Ich folgte ihm und setzte mich an einen langen Tisch auf einen Platz, an dem die Tischkarte mit meinem Namen stand. Vor mir die Pressemappe, Hochglanzfotos und jede Menge Zahlen.

Immerhin — an die Genossen der Genossenschaft wurden stolze 34 Mio Mark ausgezahlt, geteilt durch 520000 Mitglieder sind das ... Na ja, das war etwas schwierig, ich würde es später mit dem Taschenrechner nachrechnen. Die Summe hörte sich auf jeden Fall gut an, auch wenn die Genossen ein Jahr lang jeden Kassenzettel des Konzerns sammeln mußten. Ein ermüdendes Hobby.

Einige Kollegen waren schon da, zum Beispiel der Herr

Doktor Putz von der Heimatzeitung aus der Kleinstadt nebenan, der zu solchen Anlässen immer seine Frau mitnahm, damit auch sie mal was Nettes auf die Gabel bekam.

Oder die Wirtschaftsberichterstatterin einer Bierstädter Lokalzeitung, die zwar keine Bilanz lesen konnte, dafür aber bei den Vorstandsherren außergewöhnlich beliebt war.

Und ich sah Peter Jansen, den Chef des Bierstädter Tageblattes, des größten Blattes in Bierstadt. Eine Zeitung, die früher mal Eigentum der Mehrheitspartei war und die dann später im Handstreich von einem großen Pressekonzern geschluckt worden war.

Ich guckte mir die Tischkarte neben meiner an. Ein Herr Frühling von einem Gourmet-Verlag in Hamburg würde neben mir sitzen. Ein älterer Herr näherte sich schwitzend dem Platz. »Hallo«, sagte ich, »Sie kommen aus Hamburg, Herr Kollege?« Er freute sich über die spontane Ansprache. »Ja, ich bin sogar gut durchgekommen. Noch nicht mal drei Stunden.«

»Und? Warum sind Sie hier? Ihre Zeitschrift ist doch etwas für gehobene Genüsse.«

»Ich bin für die Bilanz-Pressekonferenzen in unserer Redaktion zuständig und ...« Weiter kam er nicht, denn es ging los.

Der Vorstandssprecher konnte eine Umsatzerhöhung und einen Mitgliederzuwachs bekanntgeben, beides ausgelöst durch die Ossis, die nach 40 Jahren freudlosem Sozialismus endlich mal richtig tafeln und Mitglied in einer vernünftigen Genossenschaft werden wollten. Immerhin, die Anrede »Genosse« mußte noch nicht mal geändert werden.

Aber dann ging es los. Der Vorstand schilderte mit fast entsetzter Stimme, was er »da hinten« vorgefunden hätte. »Da haben 45 Verkäufer auf 80 Quadratmetern Verkaufsfläche drei Würste, 10 Konserven und fünf Äpfel bewacht.« Alles verkommen, verdreckt, baufällig. Natürlich habe man zuerst mal fast alle Leute entlassen müssen und sei jetzt mühsam dabei, Fachpersonal zu »rekrutieren«. Leider sei auch die Konsumlust der Bevölkerung zurückgegangen, die würden einfach weniger einkaufen, so daß sie zwar Genossen werden, aber auf keine Rückerstattung aus ihren Einkäufen hoffen könnten.

»Das kommt erst später, wenn sich die Lage normalisiert hat. Und als Zeichen des guten Willens haben wir ein Ost-Produkt in unser Sortiment aufgenommen, den berüchtigten Schneewittchen-Sekt. Aber keine Angst, das ist nicht der, den Sie eben getrunken haben, meine Damen und Herren«, schloß der Vorstand seine Rede. Brüllendes Gelächter über den gelungenen Gag des jovialen Vorstands.

»Recht hat er«, flüsterte mir der freundliche Herr Frühling vom Gourmet-Blatt zu. »Das sind Zustände! Tonnenweise ungelöschten Kalk drüber und zehn Jahre liegen lassen und danach von vorn anfangen.«

»Und die Leute?«

Er zuckte die Schultern und schüttete mir eine Tasse Kaffee ein, die Hälfte landete in der Untertasse, auf der Pressemappe und auf seiner Hose. »Oh, Entschuldigung«, lächelte Herr Frühling. »Macht so gut wie nix«, entgegnete ich, »ungelöschten Kalk über den Fleck auf ihrer Hose und eine Stunde einwirken lassen. Und dann von vorne anfangen.«

Es wurden noch ein paar Fragen gestellt, ich machte mein Interview mit dem Vorstandssprecher und verdrückte mich.

Nachmittags erzählte ich in unserer Sendung »Bierstädter Polit-Magazin« knapp vier Minuten was über die Lebensmittelkette. Danach fuhr ich nach Hause, denn ich hatte einen Kessel Buntes in Arbeit.

Sommer, Sonne und Meer! Ich atmete tief durch, so, als ob ich das Meer schon in Bierstadt riechen könne.

Ich merkte erst jetzt, daß ich dringend Urlaub brauchte. Hoffentlich war das Wetter in Teneriffa so gut, wie es immer in den Prospekten beschrieben wurde. Vielleicht bleibt auch noch Zeit für ein bißchen Erholung von den aufwühlenden Ereignissen, die ich in den letzten Monaten hinter mich gebracht hatte, so hoffte ich.

Ein teures Ruhekissen für Kurt Korn

Heinz Strickmann konnte und wollte nicht mehr. Er betrachtete sein winziges, muffiges Büro. Diese alten gebrauchten Möbel, die Generationen seiner Vorgänger bereits benutzt hatten, das schmutzige Waschbecken mit den feuchten Handtüchern aus dünner Baumwolle, die immer wieder überstrichenen Wände mit den speckigen Stellen. Und dieser Blick aus dem Fenster in einen Innenhof, in dem einige mickrige Pappeln ihr trauriges Leben fristeten.

Und dabei gab es Büros, in denen man sich bei der Arbeit wohlfühlen konnte. Er hatte sie gesehen. Glasschreibtische, Marmorfußböden, große Fenster, die gleißendes Licht hereinließen, Konferenztische gestylt von italienischen Designern, immergrüne Pflanzen und schnuckelige Sekretärinnen und Vorzimmerdamen.

Sowas gab's nicht bei Staatsanwaltschaften, sondern in der Industrie, in der freien Wirtschaft, in Ministerien ... bei Baulöwen wie Kurt Korn, bei Steuerhinterziehern und erfolgreichen Wirtschaftsstraftätern.

Strickmann hatte sich seinen Plan lange überlegt. Er wunderte sich, daß er nach dem Schlag, den Corinna und Korn ihm versetzt hatten, überhaupt noch solch traumhafte und wahnwitzige Pläne schmieden konnte. Er, der sonst noch nicht einmal entscheiden konnte, welches Fernsehprogramm er abends gucken sollte.

Jetzt würde er eine Entscheidung treffen. Aber — er mußte es geschickt anstellen.

Er wählte die Telefonnummer seiner Ex-Frau. Sie hatte es tatsächlich zur Staatssekretärin in Thüringen gebracht. Er brauchte eine Weile, bis er sie an der Leitung hatte.

»Du wunderst dich bestimmt, nach so langer Zeit von mir zu hören?« begann er.

»Ich habe mich eigentlich gewundert, daß du noch nicht angerufen hast«, entgegnete sie schnippisch und er erinnerte sich nur ungern an ihre scharfe Zunge und an ihre Schlagfertigkeit. Er schloß die Augen, es war, als sei ihr letzter Streit erst gestern zuende gegangen. Wie er ihre ironische Art verabscheute, die nur darauf abzielte, ihn als hilflosen Hampelmann hinzustellen.

»Ich brauche deine Hilfe und deinen Rat«, stellte er fest und sie wartete, baute ihm keine Brücke, indem sie sagte, ja gern, wie kann ich dir helfen oder eine ähnliche Floskel. Egal, er mußte hier durch.

»Ich will meinen Job hinschmeißen und mich als Anwalt niederlassen. Ihr braucht doch Anwälte in den neuen Bundesländern?«

»Eigentlich schon. Aber du als Anwalt? Kannst du nicht besser anklagen als verteidigen?«

»Du hast doch immer gesagt, daß ich als Ankläger eine Niete bin.«

»Aber ich habe auch nicht gesagt, daß du ein begnadeter Anwalt sein könntest.« Ihre Stimme wurde etwas weicher. »Aber, vielleicht doch. Du hattest immer irgendwie was Versöhnliches an dir, mein lieber Heinz. Vielleicht wirst du ein guter Strafverteidiger. Aber das klärt immer noch nicht die Frage, wie ich dir helfen kann?«

»Ich dachte, daß du die Situation in Thüringen kennst. Deshalb habe ich gehofft, daß du mir helfen würdest. Jetzt, wo du Karriere gemacht hast. Außerdem ist Thüringen nicht so weit weg vom Westen und es soll landschaftlich schön sein.«

»Aha, du bist ein Naturfreund geworden«, meinte sie spöttisch, »ich werde dir helfen, wenn du es wirklich willst. Wenn du deinen Beamtenstatus aufgibst, dann muß es dir ja ernst sein. Also, Heinz, kündige und ich garantiere dir eine gute Stellung. Ich besorge dir die Büroflächen und die Mandate. Ich habe als Staatssekretärin den Überblick und ich kenne inzwischen viele Leute, die mir nur allzu gern einen Gefallen tun wollen.«

»Ich danke dir ... und du meinst es wirklich ehrlich?«

»So ehrlich, wie ich es gesagt habe. Du kannst dich auf mich verlassen.« Er wußte, daß sie ihr Versprechen halten würde. Nicht weil ihr etwas an ihm lag, sondern damit sie zeigen konnte, daß sie Macht und Einfluß hatte. Ganz im Gegensatz zu ihm.

»Bist du eigentlich wieder verheiratet?« traute er sich noch zu fragen.

»Das nicht, aber ich habe einen festen Partner. Es ist ein Minister aus dem Kabinett.«

Natürlich, wenn schon, dann ein Minister! »Gratuliere«, meinte er mit rauher Stimme und verabschiedete sich.

Das nächste Telefonat fiel ihm leichter. »Was du mit den dreckigen Fotos von mir und dieser Nutte machst, ist mir egal«, teilte er Kurt Korn mit fester Stimme mit. »Aber du hast trotzdem die Gelegenheit, aus allem rauszukommen.«

»Und wie?« fragte Korn, überrascht, daß sein alter Schulfreund Heinzelmännchen sich plötzlich kooperativ zeigte.

»Ich werde meinen Job aufgeben und mich als Anwalt niederlassen« sagte Strickmann, »und da gibt es zwei Möglichkeiten. Ich übergebe meinem Nachfolger deine Akten mit dem Hinweis, daß die Ermittlungen mit aller Schärfe weitergeführt werden müssen, oder ich lege deine Akten ab, bevor ich kündige. Dann sind die Ermittlungen eingestellt und du hast Ruhe.«

»Und was kostet mich diese Ruhe?« Korn war ganz Ohr.

»200000 auf die Hand, ohne Quittung und in bar und so schnell wie möglich.«

»Ein teures Ruhekissen«, nörgelte Korn. »Und wer garantiert mir, daß mich dein Nachfolger in Ruhe läßt?«

»Staatsanwälte haben zuviel zu tun, werden zu schlecht bezahlt und schaffen ihr Pensum nicht immer. Sie sind froh, wenn komplizierte Ermittlungen abgeschlossen oder eingestellt worden sind. Die Chance, daß jemand ins Archiv geht und deinen Vorgang zieht, ist eins zu tausend.«

Korn überlegte, so locker saß ihm das Geld nun doch nicht. »Ich habe mir nichts zuschulden kommen lassen, warum sollte ich dir deine Kanzlei finanzieren?«

»Versuchte Erpressung eines Staatsanwaltes namens Strickmann, Förderung der Prostitution, vielleicht noch Anstiftung zum Mord in Sachen Mansfeld — könnte sich lohnen, der Junge hat schließlich für dich gearbeitet — Anstiftung zur Körperverletzung mit Todesfolge, damit meine ich die alte Frau im Norden. Dann Nötigung der Mieter in deinen Sanierungshäusern. Dann noch schwere Körperverletzung zu Lasten des Mieteranwalts. Und — der Mord an deiner Frau, mein Lieber. Heimtückisch, geplant und die Arglosigkeit deines Opfers ausnutzend. Was begehrt dein Herz mehr? Auch wenn ich mit allen Sachen nicht durchkäme, irgendwas klappt bestimmt und glaubst du dann wirklich, daß dich deine politischen und gesellschaftlichen Freunde in Bierstadt noch kennen werden? Daß du noch zu Empfängen, Galas oder Geburtstagsfeiern eingeladen wirst? Das kannst du dir dann abschminken und zwar gründlich!«

»Also gut«, meinte Korn nach einer Weile. »Ich schicke einen meiner Mitarbeiter zu dir ins Amt.«

»Nein, nicht ins Amt«, widersprach Strickmann und lächelte, »zu mir nach Hause. Morgen abend. Und keinen Scheck. Sondern die ganze

Summe in nicht registrierten großen und kleinen Scheinen. So wie im Kino. Und eine Quittung kriegst du natürlich auch nicht.«

»Du hast in den letzten Wochen eine Menge gelernt«, sagte Korn. Er überlegte, wie er die 200000 verbuchen sollte. Er würde mit seinem Steuerberater einen Termin machen müssen. Würde er sie über eine seiner Firmen als Verlust abschreiben können, dann käme ihn das Ruhekissen erheblich billiger.

»Dies ist die einzige Summe, die ich dir jemals zahle«, sagte Korn, »glaub' bloß nicht, daß du noch mehr aus mir herauspressen kannst ...«

»Nein, Kurt. Du hast mein Ehrenwort. Das Ehrenwort eines Staatsanwaltes.«

»Daß ich nicht lache ... du mieser Erpresser!«

Strickmann lachte. »Daß ausgerechnet du mir moralische Vorhaltungen machst, entbehrt nicht einer gewissen Ironie. Also — morgen abend in meiner Wohnung. Und keine Tricks. Diesmal legst du mich nicht rein!«

Nach dem Gespräch öffnete Strickmann eine Flasche Champagner und setzte sich an seine Schreibmaschine. Er spannte ein Blatt Papier ein und teilte dem Generalstaatsanwalt seine Absicht mit, zum Quartalsende zu kündigen. Das Datum ließ er noch offen, denn — vielleicht überlegte es sich Korn bis morgen abend anders. Dann würde er noch mal mit ihm verhandeln müssen.

Strickmann war zufrieden mit sich selbst — zum ersten Mal seit langer Zeit. Er hatte das Gefühl, daß sein langweiliges Leben eine neue Wendung nehmen würde.

Erinnerung an warme Haut

»Gara.. Gara..«, hatte Blondchen gesagt und ich fand den Ort auf der Landkarte. Etwa 10 Kilometer von Icod entfernt und sein Name war Garachico. Hier hatte Korn sein Landhaus, wo er sich mit seiner sogenannten Spezialabteilung treffen wollte. Ein kleiner verschwiegener Ort, touristisch noch nicht besonders erschlossen — so ähnlich stand es in dem Reiseführer, den ich mir besorgt hatte.

Ich hatte keine Lust, die Tour allein zu machen. Irgendwie war ich als Detektivin nicht besonders begabt, ich hatte das

Gefühl, immer zwei Schritte hinter meinem Opfer, also dem Bösewicht, herzulaufen. Die weiblichen Detektive in den Krimis, die ich gelesen hatte, verhielten sich anders. Ihre weibliche Intuition und Sensibilität machten sie sicher und souverän. Außerdem ließen die sich nicht durch aussichtslose Liebesaffären ablenken, schon gar nicht mit gebremsten Machos mit kleinem S-Fehler.

Außerdem brauchte ich einen Zeugen für die Dinge, die in Spanien passieren würden, und jemanden, der im schlimmsten Fall meine sterbliche Hülle in meine Heimatstadt schaffen würde.

Ich schloß die Augen. Ein kleiner Fischerort mit einem weißen Strand entstand vor meinem geistigen Auge. Sonne, ein leichter Wind. Ich atmete unwillkürlich tief ein. Ich hörte das Rauschen des Meeres, spürte warme, nach Mann duftende Haut auf meinen Lippen und ... Katze Miou sprang auf meine Schulter und zog aus meinem neuen Strickpullover den ersten Faden.

»Verdammtes Biest«, schimpfte ich und jagte sie fort. Sie schaute mich beleidigt mit ihren blauen Siamesen-Augen an, schritt majestätisch zu meinem Bett und legte sich aufs Kopfkissen.

Ich ging zum Telefon und wählte Hajo Brunnes Nummer. »Du hast Glück, daß du mich erreichst«, meinte er, »ich muß zu einer Jubilarehrung der IG Bergbau. Das gibt Geld. 50 Jubilare auf einem Bild und jeder will ein Foto haben. 50 mal 15 Mark. Gut, oder?«

»Freut mich. Hast du Lust auf eine richtig gute Story? Eine, die du überregional verticken kannst? Die bundesweit für Schlagzeilen sorgt?«

Ich übertrieb maßlos, aber mit was sonst als mit Geld konnte ich einen freien Fotografen schon ködern, der bei kleinen Geschäften mit IG-Bergbau-Jubilaren schon aus dem Häuschen geriet?

»Warum nicht? Du machst den Text und ich die Fotos? Ist die Chose gefährlich?«

Ich wußte, daß er auf 'gefährlich' stand, oder auf dem, was er dafür hielt.

»Hajo, die Sache kann wirklich gefährlich werden. Und sie ist mit einer kleinen Reise verbunden. Auf die Kanarischen Inseln.«

»Und wer bezahlt den Flug dahin?« fragte er, schon weit weniger interessiert.

»Ich bezahle auch deinen Flug und auch das Hotel und den Mietwagen. Und wenn die Sache was wird, machen wir halbe-halbe. Dann zahlst du mir Flug und Hotel zurück von dem Honorar, das du bekommst.«

»Und wenn die Sache nix wird?«

Verdammter Geizkragen! »Dann, mein Lieber, bleibt alles bei mir. Dann hast du einen schönen Urlaub gemacht — auf meine Kosten. Du brauchst vorläufig nur mitzukommen, mit intakten Kameras und vielen Filmen.«

»Kannst du mir mehr sagen?«

»Ja, es geht um Korn. Den nehmen wir uns vor. Und zwar gründlich. Um ihn zu erwischen, müssen wir nach Teneriffa fliegen.«

»Ich bin dabei. Wann geht's los?«

»Übermorgen. Die Flugtickets hab' ich schon. Alles weitere erkläre ich dir im Flugzeug. Sei bitte morgens pünktlich um 8 Uhr bei mir. Die Maschine geht halb elf ab Düsseldorf.«

»Aye, aye, Sir!« salutierte er.

In vier Stunden in einer anderen Welt

Es war trocken, heiß und staubig, als wir auf dem Flughafen Reina Sofia ankamen. Der Mietwagen war nicht teuer und wir nahmen den kürzeren, wenn auch gefährlicheren Weg über die Berge in den Norden der Insel.

Je weiter wir uns vom Flughafen entfernten, um so schöner wurde es. Während im Süden die Bananen- und Tomatenplantagen die Landschaft bestimmten — meist noch von häßlichen Betonmauern umrundet, die die salzige Meerluft abhalten sollten — waren es in den Bergen die einheimischen Pflanzen, die es nur hier gab. Wolfsmilchgewächse, sogenannte Euphorbien, eingeschleppte Opuntien, die berühmten kanarischen Palmen und dazwischen von Bauern angelegte Terrassen mit Mandel- und Feigenbäumen. Kaum zu glauben, nur knapp vier Stunden in der Luft und schon in einer anderen Welt.

Die Straßen waren schmal und die Kurven gefährlich. Ich saß am Steuer, denn Hajo fuhr wie ein Henker und war auch noch stolz darauf. Vor uns quälte sich ein Bus die Serpentinen hoch, schwarzen Qualm bei jedem Runterschalten ausstoßend. Auf der letzten Bank des Busses knutschte ungeniert ein Pärchen. Hajo beobachtete es neugierig.

»Guck mal, die beiden«, meinte er und zückte seine Kamera.

»Mein Gott, laß sie in Ruhe«, zischte ich. Doch er knipste schon drauflos.

»Daß ihr Fotografen immer draufhalten müßt«, maulte ich, »spar lieber dein Material für wichtige Dinge.«

»Okay, ich bin schon fertig. Nun reg dich nicht auf, Chefin!« Er konnte meine schlechte Laune noch nie ertragen und spurte dann gewöhnlich.

Ich blickte auf. Das Pärchen knutschte nicht mehr. Hajos Linse hatte ihm den Spaß verdorben.

Als wir die Berge hinunterfuhren, lag Garachico unter uns. Ein Fischerdorf direkt am Meer, schwarze Strände aus Lavasand, die mich an heimische Kohlehalden erinnerten. Vor dem Ort im Meer ein großer Felsen, von dem Vögel aufflogen. Eine Sommerfrische, wie gemalt und für einen Urlaub prächtig geeignet.

»Wie willst du rauskriegen, wo Korn seine Bude hat?« fragte Hajo.

»Wart's nur ab, hör gut zu und lerne – und misch dich nicht ein.«

Am Ortseingang prangte uns ein Schild entgegen: »Bienvenidos a Garachico« – man hieß uns also willkommen. Warum auch nicht. Natürlich hatte der Ort eine Touristen-Information. Wir stiegen aus. Eine junge Frau langweilte sich hinter einem Tresen.

»Sprechen Sie deutsch?« fragte ich. Als sie nickte, erzählte ich die Geschichte von Senor Korn, der uns in seine Finca in Garachico eingeladen hatte. Jetzt wüßten wir gern, wie wir fahren mußten.

»Ah, la Finca Botanica!« Sie beschrieb uns den Weg, wünschte uns einen schönen Urlaub und wir bedankten uns.

Hinter dem Hafen sollten wir etwa zwei Kilometer auf der Hauptstraße bleiben, kurz hinter Garachico auf dem Weg nach Buenavista sollte es dann links einen kleinen steilen Weg hochgehen. Wir schlängelten uns die Straße entlang und fanden die Einfahrt in die kleine Straße.

Hoch oben lag die Finca. Sie war von der Straße aus gut zu sehen. Weiß getüncht, mit rotem Dach und hölzernen Balkonen. Von dem Haus aus mußte man einen guten Ausblick haben. Besonders auf Leute, die sich mit einem kleinen roten Mietwagen näherten.

Wir fuhren wieder nach Garachico zurück und buchten ein Zimmer in einem kleinen Hotel, das ein paar Kilometer von unserem Ziel entfernt lag. Wir nahmen ein Doppelzimmer, das war unverfänglicher als zwei Einzelzimmer. Der Hotelbesitzer hielt uns wohl für ein ganz normales Touristenpaar aus Deutschland.

»Heute machen wir nichts, es wird sowieso bald dunkel«, meinte ich. »Wir packen aus und gehen essen.«

»Wie du willst«, sagte Hajo erleichtert. »Ich bin sowieso todmüde.«

»Wovon das denn?« konnte ich mir nicht verkneifen zu fragen. Schließlich war ich die 170 km über die Berge gekurvt. Ich war etwas gereizt, denn ich hatte nicht die geringste Ahnung, was wir eigentlich hier machen sollten. Allein schon ungesehen ans Haus heranzukommen war unmöglich. Und von Hajo waren auch keine tollen Ideen oder gar Initiativen zu erwarten.

Wir setzten uns in ein kleines Restaurant direkt am Meer. Langsam ging die Sonne unter. Sie ließ sich viel Zeit heute abend, als wisse sie, daß sie eine begeisterte Zuschauerin hatte. Der Weißwein schmeckte nach Erde und der »Conejo« war eine Spur zu salzig. Direkt vor uns rollten die Wellen auf eine

Steinmauer zu und ein feuchter salziger Schleier legte sich langsam auf meine Brillengläser.

Hajo plapperte Anekdoten aus seinem aufregenden Fotografenleben. Ich hörte nicht hin, sondern lauschte den Wellen, die eine bestimmte Melodie zu produzieren schienen. Zuerst sanft und dann immer stärker, dann langsam steigernd bis zum furioso.

Ich dachte an ein Ferienhaus an der Nordsee. Vielleicht war er da und starrte genau wie ich aufs Meer. Ich hatte alles gründlich verdorben und würde es trotzdem wieder so machen. Ich war eine Überzeugungstäterin.

Hajo plapperte und plapperte. Ich griff zum vierten Glas Wein. Nur so konnte ich die wahnsinnig spannenden Geschichten ertragen, von den schönen Mädchen, die er durch seine Fotos reihenweise ganz groß rausgebracht hatte (»die Yvette arbeitet jetzt für Vogue in Paris«), bis zu den lebensgefährlichen Klettereien auf einen Hochspannungsmast, in dem eine vom Starkstrom verkohlte Leiche gehangen hatte.

»Ich mußte mich schon überwinden, auf den Auslöser zu drücken, so wie der Tote aussah! Doch Job ist Job, dachte ich mir, und ich habe das Bild noch am selben Tag international verkauft.« Ich nickte freundlich und griff zum fünften Glas Wein. Zum Glück hatten wir das Auto am Hotel stehenlassen, denn ich war bereits leicht beschwipst.

»Du hörst mir gar nicht zu!« stellte Hajo nach weiteren endlos langen Aufschneidereien fest.

»Laß gut sein, Süßer. Ich genieße den Abend. Schau, die Sonne ist gleich weg. Eben war sie nur noch ein flacher heller Streifen über dem Meer. Und seit Jahrmillionen passiert hier immer dasselbe. Hier und überall auf der Welt, nur zu unterschiedlichen Zeiten. Ist das nicht wunderbar?«

»Du bist ja richtig romantisch! Du, die knallharte Reporterin!« staunte er.

»Am Abgrund kommt es nur auf die Haltung an«, sagte ich. Er schaute mich verständnislos an. Er hatte nichts kapiert, konnte er ja auch nicht.

Eine dreiviertel Stunde später lagen wir erschlagen und

ziemlich besäuselt in dem harten spanischen Doppelbett. Zum Glück war eine Ritze dazwischen. Als Hajo einen Gutenachtkuß wollte: »Nur so, nicht daß du dir was dabei denkst«, winkte ich müde ab, so besoffen konnte ich gar nicht sein. »Laß es, Bruder, dies ist eine Dienstreise, außerdem könnte ich deine Mutter sein.« War zwar etwas übertrieben bei fünf Jahren Altersunterschied, aber es half. Er hatte wohl eine gespannte Beziehung zu seiner Frau Mutter.

»Ich weiß, du stehst auf Machotypen in dunklen Anzügen mit viel Geld, aber die kriegst du nicht.« Er lachte schadenfroh.

»Halt endlich die Klappe«, sagte ich ärgerlich. »Und wehe, du schnarchst!« Dann mir fielen die Augen zu.

Ich hatte alles im Griff?!

Der morgendliche Kater blieb aus, der Landwein war wohl in Ordnung. Wir frühstückten ordentlich in dem kleinen Gästezimmer, viel Kaffee mit Milch und Weißbrot. Die Insulaner hatten sich auf deutsches Frühstück eingestellt, sie selbst tranken nur eine winzige Tasse Café solo und aßen einen Gebäckkringel.

»Hast du dir schon überlegt, wie wir ungesehen an die Finca herankommen?« fragte Hajo, dessen blonde Haare um einen Kamm flehten. Dann warf er eine Zigarettenkippe mitten in den Raum, wo sie jemand anderer würde aufheben müssen.

»Wir tarnen uns als Touristen. Ich kaufe mir einen Strohhut, setze eine große Sonnenbrille auf und wir fahren den Weg hinauf. Von unten können wir gesehen werden, aber wir müssen die Lage von oben prüfen. Einfach zwei-, dreihundert Meter höher fahren und dann zu Fuß zurück.«

»Hört sich gut an, hoffentlich klappt es.«

»Hör zu, auf das Gelände gehe ich allein. Einer von uns darf sich nicht erwischen lassen, sondern muß die Beweise sammeln.« Hajo hörte mir staunend zu. Ich spielte die Überlegene, die alles im Griff hat.

»Ich klingele einfach und verlange Herrn Korn zu sprechen.

Korn wird mir schon nichts tun vor so vielen Zeugen. Dann ist er von dir abgelenkt. Du mußt Fotos machen von allem, was sich bewegt, und du nimmst den Kassettenrecorder mit dem kleinen Wurf-Mikrofon.«

Ich erklärte ihm das Gerät, das ich mir von einem unserer Hörfunk-Techniker hatte umgestalten lassen. Eine winzige Schnur, an deren einem Ende ein kleines Mikrofon war, die andere Seite der Strippe paßte in den Recorder, so, daß wir mit Kopfhörern aus 150 Metern Entfernung hören und aufzeichnen konnten, was im Haus gesprochen werden würde. Das Kabel war nämlich genau 150 Meter lang.

»Also alles klar, Bruder?« Er nickte. »Und noch etwas. Wenn du die Kassetten voll hast, dann versteck' sie irgendwo. Auch deine Filme. Und dann kommst du mich holen.«

»Wie das denn? Soll ich auch klingeln?«

»Das mußt du spontan entscheiden. Notfalls komme mit der Polizei! Du kannst ja auch vorher in der Finca anrufen und Korn klar machen, daß ich nicht allein bin. Wir müssen uns möglichst normal verhalten, nicht wie Detektive, sondern wie Journalisten, die eine Story recherchieren.«

»Bist du sicher, daß alles so läuft, wie du sagst?« fragte er.

»Ich habe alles genau geplant«, sagte ich großspurig und in meinen Magen kroch ein verdammt flaues Gefühl. »Da kann nichts schiefgehen. Verlaß dich nur auf mich. Mir passiert schon nichts. Kümmere du dich um die Fotos und die Tonaufnahmen, sie sind das wichtigste — sozusagen unser Kapital. Wir haben nicht den geringsten Grund, uns Sorgen zu machen!«

Das war eine glatte Lüge. Ich hatte Angst vor Korn. Ich hatte Angst vor Prügeln und Verletzungen, von schlimmeren Dingen ganz zu schweigen.

Aber jetzt noch aufgeben? Das kam überhaupt nicht in Frage. Ich würde mich lächerlich machen.

Und dabei hatte ich noch nicht mal eine Pistole. Auch sonst nichts, mit dem ich mich verteidigen konnte. Auch Sprünge aus dem Fenster dürften nicht das richtige für mich sein, denn ich bin verdammt unsportlich. Das einzige, was ich mir zutraute, war ein Ritt auf einem Pferd in gestrecktem Galopp. Doch Pferde gab es auf der Finca wohl kaum.

Ich mußte mich also auf mein Mundwerk und mein Glück verlassen. Ich schaute Hajo an. Ein Held war der auch nicht, aber — wer weiß? Viele Menschen wachsen ja mit ihren Aufgaben.

Sommerfrische vom Allerfeinsten

Es war gegen elf, als wir an der Finca vorbeifuhren. Ein großes, schönes Haus mit einem tollen, riesigen Garten am Hang. Beim zügigen Vorbeifahren sah ich den Swimming-Pool türkis herüberleuchten, von dem Blondchen so geschwärmt hatte.

Im Garten hatten es sich einige junge Leute bequem gemacht. In Liegestühlen, in einer Laube beim Cocktailtrinken. Junge Mädchen in knappen Bikinis schnatterten um die Wette. Die Sonne brannte, die Luft war frisch und Schmetterlinge taumelten durch den Garten. Eine richtig schöne kleine Sommerfrische der Korn'schen Sonder- und Spezialabteilung. Kein Gedanke an Prostitution, Erpressung, Mord oder Totschlag.

Wir fuhren etwa 500 Meter weiter und ich zog allein los. »Also, nochmal. Ich geh' da jetzt rein und werde erwischt. Danach läßt die Aufmerksamkeit nach und du kannst in Ruhe Fotos und Tonaufnahmen machen.«

Hajo nickte eifrig. Er schien sich ganz auf mich zu verlassen. Sein kindliches Vertrauen in meine Cleverness machte mich mutig. Irgendwie würde das schon hinhauen.

Ich ging in Richtung Haus. Die Finca war mit einem Holzzaun vor fremden Eindringlingen geschützt. Aber es gab eine Glocke. Ich läutete sie und ihr Klang war ohrenbetäubend schrill. Keiner von den jungen Leuten nahm Notiz von mir. Vermutlich wurde ich für eine Touristin gehalten, die nach dem Weg fragen wollte.

Nach einer Weile kam ein Dienstmädchen in weißer Schür-

ze. Sie sprach mich auf spanisch an: »Que desean la Senora?«
Ich identifizierte es als: »Was wünschen Sie?«

»Por favor«, stammelte ich, »busco Senor Kurt Korn, es aqui?«

Sie blickte mich abweisend an. »Como ha dicho que se llamaba?«

Ich verstand nur Bahnhof.

Sie öffnete dann doch und ließ mich durch die Tür. Sie führte mich eine steile Treppe hinauf zu einer offenen Terrasse.

Dort lümmelte sich ein dicker Mann auf einer Liege. Er setzte sich auf, als das Mädchen ihm etwas zurief und blickte zu mir herüber.

»Ich habe geahnt, daß Sie mir folgen würden«, sagte Kurt Korn. »aber ich habe nicht damit gerechnet, daß es so bald sein würde!« Er reagierte völlig gelassen und schien nicht überrascht zu sein.

»Rosemarie hat mir erzählt, daß sie von Ihnen ausgefragt worden ist. Nehmen Sie bitte Platz, Frau Grappa. Ein Glas Wein oder einen Aperitif?«

Ich bemühte mich, ganz locker zu wirken. »Danke, Herr Korn, aber dafür ist es noch zu früh. Sie haben mich also erwartet?«

Korn brachte seinen Bauch über der Tennishose in Ordnung. Das Sonnenschutzmittel leuchtete aus seinen Bauchfalten. Er behandelte mich wie eine alte Bekannte.

»Sie haben den Ruf, nicht lockerzulassen. Sich festzubeißen. Leute wie Sie ...«, er machte eine Pause und schaute mich direkt an, »die werden gewöhnlich bestochen oder für immer aus dem Verkehr gezogen. Dazwischen gibt es kaum was. Vielleicht noch die Möglichkeit, sie persönlich unmöglich zu machen, so daß Ihnen niemand mehr glaubt. Aber — Sie sind zu lange in dem Job und Ihr Ruf ist so ziemlich ohne Tadel. Sie sind clever und Sie werden keine Story veröffentlichen, die Sie nicht beweisen können. Und das, was Sie hier erfahren werden, wird Ihnen niemand glauben.«

Damit hatte er ins Schwarze getroffen. Ohne handfeste Beweise keine Story. Um mir die Beweise zu holen, deshalb war ich hier. Deshalb stand ich auf dieser sonnigen Terrasse in einer anderen Welt und bemühte mich, freundlich zu diesem Drecksack zu sein.

Ich entspannte mich. Blondchen Rosemarie erschien in dem Bikini vom Bierstädter Kaufhauswühltisch auf der Terrasse.

»Hallo«, lächelte sie, »als ich Kurti von unserem Treffen erzählt hatte, meinte er gleich, daß Sie uns besuchen würden. Und er hat mal wieder recht gehabt, mein Hasi.« Sie trat hinter ihn und massierte ihm die Halswirbel. Er stöhnte voller Wohlgefallen. Ich sagte nichts und schaute mir die Szene an. Blondchen ließ von ihm ab.

Er wandte sich wieder mir zu: »Ich habe heute ausgesprochen gute Laune«, meinte er und schaute sein Blondchen verliebt an, »deshalb lade ich Sie ein, mein Gast zu sein. Und heute abend können Sie selbstverständlich an unserer Teambesprechung teilnehmen — die Sonderabteilung mit den Spezialaufgaben, Sie verstehen? Die interessiert Sie doch so brennend oder? Deshalb haben Sie die weite Reise doch auf sich genommen, oder sollte ich mich täuschen?«

Ich schüttelte den Kopf, denn er täuschte sich nicht. Ich war verunsichert und verblüfft. Ich hatte mit einem Schlag auf den Kopf, einem Messer am Hals oder sonstwas gerechnet, aber nicht mit einer freundlichen Einladung zur Jahreshauptversammlung eines Mörderclubs, auf der die Erfolge und Mißerfolge des letzten Jahres bilanziert werden würden. Korn hatte gute Nerven und mußte sich verdammt sicher sein, daß ich ohne jeden Beweis von hier verschwinden würde.

»Dolores wird Ihnen Ihr Zimmer zeigen.« Er schnippte das Dienstmädchen mit den Fingern heran. »Ruhen Sie sich etwas aus oder hüpfen Sie in den Pool — ganz wie Sie wollen. Einen Badeanzug leihen wir Ihnen, obwohl ich unsicher bin ...«, er unterbrach und sah mich abschätzend an, »... ob wir Ihre Größe vorrätig haben.«

Ich schwieg. Nach Schwimmen war mir nicht zumute, egal in welchem Dress und egal in welcher Gesellschaft.

Dolores zeigte mir mein Zimmer. Es war spartanisch im kanarischen Stil mit viel Holz eingerichtet und lag in der oberen

Etage der Finca. Einen Zugang zum Balkon gab es von hier aus nicht. Wenn ich raus wollte, mußte es also durch die Tür sein.

Ich legte mich auf das mit kühlem Leinen bezogene Bett. Nein, das alles lief nicht so, wie es normalerweise in Kriminalromanen zu laufen hatte. Oder doch? Ich hörte, wie jemand leise die Tür von außen abschloß. Ich war gefangen und ich freute mich fast darüber. Also ganz so cool war der Typ doch nicht, wenn er die Tür verriegeln ließ!

Hoffentlich behielt Hajo die Nerven und ließ sich bei seinen technischen Spielereien auf dem Gelände nicht erwischen. Ich schaute aus dem vergitterten Fenster. Unten im Garten spielten zwei junge Männer Badminton. Es waren zwei der Schlägertypen, die das Leben von Elfriede Strunk auf dem Gewissen hatten. Fred und Olli. Ich war genau am richtigen Ort.

Willkommen im Club!

Die Gefangenschaft in dem Zimmer dauerte an. Ich hatte mein Zeitgefühl verloren, Minuten um Minuten verrannen. Durchs Fenster erblickte ich viel Grün, sonst sah ich nur den Rasen, auf dem jetzt niemand mehr Badminton spielte.

Ab und zu hörte ich eine Stimme, doch ich konnte nicht genau bestimmen, ob sie dem Personal des Hauses oder seinen Gästen gehörte. Gegen Mittag brachte mir das Mädchen ein Mittagessen. Sie öffnete nur kurz die Tür und schob das Tablett hinein. Ich lag auf dem Bett und döste.

Gazpacho, Steak und Salat und Pudding. Dazu Weißbrot, Oliven, etwas Schinken und eine Karaffe Rotwein. Ich tat das, was ich immer zu tun pflege, wenn ich ein leckeres Mahl vor mir stehen habe: Ich fing an zu essen. Auch den Wein verschmähte ich nicht. Es schmeckte alles ganz normal.

Ich ergab mich zunächst in mein Schicksal. Würde es Hajo gelingen, das Wurfmikrofon in den richtigen Raum hinabzulassen? Ich selbst hatte noch ein kleines Diktiergerät dabei, dessen Qualität allerdings für Aufnahmen kaum ausreichen dürfte, ich konnte das Ding Korn und seinen Leuten ja wohl kaum vor die Nase halten bei der Jahreshauptversammlung seiner Truppe heute abend.

Ich wunderte mich, daß ich so ruhig blieb. Aber – ich hatte es ja nicht anders gewollt, als mittendrin zu sein in dem kriminellen Geschehen.

Ich gähnte. Nun war eine kleine Siesta angebracht. Ich legte mich aufs Ohr und wunderte mich noch einmal über meine Gelassenheit. Andere Detektive wären längst dabei, einen Tunnel durch den Kamin zu graben, das Dienstmädchen ins Zimmer zu locken und zu überrumpeln oder hätten längst das Eisengitter am Fenster zersägt, um dann aus drei Meter Höhe in die Tiefe zu springen und den Verbrecher zu überwältigen.

Aber – hier lief zur Zeit überhaupt nichts wie im Film oder im Krimi. Nur eins gab mir zu denken – daß Korn mich zu dem Treffen heute abend eingeladen hatte. Irgendwas stimmte nicht. Er, der lieber verbarg als preisgab, hatte ausgesprochen entspannt auf mein plötzliches Erscheinen reagiert. So, als wäre er überzeugt, daß ich keine Gelegenheit mehr haben würde, etwas auszuplaudern.

Ich beruhigte mich selbst. Ein Schritt nach dem anderen, dachte ich, erst den Abend erleben und dann nix wie weg. Hoffentlich hatte Hajo seinen Auftritt zur rechten Zeit, um mich rauszuholen. Nach einem kurzen Schläfchen wusch ich mich in dem kleinen Badezimmer. Ich schaute in den Spiegel und sah, daß ich mir auf der Nase einen Sonnenbrand geholt hatte. Ich hörte, wie jemand den Schlüssel im Schloß herumdrehte. Korn betrat das Zimmer.

»Entschuldigen Sie die kurze Gefangenschaft, aber ich wollte nicht, daß Sie meine Leute mit Fragen verunsichern. Ein gutes Betriebsklima, das auf gegenseitigem Vertrauen aufgebaut ist, kann gar nicht hoch genug eingeschätzt werden.«

Er winkte mich mit der Hand zur Tür. Es sollte also los gehen. Er führte mich in ein großes Zimmer nach unten. Wie in einem Seminarraum sah es hier aus. Auf den Tischen – sie waren weiß gedeckt – standen Getränke und lagen kleine Knabbereien.

Ich suchte mit den Augen unauffällig die Wände ab. Die Fenster lagen leicht erhöht, also lag der Raum – zumindest zur Hälfte – im Keller. Ein leichter Luftzug ließ die weißen Tischtücher erzittern. Ich schaute nach den geöffneten Fenstern.

Da! An dem mittleren Fenster bemerkte ich einen kleinen schwarzen Punkt zwischen Wand und Rahmen. Das Mikrofon!

Hajo hatte es also geschafft. Er mußte die allgemeine Siesta genutzt haben, um ungesehen über den Zaun zu klettern, ans Haus zu gelangen und das Mikro durch das geöffnete Kellerfenster in den Clubraum herunterzulassen. Über Kopfhörer konnte Hajo nun genau mitbekommen, was sich in dem Raum abspielen würde.

»Sie werden gleich eine ganz besondere Erfahrung machen«, säuselte Kurt Korn gutgelaunt in mein Ohr, »Sie werden viel hören und sehen, das Sie interessiert. Ich bin ganz offen zu Ihnen und meine Leute werden es auch sein. Aber – all' das, was Sie hören werden, nützt Ihnen nichts. Denn Sie werden nichts, aber auch gar nichts beweisen können von dem, was heute hier gesprochen wird.«

Ich ließ den Dummkopf in dem Glauben und machte für alle Fälle mal ein betrübtes Gesicht.

»Und ein ganz besonderes Bonbon habe ich noch zu späterer Zeit für Sie vorbereitet. Es wird Ihnen gefallen!« Er lachte fett.

Ein Extra-Bonbon für mich! Vermutlich sollte ich als Höhepunkt des Abends im Swimming-Pool ertränkt werden! Mit spanischer Flamenco-Musik unterlegt. Und alle klatschen im Rhythmus.

Ich sah ihn an. Seine fette Maske glänzte noch vom Sonnenöl und vor Selbstzufriedenheit. Ja Kurti, du bist der Boß, hast alles im Griff und läßt andere springen. Du kannst es dir sogar leisten, mich zu verarschen. Aber – freu dich trotzdem nicht zu früh!

Langsam füllte sich der Raum. Ich zählte insgesamt 15 junge Frauen und junge Männer. Die Mädchen durchweg hübsch, einige der Jungs auch, doch dazwischen Typen wie Olli und

Fred, die Jungs fürs Grobe: Bullig, tätowiert, schiefe Nasen, Hände wie Schaufeln und Gehirne wie Mücken.

Beide guckten mich auch prompt prüfend an. Erinnerten sie sich an mich? Zumindest Fred hätte es tun müssen, denn er hatte ja immerhin schon mal eine Glaskaraffe von mir über den Schädel gekriegt. Doch — sein Grübeln brachte ihn nicht weiter. Die Kapazität im Kopf reichte nicht aus. Er wandte sich ab.

Die jungen Mädchen warfen derweil ihrem Boß neckische Blicke zu, die von Rosemarie mit pikierter Miene bedacht wurden. Blondchen stand inzwischen neben ihrem Kurti, die Haare frisch gelockt, in einem knappen Sonnentop, das den hübschen Bauchnabel frei ließ. Korns Hand lag dabei ungeniert auf ihrem Hintern.

Man hätte sie alle für die Abschlußklasse einer Berufsschule im Friseurhandwerk halten können, die einen Ausflug ins Schullandheim macht!

Dann bat Kurt Korn um Aufmerksamkeit. Alle hatten inzwischen Platz genommen, sich an den Getränken bedient oder sich einen Glimmstengel zwischen die Zähne geschoben. Und ich saß mittendrin, als ob ich dazugehörte.

»Es freut mich, daß wir heute wieder komplett erschienen sind. Unsere Ferienreise ist ja inzwischen schon zu einer kleinen Tradition geworden.«

Ich kam mir vor wie bei einer Mitgliederversammlung der Arbeiterwohlfahrt!

»Lassen Sie mich gleich etwas Ungewöhnliches tun: Wir haben heute einen Gast bei uns, den ich begrüßen möchte. Überraschend ist diese Frau hier ...« er deutete auf mich »... hier aufgetaucht. Aber — wir sind ja flexibel und können uns auf neue Situationen einstellen.«

Ich lächelte freundlich und blickte in die Runde. Abwartende Gesichter, Blondchen Rosemarie lächelte und eine Dame namens Corinna blickte mich weit weniger freundlich an.

»Frau Grappa ist Journalistin beim Bierstädter Radio«, fuhr er fort. »Sie verfolgt mich seit Wochen. Sie ist auf der Suche nach Beweisen für Straftaten, die ich begangen haben soll. Sie hat die Staatsanwaltschaft auf mich gehetzt — und hatte keinen Erfolg, denn die Ermittlungen gegen mich sind vor ein paar Tagen eingestellt worden. Trotzdem ist diese Frau von einer krankhaften Idee besessen. Sie will mich überführen — der Erpressung, der Körperverletzung, des Totschlages und des Mordes. Deshalb ist sie auch heute hier. Und damit sie diese weite Reise nicht ganz vergebens gemacht hat, habe ich sie gebeten, heute abend unser Gast zu sein. Und das, was sie hier hören wird, wird ihr nichts nutzen, weil sie nämlich nichts beweisen kann.«

Nichts rührte sich im Saal. Alle warteten, was nun geschehen würde. Hoffentlich saß Hajo draußen und schnitt alles mit. Ich bemühte mich, nicht nach dem Mikrofon zu schielen.

»Dürfte ich um Ihre Handtasche bitten?« meinte Korn plötzlich und nahm sie mir ab. Er griff hinein und fand, was er suchte: das Diktiergerät. Ich machte ein betroffenes Gesicht. Er legte das Gerät auf den Tisch.

»Kommen wir nun zu unserem Halbjahresbericht.« Korn zog ein paar Zettel hervor. »Im März hat unser Kollege und Freund Richie Mansfeld vom Leben Abschied genommen. Wir kennen seine Gründe nicht, aber das Unternehmen und auch wir, seine Kolleginnen und Kollegen haben einen guten Freund und Mitarbeiter verloren. Zu seinem Angedenken legen wir jetzt bitte eine Schweigeminute ein.«

Alle erhoben sich und taten, wie es Korn befohlen hatte. Er selbst hatte die Hände über seinem Fettwanst gefaltet — versunken in ein stilles Gebet. Eins mußte ich ihm lassen, er hatte diese Mannschaft im Griff. Wie der Regisseur einer Schmierenkomödie.

Ich nutzte die stille Minute, um zum Fenster zu schielen. Dort hing es noch, das süße schwarze Ding, das mir meine heiße Story sichern sollte. Ich atmete erleichtert durch. Alle setzten sich wieder.

»Ich dachte, Sie hätten Ihren Mitarbeiter auf die Schienen gelegt«, mischte ich mich ein. »Und dasselbe kann Ihnen allen auch passieren, wenn Sie nicht spuren ...«, sagte ich in die Runde.

»Sie sind verrückt geworden, Sie hysterische Ziege!« brüllte Korn und verlor die Fassung.

»Wer hat's denn sonst getan?« fragte ich, »Das war kein Selbstmord. Sie alle wissen, was Richie Mansfeld gearbeitet hat, er war ja schließlich Mitglied Ihrer Truppe. Und Sie haben doch auch mitgekriegt, daß er plötzlich Schwierigkeiten bekam ... mit Herrn Korn nämlich. Entweder weil er aussteigen oder auf eigene Rechnung arbeiten wollte. Dadurch wurde er zum Sicherheitsrisiko. Und was geschieht mit solchen Leuten? Sie werden eliminiert!«

Niemand rührte sich. Es hatte keinen Zweck, sie wollten nichts glauben, was ihr harmonisches Weltbild von der netten kleinen Mörder- und Erpresserfamilie ins Wanken bringen könnte.

»Sie sehen, wie Ihre Haßtiraden bei meinen Leuten verfangen, nämlich gar nicht«, triumphierte Korn, »und jetzt zu den erfreulichen Fakten.« Er nahm einen Schluck Wein und wischte sich mit dem Handrücken die glänzenden Lippen ab. »Daß mein Unternehmen in der Nordstadt etwa 250 Wohnungen innerhalb kurzer Zeit freiziehen konnte, war in erster Linie das Verdienst der Abteilung Eins.« Olli und Fred schauten erfreut auf.

»Unsere Taktik brauchte im Vergleich zu den Vorjahren nicht geändert werden. Bei den meisten Mietern genügte ein Brief und ein kleiner Besuch kurz vor dem Dunkelwerden mit den entsprechenden Forderungen. Bei den schwierigen Mietern mußte die Abteilung Eins zu härteren Mitteln greifen. Wir sorgten dafür, daß Wasser und Strom ausfielen und machten das Treppenhaus mehr oder weniger unbegehbar. Körperliche Gewalt war bis auf einen Fall nicht notwendig. Ein chronischer Provokateur, der uns durch seine Terroraktionen schon häufiger aufgefallen war, mußte durch den Einsatz einer Eisenstange wieder auf den richtigen Weg geführt werden, wenn ich das mal so bezeichnen darf.«

Das Plenum lachte über den gelungenen Scherz. Es war Zeit, sich wieder einzumischen.

»Und was ist mit Frau Strunk, der alten Dame aus der Kielstraße? Ich war dabei, als diese beiden dort sie umgebracht haben.« Ich zeigte mit dem Finger auf Olli und Fred.

»Paperlapap!« fuhr Korn dazwischen, »die Frau hatte ein schwaches Herz. Sie ist an den Fragen gestorben, die Sie ihr gestellt haben! Olli und Fred waren zwar da, aber sie haben nichts getan!« Keiner rührte sich. Es war zwecklos. Immerhin hatte ich auf Kassette, daß die beiden Schläger von Korn geschickt worden waren!

»Ich fahre fort«, sagte Korn, »natürlich haben einige Mieter Anzeige erstattet, die Polizei hat die Ermittlungen aufgenommen. Und hier hat dann die Abteilung Zwei gezeigt, was sie kann: Unsere Mädchen. Der Polizeichef wurde im Kreise von stadtbekannten Ganoven fotografiert, und unserer Amelia gelang es, den leitenden Kriminalbeamten dieser Untersuchung zu einer kleinen Party einzuladen. Amelia sprach dann noch einmal sicherheitshalber telefonisch mit der Frau des Mannes — und die Ermittlungen verliefen im Sande. Bravo, Amelia!«

Ein rothaariges Busenwunder erhob sich und bedankte sich mit einem Nicken für das Lob des Chefs.

»Bei der zuständigen Staatsanwaltschaft gestaltete sich die Sache etwas schwieriger. Ich mußte selbst eingreifen. Leider wurde die Sache dann etwas teurer als vermutet, doch auch sie wurde zu einem guten Ende gebracht.«

Das war mir neu. Wenn er nicht log, dann hatte Strickmann doch schlapp gemacht. Na egal, das, was hoffentlich auf dem Band war, würde Strickmanns Nachfolger im Amt oder einen anderen Ermittler überzeugen müssen. Aber — was hatte ich bisher zusammen? Ich überlegte und kam auf Nötigung, Erpressung in mehreren Fällen, Bestechung, schwere Körperverletzung mit Todesfolge. Das Mordgeständnis stand noch aus. Leider.

»Insgesamt haben wir — trotz gewisser Störungen, die wir nicht unerheblich dieser Frau hier zu verdanken haben — eine positive Geschäftsentwicklung gehabt, so daß ich Ihnen auch in diesem Halbjahr einen zusätzlichen Bonus zahlen kann.«

Tosender Beifall brauste auf. Sie mochten ihren Chef, der das nette kleine Familienunternehmen mit so starker Hand erfolgreich führte.

Korn wartete, bis die Freude über das zusätzliche Geld abgeklungen war. »Dennoch«, erzählte er weiter, »werden wir uns heute zum letzten Mal sehen. Ich werde mein Unternehmen verkaufen, oder — richtiger gesagt — ich habe schon verkauft ...«

Er machte eine Pause. »Das bedeutet aber nicht, daß die Sonderabteilungen aufgelöst werden — ganz im Gegenteil. Der neue Besitzer des Unternehmens wird das Geschäft ganz in meinem Sinne weiterführen und es sogar noch erweitern. Und jetzt stelle ich Ihnen Ihren neuen Chef vor.«

Alle starrten zu der Tür, auf die Korn gedeutet hatte. Sie öffnete sich und ein hochgewachsener schlanker Mann, Mitte 40, mit dunklem Haar betrat den Raum. Seine Haut war leicht gebräunt, das weiße Hemd nachlässig in die Leinenhose gestopft. Und ich wußte, bevor er den Mund aufmachte, daß er einen entzückenden kleinen S-Fehler hatte.

Er blickte mich an und schien nicht überrascht zu sein, mich zu sehen. Und ich hatte das Gefühl, daß ich verdammt derbe reingelegt worden war und mich benommen hatte wie die dämlichste, dusseligste, vertrauensseligste Top-Idiotin der Welt. In meinem Gehirn tanzten Kobolde.

Doch die Veranstaltung lief weiter. »Hier ist er, mein Nachfolger und Ihr künftiger Chef. Darf ich Ihnen Michael Muradt vorstellen, meinen Bruder. Er wird das Unternehmen ab sofort leiten.«

Bruder! Ich hätte fast laut losgelacht. Eine neue Lüge oder endlich die Erklärung für Muradts merkwürdige, von Anfang an so enge Kontakte zu Korn. Familienbande! Stimme des Blutes! Und er hatte mir kein Wort gesagt, mich ausgehorcht und reingelegt, nur um seinem Bruder zu helfen. Meine Recherchen waren für die Katz gewesen! Jeder Schritt von mir, jede Information, die ich herausbekam, alles landete sofort bei Korn. Ich war eine verdammt dilettantische Idiotin. Ich war systematisch bespitzelt worden! Ich hätte vor Wut in die Tischkante beißen können.

Muradt ergriff das Wort. Er schilderte die künftige Geschäftsentwicklung als günstig, hatte vor, die Sonderabteilungen zu erweitern um eine Abteilung »Hilfe für Gastronomen«. Das klang nach Schutzgelderpressung. Er deutete an, sich auch am Drogenhandel beteiligen zu wollen. Noch immer läge hier der Markt der Zukunft.

Sie hörten ihm gebannt zu, besonders die Mädchen saßen schon in den Startlöchern auf dem Weg zu seiner Gunst. Ich konnte nicht glauben, was sich da vor meinen Ohren und Augen abspielte!

Zum Glück hatte ich alles auf Band. Hajo hatte bestimmt seine Freude an dieser Entwicklung, denn er wußte schließlich, daß ich mich in einen Herrn namens Muradt verliebt hatte, der nun der Oberteufel war.

Ich goß mein Glas voll mit Rotwein und leerte es mit einem Zug. »Trink nicht so hastig, Liebste, sonst verschluckst du dich noch«, meinte dieses Monster vor allen Leuten zu mir und lächelte mich auch noch besorgt an. Das war zuviel!

Alle lachten. Ich hing in anderthalb Sekunden unter der Decke. Ich nahm den Keramikweinkrug, der noch halb voll war und schleuderte ihm die rote Suppe auf sein blütenweißes Hemd. Alles hielt den Atem an. Muradt schaute verblüfft.

Fred sprang auf, legte die zwei Meter bis zu mir mit einer Art Sprung zurück und schlug mich voll ins Gesicht. Wollte seinem neuen Boß wohl zeigen, was er alles kann. Ich sah Sterne und taumelte. Ich griff die Blumenvase und haute dem Affengesicht eins auf die Birne, ähnlich wie damals bei Frau Strunk, nur da war's eine Glaskaraffe gewesen.

Bevor er nochmal auf mich losgehen konnte, hielten ihn einige der Jungs fest. Mir lief Blut aus der Nase. Ich tastete sie vorsichtig ab, sie schien ihre übliche Form nicht mehr zu haben.

»Schade, daß diese harmonische Veranstaltung so unschön endet«, meinte der neue Chef des Mörder-Imperiums, »lassen Sie uns zum gemütlichen Teil übergehen. Es ist ja auch alles gesagt worden. Guten Abend!«

Er lächelte in die Runde und blickte in meine Richtung. Leider können Blicke doch nicht töten, sonst wäre er glatt umgekippt. Ich tupfte das Blut aus meinem Gesicht. Ich hatte

Schmerzen. Doch der Schmerz war gering gegen meine Wut. Ich war nicht nur auf einen Vorstadt-Casanova reingefallen, sondern auf einen skrupellosen Verbrecher. Er war viel schlimmer als Korn! Mit seiner Intelligenz würde er den Erpresserclub zu einem gut gemanagten Millionenunternehmen ausbauen.

»Komm, wir gehen«, sagte er sanft zu mir und warf einen besorgten Blick auf meine kaputte Nase.

»Du kannst mich mal«, fauchte ich.

Er packte mich am Ellenbogen und schob mich die Treppe hoch, öffnete mein Gefangenenzimmer, schob mich hinein und verriegelte die Tür von innen.

Ich legte mich aufs Bett, er holte ein feuchtes Handtuch aus dem Bad und wollte es mir in den Nacken legen. Dabei blickte er mich an, als habe er schon immer Notarzt werden wollen.

»Hau bloß ab, faß' mich nicht an. Du hast mich reingelegt, nun spiel nicht auch noch den Krankenpfleger! Ich will weg hier!«

»Erst wenn deine Nase aufhört zu bluten«, meinte er.

»Wie fürsorglich! Warum verschwindest du nicht und baldowerst mit deiner Schlägertruppe die nächsten Erpressungen aus? Oder ein paar nette Morde nach Mafia-Art. Leichen in Beton oder mit Ziegelsteinen an den Füßen in den Kanal. Oder stell' doch schon mal die Liste zusammen ... bei welchen Kneipiers ihr demnächst Schutzgeld kassiert!«

Er schwieg. »Oh, der Herr hüllen sich in Schweigen. Wie geheimnisvoll! Aber eins kannst du mir vielleicht doch sagen, nämlich warum Kurt Korn plötzlich dein Bruder geworden ist?«

»Nicht plötzlich, sondern schon immer. Ganz einfach: Meine Mutter ließ sich von Korns Vater scheiden und heiratete noch einmal — meinen Vater.«

»Und warum hast du das nicht von Anfang an gesagt?«

»Hättest du dich dann mit mir abgegeben?«

»Nein, aber was hätte dir das schon bedeuten können? Als Informationsquelle war ich ja auch nicht besonders ergiebig. Warum also diese Zeitverschwendung?«

»Ich habe meine Zeit nicht verschwendet. Ich habe zum ersten Mal eine Frau getroffen, mit der ich mich gut unterhalten kann, die lebensfroh, engagiert und auch noch intelligent ist. Das hat mir viel Spaß gemacht. Die Bekanntschaft mit dir war ausgesprochen aufregend. Ist sie übrigens immer noch.«

»Wie schön, daß du deine Freude an mir hattest. Und — wie soll es jetzt weitergehen?«

»Du kannst wieder nach Bierstadt zurückfahren. Das Risiko, daß du eine Geschichte über deine Erlebnisse schreibst, gehe ich gerne ein.«

»Du weißt genau, daß ich das nicht tun werde. Erinnerst du dich an unser letztes Gespräch? Über die Wahrheit? Ich kann die Geschichte nicht schreiben, weil ich mit dir im Bett war und es mir auch noch Spaß gemacht hat. Und das weißt du ganz genau, du scheinheiliges Monster!«

Tränen traten mir in die Augen, ich hatte mir die beste Story meines Lebens gründlich versaut.

»Wein doch nicht«, sagte er, »ich hatte nicht geplant, mit dir eine Affäre zu beginnen ...«

»Ach ja?« höhnte ich, »ich bin natürlich die Frau deines Lebens, nicht wahr? Die nur zufällig deinem Bruder Korn auf die Schliche kommen wollte! Da konntest du ja das Angenehme mit dem Nützlichen verbinden! Sowas nennt man erfolgsorientiertes Management! Aber sage mir bitte noch eins: Warum übernimmst du Korns Geschäfte? Warum mußt du das tun? Du hast doch genug Vermögen!« Ich heulte inzwischen.

»Korn muß aus dem Verkehr gezogen werden«, sagte er ernst. »Er wird nicht mehr nach Deutschland zurückkehren. Er bleibt hier. Daß Kurt seinen Konzern aufgibt, ist kein freiwilliger Entschluß. Ich habe ihn dazu gezwungen. Sein Führungsstil ist veraltet, seine Methoden unnötig brutal. Es wäre nur eine Frage der Zeit gewesen, bis man ihn erwischt hätte.«

»Und womit hast du ihn gezwungen, alles an dich abzutreten?«

»Er hat mir gestanden, daß er Richies Tod in Auftrag gegeben hat. Richie hat versucht, ihn zu erpressen, er wollte sich sozusagen selbständig machen und auf eigene Rechnung arbeiten. Kurt hat Richie in seiner Wohnung aufgesucht, und als Richie nicht hören wollte, hat er gedroht, ihn umzubringen. Richie hat Kurt ausgelacht. Kurt hatte nur vergessen, daß die Wohnung mit elektronischen Geräten ausgestattet war, jedes Wort wurde also mitgeschnitten.«

»Und wer hat die Tonbandaufnahme?«

»Ich natürlich. Sie steckte noch in der Maschine. Kurt hat mir den Mord dann noch einmal schriftlich gestanden. Und da wir schon einmal dabei waren, den Mord an seiner Frau gleich mit.«

»Wie bitte? Du hast ihn erpreßt mit den eigenen Mordgeständnissen?«

»So ist es. Freiwillig wäre er nie ausgeschieden. Seine Häuser im Ausland habe ich ihm gelassen, ich werde die Immobilien in Bierstadt übernehmen.«

»Du kommst also nach Bierstadt zurück?«

Er zögerte mit der Antwort. Dann sagte er: »Das hängt davon ab, wie sich die Dinge hier auf der Insel entwickeln.«

»Was meinst du damit?«

»Glaubst du wirklich, daß ich diese Jungen und Mädchen am Hals haben möchte? Ich werde die Spezialabteilung langsam abbauen. Das dauert jedoch seine Zeit. Ich muß jeden Fall prüfen, damit es aus Enttäuschung nicht zu störenden Zeugenaussagen kommt.«

»Du bist vielleicht abgebrüht! Vorhin hast du ihnen noch neue Aufträge vorgegaukelt! Und daß Korn deinen Neffen umgebracht hat, das ist dir vollkommen schnuppe?«

»Meinen Neffen? Ich kannte diesen Jungen nicht. Zumindest nicht näher. Ich wußte nur, daß er für Kurt gearbeitet hat.«

»War das etwa alles Lüge? Von Anfang an? Keine Schwester, die früh gestorben ist? Kein Neffe, der die Hotelfachschule besucht hat?« Ich war fassungslos.

»Deine Recherchen über den Tod des Jungen mußten unweigerlich zu Kurt führen. Ich wollte auf dem laufenden sein. Deshalb habe ich Kontakt zu dir aufgenommen.«

Ich hätte es früher merken müssen, dachte ich, aber meine Verliebtheit hatte mich mit Blindheit geschlagen. Deshalb hatte es so lange gedauert, bis er den Schlüssel zu Richies Wohnung beschafft hatte, deshalb hatte er kaum etwas über ihn gewußt. Muradts Ziele waren immer gewesen, seinen Bruder aus der Schußlinie zu halten, um ihm später sein Imperium abjagen zu können. Und ich hatte ihm tatkräftig dabei geholfen.

»Was war mit Lisa Korn? Warum mußte sie sterben?«

»Sie hat von ihm verlangt, daß er mit seinen Geschäften aufhört. Und mit seinen Weibergeschichten. Sie hat es ihm einfach gemacht, so behauptet er. Die Tabletten im Champagner — sie muß es gemerkt haben. Sie litt unter Depressionen, war ein Sicherheitsrisiko, er wollte sie loswerden.«

»Du hast also zwei Mordgeständnisse und erpreßt deinen Bruder. Warum tust du das alles?«

»Ich will Macht und Geld. Freiheit und Unabhängigkeit. Ich suche eine Herausforderung, will gestalten, kreativ sein — was weiß ich? Was glaubst du?«

»Du achtest die Würde anderer Menschen nicht — das ist dein Fehler. Du bist kalt und skrupellos, kriminell und ohne Gewissen. Und welches Spiel du mit mir gespielt hast ...«

Er kam auf mich zu. »Das hatte damit nichts zu tun ...«

Ich hielt mir die Ohren zu. »Ich kann deine Lügen nicht mehr ertragen«, schrie ich, »wir haben uns nichts mehr zu sagen. Sag' mir nur noch, wann ich hier weg kann!«

»Du kannst mit der nächsten Maschine zurückfliegen.«

»Also kann ich jetzt das Haus verlassen?«

Er nickte. »Du kannst gehen.« Er wartete, als würde er auf ein Verabschiedungsritual hoffen.

»Schade«, meinte er nach einer Weile und blickte an sich herab, »du hast mein Lieblingshemd ruiniert. Das geht nie wieder weg. Aber — du bist auf allen Gebieten nun mal etwas heftiger als andere Frauen.«

In diesem Augenblick klopfte es heftig an der Tür. »Michael, mach auf, verdammt noch mal«, brüllte Korn. »Es ist wichtig.«

Nur widerstrebend ging Muradt zur Tür und drehte den Schlüssel um. Korn stolperte hinein. Anklagend hielt er seinem Bruder die geöffnete Handfläche unter die Nase. »Hier, was sagst du jetzt?«

In seiner Hand lag ein kleines schwarzes Ding, das meinem Mikro nicht nur ähnlich sah, es war mein Mikro!

»Rate mal, was das ist, du Oberschlaumeier? Ich kann's dir sagen, das ist ein hochempfindliches Mikrofon, an dem ein langes Kabel befestigt war. Und das Kabel war abgeschnitten. Was glaubst du, wo dieses Kabel eingestöpselt war? In einen Kassettenrecorder! Und was meinst du, was in dem Recorder drin war? Richtig — Kassetten. Und auf diesen Kassetten sind meine gesammelten Geständnisse aufgezeichnet.«

Triumphierend wartete Korn ab. Muradt wandte sich mir zu und fragte mit gefährlich sanfter Stimme: »Das warst du. Wer hat die Bänder? Mit wem bist du hier?«

Ich schwieg verstockt. »Maria, du solltest es mir sagen. Das erspart dir Probleme.«

Ich stellte meine Ohren auf Durchzug. »Solange wir die Bänder nicht haben, können wir dich leider nicht laufen lassen«, meinte Muradt und zu seinem Bruder sagte er: »Mach dir keine Sorgen. Ich kümmere mich darum.«

Korn explodierte. »Wie denn, du Superschlauer? Wie willst du denn an die Bänder kommen?«

»Laß das meine Sorge sein, Kurt«, sagte er leichthin — so, als habe er schon einen Plan, »ich kümmere mich darum. Und nun laß uns gehen! Du wirst verstehen, Maria, daß wir dich noch einmal einschließen müssen, bis die Sache mit den Bändern geklärt ist.« Er zog die Tür hinter sich zu und schloß ab.

»Macht es gut, ihr miesen Gangster«, brüllte ich ihnen voller Wut nach. »Ihr könnt euch auf meine Geschichte freuen! Die werde ich nämlich doch schreiben, ihr Kriminellen, ihr!«

So ein Mist! Hätte Korn das Mikrofon nicht zehn Minuten später finden können? Muradt war nun unterwegs, um meinen Partner zu suchen. Hoffentlich passierte Hajo nichts.

Brunnes Versuchung

Hajo Brunne saß in dem Zimmer der kleinen Pension und dachte nach. Dann nahm er die Kassetten aus dem Recorder und die Fotos aus der Kamera und plazierte sie in seiner Fototasche. Später würde er sie woanders unterbringen.

Jetzt mußte er in der Finca anrufen. Er kramte in seiner Hosentasche. Da war er, der Zettel mit der Telefonnummer. Er suchte seinen Sprachführer und schlug ihn an einer beliebigen Stelle auf. »Sie sind ein Glückspilz, Sie haben es geschafft« stand da geschrieben. Auf spanisch hörte sich das viel netter an: »Es usted un tio de suerte, lo ha logrado.«

Hajo sprach diese Sätze beschwörend vor sich hin, er hielt sie für ein gutes Omen. Er blätterte weiter und fand das Kapitel »Post, Telefon«. Hier mußten die entsprechenden Sätze stehen. A ja, da war's.

»Ich möchte gern Herrn Direktor Müller sprechen«, war angegeben. »Quisiera hablar con el director Müller.« Das war der richtige Satz, er mußte nur noch etwas abgewandelt werden, denn einen Direktor Müller gab es in der Finca nicht.

»Quisiera hablar con el Senor Kurt Korn«, so hieß der Satz richtig. Er ließ sich an der Rezeption ein Amt geben, denn das Hotel sollte die Telefonverbindung nicht herstellen. Es sollte niemand wissen, wo er sich verbarg.

Er hörte es mehrere Male klingeln. Dann meldete sich eine Frau. Jetzt kam sein Spruch: »Quisiera hablar con el director ... con el senor Kurt Korn?« Fast hätte er nun doch noch den Direktor Müller verlangt!

Die Frau antwortete: »En este momento no puede ponerse. Podria volver a llamar mas tarde?«

Hajo guckte den Hörer an und stammelte: »Gracias«. Irgendwie, so fand er, hatte er das nicht besonders geschickt angestellt! Kaum hatte er den Hörer wieder aufgelegt, klingelte das Telefon. »Senor, da ist Besuch für Sie«, sagte der Mann an der Rezeption in schönstem Deutsch zu ihm, denn er hatte in Deutschland gearbeitet, »darf ich den Herrn zu Ihnen aufs Zimmer schicken?«

»Nein«, sagte Hajo geistesgegenwärtig, »er soll unten Platz nehmen, an der Bar. Ich komme sofort.«

Hajo holte die Tonbänder aus seiner Fototasche, legte sie in einen luft- und lichtundurchlässigen Plastiksack, holte ein starkes Klebeband, verschloß die Tüte damit und klebte das Päckchen flach unter den hölzernen Kleiderschrank. Dann ging er nach unten.

In der Bar saß der Schnösel, den er von der Spielbank-Gala kannte und der der neue Boß der Bande war, wie er durch die Bänder erfahren hatte.

»Guten Abend«, sagte der Besucher freundlich, »ich freue mich daß Sie Zeit für mich haben. Ich werde Sie auch nicht lange aufhalten.«

Hajo wartete. »Ich will die Tonbänder haben. Ich biete Ihnen 20000 Mark dafür. In bar und ohne Quittung.«

»Wieso glauben Sie, daß ich Tonbänder habe?«

Der Mann zeigte ihm das kleine schwarze Mikrofon. »Deshalb.«

»Wie kommen Sie mir vor? Ich habe nichts zu verkaufen.«

»Nein? Wie schade. Ich kann mein Angebot auch noch erhöhen. Auf 50000. Schauen Sie!« Der Mann langte neben sich und legte einen Aktenkoffer auf seine Knie. Dann ließ er das Schloß schnappen. Vor Hajos Augen präsentierten sich Geldschein-Bündel in ihrer gepflegten Schönheit. Der Mann ließ ihn den Augenblick genießen.

»Das sind 50000 Mark in bar. Geben Sie mir die Bänder und das Geld gehört Ihnen.«

Hajo schluckte. Ihm brach der kalte Schweiß aus. Das war genau das Geld, das er brauchte als Anschubfinanzierung für ein eigenes Foto-Studio. Er träumte. Keine Jubilarehrungen mehr, keine Karnickel-Schau, kein Fußballspiel in der Kreisliga, keine der verdammten Goldhochzeiten mehr ... nur noch Klassefotos von schicken Models in Hochglanzzeitschriften.

Der Mann störte Hajo bei seinen Träumen nicht, er wartete nur.

»Gut«, sagte Hajo Brunne mit gebrochener Stimme, »ich bin einverstanden. Sie können die Bänder haben. Ich habe sie oben im Zimmer.«

»Dann holen Sie sie doch am besten schnell, ich warte solange hier unten. Bringen Sie die Fotos auch gleich mit, die Sie vielleicht gemacht haben!«

Hajo nickte. »Ist gut. Ich bin gleich wieder da ...«

Kurze Zeit später wechselten Filme, Kassetten und der Koffer ihre jeweiligen Besitzer.

Der Mann fragte: »Wollen Sie auf Ihre Kollegin warten, um mit ihr zusammen zurückzufliegen?«

Hajo schüttelte hektisch den Kopf, ihm kroch die Angst ins Genick: »Nein, lieber nicht! Die bringt mich um, wenn sie erfährt, daß ...«

Der Mann nickte verständnisvoll. »Das könnte gut sein«, meinte er und steckte seine Beute in sein Jackett. Dann ging er, nicht ohne sich von dem Gastwirt zu verabschieden.

Hajo hatte es eilig. Er stürzte in sein Zimmer, um zu packen. Der Reiseführer lag noch auf dem Tisch und Hajo las: »Es usted un tio de suerte.« Ja, er war ein Glückspilz, der es geschafft hatte!

Er warf schnell seine Sachen in den Koffer, ging zur Rezeption und machte dem Mann klar, daß er doch bitte die Sachen der Senora schon mal zusammenpacken sollte. Die käme in kurzer Zeit und würde auch die Hotelrechnung bezahlen. Er selbst müsse dringend weg, zurück nach Alemania. Er deponierte das Flugticket der Senora an der Rezeption.

Dann schnappte er sich den Mietwagenschlüssel, verstaute seine Sachen, legte den Geld-Koffer neben sich auf den Beifahrersitz und fuhr los.

Ja, er war ein Glückspilz, »un tio de suerte«. Hoffentlich sah er diese Insel nie wieder. Er wollte ein neues Leben beginnen — mit den 50000 Mark.

Die Aussicht darauf ließ ihn mutig aufs Gaspedal treten. Er nahm die Haarnadelkurven über die Berge mit Bravour und pfiff fröhlich vor sich hin.

Rosemarie will aussteigen

Meine Nase war unförmig geschwollen, an Hals und T-Shirt klebte getrocknetes Blut. Korns Schlägertype hatte mich ordentlich zugerichtet! Im Bad zog ich das T-Shirt aus und versuchte, mit dem kleinen Stückchen Gästeseife die Flecken auszuwaschen.

Meine Hände arbeiteten mechanisch und ich dachte nach. Ich zweifelte nicht daran, daß Muradt Hajo Brunne finden würde. In Garachico gab es nicht so viele Hotels, in denen semmelblonde Jungs mit Fotokiste abstiegen. Und Hajo hatte nie zu den besonders mutigen Kämpfern gezählt, ihm war seine Ruhe im Zweifelsfall lieber als eine Auseinandersetzung, bei der es zur Sache gehen würde. Er war Muradt nicht gewachsen.

Die heiße Story war futsch. So oder so. Nicht nur, wenn Muradt dem Jungen die Tonbänder abnehmen würde. Ich konnte nicht über einen Verbrecher schreiben, mit dessen Bruder ich eine Affäre gehabt hatte. Und ich hätte nicht verschweigen können, daß dieser Bruder nun der neue Boß des Unternehmens war.

Was würde bleiben? Ein überzogenes Gehaltskonto und eine zertrümmerte Nase, die meinem Gesicht sicherlich eine ganz besonders außergewöhnliche Note geben würde. Ich wünschte fast, die Sache wäre vorbei. Ich wünschte, Muradt hätte die Beweise in seiner Hand und ich könnte endlich weg hier.

In Bierstadt würde ich mich auf die Themen konzentrieren, die Frauen im Journalismus sowieso besser zu Gesicht standen: Berichte über Eltern-Kinder-Spielkreise, Altentreffen, Bürgerinitiativen, die sich für eine Verkehrsberuhigung in ihrem Stadtteil einsetzen. Außerdem würde ich mich unverzüglich an die Serie »Die Frau an seiner Seite« machen.

Ich hörte Geräusche an der Tür. Blitzschnell quälte ich mich in das feuchte T-Shirt und lief zur Tür. Ganz langsam öffnete sie sich und vor mir stand Blondchen Rosemarie. Mit ihr hätte ich nun wirklich zuallerletzt gerechnet. Ich gab meine feindselige Haltung auf und fragte: »Was machen Sie denn hier?«

»Ich helfe Ihnen hier raus, aber ich will mit.« flüsterte sie. Erst jetzt sah ich, daß sie rotgeweinte Augen, verrutschte Kleider und eine Prellung am Oberarm hatte.

»Und warum wollen Sie plötzlich weg?« fragte ich mißtrauisch.

»Korn will sich zur Ruhe setzen. Hier in diesem Haus. Er will, daß ich bei ihm bleibe, aber ich habe keine Lust, mit einem alten Mann auf einer Insel zu versauern! Hier, ich habe seinen Autoschlüssel genommen. Ein zweites Auto gibt es nicht ...«

»Ich dachte, Kurti sei Ihre große Liebe?« warf ich ironisch dazwischen, »sind die Flitterwochen schon vorbei?«

»Ich muß hier weg, schauen Sie mich an! Er bringt mich um, wenn er merkt, daß ich gehen will!«

»Und wozu brauchen Sie mich? Sie hätten doch schon längst weg sein können mit dem Auto.«
»Ich kann nicht autofahren!«
Ach du lieber Himmel. Ich griff zum Schlüssel und sagte: »Dann los!« Wir gingen zur Tür, doch wir kamen nicht weit. Ein vor Wut schnaubender Korn drängte uns mit Faustschlägen ins Zimmer zurück und verriegelte es.
»Du mieses Flittchen«, brüllte er sein Blondi an, »hier bist du also? Zu dämlich, um allein abzuhauen. Du willst weg? Weißt du nicht mehr, wie ich dich aus dem Kohlenkasten geholt habe?«
Korn schlug auf sie ein, Rosemarie brüllte wie am Spieß. Als er seine Hände an ihren Hals legte, bekam die Geschichte eine gefährlichere Wendung. Ich suchte im Zimmer einen Gegenstand, mit dem ich Korn von Rosemarie ablenken konnte. Sie konnte nicht mehr schreien, röchelte nur noch. Und er drückte und drückte.
Ich fand nur eine Vase, aber mit solchen Waffen kannte ich mich ja inzwischen aus. Ich trat hinter Korn und schlug zu. Die Vase zerbarst, Korn zeigte sich nicht beeindruckt. Ich hatte offenbar trotz mehrfacher Übung in dieser Kampfsportart noch nicht den richtigen Dreh rausgefunden.
»Lassen Sie sie los ...« schrie ich, denn da passierte ein Mord. Direkt vor meinen Augen. Ich schrie wie am Spieß, warum kam uns niemand zur Hilfe?
Plötzlich ließ er sie los. Rosemaries Körper sackte nach unten weg. Ich beugte mich zu ihr runter und stellte kein Lebenszeichen mehr fest. Sie war tot.
»Sie haben sie erwürgt, Sie widerliches Schwein«, stellte ich fest. Mir war schlecht und ich hatte einen Schock. Was sollte ich nur tun? Über Mord schreiben oder einen Mord mitzuerleben, das waren völlig unterschiedliche Dinge.
Korn schien das ebenfalls so zu sehen, eine Zeugin konnte er nicht gebrauchen. Er bewegte sich zielstrebig in meine Richtung.
»Jetzt zu dir, du Miststück! Erst seitdem du dich eingemischt hast, ist alles schief gegangen.« Sein Gesicht war verzerrt und in seiner Stimme klang blanker Haß.

In meiner Not plapperte ich drauflos: »Und wie wollen Sie der Polizei zwei Frauenleichen in ihrem Haus erklären?« fragte ich lahm. Ich spürte, wie mir ganz langsam die Angst über den Rücken in den Nacken kroch. Ich war wie gelähmt.

Noch nicht mal vierzig und schon tot! Ich sah mich leblos direkt neben Blondchen liegen und die Vorstellung gefiel mir überhaupt nicht.

Der Samariter würde zuhause im Radio mit seiner schönen Stimme einen Nachruf auf mich verfassen. Der Schreibtischtäter würde heimlich einen Piccolo öffnen und sich selbst beglückwünschen. Ich schluchzte vor Selbstmitleid auf!

Aber – noch war es nicht soweit. Arme, tote Rosemarie, wie sie da lag mit verrenkten Gliedern. Ich würde mich jedoch nicht so leicht killen lassen!

Ich flüchtete hinter den Tisch und sagte zu Korn: »Versuchen Sie's doch! Na los, kommen Sie schon!«

Solange der Tisch zwischen mir und ihm war, konnte er meinen Hals nicht erreichen. Leider war's nur ein mickriges Tischchen von höchstens einem Meter Durchmesser. Ich dachte an die Kinofilme, in denen die Detektive ähnliche Möbelstücke locker auf den Angreifer schmeißen, der dann unter der Last zusammenbricht.

Ich umfaßte das Möbel mit beiden Händen, vor dem Bauch die Tischplatte. Mit den vier Beinen konnte ich Korn eine Weile auf Distanz halten.

Korn lief im Rund, Mordlust glomm in seinen Augen. Mal sehen, wie lange wir beide das durchhalten konnten. Ich mußte irgendwie zur Tür kommen, denn da steckte der Schlüssel. Doch ihn umzudrehen, kostete Zeit. Ich mußte ihn ablenken.

»Warum haben Sie das arme Mädchen erwürgt? Warum haben Sie sich keine neue Frau gekauft mit Ihrem Erpressergeld?« Er antwortete nicht, sondern konzentrierte sich darauf, mich zu erwischen.

Dann machte ich einen Fehler. Ich blieb mit meinem T-Shirt an irgendetwas hängen, drehte mich um, um zu sehen, was es war, achtete nicht auf meinen hölzernen Schutzschild und spürte Korns Pranken an meiner Gurgel.

Ich trat ihn in das, was Männer gemeinhin für ihre edelsten Teile halten. Immerhin ließ er eine Hand los und legte sie zur Beruhigung zwischen seine Beine. Seine Mimik machte mir Freude. Damit ich nicht fliehen konnte, drückte er mich mit seinem Körper gegen die Wand. Mir wurde fast schlecht von seinem Alkoholatem und dem Schweißgeruch. Ich trat nochmal zu, denn er hatte seine zweite Pfote schon wieder an meinem Hals.

Endlich ließ er los und legte beide Hände aufs Getroffene. Er trat von einem Bein aufs andere und murmelte unverständliche Beschwörungsformeln – wie ein Medizinmann bei afrikanischen Beschneidungsritualen!

Zeit genug, um zur Tür zu hechten und den Schlüssel umzudrehen. Ich blieb an einer Männerbrust in frisch gestärktem Hemd hängen. »Was ist denn hier los, um Himmels willen?« fragte Muradt und sah sich interessiert im Zimmer um.

»Nichts weiter«, giftete ich ihn an, »nur, daß dein Bruder einen Mord und einen Mordversuch begangen hat. Aber damit werdet ihr Jungs ja spielend fertig! Ich wäre nämlich die nächste gewesen!« Er blickte auf Rosemarie, dann zu mir.

»Geht es dir auch gut?«

»Natürlich, kein Problem. Ich habe inzwischen Umgang mit Würgern. Man gewöhnt sich an alles.«

Korn saß auf dem Bett, stöhnte vor sich hin. Sein Bruder legte ihm eine Hand auf die Schulter: »Ich glaube, Kurt, du hast etwas sehr Unkluges getan.«

Unklug – so kann man Mord auch bezeichnen. Fragt sich nur, für wen das unklug war, für den Täter oder das Opfer.

»Und was passiert jetzt?« fragte ich.

Muradt sagte schlicht: »Ich werde mich um alles Notwendige kümmern.«

»Na, dann können wir ja beruhigt zur Tagesordnung übergehen. Du kümmerst dich um alles! Ist ja prima!« Ich lachte hysterisch los.

»Ich kann deinen Zorn und deinen Sarkasmus verstehen«, sagte er sanft und legte seine Hand auf meinen Oberarm. Ich spürte seine kühle Haut durch die Baumwolle. Für den Moment einer Sekunde mußte ich die Augen schließen.

»Du wirst jetzt meinen Wagen nehmen, hier sind die Schlüssel. Du wirst deine Sachen aus dem Hotel holen und über die Berge zum Flughafen fahren. Dort nimmst du die nächste Maschine nach Düsseldorf. Dann gehst du zum Arzt und zeigst ihm deine Nase. Und dann vergißt du alles, was du auf dieser Insel erlebt hast.«

»Was wird aus ihm?« Ich deutete mit dem Kinn auf Korn, der wie ein Verrückter wirre Dinge vor sich hinmurmelte. Er hatte durchgedreht!

»Ich werde dafür sorgen, daß er kein Unheil mehr anrichten kann«, sagte Muradt mit eisiger Entschlossenheit, »ich habe ihn immer wieder unterstützt, ihm aus seinen miesen Geschäften herausgeholfen, meinen eigenen guten Ruf ruiniert ... und jetzt das! Ich habe unserer Mutter versprechen müssen, mich um ihn zu kümmern, aber jetzt geht es nicht mehr.« Er blickte seinen Halbbruder an. Der war nicht in der Lage, der Unterhaltung zu folgen.

»Der soll kein Unheil mehr anrichten? Soll das heißen, daß du jetzt einen Mord begehen willst?« fragte ich erschrocken.

»Ich hoffe nicht, daß es soweit kommen muß. Ich glaube, es wird besser sein, wenn er so endet, wie seine Frau offiziell endete – durch Selbstmord.«

»Du willst ihn in den Selbstmord treiben? Bist du wahnsinnig geworden? Was hindert dich daran, ihn den Behörden zu übergeben?«

»Nein«, wehrte er ab. »Ich habe mich selbst strafbar gemacht. Ich habe ihn immer wieder gedeckt, für ihn gelogen und anderes mehr. Dann wäre mein Leben auch zuende. Ich habe keine Lust, ins Gefängnis zu gehen, lieber bringe ich mich um.«

»Und – was wird also aus dir?«

»Ich weiß es nicht. Das hängt von Kurt ab. Vielleicht gehen wir auch zusammen zugrunde. Du weißt doch: Am Abgrund kommt es nur auf die Haltung an. Und ich habe nicht vor, die nächsten Jahre meines Lebens in einer Gefängniszelle zu verbringen.« Er war am Ende.

»Kann ich etwas für dich tun?«

Er schüttelte den Kopf. Seine Augen waren plötzlich müde.

Er griff in seine Hosentasche und holte ein Bündel Geldscheine heraus.

»Hier, nimm das.«

Ich schüttelte den Kopf. »Was soll das? Ich will dein Geld nicht.«

»Nein, du wolltest mein Geld ja nie. Komisch, bisher wollten alle Frauen zuerst immer mein Geld. Ich habe mich so daran gewöhnt, daß ich vergessen habe, daß es auch noch andere Dinge gibt. Ich habe früh gemerkt, daß ich großen Erfolg in einer an sich verachtenswerten Beschäftigung hatte, dem Geldmachen. Also habe ich gar nicht versucht, einen anderen Beruf zu ergreifen. Oder auszusteigen und etwas anderes zu versuchen.«

»Willst du nicht mit mir kommen? Laß diesen Korn hier sitzen mit seiner Leiche im Zimmer. Irgendwie kommst du aus der Sache raus! Ich bin davon überzeugt! Ein guter Anwalt ...« Ich log und er wußte es.

»Geh jetzt bitte, Maria. Es ist sinnlos. Es tut mir alles so leid.«

»Werden wir uns je wieder sehen?« wollte ich wissen.

Er schaute mich nur an und legte seine Hand an meine Wange. Ich umarmte ihn ein letztes Mal, drehte mich um und verließ schnell das Haus. Niemand hielt mich zurück.

Hajo läßt zum Abschied grüßen

Der Mietwagen war weg, an der Rezeption stand mein Koffer, der Wirt überreichte mir meinen Flugschein und einen Brief. »Ihr Freund mußte dringend weg nach Deutschland.« Ich riß den Briefumschlag auf: »Hallo, Maria! Tut mir leid, daß aus unserer tollen Story nichts geworden ist. Die Tonbandaufnahmen sind nichts geworden. Sorry, bis dann. Mußte dringend weg. Gruß Hajo.«

Die blonde Ratte hatte mich verschaukelt. »Hatte mein Freund heute abend Besuch?«

»Ja, da war ein Herr, ein Deutscher, der gut spanisch sprach. Hat sich mit Ihrem Freund unterhalten. Der ist aufs Zimmer gegangen und hat ein Paket geholt. Danach ist er schnell weggefahren.« Muradt hatte ihm die Bänder abgekauft. Er hatte Hajo richtig eingeschätzt. Ich packte meinen Koffer.

»Senora«, meinte der Wirt leicht peinlich berührt, »Ihr Freund hat gesagt, daß Sie die Rechnung bezahlen.«

Warum nicht, bezahlte ich also die Rechnung. Story im Eimer, Beweise futsch, Konto blank, Nase hin. Ich füllte einen Euroscheck aus.

Er war erleichtert. »Will sich die Senora nicht noch duschen und umziehen und etwas essen?« bot er mir an. Ich schüttelte den Kopf, kramte dann aber doch einen sauberen Pullover aus dem Koffer. Ich mußte los, es war stockdunkel und die Straßen gefährlich.

»Wann ist mein Freund gefahren?«

Der Wirt schaute auf die Uhr: »Vor zwei Stunden.« Zu lange her, um den Verräter zu erwischen. Ich sagte tschüs und bat ihn, dem Herrn, der vielleicht nach dem Auto fragen würde, auszurichten, daß ich das Gefährt am Flughafen parken würde. Ich startete. Die Fahrt war furchtbar, die Kurven nadelspitz, die Straßen steil und kaum beleuchtet. Meine Nase schmerzte, meine Augen tränten. Bierstadt, mon amour! Wie sehnte ich mich nach deiner provinziellen Unschuld, nach deiner langweiligen Überheblichkeit und dem unnachahmlichen Charme deiner zahlreichen Industriebrachen!

Endlich lagen die Berge hinter mir und die Autobahn begann. Der Weg zum Flughafen war schnell geschafft.

Ich ging zum Schalter. Die letzte Maschine nach Düsseldorf war vor einer halben Stunde gestartet – mit Hajo Brunne, so die Frau am Computer.

Ich ließ den Flugschein auf den nächsten Tag umbuchen, legte einen Zettel aufs Armaturenbrett des Autos und schloß den Wagen ab. Den Schlüssel deponierte ich bei der Touristeninformation. Ein Taxi brachte mich in ein kleines Hotel nahe des Aeropuerto. Ich duschte heiß und lange und schlief tief und traumlos.

Geborgenheit im Ritual

Bierstadt war so, als sei ich nie weg gewesen. Die S-Bahn-Fahrt von Düsseldorf bis nach Hause dauerte die üblichen anderthalb Stunden. Das Wetter wurde schlechter, je näher ich meiner Stadt kam. Doch es tat der Freude über mein glimpfliches Ende bei dieser Geschichte keinen Abbruch. Hatte ich wirklich gesehen, wie ein Mann eine junge Frau erwürgt hatte? Hatte ich wirklich mit eigenen Ohren gehört, wie mein ehemaliger Liebhaber einen Mörder- und Erpresser-Konzern übernommen hatte?

Nein, die Geschichte würde mir niemand glauben. Ich brauchte jetzt vor allen Dingen Ruhe und Entspannung, mußte mich körperlich und seelisch erholen.

Ich klingelte bei meiner Nachbarin. Gnädig nahmen meine Katzen zur Kenntnis, daß ich wieder da war. Frau Litzmann kochte Kaffee und erzählte mir die neuesten Streiche meiner Haustiere. Miou, die Siamesin, schnurrte auf meinem Schoß, Happy, die Braune, räkelte sich auf Nachbarins Paradekissen. Mein Adoptiv-Wellensittich Lorchen randalierte in seinem Käfig.

Ich fühlte mich geborgen, weil ich alles so gut kannte. Ich fühlte mich sicher, weil ich geborgen war. Geborgenheit im Ritual — so nennen Psychologen das.

Das Aus für das lokale Radio

Wochen waren vergangen. Die Stadt hatte wieder eine neue Bürgermeisterin. Walter Drösig, der Favorit von Fraktionschef Willy Stalinski, hatte es nicht geschafft. Zweite Frau der Stadt war die Vorsitzende der Gleichstellungskommission des Bierstädter Rates geworden. Sie würde sich nicht, so wie Lisa Korn, mit den Brosamen von Gregor Gottwalds Tisch zufrieden geben.

Die Serie »Die Frau an seiner Seite« hatte ich inzwischen erfolgreich abgeschlossen. Zwölf Folgen hatte ich zustande gebracht. Mein Verständnis für komplizierte Blumengestecke, ganzheitlichen Jazz-Tanz und rustikale Reiterbälle hatte zugenommen.

Der Schreibtischtäter war zufrieden mit mir. Nur selten dachte ich noch an die Toten vom Frühjahr. Der Name Kurt Korn spielte in der Politik keine Rolle mehr. Auch von Michael Muradt hörte ich nichts.

Hatte es auf Teneriffa wirklich noch einen Kampf aufs Messer zwischen den beiden Brüdern gegeben? Ich wußte es nicht. Vielleicht war alles auch nur Schwindel gewesen, wie so vieles in dieser Geschichte. Korn und Muradt hatten vermutlich ihre Millionen gepackt und sich in ein sonniges Inselparadies abgesetzt, wie man es in solchen Kreisen zu tun pflegt.

Inzwischen war es Sommer geworden. Ich forschte auch nach Hajo Brunne. Bei den Lokalblättern hatte er sich verabschiedet, seine Stunde sei jetzt gekommen, seiner Karriere stünde nichts mehr im Weg mit einem eigenen Fotoatelier – endlich sei sein Traum wahr geworden und bla, bla, bla! Ich wußte, daß er mir irgendwann wieder über den Weg laufen würde, denn Journalisten treffen sich alle wieder – irgendwann und irgendwo.

Im Funkhaus war die Stimmung gedrückt, denn das Lokalradio sollte aufgelöst werden. Der Sender, der sich über Gebühren finanzierte, hatte ehrgeizigere Pläne, als Radio in der Provinz zu finanzieren. Da mußten viele Millionen in neue Satelliten-Programme gesteckt werden, da waren die hohen Kosten für den Neubau eines riesigen Sendezentrums in der Landeshauptstadt, da wurde viel Geld in ein deutsch-französisches Kulturfernsehprogramm gesteckt, das deutsche und französische Politiker ausgeheckt hatten. Alles wichtigere Dinge, als ein paar Hörer in der Provinz mit Informationen aus ihrer Region zu versorgen.

Nicht, daß wir unseren Job verlieren würden! Nein, dafür sorgte schon der Personalrat. Aber unsere Redaktion wurde aufgelöst, wir alle sollten über die anderen Studios verstreut werden – ländliche Gegenden bevorzugt.

Die Kolleginnen und Kollegen waren zudem in ihrer Kampfeskraft geschwächt. Der Schreibtischtäter hatte sie in den Jahren seiner Herrschaft gegängelt, sie verunsichert und ihnen den Spaß an der Arbeit genommen. Die meisten warteten ab und schwiegen. Andere träumten, zum Beispiel der Samariter.

»Ich werde eine eigene Sendung bekommen im Sendezentrum«, schwärmte er. »Eine Nachbarschaftssendung wie in Bierstadt, aber mit einem riesigen Verbreitungsgebiet. In ganz Nordrhein-Westfalen. Gespräche mit Menschen, die Hilfe suchen. Die etwas brauchen oder verschenken wollen. Und Menschen, die Hilfe anbieten, die etwas Gutes tun wollen.«

Ich wollte ihn bei seinem Höhenflug nicht stören. Falls es diese Nachbarschaftssendung wirklich einmal geben sollte, dann würde eins mit Sicherheit passieren: In den Altmöbelmarkt des Landes würde Bewegung kommen!

Ich selbst hatte keine Pläne. Irgendwo auf dieser Welt würde eine erfolglose Journalistin mit roten Zahlen auf dem Konto gebraucht werden. In der Dritten Welt vielleicht, oder — wie wär's mit den neuen Bundesländern? In den Osten waren in den letzten Monaten so viele Leute mit Karriereknick hineingescheitert! Warum nicht auch ich?

Das Telefon riß mich aus meinen Träumen. »Grappa, Lokalradio, womit kann ich Ihnen helfen?« schnarrte ich lustlos. Sollte mir jetzt bloß keiner mit einer heißen Story auf die Bude rücken.

»Guten Tag, Frau Grappa«, flötete eine Frauenstimme am anderen Ende der Strippe, »hier Rechtsanwälte Dr. Stockmeier und Partner. Herr Dr. Stockmeier würde Sie gern sprechen. Moment, ich verbinde Sie ...«

»Frau Grappa? Hier Dr. Stockmeier. Ich würde Sie gern von etwas in Kenntnis setzen. Könnten Sie bei mir am Entenwall vorbeischauen? Heute nachmittag hätte ich noch einen Termin frei. So gegen 14 Uhr?«

Es sei etwas Erfreuliches, konnte ich ihm noch entlocken. Mehr wollte mir Herr Dr. Stockmeier nicht verraten. Ich hatte Zeit an diesem Tag und war neugierig. Mein nächster Termin war im Rathaus um 15.30 Uhr und die Kanzlei lag in der Nähe.

Ich sagte zu. Erfreulich — hatte er gesagt! Wie schön, lange nichts mehr passiert in dieser Richtung!

Geld oder die lang ersehnte Wahrheit?

Ich fuhr noch schnell zu Hause vorbei, warf mich in Schale, wusch mir die Haare, schminkte mich sorgfältig und betrachtete mein Spiegelbild mit Wohlwollen. Meine Nase hatte inzwischen wieder ihre alte Form, das kanarische Abenteuer im Frühsommer hatte mich ein paar Pfunde gekostet, was mir ausgezeichnet stand.

Stockmeiers Kanzlei war ein nobles Büro mit viel Edelstahl. Hier wurden keine Handtaschenräuber oder kleine Ganoven vertreten. Hier wurden Millionen-Verträge beurkundet oder lukrative Privatklagen abgehandelt.

Dr. Stockmeier thronte hinter seinem Glasschreibtisch. »Ich möchte Sie von einer Erbschaft in Kenntnis setzen«, begann er.

»Das muß ein Irrtum sein, ich kenne niemanden, der mir etwas hinterlassen könnte. Oder ist der langerwartete reiche Onkel aus Amerika endlich aufgetaucht?«

Humor hatte Stockmeier nicht die Bohne. »Sie sind doch Frau Grappa?« vergewisserte er sich, »von Beruf Journalistin?«

Ich sagte nicht nein. »Es geht um das Testament von Herrn Michael Muradt«, fuhr er fort.

Guter Gag, dachte ich und sagte: »Muß man nicht erst tot sein, um etwas zu vererben?«

»Eben«, meinte er lapidar, »um genau diesen Fall geht es. Herr Muradt ist tot.«

Ich merkte, wie ich blaß wurde. Oh nein, bitte nicht! »Wie ist das passiert?«

»Ein Unfall auf Teneriffa. Hier, lesen Sie das ...« Er reichte mir ein amtlich aussehendes Schriftstück in spanischer Sprache und schob die deutsche Übersetzung gleich hinter her. Ich las hastig und verstand folgendes:

Michael Muradt und sein Bruder Kurt Korn starteten vom Hafen in Garachico aus, Ziel unbekannt. Zwei Tage später wurde das treibende Boot von der spanischen Wasserpolizei geentert. An Bord die Leiche des Bierstädter Geschäftsmannes Kurt Korn und jede Menge Blut. Die Polizei rekonstruierte die Vorfälle an Bord und stellte fest, daß Kurt Korn zuerst auf seinen jüngeren Halbbruder geschossen haben mußte, denn aus einer Pistole fehlten mehrere Kugeln. Die Leiche des Bruders habe Korn ins Meer geworfen, oder der Körper sei ins Meer gefallen. Kurt Korn habe in seinem Haus in Garachico einen Abschiedsbrief hinterlassen, in dem er gestand, seine Freundin erwürgt und seine Frau mit Schlafmittel umgebracht zu haben. Nun wolle er Schluß machen, auch mit seinem Bruder, der alles wisse und ihn zu erpressen versucht habe. Muradts Leiche sei nicht auf dem Boot gewesen. Korn hatte die Waffe noch in der Hand, mit der er sich erschossen habe. Eine Kugel steckte in seinem Kopf. Eine Männerleiche, die vier Tage danach an einem kleinen Strand gefunden worden war, sei als Muradt identifiziert worden.

So ging sie also wirklich zuende, meine Geschichte. Armer Muradt! Mir war übel. Ich hatte mal eine Wasserleiche gesehen und die Vorstellung, daß er ... Ich schloß die Augen und bemühte mich, die Fassung zu behalten.

Stockmeier erwies sich als Mensch und gönnte mir eine Pause. »Haben Sie Herrn Muradt gut gekannt?« fragte er dann mit Mitleid und Neugier in der Stimme.

Ich schüttelte den Kopf. »Nicht so gut, wie es notwendig gewesen wäre und ich es gern gehabt hätte.«

»Kann ich fortfahren, Frau Grappa?« Ja, er konnte. »Herr Muradt hat – kurz bevor er diese Insel besuchte – bei mir ein Testament gemacht. Ich wunderte mich, doch er redete von einem gefährlichen Urlaub. Das kommt häufiger vor, als Sie denken, daß vor Abenteuer-Urlauben der Nachlaß geordnet wird. Ich hatte bei Herrn Muradt allerdings nicht mit einem Teneriffa-Urlaub gerechnet, sondern mit einer Himalaya-Besteigung oder einer Sahara-Durchquerung oder ähnlichen Dingen. Er sagte noch, daß er im Ausland etwas sehr Wichtiges und Gefährliches zu regeln habe.«

»Haben Sie gewußt, daß der Bauunternehmer Korn und er Halbbrüder waren?«

»Nein, das habe ich erst aus dem Polizeibericht der Spanier erfahren.«

»In welcher Stimmung war Muradt, als er ...« ich schluckte, »das Testament gemacht hat?«

»Heiter und ausgeglichen wie immer. Ich habe ihn nie anders erlebt. Als ich ihn fragte, wer Sie seien, meinte er nur: 'Frau Grappa, das ist die, die immer auf der Suche nach der Wahrheit ist' und lachte ...«

»Und — um welchen Nachlaß geht es nun eigentlich? Was hat das alles mit mir zu tun?«

»Sie haben den Besitz von Herrn Muradt geerbt. Die drei Restaurants, die Häuser in Bierstadt und in Holland und eine Bargeldsumme von 250000 Mark. Wenn Sie diese Möglichkeit wählen.«

»Wieso? Gibt es noch eine andere?«

Stockmeier nickte. »Sie haben die Wahl. Sie können das Vermögen, das ich Ihnen eben aufgelistet habe, wählen oder diesen Briefumschlag«.

Er hob einen DIN-A-4-Umschlag in die Höhe, der prall gefüllt schien.

»Und, was ist da drin?«

»Ich weiß es nicht. Nach einer Erklärung von Herrn Muradt ist hier — wie sagte er noch? — die Wahrheit drin. Sie müssen wählen. Entweder das Geld oder diesen Umschlag.«

Da hatte sich Muradt etwas Trickreiches ausgedacht. Ich hatte die Wahl zwischen Reichtum und Wahrheit. Ein später Test für mich. Schade nur, daß er das Ergebnis nicht mehr erleben konnte.

Unser Gespräch über die Wahrheit war ihm wohl in Erinnerung geblieben. »Wie konnte Muradt wissen, daß er sterben würde?« Mein Kopf schwirrte und ich konnte meine wirren Gedanken nicht kontrollieren.

»Er sagte, daß er für den Fall, daß ich keine Todesnachricht von ihm erhielte — die Sachen wieder abholen würde. Aber nun ist sie ja da, die traurige Nachricht.«

»Ich verstehe die Zusammenhänge nicht mehr.« Ich kam ins Grübeln und konnte nicht mehr weiterdenken. Stockmeier sah auf die Uhr.

»Brauchen Sie Bedenkzeit? Wir können gern noch einen Termin machen?«

Nein, keine Bedenkzeit. Nur das nicht. Was war mir wichtiger? Das Geld hätte mich von allen Sorgen befreit, aber ich würde nie erfahren, was in dem Umschlag gewesen war. Nein, ich wollte nicht seine Erbin sein. Ich konnte nicht in sein Haus gehen, seine Restaurants betreten und weiterführen. Ich mußte vergessen und so war das unmöglich.

»Was geschieht mit dem Vermögen, wenn ich den Umschlag wähle?«

»Für diesen Fall hat mich Herrn Muradt beauftragt, alles zu veräußern und die Summe an eine soziale Stiftung in Brasilien zu überweisen. Als Spende.«

»Ich nehme den Umschlag.«

Stockmeier guckte mich an, als zweifle er an meinem Geisteszustand. »Wissen Sie auch, was Sie tun?« fragte er.

»Ich will die Wahrheit, also den Umschlag, verdammt noch mal«, beharrte ich und hoffte, er würde den Mund halten. Sonst würde ich womöglich doch noch schwach werden. »Also, her mit dem Umschlag!«

Er gab ihn mir. Er war nicht schwer und schien mit Schriftstücken gefüllt zu sein.

»Wenn Sie hier noch unterschreiben würden ...«

Ich unterschrieb eine Erklärung, in der ich den Empfang des Umschlages quittierte und meinen Verzicht auf das Erbe ausdrücklich bestätigte.

Eine Frage hatte ich aber doch noch: »Wenn Herr Korn auch tot ist, wer erbt dann eigentlich sein Vermögen?«

»Alles fällt an die Kommune.«

Warum nicht? Hoffentlich machte die Stadt etwas daraus für ihre Bürger. Ich erhob mich und verließ die Kanzlei.

Auf Wiedersehen, Reichtum! Ich würde weiterhin jeden Freitag den Lottoschein abgeben, um an ein paar Mark zu kommen, denn zur Zeit zählten lediglich die roten Zahlen auf den Kontoauszügen zu meinem Freundeskreis.

Lisa-und-Kurt-Korn-Stiftung gegen die Wohnungsnot

Ich ließ den Umschlag zunächst unberührt, denn ich hatte nach dem Notartermin noch eine Pressekonferenz zu besuchen. Thema: Gründung einer Stiftung gegen die Wohnungsnot. Beim Lesen der Einladung hatte ich nichts Besonderes gedacht, jetzt war mir klar, daß es sich nur um Korns Erbe handeln konnte. Die Politik hatte mal wieder schnell reagiert.

Im Sitzungsraum im Rathaus saß Oberbürgermeister Gregor Gottwald, flankiert von Willy Stalinski, dem Vorsitzenden der Mehrheitsfraktion, Knut Bauer, dem Chef der Christlich-Konservativen im Rat und von Dr. Arno Asbach, dem Fraktionsvorsitzenden der Bunten. Es herrschte eine durchaus feierliche Stimmung. Die Journalisten warteten gespannt.

Dann berichtete der OB von der soeben vollzogenen Gründung einer selbstständigen Stiftung gegen die Wohnungsnot. Der Name: Lisa-und-Kurt-Korn-Stiftung.

»Der Bürgermeisterin und ihrem Mann lagen die Wohnungsverhältnisse in Bierstadt ja immer schon am Herzen«, meinte Gottwald zweideutig, »und da diese wertvollen Menschen nun beide unter ... na ja, tragischen Umständen aus dem Leben geschieden sind und der Stadt das Erbe zugefallen ist, hoffen wir im Sinne der Verstorbenen zu handeln, wenn wir diese Stiftung ins Leben rufen. Ich möchte noch sagen, daß die Gründung sozusagen eine parteiübergreifende Aktion ist, alle Parteien im Rat haben diese Idee begrüßt.«

Gottwald blickte nach rechts und nach links und seine Ratskollegen nickten brav. Schönste Einigkeit, genau, wie er gesagt hatte!

»Wieviel Stiftungskapital ist vorhanden?« wollte ich wissen »und – wie wird die Stiftung arbeiten, was ist das Stiftungsziel?«

»Wir rechnen zunächst – es sind noch einige Unklarheiten vorhanden – mit einem Stiftungskapital von 80 Millionen

Mark. Dieses Geld wird hauptsächlich durch die Immobilien eingebracht, der Rest durch die Firmenverkäufe. Wir haben einen Wirtschaftsprüfer mit der Abwicklung beauftragt. Das Bargeld wird angelegt und von den Zinsen bestreiten wir unsere laufenden Kosten.«

»Wer ist wir?« fragte ein Kollege. »Ich als Oberbürgermeister bin Vorsitzender der Stiftung, ehrenamtlich natürlich, die drei Herren hier gehören zu den Gründungsmitgliedern. Wer die Geschäftsführung übernimmt, das wird die Zukunft zeigen. Für Bierstadt ist es wichtig, daß ein politisches Signal gegen Wohnungsnot gesetzt wird — da sind wir anderen Städten mal wieder eine Nasenlänge voraus.« Gottwald rieb sich vor Freude die Hände.

Er machte eine Pause, als warte er auf allgemeinen Applaus. Eine nette Idee hat der alte Fuchs da gehabt, dachte ich, so macht er aus Korns erpreßten und erschwindelten Millionen eine saubere Sache. Und niemand kann etwas dagegen sagen, sogar die Bunten halten den Mund. Realpolitik — so wird das wohl genannt.

»Sie hatten noch nach dem Stiftungsziel gefragt, Frau Grappa«, meinte Gottwald. Er vergaß nie eine Frage, die ihm gestellt worden war. »Das ist ganz einfach: Förderung des Wohnungsbaus. Die Immobilien von Herrn Korn werden in diese Stiftung eingebracht, die Stadt wird die Wohnungen, für die er Bauvoranfragen gestellt hat, in seinem Sinne weiterbauen. Der Wohnungsbau in Bierstadt wird neue Impulse bekommen. Sie wissen ja, daß wir nach einem Gutachten 30000 Wohnungen bis zum Jahr 2000 bauen müssen, um die Wohnungsnot zu lindern. Das schaffen wir jetzt ohne Probleme.« Er zog vor Freude heftig an seiner erkalteten Pfeife.

Die anderen drei Herren waren recht schweigsam. Lediglich Dr. Asbach tönte, daß es immer ein Anliegen der Bunten gewesen sei, für möglichst viele Menschen preiswerten und guten Wohnraum zur Verfügung zu stellen. Der jahrelange Kampf der Partei habe sich also gelohnt.

Es war mal wieder alles in schönster Ordnung in unserem netten Bierstadt. Gregor Gottwalds Handstreich war wirklich genial ausgedacht. Er hatte nicht nur den Wohnraum und Korns Geld für die Stadt gerettet, sondern auch alle Parteien an einen Tisch gebracht. Was seinen Ruf als charismatische Integrationsfigur festigte.

In unserem politischen Magazin am Nachmittag kommentierte der Schreibtischtäter die Gründung der Stiftung als »einmalige soziale Tat«. Er erinnerte an Lisa und Kurt Korn und lobte vor allen Dingen den Oberbürgermeister, der mit »einmaligem politischen Fingerspitzengefühl« gehandelt habe. Er bescheinigte ihm vollmundig staatsmännische Qualitäten, nach denen sich die Politiker in Bonn die Finger lecken würden. Endlich sei »der Silberstreif am Himmel der Wohnungsnot aufgetaucht«, die Kommune habe hier beispielhaft »einen Schritt in die richtige Richtung« getan. Seine nächste Einladung zu Gottwalds Privatfeier war damit mal wieder gesichert.

Auch ich war beeindruckt von Gottwald. Aber aus anderen Gründen. Er hatte Korns schmutziges Geld schön weiß gewaschen. Das Geld eines Mannes, der ein mehrfacher Mörder war, an seiner Frau und seiner Geliebten. Von dem unbedeutenden Richie Mansfeld ganz zu schweigen, aber den hatten sowieso alle vergessen.

Zumindest Gottwald weiß es ganz bestimmt, dachte ich, denn er hat sich den genauen Hergang des Abgangs von Kurt Korn sicherlich in allen Einzelheiten berichten lassen.

Hier hatte ich endlich ein Stückchen Wahrheit. Doch ich konnte sie keinem erzählen, denn auch ich wollte schließlich für Bierstadt das Beste. Schließlich suchten inzwischen 6000 Familien mit geringem Einkommen eine vernünftige Wohnung. Und wenn ich die Stiftung »hochgehen« ließe, wären diese Träume vorläufig ausgeträumt, denn die Behörden würden Korns Vermögen erst mal einfrieren.

Ich spürte förmlich, wie es »Klipp-klapp« machte in meinem Gehirn. Die Schere im Kopf arbeitete außergewöhnlich präzise und schnell.

Ich dachte an Muradt, der an dieser Situation sicher einen großen Spaß gehabt hätte. Ich Moralistin hatte mich in meinen dämlichen Prinzipien heillos verstrickt ... und war bewegungsunfähig.

Eine parteiübergreifende Bombe

Die Wahrheit im braunen Umschlag war eine Bombe. Mir war nur noch nicht klar, ob ich den Zündmechanismus so einstellen könnte, daß bei der Explosion nicht ganz Bierstadt in die Luft flöge.

Eine Akte war drin mit der Aufschrift: »Operation BI-GE-WO«. BI-GE-WO, das war die Abkürzung für »Bierstädter Gemeinnützige Wohnungsbaugesellschaft«, ein stadteigenes Unternehmen, in dem der gesamte städtische Wohnungs- und Teile des Grundstücksbesitzes zusammengefaßt worden waren.

Die Gesellschaft wurde von der sogenannten »Beteiligungsverwaltung« der Kämmerei geführt, mit eigenem Geschäftsführer und Personal. Der Rat der Stadt fällte weiterhin die Entscheidungen über dieses Unternehmen, mußte Käufen oder Verkäufen also zustimmen. So konnte die Politik eine gewisse Kontrolle ausüben.

Korn hatte geplant — so las ich in den Papieren —, sich die BI-GE-WO unter den Nagel zu reißen und zwar legal mit Zustimmung des Rates der Stadt. Ein gerissener Plan, der fein säuberlich in Gesprächsprotokollen und Vorverträgen dokumentiert worden war.

Alle diese Verträge und Protokolle waren in dem Umschlag — als Originale. Woher Muradt die Akte wohl hatte? Ich würde es nie erfahren.

Ich öffnete eine Flasche Wein, meine Hände zitterten vor Aufregung. In der Akte waren sie alle versammelt, sozusagen parteiübergreifend und in trauter Einigkeit ihren Reibach zu machen und dafür die Stadt und ihr Vermögen zu verkaufen.

Nein, dachte ich, einer fehlt. Kein Hinweis auf Gregor Gottwald. Ihn hatte man nicht miteinbezogen in das Spiel um Posten und Millionen. Vielleicht hatten sie ihn für ein Sicherheitsrisiko gehalten.

Er war kein Mann für eine solche Aktion. Für ein solches Spiel brauchte man die kleinen miesen Charaktere, die Verschwiegenen und Verschlagenen, die sich immer auf der Schattenseite des Lebens sahen, ohne zu bemerken, daß ihre Anwesenheit auf der Sonnenseite ohnehin zu erheblichen Störungen der Erdatmosphäre geführt hätte.

Ich goß den Wein in mich hinein. Dann studierte ich die Akte weiter. Eine Mehrheit im Rat für den Ausverkauf der BI-GE-WO zu bekommen, wäre für Korn unter normalen Umständen unmöglich gewesen. Also nahm er Kontakt auf. Mit Knut Bauer, dem Chef der Christlich-Konservativen, mit Willy Stalinski, dem Boß der Mehrheitsfraktion, und mit Dr. Asbach von den Bunten.

Irgendwann gab es dann ein erstes Treffen mit ihnen, jeweils unter vier Augen natürlich. Einige Wochen später wurden dann die Vorverträge gemacht. Alle drei verpflichteten sich, ihre Fraktionsmitglieder zur Zustimmung eines Verkaufes der BI-GE-WO an Kurt Korn zu überreden.

Nicht alle sollten dafür sein, nein, so unverschämt war Korn nun wieder auch nicht. Nein, eine satte Mehrheit, darauf war es ihm angekommen. Wenn dann einige Genossen oder einige der Christlichen nicht zustimmen würden, wäre das überhaupt kein Mangel — so wurde Korn in einem Gesprächsprotokoll zitiert. Eine Einstimmigkeit bei der Entscheidung würde überhaupt keinen guten Eindruck in der Öffentlichkeit machen.

Ich las mir die Verträge durch. Es waren Vorverträge, die im Fall des Scheiterns der Aktion für null und nichtig erklärt werden sollten.

Dr. Arno Asbach, der noch nie in seinem Leben einer geregelten Beschäftigung nachgegangen war, sollte zum Geschäftsführer aufsteigen. Bei der Korn-Firma »Altsan«. Aha, dachte ich, das war die Firma, die den Boden von Korns billig erworbenen Altlastengrundstücken »säubern« sollte, um ihn dann in den östlichen Bundesländern still und heimlich abzuladen. Ich blätterte weiter. Asbach sollte ein stolzes Gehalt von 10000 Mark im Monat bekommen. Für jemanden, der von der

Stütze lebt, der reinste Lottogewinn. Dienstwagen und eigenes Büro inklusive, das wurde auf Wunsch von Asbach ausdrücklich vermerkt. Vermutlich auch noch mit Büromöbeln aus Tropenholz, dachte ich bitter.

Asbachs Gier kannte kein Ende: Eine Eigentumswohnung sollte er zusätzlich bekommen. Aus dem Protokoll ging hervor, daß Asbachs Forderungen nur erfüllt wurden, weil seine Partei beim Verkauf der BI-GE-WO den lautesten Krach geschlagen hätte. Da hätte ich gerne Mäuschen gespielt, wie er Erika Wurmdobler-Schillemeit von der Nützlichkeit des Verkaufes von billigen Wohnraum an einen skrupellosen Bauunternehmer überzeugt hätte. Na ja, ihm wäre sicherlich ein schlagendes Argument eingefallen. Sonst glaubte seine Fraktion ihm ja auch jeden Schrott.

Knut Bauer, der einige Sanitärinstallationsgeschäfte besaß, schnitt vergleichsweise mager ab. Er sollte bei der Luxussanierung die Badewannen und Klos liefern und einbauen dürfen. Bei knapp 6000 Wohnungen auch ein schönes Geschäft für einen Mittelständler!

Willy Stalinski war für Korn wohl der hartnäckigste Brokken gewesen. In der Akte waren umfangreiche Protokolle über »Einzeltherapie«-Stunden. Schließlich leierte der Fraktionschef Korn den Bau einer neuen Konzerthalle für die Stadt aus dem Kreuz. Investitionsvolumen: 50 Mio Mark.

Ich klappte den Deckel der Akte zu. So – das war die Wahrheit. Alle waren mehr oder weniger bestechlich in Bierstadt. Und ich hatte die Beweise. Doch – was nützten sie mir? Wer würde diese Geschichte veröffentlichen?

Gut gemacht, Muradt, dachte ich. Du hast mich ausgetrickst und zwar gründlich. Die Wahrheit hat keine Chance gegen die Wirklichkeit. Die Wahrheit ist ein moralisches Gut und schwebt weit über unseren Köpfen, die Wirklichkeit wird von Fakten bestimmt, denen wir uns alle unterordnen müssen.

Die Fakten waren: Die Stadt behält ihre Wohnungen und bekommt noch viele dazu, was den Menschen Vorteile bringt.

Eine parteiübergreifende Bestechung war zwar geplant, ist aber nicht mehr ausgeführt worden.

Der einzige Mann,. an dem mir je etwas gelegen hat, liegt verscharrt in der Erde einer kanarischen Insel.

Sechs Menschen waren auf der Strecke geblieben.

Ich hatte mit meiner hartnäckigen Fragerei nichts erreicht, sondern nur Schaden angerichtet. Ich hatte die Geschichte brillant gedeichselt!

Eine Nummer zu groß?

Einen kleinen Scherz wollte ich mir aber doch noch erlauben. Ich ließ mir einen dringenden Termin beim Schreibtischtäter geben. »Herr Riesling«, begann ich aufgeregt, »ich brauche Ihren journalistischen Rat. Ich habe Probleme, die Sache allein zu beurteilen.«

Er lehnte sich in seinem Stuhl zurück und blickte erstaunt auf mich. Glaubte er wirklich, ich würde mir ausgerechnet bei ihm Rat holen? Er glaubte es. Der erfolgreiche Abschluß meiner Prominenten-Serie hatte sein Vertrauen in mich wieder etwas gefestigt. Ich berichtete ihm von der Akte, die mir zugespielt worden war, von den Bestechungsversuchen von Korn, von dem geplanten Coup mit dem Verkauf der städtischen Wohnungen. Erwähnte, daß die neue Stiftung mit dem Geld eines mehrfachen Mörders aufgebaut worden war und daß es vielleicht unsere journalistische Pflicht sei, darüber offen und schonungslos zu berichten.

»Ich kann die Geschichte in mehreren Teilen erzählen und sie bis zum Wochenende soweit fertig haben«, bot ich an.

Er war während meines Berichtes bleich geworden. Dann fragte er, ob ich alles beweisen könne, er wolle die Akte sehen und so weiter. Ich reichte sie ihm, fein säuberlich kopiert.

»Das Original ist in einem Schließfach«, erklärte ich, »für alle Fälle.«

Er schaute sie Blatt für Blatt durch und schien erleichtert. »Ich muß erst darüber nachdenken, ob sich unser kleiner Lokalsender eine solche Geschichte leisten kann ...«, murmelte er. »Diese Geschichte ist eher etwas für ... den 'Spiegel' oder ein

Polit-Magazin. Für uns ist sie eigentlich eine Nummer zu groß.«

»Ach wirklich?« Ich zeigte mich enttäuscht, aber durchaus einsichtig, »Vielleicht haben Sie recht. Jetzt — wo in Bierstadt wieder alles so gut läuft. Warum neuen Wirbel machen?«

»Es freut mich, daß Sie es auch so sehen, liebe Frau Kollegin!« Er schaute mich mit angestrengter Herzlichkeit an.

Ich stand auf, um das Büro zu verlassen. Doch vorher legte ich ihm noch ein weiteres Blatt auf seine Schreibtischunterlage. Er blickte wortlos auf das Papier, das seine Unterschrift trug.

Auf diesem Blatt verpflichtete er sich gegen ein Honorar von 3000 Mark im Monat, die publizistischen Geschicke der Kurt Korn GmbH zu lenken. Insbesondere würde er sich um die werbewirksame Begleitung der »Operation BI-GE-WO« kümmern.

»Tschüs, Herr Riesling«, warf ich ihm über die rechte Schulter zu. Ich sah noch, wie er gebannt auf die Kopie seines Vorvertrages mit Korn starrte.

Ins eigene Haus pinkelt man nicht

Niemand in Bierstadt wollte meine Geschichte senden oder drucken. Ich rief einen Kollegen bei einer Hamburger Zeitschrift an. Der war interessiert. Ich verkaufte ihm die Originalakte und meine sämtlichen Informationen. Die Aktion sanierte mein Konto und vergällte mir trotzdem mein Leben.

Das Blatt brachte die Story unter dem Namen des Kollegen groß raus. Andere Zeitungen rissen sich um die Rechte und auch in Bierstadt fand die Story einen gewissen Widerhall. Der war allerdings sehr dezent. Die Bierstädter Blätter und unser Radio werteten die Story als neidvollen Angriff von außen. Gregor Gottwald verteidigte öffentlich sein Stiftungs-Modell und warf den Kritikern »Miesmacherei« vor.

Ich schwieg. Ich war genauso scheinheilig, wie alle um mich herum. Wer hatte in Bierstadt Interesse an der Wahrheit? Man darf nicht — so hatte es mir ein weiser Kollege vor Jahren mal mit auf den Weg gegeben — in sein eigenes Haus pinkeln. Besser man sorgt dafür, daß jemand anderes hineinpinkelt, dann kann man darüber berichten, sich schön aufregen und die Informationen kommen auch rüber.

Langsam besserte sich meine Stimmung und ich beschloß, meinen Beruf nicht mehr so zwanghaft zu betreiben. Locker und easy — so würde meine Devise künftig heißen.

Und als ich dann — an einem regnerischen Herbsttag — noch Hajo Brunne mit einer Kamera durch die City traben sah, mußte ich fast lachen. Doch meine Rachelust war völlig verflogen. Ich trat auf ihn zu und sagte freundlich: »Na, du mieser verräterischer Feigling, komm mir ja nicht noch mal unter die Augen, du widerlicher Wicht, oder du kriegst von mir eine ordentliche Tracht Prügel!«

Er gab Fersengeld und am anderen Tag sah ich eins seiner Fotos in der Stadtteilzeitung: Er hatte bei der Rassehunde-Schau in den Hallen den Jahressieger fotografiert. Einen Pinscher namens »Pepi von der Wartburg«. Ich lachte mich halbtot. Ausgerechnet ein Pinscher! Jeder macht die Fotos, die zu ihm passen.

Der erste Ausklang

»Was wirst du denn beruflich machen?« fragte mich der Samariter. »Manfred, ich habe nicht die geringste Ahnung. Vielleicht belege ich einen Makramee-Kurs bei der Volkshochschule oder mache zusammen mit der Schwester des Papstes eine Herrenboutique in Wuppertal auf. Aber wahrscheinlich werde ich einen Krimi schreiben über eine Geschichte, die ich in den letzten Monaten erlebt habe.«

Ich hatte beschlossen, nicht darauf zu warten, welchen Stuhl man mir in der Provinz zuweisen würde. Denn der Sender wurde dicht gemacht. Ich hatte gekündigt, um als freie Journalistin zu arbeiten.

Manfred Poppe staunte über meine Zukunftspläne. »Kommt unser Radio in deinem Krimi auch vor?«

»Darauf kannst du Gift nehmen. Ihr alle kommt drin vor. Aber du darfst mir nicht böse sein, wenn du dich wiedererkennst! Versprich es mir bitte!«

»Du warnst mich also schon heute?« Ihm schwante Böses. Ich nickte. »So in etwa. Aber in diesem Krimi werden alle schlecht behandelt. Ich eingeschlossen.«

»Und wenn niemand dein Manuskript haben will?«

»Dann wandert es ins Rundarchiv, also in den Papierkorb. Und ich schreibe ein Buch über die italienische Küche.«

»Das traue ich dir schon eher zu«, meinte er, »ich kann mir nicht vorstellen, daß du für eine Kriminalschriftstellerin das Talent hast. Ein Schriftsteller muß sich in andere Menschen einfühlen können und das hast du noch nie gekonnt.«

Ich wurde mit dem Schlag prima fertig. »Und was machst du, Manfred?«

»Ich bekomme meine landesweite Sendung. Ein Haus für Susanne und die Kinder habe ich auch schon gefunden. Es liegt direkt am Rhein und hat einen großen Garten.«

»Ja, an deiner schönen Stimme kommt halt niemand vorbei. Ich wünsche dir alles Gute.«

Die anderen Kollegen standen ebenfalls nicht auf der Straße. Lediglich der Schreibtischtäter kehrte diesem Beruf den Rücken: Er wurde Sektenbeauftragter der Landeskirche. Der richtige Posten für ihn, der Andersdenkende schon immer gern verfolgt hat!

Letzter Ausklang

Ich hatte die ersten Kapitel meines Krimis bereits geschrieben, als der Postbote mir einen Kartengruß vorbeibrachte.

Die Ansichtskarte war aus Brasilien und schön bunt. Tropenidylle am Strand. Das übliche. Auf dem freien Platz auf der Rückseite stand geschrieben:

»Was hast du nun mit der Wahrheit anfangen können? Bist du glücklicher geworden? Ist Moral für dich noch immer wichtiger als Liebe? Ich wäre glücklich, dich wiederzusehen.«

Ich erkannte die Handschrift. Ich schaute auf die Adresse: Der Name einer Hacienda in Salvador de Bahia. Was hatte mir der Notar gesagt? Das Vermögen des toten Michael Muradt sollte an eine Stiftung in Brasilien überführt werden!

Die Karte war vor zwei Wochen abgestempelt worden. Ich ging ans Telefon und rief mein Reisebüro an. Um nach Salvador de Bahia zu kommen, mußte ich über Recife fliegen. Ich buchte die nächste Maschine.

Weitere Krimis mit »Pegasus«

Das Ekel schlägt zurück
ISBN 978-3-89425-010-2

»Tempo, Spannung, der milieusichere Blick in die rauhe Herzlichkeit des Revier-Genossen-Filzes.« Manfred Breuckmann/WDR

Die Waffen des Ekels
ISBN 978-3-89425-021-8

»Genial springen die Autoren zwischen mehreren Handlungssträngen, spielen mit der deutschen Sprache wie mit Verdachtsmomenten; so entsteht Lesevergnügen vom Feinsten.«
SCHNÜSS, Bonn

Der Witwenschüttler
ISBN 978-3-89425-044-7

Doppelmord in Recklinghausen: Die Opfer sind der Umweltminister von NRW und seine Geliebte. Private Rache oder Terror?

Totes Kreuz
ISBN 978-3-89425-070-6

Panik in Datteln: Zwei Altenpflegerinnen werden ermordet, ein altes Ekel nervt und Zivi Kalle Mager ruft PEGASUS zu Hilfe.

Straßenfest
ISBN 978-3-89425-213-7

Punker-Happening beim Straßenfest in einer spießigen Reihenhaussiedlung – es gibt Tote, PEGASUS filmt und Lohkamp ermittelt.

Glatzenschnitt
ISBN 978-3-89425-257-1

Skinheads vergewaltigen eine Türkin – danach setzt das große Sterben bei Mitgliedern der ›Heimatfront Ruhr‹ ein.

Weitere Krimis von Werner Schmitz

Das Karpaten-Projekt
ISBN 978-3-89425-371-4

Tiefe Wälder, wilde Bären. Deutsche Jäger, korrupte Förster.
Verrückte Tierschützer, eine mutige Biologin. Reporter Hannes
Schreiber hat es in die Karpaten verschlagen. Er soll eine Story über
Diana Steinkamp schreiben. Die Juniorchefin eines Schuh-
imperiums, das in Rumänien produziert, unterstützt dort einen
›Bärenflüsterer‹. Doch der Mann, der sich Teddy nennt, gerät unter
Mordverdacht. Und Hannes Schreiber zwischen die Fronten.

Schreiber und der Wolf
ISBN 978-3-89425-287-8

Im Oderbruch wird ein Wolf von einem adeligen Jäger zur Strecke
gebracht. Vor Ort erfährt Hannes Schreiber, Reporter des Hamburger
Magazins, dass Baron von Vitzewitz dem Tier nur den Gnadenschuss
gegeben hat. Wer schoss als Erster auf den streng geschützten Wolf?
*»Lesen Sie diesen Krimi nur, wenn vertraute Menschen um Sie sind.
Menschen, die sich nicht wundern, wenn Sie beim Lesen vor lauter
Begeisterung ein wahrhaft wölfisches Geheul anstimmen.«* Brigitte

Auf Teufel komm raus
ISBN 978-3-89425-421-6

Schwarze Messen an der Ruhr. Ein Satanist kommt in den Himmel.
Hannes Schreiber wittert den Braten und kommt in Teufels Küche.
*»... einer der besten Krimis, die in den letzten Jahren in deutscher
Sprache geschrieben wurden.«* FAZ-Magazin

Nahtlos braun
ISBN 978-3-89425-323-3

Ein Unfall ohne Zeugen, ein Mord, den keiner merkt. Ein Opfer mit
Geschichte. Ein Täter, der sich totärgert.
»An diesem Buch stimmt alles, Milieu und Handlung.«
Südschwäbische Nachrichten

Mehr Grappa-Krimis von ...

Grappas Versuchung
Der erste Krimi mit Maria Grappa
ISBN 978-3-89425-034-8
Reporterin umkreist charmanten Bösewicht.

Grappas Treibjagd
Der zweite Krimi mit Maria Grappa
ISBN 978-3-89425-038-6
Wer ist der geheimnisvolle »Onkel Herbert«?

Grappa macht Theater
Der dritte Krimi mit Maria Grappa
ISBN 978-3-89425-042-3
Geheimbund kontrolliert Kulturleben in Bierstadt.

Grappa dreht durch
Der vierte Krimi mit Maria Grappa
ISBN 978-3-89425-046-1
Nackte Tatsachen in einem Bierstädter Filmstudio

Killt Grappa!
Der siebte Krimi mit Maria Grappa
ISBN 978-3-89425-066-9
Schönheitschirurgie und Satanismus

Grappa und die fantastischen Fünf
Der achte Krimi mit Maria Grappa
ISBN 978-3-89425-076-8
Toter Teppichhändler und Erpresserbande

Grappa-Baby
Der neunte Krimi mit Maria Grappa
ISBN 978-3-89425-207-6
Die menschliche Reproduktion zwischen Himmel und Hölle

Zu bunt für Grappa
Der zehnte Krimi mit Maria Grappa
ISBN 978-3-89425-224-3
Provence: Ein Toter im Melonenfeld

Grappa und das große Rennen
Der elfte Krimi mit Maria Grappa
ISBN 978-3-89425-232-8
Wer meuchelte die Sozis im Bierstädter Wahlkampf?

... Gabriella Wollenhaupt

Flieg, Grappa, flieg!
Der zwölfte Krimi mit Maria Grappa
ISBN 978-3-89425-256-4
Wilde Tiere, tote Callboys und aggressive Neonazis

Grappa und die acht Todsünden
Der dreizehnte Krimi mit Maria Grappa
ISBN 978-3-89425-267-0
Tödliches Festmahl für sieben Männer und Frauen

Grappa im Netz
Der vierzehnte Krimi mit Maria Grappa
ISBN 978-3-89425-278-6
Der OB ist verschollen und untreue Ehemänner werden gemeuchelt.

Grappa und der Tod aus Venedig
Der fünfzehnte Krimi mit Maria Grappa
ISBN 978-3-89425-290-8
Grappa und ein Mörder auf den Spuren Thomas Manns

Rote Karte für Grappa
Der sechzehnte Krimi mit Maria Grappa
ISBN 978-3-89425-318-9
Wer killte den brasilianischen Stürmerstar Toninho?

Grappa und die Nackenbeißer
Der siebzehnte Krimi mit Maria Grappa
ISBN 978-3-89425-335-6
Tote Kitschromanautorin und magische Momente

Es muss nicht immer Grappa sein
Der achtzehnte Krimi mit Maria Grappa
ISBN 978-3-89425-355-4
Eine zu früh verstorbene Rentnerin und 35 kg Kaviar

Grappas Gespür für Schnee
Der neunzehnte Krimi mit Maria Grappa
ISBN 978-3-89425-359-2
Wer bezahlt die Kokspartys im Bierstädter Rathaus?

Grappa und die keusche Braut
Der zwanzigste Krimi mit Maria Grappa
ISBN 978-3-89425-372-1
Amokläufer tötet eine ganze Klasse - die Lehrerin überlebt ...